Robert Harms

Das Sklavenschiff

Robert Harms

Das Sklavenschiff

Aus dem amerikanischen Englisch
von Michael Müller

C. Bertelsmann

Die Originalausgabe ist 2001 unter dem Titel
»The Diligent« bei BasicBooks, New York, erschienen.

Umwelthinweis:
Dieses Buch und der Schutzumschlag wurden auf chlorfrei gebleichtem Papier gedruckt.
Die Einschrumpffolie (zum Schutz vor Verschmutzung) ist aus umweltschonender
und recyclingfähiger PE-Folie.

1. Auflage

Umschlaggestaltung:
R·M·E Roland Eschlbeck/Rosemarie Kreuzer, München
Satz: Uhl + Massopust, Aalen
Druck und Bindung: Kösel, Kempten
Printed in Germany
ISBN 3-570-00277-2
www.bertelsmann-verlag.de

Inhalt

Vorwort

DAS BORDBUCH DES SEEMANNS

New Haven, Connecticut, Frühjahr 1984

Im Frühjahr 1984 trat ein alter Herr an die Beinecke Rare Books und Manuscript Library der Universität Yale heran. In seinem Besitz befand sich das Bordbuch eines französischen Seemanns, das mehr als 250 Jahre alt war und 58 Blätter aus Vellumpapier mit einem Wasserzeichen in Gestalt eines Wappens mit einer Krone darüber umfasste. 113 Seiten waren beschriftet und zum Teil mit Zeichnungen versehen. Am oberen Rand der ersten Seite fand sich die lateinische Inschrift: *Ad Majorem Dei Gloriam Virginis q: Mariae*; dann ging der Text vom Lateinischen ins Französische über: »Mit der Hilfe Gottes unternehmen wir es, von Vannes, wo wir für unsere Fahrt seeklar gemacht wurden, mit dem Schiff *Diligent*, welches den Brüdern Billy und M. La Croix, unseren Ausrüstern, gehört, zur Küste von Guinea zu segeln und von dort nach Martinique, um daselbst unsere Schwarzen zu verkaufen und dann nach Vannes zurückzukehren.«

Dann folgte eine Beschreibung des Schiffes und der Besatzung: »Unser Schiff ist auf einem 57 Fuß langen Kiel gebaut, 21 Fuß breit; es hat eine Tonnage von 140 und am Heck einen Tiefgang von zwölfeinhalb Fuß, wenn voll beladen. Bewaffnet sind wir mit acht Vierpfünderkanonen, 55 Musketen, 20 Säbeln und zwei Drehbassen, alle in bestem Zustand.«

»Zum Kapitän haben wir *sieur* Mary, zum Zweiten Kommandanten *sieur* Valteau. Unser Zweiter Leutnant ist *sieur* Thomas Laragon, der Schiffsarzt *sieur* Devigne und der Navigator *sieur* Sabatier. Alle zusammen sind wir eine Besatzung von 37 Mann, worunter auch ich bin, R. Durand, der das vorliegende Bordbuch führt und den Rang eines Ersten Leutnants bekleidet.«

Laurence C. Witten II. handelte mit seltenen Büchern und Manuskripten und war an diesem Morgen gekommen, um seinen Fund der Beinecke Library zum Kauf anzubieten. Obwohl man Wittens Angebot mit der Höflichkeit entgegennahm, wie sie einem Händler von internationalem Ruf gebührte, wahrte man gleichzeitig vorsichtige Zurückhaltung. Seit Witten 1957 mit der Vinland-Karte in Yale erschienen war, hatte er in akademischen Kreisen als umstrittene Figur gegolten.

Witten hatte diese Karte, die mit einer weiteren Handschrift zusammengebunden war, bei einem Antiquar in Genua entdeckt. Nachdem er das Dokument eingehend überprüft hatte, war er zu dem Schluss gekommen, dass die Karte auf die Mitte des 15. Jahrhunderts zu datieren sei. Wenn sie echt war, dann lag mit ihr die älteste Landkarte vor, auf der ein Teil Nordamerikas abgebildet war, und der einzige dokumentarische Beweis dafür, dass Nordamerika schon Jahrhunderte vor Kolumbus von Europäern entdeckt und besiedelt worden war. Witten kaufte das ganze Faszikel für 3500 Dollar und bot es dann der Yale Library für 300 000 Dollar zum Kauf an. Da die Bibliothek eine solch stolze Summe nicht aufzubringen vermochte, wandte ihr Leiter sich an den Mäzen Paul Mellon. Mellon erklärte sich bereit, die Karte zu erwerben und der Bibliothek zu überlassen, wenn ihre Authentizität bestätigt werde. Sieben Jahre später, nachdem drei Experten unabhängig voneinander erklärt hatten, dass die Karte echt sei, kaufte Mellon sie und stiftete sie der Bibliothek.[1]

Obwohl drei Experten die Karte für gut befunden hatten, war ihre Echtheit von dem Tag an, da Yale die Akquisition bekannt gegeben hatte, umstritten. 1974 ließ die Universität daher die Tinte von einem unabhängigen Laboratorium testen, und man stellte dort fest, dass sie eine Komponente, Anatase, enthielt, die erst 1920 erfunden worden war. Das Laboratorium erklärte die Karte daraufhin für gefälscht.[2] Der Bibliotheksleiter von Yale, wo man das Gefühl hatte, einem Betrug aufgesessen zu sein, forderte Witten auf, die Summe, die Paul Mellon für den Ankauf zur Verfügung gestellt hatte, an den Mäzen zurückzuzahlen, Witten weigerte sich aber, weil er das Geld nicht mehr habe. 1985 focht ein Laboratorium an der University of California in Davis, das eine Überprüfung mithilfe von Protonenstrahlen vornahm, die Ergebnisse des anderen Laboratoriums an: Bei dem strittigen Bestandteil handle es sich überhaupt nicht um Anatase.[3] Im Frühjahr 1984, als Witten der Beinecke Library das Bordbuch des Seemanns anbot, war jedoch sein Ruf immer noch angeschlagen.

Eine der Personen, die von der Beinecke Library gebeten wurden, das Bordbuch zu überprüfen, war ich selbst, damals ein junger Assistant Professor für Geschichte, der gerade Mitglied der Fakultät von Yale geworden war. Ich hatte eben ein Buch über den Sklavenhandel im Gebiet des Kongo veröffentlicht, und wahrscheinlich wollte man aus diesem Grund meinen Rat einholen.[4] Vielleicht mit mehr Begeisterung, als klug war – und in völliger Unkenntnis der Kontroverse über die Vinland-Karte –, drängte ich die Bibliothek zum Ankauf des Dokuments.

Das Bordbuch enthielt den Bericht des Ersten Leutnants Robert Durand über seine Fahrt auf dem französischen Sklavenschiff *Diligent* in der Zeit vom Mai 1731 bis zum September 1732.[5] Durand war damals erst 26 Jahre alt und befand sich auf seiner ersten Reise nach Afrika. Seine Wissbegierde veranlasste ihn dazu, viele Einzelheiten aufzuschreiben, die seine schon abgestumpfteren Gefährten vielleicht gar nicht mehr wahrnahmen, und er war als Zeichner geschickt genug, um 81 Skizzen anzufertigen, die den Text ergänzten. Er erzählte eine Geschichte von Gier, Unmenschlichkeit und Tod, eine Geschichte, die sich auf beiden Seiten des Atlantiks und auf diesem selbst abspielte. Und: Obwohl diese Geschichte für das Empfinden der bürgerlichen Gesellschaft des 21. Jahrhunderts schockierend ist, war sie zu ihrer Zeit und an ihren Schauplätzen in betrüblicher Weise alltäglich.

Doch war das Dokument wirklich echt? Angesichts der Kontroverse, die Mr. Witten umgab, musste diese Frage 1985 gestellt werden. Glücklicherweise lieferten Forschungen, die ich mehrere Jahre lang betrieben hatte, reichlich Belege für die Authentizität von Durands Bordbuch. Während beinahe alle Aufzeichnungen über Fahrten, die im 18. Jahrhundert vom französischen Hafen Vannes aus unternommen wurden, verloren gingen, sind die Aufzeichnungen über diese besondere Reise erhalten, weil die Unternehmungen der *Diligent* Gegenstand eines Rechtsstreits wurden.[6] Steuerverzeichnisse und Gemeinderegister aus dem Seestädtchen Le Croisic lieferten Einzelheiten über Robert Durands Biografie, und Rekrutierungslisten der französischen Kriegsmarine enthielten weitere Informationen über das Leben des Ersten Leutnants der *Diligent* und anderer Besatzungsmitglieder. Genaueres über afrikanische Herrscher, die Durand erwähnt, erfährt man durch die Berichte einer ganzen Reihe von französischen, holländischen, englischen und portugiesischen Händlern und Angestellten von Handelsgesellschaften, die damals an der Guinea-Küste tätig waren. Durands Erwähnung schwarzer Priester auf der zu Portugal gehörenden Insel São Tomé ließ mich auf die nur als Manuskript vorliegende Geschichte dieser Insel stoßen, die der schwarze Geistliche Manuel do Rosário Pinto 1734 verfasste. Meine Bemühungen, die Echtheit von Durands *journal* nachzuweisen, führten mich in Archive in Paris, Aix-en-Provence, Nantes, Vannes, Lorient, Lissabon, Rom, Den Haag, London, Greenwich und Fort-de-France auf Martinique.

Nachdem ich begonnen hatte, das vorliegende Buch zu schreiben, versuchte ich Laurence Witten zu kontaktieren, um möglicherweise in Erfahrung zu bringen, wo Durands Bordbuch sich in den 252 Jahren befunden hatte, die zwischen der Zeit, in der es abgefasst wurde, und dem Jahr, in dem er es der Beinecke Library zum Kauf angeboten hatte, vergangen waren. Es war jedoch zu spät: Witten hatte am 18. April 1995 das Zeitliche gesegnet. Doch ich bezweifle, dass er es mir erzählt hätte, wenn ich noch mit ihm hätte zusammentreffen können. Er selbst hatte einmal geschrieben: »Händler haben wenig Anlass dazu, Quellen preiszugeben, die sie noch mit weiteren Büchern versorgen könnten, … und frühere Besitzer – zumeist rechtmäßige, manchmal vielleicht auch nicht – wollen es möglicherweise aus einer Vielfalt von Gründen nicht bekannt werden lassen, dass sie wertvolle Objekte verkauft haben …«[7] Die Provenienz des Bordbuches bleibt ein Geheimnis.

Robert Durands *journal* erzählt die Geschichte eines großen Verbrechens. Es nahm seinen Anfang, als ein umgebautes Getreideschiff am 31. Mai 1731 aus dem Hafen der französischen Stadt Vannes auslief, und es endete, als dem Kommandanten der *Diligent*, Pierre Mary, im Februar 1733 vor dem Admiralitätsgericht von Vannes der Prozess gemacht wurde. Im Laufe der Fahrt der *Diligent* nach Westafrika und von dort in die Karibik wurde das Leben von 256 Afrikanern zugrunde gerichtet oder vorzeitig beendet; auch vier Mitglieder der Besatzung sollten ihre Heimat nicht wiedersehen. Die Eigner des Schiffes betrachteten die Todesfälle und die Tatsache, dass das Leben so vieler Menschen zerstört wurde, als normale Begleiterscheinung eines zugegebenermaßen schmutzigen Geschäfts. Für sie bestand die wirkliche Tragödie darin, dass die Unternehmung ihnen nicht die erwarteten großen Gewinne eingebracht hatte. Erst spätere Generationen würden die Fahrt an sich als Verbrechen ansehen.

Die Fahrt der *Diligent* war nur eine von schätzungsweise 40 000, zu denen Sklavenschiffe aufbrachen und durch die mehr als elf Millionen Menschen über einen Zeitraum von vier Jahrhunderten hinweg von den Küsten Afrikas in andere Regionen der Welt verschleppt wurden. Diese vielen einzelnen Fahrten sind von Historikern unter dem Begriff »Atlantischer Sklavenhandel« oder einfach »Sklavenhandel« zusammengefasst worden, wodurch der Eindruck entstehen kann, dass es sich um ein einheitliches Phänomen mit immer gleichen Charakteristika handelte. Bei näherem Hinsehen zeigt sich jedoch, dass es sich beim Sklavenhandel um eine kaleidoskopartig bunte Vielzahl verschiedener nationaler und lokaler Unternehmungen handelte, deren Charakter sich zudem mit dem Verlauf der Zeit beständig änderte.

Im 15. Jahrhundert überfielen portugiesische Entdecker, die in ihren Karavellen dem Verlauf der westafrikanischen Küste nach Süden folgten, hin und wieder Eingeborenendörfer, um einige von deren Bewohnern mit zurück in die Heimat zu nehmen. Sie stellten jedoch fest, dass sie Gefahr liefen, auf See von Afrikanern angegriffen zu werden, die mit ihren flinken Kanus dem Feuer der Kanonen auszuweichen vermochten. Um friedlichere Beziehungen bemüht, verbrachte João Fernandez ein ganzes Jahr damit, das Leben der Eingeborenen, die an der Küste siedelten, besser kennen zu lernen, und er fand heraus, dass es dort Märkte gab, auf denen Europäer ihre Handelswaren gegen afrikanisches Gold – und gegen Sklaven eintauschen könnten. 1568 schickte Heinrich der Seefahrer drei Karavellen aus, um Abkommen mit afrikanischen Herrschern auszuhandeln, in denen diesen auch versprochen wurde, dass die Portugiesen keine Afrikaner mehr rauben, sondern sie nur noch, wie es sich für ehrbare Geschäftsleute gehörte, kaufen würden.[8]

Die ersten Sklaven wurden nach Spanien und nach Portugal gebracht, wo sie adligen Familien dienen mussten, auf den Docks arbeiteten oder als Handwerker, als Drucker, Waffenschmiede und Seifensieder eingesetzt wurden. Bald begannen die Portugiesen damit, auf bislang unbewohnten Inseln vor der westafrikanischen Küste Zuckerrohrplantagen anzulegen, die vor allem von schwarzen Sklaven bewirtschaftet wurden. Damit schufen sie einen Prototyp der Zuckerindustrie – jener, die überlebte, indem sie schwarze Arbeitskräfte verschlang. Dieses Muster sollte viele Jahrhunderte lang Bestand haben.

Die Zuckerrohrpflanze gelangte mit der zweiten Reise des Christoph Kolumbus im Jahr 1493 in die Neue Welt. Zuerst versuchten die spanischen Kolonisten, die eingeborene Bevölkerung zu versklaven und dazu zu zwingen, in ihren Bergwerken oder auf ihren Feldern zu schuften. 1510 war jedoch König Ferdinand von Spanien bereits zu der Überzeugung gelangt, dass ein afrikanischer Sklave das Arbeitspensum von vier indianischen zu erledigen vermochte. Er befahl daher, dass man 50 afrikanische Sklaven – »die besten und kräftigsten, die zur Verfügung stehen« – von Spanien nach Hispaniola schaffen solle, damit sie dort in den Gold- und Silberminen arbeiteten. Die Dezimierung der einheimischen amerikanischen Bevölkerung ließ den Bedarf an afrikanischen Arbeitskräften weiter wachsen, und 1518 genehmigte der König den Transport von 4000 Sklaven aus Afrika in die Besitzungen des spanischen Imperiums in der Neuen Welt. Weil ein 1480 unterzeichnetes Abkommen es Spanien untersagte, in Afrika und an dessen Küsten Handel zu treiben, wurden diese Menschen auf portugiesischen Schiffen über den Atlantik geschafft.

Die Portugiesen dominierten den atlantischen Sklavenhandel während des 16. Jahrhunderts; sie transportierten Sklaven in die spanischen Überseebesitzungen wie auch in ihre eigene Kolonie Brasilien, wo die Zuckererzeugung nach 1550 rasch expandierte. Im 17. Jahrhundert wetteiferten die Holländer mit den Portugiesen um die Kontrolle über den Sklavenhandel. Sie eroberten die Gebiete Brasiliens, in denen Zuckerrohr angebaut wurde, und hielten sie von 1630 bis 1640 besetzt, während sie gleichzeitig die Portugiesen aus ihren Forts an der westafrikanischen Goldküste vertrieben. 1662 errang die holländische Westindien-Kompanie den wertvollsten Preis von allen: den exklusiven *Asiento* mit der spanischen Krone. Diesem Vertrag zufolge hatte sie alle Sklaven für die Kolonien Spaniens in der Neuen Welt zu liefern; sie übernahm damit ein Geschäft, das bis 1640 in Händen der Portugiesen gelegen hatte.

Die Beteiligung der Briten am Sklavenhandel entwickelte sich langsam im 17. Jahrhundert, Haupttriebfeder war dabei das Bedürfnis nach Arbeitskräften auf den Zucker produzierenden Inseln Britanniens in der Karibik – auf Barbados und dann auch auf Jamaika, das sie 1665 den Spaniern wegnahmen. Sie schafften aber auch Sklaven auf ihre kleineren Inseln in der Karibik und in ihre Kolonien in Nordamerika. Weniger als vier Prozent der

Sklaven, die aus ihren Heimatländern verschleppt wurden, fanden sich in Britisch-Nordamerika wieder. Um den Sklavenhandel zu fördern, privilegierte die britische Regierung eine Folge von Monopolgesellschaften: 1651 die Guinea Company, 1660 die Royal Adventurers into Africa und schließlich, 1672, die Royal African Company.

Die Franzosen stiegen mit relativer Verzögerung in den Sklavenhandel ein. Obwohl sich einzelne französische Schiffe schon 1525 an ihm beteiligten, kam der französische Sklavenhandel nicht vor dem 17. Jahrhundert richtig in Gang, als französische Siedler in den Kolonien ihres Landes in der Karibik damit begannen, Zuckerrohr anzubauen. Zu diesen Kolonien gehörten Martinique, Guadeloupe und Saint-Domingue (Haiti) wie auch mehrere kleinere Inseln und Cayenne (Französisch-Guyana). 1625 waren die einzigen registrierten Sklaven in Frankreichs Kolonien in der Karibik 40 Männer und Frauen auf Saint-Christophe. Doch 1640 begann man mit der Zuckererzeugung, und ein halbes Jahrhundert später gab es in Frankreichs karibischen Besitzungen 27 258 afrikanische Sklaven, womit auf einen freien weißen Siedler beinahe zwei schwarze Leibeigene kamen. Die ersten Sklaven wurden von holländischen Schiffen herbeigeschafft, doch gegen Ende des Jahrhunderts waren für die Anlieferung der Arbeitskräfte die beiden von der Regierung privilegierten Gesellschaften zuständig: die Senegal-Gesellschaft, die das Monopol auf den Handel mit den Regionen Westafrikas nördlich Sierra Leones innehatte, und die Guinea-Gesellschaft, der Colberts Sohn Jean François vorstand und die das alleinige Vorrecht auf den Handel mit den Regionen südlich Sierra Leones bis zum Kap der Guten Hoffnung besaß. Von Privatleuten organisierte Fahrten zum Ankauf und Handel mit Sklaven fanden zwar gelegentlich statt, waren aber eigentlich per Gesetz strengstens verboten.

Anders als die Spanier und die Portugiesen importierten die Franzosen keine Sklaven in ihr eigenes Land. Nachdem das interne französische System der Sklaverei – ein Erbstück aus den Zeiten des Römischen Reiches – allmählich in eines der Knechtschaft übergegangen war, bildete sich ein Prinzip des Gewohnheitsrechts aus, wonach jeder Sklave, der Fuß auf französischen Boden setzte, die Freiheit erlangte. So wurde 1538 ein griechischer Sklave, der von einem Italiener gekauft und nach Frankreich gebracht worden war, »dem gewöhnlichen Recht Frankreichs entsprechend« zu einem freien Mann erklärt. Und als ein normannischer Sklavenhändler 1571 mit einer Schiffsladung Sklaven in Bordeaux eintraf, wurde er festgenommen, und seine Gefangenen wurden in die Freiheit entlassen. Bei der Hand voll schwarzer Leibeigener, die vom späten 17. Jahrhundert an in Frankreich eintrafen, handelte es sich gewöhnlich um solche, die in den Kolonien in der Karibik zu Hause waren und ihre Herren bei einem Besuch des Mutterlandes begleiteten.

Die Ursprungsregionen, aus denen die afrikanischen Gefangenen stammten, die in die Neue Welt verschleppt wurden, variierten im Laufe der Zeit stark. Im 16. Jahrhundert kamen sie vor allem aus dem Kongo und aus Angola. Was Westafrika betraf, so lieferten die Regionen Senegambia, Goldküste, Bucht von Benin und Bucht von Biafra ungefähr die gleichen Mengen an Sklaven. Im letzten Viertel des 17. Jahrhunderts beherrschten weiterhin der Kongo und Angola den Sklavenhandel an sich, was jedoch Westafrika anbelangte, kam die überwältigende Mehrheit von Gefangenen aus der Region um die Bucht von Biafra. Im letzten Viertel des 17. Jahrhunderts verlagerte sich das Zentrum des atlantischen Sklavenhandels in die Region der Bucht von Benin, wo der Hafen von Whydah (Ouidah) zum wichtigsten Umschlagplatz von schwarzen Gefangenen wurde. Während der 50 Jahre von 1675 bis 1725 stammten über 40 Prozent aller Sklaven, die aus Afrika verschleppt wurden, aus diesem Gebiet. In der zweiten Hälfte des 18. Jahrhunderts nahmen dann Sklaventransporte aus den Regionen Kongo und Angola gewaltig zu, und auch der Sklavenhandel an der Goldküste erfuhr einen Aufschwung, sodass Whydah an Bedeutung verlor.[9] Diese geografischen Verlagerungen erzählen jedoch nur einen Teil der Geschichte: In jeder Region Afrikas unterschieden sich die Regeln und Praktiken des Sklavenhandels von einem Hafen zum anderen stark voneinander, und die Ursprungsgebiete im Landesinneren, aus denen die Sklaven stammten, wechselten im Laufe der Zeit häufig.

Im 18. Jahrhundert erlebte der atlantische Sklavenhandel seinen Höhepunkt. Über 85 Prozent der Sklaven, die insgesamt in die Neue Welt transportiert wurden, trafen nach 1700 dort ein. Von rein statistischen Gesichtspunkten aus waren die ersten 250 Jahre des Sklavenhandels ein bloßes Vorspiel zu dem, was danach geschah. Die »Ausfuhrzahlen« französischer Händler wuchsen sehr rasch an – von 100 000 Sklaven im ersten Viertel des Jahrhunderts auf über 400 000 im letzten Viertel. Französische Schiffe transportierten im Laufe des 18. Jahrhunderts über eine Million Sklaven in die Neue Welt, womit Frankreich nach England und Portugal zum drittgrößten Teilnehmer an diesem Geschäft wurde. Die überwiegende Mehrheit der Sklaven, die in Afrika auf französische Schiffe verladen wurden, waren für die Kolonien des Landes in der Karibik, Martinique oder Saint-Domingue, vorgesehen.

Während des ersten Viertels des 18. Jahrhunderts etablierte sich die in der Bretagne unweit der Loiremündung gelegene Stadt Nantes als der wichtigste Hafen für den Sklavenhandel innerhalb Frankreichs. 55 Prozent des französischen Sklavenhandels wurden von dort aus in die Wege geleitet. Im Laufe des gesamten 18. Jahrhunderts wurden über 40 Prozent des französischen Sklavenhandels von Schiffen, deren Heimathafen Nantes war, abgewickelt.[10] Wenn es einen Ort gab, der den Sklavenhandel Frankreichs verkörperte und versinnbildlichte, dann war es Nantes. Der kommerzielle Erfolg der Geschäftsleute der Stadt wurde in den üppig ausgestatteten neuen herrschaftlichen Häusern, der neuen Börse und dem neuen Opernhaus sichtbar. Der englische Reisende Arthur Young war von der Pracht ganz überwältigt: »›Mon Dieu!‹, rief ich innerlich aus, ›führen einen all die Brachfelder, die Wüsteneien, die Sümpfe, die Heideflächen voll Stechginster, dürrem Gras und trockenem Kraut, durch die ich dreihundert Meilen gereist, zu diesem Schaustück? Was für ein Wunder, dass all diese Pracht und all diese Fülle … so ganz unverbunden ist mit dem Land, das sie umgibt!‹«[11] Mit Nantes rivalisierende Seehäfen des Landes bemühten sich, es im Sklavenhandel zu ähnlichem Erfolg zu bringen, verfehlten dieses Ziel jedoch bei weitem.

Das 18. Jahrhundert sah auch eine größere Wandlung der kommerziellen Organisation des Sklavenhandels. Vor 1700 waren es vor allem von den Regierungen der einzelnen Länder privilegierte Monopolgesellschaften, die Fahrten zum Erwerb und Wiederverkauf von Sklaven finanzierten. Dazu gehörten die britische Royal African Company, die französische Compagnie de Sénégal, die holländische Westindien-Kompanie und eine Reihe portugiesischer Gesellschaften, die im Besitz eines königlichen Privilegs waren. Ihre Alleinrechte wurden von rivalisierenden Nationen selten anerkannt, weil sie in erster Linie dazu dienten, private »Schwarzhändler« aus dem eigenen Land daran zu hindern, sich an den lukrativen Geschäften zu beteiligen.

Gegen Ende des 17. Jahrhunderts war der Bedarf an Arbeitskräften auf den Plantagen in der Neuen Welt derart gestiegen, dass die Monopolgesellschaften der verschiedenen Länder ihn nicht mehr zu befriedigen vermochten, und die europäischen Länder, die Sklavenhandel betrieben, erlaubten es nach und nach auch privaten Geschäftsleuten, Sklavenschiffe auf die Reise zu schicken. Das britische Parlament unternahm 1698 den ersten Schritt, als es Privatunternehmern gestattete, sich am Sklavenhandel zu beteiligen, wenn sie eine Abgabe von zehn Prozent an die Royal African Company entrichteten. Die französische Regierung ließ zunächst einmal in der Zeitspanne von 1713 bis 1722 den privaten Sklavenhandel zu und gab ihn dann endgültig im Jahr 1725 frei. In Frankreich fand man keine Gruppe, die ein auf einem freien Unternehmertum gründendes kapitalistisches Wirtschaftssystem eloquenter befürwortete als die Kaufmannschaft von Nantes. Die Holländer schlossen sich dem englischen und französischen Vorbild an, indem sie den Sklavenhandel 1730 freigaben. Danach ging dieser Handel überwiegend in die Hände unabhängiger Unternehmer über, und einzelne Schiffseigner und verschiedene Hafenstädte konkurrierten miteinander um die Einträge aus diesem Geschäft.

Zu denen, die sich nach 1725 am Sklavenhandel zu beteiligen versuchten, gehörten auch Guillaume und François Billy, zwei Brüder aus der kleinen Hafenstadt Vannes, die wenige Meilen nördlich von Nantes an der Küste der Bretagne lag. Der wirtschaftliche Erfolg von Nantes war ihnen sehr bewusst, und sie hofften nicht nur, sich mithilfe des Sklavenhandels persönlich bereichern zu können, sondern auch Vannes aus einer schon länger anhaltenden Periode demografischen Abstiegs und ökonomischer Rezession herausführen zu können. Sie kauften daher ein Schiff, heuerten eine Mannschaft an und rüsteten die *Diligent* für die Fahrt nach Westafrika und Martinique aus: Sie war das erste Sklavenschiff, das jemals von Vannes aus in See stach.

Es scheint Ironie darin zu liegen, dass eine auf lokaler Ebene getroffene Entscheidung, die in einer die Stadt Vannes betreffenden Politik und in dort herrschenden gesellschaftlichen Rivalitäten wurzelte, in so weit entfernten Regionen wie Westafrika und Westindien auf tragische Weise auf das Leben von Menschen einwirken sollte. In den auf vielfältige Weise miteinander verflochtenen Welten des Sklavenhandels konnten lokale Entscheidungen internationale Konsequenzen haben. Die kommerziellen Aktivitäten Robert Durands und seiner Gefährten als Sklavenhändler an der westafrikanischen Küste beispielsweise wurden von regionalen Geschehnissen wie dem Aufstieg des Militärstaates Dahomey und der Kontroverse zwischen König Agaja von Dahome und Hauptmann Assou von Whydah stark beeinflusst. Die Mannschaft der *Diligent* und die Gefangenen an Bord hätten nie den Atlantik überqueren können, wenn die Bewohner der Inseln Principe und São Tomé sich nicht nach dem Zusammenbruch der lokalen Zuckerindustrie darauf spezialisiert hätten, Lebensmittel für die Sklavenschiffe zu produzieren. Als die *Diligent* mit ihrer menschlichen Fracht Martinique erreichte, wurden die Bedingungen für deren Verkauf von einer Krise der dortigen Wirtschaft, die Folge der Verwüstung der Kakaoplantagen war, geprägt.

Kurz gesagt: Eine Fahrt, die von Europa über Afrika bis nach Amerika verlief – also drei Kontinente miteinander verband –, wurde sehr stark von lokalen Ereignissen und lokalen Rivalitäten in vielen weit auseinander liegenden Regionen des Atlantiks bestimmt. Es gab keinen alles miteinander verbindenden »globalen« Kontext, nur eine Reihe von einander überschneidenden lokalen Kontexten, innerhalb derer die Interessen der Brüder Billy mit denen des Königs Agaja von Dahomey (Dahome), des Hauptmanns Assou von Whydah, der Lebensmittelproduzenten von São Tomé, der europäischen Zuckerpflanzer von Martinique und vieler anderer Menschen kollidierten. Die Bewohner dieser verschiedenen Orte und Regionen nahmen alle auf sehr unterschiedliche Art und Weise und aus sehr unterschiedlichen Gründen am Sklavenhandel teil, waren aber in ihrer Gesamtheit entscheidend dafür, dass die Fahrt der *Diligent* so ablief, wie sie es tat. Eine Art »Logik lokaler Interessen« war auf atlantikweiter Ebene am Werk.

In keiner der verschiedenen Regionen war der Sklavenhandel ein isolierter Tätigkeitsbereich. Er war immer mit der lokalen Wirtschaft und Politik, mit den örtlichen gesellschaftlichen Bestrebungen verbunden. Europäer, die in den Sklavenhandel investierten, beteiligten sich auch an anderen Geschäften. Ein Schiff, das mit einer Ladung Sklaven in die Karibik segelte, konnte auf seiner nächsten Fahrt durchaus Wein oder Getreide befördern.

In Afrika konnten die Sklavenhändler außer ihrer üblichen »Ware« ebenso gut Gold oder Elfenbein zum Kauf anbieten, und Königs Agajas Geschäfte mit Sklaven können nicht von der von ihm betriebenen militärischen Expansion seines Reiches abgetrennt werden. Wohlhabende Eingeborene in den Hafenorten an der westafrikanischen Küste verkauften Sklaven an die Europäer, behielten aber auch viele für sich, damit sie ihre Felder bestellten oder ihnen im Haushalt dienten. Auf Martinique folgten die Besitzer von Zuckerrohrplantagen beim Erwerb oder auch Verkauf von Sklaven dem Wachstums- und Ernterhythmus.

Gleichzeitig jedoch wurden im frühen 18. Jahrhundert überall in den Ländern am Atlantik rein lokale Interessen durch die ökonomischen Möglichkeiten des Sklavenhandels wie auch durch seine gesellschaftliche Destruktivität beeinflusst. So verführerisch konnte die Aussicht auf große Gewinne aus dem Handel mit menschlichen Arbeitskräften sein, dass ihretwegen ganze Wirtschaftssysteme umgeformt wurden, moralische Empfindungen sich wandelten und die Politik eines Staates eine neue Ausrichtung erfuhr. Der Sklavenhandel wirkte sogar auf den Aufstieg und den Fall von Königreichen ein. In Frankreich hatte er die Wirtschaft der Stadt Nantes vollkommen gewandelt, und den führenden Bürgern von Vannes hatte er den Kopf verdreht. In Westafrika begünstigte er das Aufkommen neuer Militärstaaten wie Asante und Dahomey. Die Zuckerinseln in der Karibik wurden völlig abhängig von einer ständigen Versorgung mit neuen Sklaven. Was dem atlantischen Sklavenhandel eine derart finstere Dimension verlieh, war die Tatsache, dass er so stark divergierenden Interessen an so vielen verschiedenen Orten entgegenkommen konnte. Die französischen Eigner der *Diligent*, der König von Dahomey, die Bauern auf São Tomé und die Pflanzer auf Martinique hatten sehr wenig miteinander gemein – außer dem Glauben daran, dass eine Beteiligung am Sklavenhandel gewinnbringend für sie sein würde. Die Fahrt der *Diligent* tangierte all diese Orte, indem sie die in ihnen herrschenden Interessen für einen flüchtigen Moment im Ablauf der Zeit miteinander verband. Kein Ort, den die *Diligent* anlief, war danach noch ganz derselbe wie vorher.

Als das Schiff 1731 in See stach, begab es sich auf die Reise durch eine Welt, die sich im Übergang befand. In Europa hatten die Engländer, die Franzosen und die Holländer den Sklavenhandel endlich auch für private Kaufleute freigegeben, Schiffe der großen Handelskompanien konkurrierten aber noch mit denen privater Eigner, und die Monopolgesellschaften kontrollierten immer noch ihre Forts und Kastelle in Übersee. An der westafrikanischen Küste war die freie Handelspolitik der kleinen afrikanischen Staaten, die im 17. Jahrhundert die Wirtschaft der Gold- und der Sklavenküste entscheidend geprägt hatte, dabei, den monopolistischen Praktiken der neuen Militärreiche Asante und Dahomey zu weichen. Die Überbleibsel der alten Handelsstaaten trugen noch Rückzugsgefechte gegen die neuen Reiche aus, als die *Diligent* im Golf von Guinea eintraf. Auf der von Portugal kontrollierten Insel São Tomé bemühten schwarze Priester sich darum, die letzten Spuren von Rassismus aus der Kirchenhierarchie zu eliminieren. Auf Martinique war die Einführung des Kaffeeanbaus dabei, die Lebensweise und die Arbeit der Sklaven zu verändern. An jedem dieser Orte nahm Robert Durand mitten im Chaos des Übergangs sowohl die alte Ordnung als auch die neue wahr.

In dem vorliegenden Buch soll die Reise der *Diligent* so rekonstruiert werden, dass jede der verschiedenen »Welten«, die das Schiff durchquerte, und die verschiedenen lokalen Interessen, welche die Auswirkung der Fahrt und ihr Ergebnis prägten, sichtbar werden. Diese Interessen waren mit Sicherheit wirtschaftlicher Natur, aber auch gesellschaftlicher, politischer und sogar religiöser. Ich habe versucht, das Geschehen und das Treiben in den alten Häfen von Nantes und Vannes, aus denen die Sklavenschiffe ihre Reisen antraten, wieder zum Leben zu erwecken, ebenso wie das in den Forts und Handelsstationen an der westafrikanischen Goldküste, in den afrikanischen Königreichen Whydah und Dahomey und auf den Kapverdischen Inseln, auf São Tomé und Martinique. Das sind die verschiedenen »Kontexte«, welche die Fahrt prägten. Als die *Diligent* durch diese verschiedenen Welten hindurchglitt, entwickelte sich ihr Erster Leutnant Robert Durand von einem unschuldigen Seeoffizier zu einem abgebrühten Sklavenhändler, und das Leben von 256 Afrikanern wandelte sich in tragischer Weise. Neun von ihnen überstanden die »Mittelpassage« nicht.

Jede der annähernd 40 000 Fahrten von Sklavenschiffen, die zusammen den atlantischen Sklavenhandel ausmachten, war in mehr als einer Hinsicht einzigartig, geprägt durch die Zeit, in der sie stattfand, und die geografische Route, durch die Persönlichkeit der an ihr Beteiligten und durch deren

Interessen. Jede besitzt ihre eigenen Geschichten, von denen aber die meisten nicht erzählt werden können, weil wir keine Informationen über sie besitzen. Im Folgenden soll eine dieser Geschichten wieder zum Leben erweckt werden. Da sie in einer besonderen Zeit verankert und an ganz besondere Lokalitäten gebunden ist, erhebt sie keinen Anspruch darauf, *die* Geschichte des Sklavenhandels in seiner Gesamtheit zu sein. Keine Darstellung einer Einzelfahrt könnte dies sein. Im Folgenden wird *eine* Geschichte von den Aktivitäten der Sklavenhändler an bestimmten Orten zu einem bestimmten Zeitpunkt in der Vergangenheit erzählt. Und diese Geschichte kann einen kleinen Lichtstrahl in den finsteren, sonst eher verborgenen Bereich der Unternehmungen der Länder am Atlantik während einer entscheidenden Periode wirtschaftlichen und politischen Wandels werfen.

Als die 256 Westafrikaner, deren Namen wir nie in Erfahrung bringen werden, in Eisen geschlossen, dicht nebeneinander gepackt auf dem erstickend heißen und stinkenden Unterdeck der *Diligent* lagen, müssen ihnen viele Fragen durch den Kopf geschossen sein. Wer hatte das Schiff entsandt? Warum war es entsandt worden? Was für einen Gewinn hoffte man daraus zu ziehen? Warum ließ man es zu, dass ein solcher Handel existierte? Das vorliegende Buch ist ein verspäteter Versuch, diese Fragen zu beantworten.

Teil 1

Eine Frage der Moral

I

Vannes, 31. Mai 1731

Als sich die ersten Strahlen der Morgensonne zur Küste der Bretagne vortasteten, verwandelten sie die Hafenstadt Vannes in ein Mosaik aus hell leuchtenden Streifen und länglichen Schatten. Die Sonne legte sich zuerst auf die östlichen Stadtmauern und die Türme der Stadttore, der Porte Prison und der Porte Paterne, dann ließ sie die Zwillingstürme der Kathedrale Saint-Pierre aufleuchten. Südwestlich der Stadt brach sie sich in glitzernden Reflexen auf den Wellen im Golf von Morbihan und tauchte die weiß getünchten Katen auf der Ile aux Moines in gleißendes Licht. Sie fiel auch auf die hohen Masten eines Schiffes, das an der Spitze einer kleinen Landzunge lag, die von der Insel ins Meer ragte, und zwang die Matrosen, die gerade die Wanten heraufkletterten, dazu, ihre Augen zuzukneifen und eine Hand schützend vor sie zu legen. Die Masten, die Rahen, das Tauwerk und der Rumpf des Seglers, der den Namen *Diligent* führte, warfen lang gezogene Schatten auf die tanzenden Wogen.

Die *Diligent* war ein kleines Schiff; auf Höhe des Hauptdecks betrug ihre Länge nicht mehr als 21 Meter. Vier Kanonen, aus denen man Kugeln von sechs Pfund Gewicht abfeuern konnte, lugten auf jeder Seite des Oberdecks aus ihren Stückpforten hervor. Am Bug erhob sich auf dem Deck eine »Back«, in der die Kombüse untergebracht war, zum Heck hin gab es einen ähnlichen Aufbau, in dem sich die Unterkünfte der Offiziere befanden. Drei Masten ragten gen Himmel, von denen der mittlere, der Großmast, über 18 Meter hoch war. An ihm wie auch dem Fockmast vorne konnten jeweils drei quadratische Segel gesetzt werden, während vom hinteren Besanmast aus eine Rah in Richtung Heck schräg nach oben wies, die als Befestigung für ein großes, dreieckiges Lateinsegel diente. Die *Diligent* war sechseinhalb Meter breit und hatte voll beladen einen Tiefgang von nur dreieinhalb Metern. Da ihre Breite fast ein Drittel ihrer Länge betrug, sie mit anderen Worten eine Art schwimmender Zuber war, war für jeden erfahrenen Seemann sofort klar, dass sie als Getreidetransporter gebaut worden war, dazu bestimmt, den Weizen, den Hafer und den Roggen, der auf

1.1 Mit ihren drei Masten und einem Lateinsegel am Besanmast muss die *Diligent* diesem Schiff auf einem Gemälde Claude-Joseph Vernets von 1755 sehr ähnlich gesehen haben.

den Feldern im Hinterland von Vannes angebaut wurde, in die nahe gelegenen Häfen von Nantes und Bordeaux oder vielleicht auch bis nach Spanien zu befördern.

Der Erste Leutnant Robert Durand, ein hochgewachsener junger Mann mit braunem Haar, nahm den ersten Eintrag ins Schiffstagebuch vor, bevor die *Diligent* ihren Anker lichtete. Mit einem eleganten Schlenker seines Gänsekiels malte er den Buchstaben »A« hin, dreieinhalb Zentimeter hoch und oben und unten in zierliche Schnörkel auslaufend. In großen Buchstaben schrieb er dann auf Latein weiter, bis er *Ad Majorem Dei Gloriam Virginis q: Mariae* zu Papier gebracht hatte: *Zum größeren Ruhme Gottes und der Jungfrau Maria.* Vom Lateinischen ins Französische übergehend, hielt er anschließend fest, welches das Ziel der Reise war. »Mit der Hilfe Gottes«, schrieb er, »unternehmen wir es, von Vannes, wo wir für unsere Fahrt seeklar gemacht wurden, mit dem Schiff *Diligent*, welches den Brüdern Billy und M. La Croix, unseren Ausrüstern, gehört, zur Küste von Guinea zu segeln und von dort nach Martinique, um daselbst unsere Schwarzen zu verkaufen und dann nach Vannes zurückzukehren.«[1]

Was einen an Robert Durands Worten vor allem anderen frösteln macht, ist der nüchterne und geschäftsmäßige Ton. Er schrieb über den Handel mit Menschen genauso, wie er über den Verkauf von Fässern voll Wein oder einer Ladung Weizen geschrieben hätte. Seine Worte enthalten keinerlei Hinweis darauf, dass seine Mission ihn mit einem Gefühl von Scham oder mit moralischen Zweifeln erfüllte. Wäre dies der Fall gewesen, so hätte er die Reise nicht gleich zum Auftakt mit solch prächtigem Schnörkel der Mehrung des Ruhmes »Gottes und der Jungfrau Maria« gewidmet. Dabei war Durand kein hartgesottener Sklavenhändler; er zählte erst 26 Jahre, und dies sollte seine erste Fahrt nach Afrika sein.

Wenn die Einstellung, die es Robert Durand erlaubte, eine derart niederträchtige Mission in solch sachlichen, prosaischen Formulierungen zu umreißen, nicht durch seine persönlichen Erfahrungen geprägt worden war, dann muss sie mit einer allgemeineren Denkweise übereingestimmt haben, die im frühen 18. Jahrhundert in den Häfen der Bretagne, von denen aus die Sklavenschiffe in See stachen, gang und gäbe war. Inwieweit der Sklavenhandel moralisch zu rechtfertigen war, wurde während der ersten Hälfte des 18. Jahrhunderts in Frankreich so gut wie gar nicht in der Öffentlichkeit diskutiert. Die meisten Persönlichkeiten des öffentlichen Lebens waren zu sehr von Problemen vereinnahmt wie den Kriegen, die das Land führte, Hungersnöten, Geldverfall, Steuern, religiösen Streitigkeiten und den vielen ganz alltäglichen Gewalttaten, um sich den Kopf über die Sklavenschiffe zu zerbrechen, die von ein paar französischen Häfen aus auf Fahrt gingen. In diesen Tagen wurde weit häufiger über den Handel mit Getreide diskutiert als über den mit Menschen.[2]

Wenn überhaupt irgendwo in Frankreich das Thema Sklavenhandel zur Sprache kam, dann in den Häfen, die an diesem Handel beteiligt waren. Doch auch dann drehten sich die Gespräche lediglich um Dinge wie die Möglichkeit, sich Sklaven zu beschaffen, um Profite, Tarife und Prämien. Gleichwohl sollte sich eine der höchst seltenen Gelegenheiten zu einer Eruption moralischer Fragen, die der Sklavenhandel aufwarf, ergeben. Die Diskussionen, die damals geführt wurden, gewähren uns einen flüchtigen Einblick in Gedanken und Gefühle der Menschen einer vergangenen Zeit, die uns sonst verborgen bleiben würden

Zu dieser Eruption kam es 1714 in Nantes, einer Stadt, 100 Kilometer südöstlich von Vannes ebenfalls an der Küste der Bretagne gelegen, in einer Entfernung also, die sich mit der Eilkutsche in sechs Stunden zurücklegen ließ. Nicholas De Fer, ein Pariser Kartenzeichner und »Geograph Seiner Katholischen Majestät«, beschrieb Nantes 1716 als »die größte Stadt der Bretagne, wenn sie auch die Hauptstadt von nichts anderem als ihrem eigenen Hinterland ist. Sie liegt an der Loire, ein Dutzend Meilen von der Stelle entfernt, wo dieser Fluss ins Meer mündet. Es ist einer der berühmtesten Häfen Europas mit einer langen und schönen Brücke, welche durch mehrere sehr reizende Inseln unterbrochen ist. Die Stadt besitzt ein befestigtes Schloss; sie ist der Sitz einer Diözese, welche der Erzdiözese von Tours untersteht; sie weist ein *Présidial*-Gericht auf, … einen Rechnungshof und eine Universität. Das Meer, dessen Fluten an ihren Kai heranreichen, macht sie zu einer wichtigen Handelsstadt.«[3]

Was De Fer zu erwähnen unterließ, war, dass Nantes dabei war, sich zum führenden Hafen Frankreichs zu entwickeln, was den Sklavenhandel anbelangte. 1714 stachen von diesem Hafen aus drei Viertel aller französischen Sklavenschiffe in See. Nantes wies zu der Zeit mehr als 40 000 Einwohner auf und hatte sich jenseits der alten Stadtmauern in zahlreiche Vororte zergliedert. Das Nordufer der Loire, das außerhalb der Wallanlagen lag, war das eigentliche Zentrum finanzieller und kommerzieller Aktivitäten, und dort befanden sich auch die Hellingen für die Sklavenschiffe, die man nach Afrika aussandte. Diese Schiffe legten nicht in Nantes selbst an, weil die versinterten Fahrrinnen für Fahrzeuge von mehr als 50 Tonnen unpassierbar waren, sondern gingen weiter flussabwärts vor Anker, sodass Güter und Besatzungsmitglieder auf kleinen Booten, den *gabares*, zwischen ihnen und der Stadt hin- und hertransportiert werden mussten.[4]

Trotz des geschäftigen Treibens ein paar Meilen flussaufwärts war der Sklavenhandel für die Bürger von Nantes etwas Abstraktes; seine Realität blieb ihnen verschleiert. Am Kai bekamen sie keine Sklavenschiffe zu sehen und auch keine Sklaven. Wenn die Segler nach Guinea aufbrachen, waren ihre Laderäume voll Tuch, Weinbrand und Kaurimuscheln, und kehrten sie dann über ein Jahr später zurück, so bestand ihre Ladung aus Zucker, Baumwolle und Indigo, Güter, die in der Karibik angekauft worden waren. Die Sklaven wurden an der afrikanischen Küste an Bord genommen und an Zuckerrohrpflanzer in den Kolonien verkauft, die Frankreich damals in der Karibik besaß: Sie kamen nie näher als 1000 Meilen an Nantes heran. Die Einzigen von ihnen, die jemals ihren Fuß in die Stadt setzten, waren die schwarzen Diener und Dienerinnen, welche die Plantagenbesitzer von den karibischen Inseln mitbrachten, wenn sie Frankreich einen Besuch abstatteten. Eine solche Dienerin war es, die den Schleier zerriss und die Diskussion über die Sklaverei in das öffentliche Bewusstsein drängte.

Die Ereignisse, die eine erbitterte Auseinandersetzung auslösten, nahmen zu Beginn des Jahres 1714 ihren Anfang.

Nantes, Januar 1714

Eine schwarze, von einem einzigen Pferd gezogene Kutsche bahnt sich ihren Weg durch den kühlen Dunst, mit dem der Winterregen die engen Gassen der Stadt erfüllt hat. Schlamm und Dung bleiben an ihren Rädern haften, die feines Sprühwasser aufsteigen lassen – in das sich vor den Läden der Metzger auch Blut mischt –, wenn sie durch die Pfützen rollen. Die Giebel vierstöckiger Fachwerkhäuser neigen sich von beiden Seiten zur Straßenmitte vor, sodass der Eindruck eines überdachten Ganges entsteht, in den von oben her lediglich wenig Licht einfällt. Die Häuser machen die Straße sogar mitten am Tag finster.

Die Kutsche rollt nur langsam dahin, um den Schweinen, Enten und Hühnern Gelegenheit zur Flucht zu geben, die sich die Straße mit Leuten, die zu Fuß ihren verschiedenen Zielen entgegeneilen, mit Hausierern und Lieferburschen mit ihren Handkarren teilen. Vor allem gilt es, eine Begegnung mit den Ochsengespannen zu vermeiden, da an den weit ausladenden Jochen der Zugtiere in den engen Gassen kein Vobeikommen ist.[5] Weiter vorne sieht der Kutscher jetzt zwei runde Türme aufragen, von deren spitzen Dachaufsätzen das Regenwasser herunterrinnt. Das ist das Tor von Saint-Nicholas, die einzige Öffnung in der Stadtmauer in Richtung Westen. Durch dieses Stadttor gelangt die Kutsche endlich ins Freie, wo sich bis zum Horizont die Bäume, Wiesen und kleinen Bürgerhäuser des Vororts Bignon Ebard ausbreiten.

Auf der anderen Seite der schmalen Brücke, die sich über die stehenden Gewässer des Stadtgrabens spannt, gabelt sich die Straße. Der linke Arm führt am rechten Ufer der Loire entlang, an der Börse und den Dockanlagen des Quai de la Fosse vorbei – den Zentren der kommerziellen Aktivität von Nantes. Einige der Arbeiter auf dem Kai sind gerade dabei, Handelsgüter auf zwei Sklavenschiffe zu schaffen: die *Sainte-Agnes*, deren Ziel Gabun ist, und die *Grand Duc de la Bretagne*, die nach Angola segeln soll.[6] Obwohl die Schiffe ein gutes Stück flussabwärts, außer Sichtweite, ankern, wird ihre Anwesenheit durch die *garbares* angezeigt, die zwischen den Dockanlagen und den beiden Seglern hin- und herrudern.

Anstatt die Docks anzusteuern, biegt die Kutsche jedoch scharf nach rechts auf den unbefestigten Weg ab, der parallel zum Stadtgraben und den Wallanlagen verläuft. Hier sind die Pfützen gefährlicher als auf den Gassen in der Stadt, da sich unter ihrer Oberfläche manchmal nahezu bodenlose Löcher verbergen. Später wird der Bürgermeister einmal scherzen, einige dieser Löcher seien so tief, dass man in ihnen ertrinken könnte.[7] Sich in langsamer Fahrt einen Weg zwischen den Pfützen hindurch und über die Wagenrinnen suchend, rollt die Kutsche weiter nach Norden, ungefähr 300 Meter weit von der Loire weg, bevor sie dann nach links in einen engen Weg einbiegt.[8]

Der auf beiden Seiten mit Bäumen bestandene »Kalvarienweg«[9] genießt einen zwiespältigen Ruf. Es ist ein Privatweg, der zum Kloster Notre-Dame du Calvaire hochsteigt, wo er endet. Dadurch erhält er die Aura des Frommen und Gesitteten, die sein Name impliziert; er ist aber auch berüchtigt dafür, dass sich hinter den Bäumen an seinen Rändern die Matrosen von den auf der Loire vor Anker gegangenen Schiffen mit leichten Mädchen aus der Stadt vergnügen. Im Januar finden hier allerdings keinerlei amouröse Aktivitäten statt, da die Wiesen, die den Weg in seinem unteren Teil flankieren, durch die vielen Regengüsse des Winters überflutet sind. Je mehr der Weg ansteigt, desto flacher werden die Pfützen und Wagenspuren. Oben auf der Kuppe des Hügels, direkt nachdem sie eine kleine Kapelle passiert hat, kommt die Kutsche vor der Pforte des Klosters zum Stehen.[10]

Eine Frau und ein junges Mädchen, beide in Kapuzenumhänge gehüllt, steigen aus. Als sie sich durch den Dunst der Pforte nähern, hebt die Ältere der beiden ihre Röcke etwas an, damit sie nicht durch die Wasserlachen schleifen. Im Inneren des Klosters legt sie mithilfe des Mädchens ihren Umhang ab. Sie trägt ein Gewand, das in der Art der »offenen Robe« geschnitten ist und im frühen 18. Jahrhundert als schick gilt. Derart modische Kleidung in einem solch ernsten und nüchternen Ambiente gibt einen Hinweis darauf, dass die Trägerin wohl aus einer anderen Stadt stammt oder womöglich einer Pflanzerfamilie angehört, die auf einer der von Frankreich kolonisierten Inseln in der Karibik zu Hause sind. Die Besitzer von Zuckerrohrplantagen und ihre Frauen und Kinder sind in Nantes für die auffällige, protzige Art, sich zu kleiden, verschrien.[11] Als das Mädchen, nachdem es der Dame beim Ablegen ihres Umhangs behilflich war, selbst sein Obergewand und seine Handschuhe ablegt, werden im trüben Licht, das im Inneren des Klosters herrscht, krauses Haar und schwarze Haut sichtbar.

Bei der Dame handelte es sich um Madame Villeneuve, die Angehörige einer Pflanzerfamilie, die auf »den Inseln«, wie man in Nantes die französischen Kolonien in der Karibik einfach nur nannte, beheimatet war. Das schwarze Mädchen hieß Pauline und war Madame Villeneuves Sklavin. Ihre Herrin hatte Pauline mitgenommen, um sich von ihr während der Fahrt über den Atlantik und ihres Aufenthalts in Nantes bedienen zu lassen. Jetzt aber wollte sie sich für ein Jahr nach Paris begeben, wo sie in einem Haus Aufnahme finden würde, das aller Wahrscheinlichkeit nach schon reichlich über Dienstboten verfügte. Das Mädchen sollte daher als eine Art Pensionsgast in dem Kloster unterkommen, wo man ihm Frömmigkeit, Disziplin, Demut und gute Manieren beibringen würde – Eigenschaften, die einer Leibdienerin nur zum Vorteil gereichen konnten. Nachdem Madame Villeneuve die Summe von 200 Livre für den einjährigen Aufenthalt ihrer Sklavin im Voraus entrichtet hatte, wurde diese als »Pauline Villeneuve« in das Gästeverzeichnis des Konvents eingetragen.[12]

Eine Nonne in einem Habit aus braunem Leinen mit weiten Ärmeln und mit einem schwarzen Schleier vor dem Gesicht führte die beiden Besucherinnen an der Küche, dem Speisesaal und dem Versammlungsraum vorbei zum Westflügel des Klostergebäudes, dem so genannten »Pensionat«. Von den vier Flügeln, die den in der Mitte gelegenen Innenhof umgaben, war jener mit dem Pensionat nahezu doppelt so breit gebaut worden wie die anderen, sodass die Gästezimmer in seinem Inneren viel geräumiger waren als die winzigen Kammern, die den Nonnen als Behausung dienten. Einige der Gäste lebten mit Dienstboten und Familienmitgliedern in regelrechten Wohnungen, Pauline jedoch würde eine der »petites pensionnaires« sein und einen sehr viel bescheideneren Raum beziehen. Ihr kleines Gemach besaß ein Fenster, das auf den zentralen Innenhof führte, in dem man oft Nonnen sehen konnte, die dort schweigend und in Kontemplation versunken umherwandelten.[13] Nachdem sie Pauline letzte Anweisungen gegeben und sich von ihr verabschiedet hatte, bestieg Madame Villeneuve wieder die Kutsche, um sich ins Stadtinnere zurückfahren zu lassen.

Obwohl sie ein Sklavenmädchen von einer karibischen Insel war, war Pauline durchaus mit dem katholischen Glauben vertraut. Der *Code Noir*, der Gesetzeskodex, welcher die Sklavenhaltung in den Kolonien in der Karibik regelte, verfügte, dass alle Sklaven getauft werden und die Genehmigung erhalten sollten, sonntags den Gottesdienst zu besuchen. Ob man sich auf den abgelegenen Plantagen wirklich an diese Vorschriften hielt, ist zu bezweifeln, da aber Pauline die persönliche Zofe von Madame Villeneuve war, darf man davon ausgehen, dass ihr die katholische Liturgie und die Grundzüge religiöser Rituale schon bekannt waren, bevor sie mit ihrer Herrin in Nantes eintraf. Nun, in den Wochen nach ihrer Ankunft, lernte Pauline viel über das Leben in Notre-Dame du Calvaire. Das höchste Ziel der Benediktinerschwestern bestand darin, jenen Grad spiritueller Vollkommenheit zu erreichen, welchen die Jungfrau Maria am Fuß des Kreuzes verkörperte.[14] Die Regeln und Bräuche des Konvents waren so festgelegt, dass sie den Nonnen helfen sollten, diese Vergeistigung zu erlangen, und zwar durch ein Leben in Armut, in Demut, in Keuschheit, im Schweigen und im Gebet.

Ein Dasein in Armut und Demut schien den Nonnen schon durch die Architektur der Klostergebäude auferlegt zu werden. Ihre Zellen waren klein, weniger als drei mal drei Meter groß, und sie enthielten nichts außer einem Bettgestell mit einem Strohsack darauf, zwei Hockern, einem kleinen Schreibpult und einem Betschemel.[15] Die Schwestern durften keinen Tisch besitzen, keine Truhe und keinen verschließbaren Schrank. Wärme spendete nur eine flache Kohlenpfanne, die sich unter das Schreibpult schieben ließ. Im Winter durfte man sich zweimal am Tag in dem Gemeinschaftsraum im ersten Stock aufwärmen, wo mit glühender Holzkohle gefüllte Becken aufgestellt waren. Schweigen zu wahren war ein wichtiger Bestandteil des klösterlichen Alltags; sonntags und mittwochs wurde das Gebot jedoch bei Entspannungsphasen vorübergehend außer Kraft gesetzt und montags und donnerstags bei allgemeinen Zusammenkünften.[16]

Trotz der strengen Zucht, die in dem Kloster herrschte, konnte dieses sich rühmen, dass seine Ordensschwestern aus den vornehmsten Familien von Nantes kamen. Viele von ihn entstammten dem alten Landadel, andere waren Töchter von Mitgliedern des *Parlement* der Bretagne, von Angehörigen des Präsidialgerichtshofs oder des Rechnungshofs von Nantes. Auch das Bürgertum war vertreten: Etliche Nonnen waren die Töchter von Kaufleuten, deren Häuser und Läden die Ufer der Loire säumten, oder auch von Männern, die ihren Namen den Titel »der Edle« oder auch »der Ehrenwerte« hinzufügten – was immer verriet, dass sie von bürgerlichem Stand waren.[17]

Im Laufe der Monate gewöhnte Pauline sich zunehmend in das Leben im Konvent ein, und die ihr fremden Riten, die sie anfangs nur als Außenstehende mitverfolgt hatte, wurden ihr allmählich vertraut. Sie entwickelte Respekt vor einigen der Klosterschwestern und empfand auch Zuneigung zu ihnen, und die Nonnen erwiderten diese Gefühle.[18] Als der Zeitpunkt näher rückte, an dem ihre Herrin sie wieder abholen würde, um mit ihr zurück auf »die Inseln« zu reisen, begann Pauline ernsthaft mit dem Gedanken zu spielen, der Klostergemeinschaft als Nonne beizutreten. Ob sie diese Entscheidung aus echter religiöser Überzeugung traf oder weil sie einfach nicht als Sklavin in die Kolonien zurückkehren wollte, lässt sich nur schwer ermitteln. Vermutlich spielte beides eine Rolle.

In jedem Fall kann ihr der Entschluss nicht leicht gefallen sein, denn sowohl das Leben einer Nonne als auch das einer Sklavin standen im Zeichen völliger Bedürfnislosigkeit, Selbsterniedrigung und Gehorsam. An der mit anderen geteilten Armut, dem Gemeinschaftsgefühl und dem Streben nach höheren Stufen spiritueller Vervollkommnung war aber etwas, das der Klosterordnung eine andere Dimension verlieh als der harten Zucht, die auf einer Plantage herrschte. Pauline wusste auch, dass es ihr nicht wirklich freistand, selbst über ihre Zukunft zu entscheiden, da sie ja Madame Villeneuves Eigentum war. Sie führte lange Gespräche mit Schwester Anna von der Kreuzigung, der Priorin des Klosters. Am Ende war Pauline entschlossen, um ihr Recht, Nonne zu werden, zu kämpfen, und die Mutter Oberin würde sie dabei mit allen Mitteln unterstützen.

Als man Madame Villeneuve von dieser Entscheidung in Kenntnis setzte, verweigerte sie ihre Einwilligung: Pauline war schließlich ihr persönlicher Besitz. Das Mädchen beharrte jedoch seinerseits darauf, seiner neu entdeckten Berufung zu folgen. Da sie erkannte, dass die sich anbahnende Auseinandersetzung erbittert sein würde, suchte die Priorin Hilfe beim Generalvisitator des Ordens. Die Gemeinschaft der Schwestern vom Kalvarienberg war so organisiert, dass Angehörigen beider Geschlechter eine bestimmte Autorität zukam. Die Oberinnen des Ordens konnten Männer, die Macht und Einfluss besaßen, um Unterstützung und Schutz ersuchen, wenn sich schwer zu bewältigende Probleme auftaten. Als Generalvisitator fungierte der Abt von Gimont, Etienne du Bourg, der an der Sorbonne einen Doktorgrad in Theologie erworben hatte. Er hatte das Kloster in Nantes zuletzt im Juli des Jahres 1713 besucht. Nachdem er den Fall studiert hatte, entschied er sich, Pauline und der Priorin beizustehen, und es gelang ihm, die Unterstützung des Direktoriums und des Verwaltungsrats in Paris zu erlangen.[19]

Nachdem sich die Mutter Oberin, der Generalvisitator und das Direktorium in Paris solidarisch erklärt hatten, bestand das Hauptproblem darin, jemanden zu finden, der für Paulines Unterbringung und Versorgung aufkam. Die Gemeinschaft lebte von »Mitgiften«, doch die dürftigen Morgengaben, welche die Bräute Christi von ihren Familien erhielten und mitbrachten, deckten gerade einmal ihre eigenen Lebenshaltungskosten und trugen – wenn überhaupt – wenig dazu bei, die allgemeinen Kosten zu bestreiten. 1715 belief sich die Gesamteinnahme aus den Investitionen, die man mithilfe der von den Mädchen mitgebrachten Gelder getätigt hatte, auf gerade einmal 4444 Livre.[20] Angesichts dieser prekären finanziellen Situation konnte das

Kloster es sich kaum leisten, Pauline aufzunehmen, solange keine angemessene Summe für sie eingezahlt wurde. Der Generalvisitator machte sich daher auf die Suche nach einem Gönner, der willens war, eine Mitgift von 4000 Livre zur Verfügung zu stellen, außerdem 500 Livre für ihre Kleidung und andere lebensnotwendige Dinge sowie 200 Livre für ihre Verpflegung und Unterbringung während ihres einjährigen Noviziats zu zahlen.

Der Gönner, der sich in dieser entscheidenden Phase meldete, war René Darquistade, Schiffskapitän, Kaufmann und Finanzier. Er konnte sich die 4700 Livre, die Paulines Mitgift ausmachten, ohne weiteres leisten. Nur zwei Monate zuvor hatten er und Joachim Descasaux, der Onkel seiner Frau, Pläne geschmiedet, eine Million Livre in die Gründung einer neuen Überseehandelsgesellschaft zu investieren, die einige Funktionen der mittlerweile aufgelösten Ostindischen Kompanie übernehmen sollte. Was seinen mildtätigen Akt merkwürdig, ja beinahe absonderlich erscheinen lässt, ist die Tatsache, dass René Darquistade ein energischer Befürworter des Sklavenhandels war. Einige Zeit später würde er persönlich drei Reisen finanzieren, deren Zweck die Sklavenjagd war, und in viele weitere investieren. Außerdem sollte er das Amt des Bürgermeisters der Stadt während eines Zeitraums innehaben, in dem von Nantes aus mehr Sklavenschiffe in See stachen als von jedem anderen französischen Hafen.[21] Während eines kurzen Moments zu Beginn des Jahres 1715 überwog jedoch sein karitatives Gewissen seinen geschäftlichen Ehrgeiz, und er stellte die 4700 Livre zur Verfügung, die es einem schwarzen Sklavenmädchen von den Inseln gestatteten, die Freiheit zu erlangen. So versammelte sich am 25. Januar 1715 die ganze Gemeinschaft von Notre-Dame du Calvaire und beschloss, Pauline als Novizin aufzunehmen.

Madame Villeneuve gab jedoch nicht kampflos auf. Sie erhob Anklage beim Präsidialgerichtshof von Nantes mit der Begründung, dass Pauline ihr rechtmäßiges Eigentum sei und sie das Mädchen daher zurückfordere. Sie fügte an, dass sie daheim auf den Inseln einmal ein Kaufangebot von 500 Goldpiastern für Pauline abgelehnt habe; sollte ihre Sklavin die Freiheit erlangen, bedeute das also einen beträchtlichen materiellen Verlust für sie. Falls man ihr ihre Dienerin nicht zurückgebe, müsse sie zumindest eine finanzielle Entschädigung erhalten. Für sie ging es in diesem Fall ganz einfach um die Verletzung beziehungsweise um die Wahrung von Eigentumsrechten.

Dem Gericht stellte sich die Angelegenheit jedoch viel komplexer dar, da in Frankreich allgemein das Prinzip galt, dass ein Sklave, sobald er französischen Boden betrat, frei war. Obwohl dieses Prinzip nie kodifiziert, das heißt nie in ein Gesetz umgewandelt worden war, hatte man sich in der Vergangenheit immer wieder daran gehalten. 1538 war ein griechischer Leibeigener, der von einem italienischen Sklavenhändler nach Frankreich verschleppt worden war, dem »französischen Gewohnheitsrecht entsprechend« für frei erklärt worden. Und als ein normannischer Menschenhändler 1571 mit seiner »Ware« in Bordeaux eingetroffen war, hatte man ihn verhaftet und den Sklaven die Freiheit geschenkt. Als 1691 zwei Sklaven von der Insel Martinique als blinde Passagiere auf einem französischen Schiff nach Frankreich gelangt waren und dort um Asyl gebeten hatten, wurde das Problem Ludwig XIV. höchstselbst zur Entscheidung vorgelegt. Der Marineminister Pontchartrain fasste die Ansicht des Königs wie folgt zusammen: »Er hat es nicht für angemessen erachtet, sie auf die Inseln zurückzuschicken, da Sklaven, so sie ihren Fuß auf den Boden des Königreichs setzen, nach den diesbezüglichen Gesetzen ihre Freiheit erlangt haben.«[22]

Es lag eine ungeheure Ironie darin, dass der König sich zu diesem Dekret veranlasst sah, denn niemand anderer als er selbst hatte sechs Jahre zuvor die Folge von Gesetzen bekannt gegeben, die als *Code Noir* bezeichnet wurden und die juristische Basis für die Sklaverei in den Kolonien lieferten. Indem er im Fall der beiden Schwarzen, die sich auf dem Schiff versteckt hatten, die Gültigkeit des gewohnheitsmäßig angewandten Prinzips bestätigte, verkündete der König im Grunde, dass die Sklavenhaltung eine für die karibischen Inseln angemessene Einrichtung war, für Frankreich selbst hingegen nicht. Diese zwiespältige – beinahe schizophrene – Einstellung gegenüber der Sklaverei wurde 1698 vom Marineminister aufgenommen und noch einmal bekräftigt, als er an den Gouverneur der Inseln schrieb: »Seine Majestät befiehlt mir, Euch kundzutun, dass alle Sklaven, die von ihren Herren nach Frankreich mitgebracht werden, hier den Gesetzen und Gebräuchen des Königreichs entsprechend ihre Freiheit erlangen und nicht zur Rückkehr gezwungen werden können.« 1707 wurde diese Erklärung von Pontchartrain ein weiteres Mal wiederholt.[23] 1715 jedoch war der ältere Brauch schon seit einiger Zeit mit einer neueren Praxis kollidiert: Um sich davor zu schützen, dass ihnen die Sklaven weggenommen wurden, die sie nach Nantes begleiteten, ließen die Pflanzer sie sofort nach ihrer Ankunft im Hafen als ihr persönliches Besitztum eintragen.

Den Richtern des Präsidialgerichtshofs von Nantes, die über den Fall von Pauline Villeneuve zu befinden hatten, war die tradierte Praxis, Sklaven, die französischen Boden betraten, die Freiheit zu schenken, wohl bekannt, doch sie forschten vergeblich nach einem diesbezüglichen offiziellen Dekret oder einer schriftlich festgehaltenen Regelung. Nach beträchtlichem Zögern fällten sie ihre Entscheidung auf Grund eines rein formalen Sachverhalts. Gleichgültig ob mit der neuen Praxis, die Sklaven als persönliches Eigentum zu deklarieren, das alte Prinzip, ihnen bei ihrer Ankunft in Frankreich die Freiheit zu gewähren, außer Kraft gesetzt wurde oder nicht – Tatsache war, dass Madame Villeneuve es unterlassen hatte, Pauline nach ihrem Eintreffen in Nantes auf ihren Namen registrieren zu lassen. Man würde es dem Mädchen daher gestatten, in dem Kloster zu bleiben. Als sie ihr Urteil verkündeten, begründeten die Richter es mit der lateinischen Formel »*in favorem libertatis*«, womit sie sich auf ein wichtiges Prinzip des Römischen Rechts bezogen, dass nämlich in uneindeutigen Fällen immer »zu Gunsten der Freiheit« entschieden werden sollte.[24]

Während sich die Verhandlung des Falles am Präsidialgericht noch hinschleppte, war Pauline im Kloster damit beschäftigt, Latein zu lernen und sich in die Pflichten eines ganz dem Dienst Gottes und der Religion geweihten Daseins einführen zu lassen. Weil sie eine wohlklingende, klare Stimme hatte, sollte sie zur Kantorin ausgebildet werden, und sie verbrachte einen großen Teil ihrer Zeit damit, sich die frommen Lieder und liturgischen Gesänge einzuprägen. Am 27. Januar 1716, zwei Jahre nachdem sie das Kloster erstmals als Gast betreten hatte, stimmten die versammelten Nonnen dafür, sie in ihren Orden aufzunehmen. Als Pauline die braune Kutte und den schwarzen Schleier sowie das schwarze mit einer Kapuze versehene Chorgewand entgegennahm, begann eine sechsmonatige Probezeit für sie.

Am 27. Juli kamen die Schwestern wieder zu der dritten und letzten Pauline betreffenden Abstimmung zusammen. Ihre Aufnahme wurde bestätigt, und in der Folgezeit konnte sie sich darauf vorbereiten, die Gelübde abzulegen, mit denen sie sich für immer an Christus binden würde.

Bei der Zeremonie, deren Leitung Schwester Anna von der Kreuzigung oblag, intonierte Pauline dreimal im Wechsel mit dem Chor das *Suscipe*, das Gebet um Aufnahme. Dann sprach sie das Gelübde: »Ich, Schwester

1.2 Chorgewand der Nonnen von Notre-Dame du Calvaire.

Theresa, zuvor bekannt als Pauline Villeneuve, unwürdige Magd und allerdemütigste Dienerin der Jungfrau, der Mutter Gottes, schwöre Gott dem Allmächtigen und gelobe der glorreichen Jungfrau Maria und meinem glorreichen Vater, dem heiligen Benedikt, die erste und genau festgelegte Regel des heiligen Benedikt zu befolgen, und gelobe die Wandlung all meiner Sitten und all meines Betragens und fortan ein Leben in klösterlicher Abgeschiedenheit, in Armut, Keuschheit und Gehorsam gemäß den Statuten der Gemeinschaft bis ans Ende meiner Tage zu führen.«[25] Als sie diese Worte sprach, wurde Schwester Theresa geboren, und Pauline Villeneuve, das Sklavenmädchen von den Inseln, hatte offiziell zu existieren aufgehört.

2

Nantes, Frühjahr 1716

Die Entscheidung des Präsidialgerichtshofs, Pauline Villeneuve die Freiheit zu gewähren, wurde in Nantes in vielen Kreisen mit Bestürzung aufgenommen. Plantagenbesitzer von den Inseln, die sich zu Besuch in der Stadt aufhielten, fürchteten angesichts des Urteilsspruchs, ihre eigenen Sklaven, die sie zu ihrer persönlichen Bedienung mitgebracht hatten, könnten nun ermutigt werden, ebenfalls auf Freilassung zu dringen. Kaufleute, die Expeditionen zum Sklavenfang finanzierten und die Schiffe ausstatteten, die die Dreiecksroute von Nantes nach Afrika, von dort in die Karibik und danach zurück in die Heimat in Angriff nehmen sollten, waren besorgt, weil auch ihre Kapitäne und Offiziere bisweilen ein, zwei schwarze Diener mit in die Heimat brachten. Andere Einwohner der Stadt waren einfach nur verwirrt; ein Mann schrieb an den Marinerat: »Ich habe nicht zu entscheiden vermocht, welche Seite Recht hat – die Herren, welche fordern, dass die Sklaven, die sie mitführen, damit sie sie auf der Reise und während ihres Aufenthalts in Europa bedienen, nicht freigelassen werden, oder jene Sklaven, die ganz im Gegensatz dazu verlangen, dass man ihnen die Freiheit schenkt, sobald sie einen Fuß auf französischen Boden gesetzt haben.«[26]

Da mehr als 80 Prozent des französischen Sklavenhandels über Nantes abgewickelt wurden, war es natürlich keineswegs absonderlich, dass das Urteil dort Bedenken und Zweifel auslöste. Merkwürdig war jedoch, dass der Mann, der es sich zur Aufgabe machte, dafür zu sorgen, dass keine weiteren Sklaven durch Urteile des Präsidialgerichtshofs die Freiheit erlangten, weder ein Pflanzer noch ein Sklavenhändler war: Die Kampagne wurde von Gérard Mellier, dem staatlichen Schatzmeister für die Bretagne, angeführt. Da Mellier sich von Amts wegen nicht mit der Sache hätte befassen müssen, nahm er sich ihrer offensichtlich als Privatmann an. Vielleicht tat er es aus Gemeinschaftssinn heraus, das heißt, weil er vom Wunsch beseelt war, die wirtschaftliche Prosperität der Stadt Nantes vor Schaden zu bewahren; vielleicht dachte er aber auch bereits daran, für das Amt des Bürgermeisters zu kandidieren, und wollte sich bei den großen Schiffseignern und Reedern ins rechte Licht setzen. Er wurde tatsächlich 1720 zum Bürgermeister gewählt und hielt dieses Amt bis zu seinem Tod neun Jahre später inne.

In Melliers persönlichem Hintergrund gab es wenig, das ihn dafür prädestinierte, sich die Sache all derer, die am Sklavenhandel verdienten, zu Eigen zu machen. Er war noch nicht einmal in Nantes geboren worden, sondern in Lyon, und erst in die Stadt gekommen, als seine Mutter nach dem Tod seines Vaters hierher gezogen war. Bei dieser Gelegenheit hatte er auch seinen Stammbaum revidiert und sich als Angehöriger des Geschlechtes der Mellier, einer in Lyon ansässigen Familie von Seiden- und Gewürzhändlern, dargestellt, obwohl seine Vorfahren väterlicherseits in Wirklichkeit den Namen Jacquemeton getragen hatten. 1702, im Alter von 28 Jahren, hatte er das Amt des Schatzmeisters für die Bretagne erworben, und zwar mithilfe eines Darlehens von 63 000 Livre, das ihm von einem Onkel mütterlicherseits, Nicolas Ballet de la Chenardière, gewährt worden war; de la Chenardière selbst hatte sich nur sechs Jahre zuvor gegen eine ähnliche Summe einen Adelstitel erkauft.[27] Als jemand, der auf ein hohes Amt erpicht war und darauf, einen entsprechenden Status zu besitzen, nahm Mellier persönlich Abstand vom Handels- und Geschäftsleben der Stadt. Als er sich 1716 aufschwang, die Institution der Sklaverei zu verteidigen, waren daher auch die Schulden, die er bei seinem Onkel hatte, bei weitem noch nicht zurückgezahlt.

Als jemand, der nicht in der Bretagne geboren war und ein Amt bekleidete, das er mit geliehenem Geld gekauft hatte, musste er sich erst nach und nach Einlass in die Gesellschaft von Nantes verschaffen. Durch seine Heirat mit Renée Tarail, der Tochter eines Anwalts am Präsidialgericht, knüpfte er 1707 verwandtschaftliche Bande zur Einwohnerschaft der Stadt, und als seine Schwester Anne in eine örtliche Kaufmannsfamilie einheiratete, wandte er sein Interesse allmählich vom Bereich der Staatsfinanzen dem des Handels zu. Er entwickelte ein ausgeprägtes Faible für Nantes und verfasste zwei Schriften von Buchlänge über die Geschichte der Stadt, während er gleichzeitig einen lebhaften Briefwechsel mit Gui Lobineau, dem führenden Historiker der Bretagne, unterhielt.[28] Im Laufe der Zeit begann er seinen neuen Heimatort mit der Leidenschaft eines Zugewanderten zu lieben, und er setzte sich für die Belange der Stadt mit einer Vehemenz ein, welche die hier Geborenen beschämen musste.

Als Mellier 1702 sein Amt als Schatzmeister angetreten hatte, hatte Nantes noch viele Züge eines mittelalterlichen Hafens an sich gehabt. Schiffe aus Spanien, Portugal, Holland und Hamburg segelten die Loire bis nach Nantes hinauf und kehrten anschließend mit Erzeugnissen aus dem Loiretal, wie Wein, Branntwein, Trockenpflaumen und Salz, in ihre Heimathäfen zurück. Abgesehen von einigen Seglern, deren Ziel Spanien oder Flandern war, entsandte Nantes selbst aber nur selten Schiffe in fremde Länder. Die Handelsbilanz war daher so unausgeglichen, dass der *Intendant* der Bretagne die Kaufleute von Nantes rügte, weil sie sich nicht aktiver daran beteiligten, den Güterumschlag, der von ihrer Stadt ausging, zu beleben.[29] Der einzige Bereich, in dem die Geschäftsleute von Nantes Initiative entwickelten, war der des Warenverkehrs mit den französischen Besitzungen in der Karibik, vor allem mit Martinique, Guadeloupe und Saint-Domingue. An die 50 Schiffe im Jahr verließen den Hafen der Stadt, die Laderäume gefüllt mit gesalzenem Kabeljau aus Neufundland und gepökeltem Rindfleisch aus Irland wie auch mit Salz, Branntwein, Mehl, Schieferplatten zur Dachabdeckung und verschiedenen Haushaltsartikeln. Sie kehrten viele Monate später mit Zucker, Indigo, Baumwolle, Ingwer und Schafwolle beladen zurück.

Zu Beginn des 18. Jahrhunderts nahmen Schiffseigner aus Nantes nicht am Sklavenhandel teil, weil dieser das gesetzlich verbriefte Monopol der Senegal- und der Guinea-Kompanie war. Privaten Händlern war es per Gesetz verboten, sich an dem Geschäft mit dem »schwarzen Elfenbein« zu beteiligen, dennoch liefen einige Sklavenschiffe von Nantes nach Afrika aus. Manche von ihnen waren illegal, andere im Auftrag der Guinea-Kompanie unterwegs, der es immer an Schiffsraum mangelte. Als die Guinea-Kompanie 1713 ihre Geschäfte einstellte, witterten die Kaufleute von Nantes eine Gelegenheit, in eine Branche einzusteigen, aus der sie so lange ausgeschlossen gewesen waren. Obwohl die Regierung den privaten Sklavenhandel mit Restriktionen belegte, waren drei Viertel aller Sklavenschiffe, die 1714 von Frankreich aus in See gingen, von privaten Unternehmern aus Nantes ausgerüstet.

In diesem entscheidenden Moment trat Gérard Mellier auf den Plan und leistete einen wichtigen Beitrag zur Steigerung des Sklavenhandels, indem er einen Bericht veröffentlichte, den er mit dem Titel »Über den Handel, der in Nantes betrieben wird, und die Wege, ihn zu auszuweiten« versah.[30] Einer seiner Hauptvorschläge war, dass die Regierung Kaufleute begünstigen solle, die Schiffe für den Sklavenhandel ausrüsteten. Melliers

Überzeugung nach war dieser Geschäftsbereich von entscheidender Bedeutung für eine Expansion des von Nantes ausgehenden allgemeinen internationalen Handels.

Mellier muss ungeheure Befriedigung empfunden haben, als der König im Januar 1716 verkündete, dass Nantes als eine von vier Städten die Erlaubnis erhalten würde, uneingeschränkt private Expeditionen zu unternehmen, mit dem Ziel, an den Küsten Afrikas Schwarze anzukaufen und diese dann in die Karibik zu transportieren. Mellier war überzeugt, dass der von Nantes aus betriebene Überseehandel durch die Gewährung dieser neuen Privilegien einen erheblichen Aufschwung erfahren werde. 1716 wurden bereits 80 Prozent des französischen Sklavenhandels über Nantes abgewickelt.

Diese positive Entwicklung hätte jedoch Melliers Ansicht nach durch die Entscheidung des Präsidialgerichts, Pauline Villeneuve die Freiheit zu gewähren, einen Rückschlag erleiden können. Er war durch seinen Schwiegervater, den Anwalt am Präsidialgericht, wenn dieser sich auch inzwischen ins Privatleben zurückgezogen hatte, gut über den Fall informiert. Er persönlich wollte Pauline Villeneuve überhaupt nichts Böses, ja, er scheint sich sogar darüber gefreut zu haben, dass sie die Freiheit erlangte, jedenfalls zitierte er im Zusammenhang mit diesem Ereignis die Anfangszeile der 37. Ode des Horaz: »Nunc est bibendum, nunc pede libero pulsanda tellus …«[31] Doch als Schatzmeister für die Bretagne machte Mellier sich Sorgen, dass die Sklavenhalter aus der Karibik, falls sie befürchten mussten, ihre schwarzen Leibeigenen einzubüßen, wenn sie zu einem Besuch in die Stadt an der Loire kamen, sich stattdessen in die mit Nantes rivalisierenden Hafenstädte Bordeaux, Rouen und La Rochelle begeben würden – die anderen drei Städte, denen ebenfalls privater Sklavenhandel gestattet worden war. Obwohl der Fall der ehemaligen Pauline Villeneuve und jetzigen Schwester Theresa ihn von Amts wegen nicht tangierte, entschied er sich, aktiv zu werden, und begann, ein neues System der Registrierung von Sklaven zu entwerfen, das es den Pflanzern aus der Karibik gestatten würde, ihre Diener mit nach Nantes zu bringen, ohne dass sie Gefahr liefen, die Schwarzen einzubüßen. Er war sich bewusst, dass die Durchsetzung dieses Systems zunächst einmal eine erfolgreiche Verteidigung der Sklavenhaltung an sich voraussetzte. Die umfassende Schrift, die er zu diesem Zweck zu Papier brachte, war die einzige ihrer Art, die von einem französischen Staatsbeamten in der ersten Hälfte des 18. Jahrhunderts verfasst wurde.

Mellier war nie persönlich in Afrika gewesen, hatte also auch nie das traurige Schauspiel miterlebt, wie aneinander gekettete Eingeborene auf die Schiffe der Europäer getrieben wurden. Er war auch nie auf einer der Inseln in der Karibik gewesen, hatte also auch nicht mit eigenen Augen gesehen, wie die Schwarzen dort auf den Zuckerrohrfeldern und in den Mühlen, in denen der Saft aus den Stängeln gequetscht wurde, schufteten. Die einzigen Sklaven, die er in seinem Leben zu Gesicht bekommen hatte, waren die gut gekleideten Diener und Dienerinnen, welche die Pflanzer auf ihren Reisen ins Mutterland begleiteten. Gleichwohl meinte er, etwas vom Sklavenhandel und der Sklavenhaltung zu verstehen, weil er in ständigem Gedankenaustausch mit Schiffskapitänen, Finanziers der Sklaventransporte und Pflanzern stand. Als er seine Verteidigung des Sklavenhandels formulierte, legte er also nicht eigene Erfahrungen dar, sondern kondensierte vielmehr die anderer. Seine Ausführungen enthielten daher gewissermaßen ein Kompositum der Ansichten verschiedener Einwohner von Nantes, die in irgendeiner Form am Geschäft mit den Sklaven beteiligt waren.

Wie viele seiner Zeitgenossen hatte auch Mellier nur ungenaue Vorstellungen von der Geografie des schwarzen Erdteils. Er glaubte, dass die Eingeborenen, die von den Kapitänen französischer Schiffe an der Küste Guineas angekauft wurden, aus einem im Inneren des Kontinents gelegenen Gebiet namens *Nigritie* kämen, seiner vagen Beschreibung zufolge »eine große Region in Afrika, welche in viele Königreiche unterteilt ist«. Der Kartenzeichner des Königs, Guillaume Delisle, war sich ebenfalls im Ungewissen über Beschaffenheit und Lage von Nigritie; auf seiner 1700 entstandenen Afrikakarte umfasst das mysteriöse Land Teile der nördlichen Küste von Guinea, auf seiner Karte von 1730 hingegen rückte er es weit von der Küste ab, sodass es nur Teile Westafrikas einschloss, in die noch kein Europäer vorgedrungen war.[32] Mit anderen Worten: Nigritie war ein Fantasiegebilde europäischer Kartografen. Über die Küstenregionen Westafrikas war Mellier besser informiert, und er gab an, das beste Gebiet, um Sklaven zu kaufen, sei das Königreich von Allada, das an der Küste von Guinea zwischen dem Fluss Benin und dem Königreich gleichen Namens lag.

Indem er sich auf solch schwache geografische Kenntnisse bezog, be-

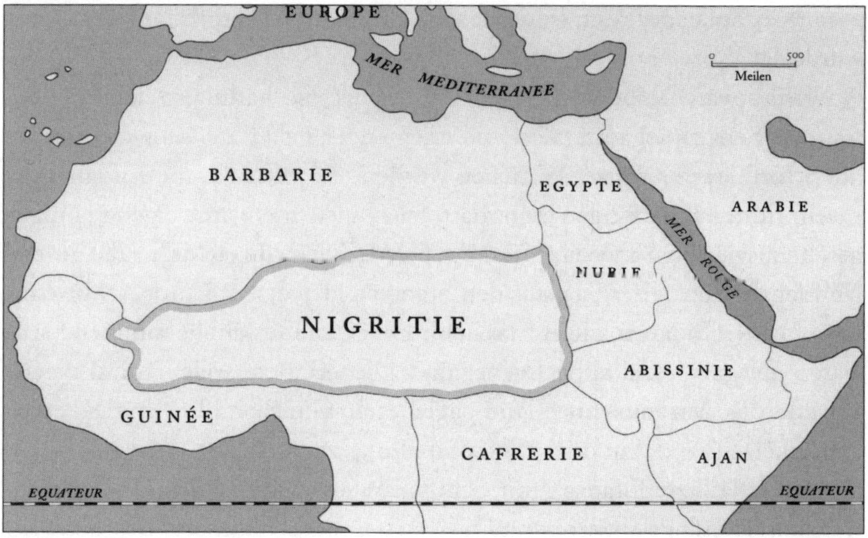

2.1 Rekonstruktion von Delisles Afrikakarte, auf der das mythische Land Nigritie eingezeichnet ist.

hauptete Mellier, Nigritie sei dermaßen überbevölkert, dass seine Bevölkerung verhungern müsste, wenn es nicht diesen »Überschuss« an Menschen den Sklavenhändlern verkaufen würde, die über den Atlantik an die afrikanischen Küsten kamen. Als er sich zu dieser Behauptung verstieg, verwechselte er das Innere des Landes mit den am Ozean gelegenen Gebieten. Die Länder an den Küsten, wie zum Beispiel eben dieses »Allada«, waren stark bevölkert, zum Teil auch gerade deswegen, weil dort die Handelswege endeten, auf denen die Sklaven aus den fernen Regionen im Inneren herbeigeschafft wurden. Da reiche Einwohner der an der Atlantikküste gelegenen Königreiche oft Sklaven kauften, um sie als Arbeiter auf den Feldern, Diener oder auch als Konkubinen zu halten, stieg die Bevölkerungsdichte in diesen Ländern tatsächlich an, während der Schaden, den die Sklavenjagden in demografischer Hinsicht anrichteten, sich vor allem im Inneren Afrikas bemerkbar machte, wo kein Europäer jemals hingelangte.

Verschwommen waren jedoch nicht nur die geografischen Kenntnisse Melliers, sondern auch seine Vorstellungen von der schwarzen »Rasse«. Wenn ihm auch klar war, dass Afrikaner schwarze Haut hatten, versuchte er daraus nicht irgendwelche negativen Charakteristika abzuleiten, wie die Anhänger des in der zweiten Hälfte des Jahrhunderts aufkommenden rassistischen Gedankenguts es taten.[33] In französischen Wörterbüchern seiner Zeit wurde das Wort *nègre*, mit dem die Franzosen schwarze Sklaven bezeichneten, eher unter Zuhilfenahme geografischer als rassischer Kriterien definiert. In Savary des Bruslons' 1723 veröffentlichtem *Dictionnaire universel de commerce* hieß es, ein *nègre* sei ein Angehöriger jener »Völker in Afrika, deren Territorium sich zu beiden Seiten des Flusses Niger erstreckt«, während sich in der Ausgabe von Trévoux' *Dictionnaire Universel Français et Latin* von 1728 die Angabe fand, *nègre* sei »der Eigenname der Menschen, welche Nigritie bewohnen«. Durch solche Definitionen wurden nur einige Schwarzafrikaner zu »Negern« erklärt. Es sollte noch 35 Jahre dauern, bis die Nachschlagewerke das Wort ausschließlich unter Bezugnahme auf die Hautfarbe definierten.[34]

Melliers Einstellung gegenüber Afrikanern wurde weniger von irgendwelchen rassischen – oder gar rassistischen – Ansichten als von seinen Vorstellungen den gesellschaftlichen Rang betreffend geprägt. Durch die in der Bretagne zu Beginn des 18. Jahrhunderts bestehende hierarchische Struktur – die Adligen bildeten die Spitze, gefolgt von den Regierungsbeamten, den Kaufleuten und zuletzt den Bauern – hatte sich ein gesellschaftliches System entwickelt, das es den Angehörigen der oberen Schichten gestattete, die Bauern sehr schlecht zu behandeln, obwohl sie als vollwertige Menschen angesehen wurden.[35] Da Mellier sich sein ganzes bisheriges Leben lang innerhalb dieses Systems bewegt hatte, überrascht es nicht, dass er die Angehörigen des afrikanischen Adels ganz anders einschätzte als die der unteren Bevölkerungsschichten. Seine Voreingenommenheit zu Gunsten des afrikanischen Adels wurde deutlich, als er voller Lob die Tatsache festhielt, dass der König von »Albany«, an der Küste von Guinea gelegen, seinen Sohn nach Frankreich geschickt hatte, um ihn dort unter der Aufsicht von Monsieur Pradine, einem Finanzier, der Sklavenschiffe ausrüstete, erziehen zu lassen. Mellier schlug auch vor, dass jedes Sklavenschiff einen oder zwei freie Afrikaner – wohl nach Möglichkeit aus vornehmen Familien – mit nach Frankreich bringen sollte, damit sie die Sprache des Landes lernten und dann als Besatzungsmitglieder der Segelschiffe mithalfen, den Handel mit den afrikanischen Ländern zu erleichtern.

Wenn er aber von den gewöhnlichen schwarzen Sklaven sprach, die der Schicht der eingeborenen Bauern entstammten, änderten sich Melliers Ton und sein Vokabular; das, was er über sie von sich gab, unterschied sich nicht von der in den Gassen der Hafenstädte, von denen aus der Handel mit diesen Menschen betrieben wurde, vorherrschenden Meinung. »Grundsätzlich«, schrieb er, »neigen die *nègres* von Natur aus zu Diebstahl, Raub, Wollust, Faulheit und Verrat. … Im Allgemeinen sind sie nur dazu geeignet, in Knechtschaft zu leben und die Felder in unseren Kolonien in Amerika zu bestellen.« Dass er diese Stereotypen wiederholte, gab seine extreme Voreingenommenheit zu erkennen, doch unterschied sich seine Beurteilung der »Neger« nur von ihrer Heftigkeit und nicht vom Inhalt her von jener der bretonischen Bauern durch die feinen Leute aus der Stadt Nantes.[36]

Obwohl er ein Verteidiger des Sklavenhandels war, hatte Mellier wenige Illusionen, was dessen Realität betraf. Er gab unumwunden zu, dass dieser Handel »aus Habgier betrieben wird, von Unmenschlichkeit gekennzeichnet ist« und dazu führe, dass menschliche Wesen wie Vieh behandelt würden. Er bekundete auch seine Sympathie mit den gefangenen Afrikanern, die dem Land ihrer Geburt entrissen wurden und es niemals wiedersehen würden. Er erwähnte, dass diese Unglücklichen manchmal seelisch so niedergedrückt waren, dass sie für Krankheiten anfällig wurden und schnell starben. Eine Ursache für ihre Niedergeschlagenheit, meinte er, sei ihre Furcht, dass sie weggeschleppt würden, um weißen Kannibalen als Nahrung zu dienen.

Obwohl Mellier sich ihrer Existenz bewusst war, hielten diese grausamen Umstände ihn keineswegs davon ab, sich für den Menschenhandel zu engagieren. Als er in seiner Amtsstube in dem dreistöckigen Gebäude des Rechnungshofs, dessen Rückseite an das linke Ufer der Erdre grenzte, an seinem Pult saß und schrieb, überdachte er seine Argumente sorgfältig. Da er schon seit 14 Jahren in diesem Gebäude arbeitete, fiel ihm wahrscheinlich nicht mehr auf, dass sich unter einem der Fassade aufgesetzten Bogen ein Basrelief aus Stuck befand, welches den König Heinrich II. zu Pferde zeigte.[37] Vielleicht wäre ihm sonst eingefallen, dass Heinrich jener Herrscher gewesen war, der bereits 1552 viele der in Frankreich damals noch bestehenden Formen der Leibeigenschaft abgeschafft hatte.[38]

Melliers erstes Argument zur Rechtfertigung der Sklaverei beruhte auf einer merkantilistischen Wirtschaftstheorie: nämlich der, dass Frankreich sich mit den anderen europäischen Ländern in einem erbitterten Wettkampf um nationalen Wohlstand und nationale Macht befand. Mellier legte dar, dass die Sklavenhaltung »absolut unentbehrlich« sei, damit Frankreich über seine Rivalen triumphieren könne; sie ermögliche »den Anbau von Zuckerrohr, Tabak, Baumwolle, Indigo und anderen Produkten«, die von den Antillen nach Frankreich exportiert wurden. Mellier wies weiter darauf hin, dass der König höchstselbst die Vollmacht erteilt habe, weiter Handel mit Sklaven zu betreiben, und dieser »nicht genehmigt worden wäre, wenn ihre Dienste nicht in den Kolonien absolut notwendig wären«.

Indem er den Sklavenhandel für »unentbehrlich« und »notwendig« für das wirtschaftliche Wohlergehen Frankreichs erklärte, gab Mellier zu verstehen, dass er schon zu einem Urteil gekommen war. Er hätte seine Erörterungen an diesem Punkt beenden können, wenn ihm nicht ganz offenkundig die Vorstellung Unbehagen bereitet hätte, dass Menschen »wie Vieh« behandelt wurden, selbst wenn die »Notwendigkeit« dazu bestand. Er führte daher drei zusätzliche Argumente an, um seine Verteidigung der Sklaverei vor seinem eigenen Gewissen verantworten zu können und es seinen Mitbürgern zu ermöglichen, diesem todbringenden und schmutzigen Geschäft leichteren Herzens nachzugehen.

Die Sklavenhändler, so lautete sein erstes zusätzliches Argument, erretteten die Schwarzen aus »Irrglauben und Götzendienst«, indem sie sie an einen Ort schafften, wo sie getauft und in der katholischen Lehre unterwiesen werden konnten. Mellier bezog sich damit zweifelsohne auf den *Code Noir*, in dem zwingend vorgeschrieben wurde, dass alle Sklaven das Sakrament der Taufe empfingen und in geweihter Erde bestattet wurden.[39] Seine Annahme, dass alle Afrikaner, die man in die Kolonien brachte, keine getauften Christen seien, traf jedoch nicht uneingeschränkt zu. Eines der Sklavenschiffe, das 1716 von Nantes aus auf Fahrt gegangen war, die *Marie Anne*, lief zuerst Kabinda an, wo man 183 Sklaven kaufte und an Bord nahm, die in dem Bürgerkrieg, der in den Jahren 1714 und 1715 im Kongo getobt hatte, gefangen genommen worden waren. Das Königreich Kongo wurde aber damals vom Papst als ein katholisches Reich anerkannt, und die dort lebenden Menschen, von denen die große Mehrheit die Taufe empfangen hatte, betrachteten sich selbst als Katholiken.[40] Die *Marie Anne* transportierte versklavte afrikanische Katholiken in die Neue Welt.

Melliers zweites Argument lautete: »[In Nigritie] sind die Menschen so zahlreich, dass es ihnen schwer fiele, sich am Leben zu erhalten, wenn der Sklavenhandel nicht einen Teil der Einwohner fortschaffen würde.« Dabei verwechselte er aber die Küstenregionen, wo für viele Sklaven ihre Odyssee zu Ende ging und die daher dicht bevölkert waren, mit den Landstrichen im

Inneren, aus dem diese Menschen ursprünglich stammten. Später stellten europäische Forscher fest, dass das Gebiet, das Anfang des 18. Jahrhunderts auf französischen Karten den Namen »Nigritie« getragen hatte, in Wirklichkeit unterbevölkert war.

Mellier schloss seine Argumentation mit der Behauptung, dass die Schwarzen es den Sklavenhändlern verdankten, wenn sie überhaupt am Leben blieben: »Diese Völker, die es gewöhnt sind, einander zu bekämpfen, würden ihre Kriegsgefangenen töten, wenn sie sie nicht am Leben lassen müssten, um sie zu verkaufen oder gegen die Waren eintauschen zu können, die wir in unseren Schiffen zu ihnen bringen.« Was Mellier dabei außer Acht ließ, war, dass die Eingeborenen auf sehr verschiedene Weise mit Kriegsgefangenen verfuhren und sie auch austauschten, gegen Lösegeld freiließen, in ihre eigenen Dienste pressten oder innerhalb Afrikas selbst als Sklaven verkauften.

Die drei zusätzlichen Argumente, die Mellier anführte, waren in Wirklichkeit Variationen über ein einziges Thema: dass Herren und Sklaven implizit eine Art von umgekehrtem faustischem Pakt geschlossen hatten – die Sklaven gaben ihre Freiheit für ihr irdisches oder ewiges Leben her.[41] Mellier stellte die Sklaverei als etwas dar, das dem Menschen den Weg zu seinem seelischen Heil ebnete. Trotz der Verdrehungen der Realität und der logischen Widersprüche, die sich in seinen Argumenten finden, erhielten sie damals großen Zuspruch, da sie sich mit der allgemeineren Denkweise deckten, die es allen, die Geschäfte mit Sklaven machten, ermöglichte, das Leiden und die Erniedrigung ihrer Gefangenen als einen Preis anzusehen, den diese dafür zahlten, dass ihr Leben und ihre Seele gerettet wurden.

Melliers Argumente zur Rechtfertigung des Sklavenhandels stießen acht Jahre später in Paris auf ein Echo, als nämlich Savary des Bruslons sein *Dictionnaire universel de commerce* veröffentlichte. Unter dem Stichwort *nègre* lieferte des Bruslons eine kurze Verteidigung des Sklavenhandels. »Es fällt schwer«, schrieb er, »den Handel mit Sklaven uneingeschränkt zu rechtfertigen.« Diesem erstaunlichen Eingeständnis ließ er zwei Argumente folgen, die für diese Art des Handels sprachen: Indem sie ihre Freiheit einbüßten, erlangten die Sklaven zum einen das ewige Heil, da sie als Diener oder Arbeiter der weißen Herren in der christlichen Lehre unterwiesen würden. Zum anderen sei die Sklavenarbeit »absolut notwendig« für den Anbau von Zuckerrohr, Tabak- und Indigopflanzen in den karibischen Kolonien. Diese

Argumente, so behauptete des Bruslons, »mildern das, was daran, dass Menschen wie Kaufleute mit anderen Menschen handeln oder sie wie Vieh kaufen, damit sie ihr Land bestellen, so unmenschlich zu sein scheint«.[42] Rechtfertigungen der Sklaverei waren mittlerweile in ganz Frankreich verbreitet, und der in Paris lebende Autor des Lexikons wiederholte beinahe wortwörtlich die Argumente, die Gérard Mellier einige Jahre zuvor in Nantes zusammengetragen hatte.

3

Nantes, Anfang 1716

Hätte Mellier seine Apologie der Sklaverei in den Kolonien und des Sklavenhandels mit der Vorlage seiner Schrift abgeschlossen, so wäre die Angelegenheit damit beendet gewesen. Die meisten Menschen in Frankreich und sogar die meisten Einwohner von Nantes, dem bedeutendsten Hafen für den Sklavenhandel, kümmerte es wenig, was in Afrika und in der Karibik geschah. Weil Mellier einen Handel verteidigte, der gar nicht kritisiert wurde, stießen seine Argumente ebenfalls auf keinen Widerspruch. Er fasste mit ihnen lediglich die einhellige Meinung der Pflanzer, Kaufleute und Kapitäne von Sklavenschiffen zusammen und verlieh ihr Ausdruck.

Ohne es zu wollen, löste Mellier jedoch eine Kontroverse aus, als er es nicht bei der Rechtfertigung der Sklaverei in den Kolonien beließ, sondern sich darüber hinaus dafür aussprach, die Sklavenhaltung auch in Frankreich gesetzlich anzuerkennen. So wie er es sah, war der *Code Noir* das einzige die Sklaverei betreffende offiziell verabschiedete Gesetz, und in diesem wurden Sklaven zum beweglichen Eigentum erklärt (im Unterschied zu Leibeigenen, deren Besitz an den eines bestimmten Stück Landes gekoppelt war). Demzufolge sollte ein Sklave auch dann ein Sklave bleiben, wenn er nach Frankreich mitgebracht würde. Das Problem, so führte Mellier aus, bestand darin, dass der *Code Noir* nur in den Kolonien Anwendung fand und nicht im Mutterland. Mellier entwarf ein System, wie man die Sklaven von den Antillen, die ihre Besitzer nach Frankreich begleiteten, registrieren könnte, sodass sie auch dort als »bewegliches Eigentum« galten. Jeder Sklave, der auf diese Weise ordnungsgemäß registriert wurde, würde so im Besitz seines Herrn oder seiner Herrin bleiben. Im Endeffekt schlug

Mellier also nichts anderes vor, als die Gültigkeit des *Code Noir* auf Frankreich auszuweiten.

Melliers Argumentation stand in einem krassen Gegensatz zur offiziellen französischen Position bezüglich der Sklavenhaltung. Bis zu jenem Zeitpunkt war die Regierung des Landes auf doppelgleisige Art und Weise verfahren: Sie hatte die Sklavenhaltung in den karibischen Kolonien gefördert, sie aber in Frankreich selbst verboten. Mellier erkannte ganz deutlich das Widersprüchliche, das dieser offiziellen Einstellung innewohnte, und die Ausweitung der Gültigkeit auf das Mutterland wäre der erste Schritt, um diese Widersprüche durch eine allgemeine Befürwortung der Sklaverei aufzuheben.

Vielleicht war es Melliers nachhaltige Argumentation, vielleicht die Tatsache, dass er persönlich keinen Profit bezöge, wenn seine Vorschläge realisiert würden, vielleicht spielte es auch eine Rolle, dass der Sklavenhandel in jener Zeit gerade expandierte oder dass Ludwig XIV. im Jahr zuvor gestorben war und das Land jetzt von einem Regenten, dem Duc d'Orléans, regiert wurde – was letztlich ausschlaggebend war, lässt sich nicht sagen –, jedenfalls wurde ein paar Monate später ein neues Edikt verkündet, das dem, was Mellier empfohlen hatte, beinahe Punkt für Punkt folgte. Dieses Edikt bewirkte, dass sowohl die Sklavenhändler aus Nantes als auch die Pflanzer von den Inseln, die ihre schwarzen Diener mit in die Stadt brachten, sich etwas unbeschwerter fühlten. Gleichzeitig war das bis dahin gültige Prinzip, dass ein Sklave, der den Boden des französischen Mutterlandes betrat, seine Freiheit erlangte – ein Prinzip, das man seit 1538 befolgt und dessen Gültigkeit der verstorbene König noch 1707 bestätigt hatte –, für immer außer Kraft. Gérard Mellier hatte dafür gesorgt, dass Pauline Villeneuve die erste und die letzte Sklavin war, der in Nantes von der dortigen Gerichtsbarkeit zur Freiheit verholfen wurde.

Das »Königliche Edikt, Negersklaven aus den Kolonien betreffend« wurde im Oktober 1716 in Paris bekannt gegeben. Der Erlass trug die Unterschriften des sechs Jahre alten Königs und des Duc d'Orléans, der an seiner Statt regierte. Er bestand aus insgesamt 15 Artikeln, die sich eng an die Vorschläge anlehnten, die Gérard Mellier wenige Monate zuvor in seinem Memorandum unterbreitet hatte. Sklavenbesitzer von den Antillen und anderen Inseln der Karibik, die zu Frankreich gehörten, konnten jetzt ihre Schwarzen als Hausdiener nach Frankreich mitbringen, sie im christlichen Glauben unterweisen oder ein Handwerk erlernen lassen, ohne fürchten zu müssen, dass irgendein Gericht ihnen die Freiheit schenken würde, sofern sie vorschriftsgemäß registriert worden waren. Das Edikt verlangte von Sklavenhaltern, beim Generalgouverneur der jeweiligen Kolonie eine Genehmigung zur Mitnahme der Sklaven einzuholen und diese vor der Abreise eintragen zu lassen. Nach der Ankunft in Frankreich mussten sie sie dann binnen acht Tagen bei der Admiralität anmelden. Solange diese Formalitäten befolgt wurden, konnten die Sklaven nicht ihre Freilassung fordern mit der Begründung, dass sie sich jetzt auf französischem Boden aufhielten. Weitere Artikel des Edikts legten fest, dass Sklaven in Frankreich nicht ohne Erlaubnis ihrer Herren heiraten durften, dass aus den Kolonien entflohene Sklaven nicht die Freiheit erlangen konnten, indem sie nach Frankreich kamen, und dass Besitzer von Sklaven diese während ihres Aufenthalts in Frankreich nicht verkaufen durften.[43]

Bevor die Bestimmungen des Edikts wirksam werden konnten, mussten sie von den regionalen *Parlements* registriert und für rechtskräftig erklärt werden; diese Gremien erfüllten die Aufgaben von Obergerichtshöfen und hatten auch gesetzgebende Funktion. Als Hüter über die grundlegenden Gesetze des Königreichs hielten ihre Mitglieder sich für berechtigt zu überprüfen, ob neue Edikte mit den alten Gesetzen – so wie sie sie auslegten – im Einklang standen. Das Parlement von Rennes, das die Gerichtshoheit über die Bretagne besaß, registrierte das Edikt am 24. Dezember 1716, womit es seine Bestimmungen für Nantes und die ganze Bretagne verpflichtend machte. Als jedoch der Erlass dem Parlement von Paris vorgelegt wurde, lief alles ganz anders ab. Da die Mitglieder des dortigen Parlement das Schicksal der aus Westindien stammenden Sklaven, die sich in französischen Hafenstädten aufhielten, nur mäßig interessierte, wäre das Edikt wohl nach ganz kurzer Diskussion angenommen worden, wenn seine Proklamation nicht mitten in eine Auseinandersetzung zweier verfeindeter religiöser Gruppen, der Jansenisten und der Jesuiten, geplatzt wäre.

Die Jansenisten waren im Unterschied zu den Jesuiten kein Orden; sie stellten auch weniger eine organisierte Bewegung dar, als dass sie eine Anzahl religiöser Ansichten und Tendenzen miteinander teilten. Jansenisten legten die Schriften des heiligen Augustinus in strengster Weise aus, um die grundsätzliche Verworfenheit des Menschen hervorzuheben und darauf hinzuweisen, dass Gott allein in seiner unergründlichen Güte einzelne Sünder auszuerwählen und zu erretten vermöge. Der Jansenismus war, kurz gesagt, eine katholische Variante des Kalvinismus. In politischer Hinsicht hingen die Jansenisten einer Art von gallischem Nationalismus an und standen aus diesem Grund dem Papst in Rom und seinen treuen Knechten und Botschaftern, den Jesuiten, voller Misstrauen gegenüber. Die Meinungsverschiedenheiten zwischen den beiden Gruppen waren im Jahr 1711 in bedrohlicher Weise kulminiert. Obwohl sich bei einer Vielzahl katholischer Orden jansenistische Tendenzen ausfindig machen ließen, war das Zentrum dieser Lehre, was Frankreich betraf, die Abtei von Port Royal des Champs in Paris. Ludwig XIV., der die Jansenisten auf Grund ihres republikanischen Gedankenguts als Bedrohung für die Monarchie empfand, hatte seinerzeit mit dem Segen seines Beichtvaters, eines Jesuiten, seine Soldaten angewiesen, die Abtei zu schleifen. Bei diesem Zerstörungswerk war man ungemein gründlich vorgegangen; man hatte sogar die Gebeine aus dem Boden des Friedhofs, der zur Abtei gehörte, gegraben und in ein Massengrab geworfen.[44] Kurz darauf hatte der König das Parlement von Paris, dem Zentrum des politischen Einflusses der Jansenisten, gezwungen, eine päpstliche Bulle anzuerkennen, zu deren Abfassung er den Pontifex mit Unterstützung der Jesuiten bewogen hatte.[45] Der Kampf zwischen Jansenisten und Jesuiten endete erst, als es Ersteren gelang, die Verbannung der Ordensmitglieder aus Frankreich und den überseeischen Besitzungen des Landes zu erwirken.

Die Jansenisten im Parlement von Paris richteten nicht deshalb ihre besondere Aufmerksamkeit auf das Edikt »Negersklaven aus den Kolonien betreffend«, als es ihnen 1716 vorgelegt wurde, weil sie das Thema Sklaverei besonders interessiert hätte, sondern weil sie eine Gelegenheit zu entdecken glaubten, sich in ihren Querelen mit den Jesuiten als die in moralischer Hinsicht Höherstehenden zu erweisen.[46]

Angehörige dieses Ordens hatten die ersten Missionsstationen auf den von den Franzosen kolonisierten Westindischen Inseln gegründet; schon 1640 waren sie nach Martinique gekommen, wo sie auch die erste Zuckerrohrplantage angelegt hatten.[47] 1650 schufteten 89 schwarze Sklaven für die Jesuiten in Saint-Pierre, nur ein Plantagenbesitzer der Insel nannte noch mehr Menschen sein Eigen.[48] Nachdem Ludwig XIV. 1674 die direkte Kontrolle über die Inseln übernommen hatte, machte er sich zu einem Fürstreiter der Jesuiten.[49] Er schrieb an den neu ernannten Gouverneur der Kolonien, dass es künftig eine seiner Hauptaufgaben sei, für die Förderung der christlichen Religion einzutreten und den Schutz der Jesuiten zu gewährleisten. Diese Gunstbeweise des Königs und folglich der örtlichen Beamten nutzten die Jesuiten, um auf die Formulierung der Gesetze des *Code Noir* Einfluss zu nehmen.

In seiner frühesten Fassung, die der Gouverneur der französischen Besitzungen in der Karibik am 20. Mai 1682 vorlegte, regelte dieser Kodex die Versorgung, Beaufsichtigung, Aburteilung und Bestrafung der Sklaven, ging aber in keinem Punkt auf religiöse Fragen ein. Später im selben Jahr ließen die Jesuiten auf Martinique dem Monarchen ein Memorandum zukommen, in dem sie vor dem schädlichen religiösen Einfluss warnten, den Juden und Protestanten auf den Inseln auf die Sklaven ausübten.[50] Sie bezichtigten die Juden, »auf ihren Anwesen eine große Zahl von Sklaven« zu halten, »die sie in den Judaismus einführen oder zumindest vom Christentum weglenken«. Was die so genannten »Reformer« betraf, die Protestanten, so drängten die Jesuiten in dieser Schrift darauf, dass man »es ihnen nicht gestatten solle, ihre Religion auf irgendeine Weise auszuüben«. Es ist wohl nicht abwegig anzunehmen, dass die zweite Fassung auch die Handschrift der Jesuiten trug. Das deutlichste Anzeichen für eine solche Einflussnahme enthielt jedoch der *Code Noir* in seiner endgültigen Fassung, wie sie im März 1685 in Versailles verabschiedet wurde.

In der Präambel wurde spezifiziert, dass dieser Kodex dazu diene, »die Ordnung der Katholischen, Apostolischen und Römischen Kirche aufrechtzuerhalten«. Artikel 1 schrieb vor, die Juden innerhalb von drei Monaten nach Inkrafttreten der Gesetze sämtlich von den Inseln zu verbannen. Artikel 2 verlangte, alle Sklaven zu taufen und im katholischen Glauben zu unterweisen. Artikel 3 wandte sich vehement gegen die Protestanten, indem er die öffentliche Ausübung jeder anderen Religion als der katholischen unter Strafe stellte. Artikel 4 erklärte es für ungesetzlich, dass jemand, der sich nicht zum katholischen Glauben bekannte, Sklaven beaufsichtigte, während Artikel 5 es protestantischen Sklavenbesitzern untersagte, in irgendeiner Weise Einfluss auf die Religion ihrer Leute zu nehmen. Artikel 6 wies alle Untertanen des Königs auf den Inseln an, die katholischen Feiertage zu begehen.[51]

Die Jesuiten sahen ihren Beitrag zu dieser Gesetzsammlung als ein humanitäres Werk an, da der Kodex einige der schlimmsten Quälereien durch ihre Besitzer, denen die Sklaven bis dahin ausgesetzt waren, verhindern sollte. In ihm wurde das Minimum an Verpflegung und Bekleidung festgesetzt, das den Sklaven zustand. Er verbot es den Sklavenhaltern, ihre Arbeiter zu töten, und sah vor, dass Sklaven unter bestimmten Bedingungen freigelassen werden konnten. Gleichzeitig jedoch lieferte der Kodex die rechtliche Basis für die Sklaverei auf den Inseln und schützte die Rechte der Sklavenhalter, indem er die Schwarzen zu beweglichem Eigentum erklärte sowie festlegte, dass jegliche persönliche Habe eines Sklaven oder einer Sklavin letztlich dem weißen Herrn gehörte. Außerdem erlaubten es die Gesetze einem jeden Halter, seine Schwarzen nach eigenem Gutdünken in Ketten legen oder auspeitschen zu lassen, und drohten jedem Sklaven, der es wagte, die Hand gegen seinen Herrn zu erheben, mit der Todesstrafe.[52]

Während der *Code Noir* in Frankreich nur wenige Diskussionen ausgelöst hatte, solange er sich einzig auf die Westindischen Inseln bezog, rief er, als seine Bestimmungen durch das Edikt vom 1. Oktober 1716 auch für das Mutterland bindend wurden, den Widerstand der Jansenisten im Parlement von Paris hervor, die meinten, dass sie durch diese Ausweitung eine solide Basis für ihren Kampf gegen die Jesuiten erhielten. Auf diesem Umweg gelangten die Themen Sklaverei und Freiheit in die öffentliche Debatte; das Parlement setzte sich mit ihnen auseinander, und zwar gerade zu einer Zeit, als der französische Sklavenhandel eine bis dahin nicht gekannte Expansion zu erleben begann.

Der Generalanwalt des Parlement leitete, nachdem er sich des Einflusses der Jesuiten in dem königlichen Erlass vom Oktober 1716 bewusst geworden war, das Dokument an Pierre Lemerre den Jüngeren weiter, der wie schon sein Vater ein berühmter Experte für kanonisches Recht war.[53] Das juristische Gutachten, das Lemerre vorlegte, bestand vor allem aus Bibelzitaten, Auszügen aus dem kanonischen und dem französischen Recht, Verweisen auf frühere Urteile und Stellungnahmen von Anwälten zu der Frage, ob Sklaven, sobald sie französischen Boden betreten hatten, die Freiheit zu gewähren sei. Lemerres Argumentation war manchmal verwirrend, weil er wie die meisten seiner Zeitgenossen keinen Unterschied zwischen den Ausdrücken »Sklave« und »Leibeigener« machte – was darauf hinweist, dass die lange Geschichte der Sklaverei und Leibeigenschaft in Frankreich selbst unweigerlich jede Diskussion der Sklavenhaltung in den Kolonien beeinflusste. Aus Lemerres Schrift ging aber ganz deutlich hervor, dass er sich nicht darauf zu beschränken gedachte, die Fragen zu diskutieren, die durch das Edikt aufgeworfen wurden, sondern dass er versuchen wollte, die Legitimität der Sklaverei an sich in Zweifel zu ziehen.

In dem einleitenden Abschnitt seines Memorandums durchforstete er vergeblich das Alte Testament, das Neue Testament, das kanonische und das römische Zivilrecht auf der Suche nach irgendwelchen Belegstellen, mit denen sich seine Argumente gegen die Sklaverei untermauern ließen. Das Alte Testament befasste sich vor allem mit der Unterscheidung zwischen israelitischen und nichtisraelitischen Sklaven, das Neue Testament empfahl Sklaven, ihren Herren zu gehorchen. Der römische Gesetzeskodex half Lemerre nicht weiter, da Sklaven dem römischen Zivilrecht nach überhaupt keine Rechte besaßen. Auf einer Reihe von Konzilen der katholischen Kirche waren Dekrete und Vorschriften erlassen worden, in denen christliche Sklaven zur Folgsamkeit gegenüber ihren Herren angehalten wurden, und vor dem 9. Jahrhundert galt Sklaverei innerhalb der katholischen Kirche nicht als etwas, das der Lehre Christi zuwiderlief.

Die Tatsache, dass Lemerre in den frühen Texten so viele Stellen fand, welche die Haltung von Sklaven als berechtigt erscheinen ließen, belegte auch, dass die Geschichte der Sklaverei in Frankreich bis auf die Zeiten der Römer zurückging. Erst mit dem Aufkommen des Feudalismus im frühen Mittelalter waren aus Sklaven allmählich Leibeigene geworden, und im 12. Jahrhundert war die Sklaverei in ihrer alten Form kaum noch bekannt. Die Leibeigenschaft, die sie ersetzt hatte, war jedoch eine Form von Knechtschaft, die sich von der vorher üblichen kaum unterschied. Sie entwickelte sich im 12. und 13. Jahrhundert allmählich von einem persönlichen

Gebundensein an einen Herrn zu einem juristischen Gebundensein an ein Stück Land. Vom 13. bis zum 16. Jahrhundert wurde sie dann in Frankreich in dem Maße immer seltener, in dem verschiedene Formen von Pachtzahlungen an die Stelle von Dienstleistungen traten.[54] Dieser Prozess verlief aber schwankend und ungleichmäßig, und bestimmte Formen persönlicher Unterwerfung blieben noch lange bestehen, nachdem die Leibeigenschaft aufgehört hatte zu existieren.

Vor dem Hintergrund dieser langen Geschichte von Unterjochung im Römischen Reich und in Frankreich versuchte Lemerre darzulegen, dass die Franzosen sich von dieser Vergangenheit gelöst und eine Vorstellung von Freiheit entwickelt hätten, welche auf zwei Säulen ruhte.[55] Die erste davon war das Naturrecht, das »besagt, dass alle Menschen gleich sind, und uns dazu gebracht hat, die hassenswerten Formen der Unterwerfung zurückzuweisen, die Menschen beinahe auf die Stufe von Tieren herabwürdigen«. Lemerre führte aus, dass die Artikel des Römischen Rechts, welche die Sklaverei rechtfertigten, eben gegen das Naturgesetz verstießen, demzufolge alle Menschen gleich seien. Die zweite Säule war die christliche Lehre. Sobald das Christentum in Frankreich Fuß gefasst habe, behauptete Lemerre, habe man erkannt, dass »Sklaverei und Knechtschaft der Lauterkeit des neuen Gesetzes zuwiderliefen« und es ausgeschlossen sei, »dass der Mensch, der nach dem Ebenbild Gottes geschaffen wurde, wie ein Tier der Herrschaft eines anderen Menschen ausgeliefert« werde. Heinrich II. habe mit seinem Edikt vom November 1552 alle, die sich in persönlicher Abhängigkeit befanden, befreit, »weil«, so Lemerre, »ein König von Frankreich es nicht dulden kann, dass seine Untertanen verknechtet sind«.

Bei seinen verbalen Ausflügen in die Vergangenheit ignorierte Lemerre geflissentlich das Schneckentempo, in dem die Emanzipation vonseiten der Herrscher ins Werk gesetzt worden war, wie auch die opportunistischen Motive, die sich dahinter verborgen hatten, sowie die Tatsache, dass viele der französischen Sklaven und Leibeigenen auf Ländereien gearbeitet hatten, die im Besitz der Kirche und religiöser Orden gewesen waren.

Lemerre wäre bei seiner Auslegung der französischen Geschichte vielleicht einem weniger großen patriotischen Überschwang erlegen, hätte er der realistischeren Untersuchung Beachtung geschenkt, die Charles de la Rue von der Abtei Saint-Germain des Près in seinem »Memorandum die Befreiung von Sklaven betreffend« im Jahr 1716 vorgelegt hatte.[56]

Bruder Charles führte aus, dass die verschiedenen königlichen Anordnungen, mit denen die Leibeigenen in Frankreich in die Freiheit entlassen worden waren, diese nicht wirklich »hic et nunc« befreit hätten, sondern vielmehr Anlässe für einen lang andauernden Prozess gewesen wären, in dessen Verlauf Leibeigene und Herren die Bedingungen der Knechtschaft immer wieder neu ausgehandelt hätten. Sogar im Jahr 1705 noch seien Freilassungsforderungen für französische Leibeigene eingereicht worden. Vor allem in der Bretagne lebten die Hörigen immer noch in sehr bedrückenden Umständen. Unter Bezug auf Gui Lobineaus *Histoire*[57] von 1707 berichtete er, dass auf den Latifundien des Vicomte de Léon die Leibeigenen dazu verpflichtet waren, ein Jahr und einen Tag lang in der Nähe ihres Herrn Unterkunft zu nehmen und diesem nach seinem Willen zu dienen. Es gebe eine weitere Gruppe von Untertanen, die *mottiers*, welche die Besitzungen des Vicomte nicht verlassen, ja noch nicht einmal ohne seine Einwilligung heiraten dürften.[58] Stürben sie ohne Erben, falle ihr Besitz an ihren Herrn. La Rues Memorandum war voll von Beispielen dieser Art und macht ganz deutlich, dass »Freiheit« etwas war, um dessen Definition man im ländlichen Frankreich immer noch rang.

Doch indem Lemerre ausgiebig aus den Schriften von Antoine Le Maistre zitierte, einem jansenistischen Rechtsanwalt des 17. Jahrhunderts, der sich unter Berufung auf die christlichen Prinzipien und das Naturrecht für die Abschaffung der Sklaverei ausgesprochen hatte, steuerte er auf den Höhepunkt seiner Argumentation zu. »Gott«, hatte Le Maistre gesagt, »ist der Gott der Freiheit. Indem er die Gestalt eines Dieners annahm, hat er uns von der Knechtschaft errettet; er hat die Ketten gesprengt und dafür gesorgt, dass wir erhobenen Hauptes einhergehen.« Dem Naturrecht zufolge sei »Verknechtung ein Verstoß gegen die natürliche Freiheit« und die Versklavung des Menschen daher »ein Monstrum, das seiner Natur [...] Gewalt antut«.

Gleichwohl umging Le Maistre eigentlich die praktische Frage, was geschehen solle, wenn Sklaven aus dem Ausland den Boden des französischen Mutterlandes betraten. Hierzu ließ Lemerre drei Juristen zu Wort kommen, welche diesbezüglich gleicher Meinung mit ihm waren. Er zitierte Bodin, der dargelegt hatte, dass der Sklave eines Ausländers frei sei, sobald er französischen Boden betrete, und er gab Dargous Meinung wieder, derzufolge ein Sklave durch den einfachen Akt der Einreise nach Frankreich die Freiheit erlange. Und um ganz sicher zu gehen, verwies er dann auch noch auf Loisel, der geschrieben hatte, dass in Frankreich prinzipiell jedermann frei sei und daher ein Sklave, der in das Königreich komme und sich taufen lasse, frei werde.

Lemerre vertrat mit anderen Worten die Ansicht, dass das Parlement das Edikt »Negersklaven aus den Kolonien betreffend« nicht annehmen und damit für gültig erklären dürfe, weil dieser Erlass gegen grundlegende Gesetze des Reiches verstoße. All den faktischen Irrtümern, die sie enthielt, und auch den unzutreffenden Auslegungen von Sachverhalten zum Trotz war Lemerres Schrift überzeugend, und das Parlement von Paris lehnte es tatsächlich ab, dem Edikt zuzustimmen.[59] Bis zur Zeit der französischen Revolution gewährte man Sklaven, die in Paris um ihre Freilassung nachkamen, eine Anhörung.

Wenn man auch diese Weigerung des Parlements vom Oktober 1716 als Sieg für die Gegner der Sklaverei ansehen kann – in Wahrheit hatten sie nur einen winzigen Teilerfolg errungen. Das juristische Problem war unter Bezugnahme auf die Geschichte Frankreichs und Präzedenzfälle, die sich in diesem Land ereignet hatten, erörtert worden, und Lemerre weitete seine Aussagen nicht genügend aus, als dass diese auch für die Sklaverei in den Kolonien oder den Sklavenhandel zutreffend gewesen wären. Obwohl sich die Mitglieder des Parlements einer Übertragung der im *Code Noir* niedergelegten Gesetze auf das Mutterland erfolgreich widersetzt hatten, stellten sie nicht den Kodex selbst infrage. Pierre Lemerre hätte durchaus seine vom Naturrecht und der christlichen Lehre abgeleiteten Argumente so verallgemeinern können, dass sie auch für die Kolonien Frankreichs gegolten hätten, doch er unternahm keinen solchen Versuch. Als sich ihm die Chance bot, gegen die Sklavenhaltung in den überseeischen Besitzungen seines Landes anzukämpfen, brachte er nicht den Mut auf, sie wahrzunehmen. Die Sklavenhaltung in der Karibik würde vor den Siebzigerjahren nicht wieder Gegenstand einer ernsthaften Diskussion sein.[60]

Möglicherweise war es Lemerres Zaghaftigkeit, die den Philosophen Montesquieu zu einer Gegenreaktion veranlasste. In seinen 1721 veröffentlichten *Lettres persanes* prangerte er ganz unverblümt die Hypokrisie christlicher Herrscher an, die in ihren eigenen Reichen den Sklaven die Freiheit schenkten, dann aber in den fernen Regionen, die sie eroberten, die Sklaverei wieder einführten.[61] Gérard Mellier hatte diesen Widerspruch 1714 erkannt und ihn auszuräumen versucht, indem er die Sklaverei, so wie sie in der Karibik betrieben wurde, auch in Frankreich einzuführen gedachte, allerdings innerhalb gewisser ganz klar umrissener Grenzen. Der andere Weg, den Widerspruch zu beseitigen, hätte darin bestanden, Pierre Lemerres Aussagen bezüglich der Freiheit des Menschen auf die Kolonien Frankreichs in der Karibik zu übertragen. Lemerre vermochte im Pariser Parlement einen Teilsieg zu erzielen, der große Triumph jedoch blieb dank Gérard Mellier den französischen Hafenstädten vorbehalten, die sich am Geschäft mit den Sklaven beteiligten.

In Nantes, wo die ganze Affäre ihren Anfang genommen hatte, hatte die Weigerung des Parlements, das königliche Edikt zu registrieren, keine spürbaren Auswirkungen. Die neue Priorin, die am 17. September 1716 die Leitung des Klosters Notre-Dame du Calvaire übernahm, sympathisierte zwar mit dem Jansenismus, es gibt aber keinerlei Hinweis darauf, dass sie sich jemals für die Freilassung irgendeines Sklaven einsetzte.[62] Was Schwester Theresa betrifft, die frühere Pauline Villeneuve, so konzentrierte sie sich scheinbar darauf, ihr spirituelles Leben zu vervollkommnen, und ihr Name wurde in den Unterlagen des Klosters nicht mehr erwähnt.

Rechtfertigungen des Handels mit Sklaven wie jene, welche Mellier in seiner Denkschrift geliefert hatte und die später in Savary des Bruslons' *Dictionnaire universel de commerce* aufgenommen worden waren, wurden auf den Docks und Kais von Mund zu Mund weitergegeben und hatten bald auch in den kleineren Hafenstädten der Bretagne die Runde gemacht. Während der darauf folgenden Jahre wurden sie in Gesprächen, die an Bord von Schiffen ebenso wie an ihren Ankerplätzen geführt wurden, ständig aufs Neue wiederholt. Diese Argumente ermöglichten es dem Ersten Leutnant Robert Durand, einem jungen Schiffsoffizier, der sich auf seine erste Fahrt nach Afrika vorbereitete, den mentalen Schutzschild aufzubauen, den er brauchte, um die Unternehmung, zu der die *Diligent* aufbrach, »dem größeren Ruhme Gottes und der Jungfrau Maria« widmen zu können.

Teil 2

Die Finanziers

4

Vannes, 31. Mai 1731

Inmitten des hektischen Treibens, das an Bord der *Diligent* herrschte, als man sie für ihre in Kürze beginnende Reise seeklar machte, standen zwei Männer ganz ruhig auf dem Achterdeck. Mit ihren wallenden Perücken und brokatbestickten Seidengewändern wirkten sie unter den Offizieren und Mannschaftsmitgliedern fehl am Platz.[1] Die Brüder Guillaume und François Billy sahen eigentlich zu jung aus, um die Eigner und Ausrüster eines Sklavenschiffes zu sein. Guillaume war erst 36 und François gar zehn Jahre jünger. Zusammen besaßen sie 60 Prozent der *Diligent*, und sie waren für zwei Drittel der Summe aufgekommen, die es gekostet hatte, das Schiff zu verproviantieren, Handelswaren einzukaufen und eine Mannschaft anzuheuern. Um die Abreise zu einer feierlichen und zeremoniellen Angelegenheit zu machen, wollten sie bis zur Belle Ile, die etwa 35 Kilometer von der Küste entfernt im Atlantik lag, an Bord bleiben. Sie meinten, dass ein solch zeremonielles Geleit für die *Diligent* mehr als angemessen sei. Schließlich war sie das erste Sklavenschiff, das sie jemals auf Fahrt schickten. Und was noch mehr zählte: Es war das erste Sklavenschiff, das jemals von Vannes aus seine Reise antrat.

Als die Männer, die das Unternehmen finanzierten, würden die Brüder Billy niemals einen der Sklaven zu Gesicht bekommen, der mit ihrem Geld gekauft worden war, und ihnen würde auch kaum je der Gestank des Todes, welcher die unteren Decks ihres Schiffes durchzog, in die Nasen steigen. Der einzige Sklave, den sie in ihrem Leben gesehen hatten, war ein gut gekleideter junger Schwarzer namens La Fleur gewesen, der 1729 auf der *Saint-Pierre* von Martinique nach Frankreich gebracht worden war, um in Vannes eine religiöse Unterweisung zu empfangen und ein Handwerk zu erlernen.[2] Doch waren die Brüder Billy und die vielen anderen, die wie sie das Geld zur Ausrüstung von Sklavenschiffen gaben, die eigentliche Triebkraft hinter der raschen Expansion des französischen Sklavenhandels im 18. Jahrhundert.

Obwohl sie in dem kleinen Küstenort Vannes lebten, waren die Brüder über das Geschehen in Frankreich und in der weiten Welt gut informiert. Sie profitierten nicht nur vom regen Austausch von Nachrichten aller Art, wie er in Hafenstädten üblich ist, sondern auch davon, dass Guillaume Billys Frau einer in Nantes ansässigen Bürgerfamilie entstammte und Verwandte ihrer Mutter in derselben Stadt wichtige Positionen im Finanzwesen innehatten. Die Brüder waren sich daher auch sehr wohl bewusst, dass sie bezüglich des Umfangs ihrer Unternehmungen nur als Zwerge in einem Gewerbe agierten, das von Giganten beherrscht wurde. Als René Montaudoin, der größte private Sklavenhändler Frankreichs, nur fünf Monate zuvor in Nantes gestorben war, hatten die hohen städtischen Beamten ihn in Nachrufen als »den bedeutendsten Pionier des Handels in Nantes« gewürdigt, dessen Unternehmungen in den zurückliegenden drei Jahrzehnten »dem Land im Allgemeinen und dieser Stadt im Besonderen« Nutzen gebracht hätten. Die Billys wussten auch, dass John Law, der Begründer der letzten und größten Monopolhandelsgesellschaften Frankreichs, die von dem nur wenige Kilometer nordwestlich von Vannes an der Küste gelegenen Lorient aus operiert (und ebenfalls mit Sklaven Geschäfte gemacht) hatte, in Ungnade gefallen und zwei Jahre zuvor im Exil gestorben war. Law war in der Zeit nach dem Tod von Ludwig XIV. im Jahr 1715 vorübergehend der mächtigste Mann Frankreichs gewesen. Den Brüdern Billy war des Weiteren bekannt, dass Joachim Descasaux, der im französischen Handelsrat dafür gekämpft hatte, dass auch Privatunternehmern der Sklavenhandel erlaubt wurde, sich jetzt als alter Mann – er sollte nur noch ein Jahr zu leben haben – in sein Pariser Stadtpalais am Quai Malaquais zurückgezogen hatte.[3] Wie die Brüder aus Vannes hatten auch Montaudoin, Law und Descasaux in einer Welt gelebt, in der man vom Sterben und den Schrecken auf den Sklavenschiffen, die sie finanzierten, weit entfernt war. Diese großen Männer residierten in prächtigen Palais, hatten hohe politische Ämter inne und kauften sich Adelstitel. Zwar hielten sie selbst sich keine Sklaven, doch waren sie diejenigen, die den Handel mit den Schwarzen organisierten und weiter ausbauten.

Männer wie Montaudoin, Law und Descasaux hatten nicht nur in den ersten drei Jahrzehnten des 18. Jahrhunderts den französischen Sklavenhandel in Gang gebracht. Sie waren auch die Hauptakteure in den erbitterten Auseinandersetzungen zwischen jenen Männern, die darauf beharrten, dass nur von der Regierung privilegierte Monopolgesellschaften mit Sklaven handeln durften, und ihren Widersachern, die dafür eintraten, dass auch Privatunternehmer die Erlaubnis erhielten, sich an diesem Geschäft zu beteiligen. Dieser Konflikt hatte in gewisser Weise unentschieden geendet. Es war privaten Geschäftsleuten genehmigt worden, mit den Monopolgesellschaften zu konkurrieren, allerdings ohne die gleichen Rechte beanspruchen zu können. Diese Umwandlung des französischen Sklavenhandels verlief parallel zu einer allgemeineren Entwicklung, die den Sklavenhandel fast aller europäischen Länder betraf: dem Übergang vom Merkantilismus zum Kapitalismus, von einem staatlich kontrollierten zu einem von unabhängigen Unternehmern getragenen Handel. Die British Royal African Company, die im späten 17. Jahrhundert den britischen Sklavenhandel monopolisiert hatte, wurde 1698 per Gesetz gezwungen, Konkurrenz vonseiten privater Sklavenhändler zu dulden. Die holländische Westindien-Kompanie hatte das alleinige Anrecht auf den Sklavenhandel der Niederlande gehabt; 1730 wurde dieser aber auch für private Geschäftsleute aus den Niederlanden freigegeben. Von den größeren europäischen Handelsnationen hielten nur die Portugiesen bis in die zweite Hälfte des 18. Jahrhunderts an ihrem komplexen System staatlicher Monopolgesellschaften und von der Regierung ausgestellter Verträge über die »Lieferung« von Sklaven fest.[4]

Als die *Diligent* am 31. Mai 1731 Segel setzte, befanden sich die alten Monopolgesellschaften und die freien Unternehmer bereits seit einiger Zeit in offenem Wettbewerb miteinander. Die Gesellschaften verfügten zwar immer noch über die Kontrolle über die verschiedenen Forts und Kastelle an der westafrikanischen Küste, doch deren Besitz war nicht nur ein Vorteil, sondern auch eine Last. Während nämlich die Schiffe der Gesellschaften genau festgelegten Routen von den Häfen, in denen diese einstigen Monopolisten ihre Niederlassungen hatten, zu den afrikanischen Forts folgten, stand den Schiffen privater Kaufleute die Wahl ihres Ankerplatzes frei.

Als sie im Golf von Morbihan auf dem Deck der *Diligent* standen, konnten die Brüder Billy jenen Konflikt zwischen Monopolgesellschaften und Privatunternehmern, durch zwei Hafenstädte symbolisiert, beinahe vor sich sehen. 95 Kilometer im Südosten lag Nantes, die Brutstätte der Agitation für privates Unternehmertum, 47 Kilometer im Nordwesten Lorient, die letzte Kompanie-Stadt, die, was ihre Existenz betraf, ganz und gar von der *Compagnie des Indes* abhängig war. Von diesen beiden Städten wurden

1731 beinahe drei Viertel des gesamten französischen Sklavenhandels abgewickelt. Zwischen ihnen lag Vannes, von wo aus niemals zuvor eine Sklavenexpedition entsandt worden war. Aus der relativen Obskurität heraus, die das Leben in einer unbedeutenden Hafenstadt mit sich brachte, hatten die Brüder Billy aufmerksam die Kämpfe zwischen Monopolisten und freien Händlern mitverfolgt. Dieser in Stadträten wie auch auf den höchsten Ebenen der Landesregierung ausgefochtene Konflikt hatte schließlich einen Ausgang genommen, der es auch privaten Kaufleuten in einem kleinen Hafen und Getreideumschlagplatz wie Vannes ermöglichte, eine internationale Expedition zum Handel mit Sklaven auf den Weg zu schicken. Die Brüder Billy hatten die Absicht, den Sklavenhändlern aus Nantes nachzueifern, ohne jedoch der Compagnie des Indes ins Gehege zu geraten. Am Ende würde sich das als schwieriger erweisen, als sie gedacht hatten.

Die Auseinandersetzungen zwischen den Verfechtern eines freien Unternehmertums und den Befürwortern von Monolpolgesellschaften schwelten schon seit dem 17. Jahrhundert, doch besonders heftig entbrannte die Debatte nach 1713, als die Guinea-Kompanie, nachdem sie den Exklusivvertrag eingebüßt hatte, demzufolge Spanisch-Amerika allein von ihr mit Sklaven versorgt wurde, nur noch ein Scherbenhaufen war. Als dann 1715 mit dem Tod Ludwigs XIV. der Weg für dramatische Änderungen in der Politik der Regierung frei wurde, wurde sie noch hitziger. Diese Entwicklungen boten den bedeutenderen Kaufleuten von Nantes, den leidenschaftlichen Befürwortern eines freien Unternehmertums, Ansatzpunkte, um königliche Vorrechte und die Vergabe von Monopolen an Handelsgesellschaften anzufechten, ebenjene Entwicklungen versetzten aber auch John Law, einen exilierten Schotten, der überdies noch Protestant war, in die Lage, die größte Monopolgesellschaft aufzubauen, die Frankreich jemals gesehen hatte. Infolge der Auseinandersetzungen kam es zu einer Umgestaltung der Wirtschaftspolitik des Landes und zu einer Restrukturierung des französischen Sklavenhandels. Um die Geschichte dieser Kämpfe vom Beginn der entscheidenden Phase an mitzuverfolgen, wollen wir noch einmal ins Nantes des Jahres 1715 zurückkehren.

40 Kilometer flussabwärts, dort, wo die Loire ins Meer mündet, lag die *Concorde*, ein Schiff von 250 Tonnen mit einer Besatzung von 59 Mann, sanft schaukelnd vor Anker, während die obligatorischen *gabares* zwischen ihr und dem Ufer hin- und herglitten, um sie für ihre Reise mit Handelswaren zu beladen. Die *Concorde* sollte am 27. Februar in See stechen und die Fahrt nach Loango nahe der Kongomündung antreten, dort 331 gefangene Afrikaner an Bord nehmen und sie nach Saint-Domingue bringen. Nach der *Le Serieux*, die im Januar ausgelaufen war, würde sie schon das zweite Sklavenschiff sein, das 1715 auf Fahrt ging. Im Dezember des Vorjahres hatten bereits die *Société* und die *Union* die Anker gelichtet, wie die beiden anderen Segler von lokalen Unternehmern auf eigene Rechnung ausgerüstete Schiffe.

Jetzt, da im Hafen von Nantes so eine rege Aktivität herrschte, fühlten die Schiffseigner und Reeder der Stadt sich im Nachhinein gerechtfertigt: Sie konnten damit prahlen, in den 15 Monaten, seitdem der Sklavenhandel für private Unternehmer freigegeben worden war, mehr Sklaven zu den französischen Kolonien in der Karibik geschafft zu haben als die Guinea-Kompanie in den vergangenen zehn Jahren, ja vielleicht sogar während der gesamten Zeit, in der sie das Monopol innegehabt hatte. Und sie konnten diese Behauptung mit Statistiken untermauern: Allein während des Jahres 1714 waren 16 private Sklavenschiffe von Nantes ausgelaufen und hatten mehr als 4000 Schwarze in die Neue Welt gebracht. Während desselben Zeitraums waren aber nur ein Schiff im Auftrag der Senegal-Kompanie und ganze zwei, die für die Guinea-Kompanie fuhren, von Frankreich aus in See gegangen.[5]

Diese Prahlereien der Sklavenhändler von Nantes stellten eine weitere Breitseite dar, die in der erbitterten Auseinandersetzung zwischen den Befürwortern einer uneingeschränkten Beteiligung privater Geschäftsleute am Sklavenhandel und ihren Widersachern, die sich für von der Regierung privilegierte Monopolgesellschaften einsetzten, abgefeuert wurde. Der Streit dauerte beinahe schon so lange, wie Frankreich sich überhaupt am Sklavenhandel beteiligte. Obwohl einzelne französische Schiffe bereits 1525 im Sklavenhandel aktiv geworden waren, das heißt zu der Zeit, als der Transport afrikanischer Sklaven in die Neue Welt begonnen hatte, war der Handel mit dieser »Ware« von französischer Seite aus erst nach 1640 richtig in Schwung gekommen, als man auf Martinique, Guadeloupe, Saint-

Domingue und Saint-Christophe sowie auf einem Dutzend kleinerer Inseln und in Cayenne, dem späteren Französisch-Guyana, mit der Produktion von Zucker begann. 1687 gab es auf den Westindischen Inseln 27 258 afrikanische Sklaven.

Das Monopolsystem war im 17. Jahrhundert eingeführt worden. Insgesamt 14 Gesellschaften wurden zwischen 1626 und 1698 damit beauftragt, überseeische Territorien zu kolonisieren und den Handel mit diesen Besitzungen durchzuführen.[6] Jean Baptiste Colbert, der Ludwig XIV. von 1661 bis 1683 als Oberintendant der Finanzen und als Marineminister diente, wurde nicht müde zu wiederholen, dass *le grand commerce* das beste Mittel sei, um Frankreichs Macht zu mehren und gleichzeitig die Position seiner Feinde und Rivalen zu schwächen. Wie sein Vorgänger Kardinal Richelieu glaubte auch Colbert, dass der Überseehandel mit Gütern der verschiedensten Art – also auch mit Sklaven – zu wichtig sei, als dass man ihn Privatleuten überlassen könne, die nicht notwendigerweise die Interessen der französischen Regierung im Sinn hatten. Er unterstützte daher die Einrichtung solcher privilegierter Gesellschaften, von denen jede, was den Handel Frankreichs mit einem bestimmten Teil der Welt betraf, das Monopol innehatte. Zwei der wichtigsten waren die Senegal-Kompanie, die den Warenverkehr mit ganz Westafrika nördlich Sierra Leones kontrollierte, und die von Colberts Sohn Jean-François geleitete Guinea-Kompanie, die sich um den Handel mit den südwärts bis zum Kap der Guten Hoffnung gelegenen Territorien kümmerte. Hin und wieder fanden zwar von Privatleuten organisierte Sklavenfahrten zu diesen Gebieten statt, waren aber eigentlich per Gesetz strengstens verboten.

Das war die Situation, die Joachim Descasaux hatte ändern wollen, als er 1700 zum Repräsentanten der Stadt Nantes in dem neu eingerichteten Handelsrat gewählt worden war. Die bedeutenderen Großhandelskaufleute von Nantes, die sich selbst als *négociants* bezeichneten, um sich von den Einzelhändlern zu unterscheiden, hätten keinen besseren Vertreter ihrer Interessen finden können.[7] Als Sohn eines der bedeutendsten *négociants* der Stadt verfügte Descasaux über beträchtliche Erfahrungen, was den Handel, den kommerziellen Fischfang sowie die Organisation von Kaperfahrten betraf. 1694 hatte er damit angefangen, Schiffe für den Überseehandel auszurüsten, und er war bald zu einem Fachmann für den Warenverkehr mit den

4.1 Nantes zu Beginn des 18. Jahrhunderts.

französischen Besitzungen in der Karibik geworden. Durch seine Ehe mit einer Irin, Françoise Sarsfield, hatte sich sein Horizont erweitert, und er richtete sein Augenmerk auch auf den Handel anderer Länder, was ihm beim Entwerfen kaufmännischer Strategien zugute kam.

Im Handelsrat, der seinen Sitz in Paris hatte, trat Descasaux energisch dafür ein, dass auch die privaten Geschäftsleute von Nantes die Genehmigung erhielten, am Sklavenhandel zu partizipieren. Er beklagte sich bitter darüber, dass die Guinea-Kompanie, indem sie sich das Alleinrecht auf den Sklavenhandel an beinahe der gesamten afrikanischen Küste gesichert habe, die Kaufleute seiner Heimatstadt »der Chance beraubt« habe, »in Hinsicht auf den Handel und den Schiffsverkehr mit den amerikanischen Inseln größere Fortschritte zu machen«. Er bezichtigte die Kompanie, die karibischen Kolonien nicht mit einer ausreichenden Anzahl Sklaven zu versorgen: »[Die Kompanie] hat die Belieferung der Inseln mit Sklaven so eingeschränkt, dass sie noch nicht einmal ein Zehntel der Menschen dorthin schafft, die notwendig sind, um das Land urbar zu machen, das bewirtschaftet werden soll.«[8]

Nachdem Descasaux die Monopolgesellschaften auf diese Weise angeprangert hatte, führte er die Argumente für eine Öffnung des Sklavenhandels zu Gunsten privater Geschäftsleute ins Feld; er behauptete recht großsprecherisch: »Wir können sicher sein, dass private Händler innerhalb weniger Jahre mehr Sklaven auf die amerikanischen Inseln schaffen werden, als bis heute von der Kompanie insgesamt dorthin geliefert worden sind.« Es sei ihm bewusst, dass die Verteidiger von Monopolgesellschaften befürchteten, durch die Scharen von privaten Sklavenhändlern, die an der afrikanischen Küste einfallen würden, könnten ganze Regionen des Landes entvölkert werden, was die Preise in die Höhe treiben würde. Er halte diese Befürchtungen aber für grundlos: »Das Erzeugungsgebiet wird sich nicht so bald leeren«, führte er aus. »Da die Afrikaner sich so viele Frauen nehmen können, wie ihnen gefällt, pflanzen sie sich in großer Zahl fort. Die Sklavenhändler reduzieren dieses Wachstum auf Grund der kläglichen Natur ihres Gewerbes, sie löschen es aber nicht völlig aus.« Solange es noch einen Sklaven an der Küste Afrikas gebe, dessen Arbeitskraft in der Karibik benötigt werde, schrieb er, würden sich private Händler darum bemühen, um die Bedürfnisse der französischen Siedler zu befriedigen.

Als Descasaux diese Worte zu Papier brachte, lag die Guinea-Kompanie in ihren letzten Zügen, und er hegte daher berechtigte Hoffnungen, den Handelsrat zu der von ihm vorgeschlagenen Freigabe des Sklavenhandels überreden zu können. Er wohnte in Paris in der Rue d'Orléans, das heißt in dem Viertel, in dem auch die meisten königlichen Minister residierten, und befand sich damit genau am richtigen Ort, um solche Männer wie Chamillart, den Generalkontrolleur der Finanzen, Desmarets, den Direktor der Finanzen, Pontchartrain, den Marineminister, und – was am wichtigsten war – seinen engen Freund Samuel Bernard, einen Bankier und Hauptgläubiger Ludwigs XIV., für seine Pläne gewinnen zu können.[9] Später würde Descasaux eines seiner Schiffe auf den Namen *Samuel Bernard* taufen.

Die darniederliegende Guinea-Kompanie wurde noch einmal gerettet, als Frankreich von der spanischen Krone vertraglich dazu verpflichtet wurde, die spanischen Kolonien in Amerika mit Sklaven zu versorgen. Weil es Spanien seit dem 1494 mit Portugal geschlossenen Abkommen von Tordesillas untersagt war, an der afrikanischen Küste Handel zu treiben, war dieser Vertrag, kurz *Asiento* genannt, seitdem immer mit anderen Ländern ausgehandelt worden. Bis 1640 hatten die Portugiesen die spanischen Kolonien in der Neuen Welt mit Arbeitskräften beliefert, 1662 war der *Asiento* an die Holländer gefallen, welche die Portugiesen daraufhin aus ihren Forts an der westafrikanischen Küste vertrieben hatten. 1701 konnte sich jedoch die französische Regierung den begehrten Vertrag sichern und somit die Guinea-Kompanie vor dem Ruin bewahren.

Im Juli 1701 wurde Joachim Descasaux' Freund Samuel Bernard in das Direktorengremium gewählt, das die Guinea-Kompanie reorganisieren sollte, sodass sie für ihre neue Aufgabe, Sklaven nach Spanisch-Amerika zu transportieren, gerüstet war. Im Zuge dieser Reorganisation konnte Bernard auch der Gesellschaft die Einwilligung abringen, jährlich zwei privaten Schiffen die Lizenz zur Beförderung von Sklaven in die französischen Kolonien auf den Westindischen Inseln zu erteilen.[10] 1703 machte Descasaux sich diese Vereinbarung zunutze, um sein Geld in die erste – offiziell genehmigte – Sklavenexpedition zu investieren, die von Nantes ihren Ausgang nahm. Weil der Guinea-Kompanie der Schiffsraum fehlte, um die gefangenen Afrikaner sowohl in die spanischen Kolonien als auch in die französischen Besitzungen zu bringen, ging die Gesellschaft dazu über, Unterverträge mit privaten Geschäftsleuten aus Nantes über die Durchführung von Sklaventransporten abzuschließen. Obwohl sie durch diese Hintertür Zugang zu dem von der Kompanie betriebenen Sklavenhandel erhielten, wurde den *négociants* von Nantes nach wie vor die Erlaubnis verweigert, solche Fahrten auf eigene Rechnung zu organisieren.

Die Vergabe der alleinigen Rechte auf den Sklavenhandel an Monopolgesellschaften spiegelte eine allgemeinere den internationalen Handel betreffende Philosophie wider: den so genannten Merkantilismus, der im 17. Jahrhundert den Überseehandel der bedeutenderen europäischen Seefahrtsnationen geprägt hatte. Die Merkantilisten sahen den internationalen Handel als eine Art von Krieg an, in dem die europäischen Handelsnationen um Anteile an relativ begrenzten Ressourcen von Gold und Silber stritten. Jede Nation war um eine positive Handelsbilanz bemüht, um ihren Rivalen etwas von diesem Gold und Silber abzunehmen.

Obwohl das System der staatlichen Monopolgesellschaften, das vom Merkantilismus favorisiert wurde, in Frankreich im frühen 18. Jahrhundert von »Kapitalisten« wie Descasaux, die einen freien Wettbewerb befürworteten, kritisiert wurde, besaß es nach wie vor seine Verteidiger. In einem von einem Offizier der Admiralität namens Jean Le Pottier verfassten Memorandum wurden die Vorzüge eines von der Regierung geregelten Handels dargelegt.[11] Le Pottier unterschied zwischen einzelnen privaten Kaufleuten, die »nur nach eigenem Profit streben«, und dem Staat, dessen Ziel »das allgemeine Wohl« sei. Der Handel, so führte er aus, dürfe keinen anderen Zweck verfolgen, als den Staat reicher an Gold und Silber zu machen. Der Seehandel sei der Schlüssel zur Erlangung nationaler Prosperität und müsse daher von der Regierung mit größter Aufmerksamkeit überwacht, reguliert und gefördert werden. Le Pottier empfand große Bewunderung für die Erfolge, welche die Holländer, die Engländer und die Genuesen im internationalen Handel erzielt hatten, und betonte: »In diesen Nationen ist der Handel das erste Anliegen des Staates.«

Dass der Merkantilismus dem internationalen Handel solche Bedeutung beimaß, stand im Einklang mit den zugrunde liegenden Anschauungen, der Ideologie als solcher, spiegelte aber kaum die ökonomische Realität wider. Im frühen 18. Jahrhundert war Frankreich in wirtschaftlicher Hinsicht immer noch überwiegend ein Agrarstaat. Der größte Teil der ökonomischen Aktivitäten war in irgendeiner Weise mit der Erzeugung, der Vermarktung und dem Konsum von Getreide verknüpft.[12] Der administrative Apparat der französischen Regierung diente primär dazu, die Landwirtschaft zu kontrollieren und zu besteuern, und die wichtigste Gruppe französischer Wirtschaftsfachleute der Zeit, die Physiokraten, setzte ihr Wissen und ihre Fähigkeiten vor allem ein, um die Versorgung des Landes mit Getreide zu studieren und die Faktoren, von denen der Preis dieses Produktes abhängig war, zu erforschen.

In diese vorwiegend von der Landwirtschaft geprägte Ökonomie Frankreichs fügten sich nur solche an der See gelegenen Handelsstädte wie Nantes und Bordeaux nicht ein. Während die Marktzentren im Landesinneren von den Produkten ihres eigenen Hinterlandes lebten, pflegten die Handelsstädte geschäftliche Verbindungen zu anderen Städten dieser Art, die möglicherweise tausende Kilometer entfernt lagen. Dem englischen Reisenden Arthur Young wurde das bewusst, als er Nantes besuchte; er schrieb, dass die Pracht und der Reichtum der Stadt »nichts mit dem sie umgebenden Land zu tun« hätten.[13] Für das gesellschaftliche System und den Verwaltungsapparat der Handelsstädte galt oft etwas ganz anderes als für den Rest Frankreichs. Die französische Gesellschaft insgesamt wurde von einer hierarchischen Ordnung bestimmt. Der Besitz befand sich in festen Händen, und die Menschen gehörten – ebenso fest – einer sozialen Schicht an. Die Handelsstädte hingegen waren die Brutstätten sozialer Mobilität, in ihnen konnte man »nach oben« gelangen. Das Land an sich unterstand der administrativen Autorität einer schwerfälligen, von der Regierung eingesetzten Bürokratie, die Handelsstädte hingegen partizipierten mit einem Minimum an administrativem Aufwand an riesigen Handelsimperien und schlugen Profit daraus. In gewisser Weise waren die *négociants* von Nantes ebenso Bürger eines riesigen »atlantischen Reiches« wie ihres Heimatlandes Frankreich, und sie betrachteten den französischen Staat als lästigen Störenfried, als jemanden, der sich ärgerlicherweise in ihre geschäftlichen Aktivitäten einmischte. Als der Staat den Versuch unternahm, den expandierenden Überseehandel von Städten wie Nantes ebenso streng zu kontrollieren, wie er es traditionellerweise mit dem Getreidehandel in den Marktstädten tat, rief er damit heftigen Widerstand vonseiten der Kaufleute wie auch der verschiedenen Amtsträger hervor.[14]

Der Sklavenhandel war in die umfassendere Debatte zwischen Merkantilisten und Befürwortern eines freien Unternehmertums einbezogen. Obwohl dieser Zweig nur einen winzigen Teil des gesamten französischen Überseehandels ausmachte, spielte er doch eine Schlüsselrolle bei dem Bemühen, die von den Merkantilisten angestrebte positive Handelsbilanz zu erzielen. Die Profite stammten nicht aus dem Sklavenhandel selbst, sondern kamen dank den Produkten der Sklaven in den karibischen Kolonien Frankreichs zustande. Zucker, Kakao, Baumwolle und Indigo, die dort auf den Plantagen unter Ausbeutung der Arbeitskraft von Sklaven produziert wurden, wurden größtenteils nach Frankreich verschifft und von dort aus weiter in andere Länder Europas exportiert, wo diese Produkte Devisen einbrachten, die sich wiederum entscheidend auf eine positive Handelsbilanz auswirkten.[15] Das war der Grund dafür, dass die Regierung den Sklavenhandel durch die Gewährung von Prämien und durch Steuererleichterungen subventionierte.

Die merkantilistische Auffassung vom Sklavenhandel wurde im späten 17. Jahrhundert von De Gaullitzer zum Ausdruck gebracht, der die Behauptung aufstellte, »eine große Menge Sklaven [sei] notwendig, damit [Frankreich] erfolgreich mit den Engländern, Holländern und Portugiesen bei der Erzeugung von Plantagenprodukten und auf dem Gebiet der Seefahrt konkurrieren« könne. Indem er noch einmal die merkantilistische Auffassung wiederholte, dass der Handel dazu diene, höhere Einnahmen zu erzielen als die anderen Länder, fügte er hinzu: »Wir müssen versuchen, mit so vielen Sklaven wie möglich zu handeln, damit jene Nationen sich weniger von ihnen für sich selbst zu verschaffen vermögen.«

Aus ganz ähnlichen Gründen empfahl Jean Le Pottier in seinem promerkantilistischen Memorandum einige Jahrzehnte später eine Ausweitung des französischen Sklavenhandels. »Die Gesellschaften, welche wir eingerichtet und denen wir die alleinigen Rechte eingeräumt haben, besitzen nicht genügend Niederlassungen in Afrika und nicht genügend Geldmittel und schicken auch nicht Schiffe in genügender Zahl aus«, klagte er. Seiner Ansicht nach bestand das Problem darin, dass die bis dato existierenden Handelsgesellschaften über zu wenig Kapital verfügten und dass die Strategie, den weltweiten Handel zwischen verschiedenen Gesellschaften aufzuteilen, den Markt aufgesplittert hatte. Die Lösung bestehe darin, alle französischen privilegierten Gesellschaften zu einer großen, weltweit operierenden Kompanie zu vereinen. Eine solche Handelskompanie, meinte Le Pottier, werde »größere Zahlen von Sklaven befördern, um mit ihnen unsere Kolonien zu bevölkern, etwas, das die heute bestehenden Gesellschaften nicht zu tun vermögen, weil sie so schwach sind«.

Nach jahrelangen Auseinandersetzungen zwischen Merkantilisten und Kapitalisten wurde der Handel mit Sklaven endlich auch für Privatunternehmer freigegeben, als Frankreich am 29. März 1713 den *Asiento*-Vertrag an England verlor. Da das ursprüngliche Monopol der Guinea-Kompanie 1705 erloschen war und sie den größten Teil ihrer kommerziellen Aktivitäten von Subunternehmern hatte ausführen lassen, trat die Gesellschaft in einen langwierigen Prozess der Liquidation ein.[16] Sobald bekannt wurde, dass der *Asiento* aufgekündigt war, brachten die *négociants* von Nantes über ihren Vertreter im Handelsrat lautstark die Forderung vor, ihnen und anderen Privatleuten den Handel mit Sklaven zu erlauben. Sie begründeten dies damit, dass die Guinea-Kompanie nicht genügend Sklaven auf die französischen Karibikinseln geschafft und damit einen Mangel an Arbeitskräften verursacht habe, durch den die Pflanzer gezwungen worden seien, anstelle von Zuckerrohr den nicht so arbeitsintensiven Indigo anzubauen. Wenn der Handel mit den Schwarzen für »alle Untertanen des Königs« geöffnet würde, so argumentierten sie, wäre es privaten Geschäftsleuten ohne weiteres möglich, 4000 Sklaven im Jahr in die Karibik zu befördern. Dadurch erführe nicht nur die Zuckererzeugung eine Wiederbelebung, sondern es würden auch die englischen, holländischen und dänischen Sklavenhändler aus dem Gebiet der Französischen Antillen vertrieben werden und die Kaufleute Frankreichs eine »Möglichkeit erhalten, ihr Vermögen zu mehren«.[17]

Der Handelsrat zeigte sich empfänglich für diese Argumente und ließ eine Reihe von Empfehlungen zu Papier bringen, die dem Generalkontrolleur der Finanzen, Desmarets, überreicht wurden. Nachdem dieser die Angelegenheit überdacht hatte, entschied er sich, ein Experiment zu wagen, indem er den Sklavenhandel für private Geschäftsleute freigab, die allerdings eine Sondererlaubnis beantragen mussten, um ein Sklavenschiff auf den Weg zu schicken. Eigentlich sei mit diesem Experiment kein Risiko verbunden, behauptete Desmarets in einem Brief an den Marineminister, denn wenn sich die Steigerungen in diesem speziellen Handelszweig, welche die privaten Geschäftsleute versprachen, nicht einstellen sollten, könne man jederzeit eine neue Monopolgesellschaft bilden.[18]

Zu den Maßnahmen, die man in der Praxis treffen würde, gehörte die Übernahme des Forts der Gesellschaft bei Whydah an der westafrikanischen Küste durch die französische Regierung; die Unterhaltung der Anlage sei dadurch finanzierbar, dass man von den privaten Händlern eine Abgabe von 15 Livre für jeden Sklaven verlange, den sie nach Saint-Domingue lieferten. Diese Händler würden in den Genuss der gleichen Vergünstigungen gelangen wie früher die Guinea-Gesellschaft, sie würden aber nicht die 13 Livre Prämie pro Kopf erhalten, welche die Kompanie für jeden auf die Inseln beförderten Sklaven eingestrichen hatte. Der Generalkontrolleur empfahl, die Zahl der Schiffe, die nach Guinea aufbrachen, auf zwölf bis fünfzehn im Jahr zu begrenzen, weil er fürchtete, ein zu harter Wettbewerb könne die Preise für Sklaven an der westafrikanischen Küste in die Höhe treiben und gleichzeitig die Preise für diese im Überfluss angebotene »Ware« in der Karibik nach unten drücken. Er wies warnend darauf hin, dass eine solche Entwicklung die Gewinne schmälern, die privaten Sklavenhändler aus dem Geschäft drängen und damit diesen ganzen Geschäftszweig kollabieren lassen könne. Pontchartrain, der Marineminister, folgte der Empfehlung Desmarets' und begrenzte die Zahl der jährlich zum Handel mit Sklaven in See stechenden Schiffe auf zwölf.[19] Die erste Genehmigung zu einer solchen Fahrt wurde im November 1713 ausgestellt, genau zu dem Zeitpunkt, an dem der *Asiento* offiziell erlosch.[20]

Die *négociants* von Nantes waren über die Begrenzung der Zahl jährlicher Genehmigungen dieser Art empört. 1714 formulierten sie einen schriftlichen Protest, in dem sie darlegten, dass man in Westindien in einem Jahr weit mehr Sklaven benötige, als zwölf Schiffe dorthin schaffen könnten.[21] Obwohl diese Schrift nicht unterzeichnet war, gab es keinen Zweifel daran, wer sich hinter dem Protest verbarg. Die Logik der Argumente, aber auch die Sprache, in der sie vorgebracht wurden, ließen den Einfluss Descasaux' erkennen, der nach seiner Zeit im Handelsrat von Paris nach Nantes zurückgekehrt war und sein Privatvermögen mehrte, indem er in den Sklavenhandel investierte, Kaperfahrten finanzierte und andere kommerzielle Unternehmungen begann. Bei allen diesen Aktivitäten stand ihm sein Schwiegersohn René d'Arquistade zur Seite. Ein dritter wichtiger Mitstreiter war René Montaudoin, der seit 1706 im Auftrag der Guinea-Kompanie jährlich bis zu vier Sklavenschiffe ausgerüstet hatte. Er sollte später zum größten Sklavenhändler Frankreichs aufsteigen.[22] Zu der Zeit, als sie gegen die Einschränkungen des Handels mit Schwarzen protestierten, arbeiteten diese drei Männer gemeinsam einen Plan aus, die sieche Ostindien-Kompanie für eine Million Livre aufzukaufen.[23]

Sie behaupteten, zwölf Sklavenschiffe im Jahr seien vor allem deswegen nicht ausreichend, weil so viele der Gefangenen während der Fahrt stürben. Sie schätzten, dass ungefähr ein Sechstel von ihnen die so genannte »Mittelpassage« nicht überlebte und dass ein Viertel derer, die auf den Inseln ankamen, dort ihr Leben ließen, bevor sie sich an das neue Klima gewöhnt hätten.[24] Überdies sei während des gerade zu Ende gegangenen Spanischen Erbfolgekriegs die Mehrheit der Sklaven auf den Inseln Krankheiten oder anderen Ursachen zum Opfer gefallen, und man müsse Ersatz für diese verloren gegangenen Arbeitskräfte schaffen. Niemand schien die Ironie zu bemerken, die in der Behauptung lag, die hohe Sterblichkeitsrate der Schwarzen sei ein Grund dafür, den Handel mit ihnen auszuweiten.

Im Februar 1715 unternahmen die Kaufleute der Stadt einen weiteren Angriff gegen die Restriktionen.[25] Diesmal führten sie nicht nur neue Argumente ins Feld, sondern unterbreiteten auch einen neuen Vorschlag. Der größte Teil dieser zweiten Schrift war dem Versuch gewidmet, die Argumentation des Generalkontrolleurs und des Marineministers zu entkräften, derzufolge zu viele Sklavenhändler an der westafrikanischen Küste die Preise in die Höhe treiben und den ganzen Handel zum Erliegen bringen könnten. Dabei wurde deutlich, dass sie eine ganz andere Auffassung von solchen grundlegenden Begriffen wie Angebot, Nachfrage und Wettbewerb besaßen als die Vertreter der Regierung. Außerdem zeigte sich der Unterschied zwischen merkantilistischem Denken, das ökonomische Aktivität als etwas sah, was sich strikt nach der Relation zwischen Ausgaben und Einnahmen richtete, und der kapitalistischen Auffassung, derzufolge internationaler Handel eine dynamische und expandierende Tätigkeit war.

Die *négociants* wiesen als Erstes darauf hin, dass die Preise und die Konkurrenzsituation an der Küste Afrikas nicht nur von der Zahl französischer Schiffe bestimmt wurden, die sich am Sklavenhandel beteiligten, da ja die Holländer und die Engländer dort bereits in viel größerem Umfang Geschäfte tätigten. Zum Zweiten gaben sie zu bedenken, dass durch die Beschränkung der Zahl der jährlichen Fahrten nur sehr große Schiffe an dem Handel mit den Schwarzen teilnahmen und ausschließlich die Orte mit den größeren Sklavenmärkten ansteuerten, um ihre Laderäume zu füllen. Würden nun diese Restriktionen abgeschafft, so könnten auch viele kleine und mittelgroße Schiffe unbedeutendere und nicht sehr häufig besuchte afrikanische Häfen anlaufen und dort Sklaven billiger einkaufen. Die Reisen würden kürzer ausfallen und kosteneffektiver sein, da sich die Laderäume dieser Schiffe schneller füllen ließen und weniger Sklaven auf der Mittelpassage sterben würden. Eine unbeschränkte Teilnahme von Privatleuten an diesem Handel würde daher die Preise für Sklaven senken, anstatt sie steigen zu lassen. Sie erinnerten daran, dass die afrikanische Küste 9000 Kilometer lang war und man viele Quellen, aus denen man Sklaven beziehen könnte, noch gar nicht erschlossen hatte.

Dann legten sie dar, dass Pontchartrains Besorgnis, die Kaufleute von Nantes könnten sich wieder zurückziehen, wenn sie erste Geldeinbußen erlitten, auf einem falschen Verständnis der Natur privaten Handels beruhe. »Man braucht nicht zu fürchten, dass ein paar Verluste, die Händler hinnehmen müssen – oder möglicherweise hinnehmen müssen –, alle anderen abschrecken werden. Sie stimmen sich bezüglich ihrer Unternehmungen nie miteinander ab und teilen sich gegenseitig nie etwas über ihre Geschäfte mit. Ihre Verluste verschleiern sie eher, als dass sie sie öffentlich bekannt geben. Der Händler bleibt stets unergründlich, ob er nun Verlust oder Gewinn macht. Das, von dem der eine ablässt, nimmt der andere auf. Man wird daher weiter mit Sklaven handeln, ob die Bedingungen günstig oder ungünstig sind. Wir können Euch sogar versichern, dass es im Sklavenhandel weniger Gefahren zu fürchten gibt als im Handel mit anderen Waren, da jedes Sklavenschiff, das seine gesamte Fracht losschlägt, unweigerlich einen Profit einbringen wird.« Ihre Erwartungen, gute Gewinne zu machen, seien wohl begründet. Aus einem Kostenplan, der vom Schatzmeister für die Bretagne, Gérard Mellier, exemplarisch aufgestellt worden sei, werde ersichtlich, dass man bei einer Anfangsinvestition von 100 000 Livre mit Einnahmen von 158 000 Livre rechnen könne, sodass der Gewinn 58 Prozent betrage.[26]

Nachdem sie diese wirtschaftlichen Argumente für eine uneingeschränkte Freiheit des Handels angeführt hatten, unterbreiteten die Verfasser der Schrift ein kühnes Angebot: Sie würden die Forts und Handelsposten an der afrikanischen Küste, die vorher im Besitz der Guinea-Kompanie gewesen waren, bemannen und unterhalten. Dafür wollten sie das Recht erhalten, Sklavenhändlern eine Steuer von zehn Livre für jeden Sklaven abzuverlangen, den sie in Friedenszeiten auf die Inseln beförderten. In Kriegszeiten sollte der Betrag auf 15 Livre erhöht werden. Sie wollten tatsächlich eine Kooperative von Kaufleuten bilden, welche die Guinea-Kompanie ersetzen sollte. Um deutlich zu machen, dass sie den Handel effektiver und kostengünstiger betreiben könnten, als es der Kompanie oder der Regierung möglich war, wiesen sie noch einmal ausdrücklich darauf hin, dass die von ihnen geforderte Steuer viel niedriger sei als die zwischen 15 und 30 Livre schwankende Abgabe pro Sklave, welche die Regierung verlangte, und dass sie auf die 13 Livre Subvention pro Sklaven verzichteten, welche die Guinea-Kompanie erhalten hatte.

Die privaten Händler von Nantes brauchten nicht lange auf eine Antwort zu warten. Weniger als ein Jahr später, im Januar 1716, stellte die französische Regierung »Königliche Patentbriefe für Freien Handel mit der Küste von Guinea« aus. Mit diesen *Lettres patentes* wurde der Sklavenhandel im alten Gebiet der Guinea-Kompanie – der afrikanischen Atlantikküste von Sierra Leone bis zum Kap der Guten Hoffnung – für alle privaten Händler aus den vier Hafenstädten Nantes, Rouen, La Rochelle und Bordeaux freigegeben. Jeder Kaufmann, der in einer dieser Städte tätig war, konnte die königliche Genehmigung erlangen, ein Schiff zum Zweck des Handels mit Sklaven auszuschicken, vorausgesetzt, dass er einwilligte, der

Regierung eine Steuer von 20 Livre für jeden erwachsenen Gefangenen zu zahlen, den er lebend auf einer der Inseln ablieferte. Für Knaben unter zwölf Jahren waren zwei Drittel dieses Betrags zu entrichten, für Mädchen unter zwölf die Hälfte.[27] Mit dem auf diese Weise eingenommenen Geld sollte das ehemalige Fort der Guinea-Kompanie bei Whydah instand gehalten werden.

Im Gegenzug erhielten die *négociants* das Recht, mit französischen Waren, die für Afrika bestimmt waren, zollfrei Handel zu treiben. Außerdem wurden auf Waren aus dem Ausland, wie zum Beispiel Stoffe aus Indien oder Tabakspfeifen aus Holland, die in einen dieser französischen Häfen gelangten, um von dort nach Afrika exportiert zu werden, keinerlei Ein- oder Ausfuhrzölle erhoben. Schiffe, die einen Sklaventransport durchgeführt hatten, würden für Zucker, Baumwolle oder andere Produkte aus der Karibik, die sie auf den Inseln gegen ihre ursprüngliche Fracht eingetauscht hatten, nur die Hälfte der Abgaben entrichten müssen. Diese Vergünstigungen und Befreiungen sollten rückwirkend für alle Schiffe gelten, die Frankreich seit dem November 1713 verlassen hatten, als der *Asiento* ausgelaufen war.[28] Obwohl die Regierung keine Kommission für jeden auf die Inseln gelieferten Sklaven mehr zahlte, wie sie es zu Zeiten der Kompanie getan hatte, blieb der Sklavenhandel ein vom Staat subventionierter Geschäftszweig.

Welche Bedeutung diese Subventionen für Sklavenhändler hatten, wurde im darauf folgenden Jahr deutlich, als die Regierung neue Regeln für den direkten Handelsverkehr mit den Inseln erließ. In Frankreich hergestellte Waren konnten zollfrei in die Karibik exportiert werden, und auch auf importierte Produkte, die für die Ausfuhr in die Kolonien bestimmt waren, wurde kein Zoll erhoben. In dieser Hinsicht genossen die Kaufleute, die direkt zwischen Frankreich und den Antillen verkehrten, und die »Rundfahrt-Händler«, wie man die, die ihr Geld mit Sklaven machten, nannte, die gleichen Privilegien. Erstere mussten jedoch nach ihrer Rückkehr von den Inseln für Zucker, Indigo und Baumwolle die vollen Abgaben entrichten, während die Sklavenhändler nur die Hälfte zu zahlen hatten.[29] Hinsichtlich der Steuerbestimmungen war der Sklavenhandel ganz eindeutig ein privilegierter Geschäftszweig. Die Kaufleute von Nantes mussten sich im Glauben wiegen, dass die Ära der großen Monopolgesellschaften vorüber und ein neues goldenes Zeitalter des privaten Unternehmertums angebrochen war. Sie ahnten nicht, dass zu ebendem Zeitpunkt in Paris ein Mann dabei war, Pläne zu schmieden, wie man die großen Kompanien wieder auferstehen lassen könnte.

5

Paris, Dezember 1715

Der Klang von Steinmetzhämmern erfüllte die frostig-frische Dezemberluft und hallte über die ganze Place Louis-le-Grand hinweg, den neuesten königlichen Platz, der in Paris angelegt worden war. Viele der Häuser, die ihn säumten, waren noch im Bau, während von anderen nur die Fassaden standen, welche die leeren Grundstücke dahinter vor den Blicken verbargen. In der Mitte der freien Fläche hatte man eine gewaltige Statue von Ludwig XIV. auf seinem Streitross errichtet. Weder die königliche Statue noch der königliche Name würden das Ende des Jahrhunderts erleben, an dem der Platz schon längst in Place Vendôme umbenannt sein würde.

Die Place Louis-le-Grand war *die* Adresse in Paris für die Männer aus den Kreisen der Hochfinanz geworden. Antoine Crozat, der Finanzbevollmächtigte für Bordeaux, nannte die Häuser mit den Nummern 17 bis 19 sein Eigen. Er war Schatzmeister der Guinea-Kompanie gewesen, als sie noch das alleinige Recht besessen hatte, für Spanien Sklaven in die amerikanischen Kolonien des Landes zu bringen. Poisson de Bourvalais, der Sekretär des Finanzrates, residierte in den Häusern mit den Nummern 11 bis 13, und Claude-François Paparel, der Generalschatzmeister für die Streitkräfte des Landes, nannte das Haus mit der Nummer 14 als Adresse.[30] Trotz ihres Reichtums wurden diese Finanzleute vom Adel als »Habenichtse« verachtet, weil es ihnen – wie dem lächerlichen Monsieur Jourdain, der Hauptfigur von Molières beliebtem Lustspiel *Der Bürger als Edelmann* – an erlesenem Geschmack mangelte. Indem sie sich an einem Platz niederließen, der den Namen des Königs trug und der von einem Reiterstandbild des Monarchen beherrscht wurde, erwarben die Finanzleute sich eine Art von Prestige, das andere Orte ihnen nicht zu verleihen vermochten, und rückten sich selbst in größere Nähe zur königlichen Macht.[31]

Der letzte Anwohner, der hier seinen Wohnsitz nahm, war ein Schotte namens John Law. Er hatte im Mai 1714 eines der Häuser gemietet, nur

5.1 Die Place Louis-le-Grand in Paris.

sechs Jahre später würde er elf der 28 Anwesen, die den Platz umgaben, besitzen.[32] Law hatte sich ausgerechnet, dass ein üppig eingerichtetes Haus an diesem Platz nützlich sei, um Gäste zu bewirten und Besucher zu empfangen. Seine Ankunft war dem Superintendenten der Pariser Polizei, Marquis d'Argenson, nicht entgangen; er hatte an den Außenminister geschrieben: »Ein Schotte namens Law, von Beruf Spieler und im Verdacht stehend, üble Absichten gegenüber dem König zu hegen, tritt in Paris in großem Stile auf und hat sogar ein beeindruckendes Haus an der Place Louis-le-Grand erworben, obgleich niemand von einer Einkunftsquelle weiß, abgesehen von seiner Fortüne im Glücksspiel, welches sein ganzes Geschäft ist.«[33]

Law war in der Absicht nach Paris gezogen, seinen Einfluss auf Persönlichkeiten wie den Duc d'Orléans, den Generalkontrolleur Desmaretz und die Finanziers von der Place Louis-le-Grand zu kultivieren, und das Haus bot ideale Voraussetzungen, diese Pläne in die Tat umzusetzen, das heißt, um die richtigen Leute anzulocken und die richtigen Freunde zu gewinnen. Law war bald ein regelmäßiger Gast in den Salons, in denen die vermögende Elite von Paris dem Glücksspiel frönte. Für gewöhnlich traf er mit zwei großen Beuteln ein, die Goldmünzen im Wert von mindestens 100 000 Livre enthielten. Wenn seine Einsätze so hoch wurden, dass sich der Haufen Münzen

5.2 John Law.

nur noch mit Mühe mit den Händen über die Tischplatte schieben ließ, verwendete er goldene Spielmarken zu 500 Livre, die er eigens zu diesem Zweck hatte anfertigen lassen.

Law lebte nicht schlecht für einen Mann, der auf der Flucht vor dem Gesetz war. 21 Jahre zuvor war er als junger Mann in London zum Tode verurteilt worden, weil er einen gewissen Edward Wilson in einem Duell auf dem Bloomsbury Square mit dem Degen getötet hatte. Wilson hatte anscheinend Laws Geliebte, eine Mrs. Lawrence beleidigt. Wäre das Urteil vollstreckt worden, so hätte Law mit 23 Jahren sein Leben beendet. Mit der Hilfe hochgestellter Freunde war es ihm jedoch gelungen, aus dem King's-Bench-Gefängnis zu entkommen: Man hatte zwei Unteraufseher bestochen, die Wächter zu betäuben und seine Handschellen durchzufeilen. Freunde, die draußen auf den Ausbrecher warteten, hatten ihn dann nach Sussex gebracht und auf ein Schiff, das nach Frankreich segelte, geschafft.

In den darauf folgenden zwei Jahrzehnten zog Law durch halb Europa, wobei er außer den Hauptstädten vor allem auch jene Orte besuchte, die für ihre Spielsalons bekannt waren. Mit dem Glücksspiel verdiente er sich seinen Lebensunterhalt, und von Zeit zu Zeit wurde er aus einer Stadt ausgewiesen, weil er am Kartentisch zu viel Erfolg gehabt hatte. Sein persönlicher Sekretär, Mr. Gray, schilderte ihn als »gut aussehend, hochgewachsen, eloquent, mit einem besonderen Talent dafür, den Damen zu gefallen«. Gray berichtete auch, dass er immer tadellos gekleidet sei und »allerorts in der Öffentlichkeit eine gute Erscheinung« abgebe. Wenn das stimmte, dann musste Laws Äußeres sich seit seiner Flucht aus dem Kerker sehr zu seinem Vorteil gewandelt haben, denn in dem Steckbrief, der damals in der *London Gazette* veröffentlicht worden war, wurde der Flüchtling folgendermaßen beschrieben: »Ein sehr stattlicher, schwarzhaariger schlanker Mann ..., wohl gestaltet und von mehr als sechs Fuß Größe, mit großen Pockennarben im Gesicht... sowie gedehnt und laut sprechend.«[35]

John Law war kein gewöhnlicher Glücksspieler. Während längerer Aufenthalte in den Finanzmetropolen Europas, wie Venedig, Genua und Amsterdam, hatte er sich eingehend mit dem Bankwesen, mit Währungen und dem gesamten Finanzbereich befasst. In Venedig hatte er regelmäßig die Banco di Rialto zu der Zeit aufgesucht, da man dort Geld wechselte, und seinem Sekretär zufolge beobachtet, »zu welchen Raten Geld der ganzen Welt getauscht wurde, wie Wechsel an der Bank diskontiert wurden«, und dabei herausgefunden, »wie überaus nützlich papierne Kreditscheine waren, wie gerne die Leute ihr Münzgeld für Scheine hergaben und wie den Besitzern aus diesen Scheinen Profite erwuchsen«. Während dieser ganzen Zeit hatte er revolutionäre Ideen hinsichtlich des Handels, des Finanz- und Kreditwesens und vor allem bezüglich der Rolle von Papiergeld im Wirtschaftssystem eines Landes entwickelt.

Dank seiner offenkundigen Intelligenz, seiner exquisiten Manieren und seiner genauen Kenntnisse auf dem Bank- und Finanzsektor vermochte der dem Galgen mit Müh und Not Entronnene in ganz Europa freundschaftliche Bande zu hochgestellten Persönlichkeiten zu knüpfen. Der britische Botschafter in Frankreich, der Earl of Stair, war von Law so beeindruckt, dass er an den Außenminister seines Landes schrieb, der Schotte sei »ein Mann von großer Vernunft und mit einem weit fähigeren Kopf für Kalkulationen jeglicher Art als sonst irgendjemand. Was die Angelegenheiten betrifft, mit denen er sich befasst, ist er sicherlich der klügste Mann, den es gibt.« Sogar der Duc de Saint-Simon, der früher ein Gegner von Laws Projekten gewesen war, rühmte die Vielfalt seiner Kenntnisse, sein Genie, seine scharfe Auffassungsgabe und die Klugheit seines Vorgehens. Was Law von anderen Hasardeuren und Finanzleuten unterschied, meinte der Philosoph Montesquieu, sei die Tatsache, dass »er die Ideen mehr liebte als das Geld«.[36]

Law traf Ende 1713 in Paris ein und brachte ein Vermögen in Höhe von 1,6 Millionen Livre mit. Er wollte sich gewiss an den Spieltischen vergnügen, befasste sich aber auch in Gedanken mit keinem geringeren Vorhaben, als das gesamte Wirtschaftssystem Frankreichs zu reorganisieren. Einige seiner Ideen – wie zum Beispiel die, eine Zentralbank zu gründen, die Papiergeld ausgab – waren radikal neu, andere gingen auf den Merkantilismus des 17. Jahrhunderts Colbertscher Machart zurück; ihnen lag vor allem seine Überzeugung zugrunde, dass der Überseehandel in der Hand privilegierter Monopolgesellschaften liegen sollte. Wie auch immer – Law wurde in Paris von den französischen Behörden nicht gerade mit offenen Armen willkommen geheißen, und es verstrich geraume Zeit, bis Desmarets ihn zu einer Unterredung empfing.[37]

Durch den Tod Ludwigs XIV. am 1. September 1715 erhielt Law eine neue Chance, denn da der Urenkel des verstorbenen Königs, sein legitimer Nachfolger, erst fünf Jahre zählte, würde das Land bis zu seiner Volljährigkeit vom Herzog von Orléans regiert werden. Law kannte den Regenten, dessen Machtbefugnisse jenen eines absolutistischen Monarchen glichen, seit 1707.[38] Die beiden hatten sich häufig im Würfelspiel »Puff« gemessen, bei dem es um hohe Einsätze gegangen war. Das größte Problem des Herzogs ergab sich daraus, dass die vielen Kriege, die Ludwig XIV. geführt, und die Extravaganzen, die er sich geleistet hatte, den Staat in den Bankrott getrieben hatten. Die Staatsschuld betrug 3,5 Milliarden Livre und erhöhte sich jedes Jahr um weitere 150 bis 200 Millionen Livre.[39]

Dieses Zusammentreffen einer politischen mit einer ökonomischen Krise bot Law nun die einzigartige Gelegenheit, einige seiner Ideen in der Praxis zu erproben. Er hatte seinen Plan, eine französische Zentralbank einzurichten, im Mai 1715 bereits Desmarets vorgelegt. Im Dezember des Jahres ließ er den Regenten wissen: »... die Bank ist nicht der einzige und der größte meiner Einfälle. Ich werde ein Werk hervorbringen, das ganz Europa in Erstaunen versetzen wird durch die Veränderungen, mit denen es Frankreich zum Vorteil gereichen wird, größere Veränderungen denn jene, die durch die Entdeckung der Indischen Inseln oder die Einführung des Kredites bewirkt wurden.«[40] Er spielte damit auf sein Vorhaben an, die größte Monopolhandelsgesellschaft zu begründen, die Frankreich jemals gekannt hatte.

Am 1. Mai 1716 konnte John Law damit beginnen, seine Ideen in die Tat umzusetzen, als nämlich der Finanzrat seinen Plan billigte, eine *Banque Générale* zu eröffnen. Anders als die Landeszentralbank, die er ursprünglich ins Auge gefasst hatte, war dies eine Privatbank, die sich aber von jeder anderen dieser Branche unterschied, die es bis dahin in Frankreich gegeben hatte. Eines ihrer Hauptmerkmale war, dass die Investoren nur ein Viertel ihrer Einlagen in Münzgeld zu deponieren hatten; für die anderen drei Viertel konnten sie die neuen Staatsanleihescheine verwenden, die Ende des Jahres 1715 von der bankrotten Regierung ausgegeben worden waren. In den ersten Monaten, in denen sie in Umlauf waren, hatten diese Anleihescheine schon die Hälfte ihres Wertes verloren. Law finanzierte also seine Bank, indem er Schuldscheine der Regierung aufkaufte.[41]

Die zweite Besonderheit von Laws *Banque Générale* war, dass sie ihre eigenen Banknoten ausgab, aber nach einem neuen System, welches verbürgte, dass das Papiergeld seinen Wert behielt. Das Problem des Wertverfalls kam dadurch zustande, dass im Frankreich des 18. Jahrhunderts zwar Preise in Livre angegeben und Konten in Livre geführt wurden, dass aber kein Geldstück dieses Namens existierte. Geprägt wurden goldene *Louis* und silberne *écus*, und der König oder der Finanzrat setzten fest, wie viele Livre ein *Louis* oder ein *écu* zu einem bestimmten Zeitpunkt wert waren. Der Wert des *Louisd'or* beispielsweise sank infolge von elf Abwertungen hintereinander von 20 Livre im Jahr 1713 auf 14 im Jahr 1715. Anders als frühere Banknoten, die in Livre ausgestellt worden waren und deren entsprechender Wert in Gold oder Silber daher unkontrollierten Fluktuationen unterlag, wurden Laws Banknoten in silbernen *écus* ausgestellt und konnten damit – ohne Beachtung ihres Werts in Livre – gegen Silber von genau dem gleichen Gewicht eingelöst werden, wie es die ursprüngliche Einlage besessen hatte.[42]

Die Eröffnung seiner Bank Ende Juni 1716 verschaffte Law den Kredit und die monetären Instrumente, die er benötigte, um eine Monopolgesellschaft ins Leben zu rufen, die den gesamten Überseehandel Frankreichs kontrollieren würde. Die erste große Gelegenheit ergab sich für ihn, als die Regierung, begierig darauf, das kurz zuvor in eine Kolonie umgewandelte Territorium von Louisiana wirtschaftlich auszubeuten, zu diesem Zweck eine neue Gesellschaft gründete, in der die todgeweihte Guinea-Kompanie aufging. Die Regierung wollte die Abwicklung der ganzen Operation John Laws Bank anvertrauen. Ihren Vorstellungen zufolge sollte das Startkapital der Gesellschaft zwei Millionen Livre betragen, Law bestand aber darauf, Anteilscheine im Wert von 100 Millionen Livre auszugeben, für die Staatsanleihescheine zu deren Nennwert entgegengenommen wurden, obwohl diese Scheine mittlerweile nur noch für 30 Prozent dieses Wertes gehandelt wurden. Er finanzierte die Gesellschaft also auf die Art und Weise, wie er es zuvor schon mit seiner Bank praktiziert hatte.[43]

Laws neue Gesellschaft, die zunächst den Namen Mississippi-Kompanie erhielt und später in Occident-Kompanie umbenannt wurde, nahm ihre Tätigkeit offiziell am 1. Januar 1718 auf. Im September erwarb sie das Monopol für den Verkauf von Tabak aus der Neuen Welt in Frankreich, und im Dezember übernahm sie auch die Senegal-Kompanie. Um seine Gesellschaft wirklich zu einem Unternehmen mit Geschäften von globaler Reichweite zu machen, kaufte Law auch die verschuldete Französische Ostindien-Kompanie und die China-Kompanie auf.[44] Alle diese Einzelunternehmen wurden zu einer einzigen Gesellschaft verschmolzen, die mit einem am 23. Mai 1719 vom König unterzeichneten Zusammenlegungsedikt zur *Compagnie des Indes* erklärt wurde. Was diese neue Gesellschaft erfolgversprechender machte als ihre Bankrott gegangenen Vorgängerinnen, war das weltweite Geflecht von Handelsbeziehungen, das ihr zur Verfügung stand. Das Zusammenlegungsedikt verlieh der Compagnie des Indes das Monopol für den Handel in dem ganzen Gebiet »von Guinea bis zum japanischen Archipel« und das

Vorrecht, »vor allem das Kap der Guten Hoffnung, die Ostküste Afrikas, die Gestade, die vom Roten Meer umspült sind, alle bekannten Inseln im Pazifischen Ozean, Persien, das Reich der Moguln, das Königreich Siam, China, Japan und Südamerika zu kolonisieren«.[45]

Nachdem diese Gesellschaft, die an Größe alle früheren in den Schatten stellte, gebildet worden war, erhob sich die Frage, welches ihr Heimathafen sein und wo man ihre Lagerhäuser errichten sollte. Das etwa 50 Kilometer nordwestlich von Vannes an der Küste der Bretagne gelegene Lorient war eine der Hafenstädte, die in Betracht gezogen wurden. Von dort aus waren die Schiffe der jetzt aufgelösten französischen Ostindien-Kompanie in See gegangen. 1719 war die Stadt aber nur noch Gegenstand spöttischer Bemerkungen, weil ihre Lage ungünstig war und ihre Hafenanlagen nicht ausreichten. Ein Zeitgenosse schrieb abfällig von »L'Orient …, das sozusagen am Ende der Welt liegt und wo es noch nicht einmal genügend Platz gibt, um ein Dutzend Kaufleute unterzubringen«[46], und die Beschreibung der Stadt, die ein Reisender mehr als ein Jahrzehnt früher abgegeben hatte, galt 1719 immer noch: Lorient war wenig mehr als eine Ansammlung von »schäbigen, von keinem Zaun umgebenen Erdhütten, die mit Stroh gedeckt und aus mit Lehm verputzten Knüppeln gefertigt sind«.[47]

Obwohl die französische Marine den Hafen nach der Auflösung der Ostindien-Kompanie im Jahr 1706 offiziell übernommen hatte, war die Stadt während des Spanischen Erbfolgekriegs durch Kaperfahrer am Leben erhalten worden. Korsaren aus Saint-Malo hatten Lorient zu ihrem Hauptquartier gemacht, um Begegnungen mit britischen Kriegsschiffen, die im Ärmelkanal patrouillierten, zu vermeiden. Zunächst war der Krieg für die Werften von Lorient ein wahrer Segen gewesen[48], doch dass die Kaperfahrer nicht daran dachten, ihnen regelmäßig ihren Lohn auszuzahlen, hatte den Arbeitern das Leben schwer gemacht. Ein königlicher Beamter hatte 1709 berichtet: »Die Arbeiter leiden so große Not, dass die Mehrheit von ihnen schon gezwungen gewesen ist, Lorient den Rücken zu kehren.« Zwei Jahre später warnte derselbe Mann: »… wenn hier nicht bald neue Schiffe gebaut oder ausgerüstet werden, dann wird Lorient wieder so öde und verlassen sein, wie es zuvor gewesen ist.« Als der Spanische Erbfolgekrieg 1713 zu einem Ende kam, verlegten die Kaperfahrer ihren Stützpunkt wieder nach Saint-Malo, woraufhin der Hafen von Lorient erneut in einen Dämmerzustand verfiel.[49]

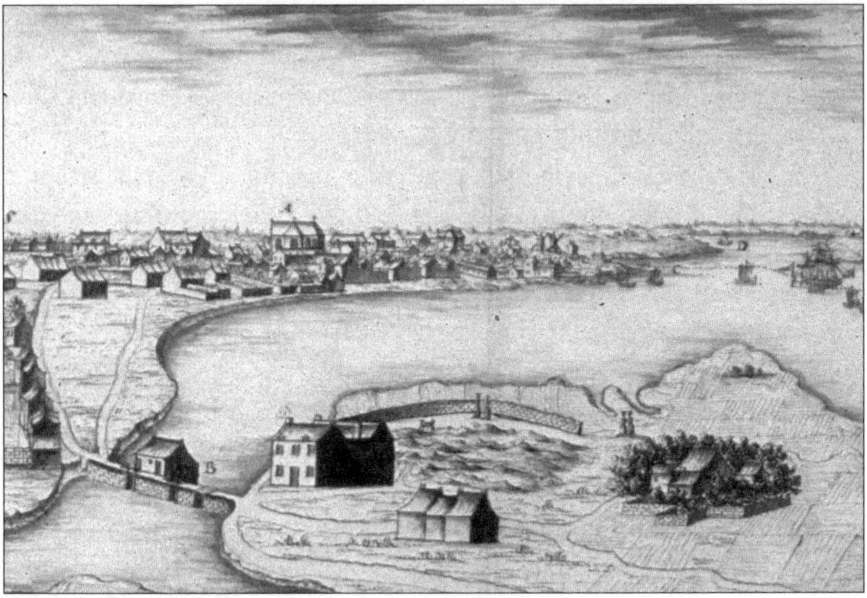

5.3 Lorient im Jahr 1724.

Als 1719 der Tag immer näher rückte, an dem man entscheiden musste, welches der Heimathafen der neuen Compagnie des Indes sein wollte, äußerten sich diejenigen, die sich gegen Lorient als Sitz der Gesellschaft aussprachen, verächtlich über die ungünstige Lage des Hafens und den zurückgebliebenen Charakter der Stadt selbst. Für Lorient sprach aber, dass es auf dem Gelände der alten Kompanie Anlagen für den Schiffsbau und Lagerhäuser gab, die dem Land im Krieg von großem Nutzen gewesen waren. Wenn man die neue Gesellschaft dort unterbrachte, würde man diese Einrichtungen funktionstüchtig erhalten, sodass man in Zukunft bei Bedarf wieder auf sie zurückgreifen könnte. Dieses Argument gab den Ausschlag.[50] Die Compagnie des Indes machte Ende 1719 Lorient zu ihrem Hauptsitz und übernahm die Kauffahrerflotten der Gesellschaften, die von ihr geschluckt worden waren.

Nach seiner Konversion zum Katholizismus am 5. Januar 1720 – zu der er sich ganz offensichtlich aus reinem Opportunismus entschlossen hatte – wurde Law zum Generalkontrolleur der Finanzen ernannt. Weniger als zwei Monate später wurde die Königliche Bank der Compagnie des Indes einverleibt;

allerdings bürgte der König weiterhin dafür, dass die von ihr ausgegebenen Banknoten wieder eingelöst werden konnten. Law war jetzt Inhaber jenes Amtes, das Jean-Baptiste Colbert einst höchst effizient verwaltet hatte. Ihm standen aber noch mehr Instrumente der Macht zur Verfügung: Er kontrollierte die Bank, die Finanzen des Königreichs und dessen Außenhandel.[51] Der ehemals unstet umherschweifende Hasardeur und steckbrieflich Gesuchte, der aus seiner Heimat hatte fliehen müssen, weil er wegen Mordes zum Tode verurteilt worden war, hatte sich zum mächtigsten Mann Frankreichs hochgearbeitet. Als der Kurs der Aktien seiner Gesellschaft in die Höhe schnellte, sodass sie bald für das Sechzigfache ihres Ausgabewerts gehandelt wurden, wurde das ganz Land vom Spekulationsfieber befallen. Auf der Place Louis-le-Grand, an der Law ja wohnte, wuchsen Hütten und Zelte aus dem Boden, in denen Menschen, die aus allen Provinzen Frankreichs in die Hauptstadt geströmt waren, ihren Schmuck, ihre sonstigen Wertsachen, ja sogar ihre Pferde gegen Anteilsscheine der Gesellschaft oder Banknoten eintauschten, während andere Aktien gegen Banknoten abgaben oder umgekehrt – je nach der Entwicklung des Marktes. Als der elegante Platz sich in eine lärmerfüllte Lagerstelle verwandelte, zog Law in sein Haus in Soissons um, wo er sich etwas Abgeschiedenheit und Ruhe erhoffte.[52]

Obwohl die neue Kompanie weltweit Geschäfte trieb, waren Law und die Direktoren der Gesellschaft unzufrieden, weil sie nicht über das Monopol auf dem Sklavenhandel verfügten. Indem die Senegal-Kompanie in sie übergegangen war, hatte die Compagnie des Indes das alleinige Anrecht auf diesen Handel erhalten, soweit er den Senegal betraf, doch die afrikanische Atlantikküste von Sierra Leone bis zum Kap der Guten Hoffnung – jene Region, welche einst der Guinea-Gesellschaft zugeteilt worden war – stand seit dem Januar 1716 auf Grund der königlichen *Lettres patentes* auch privaten Unternehmern für ihre Geschäfte offen, und es waren vor allem die *négociants* aus Nantes, die den Sklavenhandel in diesem Territorium beherrschten. In der Zeit von 1716 bis 1720 hatte Nantes nicht weniger als 67 Sklavenschiffe entsandt, während von den anderen Hafenstädten, die zu solchem Handel autorisiert worden waren, lediglich 22 in See gestochen waren. Die Compagnie des Indes hatte sogar nur drei auf die Reise geschickt. 1720 begannen daher Law und die Direktoren seiner Gesellschaft, sich intensiv darum zu bemühen, die Kontrolle über den ganzen Handel mit der »Sklavenküste« wiederzuerlangen.

Law wusste, dass ihm bei diesem Versuch der heftigste Widerstand durch die Kaufleute von Nantes erwachsen würde. An dieser Front kam ihm aber ein unerwarteter Verbündeter zu Hilfe. Der Vertreter von Nantes im Handelsrat, Jean Piou, hatte Laws verschiedene Projekte seit 1715 unterstützt; er war damals einer von nur vier Männern gewesen, die vor dem Finanzrat den Plan des Schotten zur Einrichtung einer Zentralbank befürwortet hatten. Als vier Jahre später die Gründung der Occident-Kompanie erfolgte, wurde Piou in das Direktorium berufen. 1719 erhielt er – mit Unterstützung Laws – vom König seinen Adelsbrief. Die Gründung von Laws Compagnie des Indes im Jahr 1719 stürzte Piou ganz offenkundig in einen Interessenkonflikt; er trat daher als Vertreter der Stadt Nantes im Handelsrat zurück und wurde sofort danach zum Repräsentanten der Compagnie des Indes in diesem Gremium ernannt.[53] Piou hatte in der Auseinandersetzung zwischen Merkantilisten und Kapitalisten die Seiten gewechselt.

Mit der Hilfe von Jean Piou konnte die Gesellschaft ihre Bemühungen, auf Politiker dahingehend einzuwirken, dass ihr das Monopol für den Sklavenhandel übertragen würde, erfolgreich abschließen. Am 27. September 1720 wurde mit einem Erlass des königlichen Staatsrats den privaten Geschäftsleuten die Erlaubnis, Handel an der Küste von Guinea zu treiben, wieder entzogen und das »ausschließliche« Recht dazu »für alle Zeit« Laws Gesellschaft verliehen. Der Staatsrat rechtfertigte seine Entscheidung mit Argumenten, die schon seit eh und je von den Verfechtern von Monopolgesellschaften ins Feld geführt worden waren. »Anstatt die Vorteile zu erbringen, die man sich aus ihr erhofft hat«, hieß es, »hat die Freigabe des Handels große Probleme geschaffen. Der Wettbewerb unter den privaten Händlern, die an dieser Küste Geschäfte treiben, und die Eile, mit der sie ihre Schiffe voll laden, um ihre täglichen Unkosten zu verringern, haben dazu geführt, dass die in diesen Ländern lebenden Eingeborenen die Preise, für die Waren, die wir ihnen bringen, drastisch gesenkt haben. Und sie [die privaten Händler] erwerben Sklaven, Goldstaub und die anderen Dinge, die zu kaufen wir uns dorthin begeben, in einem solchen Übermaß, dass der Handel ruiniert worden ist und nicht mehr lohnt.«[54]

Die Verfügung des Staatsrats untersagte es allen Privatleuten, die Bürger Frankreichs waren, an der Küste von Guinea Handel zu treiben und irgendwelche Sklaven, gleichgültig von wo sie stammten, zu den französischen Besitzungen in der Karibik zu transportieren. Laws Kompanie wurde dazu verpflichtet, jährlich 3000 Sklaven auf die Inseln zu schaffen. Dafür erhielt sie beträchtliche Zollerleichterungen und wurde von der Abgabe in Höhe von 20 Livre für jeden Sklaven, welche den privaten Händlern auferlegt worden war, befreit. Stattdessen sollte sie sogar von der Regierung eine Prämie von 13 Livre für jeden lebend auf den Inseln abgelieferten Sklaven bezahlt bekommen. Der Sklavenhandel war damit wieder ein direkt subventioniertes Geschäft.

Obwohl Laws Gesellschaft während der ersten zwei Jahre ihrer Existenz 13 Sklavenschiffe auf Fahrt nach Afrika schickte, verfügte sie anfangs nicht über genügend Schiffsraum, um ihr Monopol voll ausnutzen zu können. Da man nicht riskieren wollte, die Quote nicht zu erfüllen, also nicht, wie zugesichert, 3000 Sklaven jährlich auf die Inseln zu schaffen, erteilten die Direktoren privaten Händlern – von denen die meisten aus Nantes stammten – die Genehmigung, im Auftrag der Gesellschaft tätig zu werden. Diese Händler zahlten der Gesellschaft eine Gebühr von 20 Livre für jeden lebend auf den Inseln abgelieferten Sklaven; 1720 wurde dieser Betrag auf zehn Livre verringert.[55] Die Privatunternehmer aus Nantes reagierten darauf, indem sie ihre Anstrengungen verstärkten: 1720 rüsteten sie 17 Sklavenschiffe für die Fahrt aus, 1721 waren es 24 und 1722 zwölf.[56]

Ende 1722 hatte die Kompanie jedoch ihre Flotte so weit ausgebaut, dass sie ihre gesetzlich verbriefte Monopolstellung endlich wahrnehmen konnte. Vom 1. Januar 1723 an verweigerte sie allen Privatleuten die Genehmigung, sich am Sklavenhandel zu beteiligen, und ließ jetzt – von Lorient aus – nur noch ihre eigenen Schiffe nach Afrika segeln.[57] Dies war eine Entwicklung, welche die Händler aus Nantes schmerzlich zu spüren bekamen. 1723 rüstete man dort nur noch zwei Sklavenschiffe aus und während der darauf folgenden zwei Jahre überhaupt keine mehr. Bürgermeister Gérard Mellier klagte bitter darüber, dass die *négociants* in den Bankrott getrieben würden und dass ohne die Einnahmen aus dem Sklavengeschäft der gesamte Handel der Stadt Nantes mit den Inseln nur noch mit Verlust betrieben werden könne.[58] Seine Proteste und die der Händler fruchteten jedoch nichts. Die Compagnie des Indes regierte jetzt uneingeschränkt, und sie besaß ja nicht nur gegenwärtig das »ausschließliche« Anrecht auf den Sklavenhandel, sondern dieses sollte auch »für alle Zeit« bestehen bleiben.

5.4 Masssen verzweifelter Menschen, die ihre Anteilsscheine an der Compagnie des Indes im Pariser Büro der Gesellschaft zu verkaufen suchen.

Die Kompanie, die sich 1722 wieder das Monopol auf den Sklavenhandel verschafft hatte, unterschied sich sowohl was ihre Operationen als auch was ihre Finanzstruktur betraf, vollkommen von der, die Law nur drei Jahre zuvor ins Leben gerufen hatte. 1724 brüstete John Law sich noch in einem Brief: »Die Compagnie verdankt ihre Geburt mir.«[59] Diese prahlerische Bemerkung kam jedoch von einem Mann, der mittlerweile aus Frankreich geflohen war und im Exil lebte. Die 1719 erfolgte Umwandlung von Laws *Banque Générale* in die Königliche Bank von Frankreich, welche Noten ausgab, die nicht mehr silberne *écu* zur Grundlage hatten, sondern Livre, hatte zuerst eine Spekulationswelle und dann eine Entwertung der Aktien und Banknoten ausgelöst, sodass es 1720 zu einem Bank- und Börsenkrach gekommen war. Als die Leute zur Bank strömten, um dort ihr Papiergeld gegen Münzen einzutauschen, öffnete diese nur noch sporadisch und für immer kürzere Zeiten ihre Pforten. An Tagen, an denen sie öffnen würde, stellten sich besorgte Menschen schon um zwei Uhr in der Nacht vor dem Gebäude auf, doch diejenigen, die irgendwann Einlass fanden, durften nur eine einzige Zehn-Livre-Note einwechseln. Die Aktie der Compagnie des Indes, die im Herbst 1719 einen offiziellen Höchststand von 10 000 Livre erreicht hatte (und für die man schon 15 000 zahlen musste, wenn man eine

Option auf sie aufnahm), war Ende Mai 1720 nur noch 4000 Livre wert. Vermögen, die über Jahrhunderte hinweg langsam angehäuft worden waren, schmolzen binnen weniger Wochen oder gar Tage restlos dahin.

In Paris kam es zu Tumulten. Am 10. Juli 1720 fingen einige junge Männer an, die Fassade der Bank mit Steinen zu bewerfen, woraufhin einer der dort postierten Wächter einen der Randalierer erschoss. Am 17. Juli versammelte sich eine riesige Menge – einem Bericht zufolge waren es nicht weniger als 15000 Menschen – noch vor Sonnenaufgang vor dem Gebäude, weil sich herumgesprochen hatte, dass die Bank zum ersten Mal seit einer Woche wieder zum Einwechseln von Zehn-Livre-Scheinen in Münzen geöffnet werden würde. Als die Tore, die auf den Hof führten, gegen acht oder neun Uhr morgens aufgesperrt wurden, drängte die Menge so ungestüm vorwärts, dass ein Dutzend Menschen stürzten und die anderen über sie hinwegtrampelten. Zumindest eine Person kam dabei ums Leben. Nachdem die Ansammlung sich aufgelöst hatte, zog der Mob zum Palais Royal, um sich beim Regenten zu beschweren. Da entdeckte jemand John Laws Kutsche, die gerade das Palais verließ, und ihr folgte ein aufgebrachter Haufen bis zu Laws Haus an der Place Louis-le-Grand. Als sich dort herausstellte, dass Law gar nicht darin saß, zog man den Kutscher von seinem Bock, prügelte auf ihn ein und brach ihm ein Bein. Da die Eingangstore des Hauses allen Versuchen, sie einzurennen, standhielten, musste die wütende Menge sich damit begnügen, Pflastersteine durch die Fenster zu werfen.[60]

In Spätsommer und Herbst 1720 wurden die Residenzen der Finanziers an der Place Louis-le-Grand regelmäßig von Scharen von Aktienbesitzern belagert, die in den Ruin gestürzt worden waren. Mitten auf dem Platz, um die Statue von Ludwig XIV. herum, schlugen bankrotte Investoren ein Lager aus schäbigen Zelten auf, das bald als »Camp Condé« bekannt war.

In der Nacht des 21. Dezember 1720 stahl John Law sich heimlich in einer geschlossenen Kutsche über die Grenze nach Flandern davon. Er begann damit wieder mit dem unsteten Leben, das er geführt hatte, bevor er nach Paris gekommen war. Der einzige Gegenstand von Wert, den er mitzunehmen vermochte, war ein Diamant von mittelmäßiger Qualität.[61]

Nur ein paar Tage nach Laws Flucht hielten die Aktionäre der Compagnie des Indes eine Versammlung ab, um ein neues Direktorium zu wählen und die Gesellschaft zwecks Wiedererlangung einer gesunden finanziellen

Basis zu reorganisieren. Unter den acht Männern, die dazu bestimmt wurden, die reorganisierte Gesellschaft zu überwachen, die ja weiterhin das Monopol für den Sklavenhandel innehaben würde, war auch ein Kaufmann aus Nantes, der erst kurz zuvor dorthin gezogen war und das Maison Morstin am Quai Malaquais erworben hatte. Dieser Mann war Joachim Descasaux.[62]

6

Paris, 5. September 1724

Der Comte de Maurepas war unzufrieden und enttäuscht. Als Marineminister und Inhaber eines Sitzes im Handelsrat wurde er von den Kaufleuten aus Nantes und den anderen Hafenstädten, die ehemals am Sklavenhandel hatten teilnehmen dürfen, unablässig mit Bitten bombardiert, diesen lukrativen Handel wieder für Privatpersonen freizugeben. »Zwei bedeutendere Händler haben in Nantes gerade ihren Bankrott erklärt«, schrieb ein verärgerter Gérard Mellier, »und wir fürchten sehr, dass weitere folgen werden. Die Berichte aus den Kolonien zeigen, dass es dort Verluste gegeben hat, seit die illustren Herren von der Compagnie des Indes sich auf jenes alleinige Vorrecht berufen haben, das ihnen gewährt wurde: nämlich nach Guinea zu segeln und dort Sklaven zu kaufen, um sie in die Kolonien zu transportieren. Vergeblich haben wir vor dem Rat im Namen der privaten Händler von Nantes, La Rochelle und Bordeaux Protest eingelegt und darauf verwiesen, dass zusammen mit dem Handel dieser Städte auch die Kolonien einen Niedergang erleiden werden.«[63]

Der Comte de Maurepas war nicht mehr als 23 Jahre alt, und er hatte das Amt des Marineministers erst zwei Jahre zuvor übernommen. Er war nicht nur sehr jung, sondern zudem an seinen Posten geraten, ohne vorher etwas mit Marineangelegenheiten zu tun gehabt zu haben, und er fühlte sich nicht verpflichtet, sich an die Entscheidungen seiner Vorgänger zu halten und der von ihnen eingeschlagenen Politik zu folgen. Er hatte aber auch keine Alternative anzubieten. Von einem seiner Kabinettskollegen wurde er als »oberflächlich und zu ernsthaftem und tiefem Nachdenken unfähig, doch mit Scharfsinn und Intelligenz begabt, die das Problem schnell lösen« cha-

6.1 Der Comte de Maurepas.

rakterisiert.[64] In diesem Fall war das Problem aber besonders verwickelt. Obwohl der Comte starke Sympathie für die Verfechter eines auf privater Basis betriebenen Sklavenhandels empfand, hatte er das Gefühl, dass es angesichts des Monopols der Compagnie des Indes nicht in seiner Macht stand, etwas für sie zu tun. John Law hatte die Gesellschaft der Kontrolle durch den Marineminister entzogen und der Autorität des Generalkontrolleurs unterstellt, der damals kein anderer als er, Law selbst, gewesen war.

Jetzt hatte Maurepas Nachrichten von den Westindischen Inseln erhalten, mit denen er erneut Druck auf die Kompanie ausüben konnte. Im Herbst 1724 verfasste er zwei Berichte für den Generalkontrolleur, in denen er die Leistungen der Gesellschaft anprangerte und gleichzeitig die abermalige Öffnung des Sklavenhandels für private Geschäftsleute befürwortete. Seinen ersten Bericht leitete er mit einer Verteidigung der Sklavenhaltung auf den karibischen Inseln ein.[65] Er wies darauf hin, dass der Reichtum der Inseln in dem Zucker, dem Indigo, dem Kakao und der Baumwolle begründet liege, die dort angebaut würden. Man würde dies alles nicht produzieren können »außer mithilfe von Sklaven. Mit ihrer Mühe und ihrem Schweiß … erzeugen die Kolonien diese Güter.« Das Problem bestehe darin, dass die Einbußen von Sklaven durch Tod, Siechtum und Flucht größer gewesen seien, als dass ihre natürliche Vermehrung für Ausgleich habe sorgen können. Infolgedessen benötigten die Inseln »eine jährliche Infusion von Schwarzen«. Er sah schlimme wirtschaftliche Folgen voraus, falls ein solcher Zustrom nicht in Gang gesetzt werde. »Die Produktion wird sinken und auch einen beträchtlichen Schwund der Vermögen der Pflanzer, des Handels des ganzen Königreichs und der Steuereinnahmen des Königs verursachen. Die Pflanzer fürchten sogar, dass, wenn sie auf ihrem Land weniger produzieren, die Lebensmittel und die Güter, die sie alltäglich brauchen, nicht mehr länger von Frankreich bereitgestellt werden könnten, sodass sie einer Hungersnot anheim fallen würden.« Maurepas errechnete, dass Martinique, Guadeloupe, Granada und Marie-Galante zusammen jedes Jahr 9300 neue Sklaven benötigten, um die Produktion der genannten Naturalien aufrechtzuerhalten oder noch auszuweiten: Das waren dreimal mehr, als die Kompanie auf Grund des ihr gewährten Monopols herbeizuschaffen verpflichtet war.

Was Maurepas nicht erwähnte, war, dass es einen illegalen Sklavenhandel großen Ausmaßes gab, der vor allem von den Holländern betrieben wurde, die auch Arbeitskräfte für die französischen Besitzungen in der Karibik heranschafften. Der *intendant* von Martinique berichtete, dass in allen Regionen der Insel heimlich Schwarze zum Verkauf angeboten würden. Es sei unmöglich, diesem Treiben Einhalt zu gebieten, weil es mit vollem

Einverständnis der Einwohner der Insel vor sich gehe, die mittlerweile sehr geschickt darin seien, Sklaven aus diesem illegalen Handel auf ihre Besitzungen zu schmuggeln und zu verbergen. Die Compagnie des Indes, so beschwerte sich der *intendant*, liefere noch nicht einmal ein Viertel der Arbeiter, die für die Bewirtschaftung der Plantagen nötig seien.[66]

Die Kompanie erwiderte auf diese Vorwürfe, dass sie es als schwierig erachte, die Zahl der gelieferten Schwarzen zu erhöhen, weil sie bei ihren Sklavengeschäften bereits Geld verlöre und stark verschuldet sei. Dieses Eingeständnis lieferte Maurepas einen Ansatz, um einen neuen Angriff auf das Monopol der Gesellschaft zu unternehmen. In seiner zweiten Denkschrift entwarf er einen Plan zu dem, was er eigentlich im Sinn hatte: »Den Handel mit den Schwarzen wieder freizugeben.«[67] Indem er von seiner Kalkulation ausging, dass die Inseln 9300 neue Sklaven im Jahr benötigten, führte Maurepas aus, dass eine solche Ausweitung des Sklavenhandels für die Gesellschaft nicht gewinnbringend sein könne. Er rechnete Folgendes vor: Um jedes Jahr 9300 Sklaven lebend auf die Inseln befördern zu können, würde die Kompanie mindestens 11000 ankaufen müssen, um den Verlust durch Todesfälle auf der langen Fahrt zu kompensieren. Sie würde 28 bis 30 Schiffe pro Jahr entsenden müssen, was sie dazu zwänge, Neubauten in Auftrag zu geben. Außerdem würde sie eine beträchtliche Summe in Handelswaren zu investieren haben, für die man in Afrika Sklaven erwerben konnte. Nachdem er Ausgaben und Einnahmen addiert und einander gegenübergestellt hatte, kam er zu dem Ergebnis, dass die Gesellschaft einen Gewinn von 14 Prozent erzielen könnte; doch wenn man in die Rechnung die Zinsen für einen Kredit sowie die Einbußen auf Grund von Unfällen einbezöge, »wird man leicht zu dem Schluss kommen, dass dieses Geschäft weit entfernt davon ist, der Gesellschaft einen Gewinn zu bringen, sondern sogar einen Verlust für sie darstellen wird«. Maurepas schlug dann vor, dass die Gesellschaft nicht vollständig auf den Sklavenhandel verzichten, ihn aber für alle privaten Geschäftsleute freigeben solle, die sich bereit erklärten, ihr eine Gebühr von 20 Livre für jeden Sklaven zu zahlen, den sie in die Karibik brachten. Die Compagnie des Indes könne dank einer solchen Regelung mit einem Profit von mehr als 120000 Livre im Jahr rechnen.

Für Maurepas drehte es sich bei der ganzen Debatte letztlich um die Frage, ob und unter welchen Umständen der Handel mit Sklaven rentabel war. Bei seiner Analyse der wirtschaftlichen Bedingungen des Sklavenhandels war er zu dem Resultat gelangt, dass dieser Geschäftszweig für private Händler lohnender sei als für die Kompanie. Er besaß aber nicht die Macht, seine Lösung einer Gesellschaft aufzuzwingen, die ihm von Amts wegen nicht unterstellt war; er konnte also keine entsprechende Verfügung erlassen, sondern musste versuchen, die Direktoren der Kompanie zu überzeugen. Bei diesen Bemühungen fand er unerwartete Verbündete innerhalb der Compagnie des Indes selbst: Viele ihrer Aktionäre waren ebenfalls zu der Überzeugung gekommen, dass das Monopol auf den Sklavenhandel für die Gesellschaft nichts anderes als einen finanziellen Aderlass zur Folge habe und aufgegeben werden sollte. Eine Gruppe von ihnen schloss sich Maurepas' Argumenten an und legte eine Denkschrift vor, in der sie ausführte, dass die Gesellschaft in den Konkurs getrieben werde, wenn sie weiterhin darauf bestehe, ihr Monopol auf den Sklavenhandel wahrzunehmen.[68] Anders als man gemeinhin annehme, könne man auf diesem Gebiet keine großen Gewinne erzielen. Der Mythos, dass es sich um ein einträgliches Geschäft handle, sei ihrer Ansicht nach einzig und allein auf die Erfolge des Sklavenhändlers Montaudoin aus Nantes zurückzuführen. Doch Montaudoin habe auf den Inseln große Mengen von Produkten zu niedrigen Preisen aufgekauft, bevor die durch John Laws Papiergeld ausgelöste Inflation einsetzte. Sein Vermögen sei einfach das Ergebnis dieser Inflation und könne nicht zum Beweis dafür herangezogen werden, dass der Sklavenhandel lukrativ sei. Private Händler, so argumentierten die Aktionäre weiter, könnten ein Schiff viel billiger ausrüsten als die Gesellschaft, und nur für sie könne sich daher der Handel mit den Schwarzen lohnen.

Die Direktoren der Kompanie stellten die auf der Hand liegende Gegenfrage: Wenn der Sklavenhandel sich so wenig lohne, warum bemühten sich dann die privaten Händler so intensiv darum, an ihm beteiligt zu werden? Was die Unkosten betreffe, so sei in Wirklichkeit die Gesellschaft im Vorteil. Für die zum Dienst eingezogenen Mannschaften ihrer Segler würde die Kompanie ein Drittel weniger an Lohn aufwenden müssen als die unabhängigen Sklavenhändler für die Matrosen, die auf ihren Schiffen anheuerten; und weil sie Handelsgüter in sehr großen Mengen einkaufe, könne die Kompanie ihre Schiffe viel günstiger mit ihnen füllen als die kleinen Unternehmer.

Das Hauptargument, das die Aktionäre zu Gunsten der privaten Händler vorbrachten, war, dass diese eine produktive Verknüpfung zwischen dem direkten Handel Frankreichs mit den Inseln und dem Sklavenhandel herstellen könnten, wie es der Gesellschaft nicht möglich sei. Dafür dass es zu einem solchen Zusammenwirken kam, waren zwei simple Tatsachen ausschlaggebend. Die erste war, dass die Menge von Zucker, welche man für eine Schiffsladung voll Sklaven erhielt, die Ladekapazität des Schiffes ungefähr um das Doppelte überstieg. Die zweite war, dass viele Sklavenkäufer auf den Westindischen Inseln nicht genügend Zucker zur Verfügung hatten, um für alle Sklaven zu zahlen, die sie erwarben. Gewöhnlich übergaben sie an und Ort und Stelle Zucker für die Hälfte von ihnen und lieferten den für die zweite Hälfte nach der nächsten Ernte. Das heißt, dass die Sklavenschiffe, die aus der Karibik in die Heimat zurücksegelten, in jedem Fall immer nur einen Teil des Zuckers an Bord hatten, den sie erworben hatten. Private Händler, so argumentierten die Aktionäre, könnten die restliche Menge herbeischaffen, indem sie Schiffe voller Waren luden und direkt von Frankreich in die Karibik segeln ließen. Da die durchschnittliche Menge Zucker, die man für eine Schiffsladung französischer Waren erhielt, weniger als zwei Drittel der Laderäume eines Schiffes füllte, verfügten diese direkt verkehrenden Segler über ungenutzten Frachtraum und konnten den Zucker, den die Sklavenhändler nicht mehr an Bord ihrer Schiffe hatten nehmen können, nach Frankreich transportieren.

Die Aktionäre wiesen darauf hin, dass die Kompanie zwar gelegentlich die gleichermaßen drastische wie ineffiziente Maßnahme ergriffen habe, leere Schiffe zu den Westindischen Inseln zu entsenden, um den ihr noch zustehenden Zucker zu laden und nach Frankreich zu bringen, sie hinke aber zeitlich beim Eintreiben und Abtransportieren des Zuckers, den man ihr schuldete, hoffnungslos hinterher. Schiffe der Kompanie löschten manchmal sogar ihre menschliche Fracht in Martinique, um dann mit leeren Laderäumen nach Hause zurückzukehren, wenn die Pflanzer dort gerade keinen Zucker vorrätig hatten, um für die von ihnen gekauften Sklaven zu zahlen.[69] Die Anteilseigner behaupteten, dass die Pflanzer auf den verschiedenen Inseln der Gesellschaft bereits Zucker in Höhe von fünf Millionen Livre schuldig seien und diese Außenstände sich bis zum März 1726 auf acht Millionen Livre belaufen würden. In jedem Jahr, so brachten sie vor, erhielte die Gesellschaft nur ungefähr ein Drittel der vier oder fünf Millionen Livre zurück, die sie in den Sklavenhandel investiere.

Die Direktoren der Gesellschaft hielten dagegen, dass sie das Problem des nicht abgelieferten und ins Mutterland gebrachten Zuckers leicht lösen könnten, indem sie kleinere Schiffe auf die Reise schickten, die entweder mit Handelswaren für die Kolonien beladen waren oder einfach leere Fässer nebst Proviant für ihre anderen Schiffe an Bord hatten. Sie erklärten jedoch nicht, warum sie dies nicht schon längst getan hatten. Sie äußerten dann Zweifel daran, dass die ihnen vorgelegten Zahlen korrekt waren. Sie behaupteten, dass die Schulden gegenwärtig nur 4,8 Millionen Livre betrügen und die Prognosen für das kommende Jahr besagten, dass die Ausgaben nicht höher als die Einnahmen sein würden. Gleichgültig welcher Betrag nun korrekter war – die Direktoren räumten indirekt ein, dass die Gesellschaft mit einer ernsthaften Verschuldung zu kämpfen hatte. Sie gaben auch zu, dass der Sklavenhandel im nächsten Jahr keine Gewinne abwerfen werde. Die Aktionäre brachten als Letztes das Argument vor, dass die Kompanie, indem sie auf ihrem Monopol auf den Sklavenhandel bestand, sich allen unabhängigen Händlern Frankreichs entfremdet habe und in der Gemeinschaft der privaten Geschäftsleute zu einem Gegenstand des Hasses geworden sei. Und: Es liege sehr viel Ironie darin, dass die Compagnie des Indes all diesen Hass auf sich gezogen habe, um weiterhin als Einzige ein Geschäft betreiben zu können, das sie finanziell ruiniere.

Nachdem sie ihre Argumente gegen das Monopol der Kompanie auf den Sklavenhandel vorgetragen hatten, legten die Aktionäre in einer zweiten Denkschrift an die Direktoren dar, wie man ihrer Meinung nach das Problem lösen könne. Sie schlugen vor, dass die Kompanie den Sklavenhandel aufgeben und den gesamten Handel mit Guinea gegen eine Abgabe von 30 Livre für jeden Sklaven privaten Händlern übertragen solle. Sie sprachen sich nicht für einen freien Wettbewerb aus, weil sie meinten, dass dieser nach der Öffnung des Handels im Jahr 1716 Probleme verursacht habe. Der freie Wettbewerb habe die Preise in die Höhe getrieben und die Sterblichkeitsrate unter den Matrosen der Schiffe, die zur Guineaküste fuhren, steigen lassen, weil sie dort lange hatten vor Anker liegen müssen, bis die Frachträume gefüllt waren. Die Lösung bestehe ihrer Ansicht nach darin, jeder der vier Städte, die 1716 die Erlaubnis erhalten hatten, mit Sklaven zu handeln – also Nantes, Bordeaux, La Rochelle und Rouen –, eine bestimmte Quote zuzugestehen und die Ausfahrten der Schiffe zeitlich so aufeinander abzustimmen, dass sie sich nicht gegenseitig in den Häfen Guineas blockierten. Bei Whydah, wo die Compagnie des Indes ein Fort unterhielt, sollten alle Sklaven von der Gesellschaft angekauft und dann an private Händler mit einem durchschnittlichen Aufschlag von 60 Livre pro Kopf weiterverkauft werden. Wenn man davon ausging, dass jedes Jahr 8000 Sklaven nach Westindien gebracht würden, von denen 6000 in Whydah gekauft worden seien, dann könnte die Gesellschaft mit der Lieferung von Sklaven an private Händler 600 000 Livre jährlich verdienen.

Die Direktoren der Gesellschaft wiesen diesen Vorschlag entrüstet mit der Begründung zurück, dass bei einem solchen Abkommen der Gesellschaft nur noch die Rolle eines Zulieferers für private Händler bliebe und sie ihr ganzes Ansehen einbüßen würde. Überdies seien sie überzeugt, dass sich mit dem Sklavenhandel beträchtliche Gewinne erzielen ließen. Der beste Beweis für die Einträglichkeit dieses Geschäftes sei die so vehement vorgetragene Forderung der Händler von Nantes, sich an ihm beteiligen zu dürfen.

Die Art und Weise, in der die Gesellschaft den Sklavenhandel betrieb, ließ noch ein weiteres Problem entstehen, das vielleicht von noch gravierenderer Bedeutung war als die Schwierigkeiten, auf welche die Aktionäre hingewiesen hatten. Obwohl die Schiffe der Gesellschaft in der Regel eine Verdrängung von ungefähr 300 Tonnen hatten und damit zweimal so groß waren wie jedes unabhängige Sklavenschiff, transportierten sie nur 40 Prozent mehr Sklaven. Die Kapitäne luden lediglich einen Gefangenen pro Tonne Schiffsraum, während das anzustrebende Optimum zwei gewesen wären. Dies war auf den Umstand zurückzuführen, dass die Kompanie Sklaven nur in ihren eigenen Forts im Senegal und in Whydah ankaufte. Wenn keine Sklaven mehr zu bekommen waren und der betroffene Kapitän ungeduldig wurde, machte er sich einfach auf den Weg in die Karibik, anstatt den Versuch zu unternehmen, andernorts an der Küste noch weitere Sklaven zu erwerben. Auch die Tatsache, dass sie keineswegs so häufig voll beladen mit Zucker von Saint-Domingue und Martinique wieder nach Frankreich zurücksegelten, war auf die Kommandanten und die zum Dienst verpflichteten Matrosen zurückzuführen, auf ihr Verlangen, so schnell wie möglich wieder in die Heimat zu gelangen, und ihre mangelnde Bereitschaft, bis zur nächsten Zuckerrohrernte zu warten. Das Prämiensystem der Gesellschaft hatte eine Schwachstelle: Es sah vor, dass die Kapitäne einen

Bonus für jeden auf den Inseln abgelieferten Sklaven erhielten, nicht aber für jedes Fass Zucker, das sie nach Frankreich brachten. Die Direktoren gaben zu, dass es mit der Moral ihrer Schiffsbesatzungen nicht zum Besten stand; sie führten dies auf schlechte Organisation, mangelhafte Motivation der Mannschaften und die negative Einstellung der Kolonisten in Westindien zurück.[70]

Im August 1725, nachdem sie ihr Alleinrecht auf den Sklavenhandel nicht einmal drei Jahre lang wahrgenommen hatten, besannen die Direktoren der Gesellschaft sich anders und führten wieder das alte System ein, nach dem auch private Händler die Genehmigung bekamen, mit dieser »Ware« zu handeln. Die Direktoren gestanden damit stillschweigend ein, dass Maurepas und die Dissidenten unter den Aktionären Recht gehabt hatten. Große Schiffe auszuschicken und sich an wenige, festgelegte Routen zu halten war nicht profitabel, und die Direktoren fanden anscheinend auch keinen Weg aus dieser verfahrenen Situation. Mannschaften, die man zum Dienst gezwungen hatte, waren nicht willens, Monate in weit entfernten Gewässern oder Häfen auszuharren, bis ihr Schiff die volle Ladung Sklaven oder Zucker an Bord hatte. Die philosophische Debatte zwischen Merkantilisten, das heißt Befürwortern von Monopolgesellschaften, und Kapitalisten, die für ein freies Unternehmertum eintraten, wurde also letztlich auf Grund praktischer Erwägungen entschieden: Faktoren wie die Größe von Schiffen, Handelsrouten, die Organisation der Kompanie und die Notwendigkeit, Schulden einzutreiben, trugen maßgeblich dazu bei.

Die Kompanie gab also den Sklavenhandel in den Gebieten südlich von Sierra Leone für private Unternehmer frei. Sie würde lediglich weiter das Monopol auf den Handel mit dem Senegal beanspruchen und auch ihr Fort bei Whydah wie gehabt unterhalten. Die Anzahl der Sklavenschiffe, die sie auf Fahrt schickte, sank schnell: von 18 im Jahr 1725 auf vier im Jahr 1726. In den fünf Jahren, nachdem sie auf ihr Monopol verzichtet hatte, sandte die Gesellschaft insgesamt 22 Sklavenschiffe aus; sie brachten mehr als 7000 Afrikaner in die Karibik. Ungefähr zwei Drittel dieser Schiffe hatten zunächst die Küste von Senegal angesteuert, um Sklaven an Bord zu nehmen, das restliche Drittel war zu diesem Zweck vor der Niederlassung der Kompanie bei Whydah vor Anker gegangen. Wie zuvor hatte es sich um Schiffe gehandelt, die viel größer waren als die der Privatunternehmer: Die Frachtschiffe der Gesellschaft hatten im Schnitt eine Verdrängung von ungefähr 275 Tonnen.[71] In finanzieller Hinsicht hatte sich die Entscheidung, Privathändler zuzulassen, ausgezahlt: 1727 verdiente die Gesellschaft 350 000 Livre an den Kommissionen, die diese Händler zahlten, während sie im Handel mit dem Senegal, auf den sie sich das Vorrecht bewahrt hatte, 260 000 Livre verlor.[72]

Mit der Entscheidung der Gesellschaft, den Sklavenhandel freizugeben, wandelte dieser sich – was Frankreich anbelangte – definitiv von einem Geschäft der großen, staatlich privilegierten Gesellschaften zu einem, das in den Händen unabhängiger Unternehmer lag. Da sie unbedingt von dieser Entwicklung profitieren wollten, übersandten die *négociants* von Nantes der Compagnie des Indes sechs Anträge auf die Erteilung entsprechender Genehmigungen, und ihre Stadt übernahm sehr bald wieder die führende Position im französischen Sklavenhandel. Zwischen 1726, als Nantes sich wieder an diesem Handel beteiligte, und 1731, als die *Diligent* von Vannes aus zu ihrer Fahrt aufbrach, lichteten in Nantes 83 Schiffe die Anker und transportierten zusammen mehr als 24 000 gefangene Afrikaner zu den französischen Besitzungen in der Neuen Welt. Diese Anzahl entsprach 55 Prozent der Sklaven, die insgesamt während dieser Zeitspanne von französischen Kaufleuten »gehandelt« wurden.[73]

Im Unterschied zu den Kapitänen, die im Dienst der Kompanie standen und nur bei deren Forts im Senegal und dem in Whydah vor Anker gingen, um Sklaven an Bord zu nehmen, kauften die Kommandanten der privaten Schiffe ihre menschliche Fracht an vielen verschiedenen Stellen der zentral- und westafrikanischen Küste auf. Diese größere Flexibilität war der Schlüssel zu ihrem Erfolg.

Die Entscheidung der Gesellschaft, auf ihr Monopol zu verzichten, erwies sich als lohnend für alle beteiligten Parteien. Nantes erfuhr einen wirtschaftlichen Aufschwung, wie die Stadt ihn nie zuvor gekannt hatte; zugleich entstanden sehr viele neue Bauten. Auch Lorient erlebte nun, da die Gesellschaft sich der durch den Sklavenhandel entstandenen Schulden entledigt hatte, eine Expansion ohnegleichen. Mitten zwischen diesen beiden Städten – und von ihnen völlig in den Schatten gestellt – lag die Stadt Vannes, wo die Brüder Billy und andere führende Geschäftsleute wie auch örtliche Amtsträger die Ereignisse aufmerksam mitverfolgten und darüber nachzusinnen begannen, wie sic an dem einträglichen Geschäft partizipieren könnten.

Teil 3

Ein Sklavenschiff wird ausgerüstet

7

Vannes, Bretagne, 31. Mai 1731

Als die Turmuhren der Stadt sechs Uhr morgens schlugen, kletterten die Matrosen der *Diligent* zu den Rahen empor, um die Vorder- und Hauptmarssegel loszuschlagen und die leichte Brise auszunutzen, die aus Ostnordost zu wehen begonnen hatte. Sie glitten auf nackten Sohlen auf den »Fußpferde« genannten Seilen langsam vom Mast weg nach außen, wobei sie ihre Oberkörper über die großen Rundhölzer lehnten, und lösten die Leinen, welche die gewaltigen Leinwandflächen zusammengerollt hielten. Als die Segel sich nach unten senkten, ergriffen andere Matrosen die Seile, mit denen ihre Unterkanten festgemacht wurden.[1]

Sobald die Segel von ihren Fesseln befreit waren, ergriffen acht Männer das Tau, mit dem die Hauptmarsstenge in die richtige Position gebracht wurde. Um im Rhythmus miteinander arbeiten zu können, sangen die Männer ein Shanty, das von einem legendären Kapitän namens Marchero handelte. Ihr Anführer begann: »Allee, allo für Marchero.« Dann zogen die anderen das Tau straff und stimmten ein: »Allee, allee, allo.« Danach sang wieder der Erste: »Er isst das Fleisch und gibt uns die Knochen.« »Allee, allo; allee, allo; allee, allee, allo«, antworteten seine Kameraden im Chor, während sie gleichzeitig weiter an dem Reep zogen. Die zweite Strophe folgte dem gleichen Muster: »Allee, allo für Marchero. Er trinkt den Wein und gibt uns nur Wasser. Allee, allo; allee, allo.«[2] Als die Stenge ihre Position erreicht hatte, hörte das Singen schlagartig auf, obwohl die Strophe noch nicht zu Ende war. Das Lied war nur ein Instrument, ein Mittel, das die Arbeit erleichterte; es diente nicht der Unterhaltung.

An jenem Morgen wehte ein ablandiger Wind. Er blies von der Hafenstadt Vannes am Nordostufer des Golfes von Morbihan in Richtung der schmalen Öffnung in seinem südwestlichen Rand, die Schiffen Zugang zum Atlantik gewährte. Von Vannes bis zum offenen Meer betrug die Entfernung in gerader Linie nur elf Meilen, die Route, welche die Schiffe durch den Golf nehmen mussten, war aber beträchtlich länger. Die Wassertiefe war dort so gering, dass jedes Schiff einer gewundenen Fahrrinne folgen musste, die als

7.1 Durands Zeichnung der *Diligent*.

der »Fluss« von Morbihan bekannt war. Jedes Fahrzeug, das aus dieser Rinne ausscherte, lief Gefahr, auf einer der Sandbänke stecken zu bleiben, die den Golf durchzogen, oder gegen einen verborgenen Felsen zu prallen. Der Golf von Morbihan stand bei Seeleuten in so schlechtem Ruf, dass sogar englische Piraten ihn aus Angst, dort auf Grund zu laufen, mieden.[3] Nur ortsansässige Lotsen besaßen die Kenntnisse und die Geschicklichkeit, ein Schiff ungefährdet durch den Golf bis zum offenen Meer zu führen, und ein solcher Lotse befand sich daher auch an Bord der *Diligent*.

Um halb acht war alles für die Abfahrt bereit, und Kapitän Pierre Mary befahl, den Anker zu lichten. »Ruhe, Leute!«, brüllte er, um die Mannschaft auf seine Kommandos aufmerksam zu machen. »Lotse, das Ruder steuerbord!« Als der Lotse der Order nachgekommen war, gab er die Anweisung: »Setzt die Stangen in die Ankerwinde!« Indem sie fast wie ein Mann zusammenarbeiteten, schoben acht Matrosen hölzerne Stangen in dafür vorgesehene Löcher in der Ankerwinde und begannen in einem engen Kreis über das Deck zu marschieren, wobei sie lauthals sangen, um die Winde im Takt des Liedes zu drehen.[4] Sobald der 500 Pfund schwere Anker aus dem sandigen Grund gehievt war, begann das Schiff sich in Bewegung zu setzen. Die Besatzungsmitglieder hoch oben in den Masten beeilten sich, die restlichen Segel zu setzen, bevor das Schiff von der hereindrängenden Flut in Richtung Land getrieben werden konnte. Doch es war zu spät: Der Fluss änderte bereits seine Laufrichtung!

Die Flut hatte genau in dem Moment eingesetzt, als das Schiff seinen Ankerplatz verließ. 100 Millionen Kubikmeter Wasser pro Stunde ergossen sich durch die 300 Meter breite Öffnung, die den Golf von Morbihan mit dem Atlantik verband. Das Wasser strömte mit einer Geschwindigkeit von bis zu 15 Kilometern in der Stunde in den Golf und bis zum Hafen von Vannes. Da der Wind die *Diligent* in die eine Richtung trieb, die Strömung in die andere, würde für das Schiff alles davon abhängen, welche der beiden Kräfte stärker war.

Zweieinhalb Stunden quälte sich die *Diligent* langsam vorwärts, indes die steife Brise gegen die Strömung kämpfte. Dann, kurz nach zehn Uhr, trat plötzlich Windstille ein, sodass die Segel schlaff herunterhingen. Die Reise des ersten Tages war schon kurze Zeit nachdem sie begonnen hatte, wieder zu Ende. Das Schiff hatte weniger als zwei Meilen zurückgelegt. Damit es nicht von der Strömung auf Grund getrieben wurde, ließen die Seeleute wieder den Anker in den sandigen Boden des Golfes, zehn Meter unter der Oberfläche, hinabsinken.[5]

Die Enttäuschung von Guillaume und François Billy, den beiden Eignern des Schiffes, die auf dem Vorderdeck standen, wuchs von Stunde zu Stunde. Wenn alles nach Plan gegangen wäre, dann hätten sie den Golf jetzt schon verlassen und würden sich Belle Ile nähern, wo sie von Bord gehen wollten, nachdem sie die *Diligent* auf den ersten Meilen ihrer Jungfernfahrt nach Afrika begleitet hatten. Als sie mit den Augen den Horizont vergeblich nach einem Zeichen für ein erneutes Umschlagen der Witterung absuchten und ihr Blick dann wieder auf die schlaffen Segel fiel, wurde ihnen klar, dass sie vermutlich einige Zeit dort liegen bleiben würden. Es war ganz und gar nicht der triumphale Auftakt der Reise ihres Schiffes, den sie sich vorgestellt hatten.

Da sie auf dem »Kleinen Meer« – das war es, was das bretonische Wort »Morbihan« bedeutete – von der Windstille überrascht worden waren, verfügten sie über genügend Zeit, die Ereignisse der vergangenen drei Jahre zu rekapitulieren, die sie dorthin gebracht hatten, wo sie sich jetzt befanden. Vannes war kein großer Handelshafen, und die Stadt war für die religiösen Aktivitäten innerhalb ihrer Mauern und für ihre Gerichtshöfe bekannter als für ihr Geschäftsleben. Der Bischof von Vannes war der Oberhirte von nicht weniger als 180 Gemeinden, die seine Diözese ausmachten[6], und in der Stadt gab es ein Karmeliterkloster, eine Anstalt der Jesuiten und ein theologisches Seminar.

Vor allem aber war Vannes eine Stadt der Gerichtshöfe, Sitz eines *Sénéchaussée*- und eines *Présidial*-Gerichts, in denen eine Vielzahl von Zivil- und Strafrechtsfällen verhandelt wurden. Außerdem gab es dort ein Gericht der *amirauté*, das für den Seehandel zuständig war, und das *Consulat*-Gericht, das sich mit Rechtsfragen befasste, die den übrigen Handel betrafen, ein *Traite*-Gericht für Zollangelegenheiten sowie ein *Maitrise*-Gericht, das Angelegenheiten regelte, welche die königlichen Gewässer und Forste betrafen. Weil jedes dieser Gerichte nur gelegentlich zusammenkam, teilten sie sich alle das Gebäude des *Présidial*-Gerichts.[7] Über die Jahre hinweg hatte Vannes sich den Ruf als wichtiges Zentrum des Rechtswesens erworben. Der Vertrag, der die Bretagne mit Frankreich vereinte, war hier 1532 unterzeichnet worden, und das Parlament der Bretagne hatte von 1675 bis 1689 in Vannes getagt.

Für die von ihr ausgehenden kommerziellen Aktivitäten war die Stadt hingegen alles andere als berühmt. Im frühen 17. Jahrhundert hatte der König eine Gesellschaft zum Handel mit fernen Regionen ins Leben gerufen, deren Stützpunkt am Golf von Morbihan liegen sollte, doch angesichts des Widerstands der etablierten Kaufleute in den Seestädten der Bretagne sah sich das Parlament der Region gezwungen, das Vorhaben, acht Tage nachdem es bekannt gemacht worden war, wieder aufzugeben.[8] Im frühen 18. Jahrhundert, im Anschluss an die Hungersnöte von 1698 und 1709, hatte der König die Ausfuhr von Getreide aus der Bretagne nach Spanien für ungesetzlich erklärt, womit Vannes' Beteiligung am internationalen Handel praktisch zum Erliegen gekommen war.[9] Als der Sklavenhandel 1716 auch für private Geschäftsleute freigegeben worden war, hatte Vannes nicht zu den Städten gehört, die an ihm partizipieren durften, und als 1717 13 französische Städte zu direkten Fahrten nach Westindien ermächtigt worden waren, gehörte Vannes ebenfalls nicht zu den Auserkorenen.

Jetzt jedoch, da die Silhouette der Stadt sich hinter ihnen in der Ferne gegen den Himmel abzeichnete, stand Guillaume Billy mit seinem Bruder auf dem Deck eines Schiffes, dessen Ziel zunächst Guinea sein sollte, um dort Sklaven einzukaufen und diese dann auf Martinique gegen Zucker und Baumwolle einzutauschen. Er sann darüber nach, wie die Wende zum Positiven, die seine Geschäfte genommen hatten, doch wirklich bemerkenswert gewesen war: Alles war in den vergangenen drei Jahren geschehen, und es hatte kurze Zeit, nachdem die Compagnie des Indes auf ihr Monopol auf den Sklavenhandel verzichtet hatte, begonnen. Wenn wir verstehen wollen, wie Vannes von einem kleinen Umschlaghafen für Getreide in so kurzer Zeit zu einem internationalen Hafen für den Sklavenhandel aufsteigen konnte, müssen wir bei einem Treffen beginnen, das am 10. November 1728 im Rathaus der Stadt stattfand.

8

Vannes, 10. November 1728

Die riesige Glocke im Turm des Rathauses von Vannes beginnt gerade zehn Uhr vormittags zu schlagen, als Guillaume Billy seine Blicke durch den Sitzungssaal im ersten Stock des Gebäudes schweifen lässt; seine Augen gleiten über die fünf großen Gobelins an den Wänden, ohne dass er sie wirklich anschaut. Stattdessen konzentriert er sich darauf, die in den Raum Versammelten zu identifizieren. Er entdeckt Vertreter der Justiz, der Kirche, des Adels und der Bourgeoisie. Die ungeschriebenen Regeln für die Ratsversammlungen der Stadt besagen, dass nur eine ganz bestimmte Zahl von Vertretern einer jeden Gruppe an einer Sitzung teilnehmen darf, und so werden nur die ersten vier Adligen, die ersten zwölf Kaufleute und so fort, die im Rathaus eintreffen, zugelassen. Weil er noch niemals zuvor an einer Ratsversammlung teilgenommen hat, ist Billy zeitig erschienen; er will ganz sicher sein, dass er bei den Diskussionen und Abstimmungen zugegen ist.

Was eine solche disparate Gruppe hat zusammenkommen lassen, ist ihre Verärgerung über die Restriktionen, mit denen die Regierung den Getreidehandel belegt hat. Trotz der mittelmäßigen Qualität des Ackerlands bringt die Région Vannetais einen beträchtlichen Überschuss an Getreide hervor, sodass Vannes unter den Getreide exportierenden Städten der Bretagne die zweite Stelle einnimmt. Die Bauern auf dem Land, die das Getreide anbauen, sind nicht diejenigen, die von den reichen Ernten profitieren. Da 70 Prozent des Grund und Bodens im Besitz des Adels sind, zehn Prozent der Kirche und weitere zehn dem in der Stadt ansässigen Bürgertum gehören, sind nur zehn Prozent der Ackerflächen Eigentum der Bauern, die es bearbeiten. Die übrigen Bauern müssen zwischen 20 und 33 Prozent dessen, was sie an Ernte einbringen, als Pacht abgeben, und eine Bauernfamilie kann sich glücklich schätzen, wenn sie, nachdem die Herrschaftsabgaben, Zehntteile und Kopfsteuern entrichtet worden sind, noch über die Hälfte des Korns verfügt, das sie selbst erzeugt hat.[10]

Ungefähr ein Drittel der Landbevölkerung lebt gerade oberhalb der Hungergrenze in Umständen, in denen sogar ganz geringfügige Ernteeinbußen oder ein Sinken der Preise sie in tiefste Not stürzen können. Viele der kleinen Bauern hausen in armseligen Hütten, die keine Fenster haben und nur ein Loch in einer Ecke des Strohdachs aufweisen, durch das der Rauch abzieht. Sogar die besseren Bauernkaten können als »erbärmliche Haufen von Dreck ohne Fenster und beinahe lichtlos im Inneren« beschrieben werden. Im düsteren Innenraum stehen ein paar primitiv gezimmerte Möbel: ein Tisch, ein paar Bänke, eine oder zwei Pritschen, ein Kastenschrank und einige Truhen – damit muss eine ganze Bauernfamilie auskommen. Die Härten und Anstrengungen eines solchen Lebens fordern ihren Tribut, und die Frauen, von denen es heißt, dass sie »härter herangenommen werden als die Pferde«, besitzen, »ohne alt zu sein, derart zerfurchte Gesichter, dass die gesamte ihrem Geschlecht eigentümliche Sanftheit aus ihnen getilgt ist«.[11] Die Bauern sind beinahe alle Analphabeten, das sind aber auch viele der großen Fürsten, die sich metallene Petschaften mit ihrer Unterschrift gravieren lassen, sodass sie Dokumente nicht unterzeichnen müssen, sondern nur zu stempeln brauchen und damit verhehlen können, dass sie unfähig sind, ihren eigenen erlauchten Namen zu schreiben.[12]

Obwohl die Leibeigenschaft mehr oder weniger aus der Bretagne verschwunden ist, wird das Leben der Landbevölkerung nach wie vor durch einen hohen Grad von Zwang und Ausbeutung geprägt. Nach jeder Ernte schaffen die Bauern den Weizen und den Roggen, den sie als Pacht zahlen müssen, zu Sammelstellen, die ihnen von ihren Herren zugewiesen werden. Von dem dort angehäuften Korn wird ein großer Teil auf Fuhrwerken nach

Vannes zu Kornhändlern gebracht, die das Getreide dann auf dem Seeweg an andere Orte transportieren. Vom Beginn des 18. Jahrhunderts an haben immer mehr Aristokraten ihre Châteaux und Herrenhäuser auf dem Lande verlassen, um in Vannes ihren Wohnsitz zu nehmen, und der Getreidehandel verwandelt die Abgaben der Pächter in Form von Naturalien in die blanken Münzen, die es den Adligen, die jetzt innerhalb der Stadtmauern residieren, erlauben, ein Leben in großem Stil zu führen. Der Intendant der Bretagne, Gallois de la Tour, fasste die Situation kurz und präzise zusammen, als er meinte, die Bauern lebten von den örtlichen Märkten, die Adligen hingegen vom Export.[13]

Als Sohn eines Kornhändlers hat Guillaume Billy während seines bisherigen jungen Lebens bereits ein beträchtliches geschäftliches Auf und Ab kennen gelernt. 1695, in seinem Geburtsjahr, transportierten Kauffahrer aus Vannes Korn nach Spanien und Portugal und kehrten mit Orangen, Zitronen und Eisenerz beladen zurück. Was nicht mit Naturalien beglichen wurde, wurde mit Wechseln bezahlt, die bei Pariser Banken eingelöst werden konnten. Infolge der Hungersnöte in den Jahren 1698 und 1709 hatte die französische Regierung jedoch die Ausfuhr von Getreide in fremde Länder verboten, und so war der Handel mit der Iberischen Halbinsel zum Erliegen gekommen. Stattdessen hatten die Kaufleute von Vannes sich damit begnügen müssen, Korn nach Bordeaux zu transportieren und dort gegen Wein einzuhandeln, oder nach Bayonne, von wo sie mit Waltran, Harz und Teer zurückkehrten, oder auch in die Normandie, wo sie für ihren Weizen und Roggen Fensterglas und Mühlsteine erhielten. Der einzige legale Handel mit dem Ausland, der den Kaufleuten von Vannes geblieben war, war der – sehr bescheidene – mit Honig: Dieses regionale Naturprodukt wurde nach Holland exportiert, von wo die Küstensegler mit Eisenöfen und Kupferkesseln beladen zurückkehrten. Außerdem gab es noch einen unbedeutenden Handel mit Sardinen und Aalen, die im Mittelmeerraum gegen Olivenöl und getrocknete Früchte eingetauscht wurden.[14]

Nach 1715 lockerte die Regierung das Exportverbot und begann, Ausfuhrgenehmigungen zu erteilen, die für eine kurze Zeitspanne galten; 1723 erließ sie aber wieder ein generelles Verbot des Getreideexports, das vor allem die Kornhändler der Bretagne betraf. Als diese versuchten, ihre Ware ins Ausland zu schmuggeln, indem sie vorgaben, zu französischen Häfen unterwegs zu sein, untersagte der Intendant der Region als Vertreter des Königs 1724 den gesamten Transport von Getreide auf dem Seeweg von der Bretagne in andere Provinzen des Landes. Mit diesem Erlass kam praktisch auch der Getreidehandel mit Bordeaux, Bayonne und den normannischen Häfen völlig zum Erliegen.[15]

In dem Sitzungssaal des Rathauses mit seinen Wandteppichen sind an diesem Morgen des 10. November 1727 die Vertreter der Justiz, der Kirche, des Adels und des Bürgertums, die für gewöhnlich miteinander im Streit liegen, durch ihre Opposition gegenüber den Einschränkungen des Getreideexports vereint, zusammengekommen. Der Getreidehandel, so tragen sie energisch vor, sei »die einzige wirtschaftliche Aktivität von Bedeutung in der Region«, und ohne ihn würden die Leute »vor Hunger schreien«. Dann weisen sie darauf hin, dass alle Einwohner der Stadt von diesem Problem betroffen sind, nicht nur die wohlhabenden. Wenn man die Richter, die Kirchenmänner, die Adligen und die Bürger ihres Einkommens aus dem Getreidehandel beraubte, so argumentieren die im Ratssaal Versammelten, dann würden sie keine Handwerker beschäftigen und den Armen keine Almosen mehr zukommen lassen können. Sie fassen diese Argumente in einer höflichen Erklärung zusammen, mit der sie den Generalleutnant der Bretagne – der vom König ernannt worden ist – untertänigst ersuchen, den Handel mit Getreide wieder freizugeben. Sie ernennen ein Komitee, das ein Schreiben an die Regierung aufsetzen und absenden soll. Dann erheben sie sich und begeben sich zu einem Tisch, der vorne im Raum steht, um ihre Namen unter das Protokoll der Besprechung zu setzen.[16]

Stellen wir uns einmal den in einen vornehmen Rock aus Seidenbrokat, eine Weste, Kniebundhosen und lange Strümpfe gekleideten Geschäftsmann Guillaume Billy vor, wie er sich nach dem Ende der Sitzung nach Hause begibt. Nachdem er den Sitzungssaal verlassen hat, schreitet er die Wendeltreppe hinunter, wobei er sich an dem schmiedeeisernen Geländer festhält, um nicht auf den steinernen Stufen auszurutschen, die von einem Regenschauer noch feucht glänzen. Der Himmel ist von einem stählernen Novembergrau, doch der Regen hat zumindest vorübergehend aufgehört. Billy lässt das Rathaus hinter sich und spaziert an der großen Getreidemühle an der Place des Lyces vorbei, die ein ständiges Memento daran ist, dass die Verarbeitung und der Verkauf von Korn die Grundlage des Handels und des

7.2 Bretonische Bauern bei der Weizenernte.

Gewerbes der Stadt bilden. Der Platz ist jetzt, um die Mittagszeit, voller Ochsenkarren, und Männer, die in der Mühle zu tun haben, eilen geschäftig von der einen Seite zur anderen. Einige von ihnen sind genauso gut gekleidet wie Billy, während andere die Hüte mit flacher Krempe, die ausgebeulten Kniehosen und die Holzschuhe der bretonischen Bauern tragen. Eine Kakophonie von Stimmen und Rufen erfüllt den Platz, und das Bretonisch und Gälisch der Bauern, beides Sprachen, die ihren Ursprung auf den Britischen Inseln haben und auf dem Land um Vannes gebräuchlich sind, übertönt oft das Französisch der Städter. Nachdem Billy an der Rückseite der Chapelle des Lyces entlang gegangen ist, wendet er seine Schritte nach Süden und geht die Rue St-Vincent hinunter, die zum gleichnamigen Tor in den Stadtmauern führt. Der Anblick dieses Tores erfüllt Guillaume Billy mit Stolz, weil sein Ahne und Namensvetter einer der Honoratioren der Stadt war, als es 1624, vor mehr als einhundert Jahren, eingeweiht wurde.

Billy schreitet durch das Tor St-Vincent hindurch und tritt auf die dahinter liegende Brücke. Er hört, wie das brackige Wasser des Hafens rhythmisch gegen die Stadtwälle brandet. Vor ihm liegt der Meeresarm, der

7.3 Der Hafen von Vannes im frühen 18. Jahrhundert. Das Haus der Familie Billy ist in der rechten Ecke des Hafenbeckens zu sehen.

Vannes als Hafen dient und zu den offenen Gewässern des Golfes von Morbihan führt. An seinem rechten Ufer erkennt man die zerfallenden Kaianlagen, die zu Beginn des 17. Jahrhunderts erbaut wurden. Am schlammigen linken Ufer gibt es keine steinernen Kais bis auf den einen, den sein Vater Robert Billy hat anlegen lassen und der sich von der Brücke an für rund 25 Meter am Rand des Meeresarms langzieht. Direkt hinter diesem steinernen Kai erhebt sich das Haus der Familie Billy.[17]

Guillaume Billy fällt wieder einmal auf, dass der Hafen derart mit Schlick gefüllt ist, dass, sogar wenn die Flut ihren Höchststand erreicht hat, nur noch Barken mit flachem Boden und ohne Kiel, die man *chalans* nennt, bis zu den Kais gelangen können. Schiffe, die seetüchtig sind und einen entsprechenden Tiefgang aufweisen, müssen weit draußen im Golf vor Anker gehen, wo sie dann mithilfe der *chalans* be- und entladen werden.[18] Weil dieses Verfahren sowohl ineffizient als auch teuer ist, hat der Stadtrat sich eingehend damit befasst, wie man den Hafen neu anlegen und verbessern könnte. Am 10. Oktober 1727 hatte er einen Plan des ortsansässigen Baumeisters Olivier Delourne genehmigt, den Meeresarm auf beiden Seiten mit neuen Kaimauern aus Steinquadern einzufassen, einen Abflusskanal auszuheben, das Hafenbecken auszubaggern und den Schlick hinter den neuen Kais aufzuschütten.[19] Seitdem ist aber schon ein Jahr vergangen, ohne dass sich etwas ereignet hätte. Angesichts der desolaten wirtschaftlichen Lage der Stadt empfiehlt es sich nicht, neue größere Ausgaben zu machen.

Nachdem er die Brücke verlassen hat, folgt Guillaume Billy der Rue Calmont bis zur Eingangstür seines Hauses. Dort wird er von seinem persönlichen Diener in Empfang genommen, der ihm den Überrock abnimmt. Auf die Frage nach seinem jüngeren Bruder erhält er zur Antwort, dass François Billy ausgegangen sei, um die Verladung von Getreide in einen der Speicher weiter unten an der Straße zu überwachen, die im Besitz der Familie sind.[20] Er werde später zurückkommen. Im Inneren sieht das Haus mehr oder weniger genauso aus wie vor beinahe fünf Jahren, als Guillaume Billys Vater Robert starb. Den großen Repräsentationsraum schmücken sechs kunstvoll gefertigte Kronleuchter. An einer Wand hängt ein großes Landschaftsgemälde, an einer anderen ein Gobelin. Billy durchquert den Raum und öffnet die Tür zum Wohnsalon, um dort seine Frau, die 27-jährige Catherine, und das einjährige Töchterchen Jeanne-Agathe zu begrüßen. Die von dem Dienstmädchen betreute Kleine liegt in ihrem Bettchen. Der junge Mann redet ein paar Worte mit seiner Frau und liebkost kurz seine Tochter, bevor er weitergeht.

In dem kleinen Raum, der ihm als Kontor dient, begrüßt Billy seinen Schreiber und schickt ihn dann auf einen Botengang. Er begibt sich zu dem großen Schreibsekretär mit acht Schubfächern, den sein Vater so viele Jahre lang benutzt hat. Er nimmt seine Perücke ab, unter der die Haut angefangen hat zu jucken, und lässt sich an dem Sekretär nieder, um seine Bücher auf den neuesten Stand zu bringen und seine Korrespondenz zu erledigen.[21] Obwohl sein Vater Robert seit fast fünf Jahren tot ist, ist er immer noch überall im Haus präsent.

Indem er auf eigene Kosten einen 28 Meter langen Kai hatte bauen lassen, von dem aus Korn in kleine Leichter verladen werden kann, hatte Robert Billy dokumentiert, wie sehr ihm daran gelegen war, dass der Getreidehandel der Stadt Vannes weiter expandierte.[22] Als er starb, enthielten die Getreidekammern in seinem Haus und die Speicher auf dem Hof mehr als 55 Tonnen Weizen und 90 Tonnen Roggen, während ein weiterer, etwas entfernt unten an der Straße gelegener Speicher noch einmal mit 35 Tonnen Roggen gefüllt war. Dass seine Geschäfte nicht nur umfangreich, sondern auch einträglich gewesen waren, wurde durch einen Umschlag mit Banknoten im Wert von 33000 Livre ersichtlich, den man in seinem Schreibsekretär fand.[23] Robert Billy hatte seiner Heimatstadt auch auf andere Weise gedient. 1711 war er zu einem der vier Konsuln gewählt worden, die an dem neu eingerichteten Konsulargerichtshof bei Streitfällen, die kommerzielle Aktivitäten betrafen, Recht sprachen. Er hatte auch das Armenspital großzügig unterstützt, zum Teil auch deswegen, weil sein Vorfahre Guillaume Billy zu dessen Gründern gehört hatte. Als Robert Billy seinen Erstgeborenen 1695 nach dem illustren Vorfahren auf den Namen Guillaume hatte taufen lassen, hatte er zwei völlig ungebildete Insassen der wohltätigen Einrichtung zu den Paten seines Sohnes bestellt.[24] Dieses Abweichen von der üblichen Praxis war ein Akt der Frömmigkeit und Barmherzigkeit vonseiten Roberts gewesen, der solchermaßen ein lebenslanges Band mit den auf Dauer in dem Spital lebenden Patienten geknüpft hatte.

In gewisser Hinsicht war Guillaume Billy in die Fußstapfen seines Vaters getreten. Er hatte in den lokalen Getreidehandel investiert und im Vorort Saint-Patern auch die handwerkliche Produktion vorangetrieben. Zudem war es ihm gelungen, nach dem Tod seines Vaters zum Richter am Konsulatsgericht berufen zu werden. Ebenso hegte er aber Ambitionen, welche die große Welt jenseits der Mauern von Vannes betrafen. 1724 heiratete er Catherine Fournier, die Tochter eines Großgrundbesitzers, der sich in Nantes niedergelassen hatte und der wie Billy selbst auf der Heiratsurkunde mit dem – bürgerlichen – Titel »Nobelmann« aufgeführt war. Der soziale Ehrgeiz Billys wurde manifest bei der Taufe der ersten Tochter des Paares, Jeanne-Agathe, am 26. September 1727. Guillaume Billy folgte nicht dem Vorbild seines Vaters. Er erwählte keine Stadtarmen zu ihren Paten, sondern den Bruder seiner Frau, Jean-Baptiste Fournier, Sieur de Guillardays und königlicher Ankläger in der befestigten Stadt Guerande. Als Landbesitzer und Anwalt gehörte Fournier zu der sozial aufstrebenden

Bürgerschicht, und niemand anderer würde dem kleinen Mädchen, seiner Patentochter, in Zukunft besser den Weg in höhere Kreise ebnen können.

Der Höhe seiner zu besteuernden Einkünfte nach zu urteilen, war Guillaume Billy einer der reichsten Männer von Vannes. Nur 15 Bürger der Stadt zahlten mehr Steuern als er, und legte man die von ihm entrichteten Abgaben mit denen seines Bruders zusammen, so gab es lediglich zwei Männer in der Stadt, die mehr zahlten als die Brüder Billy.[25] Dennoch wurden *négociants* wie Guillaume Billy von den Adligen, die innerhalb der Mauern der Stadt residierten, verachtet und gemieden. Der Reisende La Vallée berichtete, dass die Oberschicht von Vannes sich in zwei Kasten aufteilte, die sozial nicht miteinander verkehrten: in die Gesellschaft der Adligen und die »Gesellschaft vom Hafen«, wie die Aristokratie das Großbürgertum der Stadt nannte. Jeder Adlige, der mit einem Mitglied der Bourgeoisie speiste oder tanzte – so behauptete jedenfalls La Vallée mit einer gewissen Übertreibung und unter Karikierung der Verhältnisse –, würde aus der allerhöchsten Gesellschaftsklasse ausgestoßen werden.[26]

Schon zu Beginn des Jahrhunderts hatte Joachim Descasaux geschildert, welche Pein die wohlhabenden Kaufleute von Frankreich in gesellschaftlicher Hinsicht erlitten, als er nämlich in seiner Eigenschaft als Vertreter der Stadt Nantes im Königlichen Handelsrat einen Bericht verfasste, in dem er auch erwähnte, dass die *négociants* im ganzen Land einen dermaßen schlechten Ruf genössen, dass »ihre Kinder in der Furcht leben, andere könnten entdecken, dass ihre Väter Händler seien, weil dies als verachtenswert gilt«. Wenn die Kinder von Großkaufleuten bestimmte Städte besuchten, berichtete Descasaux, müssten sie sich neue Dokumente besorgen, die sie nicht mit dem Handel in Beziehung brächten.[27] Er meinte, dass eine solche Einstellung völlig fehl am Platze sei. Anstatt sie gering zu achten, sollte man die Kaufleute rühmen und ehren. Descasaux hatte eine Reihe sehr pointierter Fragen gestellt: »Wer hat denn neue Handelswege entdeckt, den Bau zahlreicher Schiffe angeordnet, feindliche Schiffe als Prisen aufgebracht, Handelsposten unter fremden Menschen eingerichtet und sie mit Handelspraktiken vertraut gemacht, die Kolonien vergrößert, Gewürze in dieses Königreich gebracht, überzählige Waren ausgeführt und fehlende Güter eingeführt, durch den Fluss und Kreislauf des Handels den Menschen die Möglichkeit gegeben, sich zu erhalten, und viele Millionen an Zollgeldern in die Staatskasse des Königs fließen lassen?«[28]

Descasaux meinte, es sei notwendig, dass der König erfolgreichen Kaufleuten Adelstitel verleihe, um eine neue Klasse von »Edelkaufleuten« entstehen zu lassen. Er brachte das voller Leidenschaft und mit rhetorischem Feuer vor: »Wenn Adel in Tugendhaftigkeit, Aufrichtigkeit und Redlichkeit begründet liegt, dann eignet er den *négociants*; man kann sie gar nicht zu sehr ehren oder schätzen.«[29] Descasaux brachte seinen Bericht im Zusammenhang mit einem umfassenderen Versuch des Handelsrats zu Papier, den bürgerlichen Kaufleuten den Weg zum Erwerb von Adelstiteln zu eröffnen.[30] Einen ersten Erfolg zeitigte dieser Versuch, als König Ludwig XIV. 1703 Descasaux selbst den Adelsbrief ausstellte, worin dieser dafür gepriesen wurde, all jene noblen Tugenden in sich zu vereinen, die seinem Bericht nach die Angehörigen der Kaufmannsschaft auszeichneten.[31] Dass Descasaux' Bemühungen um einen Adelstitel nicht vergeblich geblieben waren, hatte vielleicht auch mit dem Umstand zu tun, dass der Bankier Samuel Bernard gleichermaßen sein bester Freund in Paris und der größte Gläubiger des Königs war.

Für einen erfolgreichen Händler gab es aber einen gewöhnlicheren Weg zum Adelsstand: Er erwarb gegen Geld die Stellung eines »Beratenden Sekretärs des Königs bei der Kanzlei der Bretagne«, ein Amt, das mit einem vererbbaren Adelstitel verknüpft war. Zwischen 1700 und 1788 kauften sich mehr als 50 *négociants* aus Nantes und Saint-Malo dieses Amt und den damit verbundenen Titel.[32] Der wohl bekannteste Geschäftsmann, der diesen Weg beschritt, war René Montaudoin aus Nantes, der mit seinen Gewinnen aus dem Sklavenhandel die Ländereien und Herrenhäuser verarmter Adliger aufkaufte. 1718 eignete er sich für 120 000 Livre das zerfallene Schloss und das Herrenhaus von La Clartière und 1722 die Besitzungen Basseterre und Basseville an. Nachdem er durch das der Compagnie des Indes erteilte Monopol 1723 aus dem Sklavenhandel hinausgedrängt worden war, kaufte er sich für 39 000 Livre das genannte Amt. Damit durfte er seinem Namen den Titel *écuyer*, Junker, hinzufügen, und um seine Erhebung in den Adelsstand abzurunden, erwarb er im selben Jahr noch zwei weitere Adelssitze mit den dazugehörigen Ländereien und verheiratete drei seiner Töchter mit Aristokraten.[33]

Wenn auch Guillaume Billy für die Verhältnisse von Nantes wohl situiert war, so besaß er weder das Vermögen noch die Beziehungen, die nötig waren, um in die Kreise der Aristokratie aufzusteigen. Stattdessen begnügten er und seine Berufsgenossen aus Vannes sich damit, in Dokumenten und auch in Gemeindebüchern ihrem Namen ein »Nobelmann« anfügen zu lassen, doch offenbarte man, gerade wenn man sich mit diesem Titel schmückte, dass man bürgerlichen Standes war. 1711 hatte nämlich das Parlament der Bretagne den Titel »Nobelmann« so definiert: »Er ist kein Zeichen für Adel, er wird für gewöhnlich von der Bourgeoisie geführt.«[34]

Das größte Hindernis, das sich der Verwirklichung von Guillaume Billys Ambitionen in den Weg stellte, war die Stadt Vannes selbst. Während die Nachbarstadt Nantes, wo der kapitalistische Handel florierte, und Lorient, Sitz der größten und mächtigsten Monopolgesellschaft in der Geschichte Frankreichs, vor kommerziellen Aktivitäten geradezu explodierten und die Bevölkerung rasch anwuchs, war Vannes im Abstieg begriffen. Die Einwohnerzahl hatte sich von 12 000 zu Beginn des Jahrhunderts auf 9000 im Jahr 1733 verringert, während gleichzeitig die Zahl jener, die in freien Berufen tätig waren, um 40 Prozent und die der Kaufleute um mehr als 33 Prozent sank.[35]

Das war die trostlose wirtschaftliche Situation, die Guillaume Billy und seine Mitbürger verbessern wollten, als sie sich am 10. November 1728 im Rathaus versammelten, um gegen die von der Regierung über den Getreidehandel verhängten Restriktionen zu protestieren. Einige derer, die an dem Treffen teilnahmen, wollten nichts anderes, als den Handel wieder zu der Blüte zu verhelfen, die er gegen Ende das 17. Jahrhunderts erlebt hatte. Andere – wie auch Guillaume Billy – hatten Größeres im Sinn. Sie erkannten den Unterschied zwischen einer Marktstadt wie Vannes, in der die Produkte aus ihrem eigenen Hinterland verkauft wurden, und Handelsstädten wie Nantes und Lorient, in die Erzeugnisse aus einer Vielzahl von anderen Orten geliefert wurden und die diese Güter mit anderen Handelsstädten in Übersee austauschten. Guillaume Billy gehörte zu denen, die davon träumten, Vannes in ein solch kommerzielles Zentrum zu verwandeln, in eine Stadt, die sich der wirtschaftlichen Zwangsjacke würde entledigen können, in der sie auf Grund der Fluktuationen des Getreidepreises und der Beschränkung der Ausfuhrgenehmigungen steckte. Doch hatte ihr Traum auch etwas Unheilvolles an sich: Sie wussten genau, dass diejenigen Städte in kommerzieller Hinsicht am erfolgreichsten waren, die sich am Sklavenhandel beteiligten.

8

Vannes, November 1728

Während die Kornhändler von Vannes also mit ansehen mussten, wie die nahe gelegenen Städte Nantes und Lorient sich eines wirtschaftlichen Aufschwungs erfreuten und immer größer wurden, wohingegen die Einwohnerzahl ihrer Heimatstadt sich kontinuierlich verringerte, konnten sie sich nicht des Gedankens erwehren, dass auch Vannes solch ein Wachstum erleben könnte, wenn sie nur die Erlaubnis erhielten, am Westindiengeschäft zu partizipieren. Der königliche Erlass vom April 1717, mit dem der Handel zwischen dem Mutterland und den Kolonien in der Karibik geregelt wurde, hatte den Kaufleuten aus insgesamt 13 Hafenstädten den direkten Warenaustausch mit den Inseln gestattet, Nantes war darunter gewesen, Vannes aber nicht. Seitdem hatten auch noch Marseille und Dünkirchen die Genehmigung erhalten. Die *négociants* aus diesen Häfen besaßen das Recht, Munition auf die Inseln zu bringen sowie die dort benötigten Lebensmittel, darunter auch irisches Pökelfleisch – und dies alles, ohne Ausfuhrzölle zahlen zu müssen.[36] Es lässt sich nicht sagen, ob die Händler aus Vannes bereits 1728 den Plan gefasst hatten, von ihrem Hafen aus Sklavenschiffe zu entsenden, oder ob ihnen die Idee dazu erst später kam – die Genehmigung zum Handel mit den Inseln zu beantragen war auf jeden Fall der logische erste Schritt für jede Gruppe von Kaufleuten, die hoffte, irgendwann einmal zum Sklavenhandel zugelassen zu werden.

Das vom Stadtrat am 10. November des Jahres ernannte Komitee meldete auftragsgemäß mit einem Schreiben Protest gegen die Einschränkung des Getreidehandels an, es entschloss sich aber auch zu dem Versuch, die Intendantur der Bretagne und ihren Generalleutnant zu umgehen und direkt beim Handelsrat in Versailles um die Genehmigung zum Handel mit Westindien nachzusuchen. Zu diesem kühnen Schritt wurden sie vor allem durch Olivier Delourne angeregt, den Baumeister und Holzhändler, der auch die Pläne für die Neuanlage des Hafens und die Erweiterung der Kaianlagen entworfen hatte. Er erhielt Unterstützung von Jean-Baptiste Lucas, dem Staatsanwalt am Präsidialgericht von Vannes und Königlichen Anwalt des Schatzamtes für die Seigneurie Largouët, der auch Verwalter des Allgemeinen Hospizes von Vannes war.[37] Einen wichtigen Partner fanden die beiden in Joseph-Ange Dubodan, einem Kornhändler und Besitzer einer Manufaktur im Vorort Saint-Patern, der in zwei Gerichtsperioden am Konsulatsgericht der Stadt tätig gewesen war. Dubodan trug den Titel *écuyer*, was ein sicheres Zeichen dafür war, dass er sich in den Adelsstand eingekauft hatte. Zu den anderen Mitgliedern der Gruppe gehörten mehrere bürgerliche Großgrundbesitzer, darunter die Herren Mathieu Martin, Charles Grand und Daniel Cléguin. Dann waren da noch die Witwe Brunet, deren Gatte ein wohlhabender Weinhändler gewesen war, und schließlich Guillaume Billy und sein unmittelbarer Nachbar Michel Buat de La Croix, der wenig später zum Richter am Konsulatsgericht ernannt werden sollte.[38]

Während sich der alte Adel von Vannes an seinen Landbesitz hielt, um seine Pfründen zu sichern, und an das anderen nicht zugängliche gesellschaftliche Gefüge, um den eigenen Status zu wahren, half die von Delourne organisierte Gruppe der Kommission, eine Petition an den Handelsrat in Versailles aufzusetzen. Man bat darum, Vannes in die Liste jener Häfen aufzunehmen, die Handel mit den französischen Besitzungen in der Karibik treiben durften, und zwar mit der Begründung, dass die Stadt nur eine Meile von ihr entfernt am Golf von Morbihan einen Hafen besitze, der bei schlechtem Wetter 50 Schiffen Schutz bieten könne. Das war eine maßlose Übertreibung. Obwohl der Golf von Morbihan wie ein Binnenmeer wirkte, war er an den meisten Stellen zu flach für große Schiffe; diese konnten eigentlich nur die gewundene, schmale Rinne befahren. Um die Aufmerksamkeit des Handelsrats zu erlangen und ihrem Ersuchen Dringlichkeit zu verleihen, ließen die Bittsteller noch ein weiteres Argument folgen: Der Segler *Saint-Pierre*, dessen Laderäume mit Pökelfleisch, Mehl, Wein, Branntwein, Tuch und anderen Waren gefüllt seien, liege schon im Golf von Morbihan vor Anker und warte nur auf die Erlaubnis, mit Ziel Westindien in See zu stechen.[39]

Als der Handelsrat am 25. November 1728 in Versailles zusammentrat, um das Gesuch zu diskutieren, sprachen sich die königlichen Zolleintreiber dagegen aus. Es gebe bereits 15 Städte in Frankreich, welche die Erlaubnis hätten, mit Westindien Handel zu treiben, und man sehe keine Notwendigkeit, diese Zahl zu erhöhen. Und Vannes sei in jedem Fall nicht in Betracht zu ziehen, da es an Beweisen mangele, denen zufolge die Stadt den Überseehandel in signifikanter Weise entwickeln könne. Schließlich gaben sie noch zu bedenken, dass das staatliche Zollamt weniger Einnahmen einstreichen würde, wenn man die beantragten Zollbefreiungen gewähren würde.[40]

Was die *négociants* von Vannes vor einer Ablehnung ihres Antrags bewahrte, war ein Bericht, der zuvor bei derselben Sitzung verlesen worden war und in dem gemeldet wurde, dass die britischen Siedler Neuenglands einen schwunghaften Handel mit Französisch-Westindien betrieben und Bauholz, Planken, Pferde, Maultiere und Frischfleisch dorthin lieferten. In dem Bericht wurde dringend empfohlen, dass die Franzosen energische, ja aggressive Maßnahmen ergreifen sollten, um ihren Warenaustausch mit den Inseln zu steigern, und der Handelsrat gelangte zu dem Schluss, dass eine Genehmigung des Antrags der Bürger von Vannes ein erster Schritt in diese Richtung sei. Am 21. Dezember veröffentlichte der königliche Staatsrat eine Verfügung, mit der es der Kaufmannschaft von Vannes erlaubt wurde, »Handel mit den französischen Inseln und Kolonien durchzuführen«. Der Rat begründete seine Entscheidung mit dem offensichtlichen Unternehmergeist der Geschäftsleute von Vannes und griff auch die falsche Behauptung auf, dass die Stadt einen Hafen besitze, der 50 Schiffe aufnehmen könne. Weiter hieß es, man hoffe, dass weitere Schiffe dem Beispiel der *Saint-Pierre* folgen würden, wenn man es dieser gestatte, nach Westindien zu segeln.[41] Dieser Verfügung sollte 15 Monate später ein handschriftlicher Erlass folgen, der von König Ludwig XV. persönlich unterschrieben war.[42]

Wenn schon die Behauptung, dass der Golf von Morbihan 50 Schiffen Schutz gewähren könne, jeder Grundlage entbehrte, so war es auch jene, dass die *Saint-Pierre* voll beladen und seeklar auf die Genehmigung zum Auslaufen wartete. Es sollten noch beinahe zwei Monate verstreichen, bevor sie sich auf ihre Fahrt begab, die sie nach Martinique und zurück nach Frankreich führen und insgesamt 14 Monate dauern würde. Wenngleich Guillaume Billy und sein Nachbar Michel Buat de La Croix nur kleinere Summen in dieses Unternehmen investiert hatten, waren sie es doch, welche die Fahrt organisierten, das Schiff ausrüsteten und die offiziellen Dokumente im Namen der sechs anderen Partner unterzeichneten.[43]

Obwohl die *Saint-Pierre* ein einfacher Kauffahrer war, mit dem in Frankreich hergestellte Güter nach Martinique befördert und auf der Insel erzeugte Rohstoffe, vor allem Zucker und Baumwolle, nach Frankreich transportiert wurden, war das ganze Unternehmen doch nicht ohne Beziehung zum Sklavenhandel. Als die *Saint-Pierre* wieder im Hafen von Vannes einlief, hatte sie einen achtzehnjährigen Afrikaner an Bord, dessen Name La Fleur war; er stammte aus Timbo in der westafrikanischen Region Fuuta Jalon und war als Sklave nach Martinique verschleppt worden. Infolge des königlichen Edikts vom Oktober 1716 wurde er jetzt nach Vannes gebracht, um in der katholischen Religion unterwiesen zu werden und ein Handwerk zu erlernen. Er war der erste schwarze Sklave, den die Bürger von Vannes jemals zu Gesicht bekamen.[44]

Die Reise der *Saint-Pierre* stand aber noch auf andere Weise mit dem Sklavenhandel in Zusammenhang: Der direkte Warenaustausch mit Westindien und der Sklavenhandel waren mittlerweile derart miteinander verflochten, dass sie sich kaum noch voneinander trennen ließen. Der Grund dafür war die schon erwähnte simple Tatsache, dass eine Ladung Sklaven auf den Inseln für beinahe zweimal so viel Zucker eingetauscht werden konnte, wie das Schiff zu fassen und nach Frankreich zu transportieren vermochte. Auf der anderen Seite beförderten Schiffe, deren Route direkt von Frankreich nach Westindien verlief, im Allgemeinen Güter von relativ niedrigem Wert, die nur so viel Zucker einbrachten, dass man die Laderäume bis zu einem Drittel damit füllen konnte. Der ungenutzte Laderaum von zwei direkt zwischen dem Mutterland und den Kolonien verkehrenden Schiffen reichte daher aus, um jene Menge Zucker zu transportieren, welche ein Sklavenschiff, das seine menschliche Fracht auf einer der Inseln abgeliefert hatte, nicht hatte an Bord nehmen können. Der Sklavenhandel unterstützte damit den direkten Warenhandel, während Letzterer das Problem löste, wie man die Gesamtmenge des von den Sklavenhändlern erworbenen Zuckers nach Frankreich bringen sollte.[45]

Das Geld, das die Eigner der Handelsschiffe zusätzlich verdienten, indem sie Zucker, der den Sklavenhändlern gehörte, transportierten, konnte unter Umständen entscheidend dafür sein, dass eine Fahrt Gewinn abwarf und nicht nur Verluste einbrachte. Die öffentlichen Autoritäten von Nantes beklagten sich darüber, dass der Handelsverkehr mit den Inseln »ruinös« geworden sei, und zwar auf Grund der hohen Abgaben und der unvorteilhaften Raten, zu denen die diversen Güter eingetauscht wurden.[46] In einem

Bericht führten sie mehrere hypothetische Beispiele an, um die Unrentabilität dieses Geschäfts zu erläutern. So würde einem eine Ladung gewöhnlichen französischen Tuchs, die man auf den Insel gegen »gedeckten« Zucker minderer Qualität eintauschte, nach Entrichtung von Zöllen und unter Abzug der Unkosten einen Verlust von 25 Prozent einbringen. Sie fügten noch ein weiteres Beispiel dieser Art an: Tauschte man dasselbe Tuch gegen »terrierten Zucker« von hoher Qualität ein, so würde man pro 1000 Livre, die man investiert hatte, fünf Livre einbüßen, was einen Verlust von 0,5 Prozent bedeutete. Wenn diese Berechnungen wirklich auch nur annähernd zutreffend waren, dann konnten nur die zusätzlichen Einnahmen aus dem Transport jenes Zuckers, welcher den Sklavenhändlern gehörte, dafür sorgen, dass der direkte Handel mit den Inseln sich weiterhin als lohnend erwies.

Schon bevor die *Saint-Pierre* von ihrer Jungfernfahrt nach Martinique zurückgekehrt war, bereitete man in Vannes ein zweites Schiff für die Ausfahrt vor. Der Dreimaster *Marie-Joseph* war in Pennerf, einem Küstenort ein wenig südlich von Vannes, auf Kiel gelegt und nach Plänen des Schiffszimmermannsmeisters Rollando gebaut worden. Am 20. Juli 1729 wurde sie von einem Konsortium gekauft, dem Alexandre Corbun vorstand, ein Kaufmann, Makler und ehemaliger Kapitän aus dem nahe gelegenen Redon.[47] Corbun brachte Hubert de la Massuë, einen weiteren Kaufmann aus Redon, in die Partnerschaft ein. Der Rest der Investoren stammte aus Vannes, und ihre Gruppe bestand mehr oder weniger aus denselben Leuten, denen auch die *Saint-Pierre* gehörte: Lucas, Grané, Dubodan, Billy, der Witwe Brunet und Charles Delourne, einem Sohn des bekannten Baumeisters. Nachdem sie die *Saint-Pierre* erworben hatten, änderten sie den Namen des Schiffes um. Es hieß jetzt *Diligent*, der Heimathafen war Vannes.

Sie ließen die *Diligent* komplett überholen und heuerten eine Mannschaft an, welche die Waren für die erste Fahrt nach Martinique an Bord verstaute; das Ganze nahm beinahe neun Monate in Anspruch. Da von Vannes aus normalerweise keine Fahrten nach Übersee angetreten wurden, mussten die Eigner anderswo nach einem Kapitän Ausschau halten, der in der Lage war, das Schiff zu führen. Das kleine Fischerdorf Le Croisic an der Loiremündung war berühmt dafür, tüchtige Kapitäne, Schiffsoffiziere und Matrosen hervorzubringen, und so ernannten die Eigner Pierre Mary, einen 43-jährigen dort gebürtigen Mann, zum Kapitän ihres Schiffes und Robert Durand, der auch aus dem Dorf stammte, zu seinem Stellvertreter. Der Navigator wurde in Redon angeheuert, während man den Ersten Maat und den Geschützmaat ebenfalls in Le Croisic fand. Zehn der Matrosen stammten von den Inseln im Golf von Morbihan oder aus den Dörfern an seinen Ufern, während die drei Schiffsjungen im Alter von 14 bis 16 Jahren aus Vannes kamen. Der Rest der 27-köpfigen Mannschaft stammte aus verschiedenen Ortschaften an der Küste der Bretagne. Außerdem waren noch zwei Diener an Bord, die sich vertraglich verpflichtet hatten zu arbeiten, um für ihre Überfahrt zu zahlen, sowie ein zahlender Passagier.[48] Die *Diligent* stach am 6. März 1730 mit Ziel Martinique in See. Anders als die von Unfällen heimgesuchte *Saint-Pierre* brauchte sie für die Fahrt dorthin und zurück in die Heimat nur fünf Monate und lief am 26. August 1730 wieder in den Hafen von Vannes ein.

Da ihre Unternehmungen von Erfolg gekrönt waren, begannen viele der Investoren, die bereits die *Saint-Pierre* beziehungsweise die *Diligent* erworben hatten, Verhandlungen über den Ankauf der *Concorde* zu führen, ein Schiff von 98 Tonnen und mit zehn Kanonen bestückt, das in Redon von dem Schiffszimmermannsmeister Priou gebaut worden war. Zu den Namen der früheren Investoren – Alexandre Corbun, Jean-Baptiste Lucas, Joseph-Ange Dubodan, Michel Buat de La Croix, die Witwe Brunet, Guillaume Billy waren wieder dabei – kam jetzt ein neuer hinzu: der von François Billy, Guillaumes zehn Jahre jüngerem Bruder. Die *Concorde* trat am 17. Juni 1730 die Fahrt nach Martinique an.[49]

Irgendwann im Laufe des Herbstes 1730, nachdem die *Saint-Pierre* und die *Diligent* wohlbehalten ihre erste Fahrt nach Martinique und zurück absolviert hatten, begannen die Brüder Billy ernsthaft in Erwägung zu ziehen, in den Sklavenhandel einzusteigen. Vielleicht glaubten sie dadurch, dass sie so erfolgreich zwei Kauffahrten in die Karibik mit finanziert hatten, sich auf das viel komplexere und langwierigere Unterfangen einlassen zu können, ein Sklavenschiff auf den Weg zu bringen. Vielleicht waren sie auch über die Gewinne enttäuscht, welche die *Saint-Pierre* und die *Diligent* mit ihren Reisen erzielt hatten. Jedenfalls zweifelten sie nicht daran, dass der Sklavenhandel viel größere Profite abwarf als der direkte Warenaustausch. Möglicherweise hatte ihre Entscheidung auch etwas mit dem Tod von Guillaume Billys Frau zu tun, die im Oktober 1729 im Alter von nur 28 Jahren starb, was ihren Mann sehr mitgenommen haben muss, denn er heiratete nie wieder.[50] Es kann auch sein, dass François Billys Heirat im Juli 1730 eine Rolle spielte, das heißt, dass dieser darauf bedacht war, seine Familie für die Zukunft finanziell abzusichern. Gleichgültig, welches nun ihre Gründe waren: Die Brüder Billy wollten sich nicht mehr mit dem bescheidenen Geschäft begnügen, Mehl und andere in der Gegend von Vannes produzierte Güter nach Martinique zu transportieren, sondern planten, ein Schiff, dessen Ladung aus Tuch und Kaurimuscheln aus Indien bestand, an die Küste von Guinea zu entsenden.

Ein solches Unternehmen würde aber nicht nur eine bedeutende Erweiterung des von Vannes ausgehenden Handels, sondern auch einen Sprung in einen moralischen Sumpf bedeuten. Seit 1717 hatten Bischöfe, die mit den Jansenisten sympathisierten, über das religiöse Leben in Vannes gewacht. In jenem Jahr war Jean François Paul Lefebre de Caumartin Bischof der Stadt geworden, und ihm war 1720 Cosme-Roger-Antoine Fagon gefolgt. Beide Männer hatten sich in den Auseinandersetzungen mit den Jesuiten des Ortes bewährt und versucht, pro-jansenistische Priester in die Verwaltung der Diözese zu holen. Weil sie beide so aktiv in der Religionspolitik der damaligen Zeit waren, kannten sie mit größter Wahrscheinlichkeit die Schriften von Pierre Lemerre dem Jüngeren, in denen dieser die jansenistische Ablehnung der Sklaverei zum Ausdruck brachte, und mit ebenso großer Wahrscheinlichkeit waren sie einer Meinung mit ihm. Doch obwohl Fagon Bischof von Vannes war, als die Brüder Billy sich darauf vorbereiteten, in den Sklavenhandel einzusteigen, gibt es keinen Hinweis darauf, dass er jemals seinen Widerstand gegen ihre Pläne bekundete.[51] Anscheinend war er zu sehr damit beschäftigt, die Jesuiten zu bekämpfen.

Die beiden Billys waren bis dahin nur mit kleineren Einlagen an den Transatlantikseglern, die von Vannes aus in See stachen, beteiligt gewesen. Ende 1730 jedoch schickten sie sich an, Hauptinvestoren in eine Fahrt zu werden, deren Ziel der Handel mit Sklaven war: Sie erwarben die *Diligent* für 18 500 Livre von Alexandre Corbun und seinen Partnern. Obwohl die *Diligent* kein neues Schiff war, erwies sie sich als noch uneingeschränkt seetüchtig, und der Preis, den sie für sie zahlten, war günstig, wenn man ihn mit dem für die *Concorde* vergleicht: Sie hatte mehr als 28 000 Livre gekostet. Indem sie sich an die gewöhnliche Praxis hielten, das Risiko auf mehrere

Investoren zu verteilen, brachte jeder der beiden Billys 30 Prozent der Kaufsumme auf; den Rest steuerten zwei Partner bei: Michel Buat de La Croix, ihr nächster Nachbar, der schon mit ihnen an der *Concorde* und der *Saint-Pierre* beteiligt gewesen war, würde weitere 30 Prozent und Hubert de la Massuë die restlichen zehn Prozent beibringen. Guillaume Billy erklärte sich bereit, für die Ausrüstung des Schiffes zu sorgen und sich darum zu kümmern, dass sie eine Mannschaft fanden wie auch eine geeignete Fracht zusammenbekamen. Er erhielt für diese Bemühungen von seinen Geschäftspartnern eine Kommission von 500 Livre. Die vier besiegelten ihr Übereinkommen am 8. Januar 1731 und begannen unverzüglich, die erste Sklavenexpedition vorzubereiten, die von Vannes ausgehen sollte.[52]

9

Vannes, 1731

Die Entscheidung, ein Sklavenschiff auf die Reise zu schicken, stürzte die Brüder Billy nicht nur in moralischer Hinsicht in einen Morast, sondern sie bewegten sich damit auch in gesetzlicher Hinsicht auf unsicherem Terrain. Der königliche Erlass vom Januar 1716, mit dem den Städten Nantes, Saint-Malo, Bordeaux, Rouen und La Rochelle die Genehmigung erteilt wurde, den Handel mit Sklaven aufzunehmen, stand in keinerlei juristischer Beziehung zu dem Dekret vom April 1717, durch das 13 französische Städte bevollmächtigt worden waren, geschäftliche Beziehungen zu den westindischen Kolonien aufzunehmen. Überdies berechtigten die Erlasse, die der Staatsrat und König Ludwig XV. zu Gunsten der Kaufleute von Vannes verabschiedet hatten, diese nur zum Handel mit Westindien, während der mit Guinea in ihnen überhaupt nicht erwähnt wurde. Guillaume Billy fand jedoch heraus, dass es eine Hintertür gab, durch die man in diesen Handel einsteigen konnte: Wenn er von der Compagnie des Indes einen Vertrag als Subunternehmer bekäme, könnte er ganz legal, im Auftrag der Gesellschaft, ein Sklavenschiff gen Afrika entsenden. Obwohl die juristische Situation dubios war, ging er daran, seine Pläne zu verwirklichen, da er überzeugt war, dass kein königlicher Beamter versuchen würde, die Reise zu unterbinden.[53]

Obwohl die Compagnie des Indes es mittlerweile privaten Unternehmern erlaubte, in ihrem Auftrag nach Afrika zu segeln, war sie immer noch im Besitz des königlichen Monopols auf den Afrikahandel und konnte jedes Schiff aufbringen lassen, das ohne die entsprechenden Dokumente unterwegs war. Um die nötige Erlaubnis von der Kompanie zu erhalten, mussten die Eigner der *Diligent* zwei formelle Erklärungen unterzeichnen.[54] In der ersten wurde festgesetzt, dass es ihnen freistand, zwischen Sierra Leone und dem Kap der Guten Hoffnung Sklaven, Gold oder andere Waren zu erwerben, sie aber die afrikanische Küste zwischen Cap Blanc und Sierre Leone nirgendwo anlaufen dürften, da die Kompanie immer noch das alleinige Recht auf den Handel mit dieser Region hatte. Wenn ein Sturm oder andere widrige Umstände sie dazu zwängen, an irgendeinem Punkt dieses Küstenstrichs an Land zu gehen, hätten Kontrolloffiziere der Gesellschaft die Befugnis, das Schiff zu untersuchen, um sicherzustellen, dass dort nicht irgendwelche Geschäfte getätigt worden seien. Wenn sie bei Whydah Sklaven erwarben, das außerhalb des Monopolgebiets der Gesellschaft lag, wo diese aber eine Niederlassung besaß, seien sie verpflichtet, dort vor Anker zu gehen und ihre Papiere dem Leiter vorzulegen, bevor sie mit dem Ankauf von Sklaven begännen. Nach Beendigung ihrer geschäftlichen Aktivitäten an der afrikanischen Küste müsse ihr Schiff die schwarzen Gefangenen geradewegs in die Karibik bringen und an keinen anderen Zielort.

In der zweiten Erklärung verpflichteten sich die beiden Billys, der Gesellschaft zehn Livre für jeden Sklaven zu zahlen, den sie lebend auf den Inseln ablieferten, gleichgültig welchen Alters und welchen Geschlechts dieser sei. Nach der Ankunft in Westindien habe der Kapitän ihres Schiffes eine Bescheinigung in dreifacher Ausfertigung zu erstellen, in der er genau angab, wie viele Gefangene er an Land brachte. Das erste Exemplar sei für den Gouverneur der jeweiligen Insel bestimmt, das zweite war für die Repräsentanten der Kompanie in Westindien auf Martinique bestimmt, das dritte schließlich solle nach der Rückkunft des Schiffes in Frankreich an die Geschäftsstelle der Gesellschaft in Paris gesandt werden. Die Eigner der *Diligent* würden im Gegenzug in den Genuss der gleichen Zollbefreiungen kommen wie die Gesellschaft; diese würde allerdings die Regierungsprämie von 13 Livre für jeden auf eine der Inseln gebrachten Sklaven einbehalten. Das bedeutete, dass die Kompanie 23 Livre für jeden Sklaven erhielt: zehn von den Eignern des Schiffes und 13 von der Regierung.[55]

Guillaume Billy musste nicht nur eine Genehmigung für den Sklavenhandel einholen, sondern auch eine Mannschaft für das Schiff, dessen Miteigentümer er war, anheuern. Er bat Kapitän Pierre Mary, der über entsprechende Erfahrungen verfügte, weiter das Kommando über die *Diligent* zu führen und Leute anzuwerben, die sich ebenfalls schon mit dem Sklavenhandel auskannten. Mary bot Robert Durand, der auf der Reise des Schiffes nach Martinique sein Stellvertreter gewesen war, nicht an, diesen Posten beizubehalten, sondern holte sich dafür seinen Schwager aus Le Croisic, Pierre Valteau, während er Durand zum Ersten Leutnant ernannte, womit dieser in der Bordhierarchie nur mehr an dritter Stelle stand. Mit Ausnahme der beiden Schiffsärzte stammten alle Offiziere, die mit auf Sklavenfahrt gehen sollten, aus Le Croisic. Und Matrosen aus diesem Ort ersetzten auch die meisten Mannschaftsmitglieder aus Vannes und den Dörfern am Golf von Morbihan, die mit der *Diligent* nach Martinique gesegelt waren. Nur ein Küfer, die beiden Schiffsjungen und der Bordmusikant, ein Akkordeonspieler, kamen aus Vannes.[56]

Diese Veränderungen hinsichtlich der Zusammensetzung der Mannschaft können ein Hinweis darauf sein, dass es den Matrosen aus Vannes selbst widerstrebte, auf einem Sklavenschiff anzuheuern. Die Fahrt der *Diligent* würde 15 Monate in Anspruch nehmen, also dreimal so lang dauern wie die direkte Fahrt nach Martinique. Überdies machten die größeren Gefahren, die in Form von Piraten, tropischen Krankheiten und Revolten der Gefangenen an Bord drohten, die Fahrt auf einem Sklavenschiff viel riskanter als die auf einem Handelssegler. 1731 kam auf französischen Sklavenschiffen nahezu jedes vierte Mannschaftsmitglied auf See um, und sogar die Compagnie des Indes klagte darüber, dass auf Grund der hohen Sterblichkeitsrate an Bord ihrer Sklavenschiffe eine Knappheit an Matrosen bestand.[57] Zum Ausgleich für die erhöhten Risiken erhielten die Leute an Bord eines Sklavenschiffes mehr Heuer. Kapitän Marys Salär wurde von 100 auf 120 Livre im Monat heraufgesetzt, der stellvertretende Kapitän erhielt 80 statt 50 Livre, und den meisten der gewöhnlichen Matrosen an Bord wurden 30 Livre pro Monat ausbezahlt anstelle von 25, die sie auf einem Handelsschiff mit direktem Kurs nach Martinique bekommen hätten.

Während Guillaume Billy eine Mannschaft anwarb, bemühte er sich gleichzeitig darum, eine aus verschiedenen Waren bestehende Fracht zusammenzubekommen. Vermutlich begab er sich nach Nantes, um herauszufinden, mit welchen Gütern die dort ansässigen Sklavenhändler ihre Schiffe beluden; der Geschmack der afrikanischen Konsumenten in den Sklavenhäfen Westafrikas hatte sich nämlich mittlerweile sehr verfeinert, und die Mode, was Kleiderstoffe und andere Artikel dieser Art anbelangte, änderte sich rasch. Sklavenhändler, welche die westafrikanische Küste mit den falschen Waren im Laderaum anliefen, würden dort große Schwierigkeiten bekommen, Abnehmer für sie zu finden. Über die Familie seiner Mutter und die seiner verstorbenen Frau, die ja beide aus Nantes stammten, hatte Guillaume Billy Verbindungen dorthin.

Obwohl er die Stadt schon viele Male besucht hatte, war etwas an der Geschäftigkeit und dem offensichtlichen Reichtum des Seehafens, das ihn immer wieder von neuem beeindruckte. Während Vannes von dem lebte, was im Hinterland erzeugt wurde, schien Nantes von dem zu leben, was überall in der Welt angebaut und hergestellt wurde. Vielleicht war Billys Reaktion auf Nantes ähnlich wie die schon zitierte des englischen Reisenden Arthur Young, der dort Station machte, nachdem er vorher durch Vannes gekommen war. »›Mon Dieu!‹, rief ich innerlich aus, ›führen einen all die Brachfelder, die Wüsteneien, die Sümpfe, die Heideflächen voll Stechginster, dürrem Gras und trockenem Kraut, durch die ich dreihundert Meilen gereist, zu diesem Schaustück? Was für ein Wunder, dass all diese Pracht und all diese Fülle … so ganz unverbunden ist mit dem Land, das sie umgibt.‹«[58]

Man stelle sich nun Guillaume Billy in Nantes vor, wie er außerhalb der Stadtmauern am Nordufer der Loire entlang Richtung Westen wandert. Während im Stadtkern das Mittelalter noch nicht endgültig weichen will und man Verfall zu atmen scheint, ist an den Ufern des Flusses die moderne Zeit nicht mehr aufzuhalten. Durch einen engen Kanal von den Stadtmauern abgetrennt ist die Ile Feydeau, deren Umwandlung zu einem neuen Handelszentrum sich eine Gruppe von 24 Kaufleuten zum Ziel gesetzt hat. Die Pläne des Architekten Goubert teilen die Insel in 24 gleich große Parzellen auf, auf denen Gebäude mit gleichartigen Fassaden entstehen sollen. Das mit drei vorgeblendeten Bögen verzierte Erdgeschoss eines jeden Gebäudes wird die Geschäftsräume und das Warenlager beherbergen. In den beiden Geschossen darüber werden der Kaufmann und seine Angehörigen wohnen; die Dienstboten werden in Mansarden untergebracht werden, in die durch Luken im Dach Licht fällt. Im Juli 1726 konnte der Bürgermeister von Nantes voller Stolz verkünden, dass 388 Arbeiter mit der Hilfe von elf Maschinen zum Brechen der Steine dabei waren, der Insel ihr neues Gesicht zu geben.[59]

Eine kleine Strecke flussabwärts von der alten, mauerumsäumten Stadt wird eine neue Kaufmannsbörse errichtet. Ursprünglich sollte dieser Baukomplex direkt am Ufer, parallel zur Loire, hochgezogen werden, doch hatten mehrere wichtige Kaufleute, die sich neue Wohnhäuser am Fluss bauen ließen, dagegen protestiert, weil die Börse dann den Blick auf das Wasser versperre. Vor lauter Sorge, dass diese Männer genügend Einfluss besäßen, um das ganze Projekt blockieren zu können, hatten die Stadtväter nachgegeben und die Börse weiter loireabwärts anlegen lassen, auf einem Terrain, das dem Fluss erst vor kurzem abgerungen worden war.[60] Von der Kaufmannsbörse an wird der Quai de la Fosse, der sich auf ungefähr 600 Meter Länge flussabwärts erstreckt, neu angelegt, und die Häuser hinter ihm werden umgebaut, sodass sich längs des Ufers ein einheitlicheres Erscheinungsbild ergibt.[61]

Am unteren Ende des Quai de la Fosse ist eine neue steinerne Kaianlage, der Quai de Chézine, im Entstehen. Die neuen Residenzen der Kaufleute dahinter sind beinahe doppelt so groß wie die auf der Ile Feydeau. Hier hat auch die Compagnie des Indes, die ihre Waren in Nantes statt in Lorient versteigern lässt, gerade zwei neue steinerne Lagerhäuser und ein neues Verwaltungsgebäude einschließlich eines Amphitheaters, in dem die Auktionen stattfinden, errichten lassen.[62] Guillaume Billy sieht, dass die Prosperität, die Nantes seiner Beteiligung am Sklavenhandel verdankt, doch beeindruckend ist. Er steht eine Weile vor den Lagerhäusern der Compagnie des Indes und tritt dann in eines von ihnen ein, um Kaurimuscheln und verschiedene Arten von Tuch zu begutachten und dann zu entscheiden, was davon er als Frachtgut für die Laderäume der *Diligent* kaufen wird.

Billy erwarb schließlich Handelswaren im Wert von 37 782 Livre für die Fahrt der *Diligent*, wobei er nahezu ein Drittel dieser Summe für Tuch und Stoffe ausgab. Die aus Indien stammenden Baumwollstoffe trugen eine verwirrende Vielzahl von Namen: *Salempouri*, *Guinée*, *Baffeta*, *Limancas*, *Allibani*, *Coupi*, *Guigan*, *Chalbasis* und noch andere. Einige waren weiß, andere einfarbig bunt, während wieder andere mit vielfarbigen Streifen und anderen Ornamenten versehen waren. Das Problem bestand darin, Stoffe von genau der Farbe und mit genau den Mustern auszuwählen, die in jenem Jahr an der Guinea-Küste *en vogue* waren.

Bei ungefähr zwei Dritteln des Tuchs, das Billy am Ende kaufte und das ihn ungefähr 12 000 Livre kostete, handelte es sich um *platilles*, ein sehr weißes Leinen, das französische Händler aus Hamburg importierten.[63] Den Rest machten verschiedene andere Tuchsorten aus den Beständen der Kompanie aus: *Limancas*, ein feines gestreiftes Tuch, das an der Koromandel-Küste gewoben wurde, »Salempouri Bleu«, Baumwollstoff von unterschiedlicher Qualität, und »Indisches Tuch«, was der Oberbegriff für verschiedene Arten von bedrucktem Baumwollstoff, Kattun und Chintz war. Ungefähr ein weiteres Drittel der Summe musste er für rund 7000 Pfund in 30 Fässern verstauter Kaurimuscheln aufbringen.[64] Die Kaurimuscheln wurden von der Kompanie von den im Indischen Ozean gelegenen Malediven herbeigeschafft; sie wurden einfach in die Laderäume der Schiffe geschaufelt und dienten als Füllmaterial, um zu verhindern, dass Kisten, die mit Porzellan gefüllt waren, verrutschten. In Frankreich wurden sie dann in Fässer umgefüllt. An der Sklavenküste dienten sie als Zahlungsmittel.[65] Sie waren nicht nur unerlässlich für den Ankauf von Sklaven, sondern an bestimmten Küstenstrichen konnte man sie auch zum Erwerb kleinerer Artikel für den alltäglichen Bedarf verwenden. Bei Jakin zum Beispiel kostete im Jahr 1731 ein Ei 20 dieser Muscheln und eine Banane 30.

Beinahe ein Viertel der Gesamtsumme von 37 782 Livre, die er für die Fracht zahlte, gab Billy für Branntwein aus. Die insgesamt 900 Fässer, welche die *Diligent* an Bord nahm, wurden zumeist aus dem Loiretal in der Nähe von Nantes herbeigeschafft, einiges von diesem Teil der Ladung mag aber auch aus der Gegend um Bordeaux gekommen sein. Französischer Branntwein hatte eine Stärke von 85 Prozent, wodurch es möglich wurde, ihn vor dem Verkauf zu verdünnen, um ihm dem fünfzigprozentigen Schnaps aus Holland anzunähern.[66] Der Ankauf von Gewehren und Munition beanspruchte ungefähr 14 Prozent der Gesamtsumme von 37 782 Livre. Die *Diligent* beförderte acht Kisten, von denen jede 25 Musketen mit Feuersteinschloss enthielt, ein Fass voller Feuersteine und 40 Fass Pulver. Diese Waffen waren mit größter Sicherheit über Nantes aus Holland gekommen, da die Franzosen erst 1739 mit der Manufaktur von Feuerwaffen für den Handel begannen. Komplettiert wurde die Ladung durch 16 Kisten voller langer Tabakspfeifen aus Holland und 99 Barren schwedisches Eisen.

Wenn die Fahrt der *Diligent* auch den Winzern und Destillateuren von Nantes und Bordeaux wirtschaftlich zugute kam – die produzierende Industrie Frankreichs profitierte vom Sklavenhandel insgesamt nicht wesentlich. Stattdessen unterstützte eine Unternehmung wie die der Brüder Billy die Tuch- und Stoffmanufaktur von Indien und Hamburg, die Eingeborenen der Malediven, die nach Kaurimuscheln tauchten, die Hersteller von Feuerwaffen und Tabakspfeifen in Holland sowie die Eisen fördernde und verhüttende Industrie in Schweden. Französische Sklavenhändler waren Mittelsmänner in einem weit gespannten Netz internationalen Warenaustauschs, das sich von Indien bis in die Karibik spannte. Für Produkte, die aus Frankreich selbst kamen, gaben die Eigner der *Diligent* nur ein Viertel der Summe aus, die sie insgesamt aufwandten, um deren Stauräume zu füllen.

Alle Waren, die Guillaume Billy in Nantes erworben hatte, wurden von kleinen Küstenseglern zum Golf von Morbihan gebracht, wo die *Diligent* gut sechs Meilen vom Hafen von Vannes entfernt vor dem westlichen Vorsprung der Ile aux Moines vor Anker lag. Es war eine der wenigen Stellen im Golf, an denen ein Schiff, dessen Tiefgang voll beladen zwölfeinhalb Fuß betrug, genügend Wasser unter dem Kiel hatte, und die *Diligent* blieb dort während des gesamten Ladevorgangs liegen. Wenn die kleinen Boote längsseits gegangen waren, wurden die Handelswaren mithilfe von Seilen und Flaschenzügen, die an den Rahen der *Diligent* befestigt waren, aus ihnen herausgehievt und dann durch Luken im Oberdeck im Laderaum des größeren Seglers versenkt. Es war ein mühseliger Prozess, und es konnte Monate dauern, bis ein Schiff beladen war.

Zusätzlich zu dieser Fracht mussten natürlich auch genügend Vorräte und andere Versorgungsgüter für die Mannschaft an Bord geschafft werden. Die *Diligent* lud 15 Tonnen Brennholz, drei Viertel davon würden auf der Reise für das Backen von Brot verwendet werden, der Rest zum Kochen der täglichen Mahlzeiten. Es befanden sich 22 Fässer voll Mehl an Bord; man würde jeden dritten Tag frisches Brot backen können. An den anderen Tagen würden die Männer sich mit hartem Zwieback begnügen müssen, von dem man 1100 Stück mitnahm. Da die Alltagskost sowohl für die Besatzung als auch für die Gefangenen aus einem dickflüssigen, aus Favabohnen hergestellten Brei bestehen würde, brachte man auch 15 Tonnen dieser Bohnen in der Proviantlast unter, wo des weiteren noch Platz für 34 Fässer Pökelfleisch aus Irland, zwölf geräucherte Schweineschinken und ebenfalls zwölf Käselaibe geschaffen werden musste. Zum Trinken nahmen sie

34 Fässer Weißwein und zwölf Fässer Rotwein mit auf die Reise. Die Versorgung mit Trinkwasser war ein größeres Problem. Robert Durand hielt nicht fest, wie viele Fässer voll Wasser an Bord gebracht wurden, doch wenn sie die bei den Schiffen der Compagnie des Indes übliche Faustregel befolgten, dann nahmen sie so viel davon mit, dass jedem Mann pro Tag ungefähr dreieinhalb Liter zur Verfügung standen, bis sie die Gelegenheit erhalten würden, die Fässer wieder mit Frischwasser zu füllen.[67]

Zu all dem kam noch eine Vielzahl verschiedener Ausrüstungsgegenstände hinzu: eiserne Reifen und hölzerne Dauben für Fässer, Kompasse und Uhren, die zur Navigation dienten, eine Medikamentenkiste, Strohmatten und Wolldecken für die Kranken, Küchenutensilien, Ersatztaue und -seile. Anderes Gerät, was da mitgeführt wurde, diente finstereren Zwecken: 150 eiserne Fesseln mit Schlössern, die von den Brüdern Taquet in Nantes hergestellt worden waren. Mit jeder dieser Fesseln sollten zwei Sklaven aneinander geschlossen werden, 150 von ihnen reichten also für 300 Menschen. Außerdem gab es noch einen besonderen Herd, auf dem während der Mittelpassage das Essen für die Sklaven zubereitet werden sollte. Damit sie eventuelle Revolten der Gefangenen niederschlagen oder Piratenangriffe abwehren konnten, gab man den Männern der *Diligent* noch 55 Musketen, 18 Pistolen, 20 Degen, zwei Drehbassen – Geschütze mit kurzem Lauf, aus denen Schrapnellgeschosse abgefeuert wurden –, 60 Kanonenkugeln und einen Vorrat von Zündschnüren und -kapseln für die acht Kanonen des Schiffes mit auf die Reise.[68]

Guillaume Billy hielt den Preis eines jeden Gegenstands, der auf das Schiff geladen wurde, in einem so genannten *mise-hors*, einer Liste der Ausgaben, fest.[69] Die Kosten der Waren, die er gegen Sklaven eintauschen wollte, beliefen sich, wie schon gesagt, auf 37 782 Livre, insgesamt musste man jedoch, um das Schiff für die Reise auszurüsten, das heißt, die Ladung an Bord schaffen zu lassen, es zu verproviantieren und sonst mit allem Nötigen zu versehen und der Mannschaft die Heuer für zwei Monate im Voraus zu bezahlen, 85 000 Livre aufbringen – viermal mehr, als man für das Schiff selbst bezahlt hatte.[70] Die Heuer – abzüglich der bereits vorgeschossenen Summe – würde man der Mannschaft nach Abschluss der Reise ausbezahlen müssen, womit dann also weitere 15 000 Livre fällig wären; außerdem schlugen noch die Kosten für Versicherungen und Zinsen für Kredite, die man aufgenommen hatte, zu Buche.

Als die Kosten für die Ausrüstung des Schiffes sich während der Wintermonate immer weiter häuften, begann den beiden Billys und ihrem Teilhaber de La Croix das Geld auszugehen. Am 17. April 1731 – ungefähr sechs Wochen vor der geplanten Abfahrt der *Diligent* – nahmen die drei Partner bei einem Kaufmann aus Nantes zwei Darlehen in einer Höhe von 3000 Livre auf. Obwohl der Mann 30 Prozent Zinsen von ihnen verlangte, wandten sie sich drei Tage später erneut an ihn, um zu den denselben Bedingungen weitere 2500 Livre zu borgen. Die Kredite wurde mithilfe von Guillaume Billys Verwandten mütterlicherseits, François Gauvin, ausgehandelt, der in Nantes lebte.[71] Die Tatsache, dass sie bereit waren, 30 Prozent Zinsen zu zahlen, gibt uns einen Hinweis darauf, welch hohe Gewinne sie sich von der Fahrt der *Diligent* versprachen.

Da sie so viel Geld investiert hatten, mussten das Schiff und seine Ladung versichert werden.[72] Die rechtlichen Rahmenbedingungen für Versicherungen, welche die Seefahrt betrafen, waren in der *Ordonnance de la Marine* vom August 1681 niedergelegt worden; dort wurde spezifiziert, dass das Schiff und seine Fracht gegen »alle Verluste und Schäden, zu denen es auf See kommt« versichert werden konnten, das Leben der Besatzungsmitglieder hingegen nicht. Auch konnte man sich nicht dagegen schützen, dass die erwarteten Profite sich möglicherweise nicht einstellten. Die Fahrten, die dem Handel mit Sklaven dienten, stellten die Versicherer vor besondere Probleme. Eine Frage war, ob die Sklaven selbst versichert werden konnten. Generell war dies möglich, da Sklaven im Gegensatz zu den Besatzungsmitgliedern als Teil der Fracht angesehen wurden. Artikel 11 der *Ordonnance* besagte, dass Sklaven zu ihrem Kaufwert versichert werden konnten – und zwar gegen gewaltsamen Tod, Ertrinken und andere nicht natürliche Todesarten. Die Versicherer legten das so aus, dass ein Sklave, der einer Krankheit erlag, eines natürlichen Todes starb und sie daher nichts zu zahlen hatten. Auch wenn er seiner Verzweiflung oder ihn überwältigenden Niedergeschlagenheit zum Opfer fiel, wurde dieser Tod auf die harte Realität des Lebens oder auf die Nachlässigkeit des Besitzers zurückgeführt, und es trat kein Versicherungsfall ein. In der Praxis wurde die Versicherung nur wirksam, wenn ein Sklave ins Wasser stürzte und ertrank oder wenn er bei einem Seegefecht ums Leben kam.

Wichtig war auch die Frage, ob ein Schiff und seine Ladung durch die Versicherung gedeckt waren, wenn beides bei einer Erhebung der Sklaven verloren ging. Die Kapitäne vertraten die Ansicht, dass ein solcher Aufstand das Gleiche wie ein Krieg sei und die Versicherer daher zahlen müssten; diese hingegen argumentierten, dass ein Aufruhr Ergebnis der Nachlässigkeit eines Kapitäns sei und sie daher in einem solchen Fall nicht zu haften brauchten.

Obwohl die Versicherer letztlich in den meisten Verlustfällen um die Zahlung einer Entschädigung herumkamen, verlangten sie von den Eignern von Sklavenschiffen hohe Beiträge von sechs bis acht Prozent der versicherten Summe, während sie sich bei Kauffahrern, welche direkt die Karibik ansteuerten, mit 2,25 bis 3,25 Prozent begnügten.[73] Die Brüder Billy schlossen ihre Versicherungen wahrscheinlich bei wohlhabenden Maklern in Nantes ab, was das übliche Vorgehen war, bis sich 1739 eine Gruppe von Nanteser Geschäftsleuten und Schiffseignern – darunter auch viele Sklavenhändler – zusammentat, um die »Maritime Versicherungsgesellschaft« zu gründen.[74]

Als die Vorbereitungen für die Reise nahezu abgeschlossen waren, kamen noch zwei Passagiere, die sich kurzfristig zur Mitfahrt entschlossen hatten, an Bord der *Diligent*: Pierre Verger, der die Leitung der Handelsniederlassung der Compagnie des Indes bei Jakin übernehmen sollte, und sein Assistent, ein Monsieur Dubourdieu. Normalerweise pflegte die Gesellschaft ihre Mitarbeiter nicht auf einem kleinen Schiff, das in Privatbesitz war, auf die Reise zu schicken, doch ihr letztes eigenes Schiff mit Ziel Jakin hatte am 8. März den Anker gelichtet, und das nächste würde nicht vor dem 27. November in See stechen. Die beiden Männer hätten daher eigentlich auf dem privaten Sklavenschiff *Superbe* mitsegeln sollen; sie waren aber zu spät zu dessen Abfahrt, die am 10. April von Nantes aus erfolgt war, gekommen. Das Schiff aus einem der nahe gelegenen Häfen, das als nächstes Jakin ansteuern würde, war die *Diligent*, also begaben Verger und sein Begleiter sich nach Vannes, um als zahlende Passagiere auf dem Schiff der Brüder Billy bis nach Jakin mitzufahren. Sie brachten 21 kleine Kanonen mit an Bord, die als Geschenk für den eingeborenen Herrscher von Jakin gedacht waren.[75]

10

Golf von Morbihan, 1. Juni 1731

In den frühen Morgenstunden des 1. Juni 1731 kam aus Ostnordost eine steife Brise auf, sodass die *Diligent*, die seit zehn Uhr am Vormittag des vergangenen Tages ohne Wind in den Segeln im Golf von Morbihan vor Anker gelegen hatte, sich gegen halb vier wieder langsam in Bewegung zu setzen begann. Wenig mehr als eine Stunde später durchfuhr sie die enge Wasserstraße, die den Golf von Morbihan mit dem Atlantik verband, und stieß ins offene Meer vor. Um halb sechs segelte sie an einem flachen, aus Quarz und Schiefer bestehenden Felsen vorbei, der Ile de Méban. Robert Durand trug die Zeit genau ins Logbuch ein, weil von diesem Punkt an die Besatzung ihre volle Heuer bekam, statt des halben Lohns, den sie während der Beladearbeiten erhalten hatte.

Während der Tag rasch herandämmerte, tasteten sie sich vorsichtig von Felsen zu Felsen vor. Um acht Uhr hatten sie den winzigen Leuchtturm namens La Teigneuse hinter sich gelassen, und bald würden sie Belle Ile erblicken, deren graue und düstere Klippen 45 Meter hoch aufragten. Als die *Diligent* näher kam, konnte Durand die Hafenstadt Le Palais erkennen, die sich an den Fuß der Steilklippen schmiegte, des Weiteren die Wälle der Zitadelle hoch oben. In sein Blickfeld gerieten jetzt auch die Masten der Sardinenfangboote, die im Hafen festgemacht hatten. Als sie nur noch zwei Meilen von Le Palais entfernt waren, begannen die Matrosen »den Wind aus den Segeln zu schütteln«; sie holten die Geitaue ein, um die Segel zu reffen. Dann kletterten sie die Masten hinauf und auf die Rahen, um die großen Leinwandflächen zu bergen. Als das Schiff seine Fahrt verlangsamte, feuerten sie einen Schuss aus einer Kanone ab: Es war das Signal dafür, dass man ein Langboot schicken sollte.[76]

Um zehn Uhr ging dieses Boot längsseits, um den Lotsen und die Brüder Billy aufzunehmen. Eine Stunde später, nachdem die Brüder sich von den Offizieren und der Mannschaft verabschiedet hatten, machte es sich wieder auf den Weg nach Le Palais. Die Ruderer sangen im Takt, in dem sie ihre Riemen schwangen:

10.1 Der Hafen von Le Palais auf der Belle Ile.

Ein Hurra auf die Vier-Sous-Mädel.
Ein Hurra auf die Vier-Sous-Mädel.
Für vier Sous gibt's diese Mädel.
Pullt, ihr Männer, schwingt eure Riemen![77]

In jeder neuen Strophe, die sie anstimmten, erhöhten die Männer den Betrag, für den man die »Damen« haben konnte, um einen Sou: »Ein Hurra auf die Fünf-Sous-Mädel«, »auf die Sechs-Sous-Mädel« und so weiter. Bevor die Besatzung des Bootes bei 30 Sous angekommen war, betraten die Brüder Billy Belle Ile.

Nachdem sie den Hafen mit seinem geschäftigen Treiben, wo die Sardinenboote so eng miteinander vertäut lagen, dass sie den Fischen ähnelten, die ihre Beute waren[78], hinter sich gelassen hatten, folgten die Brüder einem Pfad, der sich auf die Klippen hinaufschlängelte. Dort angelangt, hielten sie am Fuß der Wehrmauern der Zitadelle inne, um aufs Meer zu schauen. Voller Stolz verfolgten sie, wie die *Diligent* in Richtung der Nordspitze der Insel weitersegelte. Sie würde Point des Poulins umrunden, dann eine scharfe Wende Richtung Südwesten machen und schließlich in der Weite des Atlantiks verschwinden. Das Brüderpaar aus Vannes hatte soeben das erste Sklavenschiff auf die Reise geschickt, das jemals im Hafen seiner Heimatstadt ausgerüstet worden war.

Teil 4

Auf Fahrt gen Süden

11

Auf dem Atlantik, 3. Juni 1731

Als die Sonne beinahe ihren Höchststand erreicht hat, begibt der Erste Leutnant Robert Durand sich zu einer bestimmten Stelle hinter dem Großmast, wo sich die Offiziere der *Diligent* für das tägliche Ritual der Positionsbestimmung zu versammeln pflegen.[1] Kapitän Pierre Mary hat sich dort bereits eingefunden, und zu ihm und Durand gesellen sich jetzt noch der stellvertretende Kapitän Pierre Valteau und der Zweite Leutnant Thomas Laragon. Offiziere auf Handelsseglern brauchen zwar keine Uniformen zu tragen, ihre Kleidung ist aber jener der Offiziere der königlichen Marine nachempfunden; sie besteht aus einer blauen, hüftlangen, ärmellosen Jacke über einem Hemd mit Spitzenrüschen auf den Ärmeln, schwarzen Kniebundhosen, karmesinroten Seidenstrümpfen, Schnallenschuhen mit roten Absätzen, einer weißen Halsbinde aus Satin und einem schwarzen mit Federn geschmückten Filzhut. Die Montur des Kapitäns setzt sich durch goldene Litzen und rote Ärmelaufschläge von der der anderen ab.[2]

Die Wolken des vergangenen Tages haben sich verzogen und mit ihnen der Regen. Die See ist ruhig, und das Sonnenlicht funkelt auf den Wellen. Es weht nur ein leichter Wind, der des Öfteren umschlägt.[3] Als auch der Steuermannsmaat François Sabatier eingetroffen ist, kann das Ritual seinen Anfang nehmen. Von den anderen Offizieren beobachtet, nimmt Durand den Hinterstab in die Hand, um den Winkel zu messen, in dem die Sonne zur Nord-Süd-Achse steht. Es ist ein einfaches Instrument, eine Weiterentwicklung des Jakobs- und Kreuzstabs, dessen Name daher rührt, dass man mit ihm die Sonne nicht direkt anpeilen muss. Es besteht aus einem 90 Zentimeter langen Vierkantstab aus Ebenholz mit zwei Querstäben aus Birnbaum, in die quadratische Öffnungen geschnitten sind, sodass man sie auf dem langen Stab hin- und herschieben kann. Der eine der beiden Querstäbe ist etwa 60 Zentimeter lang und wird mit einer Feststellschraube an einem Ende des Ebenholzstabs gehalten. Indem Durand exakt so vorgeht, wie sein Mentor Jean Bouguer es ihm beigebracht hat, wendet er der Sonne

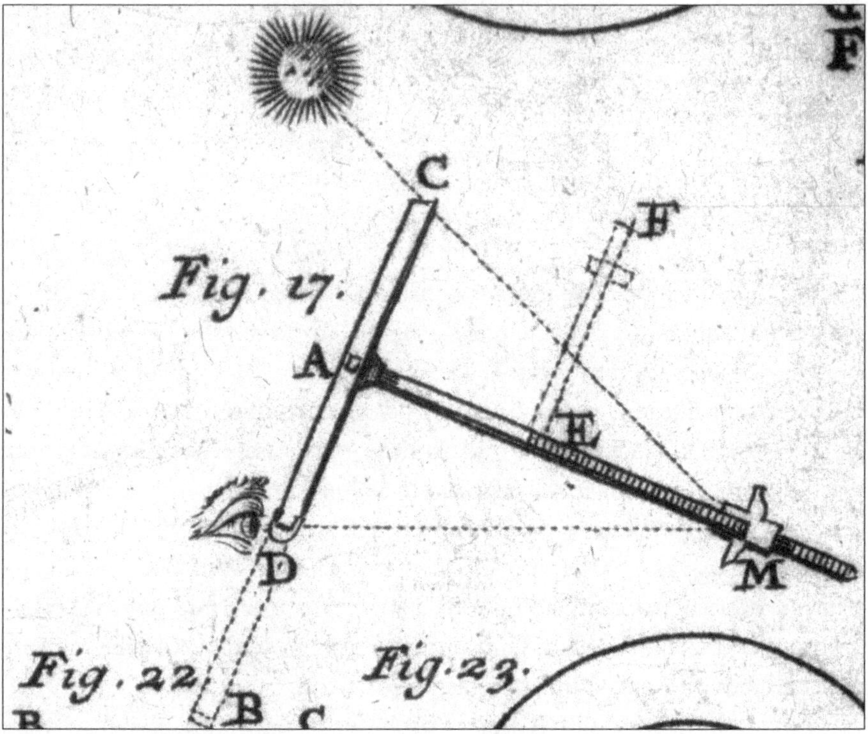

11.1 Jean Bouguers Diagramm, das erläutert, wie man den Sonnenstand mithilfe des Hinterstabs ermittelt.

den Rücken zu und schaut durch ein kleines metallenes Visier am unteren Ende des Querstabs nach Norden. Dann bewegt er das andere Ende des Ebenholzstabs so lange auf und ab, bis es den Horizont zu berühren scheint, und schiebt anschließend den zweiten Querstab, der nur zehn Zentimeter lang ist, den Ebenholzstab entlang, bis der Schatten, den der erste Querstab wirft, ihn genau in der Mitte trifft.[4] Er zieht die Feststellschraube an dem kürzeren Querstab an, um ihn in Position zu halten, und überprüft dann die Gradskala, die in den Ebenholzstab geschnitzt ist, um den Winkel zu ermitteln, in dem die Sonne über dem südlichen Horizont steht. Innerhalb der folgenden 20 Minuten nimmt er eine Reihe solcher Messungen vor, bis der Winkel seine größte Ausdehnung erreicht hat und sich wieder zu verringern beginnt. Der größte Winkel markiert den Stand der Sonne um zwölf Uhr mittags.

Jetzt ist es Zeit für einige Berechnungen. Er hat den Winkel, in dem die

Sonne um zwölf Uhr über dem südlichen Horizont stand, ermittelt, und zieht diese Zahl jetzt von 90 ab, um den Zenitwinkel zu errechnen, also den Winkel zwischen der Sonne und einem Punkt genau senkrecht über ihm.[5] Dann schaut er in seinem Seefahreralmanach *Connaissance des Temps pour l'Année 1731* nach, um die Deklination der Sonne am 3. Juni in Erfahrung zu bringen, ihren Winkelabstand zum Himmelsäquator an diesem Tag. Anfang Juni befindet sich die Sonne nur wenig südlich vom Wendekreis des Krebses. Genau genommen gelten die Deklinationen, die in dem Almanach aufgeführt sind, nur für den Meridian von Paris, der zwei Grad östlich vom Greenwich-Meridian verläuft. Da die Bahn, auf welcher sich die Sonne um die Erde zu bewegen scheint, nicht genau parallel zum Äquator ausgerichtet ist, würde jede Abweichung in östlicher oder westlicher Richtung vom Pariser Meridian sich auf die Größe des Winkelabstands auswirken, doch die *Diligent* segelt nahe genug am Pariser Meridian, um den Unterschied fast bedeutungslos werden zu lassen. Indem er den Winkelabstand, den er dem Almanach entnommen hat, zu dem Zenitwinkel addiert, den er gerade anhand seiner Messungen mit dem Hinterstab errechnet hat, gelangt Durand zu dem Resultat, dass das Schiff sich zu diesem Zeitpunkt auf einer Breite von 46 Grad und 18 Minuten befindet. Da er zu Beginn ihrer Reise für Belle Ile 47 Grad und 24 Minuten ermittelte, hat das Schiff sich in den zwei Tagen, die seitdem vergangen sind, um mehr als einen vollen Grad nach Süden bewegt.

Die Breite zu errechnen ist relativ einfach, sogar mit dem groben hölzernen Instrument, das Durand benutzt. Die Länge hingegen lässt sich nicht so einfach bestimmen. Da die Erddrehung die Sonne scheinbar ständig von Osten nach Westen wandern lässt, berechnet man die Länge am besten mithilfe von zwei Uhren. Jede Stunde Unterschied zwischen den Zeitpunkten, an denen die Sonne über verschiedenen Stellen der Erdkugel ihren Höchststand erreicht, entspricht einem Vierundzwanzigstel des Erdumfangs oder 15 Grad. Vier Minuten Zeitunterschied entsprechen daher einem Grad Länge. Idealerweise würde man die Länge errechnen, indem man feststellt, wann die Sonne dort, wo sich das Schiff gerade befindet, zu ihrem Höchststand gelangt, und diesen Zeitpunkt mit der Zeit am Ausgangspunkt der Fahrt vergleichen. Doch besteht das Problem, dass man die Zeit, die am Ausgangspunkt herrscht, nicht genau ermitteln kann, da Pendeluhren durch das Stampfen und Schaukeln des Schiffes aus dem Takt gebracht werden und sogar die besten mit einer Feder betriebenen Taschenuhren vom Morgen bis zum Mittag um fünf Minuten differieren.[6] An Bord von Schiffen misst man die Zeit immer noch mit Sanduhren, die jeden Tag zu Mittag neu eingestellt werden, falls die Sonne um diese Zeit sichtbar ist. Die akkurate Methode zur Bestimmung der Länge hat eine solche Bedeutung erlangt, dass das britische Parlament 1714 einen Preis von 20 000 Pfund – im 18. Jahrhundert ein Vermögen – für die Entwicklung einer Methode dazu oder eines Instruments, mit dem sie sich bewerkstelligen ließ, aussetzte. Der Preis sollte nicht vor 1765 vergeben werden – und auch dann würde die Summe nur zum Teil ausgezahlt werden.[7]

Da er über kein besseres Verfahren verfügt, versucht Robert Durand die Länge, auf der man sich befindet, anhand des Kurses des Schiffes und seiner Geschwindigkeit abzuschätzen. Die Richtung, in der sie unterwegs sind, ermittelt er mithilfe eines Schiffskompasses, wobei er die Abweichung zwischen dem magnetischen und dem geografischen Nordpol berücksichtigt. Die Geschwindigkeit stellt er mit einem Log fest, einer dünnen Leine, in die alle 12,7 Meter ein Knoten geknüpft ist. An einem Ende der Leine ist – ähnlich wie bei einem Kinderdrachen – ein herzförmiges Stück Holz befestigt, das an einem Ende beschwert ist, sodass es aufrecht im Wasser schwimmt. Der Steuermannsmaat wirft dieses Logholz vom Heck des Schiffes aus ins Meer, während ein zweiter Mann die Leine ausgibt und ein dritter die Halb-Minuten-Sanduhr im Auge behält. Wenn der Sand durchgeronnen ist, holen sie die Leine ein und zählen, wie viele »Knoten« während der 30 Sekunden durchgelaufen sind. Theoretisch zumindest ergibt die Zahl der Knoten die Geschwindigkeit des Schiffes in nautischen Meilen pro Stunde; allerdings hat ein französischer Kapitän schon 1727 nachgewiesen, dass der Abstand zwischen ihnen für eine korrekte Messung eigentlich 14,45 Meter betragen müsste, also fast 1,80 Meter mehr, als es gemeinhin der Fall ist.[8] Wenn Robert Durand den Ausgangspunkt des Schiffes, seine Geschwindigkeit, die Zeit, die man schon unterwegs ist, und die Richtung, die man dabei einschlug, kennt, ist er theoretisch in der Lage, den Längengrad, auf dem man sich befindet, relativ genau zu bestimmen. Ein großes Problem ergibt sich aber daraus, dass Geschwindigkeit und Richtung sich im Laufe eines Tages häufig ändern, sodass die Ergebnisse aller Berechnungen sehr unpräzise sind, und der Irrtum eines Tages potenziert sich in den folgenden Tagen, wenn neue fehlerhafte Kalkulationen hinzukommen. So

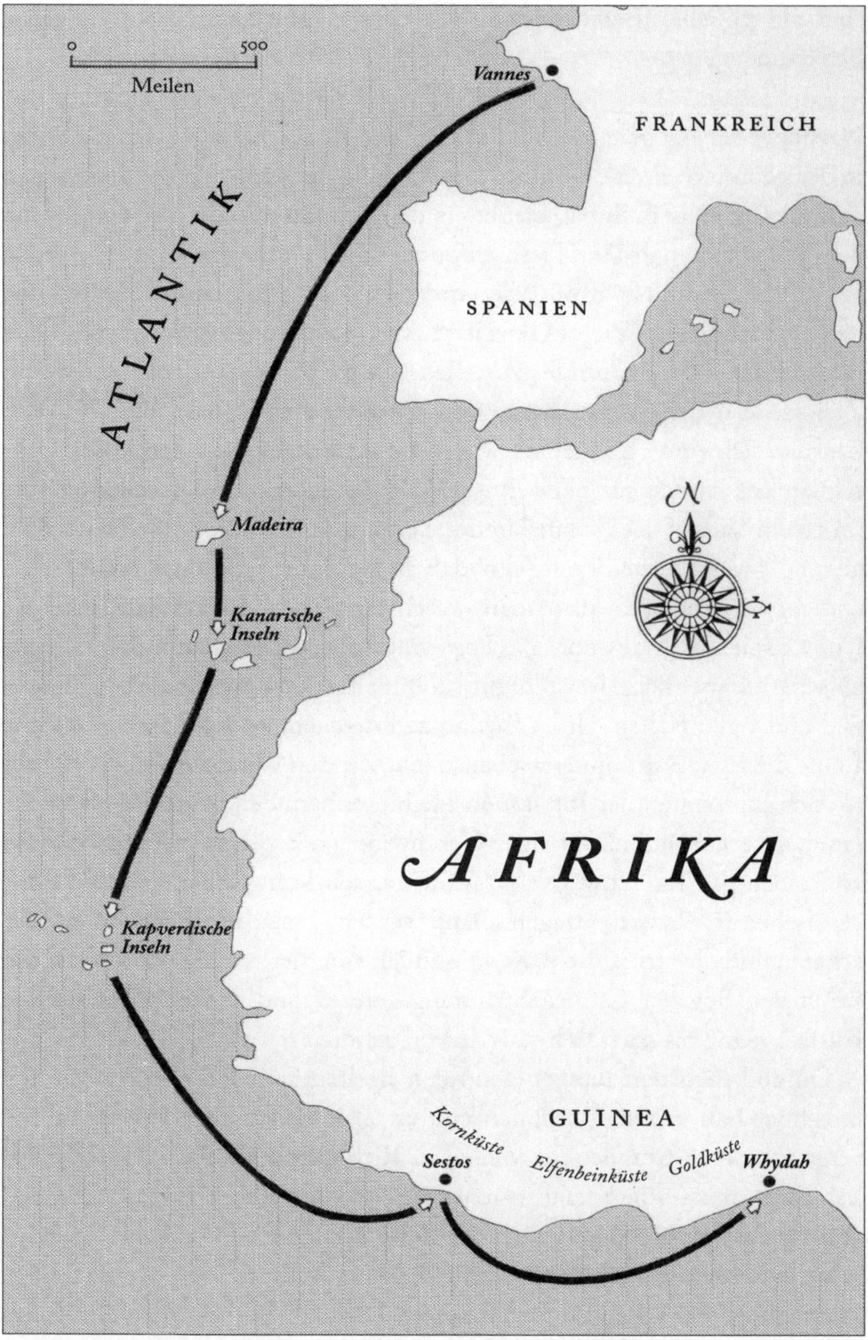

11.2 Rekonstruktion der Karte von Pieter Goos, die auf der *Diligent* in Gebrauch war, mit Darstellung der Route des Schiffes von Vannes bis Whydah.

sind die täglichen Berechnungen des Längengrads kaum mehr als grobe Schätzungen.

Nachdem der Längengrad, auf der die *Diligent* sich befindet, die Richtung, in der sie unterwegs ist, und ihre Geschwindigkeit ermittelt wurden, ziehen sich die Offiziere in ihre Quartiere in dem erhöhten Achterdeck zurück, in dem ein auch ein großer Tisch aufgestellt ist. Auf diesem wird eine große Karte des Atlantiks entrollt, die ein Werk des holländischen Kartografen des 17. Jahrhunderts Pieter Goos ist. Sie schauen sich die Position der *Diligent* auf der Karte an, um festzustellen, wie weit ihr Schiff noch von ihrem Zielort, Whydah an der Küste von Guinea, entfernt ist.[9] Für Whydah hat man sich zum Teil auch deswegen entschieden, weil es der größte Umschlagplatz Afrikas für Sklaven ist. Mehr als 40 Prozent aller Sklaven, die im ersten Viertel des 18. Jahrhunderts über den Atlantik in die Neue Welt geschafft werden, werden in Whydah an Bord der Schiffe gebracht.[10] Ein anderer Grund dafür, dass man diesen Ankerplatz anläuft, ist, dass die Compagnie des Indes dort ihr Fort unterhält, und das kann den eigenen Geschäften möglicherweise zugute kommen, ihre Abwicklung beschleunigen und vereinfachen. Um Whydah zu erreichen, wollen Mary und seine Leute die Meeresströmungen ebenso sehr wie den Wind ausnutzen. Sobald sie sich im Westen der Iberischen Halbinsel befinden, wird der Kanarenstrom sie erfassen und mit einer Geschwindigkeit, die zwischen zwölf und 20 Meilen pro Tag schwankt, an Madeira, den Kanarischen und den Kapverdischen Inseln vorbeitragen. Dann werden sie aus dieser Strömung ausscheren und die afrikanische Küste südlich von Sierra Leone ansteuern, wo sie in den Sog der Guinea-Strömung geraten und an der afrikanischen Küste entlang bis nach Whydah driften werden.

Durand trägt den Längen- und den Breitengrad, den er für jenen Tag errechnet hat, in sein Bordbuch ein; er schätzt, dass die *Diligent* in den vergangenen 24 Stunden 42 Meilen in Richtung Südwesten zurückgelegt hat. Das französische Seefahrtsgesetz verlangt von allen Offizieren, ein solches *journal* zu führen, das nach der Reise in ihrem Besitz bleibt. Viele infolge zahlloser Reisen abgebrühte Offiziere nehmen nur oberflächliche Eintragungen vor, doch die von Robert Durand sind sehr detailliert und sorgfältig durchdacht. Er hält nicht nur jeden Tag die Position des Schiffes fest, sondern macht auch Angaben zum Wind und zum Wetter, notiert, welche Segel man gesetzt hat, welchen Kurs man gesegelt ist, welche Strecke zurückgelegt wurde und ob es irgendwelche außergewöhnlichen Ereignisse gegeben hat. Durch seine Genauigkeit gibt er sich vielleicht als jemand zu erkennen, der zum ersten Mal nach Afrika unterwegs ist, aber er hat auch gute Gründe für diese Akkuratesse: Er will sich mit allen Details vertraut machen, sodass er in Zukunft in der Lage sein wird, selbst das Kommando über ein Schiff zu übernehmen, dessen Ziel Westafrika ist. Nachdem er 1730 die Fahrt der *Diligent* nach Martinique als stellvertretender Kapitän mitgemacht hat, bedeutete es eine herbe Enttäuschung für ihn, für diese Reise auf den Rang eines Ersten Leutnants heruntergestuft zu werden. Doch er ist sich bewusst, dass er keine Erfahrungen auf der Afrikaroute hat, und begierig, sich die komplexen Techniken und Fertigkeiten anzueignen, die nötig sind, um Richtung Süden über den Atlantik zu segeln. Der Name des Schiffes, *Diligent*, »die Emsige«, scheint die Einstellung ihres Ersten Leutnants auf dieser Fahrt zu charakterisieren.

Für jeden, der ihn kannte, bestand kein Zweifel daran, dass Robert Durand ehrgeizig war. Schon als Junge, der inmitten von Booten und Schiffen in Le Croisic aufwuchs, dem kleinen Fischerhafen an der Mündung der Loire, war er bemüht, mehr aus seinem Leben zu machen und nicht den üblichen Weg zu nehmen und einfacher Matrose zu werden. Sein Vater Pierre Durand hatte sein Leben lang als gewöhnlicher Seemann auf den kleinen Schiffen gedient, die Salz von Le Croisic nach Spanien transportierten, und manchmal auch auf größeren Seglern, die von Nantes aus losfuhren, bis ihn in den Zwanzigerjahren das Seemannslos ereilt hatte und er draußen auf dem Meer beigesetzt worden war, ohne seiner Familie etwas Nennenswertes zu hinterlassen. Indem Robert Seeoffizier geworden war, hatte er in beruflicher und finanzieller Hinsicht weit mehr erreicht als sein Vater; 1731 zahlte er achtmal mehr Steuern, als Pierre Durand es vor seinem frühen Tod getan hatte.[11]

Entscheidend für Robert Durands Erfolg war die Erziehung gewesen, die er in Le Croisic durch die Kapuziner erhalten hatte; vielleicht hatte sein älterer Bruder Guillaume diese Erziehung mit dem, was er als Zimmermann verdiente, möglich gemacht. In einer Provinz, in der noch nicht einmal jeder zehnte Erwachsene seinen Namen schreiben konnte, und in einer Stadt, in der Bretonisch die vorherrschende Umgangssprache war, nicht

Französisch, hatte Robert Durand es gelernt, Lateinisch und Französisch sowohl zu lesen als auch zu schreiben.[12] Seine Eintragungen im Logbuch entsprachen, was Rechtschreibung und die Zeichensetzung betraf, nicht den Regeln, doch das gilt für viele schriftliche Zeugnisse der damaligen Zeit. Die Tatsache, dass er überhaupt schreiben konnte, setzte ihn von den meisten Freunden seiner Kindheit ab. Er hatte nicht nur bei den Priestern gelernt, sondern auch Navigation in der Schule am Quai Lenigo in Le Croisic studiert. Diese Schule war von Jean Bouguer gegründet worden, einem der führenden Hydrografen Frankreichs. Bouguers *Traité Complet de la Navigation* war das maßgebliche Werk zu diesem Wissensgebiet.

Durands schulische Erziehung wie auch seine nautischen Erfahrungen hatten ihm eine Anstellung als Offiziersanwärter verschafft. Le Croisic war bekannt dafür, tüchtige Offiziere für große Vollschiffe hervorzubringen, die von Nantes aus in alle Welt segelten, und bestimmte Familien wie die Sabatiers, die Laragons und die Valteaus hatten während des 17. Jahrhunderts schon eine Reihe berühmter Kapitäne gestellt.[13] Die Familie Durand besaß keine solche Tradition, Durands Ernennung zum Offiziersanwärter auf dem Handelssegler *Judith*, der Salz aus den Salinen Le Croisics nach Spanien beförderte, stellte daher im Rahmen von Roberts Bemühungen, seine Vorfahren zu übertreffen, einen größeren Sieg dar. Seine zweite Fahrt über den Ozean unterschied sich, was Ziel und Zweck anbelangte, nicht von der ersten. Seine dritte Reise führte ihn nach Irland und von dort nach Hamburg, wo die *Judith* verkauft wurde, sodass Durand an Land festsaß, bis er eine Anstellung auf der *Emmanuel* fand und mehr als acht Monate nach seiner Abreise wieder nach Le Croisic zurückkehrte.[14]

Ein großer Sprung auf der Karriereleiter glückte ihm nur zwei Jahre nach seiner ersten Reise, als er für eine Fahrt zur karibischen Zuckerrohrinsel Saint-Domingue zum Leutnant der *Espérence* bestellt wurde. Das Schiff hatte eine neunzehnköpfige Mannschaft, und als Leutnant war Durand Zweiter in der Bordhierarchie. Im Hafen von Cap Français auf Saint-Domingue sah er zum ersten Mal Schiffe, die mit Sklaven beladen waren, und hatte seine erste Begegnung mit gefangenen Afrikanern, die an Pflanzer verkauft und zur Arbeit auf deren Zuckerrohrplantagen gezwungen wurden. Zwar hatte Durand seit seiner Kindheit von seinem Heimatdorf aus Schiffe, die von Nantes aus zum Sklavenhandel nach Afrika aufbrachen, in einer Entfernung von nur wenigen Meilen vorübersegeln sehen, sie hatten aber zu jenem Zeitpunkt ihrer Reise noch keine Gefangenen an Bord gehabt, und wenn sie auf der Heimreise wieder Le Croisic passierten, waren sie ihre menschliche Fracht schon auf den Inseln in der Karibik losgeworden. Wie die Sklavenschiffe war auch die *Espérence* mit 220 Fass Zucker und drei Fass Indigo nach einer fünfmonatigen Reise wieder in den Hafen von Nantes eingelaufen. Eines der 19 Besatzungsmitglieder hatte die Rückfahrt nicht überlebt. Nachdem er sich auf dieser Reise über den Atlantik bewährt hatte, wurde Durand von Kapitän Pierre Mary dazu erwählt, ihn als Zweiter Kapitän der *Diligent* auf ihrer Jungfernfahrt von Vannes nach Martinique im Jahr 1730 zu unterstützen. Im Laufe von nur zwei Jahren war er vom Offiziersanwärter zum zweithöchsten Offizier an Bord eines Schiffes aufgestiegen!

Kurz vor seiner Abreise nach Saint-Domingue im Jahr 1729 hatte Durand ein weiteres seiner Ziele verwirklicht: Er heiratete am 22. Januar Marie Janne Hoscouet, die Tochter eines wohlhabenden Schiffsbauers. Anstatt die bescheidene Behausung der Familie Durand zum Heim für sich und seine Frau zu machen, zog er mit ihr in das stattliche Anwesen der Hoscouets am Quai Lenigo ganz in der Nähe der Schule für Navigation des Jean Bouguer. Weniger als zwei Monate nach seiner Heirat brach er mit der *Espérence* in die Karibik auf. Und nur zwei Wochen nach der Rückkehr der *Diligent* von Martinique in ihren Heimathafen, am 26. August 1730, gebar seine Frau Zwillingsmädchen: Marie Janne und Françoise. Der Gemeindepfarrer bestätigte Durands neu erlangten Status, als er im Geburtsregister eintrug, dass der Vater der Zwillinge »Schiffsoffizier« sei. Jetzt, da seine beiden Töchter gerade einmal neun Monate alt waren, war Robert Durand schon wieder auf See.

12

Auf dem Atlantischen Ozean, 6. Juni 1731

Tag um Tag segelte die *Diligent* nach Südwesten ihrem Ziel entgegen, und jeden Tag verringerte sich ihre Position um ungefähr einen Breitengrad. Um die Mittagszeit des 6. Juni, eines Mittwochs, war sie bei 44,9 Grad nördlicher Breite angekommen. Ein frischer Wind aus Westnordwest blähte ihre Segel und trieb sie vor sich her. Die Masten und Rahen knarrten, als das Schiff immer schnellere Fahrt machte und die hohen Wogen durchpflügte. So vor dem Wind zu laufen bedeutete, Zeit zu gewinnen, doch die *Diligent* bewegte sich bald zu rasch für die unruhige See. Um ein Uhr nachmittags schickte Kapitän Mary trotz der steifen Brise die Matrosen in die Masten, um die Leinwandfläche des Hauptmarssegels, die dem Wind voll ausgesetzt war, zu verkleinern. Doch um sieben Uhr abends machte das Schiff schon wieder zu viel Fahrt, und die Masten bogen sich im Wind. Die Matrosen holten das Hauptmarssegel und das Großsegel ein, sodass nur noch die Segel des Fockmastes die *Diligent* vorantrieben. Dann refften sie auch diese. Das Schiff »hetzte«, wie Durand es in seinem Logbuch festhielt, »vor dem Wind her«.

Um drei Uhr am Morgen darauf rollte die *Diligent* so heftig in der Dünung, dass die Großrahe sich löste und an ihren Tauen hin und her zu pendeln begann. Indem sie gegen den heftigen Wind ankämpften, holten die Männer sie nieder, bis sie auf der Reling ruhte. Als das Schiff weiter in der stürmischen See schlingerte, wandelte sich Robert Durands Besorgnis in nackte Furcht. Er schwor der heiligen Anna, dass er, sollte er mit dem Leben davonkommen, ihr zu Ehren zwei Messen lesen lassen und zum Schrein der Sainte-Anne d'Auray pilgern werde, einem Heiligtum in der Nähe von Vannes, das oft von Seeleuten aufgesucht wurde. Um die Mittagszeit des folgenden Tages herum hatte sich die See etwas beruhigt, und Durand errechnete, dass das Schiff während der zurückliegenden 24 Stunden 306 Meilen zurückgelegt hatte, was ungefähr doppelt so viel war wie an den Tagen davor.

Obwohl der Wind nur noch schwach wehte, warf das Meer hohe Wellen, und das schwer beladene Schiff tauchte immer wieder tief ins Wasser ein. Um vier Uhr mitten in der Nacht wurde die ganze Mannschaft jäh wachgerüttelt, als eine Reihe riesiger Brecher über dem Achterdeck zusammenschlug und durch die Heckfenster Wasser in die Quartiere der Offiziere eindrang. Es wurde deutlich, dass das Schiff achtern zu schwer beladen war, um bei Sturm auf den Wogen zu reiten.

Kapitän Pierre Mary befahl, die Ladung auf der *Diligent* neu zu stauen, um das Gewicht besser zu verteilen. Es war erst vier Uhr morgens, da aber ohnehin keiner mehr schlief, beorderte er alle Mann an Deck. Die Matrosen konnten umgehend mobilisiert werden, da es zu ihren Pflichten gehörte, sich voll bekleidet zum Schlafen niederzulegen. Schuhe brauchten sie nicht anzuziehen, weil sie die meisten Arbeiten sowieso barfuß verrichteten. Sie gingen beim Schein von Laternen ans Werk – was ungewöhnlich war, denn normalerweise musste ihnen das Licht des Mondes und der Sterne genügen – und schafften zuerst ihre eigenen Seekisten vom Achter- zum Vorderdeck. Auf dem Unterdeck schleppten sie dann die Kisten mit den Tabakspfeifen und die Fässer mit Branntwein von achtern weiter in Richtung Bug, um das Schiff besser zu trimmen. Der freie Raum, der auf diese Weise entstand, wurde mit Säcken voller Hartbrot gefüllt, das in den Quartieren der Offiziere verstaut gewesen war und sich mit dem durch die Heckfenster eingedrungenen Seewasser voll gesogen hatte.

Am nächsten Morgen – der Wind wehte weiterhin nur schwach – untersuchte Kapitän Mary sein Schiff auf mögliche Schäden hin und war erleichtert, als er keine entdecken konnte. Seit vier Uhr waren die beiden Pumpen unaufhörlich bemannt gewesen, und aus allen Laderäumen hatte man das eingedrungene Wasser fast zur Gänze wieder hinausbefördert. Mary hoffte, durch die Neuverteilung der Ladung die Gefahr, dass sich während der weiteren Fahrt ähnliche Probleme ergeben würden, stark reduziert zu haben, er wusste aber auch, dass ihm die unsachgemäße Verstauung der Fracht angelastet werden konnte. Solche Fehler konnten einen teuer zu stehen kommen, und als Kapitän war er auch juristisch verantwortlich für das Beladen und Trimmen des Schiffes. Er hatte noch einmal Glück gehabt.

Pierre Mary war 48 Jahre alt und stand am Anfang einer zweiten Karriere auf See. Er hatte 1727 seine langjährige Tätigkeit als Seeoffizier beendet und sich nach Le Croisic zurückgezogen, um drei Jahre lang recht beschaulich von dem zu leben, was er sich während vieler Fahrten zusammengespart hatte. Er war mit ziemlich gemischten Gefühlen in den Ruhestand gegangen, denn obwohl er so viele Jahre lang als Offizier eines Schiffes gedient und am Ende den Rang eines Zweiten Kapitäns innegehabt hatte, war er nie zum Kommandanten befördert worden. Er wurde in den Steuerunterlagen von Le Croisic einfach als »Seeoffizier« geführt. Er war wieder ins aktive Berufsleben zurückgekehrt, als die Eigner der *Diligent* 1730 einen Kapitän gesucht hatten, der ihr Schiff nach Martinique führte, und ihm diese Stelle anboten. Von da ab wurde Mary in den Steuerverzeichnissen als »Kapitän zur See« bezeichnet und sein Name sogar in das Register der Kapitäne, das der Einberufungsausschuss der königlichen Marine anlegte, eingetragen.[15]

Trotz der offiziellen Anerkennung führte Mary den Titel Kapitän nicht ganz zu Recht. Normalerweise waren eine Prüfung und die Bestätigung durch das Admiralitätsgericht in Nantes dafür notwendig. Mary hatte aber nie eine solche Bestätigung erhalten, und im Register der Einberufungsbehörde der königlichen Marine ließ der Sekretär eine Lücke dort, wo er das Datum und den Ort der Ernennung hätte eintragen sollen. Obwohl es ungesetzlich war, dass jemand ohne amtliche Beglaubigung als Kapitän eines die Ozeane befahrenden Seglers diente, hatte diese neue Anstellung als Kommandant eines in einem kleineren Hafen beheimateten Schiffes Pierre Mary die Gelegenheit verschafft, seiner nicht sonderlich brillanten Karriere doch noch einen krönenden Abschluss zu geben und den sozialen Status und die Anerkennung zu erlangen, die ihm bis dahin verwehrt geblieben waren.

Der 1683 in Nantes geborene Mary war schon als Heranwachsender mit der Welt der Handelsschifffahrt vertraut gemacht worden. Als junger Mann hatte er sich in der Stadt Châteaurenault niedergelassen, die loireaufwärts in der Nähe von Tours lag. Von dort aus war er mit einer Vielzahl von in Nantes registrierten Schiffen zu zahlreichen fremden Häfen aufgebrochen. Um das Jahr 1718 herum hatte er sich in Le Croisic niedergelassen, und von da an waren seine Fahrten entweder Reisen auf Kauffahrern nach Westindien oder auf Sklavenschiffen an die Küste von Guinea gewesen. Er hatte sein Vermögen mit solchen Fahrten derart erfolgreich vermehrt, dass sich während der dritten Dekade des Jahrzehnts seine Steuerabgaben verdreifachten und er es sich leisten konnte, ein Dienstmädchen anzustellen, das bei ihm lebte und ihm den Haushalt besorgte.[16]

Nach zwei Westindien-Reisen in den Jahren 1718 und 1719 hatte Pierre Mary sich 1720 zum ersten Mal auf Sklavenfahrt nach Guinea begeben. Er war als Zweiter Kapitän auf der *Marie* gesegelt, die im Besitz von René Montaudoin aus Nantes war. Bestimmungsort war Whydah gewesen, das auch wegen des französischen Forts dort, welches damals dem Marineministerium unterstellt war und zu den bevorzugten Zielen der Sklavenhändler aus Nantes zählte. Sie hatten in Whydah 241 Sklaven gekauft, von denen 31 schon während des Verladens oder später während der Mittelpassage umgekommen waren. Auch fünf Mitglieder der Besatzung hatten die vierzehnmonatige Reise nicht überlebt. Als das Schiff am 23. Juli 1721 wieder im Hafen von Nantes angelegt hatte, war Kapitän Jean Denis zu krank gewesen, um im Dienstgebäude der Admiralität den obligatorischen Bericht abzuliefern; und so hatte sich sein Stellvertreter Pierre Mary dort an seiner Stelle gemeldet und auch den Rapport unterschrieben.[17] Eine bessere Gelegenheit als diese, die Pflichten eines Kapitäns zu erfüllen, sollte er in den nächsten Jahren nicht erhalten.

Pierre Marys zweite Fahrt als Zweiter Kapitän auf einem Sklavenschiff, der *Marie Heureuse*, nach Whydah, im Jahr 1726, war noch ein größeres Desaster als die erste. Von den 295 Schwarzen, die sie an der Sklavenküste an Bord nahmen, starben 104 entweder während der Überfahrt nach Martinique oder als sie dort zum Verkauf angeboten wurden. Außerdem kamen sechs Besatzungsmitglieder um, während vier weitere nach der Ankunft in Martinique desertierten. Als er noch auf der Insel war, erfuhr Pierre Mary, dass das westafrikanische Königreich Whydah, wo er selbst sich nur ein paar Monate früher aufgehalten hatte, vom König von Dahomey erobert und die Hauptstadt Savi in Schutt und Asche gelegt worden war.

Die Fahrt der *Marie Heureuse* dauerte volle fünf Monate länger als die frühere, die Mary mitgemacht hatte.[18] Vielleicht erschütterte ihn das große Sterben an Bord so sehr, dass er sich entschloss, das Leben auf See aufzugeben. Vielleicht waren auch die 19 Monate auf der *Marie Heureuse* unter Bedingungen, die vier der Mannschaftsmitglieder dazu veranlassten zu desertieren, ausschlaggebend. Eventuell war der Grund dafür auch einfach, dass das Zur-See-Fahren zu den Beschäftigungen eines jungen Mannes gehörte und den Maßstäben seines Berufes zufolge ein 45-jähriger Offizier schon ein alter Mann war. Vielleicht hatte Mary auch seinem Dafürhalten nach genügend Geld gemacht, um sich zurückziehen. Er hatte auf der letzten Reise auf eigene Rechnung mit Sklaven gehandelt – 35 der Schwarzen, welche die *Marie Heureuse* transportiert hatte, waren im Besitz ihrer Offiziere gewesen. Wie dem auch sei: Drei Jahre lang blieb er an Land, bis ihn dann die Eigner der *Diligent* mit dem Angebot, als Kapitän ihr Schiff von Vannes nach Martinique zu führen, aus dem Ruhestand hervorlockten.

Auf seiner ersten Fahrt als Kapitän hatte es gleich zu Anfang Schwierigkeiten gegeben. Nur vier Tage nachdem sie am 6. März 1730 im Hafen von Vannes den Anker gelichtet hatten, waren sie in einen fürchterlichen Sturm geraten. Der Wind war so stark gewesen, dass sie die *Diligent* nicht mehr hatten manövrieren können, und es war ihnen keine andere Möglichkeit geblieben, als alle Segel mit Ausnahme der Focksegel zu bergen und vor dem Sturm herzulaufen. Riesige Wogen waren über dem Deck zusammengeschlagen, hatte drei Fensterscheiben in der Kajüte des Kapitäns zerschmettert und 600 Laibe Hartbrot, die dort gelagert waren, durchweicht. In der Nacht hatte Mary dann entdeckt, dass sein Steuermann Augustin Gautier fehlte. Anscheinend war er von einem Brecher über Bord gespült worden. Da sie Angst hatten zu kentern, suchten sie Schutz in dem nordspanischen Hafen Estaca de Bares, wo sie elf Tage benötigten, um ihr Schiff wieder instand zu setzen, und darauf warteten, dass das Wetter aufklarte.[19]

Nachdem die Brüder Billy und La Croix die *Diligent* von ihren anderen Partnern erworben und sich entschieden hatten, sie auf Fahrt zu schicken, um mit Sklaven zu handeln, wählten sie Mary auch deshalb zu ihrem Kapitän, weil er schon Erfahrungen im Guinea-Handel hatte. Mary seinerseits wusste, dass er einen routinierten und zuverlässigen Stellvertreter benötigen würde und bestimmte seinen aus Le Croisic stammenden Schwager Pierre Valteau dazu, diesen Posten zu übernehmen. Mary war der Pate von Valteaus Sohn, der ebenfalls Pierre hieß, und wusste, dass er absolute Loyalität vonseiten seines Stellvertreters erwarten konnte.[20] Marys Autorität wurde auch dadurch gesteigert, dass er der älteste Fahrensmann an Bord der *Diligent* und weiter herumgekommen war als alle anderen.

Als Kommandant der *Diligent* agierte Mary in einer Art von rechtlichem Niemandsland, in dem Interessen der verschiedensten Art aufeinander prallten. Das französische Seerecht ließ keinen Zweifel daran, dass er als Kapitän die Belange der Eigner und Ausrüster des Schiffes wahrzunehmen hatte. Seine Aufgabe war es nicht nur, die Reise zu einem erfolgreichen Abschluss zu bringen, sondern auch, die Waren der Geldgeber, welche die Fahrt finanziert hatten, vor Schaden zu bewahren und darüber zu wachen, dass sie einen größtmöglichen Profit erzielten. Sobald die *Diligent* sich auf See befand, war er jedoch eine Art Feudalherr, der wie ein Richter Strafen verhängte, wie ein Diplomat mit ausländischen Würdenträgern verhandelte und wie ein Feldherr seine Mannschaft in den Kampf führte. Normalerweise wurde jedoch viel Alltäglicheres von ihm verlangt: Er musste die Position des Schiffes bestimmen, Matrosen bestrafen, die in der Nacht auf Wache eingeschlafen waren, und vor allem die Lebensmittel, den Wein und das Wasser an Bord rationieren. Matrosen, die dabei erwischt wurden, wie sie sich ohne Erlaubnis etwas zu essen oder zu trinken verschafften, büßten eine Monatsheuer ein, und wenn sie die ganze Fahrt zu gefährden drohten, indem sie Lebensmittel, Wein oder Wasser vernichteten oder ungenießbar machten, dann konnten sie sogar mit dem Tode bestraft werden.[21] Häufig verwischte auf offener See und in fernen Häfen die Grenzlinie zwischen Wahrung der Ordnung und Despotismus – im Falle der *Diligent* war jedoch das Verhältnis, in dem Kapitän und Besatzung zueinander standen, besonders komplex: Fünfzehn seiner Leute kamen wie Mary selbst aus Le Croisic oder aus der Nachbarstadt Batz. Streitigkeiten und Zerwürfnisse, die auf See ihren Anfang nahmen, setzten sich meist auch nach Rückkehr aller Beteiligten an Land fort.

Am 26. Juni, nahezu einen Monat nach ihrer Abreise aus Vannes, war die See ruhig, und sie glitten in eine leichte Brise hinein, die von Westsüdwest herbeiwehte. Sie befanden sich inmitten der Kanarischen Inseln, im Westen von Teneriffa, und hielten auf Gomera zu, als sie um vier Uhr nachmittags in Lee ein anderes Schiff ausmachten, das einen Parallelkurs zu ihnen zu halten schien. Als der fremde Segler die *Diligent* entdeckte, wendete er und steuerte in ihre Richtung. Zuerst meinten sie, es könne ein Kaperschiff der Piraten von der Berberküste sein, die im Monat Juni häufig in den Gewässern um Teneriffa Jagd auf wehrlose Kauffahrer machten. Viele dieser Piraten hatten ihren Stützpunkt in der marokkanischen Hafenstadt Salé in der Nähe von Rabat. Die einheimischen Piraten dort hatten Verstärkung durch einen bunt zusammengewürfelten Haufen von Fremden erhalten, und 1728 hatten ein Franzose namens Piller und ein Spanier namens Moreno damit begonnen, bewaffnete Schiffe auf Raubzug auszusenden, von denen das größte mit 22 Kanonen bestückt und mit 120 Freibeutern bemannt war. Da er fürchtete, sein Schiff könne angegriffen werden, befahl Kapitän Mary, die Decks gefechtsklar zu machen, die Musketen zu laden und die Kanonen feuerbereit zu halten. Binnen weniger Minuten verwandelte die *Diligent* sich von einem Kauffahrer in ein Kriegsschiff. Das französische Einberufungssystem sah vor, dass jeder Matrose alle vier Jahre zum Dienst in der Kriegsmarine eingezogen werden konnte, daher hatten viele der Besatzungsmitglieder Erfahrungen auf Linienschiffen und Fregatten gesammelt. Mit seiner Mannschaft in höchster Alarmbereitschaft hielt Kapitän Mary das andere Schiff bis fünf Uhr nachmittags aufmerksam im Auge, dann sah er, wie es die Segel brasste, um sich in einen rechten Winkel zum Wind zu manövrieren und damit von der *Diligent* zu entfernen. Es war falscher Alarm gewesen.

13

Am Wendekreis des Krebses, Freitag, 29. Juni 1731

Um fünf Uhr wird die Stille des frühen Morgens von dem Kommandoruf »Feuer!« zerrissen, dem der dumpfe Knall eines Kanonenschusses folgt. Ein weiterer Schuss fällt, dann noch einer und noch einer, sieben insgesamt. Der Geschützmeister Charles Auger und seine Leute bringen Kapitän Pierre Mary und seinem Stellvertreter Pierre Valteau einen siebenschüssigen Salut dar, denn der 29. Juni ist der Tag von Petrus, an dem man der Autorität und der Hierarchie Tribut bringt. Schließlich war Petrus der erste Papst. Dass die Matrosen so erpicht darauf sind, diesen kirchlichen Feiertag zu begehen, ist kein Zeichen für besondere Frömmigkeit oder auch nur für ihre Religiosität. Die Seestädte der Bretagne stehen seit langem im Ruf, Horte des Unglaubens zu sein, und dass Evangelisierungsmaßnahmen an der bretonischen Küste immer wieder fehlgeschlagen sind, hat einige Priester zu der Theorie veranlasst, dass sich die unmittelbare Nähe zum Wasser und zur salzhaltigen Luft dämpfend auf religiöse Inbrunst auswirke. Untereinander bezeichneten die Matrosen das Fest des heiligen Petrus einfach als »Kapitänstag«.

Ihren Höhepunkt erreichen die Feierlichkeiten um die Mittagszeit, als der Koch, François Gauguin, das Festmahl aufträgt, das er seit dem frühen Morgen vorbereitet hat. Er hat das letzte Schaf geschlachtet, das sie mit an Bord genommen hatten, damit die Leute an Stelle des Pökelfleisches, das sie normalerweise dreimal in der Woche zu essen bekommen, einmal wieder frisches Fleisch genießen können. Gauguin hat sogar einige Laibe frisches Brot gebacken, die er ihnen anstatt der erst bei dem Sturm vom Seewasser durchweichten, dann geschrumpften und hart gewordenen Brote vorsetzen wird, und er spendiert dazu auch ein paar Brocken Käse aus der Vorratskammer. Heute wird er auch den Wein nicht wie gewöhnlich mit einem gleichen Teil Wasser verdünnen. Das Gemisch soll normalerweise das in den Fässern faulig gewordene Trinkwasser noch genießbar machen. Die Mannschaftsmitglieder stellen sich vor der Kombüse, die in der Back am Bug des Schiffes untergebracht ist, mit ihren hölzernen Näpfen und hölzernen Löffeln in den Händen auf. Nachdem der Koch ihre Näpfe gefüllt hat, schauen sie sich nach einem Platz um, wo sie sich zum Essen hinhocken können. Einige lassen sich einfach auf den Planken des Decks nieder, andere suchen sich ein aufgerolltes Tau oder etwas anderes in der Art.

Auch an ihrer Kleidung wird ersichtlich, dass heute ein besonderer Tag ist. Gewöhnlich verrichten sie ihre Arbeit barfuß und tragen Kniehosen und gestrickte Hemden mit einem Schlitz auf der Brust, der zugeschnürt werden kann. Auf ihrem Haar, das bis auf ihre Schultern herabfällt und der Stolz eines jeden bretonischen Seemanns ist, sitzt meist eine wollene Strickmütze. Heute sind viele von ihnen mit zuknöpfbaren Leinenhemden, Westen und Hüten bekleidet, und ihre Füße stecken sogar in Schuhen, die sie für Landgänge mit an Bord gebracht haben. Die auffälligsten Personen in der ganzen Schar sind die sechs Matrosen aus dem Le Croisic vorgelagerten Batz, wo die typische Festtracht eines Mannes aus weiten und kurzen Faltenhosen besteht, einem Hemd mit einem Spitzenkragen, das so gestärkt worden ist, dass er aufrecht steht, und mehreren Westen von einer jeweils anderen Farbe, die so übereinander gezogen werden, dass die unterschiedlichen Farben sichtbar sind.[22] Obwohl die Männer aus Batz sich auf Grund des beschränkten Platzes in ihren Seekisten nicht in der ganzen bei ihnen zu Hause üblichen Pracht präsentieren können, stechen sie doch von den anderen ab, als sie sich zur Essensausgabe anstellen.

Die vier Offiziere der *Diligent* – Mary, Valteau, Durand und Laragon – haben ebenfalls ihre besten Gewänder angelegt. Als Ehrengäste bei diesem Fest stellen sie sich nicht an, um ihr Essen in Empfang zu nehmen, und setzen sich auch nicht aufs Deck, um es zu verzehren. Stattdessen lassen sie sich an dem großen Tisch in ihrem Quartier unter dem Achterdeck nieder und warten darauf, dass ihnen serviert wird. Durch vier Glasfenster im Heck des Schiffes fällt Licht auf die Essecke. Wenn die Offiziere auch das Gleiche vorgesetzt bekommen wie die Männer, so erhalten sie doch die saftigsten Stücke Fleisch, das frischeste Brot und den besten Wein. Im Vergleich zu den gewöhnlichen Seeleuten leben die Offiziere im Luxus. Auf der Steuerbordseite ihres Quartiers befindet sich die Kajüte des Kapitäns, die mit getäfelten Wänden und einer auf Hochglanz polierten Holzdecke ausgestattet ist. Sie enthält eine Schlafkoje mit einem Vorhang, der während des Tages die Bettstatt vor den Blicken verbirgt, und einen verschließbaren Schreibtisch. Das Tageslicht dringt durch ein verglastes Fenster herein. An sie schließt sich eine kleinere Kajüte für den Ersten Leutnant Durand an, die mit einem Vorhang von dem Gemeinschaftsraum abgetrennt werden kann. Backbord sieht es ähnlich aus: Die Kajüte weiter vorn ist für den Zweiten Kapitän Valteau, die kleinere dahinter für den Zweiten Leutnant Laragon. In Höhe der Offiziersquartiere ragen zwei kleine Heckgalerien seitlich aus der Bordwand heraus: Die an Backbord beherbergt den Abort für die Offiziere, durch ein Bleirohr rutschen die Fäkalien direkt in die See.[23]

Bevor sie sich zum Essen niederlassen, bringen die Offiziere das tägliche Ritual hinter sich und stellen fest, welchen Winkel die Sonne auf ihrem Höchststand zum Himmelsäquator bildet. Durand errechnet, dass sie sich auf einer Breite von 22 Grad und 19 Minuten befinden, mehr als ein Grad südlich vom Wendekreis des Krebses, den sie in der vergangenen Nacht überquert haben müssen. Das Passieren dieses Wendekreises ist normalerweise der Anlass zur »Tropentaufe«; sie können dieses Zeremoniell aber nicht sofort abhalten, da sie schon den Tag des heiligen Petrus begehen. Die Taufe muss bis zum nächsten Tag warten.

Als der Samstag anbricht, ist die Stimmung an Bord der *Diligent* heiterer und verspielter geworden. Die Tropentaufe stellt in vielem das Gegenteil jenes Festes dar, welches man am Tag zuvor begangen hat. Die religiöse und die soziale Ordnung werden bei ihr ähnlich wie im Karneval auf den Kopf gestellt. Diese Zeremonie hat nicht Autorität und Hierarchie zum Mittelpunkt, sondern soll die Solidarität unter den gewöhnlichen Seeleuten stärken und etwas von dem Druck von ihnen nehmen, der sich aus der strengen Zucht an Bord ergibt. Der unmittelbare Zweck der Zeremonie ist es aber, die sechs Besatzungsmitglieder zu taufen, die noch nie den Wendekreis des Krebses überquert haben, also auch noch nie an der Küste von Guinea oder auf den französischen Besitzungen in der Karibik gewesen sind. Zu den Initianden gehören auch die Kajütenbediensteten Guillaume Allançon und François Lefur und die beiden Offiziersanwärter Pierre Mathieu Letheris und René Bonet.

Anders als bei der Feier am Tag zuvor, bei der die beiden Kapitäne den Ehrenvorsitz hatten, findet diese unter der Leitung des Steuermannsmaats

Sabatier statt und unter der einer bemalten und maskierten Gestalt, die den Wendekreis verkörpert. Die 31 Seeleute, die schon bei früheren Fahrten getauft worden sind, haben ihre Gesichter und Arme rot, schwarz, weiß und gelb angemalt und sich aus Blöcken und Tauen hergestellte Gurte um die Brust geschlungen. Jeder von ihnen hat einen Blechtopf oder eine Eisenpfanne in der Hand und schlägt mit einem Stück Metall darauf ein. Unter fürchterlichem Lärmen ziehen sie los, um die Novizen zu ergreifen. Nachdem die sechs zusammengetrieben worden sind, hält Sabatier eine kurze Ansprache. Während die anderen weiter Töpfe und Pfannen malträtieren, führen vier Maskierte die Novizen zu einem großen, mit Meerwasser gefüllten Bottich, der am Fuß des erhöhten Vorderdecks steht. Der erste Neuling, der Offiziersanwärter Pierre Mathieu Letheris, wird aufgefordert, sich auf einen Eisenstab quer über dem Bottich zu setzen. Dann legt er die üblichen Eide ab. Der wichtigste ist, dass er nie versuchen wird, die Frau eines anderen Seemanns zu verführen. Die Erfahrung hat gezeigt, dass sexuelle Rivalität eine ernsthafte Bedrohung für den Zusammenhalt der Mannschaft darstellt.

Mathieu hat sich auf die Zeremonie vorbereitet mit dem Versprechen, den anderen Branntwein, Wein, Feigen und Nüsse zu spendieren, soweit seine Mittel es zulassen. Weil er sich großzügig gezeigt hat, kommt er bei der eigentlichen Taufe glimpflich davon. Der »Wendekreis« sprenkelt ihm drei, vier Tropfen Seewasser auf den Kopf und überreicht ihm ein zugedecktes Körbchen, das ein kleines Stückchen Gold enthält. Dann fragt er, wer der Pate des jungen Mathieu sei. Wenn der Pate, der vorher ausgewählt worden ist, vortritt, wird er aufgefordert, dem Novizen einen neuen Namen zu geben. Dieser Name ist derb und grotesk, er soll die anderen erheitern und den Novizen in Verlegenheit bringen. Nachdem er unter Gejohle und Frotzeleien der anderen Matrosen verkündet worden ist, darf Mathieu wieder von seinem unbequemen Sitz herunter.

Bei seinem Kameraden, dem anderen Offiziersanwärter, geht es nicht so glatt vonstatten. René Bonet ist knauserig mit seinen Geschenken gewesen. Wie Mathieu muss er auf der Eisenstange Platz nehmen, die über dem mit Meerwasser gefüllten Bottich liegt. Sobald sein neuer Taufname verkündet wird, ziehen zwei Matrosen die Stange weg, sodass er ins Wasser plumpst. Die Umstehenden treten rasch näher heran, um ihn unterzutauchen, und andere, die Eimer voller Seewasser in Händen halten, fangen an, diese Kübel über ihm auszuleeren, sodass er – gleichgültig wohin er sich wendet – immer eine volle Ladung ins Gesicht bekommt. Nachdem er mit beinahe 50 Eimern Wasser überschüttet worden ist, verspricht René so viele Geschenke, dass die Mannschaft zufrieden ist und vom ihm ablässt. Er darf aus dem Bottich heraus. Die Tatsache, dass er Offiziersanwärter ist, ist vermutlich auch daran schuld, dass man ihn so grob traktiert: An diesem Tag haben die gewöhnlichen Seeleute endlich einmal Gelegenheit, es ihren Vorgesetzten heimzuzahlen.

Die beiden Kajütenbediensteten – sie sind beide erst zwölf – kommen als Nächste an die Reihe und werden sanfter behandelt. Nachdem alle sechs Novizen getauft worden sind, überreichen sie den anderen Besatzungsmitgliedern die Geschenke, die sie ihnen versprochen haben. Dann holt Noël Magré, der Akkordeonspieler des Schiffes, sein Instrument hervor, und der Rest des Tages wird, wie Robert Durand es formuliert, »mit Späßen und Vergnügungen« verbracht. Am Abend haben die sechs Novizen das Gefühl, Veteranen der Tropen geworden zu sein.[24]

Als der 1. Juli, ein Sonntag, heraufzog, wehte eine frische Brise aus Nordnordost, und die Männer huschten die Takelage hinauf, um alle Segel der *Diligent* zu setzen und selbst den letzten Windhauch einzufangen. Der Rest der Mannschaft schrubbte die Decks und machte gründlich klar Schiff, sodass bald keine Spuren der Festivitäten des vergangenen Tages mehr zu sehen waren. Sie gingen mit einer besonderen Ernsthaftigkeit zu Werke, die verbergen sollte, dass sie alle einen Kater hatten, und Zucht und Ordnung hielten schnell wieder Einzug. Es herrschte eine Stimmung wie an einem Aschermittwoch nach dem Karnevalstreiben.

An der Spitze der Hierarchie an Bord der *Diligent* standen die vier Offiziere: Mary, Valteau, Durand und Laragon. Welchen Platz der jeweilige Offizier in der Rangordnung einnahm, wurde nicht nur durch seine Stellung, sondern auch durch den Sold, den er bekam, festgelegt. Es gab innerhalb des Offizierskorps der *Diligent* gewaltige Unterschiede, was die Besoldung anbelangte. Kapitän Mary verdiente 120 Livre im Monat, sein Stellvertreter Valteau 80. Der Erste Leutnant Robert Durand bekam 50, der Zweite Leutnant Laragon musste sich mit 40 Livre bescheiden. Der Oberarzt, Monsieur Devigne, wurde manchmal zu den Offizieren gezählt, obwohl er keinerlei Befehlsgewalt hatte. Er bezog wie Durand 50 Livre monatlich.

Die nächste Stufe der Hierarchie bildeten die »Seeoffiziere«, die nicht wirklich Offiziere waren, sondern vielmehr Fachleute, die eine besondere Aufgabe an Bord zu erfüllen hatten und sich dadurch von den gewöhnlichen Matrosen unterschieden. Zu ihnen gehörten der Steuermannsmaat, der Erste und der Zweite Maat, der Geschützführer, der Bootsmannsmaat, die beiden Zimmerleute, die drei Küfer, der Unterarzt, der Führer des großen Beibootes und der der kleinen Jolle. Ihre Heuer betrug zwischen 24 und 50 Livre im Monat. Es folgten die sechs Rudergänger, die ungefähr 30 Livre im Monat dafür bekamen, dass sie das Schiff steuerten, und die neun gewöhnlichen Matrosen, die zwischen 12 und 36 Livre monatlich erhielten. Schließlich waren da noch der Koch, dessen Künste mit 36 Livre im Monat entlohnt wurden, und die beiden Kajütenbediensteten, die sich mit zwölf Livre begnügen mussten. Die beiden Offiziersanwärter erhielten lediglich Zuschüsse von zwölf beziehungsweise 18 Livre monatlich. Die *Diligent* hatte keinen Priester an Bord – das war nur bei Schiffen mit mehr als 40 Mann Besatzung Vorschrift –, dafür aber einen Berufsmusiker, der 13 Livre monatlich dafür erhielt, dass er den Leuten auf seinem Akkordeon aufspielte – damit verdiente er nur einen Livre mehr als einer der Kajütenbediensteten.[25] Die einfachen Besatzungsmitglieder hatten keine eigenen Unterkünfte. Sie schliefen in Hängematten, die sie auf dem Unterdeck im vorderen Teil des Schiffes aufhängten, und sie verwahrten ihre Seekisten in dem Raum unter dem erhöhten Vorderdeck.

Die ganze Besatzung – mit Ausnahme der Handwerker wie der Zimmerleute und der Küfer – war in zwei »Wachen«, die Steuerbord- und die Backbordwache, aufgeteilt. Zu jeder dieser beiden Gruppen gehörten Offiziere, Rudergänger und Matrosen, die einander in der Verrichtung der Arbeiten ablösten. Am Morgen der Ausfahrt der *Diligent* aus Vannes hatte Kapitän Mary die Mannschaft antreten lassen und nach der Stammrolle den Namen eines jeden einzelnen Mannes vorgelesen. Nachdem jeder sich bei Nennung seines Namens gemeldet hatte, war ihm der Mann zugewiesen worden, der seinen Gegenpart in der anderen Wache bildete. Das französische Wort für Matrose, *matelot*, leitete sich vom holländischen *mattenoot* ab, was so viel bedeutete wie »Mattengefährte«. *Matelots* waren – wörtlich genommen – Leute, die abwechselnd ein und dieselbe Hängematte benutzten, das heißt, der eine lag in ihr, während der andere Dienst tat.[26] Die Mannschaft der *Diligent* war in idealer Weise zur Aufteilung in zwei

Wachen zusammengesetzt, da es einen Ersten und Zweiten Kapitän, einen Ersten und Zweiten Leutnant, einen Ersten und Zweiten Maat gab. Das System bedeutete in der Praxis, dass von den insgesamt 37 Mannschaftsmitgliedern nur immer ungefähr ein Dutzend damit beschäftigt war, das Schiff auf Kurs zu halten.

Im Unterschied zum Samstag mit seinen Feiern verlief der Sonntag ohne besondere Vorkommnisse. Das Frühstück, das aus einem Stück Hartbrot auf die Hand bestand, wurde gegen acht Uhr in zwei Schichten eingenommen, sodass die Männer der Steuerbordwache essen konnten, bevor sie ihren Dienst antraten, während die der Backbordwache etwas aßen, wenn ihr Dienst um acht Uhr geendet hatte. Die Matrosen, deren Wache zu Ende war, konnten bis beinahe gegen Mittag schlafen. Dann löffelten sie eine Art Brei aus Getreide und Bohnen und nahmen anschließend bis sechs Uhr wieder ihre Arbeit auf. Das Abendessen, das erneut aus dem Brei bestand, war um sechs Uhr fertig, also zu der Zeit, zu der die Nachmittagswache endete und die Mitternachtswache, die, wie der Name besagte, bis zwölf Uhr in der Nacht dauerte, begann.

Während jeder Wache maß der Wachgänger die Zeit mithilfe von Sanduhren, die halbstündlich umgedreht werden mussten. War das letzte Sandkorn von dem oberen in den unteren Behälter gerieselt, läutete er eine Glocke und rief: »Alles ist gut. Haltet aufmerksam Ausschau!« Dann drehte er das Glas um. Wenn um Mitternacht »zwölf Glasen« geläutet wurde, konnten die Männer der Steuerbordwache in ihre Hängematten kriechen, während die der Backbordwache ihre Posten einnahmen und für sie die Nachtwache begann. Diese war die anstrengendste aller Wachen, und das französische Seerecht sah drakonische Strafen für jeden vor, der einschlief. Während der Nacht dauerten die einzelnen Wachabschnitte nur vier Stunden; die Nachtwache endete also um vier Uhr morgens, und ihr schloss sich die Morgenwache bis um acht Uhr an. Weil jeder 24-Stunden-Tag in fünf Wachen unterteilt war – zwei sechsstündige und drei vierstündige –, würden die Männer der Backbordwache am folgenden Tag die Mitternachtswache übernehmen, sodass die beiden Gruppen sich, was die Verteilung der Wachen betraf, ständig abwechselten.[27]

In den ersten Morgenstunden des 3. Juli hatte Robert Durand die Nachtwache. Er stellte sich auf das Vorderdeck und verfolgte die beinahe lautlosen Bewegungen des Schiffes mit. In der Nacht zündete man keine Kerzen oder

Laternen an, weil die Augen sich dann nicht auf die Dunkelheit einstellen konnten. Es war eine wolkenlose Nacht, und der Mond und die Sterne spendeten genügend Licht, sodass man das Schiff auf seinem Kurs halten konnte. Der Wind wehte beständig, und die *Diligent* lief seit dem Vortag unter denselben Segeln. Da nur wenig für sie zu tun war, standen oder saßen die Männer schweigend in der Dunkelheit; während der Nacht war es nicht erlaubt, sich zu unterhalten. Als acht Glasen geläutet wurden, um das Ende der Wache anzuzeigen, fühlte Robert Durand sich sehr befriedigt darüber, dass die Reise so glatt vonstatten ging. »Wache in Ordnung«, trug er in sein *journal* ein.

14

Kapverdische Inseln, 4. Juli 1731

Nachdem sie am 30. Juni den Wendekreis des Krebses hinter sich gelassen hatte, segelte die *Diligent* weiter Richtung Südsüdwest und ließ sich vom Kanarenstrom vorantreiben. Um elf Uhr am Morgen des 4. Juli machte der Ausguck Vila do Maio aus, eine der Kapverdischen Inseln, die sich in portugiesischem Besitz befanden. Auf der Insel, die zum größten Teil aus Ödland bestand, lebten nur 375 Menschen in drei Siedlungen aus Häusern, die man aus dem Holz des Feigenbaums gezimmert hatte und die ein englischer Besucher als »niedrig und armselig« beschrieb. Mit Ausnahme von zwei Portugiesen setzte sich die Einwohnerschaft aus den Abkömmlingen afrikanischer Sklaven von den benachbarten Inseln São Tiago und Fago zusammen, die ihren Besitzern weggelaufen waren oder denen man die Freiheit geschenkt hatte. Auch der Statthalter auf Vila do Maio, dem seine Autorität vom portugiesischen Gouverneur auf São Tiago verliehen worden war, war ein Schwarzer.

Die Bewohner von Vila do Maio erhielten sich mühsam am Leben, indem sie auf dem unfruchtbaren Boden etwas Mais, Yamswurzeln, Kartoffeln und ein paar Bananen anbauten. Die wirtschaftliche Aktivität, die am meisten abwarf, war jedoch die »Salzernte« aus dem Salzsee auf der Insel, die jedes Jahr während der trockenen Jahreszeit, von September bis Mai, betrieben wurde. In diesen Monaten waren alle Insulaner damit beschäftigt,

14.1 Durands Zeichnung der Vila do Maio, einer der Kapverdischen Inseln.

Salz in Säcke zu schaufeln und diese zum Verladen an die Küste zu schleppen. Die Menschen waren so arm, dass sie noch nicht einmal Geld für ihre Arbeit verlangten, sondern sich mit Lebensmitteln und alten Kleidungsstücken als Bezahlung zufrieden gaben. Bis zu 100 englische Schiffe im Jahr kamen um des Salzes willen hierher. Im Juli war die Saison aber schon vorüber, es lagen keine Schiffe an der Küste von Vila do Maio vor Anker, und die *Diligent* segelte weiter zur Insel São Tiago, dem politischen und kirchlichen Zentrum des Archipels.[28]

Um halb sieben am Morgen des 5. Juli lief die *Diligent* in die Bucht ein, an der die Hafenstadt La Praia lag, und das umständliche Ritual, das von einem Schiff erwartet wurde, das einen ausländischen Hafen aufsuchte, begann. Bevor die *Diligent* vor Anker ging, hisste sie die französische Flagge. Als Antwort darauf wurden über dem Fort an Land die portugiesischen Farben hochgezogen, während das einsame Schiff, das bereits in der Bai lag, die englische Fahne setzte. Kapitän Mary befahl anschließend, das große Beiboot zu Wasser zu lassen, und wies Robert Durand an, mit fünf Mann zu dem Engländer zu rudern und zu erklären, wer sie waren und dass sie friedliche Absichten verfolgten. Um acht Uhr, als der Höflichkeitsbesuch vorüber war, erklommen die Matrosen der *Diligent* die Wanten, um die Segel zu reffen, und der Geschützmaat feuerte zu Ehren der Portugiesen im Fort fünf Salutschüsse ab. Die Festung, die mit 14 Kanonen bestückt war, mit denen 12- und 18-pfündige Kugeln geladen werden konnten, antwortete mit drei Schüssen. Erst nachdem alle diese Formalitäten abgewickelt worden waren, ließ die *Diligent* drei Anker in den aus Sand und Kieselsteinen bestehenden Grund fallen.

14.2 Durands Zeichnung des Hafens von La Praia, Kapverdische Inseln.

Die *Diligent* war São Tiago angelaufen, um nach über einem Monat auf See ihre Trinkwasserfässer wieder zu füllen und die Lebensmittelvorräte zu ergänzen.[29] Robert Durand und seine Gefährten waren während der nächsten fünf Tage zwischen den heruntergekommenen Gebäuden und verfallenden Häusern von La Praia unterwegs, um Rinder, Schweine, Ziegen, Schafe, Truthähne und Hühner zu kaufen, aber auch Zwiebeln und anderes Gemüse. Auf den Märkten bekamen sie Menschen aller Hautfarben und -schattierungen zu Gesicht: Die meisten waren schwarz, viele hatten aber auch braune Haut von unterschiedlichster Dunkelheit, und einige wenige sahen sogar weiß aus. Die Lebensmittel waren ungemein billig: Anstatt sie für Geld zu kaufen oder gegen die von ihnen mitgeführten Waren einzutauschen, brauchten sie nur ein paar abgelegte Kleidungsstücke oder bereits benutzte Töpfe und Pfannen dafür herzugeben.

Wie alle Kapverdischen Inseln war auch São Tiago in wirtschaftlicher Hinsicht auf einem Tiefpunkt. Bargeld hatte einen solchen Seltenheitswert, dass man wieder auf den Tauschhandel zurückgriff oder Schuldscheine verwendete. Auch Baumwolltuch diente als Zahlungsmittel, und es gab sogar »Münzen«, die von Sklaven aus Kupferstückchen hergestellt wurden. Der Stadtrat von Ribeira Grande, der größten Stadt São Tiagos, gab die Schuld an der Misere der Politik Portugals, laut der es den Kapverdischen Inseln verboten war, mit einem anderen Land als der Kolonialmacht Handel zu treiben. Zu Beginn des Jahrhunderts war jedes Jahr ein Schiff aus Lissabon eingetroffen, um 100 Tonnen Zucker zu laden, und ein oder zwei andere Schiffe hatten die Reise von Portugal aus unternommen, um den auf den Inseln hergestellten Baumwollstoff zu kaufen und zum Wiederverkauf nach Brasilien zu bringen. Jetzt jedoch, klagte der Stadtrat, »kommt von der königlichen Regierung aus der Handel in Form von nicht mehr als ein, zwei Schiffen in einem Jahr auf diese Insel, und diese kaufen ein wenig Tuch, aber nicht mit Geld, sondern indem sie Dinge wie Schnupftücher, grobe Hüte, schlechten Flanell und andere Dinge dafür hergeben, für die sie in Lissabon sehr wenig bezahlen, die wir aber, weil wir ihrer dringend bedürfen, sehr teuer einkaufen müssen«. Die Zuckerproduktion, der auf Grund des trockenheißen Klimas der Inseln immer sehr enge Grenzen gesetzt gewesen waren, hatte seit Beginn des Jahrhunderts einen weiteren Niedergang erlebt und brachte, wie es hieß, »ein wenig Zucker, vor allem aber Melasse« hervor. Die Insel war so arm geworden, dass die Hauptstadt São Tiagos von ihrem eigenen Stadtrat sehr abfällig beschrieben wurde: »Der größere Teil der ganzen Stadt besteht nur aus Verschlägen, und die wenigen Häuser, die noch stehen geblieben sind, sind völlig verfallen.« Eine Folge der Armut sei, dass einige Insulaner sich zu Banden zusammengetan hätten, die auch die Märkte heimsuchten und plünderten und so das bisschen Handel, das noch betrieben wurde, ebenfalls zum Erliegen brächten. Der portugiesische Gouverneur beklagte sich bitter über dieses gesetzlose Treiben, er sei aber nicht in der Lage, etwas dagegen zu tun, da er nur eine freiwillige Bürgerwehr zu seiner Verfügung habe.[30]

Die Inseln waren nicht immer so arm gewesen. Im 16. und 17. Jahrhundert hatte dort eine florierende Wirtschaft bestanden, deren Grundlage die Arbeit von Sklaven oder der Handel mit ihnen gewesen war, das heißt, entweder wurden die von der westafrikanischen Küste herübergebrachten Sklaven auf den Inseln selbst zum Anbau von Zuckerrohr und Baumwolle eingesetzt, oder sie wurden von dort aus weiter nach Portugal, Spanien oder in die Neue Welt verschifft. Missionare auf São Tiago hatten ein Geschäft daraus gemacht, *bocales*, Sklaven, die keine Christen waren und kein Portugiesisch sprachen, in *ladinas* zu verwandeln, indem sie sie bekehrten und ihnen die Grundlagen der portugiesischen Sprache beibrachten, sodass sie auf dem Markt höhere Preise erzielten.[31] Im 16. Jahrhundert waren 650 bis

800 Sklaven pro Jahr exportiert worden, gegen Ende des 18. Jahrhunderts hatte sich ihre Zahl jedoch auf weniger als 200 jährlich verringert. Nachdem die Kompanie der Inseln von Kap Verde und von Guinea, die den Vertrag über die Lieferung von Sklaven nach Spanisch-Indien besaß, 1703 aufgelöst wurde, ging das ganze Geschäft des Transports von Sklaven in andere Länder stark zurück.[32]

Die Sklaven, die auf São Tiago auf den Feldern schufteten, pflanzten geringe Mengen Zuckerrohr an, das in verschiedenen Zuckermühlen auf der Insel weiterverarbeitet wurde; ihre hauptsächliche wirtschaftliche Tätigkeit bestand aber im Anbau von Baumwolle für die Tuchproduktion, bei der sie Webstühle und auch Webtechniken verwendeten, wie sie in Afrika üblich waren. Indem sie verschiedenfarbige Fäden miteinander verwoben, schufen sie ausgeklügelte geometrische Muster von großer Schönheit. Mit auf den Inseln hergestellten Farbstoffen auf Indigobasis erzeugten sie viele Schattierungen von hellblauem, dunkelblauem oder auch blau-weiß gestreiftem Tuch. Kapverdisches Tuch fand Abnehmer an der ganzen westafrikanischen Küste, wo es gegen Sklaven eingetauscht wurde, aber auch in so weit entfernten Ländern wie Brasilien, Flandern und Spanien. Mit dem Niedergang des Sklavenexports hatten auch die Tuchmanufakturen einige ihrer Märkte eingebüßt, doch den vernichtenden Schlag erhielten sie 1721, als Portugal den Verkauf von kapverdischem Tuch an Ausländer verbot und bei Zuwiderhandlung die Todesstrafe androhte.[33]

Die Barrieren von Hautfarbe und Herkunft, die einst weiße portugiesische Siedler streng von ihren schwarzen Sklaven getrennt hatten, wurden im Lauf der Zeit durchlässiger, als immer mehr Sklaven ihre Freiheit erlangten: entweder weil sie ihnen von ihren Besitzern geschenkt wurde oder weil sie vor diesen ins Innere der Insel flüchteten und dort eigene schwarze Gemeinden gründeten. Die Sklaven, die mit dem Weben beschäftigt waren, erkauften sich auch oft ihre Freiheit mit Geld, das sie sich verdienten, indem sie an Sonntagen oder religiösen Feiertagen auf eigene Rechnung am Webstuhl schufteten. Als die *Diligent* 1731 eintraf, gab es auf São Tiago beinahe viermal mehr freie Schwarze als Sklaven, und von der Guinea-Küste wurden nur noch ganz wenige neue Sklaven importiert. Im Mai 1731, kurz bevor die *Diligent* aus Vannes ausgelaufen war, hatte der portugiesische Bischof der Kapverdischen Inseln, José de Santa Maria de Jesus, an den König seines Landes geschrieben, um anzufragen, ob man überhaupt noch weiter

Sklaven aus Afrika auf die Inseln holen solle, das heißt, ob dies nicht eigentlich mit dem Gewissen eines Christen unvereinbar sei.[34]

Während die Zahl der freien Schwarzen auf den Inseln wuchs, verwischte sich der Unterschied zwischen den Rassen immer mehr dadurch, dass portugiesische Männer mit schwarzen Ehefrauen und Konkubinen Kinder zeugten. Schon 1582 hatte es auf São Tiago eine anerkannte Gemeinde von *mestiços* gegeben, und 1731 zählte man auf der Insel 394 Weiße und 2461 Mischlinge. Der portugiesische Gouverneur, offenbar ein glühender Verfechter der Rassenreinheit, monierte, dass die Mehrheit der Insulaner, die als weiß galten, in Wirklichkeit *brancos da terra* von gemischter Abstammung seien. Obwohl der meiste Grund und Boden auf der Insel sich immer noch im Besitz von Weißen befand, waren freie Schwarze und Mischlinge rasch in einflussreiche Positionen aufgerückt. Die meisten Priester waren schwarz – der Bischof schätzte sie weit mehr als die zumeist völlig ungebildeten Geistlichen, die ihm aus Portugal geschickt wurden –, und auch das Beamtentum wurde überwiegend durch Schwarze oder *mestiços* repräsentiert. Sogar in der Miliz des Gouverneurs gab es schwarze Hauptleute und Leutnants. Es sei nur noch eine Frage der Zeit, wetterte der portugiesische Gouverneur, bis *alle* Militärs der Insel Schwarze sein würden.[35]

Für Robert Durand und die anderen Männer der *Diligent* waren die Kapverdischen Inseln eine Art von kultureller »Zwischenstation« auf dem Weg von der Gesellschaft, die sie in Frankreich zurückgelassen hatten, zu den Gesellschaftsformen, mit denen sie es in Afrika zu tun bekommen würden. Es war nicht nur so, dass die Hautfarben der Menschen, denen sie auf den Inseln begegneten, das ganze Spektrum von Weiß bis Schwarz abdeckten, sondern sie trafen dort auch in kultureller Hinsicht auf eine bunte Mischung, welche die gängigen Ansichten in keiner Weise bestätigte. Auf São Tiago gab es gebildete schwarze Priester und völlig unwissende weiße, und der einzige florierende Wirtschaftszweig wurde von schwarzen Sklaven, die afrikanische Herstellungsmethoden verwendeten, dominiert. Nicht nur in geografischer, sondern auch in kultureller Hinsicht befand sich die Mannschaft der *Diligent* auf halber Strecke zwischen Europa und der Küste Westafrikas, wo sie an Land gehen sollte.

Nachdem sie am 9. Juli ihren Ankerplatz vor São Tiago wieder verlassen hatte, änderte die *Diligent* ihren Kurs. Bis zu diesem Punkt war sie mehr oder weniger in Richtung Südwesten unterwegs gewesen, zuerst, um die Iberische Halbinsel zu umrunden, und dann um den nach Westen vorspringenden Teil Westafrikas zu umsegeln. Bei den Kapverdischen Inseln hatten sie sich dem westlichsten Punkt Afrikas – der Halbinsel Kap Verde – genau gegenüber befunden. Von dort aus verlief die Küste des Kontinents wieder gen Südosten. Auf Grund des Abkommens mit der Compagnie des Indes bestand kaum ein Zweifel darüber, dass die Gesellschaft das Monopol auf den Handel Frankreichs an der afrikanischen Küste von der Mündung des Senegal bis Sierra Leone für sich beanspruchte. Diese Grenzziehung auf dem festen Land wurde durch die Meeresströmungen determiniert: Schiffe, die von Europa aus die senegalesische Küste anliefen, konnten ohne Schwierigkeiten wenden und auf direktem Weg zurücksegeln, sodass Häute, Gummi Arabicum und ähnliche Produkte rasch in die Heimathäfen gelangten. Südlich Sierra Leones aber gerieten die Schiffe in die Guinea-Strömung, die sie an der ganzen westafrikanischen Küste entlang bis nach Gabun trug. Da die Compagnie des Indes einen umfangreichen Direkthandel mit Senegal betrieb, hatte sie das Monopol für das Gebiet nördlich von Sierra Leone nicht abgetreten. Der *Diligent* war es sogar verboten, einen Handelsposten der Gesellschaft anzulaufen, um Wasser und Lebensmittel an Bord zu nehmen. Die Männer der *Diligent* durften nur an Land gehen, wenn ihr Schiff von einem Sturm dorthin getrieben worden war.

Kapitän Mary wollte die *Diligent* unter Vermeidung jeglicher Berührung mit dem Territorium, das ihr versagt war, nach Guinea führen. »Guinea« war eine jener imaginären Konstruktionen europäischer Kartografen, die auf verschiedenen Karten auch an ganz verschiedenen Orten eingezeichnet war. Auf der Landkarte des königlichen Hauptgeografen Guillaume Delisle von 1730 erstreckte sich Guinea vom Senegal bis hin zum Gabun-Fluss, während auf der 1729 entstandenen Karte von d'Anville, der ebenfalls königlicher Geograf war, die Guinea-Küste bei Sierra Leone begann und in Kamerun endete. Wenn man sich auch nicht über die Grenzen Guineas einigen konnte, so stimmten gleichwohl die europäischen Kartografen allgemein dahingehend überein, dass das Land südlich Sierra Leones in die Abschnitte Kornküste, Elfenbeinküste und Goldküste unterteilt war: Jeder dieser Bereiche war nach dem Produkt benannt, dessentwegen die Europäer ihn in erster Linie ansteuerten.[36]

Indem sie jetzt auf südöstlichem Kurs blieb, steuerte die *Diligent* zwei

Wochen lang weiter ihrem Ziel entgegen, ohne dass die Männer an Bord etwas anderes als die See und den Himmel zu Gesicht zu bekamen. Um zwei Uhr nachmittags am 25. Juli kreuzten sie, um sich einem aus Südwest wehenden Wind zu überlassen, und bemerkten plötzlich ein Schiff, das direkt vor ihnen herlief. Der fremde Segler kreuzte ebenfalls, um sich ihnen zu nähern, und als er herangekommen war, änderte er erneut seinen Kurs, um sich in eine parallele Position zur *Diligent* zu manövrieren. Als die beiden Schiffe in Rufweite nebeneinander herliefen, hisste der mysteriöse Fremde die englische Flagge. Die *Diligent* zog daraufhin die französische Flagge hoch. Sobald er die englischen Farben sah, beorderte Kapitän Mary alle Mann auf ihre Gefechtsstationen. Auf dem Hauptdeck wies der Geschützmaat Charles Auger seine Männer an, die Kanonen mit Pulver und Zündladungen zu versehen. Auf dem Quarterdeck und der Back wurden die Drehbassen bemannt. Da England und Frankreich sich nicht im Kriegszustand befanden, befürchtete Mary nicht etwa, dass es sich bei dem Fremden um ein englisches Kriegs- oder Kaperschiff handeln könnte. Er hatte vielmehr Angst, dass sie einem Piratenschiff begegnet waren, dessen aufgezogene englische Fahne nur eine List war, um die *Diligent* aus nächster Nähe angreifen zu können.

Mary hatte guten Grund, sich Sorgen dieser Art zu machen, da die *Diligent* mittlerweile vor der Küste von Sierra Leone unterwegs war, wo viele Piraten ihren Unterschlupf hatten. Zahllose Geschichten über diese blutrünstigen Freibeuter waren während langer Wachen auf See erzählt und immer wieder genüsslich ausgewalzt worden. Vielleicht hatte Kapitän Mary Kenntnis von den Erlebnissen William Snelgraves, der sich mitten in einem Geschwader aus drei englischen Piratenschiffen wiedergefunden hatte, als sich sein Sklavenschiff *Bird Galley* im April 1719 der Küste Sierra Leones näherte. Das war auch die Gegend, von wo der berüchtigte Korsar Bartholomew Roberts im Juli 1721 seine drei Schiffe für Beutezüge an der ganzen Küste entlang bis nach Old Calabar geschickt hatte; seine Männer waren über jedes Schiff hergefallen, das ihren Kurs gekreuzt hatte, darunter auch die französischen Sklavenschiffe *Saint-René* und *Hermione*. Als die Nachricht vom Anrücken der Piraten in Whydah die Runde machte, hatten vier französische Schiffe unverzüglich den Anker gelichtet – und eines von ihnen, die *Union*, in solcher Hast, dass 20 Besatzungsmitglieder an Land zurückblieben.[37]

14.3 Der Piratenkapitän Bartholomew Roberts.

Als Roberts im Januar 1722 wieder vor der Küste kreuzte, stieß er auf elf Schiffe, die in der Straße von Whydah lagen, während ihre Kapitäne und die meisten Mannschaftsangehörigen in der Stadt mit dem Ankauf von Schwarzen beschäftigt waren. Die Reste der Besatzungen auf den Schiffen überließen diese sofort den Piraten, und später wurde ein Lösegeld von acht Pfund Goldstaub für jedes von ihnen bezahlt. Einzig der Kapitän der *Porcupine*, der sich an Land befand, weigerte sich, sein Schiff auf diese Weise freizukaufen. Roberts schickte daraufhin ein Beiboot zur *Porcupine*, um die Gefangenen in Sicherheit bringen zu lassen und anschließend auf dem Schiff Feuer legen zu lassen. Da es Schwierigkeiten bereitete, die gefangenen Schwarzen von ihren Eisen zu befreien und sie es eilig hatten, wieder von Whydah wegzukommen, wurde die *Porcupine* in Brand gesteckt, obwohl sich noch 80 Schwarze, die immer zu zweit aneinander gefesselt waren, an Bord befanden. Dann suchte der Pirat das Weite. Mittlerweile hatte sich das britische Kriegsschiff *Swallow* auf seine Verfolgung gemacht; es traf nur 24 Stunden, nachdem Roberts Richtung Osten davongesegelt war, in Whydah ein. Mehr als drei Wochen später gelang es der *Swallow* dann, die drei Schiffe des Piraten bei Kap Lopez zu stellen. Roberts selbst wurde bei dem Gefecht getötet; die Besatzung des Kriegsschiffes nahm 200 englische Freibeuter gefangen und erbeutete 70 befreite afrikanische Sklaven. Die Gefangenen wurden nach Cape Coast Castle gebracht, dem Hauptquartier der British Royal African Company, wo man ihnen den Prozess machte und sie je nach dessen Verlauf hängte, in den Kerker warf oder freisprach.[38]

Das Ende Bartholomew Roberts' und seiner Männer läutete keineswegs das Ende des Piratenunwesens in der Region ein. Später im selben Jahr brachte ein anderes Piratenschiff, dessen Mannschaft aus 30 weißen und 22 schwarzen Piraten bestand, das französische Schiff *Duc de la Force* auf. Im März 1731 – nur zwei Monate bevor die *Diligent* in Vannes den Anker lichtete – ließ der Generalgouverneur der holländischen Westindien-Kompanie eine Warnung an alle Niederlassungen an der Küste Guineas ergehen, derzufolge ein Piratenschiff mit 36 Kanonen und einer Besatzung von 200 Mann sich in der Nähe der Küste Oberguineas herumtreibe, und man erwarte, »dass es jeden Moment heruntergesegelt« komme. Alle Festungen und Schiffe wurden angewiesen, sich kampfbereit zu halten. Es stellte sich heraus, dass das Gerücht »nichts als eine von einem Seemann fabrizierte Lüge« war, aber die Tatsache, dass die Holländer es so ernst nahmen, zeigt, welche Furcht die Piraten unter den Sklavenhändlern an der Guinea-Küste zu verbreiten vermochten.[39]

Piratenschiffe repräsentierten eine Art maritimer Gegenkultur; auf ihnen wurden die strenge Zucht und Hierarchie, die auf Handelsseglern üblich waren, geradezu auf den Kopf gestellt. Roberts und seine bunt zusammengewürfelte Bande hatten eine Reihe von Regeln aufgestellt, an die jedes Mitglied sich zu halten schwor. Diese Artikel besagten unter anderem, dass »jeder Mann eine Stimme bezüglich der gegenwärtigen Geschäfte« habe, dass er »das gleiche Anrecht auf Lebensmittel und starke geistige Getränke« besitze, wenn nicht Mangel eine Rationierung nötig mache. Sogar die Beute teilte man auf recht demokratische Weise. Was die Schiffsbesatzungen unter Roberts' Kommando anbelangte, so erhielten der Kapitän und der Steuermannsmaat doppelte Anteile – das heißt zweimal so viel wie der einfache Matrose –, der Bootsmann und der Geschützmaat einen halben Anteil und die anderen Offiziere einen Viertelanteil mehr als die übrigen Männer. Der Kommandant eines Piratenschiffs bekam also das Doppelte von dem, was seinem einfachen Seemann zustand, während der Kapitän der *Diligent* zehnmal mehr Heuer einstrich als der rangniedrigste Matrose an Bord seines Schiffes. Dieses demokratische System der Räuber wurde unter anderem dadurch notwendig, dass es keinen Staat oder kein Rechtssystem gab, der beziehungsweise das den Kapitänen oder Offizieren von Piratenschiffen irgendwelche Privilegien zubilligte.

Viele Seeleute empfanden die Demokratie, die – zumindest in beschränktem Rahmen – auf Piratenschiffen herrschte, als eine Befreiung von dem gesetzlich sanktionierten Despotismus, der an Bord von Kauffahrern üblich war. Nachdem Roberts' Schiffe aufgebracht worden waren, stellte man fest, dass sich unter den Mitgliedern ihrer Besatzungen 96 Matrosen befanden, die auf von ihm gekaperten Seglern gefahren waren. Als diese Männer vor Gericht behaupteten, dass sie dazu gezwungen worden seien, das Leben von Gesetzlosen zu führen, überprüfte man den Fall eines jeden einzelnen von ihnen sehr genau und befand 27 für schuldig, sich der Piratenbande freiwillig angeschlossen zu haben.

Solche Geschichten dürften auch Kapitän Mary durch den Kopf gegangen sein, als er das näher kommende fremde Schiff beobachtete. Er hielt nach Rauchwolken Ausschau, denen sofort danach das Donnern von Kanonen folgen würde. Anstatt seine Geschütze abzufeuern, holte der geheimnisvolle Fremde jedoch sein Großsegel ein, um seine friedlichen Absichten anzudeuten. Er hatte sich jetzt der *Diligent* so dicht angenähert, dass man sich mit Rufen verständigen konnte. Ein Offizier an Bord des anderen Schiffes teilte mit, dass dieses ein englisches Handelsschiff sei, das sich drei Wochen zuvor von Gambia auf die Fahrt nach Cape Mount begeben habe. Voller Erleichterung darüber, dass sie es mit keinem Piratenangriff zu tun hatten, befahl Kapitän Mary seinen Leuten, Mars- und Großsegel zu reffen. Als die beiden Schiffe kaum noch Fahrt machten, brachte der Brite ein Beiboot zu Wasser, und ein Offizier kam herüber, um einige Vorräte zu kaufen. Um vier Uhr verließ er die *Diligent* jedoch unverrichteter Dinge. Die Mannschaft der *Diligent* setzte wieder alle Segel, und das Schiff nahm erneut Fahrt auf. Sie befanden sich jetzt auf 6 Grad 24 Minuten nördlicher Breite und standen damit ein ganzes Stück südlich von Sierra Leone. Somit konnten sie direkten Kurs auf den Ort an der westafrikanischen Küste nehmen, wo sie an Land gehen wollten.

Teil 5

Vor der Küste Afrikas

15

Sestos River, Westafrika, 31. Juli 1731

Am 31. Juli 1731 – drei Wochen nachdem die *Diligent* die Kapverdischen Inseln hinter sich gelassen hatte und genau zwei Monate nach ihrer Abfahrt aus dem Heimathafen Vannes – sichtete der Ausguck um sechs Uhr morgens die westafrikanische Küste. Ihre Position auf dem Breitengrad veranlasste Robert Durand zu der Vermutung, dass sie sich unweit der Mündung des Sestos-Flusses befanden. Das bestätigte sich, als große und merkwürdig geformte Bäume in Sicht kamen und weiter östlich von ihnen weiße Häuser auftauchten – ein Zeichen, dass die Siedlung Sanguinee vor ihnen lag. Einige Matrosen machten sich daran, die Segel zu reffen, und der Anker der *Diligent* rasselte in den sandigen Boden 23 Faden unter der Wasseroberfläche.[1]

Die Mündung des Sestos war ein beliebter Ankerplatz für Schiffe, die nach Whydah unterwegs waren, weil es hier Holz und frisches Wasser so gut wie umsonst gab, wenn man dem eingeborenen Herrscher ein kleines Präsent machte. Auch konnte man dort äußerst billig Reis einkaufen. Im 17. Jahrhundert hatten Kaufleute aus der Normandie an dieser Stelle zwei Handelsstationen eingerichtet, »Petit Dieppe« und »Petit Paris«, um dort Elfenbein und Malaguetta-Pfefferschoten zu erwerben. Die Gebäude waren aber schon lange wieder verfallen. Die *Diligent* hatte anscheinend noch von São Tiago genügend Proviant an Bord, jedenfalls machte sie sich schon am nächsten Morgen in Richtung der nahe gelegenen Küstensiedlung Bassa auf den Weg.[2]

Sie folgten jetzt einem Teil der afrikanischen Küste, der auf Karten als Kornküste bezeichnet wurde oder auch nach den gleichnamigen Pfefferschoten, welche sich die Europäer von dort beschafften, als Malaguetta-Küste. Die Besatzungen der meisten Schiffe, die in dieser Region vor Anker gingen, versuchten nicht, Sklaven anzukaufen, weil an diesem Teil der Guinea-Küste kaum welche angeboten wurden. Hierher führten keine größeren »Sklavenstraßen« aus dem Landesinneren, und die wenigen Gefange-

15.1 Durands Zeichnung der afrikanischen Küste bei Sestos.

nen, die manchmal verkauft wurden, waren oft lokalen Menschenhändlern in die Hände gefallen, wenn sie unterwegs in benachbarte Siedlungen waren. Dieses Unwesen hatte so um sich gegriffen, dass viele Afrikaner sich davor fürchteten, sich mehr als ein paar Meilen von ihrem Heimatdorf zu entfernen, ohne sich mit Flinten oder Pistolen zu bewaffnen.[3] Weil es keine regulären Sklavenmärkte in dieser Region gab, zeigten örtliche Stammeshäuptlinge und Händler mit Rauchsignalen vorbeisegelnden europäischen Schiffen an, dass sie Sklaven zu verkaufen hatten. Wenn es auch gelegentlich zu solchen Geschäften kam, so waren von diesem ganzen Küstenstrich aus im ersten Viertel des 18. Jahrhunderts weniger als 200 Sklaven im Jahr »exportiert« worden. Auf jeden Sklaven, der von der Korn- und der Elfenbeinküste aus seinen Leidensweg in die europäischen Kolonien antrat, kamen 100 aus dem Hinterland von Whydah.[4]

Die Beziehungen zwischen Europäern und Afrikanern waren in dieser Gegend angespannt, weil europäische Kapitäne sich manchmal der Schwarzen bemächtigten, die zu ihren Schiffen herausgerudert kamen, um Lebensmittel und andere Dinge zu verkaufen. Britische Händler aus Bristol und Liverpool waren berüchtigt für diesen Menschenraub, aber auch französische Kapitäne schreckten nicht davor zurück. Als das französische Sklavenschiff *Légère* am 27. März 1726 an der Mündung des Sestos ankerte, machten sich Eingeborene in mehreren Kanus zu ihm auf den Weg, um Tauschhandel zu treiben. Kaum hatten sie das Deck der *Légère* betreten, als die Besatzung über sie herfiel und zehn von ihnen ergriff. Vier anderen gelang die Flucht, indem sie über Bord sprangen.[5] Als der britische Landvermesser William Smith im Jahr darauf in die Region kam, fiel ihm auf, dass die Menschen dort »in Frieden mit allen ihren Nachbarn leben und einzig die Europäer zu ihren Feinden zählen«. Und der britische Schiffsarzt John

Atkins bemerkte, dass die Insassen der Boote, die sich zu seinem Schiff hinauswagten, um Tauschgeschäfte zu betreiben, immer zögerlicher wurden, je näher sie kamen. »Der Kühnste von ihnen«, so berichtete Atkins, »klomm dann hin und wieder an Bord, um Reis, Malaguetta-Schoten und Elfenbein feilzubieten, blieb aber alldieweil voller Furcht und Misstrauen.«[6]

Die Afrikaner rächten sich mitunter für die Entführung ihrer Landsleute, indem sie Europäer verschleppten, die sich an Land begeben hatten, oder sogar, indem sie unter dem Vorwand, Handel treiben zu wollen, zu deren Schiffen hinauspaddelten und dann plötzlich mit Waffen über sie herfielen, die sie unter ihren Waren verborgen hatten.[7] Nur ein paar Monate nachdem die *Diligent* Bassa passiert hatte, legte das britische Sklavenschiff *Dove* dort zwecks Austauschs von Waren an. Als der Erste Maat Theodore Coote an Land ging, wurde er überwältigt und als Geisel festgehalten. Dann griffen die Eingeborenen in Kanus den britischen Segler an, enterten ihn, töteten alle an Bord und setzten ihn auf Grund. Theodore Coote blieb 16 Tage lang ihr Gefangener, bis er vom Kapitän eines anderen vorbeisegelnden englischen Schiffes freigekauft wurde. Angesichts dieser Entführungen von Eingeborenen durch Europäer und der Vergeltungsschläge seitens der Afrikaner wundert es nicht, dass John Atkins die Beziehungen zwischen Weißen und Schwarzen in dieser Region als durch »gegenseitiges Misstrauen« geprägt beschrieb.[8]

Bevor sie in Bassa eintrafen, schlug Robert Durand im Handbuch für Steuerleute nach, um sich darüber zu informieren, wo man am besten ankern konnte. Dieses Manual war ein aus zwei großformatigen Bänden bestehendes Werk mit dem merkwürdigen Titel *La Tourbe Ardente*, »Der Brennende Torf«. Geschrieben hatte es der niederländische Kartograf Arent Roggeveen, und die holländische Originalfassung, *Het Brandende Veen*, war erstmals 1675, die französische Ausgabe kurze Zeit später erschienen.[9] So genau waren Roggeveens Angaben zu den Landestellen und Ankerplätzen an der westafrikanischen Küste, dass *La Tourbe Ardente* 50 Jahre später immer noch zum Rüstzeug eines Schiffsoffiziers gehörte. Laut Empfehlung des Handbuchs sollte die *Diligent* am besten dort vor Anker gehen, wo der Küstenwald sich im Norden und der Berg sich in Nordnordost befand. Dort werde man in einer Tiefe von 22 bis 23 Faden auf sandigen Boden stoßen.

Nachdem sie Bassa hinter sich gelassen hatten, segelten sie weiter an der westafrikanischen Küste entlang. Robert Durand, der das Ufer die ganze Zeit über beobachtete, konnte hin und wieder ein paar unbewaldete Küstenstriche zwischen ausgedehnten niedrigen Mangrovensümpfen ausmachen. Gelegentlich gerieten auch ein paar Eingeborenendörfer in sein Blickfeld.

Um ihre jeweilige Position zu bestimmen, waren sie jetzt weniger auf die Errechnung von Längen- und Breitengrad angewiesen, sondern vielmehr in der Lage, sie mithilfe bestimmter Hügel, Dörfer oder auch Baumgruppen an Land zu ermitteln. Durand hielt die Umrisse charakteristischer Punkte mit der Zeichenfeder in seinem *journal* fest, sodass er sie wiedererkennen würde, falls ihn sein Weg jemals wieder hierher führen sollte. Sie trieben nun in der Guinea-Strömung dahin, die sie bis nach Whydah und noch darüber hinaus befördern würde.

16

An der Goldküste, 9. August 1731

Während der drei Wochen, seitdem sie erstmals die afrikanische Küste in Höhe der Sestos-Mündung gesichtet hatten, waren die Männer der *Diligent* dicht an Land weitergesegelt. In der ersten Woche hatten sie einen südöstlichen Kurs gesteuert und viele Mangrovensümpfe passiert, die diese Küstenregion charakterisierten. Am 5. August hatten sie Kap Palmas umsegelt, und in den darauf folgenden zwei Wochen steuerten sie beinahe genau nach Osten, während zur ihrer Linken jene Region vorbeizog, welche auf ihrer holländischen Karte als Elfenbeinküste bezeichnet wurde. Während dieser drei Wochen hatten sie keinen Versuch unternommen, Sklaven zu kaufen, weil es den Eingeborenenherrschern in dieser Gegend noch mehr als denen an der Kornküste widerstrebte, sich auf derartige Geschäfte mit Europäern einzulassen.

Das Aussehen der Küste änderte sich dramatisch, als der Ausguck am 9. August um halb elf Uhr vormittags bei Axim das holländische Fort ausmachte, das auf einem Felsvorsprung am Ufer aufragte. Sie waren an der Goldküste angelangt, die so hieß, weil es in ihrem Hinterland Goldminen gab, wo Eingeborene nach dem Edelmetall schürften, das von schwarzen Händlern an der Küste verkauft wurde.

Die Portugiesen waren um 1471 als erste Europäer in dieses Gebiet gekommen und hatten dort Eingeborene angetroffen, die mit schwerem Goldschmuck behängt waren und auch große Mengen des Metalls sehr günstig zum Kauf anboten. Irrtümlicherweise nahmen sie an, dass die Minen sich in der Nähe der Küste befänden, der sie den Namen *Mina de Ouro*, »Goldmine«, gaben. Elf Jahre später begann ein Trupp portugiesischer Soldaten und Handwerker, das Kastell São Jorge da Mina zu errichten. Es diente als Handelsposten zum Ankauf von Gold, das von einer Karavellen-Flotte, die einmal im Jahr eintraf, nach Portugal transportiert wurde. 1515 legte man ein zweites Fort an und um 1550 ein drittes. Entgegen ihren Gepflogenheiten in anderen Teilen der Welt versuchten die Portugiesen nicht, das Land zu erobern oder in Besitz zu nehmen. Sie blieben »Pächter« der lokalen Eingeborenenhäuptlinge, denen sie Abgaben zahlten, bestanden jedoch auf Beibehaltung ihrer Souveränität innerhalb der Wälle ihrer Forts. Ähnliche Abkommen mit den örtlichen Herrschern trafen später alle anderen Nationen, die an der Goldküste Niederlassungen einrichteten.[10]

Im frühen 17. Jahrhundert fochten die Niederländer das Monopol der Portugiesen auf den Handel mit der Goldküste an. Sie entsandten ein mit Ziegelsteinen und Bauholz beladenes und mit Zimmerleuten und Maurern voll gestopftes Schiff und ließen in aller Hast, noch bevor die Portugiesen darauf reagieren konnten, ein Kastell bauen. Von diesem Stützpunkt aus griffen sie ihre Konkurrenten an und eroberten zwischen 1637 und 1642 alle ihrer Forts. Kaum hatten jedoch die Holländer diesen Konflikt zu ihren Gunsten entschieden, als die von der britischen Krone geförderte, in London ansässige Company of Adventurers ebenfalls ein Fort anlegen ließ; die schwedische Afrika-Gesellschaft folgte mit Fort Carolusburg. Um den Schweden Paroli zu bieten, bauten die Holländer eine neue befestigte Anlage bei Butri. Während sie noch damit beschäftigt waren, die Schweden aus Carolusburg zu vertreiben, hatten die Dänen bereits bei Akkra mit der Errichtung von Christiansborg begonnen. Der Hauptzweck aller dieser Befestigungsanlagen bestand darin, den Ankauf von Gold zu ermöglichen und das wertvolle Metall sicher zu lagern, sodass die Schiffe der verschiedenen Gesellschaften es sofort nach ihrem Eintreffen an Bord nehmen und die Heimreise antreten konnten.

In den Sechzigerjahren des 17. Jahrhunderts, als Briten und Dänen einander immer wieder bekämpften in dem Bestreben, sich gegenseitig von der

Goldküste zu vertreiben, wechselten viele Forts mehrfach den Besitzer. Nach diesen Auseinandersetzungen begannen beide Gegner ihre Aktivitäten auszuweiten und ihre militärische Präsenz zu verstärken. Die Holländer legten ein neues Fort an und bauten vier bereits existierende umfassend aus, während die Engländer auf den Ruinen der alten schwedischen Carolusburg ihr imposantes Cape Coast Castle errichteten. Nach dem Seekrieg zwischen Holland und England von 1672 bis 1674 gründeten die Engländer viele Forts und Handelsstationen in unmittelbarer Nähe vergleichbarer Einrichtungen ihrer Gegner, die mit dem Bau neuer Kastelle bei Sekondi und Takoradi reagierten. Im späten 17. Jahrhundert stieg die »Brandenburgische Afrika-Gesellschaft« in das Geschäft mit der Goldküste ein; die Preußen legten in den Achtzigerjahren drei befestigte Niederlassungen an. Auch die Franzosen versuchten, sich am Goldhandel zu beteiligen. Sie gründeten 1687 eine Handelsstation, die aber von den Holländern niedergebrannt wurde. 1701 kamen sie zurück, um ein hölzernes Kastell zu bauen, änderten dann aber ihre Pläne, als ihr Land den *Asiento* erhielt, den Vertrag zur Versorgung der spanischen Kolonien in der Neuen Welt mit Sklaven. Sie bevorzugten es in der Folgezeit, sich auf den Handel mit Sklaven zu konzentrieren, rückten wieder von der Goldküste ab und errichteten ein Fort bei Whydah an der Sklavenküste. Da die Spanier für die ihnen gelieferten Schwarzen mit Gold und Silber zahlten, diente Sklavenhandel den Franzosen als Mittel, um auf indirektem Wege an diese Edelmetalle zu gelangen.

Als die *Diligent* 1731 an der Sklavenküste eintraf, gab es dort 15 Forts, die in holländischem Besitz waren. Die Engländer unterhielten neun und die Dänen eines.[11] Die Schweden, die Preußen, die Portugiesen und die Franzosen waren allesamt abgezogen. 25 größere Festungsanlagen verteilten sich – manchmal nur einen Kanonenschuss weit voneinander entfernt – über einen 450 Kilometer langen Küstenstrich, was bedeutete, dass es hier in Westafrika eine Konzentration solcher Festungen gab wie in keiner anderen Region der Erde. Sie waren alle direkt an die Felsen der Küste herangebaut, sodass sie mit ihren Kanonen die Häfen und Ankerplätze bestreichen und somit gewährleisten konnten, dass die Geschäftsinteressen ihrer jeweiligen Länder oder Gesellschaften nicht beeinträchtigt wurden. Über jedem Fort flatterte eine riesige Landesflagge, sodass die Besatzungen der Schiffe sie schon von weitem identifizieren konnten.

16.1 Die afrikanischen Königreiche an der Goldküste, wie sie auf dieser 1729 entstandenen Karte von d'Anville eingetragen sind.

Weil so viele der Forts aus strategischen Belangen und auf Grund der ganz allgemein zwischen den verschiedenen europäischen Nationen herrschenden politischen Rivalitäten errichtet worden waren, standen sie von ihrer Größe und ihrer Zahl her in keinem Verhältnis zum Volumen des Handels, der bei und in ihnen betrieben wurde. Das Geschäft mit dem Gold, das ihren Bau ursprünglich gerechtfertigt hatte, war im Niedergang, und die Europäer versuchten diese geschäftliche Einbuße dadurch wettzumachen, dass sie den Handel mit Sklaven ausweiteten. Im ersten Viertel des 18. Jahrhunderts kamen 20 Prozent der über den Atlantik transportierten Sklaven von der Goldküste.[12]

Hinter der Linie der Forts lagen viele kleine, unabhängige afrikanische Staaten. Auf d'Anvilles Karte von 1729 waren 33 solcher Staaten verzeichnet, welche die Küste säumten, die sich aber auch landeinwärts in großer Zahl ausbreiteten.[13] Afrikanische Händler aus dem fernen Inneren des Kontinents mussten daher auf ihrem Weg an die Küste eine ganze Reihe solcher Staaten durchqueren, von denen jeder Zoll- und Maklergebühren erhob. Häufig flammten politische Auseinandersetzungen und sogar Kriege auf, wenn näher am Meer gelegene Staaten versuchten, die Handelsstraßen unter ihre Kontrolle zu bringen, während die Binnenländer danach trachteten, sich freien Zugang zur Küste zu verschaffen.

Die bedeutendste politische Entwicklung im frühen 18. Jahrhundert war der Aufstieg des Binnenstaates Asante, der in den Zwanzigerjahren so umfassende Kontrolle über die Handelsrouten erlangt hatte, dass seine Kaufmannskarawanen und Truppen nahezu ungehindert die Küste aufsuchen konnten. Im Februar 1731, nur sechs Monate vor dem Eintreffen der *Diligent*, hatte ein aus 10 000 Kriegern bestehendes Asante-Heer in Reichweite der Geschütze des Forts von Axim sein Lager aufgeschlagen. Die Asanter (Ashanti) waren über Flüchtlinge aus dem Staat Wassa hergefallen, mit dem ihr Land kurz zuvor Krieg geführt hatte. Da das weitere Florieren des Handels ihrer Gesellschaft davon abhing, dass sie gute Beziehungen zu Asante wahrten, hatten die Holländer nicht eingegriffen.

Fort Axim war die erste Festung dieser Art an der Goldküste, welche die Männer der *Diligent* zu Gesicht bekamen. Die ganze Anlage bestand aus drei Bastionen und war mit 24 Kanonen bestückt. Von Axim aus wurde mehr Gold exportiert als von allen anderen holländischen Forts an der Goldküste zusammen, vor allem auch deswegen, weil man von den westlichen Handelsstraßen, die aus den Goldfeldern von Asante und Aowin hierher führten, profitierte.[14] Axim stand bei den Seeleuten im Ruf, ein besonders günstiger Ort zu sein, um die Wasserfässer wieder zu füllen und neues Brennholz an Bord zu nehmen. Nachdem sie in dem zehn Faden tiefen Küstengewässer vor dem Fort geankert hatten, grüßte der Geschützmaat der *Diligent* die holländische Besatzung mit fünf Salutschüssen. Das Fort hatte das Schiff mit drei Schüssen willkommen geheißen, woraufhin ausgewählte Besatzungsmitglieder in dem großen Beiboot und in der Jolle an Land geschickt wurden. Der stellvertretende Kapitän Valteau bat den holländischen Kommandanten des Forts um die Erlaubnis, zehn Klafter Holz für den Preis von acht *akies* Gold, das heißt eine halbe Unze pro Klafter, zu schlagen. Valteau entrichtete den fälligen Betrag in Form von Branntwein. Dann schickte er die zwei Zimmerleute der *Diligent* in den Wald, um Brennholz zu beschaffen und aus den Stämmen der gefällten Bäume Bretter zu sägen, mit denen sie später die *Diligent* zu einem Sklavenschiff umrüsten wollten. Afrikanische Diener des Forts schleppten das Holz ans Ufer und beluden das Beiboot der *Diligent* damit. Aus einem Brunnen füllten die Franzosen auch ihre Wasserfässer, die ebenfalls mit drei Fahrten zum Schiff befördert wurden.

In Axim kamen sie nach drei Wochen an der Küste Afrikas erstmals mit dem Sklavenhandel in Berührung. Der holländische Kommandant

16.2 Durands Zeichnung des holländischen Forts Axim.

des Forts versuchte Kapitän Mary einen gefangenen Eingeborenenjungen zu verkaufen, doch die beiden konnten sich nicht auf den Preis einigen. Eine weitere Chance, sich Sklaven zu beschaffen, ergab sich in der Nacht, als örtliche Sklavenhändler heimlich mit ihrer Ware zur *Diligent* herauskamen. Da die Holländer an dieser Stelle der Küste das Monopol auf den Sklavenhandel beanspruchten, riskierten sowohl die afrikanischen Händler als auch die Kapitäne europäischer Schiffe harte Strafen, wenn sie miteinander Geschäfte machten. Kapitän Mary schlug daher auch mehrere Angebote aus, unter der Hand Sklaven zu kaufen. Er wusste, dass er in den kommenden Wochen und Monaten noch viele Gelegenheiten zum legalen Ankauf von Eingeborenen haben würde.

Nachdem sie Holz und Wasser an Bord genommen hatte, steuerte die *Diligent* von Axim aus nach Westen. In der Nacht warfen sie den Anker, da es gefährlich war, nach Einbruch der Dunkelheit, wenn man ihre felsigen Ausläufer nicht mehr erkennen konnte, so dicht an der Küste entlang zu segeln. Robert Durand trug in sein *journal* ein, dass das Schiff nur 15 Meilen von einem Fort entfernt vor Anker ging, das er als »Fort Brandenburg oder

16.3 Durands Zeichnung der Anlage, die er »Fort Brandenburg oder Fort Konny« nannte.

Fort Konny« bezeichnete. In einer Hinsicht irrte Durand sich, was den Namen betraf, da die Anlage bis 1724 Groß-Friedrichsburg geheißen hatte, bis die Holländer sie übernahmen und in Fort Hollandia umbenannten. In anderer Hinsicht waren die Namen, die Durand ihm gab – Fort Brandenburg oder Fort Konny –, korrekt: Sie bezogen sich auf bestimmte Aspekte der Geschichte dieses Stützpunkts.

Groß-Friedrichsburg war 1683, also nahezu 50 Jahre zuvor, erbaut worden, als die Brandenburgische Afrika-Kompanie im Goldhandel Fuß fassen wollte. In den Zwanzigerjahren des 18. Jahrhunderts war ihr damit einiger Erfolg beschieden, vor allem auch dank der Hilfe eines einheimischen Händlers und Maklers, John Konny, der seine Kontakte zu den Gold fördernden Binnenstaaten Asante und Aowin ausgenutzt hatte. Konny hatte zudem die preußische Handelsgesellschaft dazu ermuntert, Schwarzhändler willkommen zu heißen – also Schiffe, die ohne Genehmigung ihrer Regierung oder einer der Handelsgesellschaften ihres Landes Geschäfte tätigten. Indem er europäische Schwarzhändler mit afrikanischen Händlern aus dem Inland zusammenbrachte, konnte er europäische Waren zu niedrigeren Preisen besorgen, als es den Briten und den Holländern möglich war, und erfreute sich in der Niederlassung bald einer großen Kundschaft, bestehend aus Ashanti-Händlern.

1715 entmachtete John Konny den von der Gesellschaft eingesetzten Leiter des Forts, Nicholas Dubois, und übernahm selbst das Kommando. Die Engländer kommentierten diesen Vorgang dahingehend, dass sich eigentlich wenig geändert habe, denn sogar vor dieser Revolte habe der europäische Statthalter ohne die Erlaubnis und Einwilligung John Konnys nichts unternehmen können. Konny schickte Dubois nach Europa, wo er sich mit den Direktoren der Gesellschaft beraten sollte, und war damit unangefochtener Herrscher über das Fort. Er entließ fast alle weißen Angestellten und behielt nur einen Kommandanten und einen Feldwebel zur Aufrechterhaltung der Administration. Im November 1717 verkauften die Preußen das Fort an die Holländer, ohne Konny zu fragen oder ihn überhaupt zu informieren. Konny erklärte die Transaktion für ungültig; er behauptete, der König von Preußen sei lediglich sein Pächter und daher nicht berechtigt, Eigentum, das sich auf seinem, Konnys, Grund befinde, ohne seine Erlaubnis zu veräußern. Von Holland aus stachen daraufhin drei Schiffe mit Bewaffneten in See, die das Fort erobern sollten. Als ihre Vorhut auf einen Trupp der Verteidiger stieß, der von Konny selbst angeführt wurde, kam es zum Gefecht. Die Holländer mussten sich schließlich zurückziehen; sie ließen 36 der Ihren tot zurück. Unter den Europäern machten anschließend Gerüchte die Runde, Konny habe den Zugang zu seinem Haus mit den Schädeln der Gefallenen pflastern lassen.[15]

Als der Engländer John Atkins das Fort im Jahr 1721 besuchte, wartete John Konny am Meeresufer auf ihn, um ihn willkommen zu heißen und zu seinem neuen Haus zu geleiten, das er aus den Steinen der Befestigungsanlage gebaut hatte. Da er jahrelang mit den Preußen zusammengearbeitet hatte, sprach Konny fließend Deutsch, aber auch genügend Englisch, um in dieser Sprache fluchen zu können. »Er ist ein kräftiger Mann«, berichtete Atkins, »um die fünfzig, mit mürrischem Gesichtsausdruck.« Zu Konnys Haus »führt eine doppelte Treppe aus Stein mit zwölf Stufen hoch; in diesem [unteren] Stock sind drei schöne Räume, der eine ist seine Waffenkammer, der zweite sein persönliches Gemach mit einem Bett darin, der dritte der Salon, wo er Gäste bewirtet, möbliert mit Tischen, Stühlen etc.«. Am Abend setzte Konny seinem Besucher ein Mahl aus »altbackenem Brot, gesalzener Butter, Käse, Palmenwein und Bier« vor, »alles serviert auf sauberen Tellern, mit Messern, Mundtüchern etc.«. Obwohl das Essen ihn enttäuschte, hielt Atkins fest, dass Konny die Etikette wahrte und »Würde ausstrahlte«.[16]

Die holländische Westindien-Kompanie beharrte auf ihrem dubiosen Anspruch auf das Fort, zum Teil auch deswegen, weil Konny es zu einem Schlupfwinkel für europäische Schwarzhändler gemacht hatte. Dem Afrikaner schwebte ein »freier Hafen« vor, in dem »alle Nationen Handel treiben, aber keine sich niederlassen könne«. Das war eine Philosophie, welche jener der Handelsgesellschaften der verschiedenen Länder zuwiderlief, die an ihren diversen Monopolen festhalten wollten. Im November 1724 stürmte ein holländisches Kontingent unter dem Einsatz von Kanonen das Fort. John Konny flüchtete in den Küstenstaat Ankober auf der anderen Seite des gleichnamigen Flusses, direkt gegenüber von Fort Axim. Indem er aus seinem Exil heraus mithilfe eines englischen Schiffes von Cape Coast Castle aus Handel trieb, wurde Konny zu einem ernsthaften Konkurrenten der Holländer in Axim, die lamentierten: »John Konny behindert alles und lässt keine Kaufleute passieren.« Sie beschwerten sich auch darüber, dass die Engländer mit ihm um den Kauf der beiden kleineren Stützpunkte der Brandenburger Afrika-Gesellschaft, Fort Dorothea und Fort Luise, die noch unter seiner Herrschaft standen, verhandelten.[17]

Die *Diligent* war nur fünf Meilen von dem von Robert Durand als »Fort Brandenburg oder Fort Konny« bezeichneten Stützpunkt entfernt vor Anker gegangen, als sich ihr ein Kanu mit zwei Eingeborenen näherte. Die beiden überbrachten einen Brief vom Leiter der Niederlassung, der die Franzosen einlud, den Liegeplatz in die Bucht vor dem Fort zu verlegen, und ihnen seine Dienste anbot. Das war eine erstaunliche Offerte, weil die holländische Westindien-Kompanie immer noch das Monopol auf den Sklavenhandel von ihren Stützpunkten aus für sich beanspruchte. Anscheinend tätigte der Direktor heimlich Geschäfte mit Ausländern. Mary befahl, die *Diligent* näher an das Fort heranzumanövrieren – in der Tat ließ es sich dort besser ankern –, schlug aber alle anderen Angebote aus. Am nächsten Morgen erhielt er ein zweites Schreiben, mit dem er aufgefordert wurde, an Land zu kommen und sich die Sklaven anzuschauen, die der Kommandant zum Kauf anzubieten hatte. Kapitän Mary lehnte auch dieses ab, weil er glaubte, in Whydah preiswerter einkaufen zu können.

In den folgenden vier Tagen segelte die *Diligent* an dem englischen Fort Dixcove und dem holländischen Batensteyn vorbei sowie an den englischen und holländischen Stützpunkten bei Commendo und dem holländischen Fort Hampeny. Durand skizzierte alle diese Orte in seinem *journal*, um sie wiedererkennen zu können, wenn er wieder in diese Gegend kommen sollte. Bei Commendo begegneten sie einem Schiff der holländischen Küstenwache, das mit 50 Kanonen bestückt war und vor allem dafür zu sorgen hatte, dass die portugiesischen Schiffe, die von Brasilien aus die Guinea-Küste ansteuerten, den Holländern eine Abgabe von zehn Prozent entrichteten. Um neun Uhr am Morgen des 21. August, eines Dienstags, verließ der stellvertretende Kapitän Pierre Valteau die *Diligent* mit dem von mehreren Ruderern bemannten Beiboot, um vor seinem Schiff nach Elmina zu gelangen und dort ein Kanu aufzutreiben, das ihn nach Whydah bringen würde, wo er dem französischen Fort die unmittelbar bevorstehende Ankunft des Seglers melden sollte. Da sie nicht vom Wind abhängig waren und die Guinea-Strömung auszunutzen gedachten, konnten mit Muskelkraft vorangetriebene Wasserfahrzeuge schnellere Fahrt machen als ein großes Segelschiff. Was das Fortkommen der *Diligent* vor allem hemmte, war der ungünstige Wind, der hier im August zumeist wehte. Nach dem 15. September würde die Lage sich bessern.[18]

17

Elmina, Goldküste, 21. August 1731

Am Dienstag, dem 21. August, erreichte die *Diligent* das sagenumwobene Kastell von Elmina, das Durand einfach als »Die Mine« bezeichnete. Dieses älteste und größte der europäischen Forts an der Goldküste war von 1482 an als *São Jorge da Mina* von den Portugiesen erbaut worden. Kolumbus war einige Zeit vor seiner ersten Fahrt in die Neue Welt hier zu Gast gewesen.[19] Den Portugiesen hatte es als Zentrum für den Goldhandel gedient, wo sie das Edelmetall den afrikanischen Händlern, die es aus den Minen im Inland herbeigeschafft hatten, abkauften.

Die Holländer, die ihr erstes Fort an der Goldküste 1612 erbaut hatten, versuchten 1625 die Portugiesen aus Elmina zu vertreiben, erlitten aber eine

Niederlage. Sie kehrten 1637 zurück, und diesmal gelang es ihnen, Kanonen auf den Santiago-Hügel zu schaffen, von wo aus sie die am wenigsten geschützte Seite des Kastells unter Beschuss nahmen. In den folgenden fünf Jahren trieben sie die Portugiesen auch aus ihren Forts bei Shama und Axim. 1661 schlossen Holländer und Portugiesen ein Abkommen, demzufolge die Portugiesen darauf verzichteten, an der Guinea-Küste Handel zu treiben.

Obwohl Schiffe, die aus Portugal selbst kamen, offenbar diese Vereinbarung befolgten, hielten jene, welche in Brasilien die Anker gelichtet hatten, sich nicht daran, und in den Neunzigerjahren des 17. Jahrhunderts erklärten die Holländer sich daher bereit, portugiesischen Schiffen an der Küste Guineas Geschäftsbefugnisse einzuräumen, wenn sie vorher die Erlaubnis des holländischen Generalgouverneurs in Elmina einholten und eine Steuer von zehn Prozent zahlten.[20] Diese Übereinkunft hatte auch noch Bestand, als die *Diligent* bei Elmina eintraf.

Obwohl Robert Durand mittlerweile schon viele Forts an der Goldküste gesehen hatte, fand er Elmina wahrhaft beeindruckend. Er schrieb: »Elmina ist im Besitz der Holländer, und alle anderen Forts an dieser Küste, die dieser Nation gehören, sind ihm untergeordnet, weil der Generalgouverneur in ihm residiert. Es ist zweifelsohne das ansehnlichste und stärkste Fort an der Küste. Es liegt am Meeresufer, und höher auf einem Berg thront ein zweites Fort, welches jenes weiter unten überragt. Sie sind durch einen kleinen Fluss voneinander getrennt, der mithilfe einer Zugbrücke überquert werden kann. Der Hafen befindet sich auf der Nordostseite, wo es einen Kai gibt, an dem Beiboote und kleinere Segelschiffe anlegen, die aber nur bei Flut hinein- und hinausfahren können. Das Dorf am Fuß der beiden Forts ähnelt einer kleinen Stadt. Die Straßen sind schön angelegt, und es gibt dort Handwerker aus allen Berufen. Die Häuser sind sehr hübsch.« Durand befasste sich dann mit der Befestigungsanlage selbst. »Dieser Ort wird für uneinnehmbar angesehen«, schrieb er. »Die Anlage ist mit über 200 Kanonen bestückt, von denen die meisten aus Gusseisen sind. Die Portugiesen, die an die Küste kommen, um Handel zu treiben, entrichten den Holländern ein Zehntel ihrer Fracht als Abgabe, und sie wagen nicht, einen einzigen Sklaven zu kaufen, ohne vorher bei Elmina zu ankern, um zu zahlen, was sie schuldig sind. Aus diesem Grund gibt es stets holländische Küstenwach-

17.1 Durands Zeichnung des Kastells von Elmina.

schiffe, welche die portugiesischen Schiffe zum Beidrehen zwingen, um sich den Freibrief des Generalgouverneurs von Elmina zeigen zu lassen.« Durand fügte noch an, dass im Jahr zuvor 31 portugiesische Schiffe die Abgabe entrichtet hätten und nur ein einziges aufgebracht und beschlagnahmt worden sei, weil die Zahlung nicht erfolgt war.[21]

Während der ersten zwei Jahrzehnte des 18. Jahrhunderts hatte das holländische Handelswesen einen gravierenden Wandel erfahren, indem sich sein Schwerpunkt vom Geschäft mit dem Gold zu jenem mit Sklaven verlagerte. Beides war von Anfang an miteinander verflochten gewesen, aber auf sehr merkwürdige Art und Weise. Als die Portugiesen damit begonnen hatten, bei Elmina Gold von einheimischen Händlern zu erwerben, hatten sie dafür mit einer Vielzahl verschiedener Handelsgüter bezahlt – nicht nur mit Tuch, Eisenwaren und Wein, sondern auch mit Sklaven, die sie aus der Region um die Bucht von Benin und von der Insel São Tomé herbeischafften. Diese Arbeitskräfte wurden von wohlhabenden Afrikanern gekauft und als Lastträger verwendet, in den Goldminen eingesetzt oder auch als Holzfäller, die den Urwald rodeten. Zwischen 1475 und 1540 wurden mehr als 12 000 Sklaven von den Portugiesen *in* die Staaten an der Goldküste *importiert.*

Danach nahm die Zahl ständig ab, doch Forts wie Elmina und Axim stellten weiterhin bedeutende Umschlagplätze für Sklaven dar, die zur Arbeit in den Regionen an der Goldküste gezwungen wurden. Im Laufe des gesamten 17. Jahrhunderts kamen zwischen 40 000 und 80 000 Sklaven über die Häfen an der Küste *in* diese Region. [22]

Nachdem die Holländer die Portugiesen vertrieben hatten, versuchten sie die Trennung zwischen der Goldküste, wo vor allem mit diesem Edelmetall gehandelt wurde, und der Sklavenküste, wo man schwarze Arbeitskräfte kaufte, aufrechtzuerhalten. Im Kastell von Elmina gab es bis 1687 – mehr als 200 Jahre nach seiner Errichtung – noch nicht einmal die Räume und andere Einrichtungen, die dazu nötig waren, Sklaven für einen gewissen Zeitraum festzuhalten, und auch danach schuf man nur die Möglichkeit, Sklaven dort so lange zu »lagern«, bis sie auf Schiffe, die von der Sklavenküste kommend hier eintrafen, verladen werden konnten.[23] Dennoch wurde eine geringe Menge Sklaven – im Durchschnitt weniger als 200 im Jahr – zwischen 1675 und 1720 auf holländischen Schiffen aus dem Gebiet an der Goldküste exportiert. Nach 1720 jedoch stieg diese Zahl dramatisch an: auf 1000 jährlich in der Zeit von 1721 bis 1725 und 2000 im Jahr zwischen 1725 und 1730.[24] Die Forts wurden zu Umschlagplätzen für Sklaven, wo diese auch längere Zeit festgehalten werden konnten, bis ein Schiff der Gesellschaft eintraf, um sie fortzuschaffen.

Aus einem 1730 verfassten holländischen Memorandum wird klar ersichtlich, welches die Ursache für diese Entwicklung war: »Jene Region Afrikas, die früher einmal wegen der großen Menge des edlen Metalls, die dort sowohl von der Kompanie als auch von privaten holländischen Schiffen gekauft wurde, als Goldküste bekannt war, hat sich jetzt eigentlich in eine reine Sklavenküste verwandelt. Die große Menge Kanonen und Schießpulver, welche die Europäer bei vielen Gelegenheiten hierher befördert haben, hat schreckliche Kriege zwischen den Königen, Fürsten und Caboceers[25] jener Länder ausbrechen lassen, die aus ihren Kriegsgefangenen Sklaven machten; diese Sklaven wurden zunehmend von den Europäern zu ständig steigenden Preisen gekauft. In Folge davon betreiben die Neger an der Küste jetzt sehr wenig Handel außer mit Sklaven, und diese Küstenneger blockieren unablässig die Handelsstraßen und hindern so die Völker, die weiter im Inneren wohnen, daran, ihr Gold, Elfenbein usw. an das Ufer des Meeres zu bringen.«[26]

Der Verfasser dieser Denkschrift hatte richtig erkannt, dass Feuerwaffen die Art und Weise, in der die kleinen Staaten an der Goldküste gegeneinander Krieg führten, revolutioniert hatten. Nachdem Gewehre mit Steinschlössern von 1690 an die älteren Musketen mit den unzuverlässigen Luntenschlössern abgelöst hatten, war die Nachfrage nach solchen Waffen in Afrika deutlich gestiegen, und die Heere der einzelnen Länder schienen auch ständig frisches Schießpulver zu benötigen, da dieses sich in dem feuchtwarmen Klima nicht lange lagern ließ. 1700 verkauften allein die Holländer 20 000 Tonnen Schwarzpulver an der Goldküste, und um 1730 wurden nahezu 180 000 Gewehre in die Regionen der Gold- und der Sklavenküste gebracht.[27] Diesen Aufschwung erfuhr der Handel mit Feuerwaffen auch, weil die Europäer keinerlei Bedenken hatten, den Afrikanern so viele Flinten und Pistolen zu liefern, wie diese wünschten. Als sich die Ashanti im August 1718 für einen Krieg gegen die Staaten Wassa und Aowin rüsteten, kauften sie von den Holländern auf einen Schlag drei Tonnen Schießpulver. Um sich verteidigen zu können, beschafften sich die Herrscher von Wassa und Aowin Reservewaffen, die sie – wie das hierzu erforderliche Schießpulver – in Fort Axim erwarben. Im Kastell von Elmina sollte es am 2. April 1732 zu einer kleineren Krise kommen, als dort eine Sklavenkarawane der Ashanti eintraf, die Feuerwaffen als Bezahlung forderten. Der Generalgouverneur schickte in größter Hast ein Rundschreiben an alle anderen Forts mit dem Befehl, sämtliche verfügbaren Flinten sofort in Elmina abzuliefern.[28]

Die Kriege, die mit diesen Waffen geführt wurden, waren keineswegs so ungeplant und brachen nicht so unvermittelt aus, wie es der Verfasser des holländischen Memorandums zu implizieren schien. Es handelte sich bei diesen Konflikten vielmehr um einen komplexen Kampf um die Kontrolle über die Handelsstraßen, und ein wichtiger Faktor dabei war der Aufstieg des Königreichs der Ashanti im Hinterland der Forts. Zu Beginn des 18. Jahrhunderts war dieses Reich nichts anderes als ein lockeres militärisches Bündnis mehrerer Kleinstaaten im Inneren des Landes gewesen, doch unter der Herrschaft von Osai Tutu hatte ein Prozess der Konsolidierung und der Expansion eingesetzt. Die Handelsverbindungen der Ashanti mit der Küste waren durch den Staat Denkyira blockiert gewesen, daher hatten sie dieses Reich 1701 besetzt, dessen Bewohnern nichts anderes übrig geblieben war, als sich der Übermacht der Eindringlinge zu beugen. Dieser

Sieg verschaffte den Ashanti-Händlern freien Zugang zu den Forts an der Küste, sie waren aber immer noch gezwungen, die Territorien von kleinen Staaten, wie Aowin, Wassa und Twifo, zu durchqueren, die ihnen Zölle und Gebühren abverlangten und ihnen den Weg zur Küste nach Belieben versperren konnten. 1727 hatten die Ashanti viele dieser kleineren Staaten ihrem eigenen Reich unterworfen.[29]

In den Zwanzigerjahren brach mindestens einmal im Jahr eine größere Handelskarawane der Ashanti nach Elmina oder einem seiner Außenposten auf. Sie brachten nur wenig Gold mit – da dieses in ihrem eigenen Reich sehr begehrt war –, dafür jedoch vor allem Elfenbein und Sklaven.[30] Nur fünf Monate vor der Ankunft der *Diligent* war »eine große Schar« Ashanti-Sklavenhändler mit ihrer »Ware« in Elmina eingetroffen, was der holländischen Westindien-Kompanie Probleme bereitet hatte, weil weder in Elmina noch in einem der anderen Forts irgendwelche Handelsgüter vorrätig waren. Überstürzt dirigierte die Gesellschaft ein privates Sklavenschiff aus der Provinz Seeland, das eigentlich nach Jakin unterwegs war, um, sodass man die Waren an Bord verwenden konnte, um den Ashanti ihre Sklaven abzukaufen.[31] Es waren Sklavenkarawanen wie die erwähnte, die zu einem großen Teil für den Anstieg der holländischen Sklavenexporte in den Zwanzigerjahren des 18. Jahrhunderts verantwortlich waren. Vor dieser Zeit hatten die Ashanti ihre Kriegsgefangenen auch schon versklavt, sie aber selbst in der Landwirtschaft und in den Goldminen eingesetzt. Um 1720 gab es in ihrem Reich eine ansehnliche Population von Sklaven, und es wurde von Massenfluchten berichtet.[32] Nachdem sie ihren eigenen Bedarf an Arbeitskräften gedeckt hatten, fühlten sich die Herrscher der Ashanti von ungefähr 1720 an frei, die überschüssigen Sklaven in andere Länder zu verkaufen. Als Bezahlung verlangten sie vor allem Feuerwaffen und Schießpulver, um die Voraussetzungen für eine weitere Expansion ihres Reiches zu schaffen.

Da für die *Diligent* keine Notwendigkeit bestand, bei Elmina einen Halt einzulegen, setzte sie – nachdem man den stellvertretenden Kapitän Valteau, dem es nicht gelungen war, ein Kanu für die Fahrt nach Whydah aufzutreiben, wieder an Bord genommen hatte – ihre Fahrt an der Küste entlang fort. In der Nacht ankerte sie ungefähr auf halber Strecke zwischen Elmina und Cape Coast Castle, dem administrativen Zentrum für die Unternehmungen der British Royal African Company an der Goldküste.

17.2 Durands Zeichnung von Cape Coast Castle.

Von diesem Fort aus wurden die Aktivitäten von acht weiteren größeren englischen Stützpunkten in der Region gesteuert. Als die *Diligent* ihren Anker setzte, waren beide Festungen, die holländische und die englische, die nur drei Meilen voneinander entfernt lagen, in Sicht. Indem er die beiden Anlagen verglich, schrieb Robert Durand: »Das Fort bei Cape Coast ist das ansehnlichste, das die Engländer an dieser Küste besitzen, und wenn es auch nicht genau das stattliche Aussehen von Elmina hat, muss es doch im Inneren weitläufiger sein, und es ist wohl kaum weniger stark.« Durand brauchte seinen Kopf nur wenig von links nach rechts zu drehen, um die beiden mächtigsten Stützpunkte der Europäer an der Goldküste zu bewundern. Zusammen besaßen die Holländer und die Engländer 24 der 25 europäischen Stützpunkte und Festungsanlagen an der Goldküste.

So wie sich bei Elmina den Blicken eines Unbeteiligten nichts von den Veränderungen mitgeteilt hatte, von denen die Handelsaktivitäten betroffen waren, so sah man den hoch aufragenden Wehrmauern von Cape Coast Castle nicht an, dass die Gesellschaft, die hier ihren Sitz hatte, in den allergrößten Schwierigkeiten steckte. Sogar das Kastell selbst war nicht das, was es zu sein schien. Die Mauern waren zwar hoch, aber nicht sehr massiv, und der gesamte Komplex war sehr anfällig für Angriffe, weil man zu sei-

17.3 Die Verliese für die Sklaven befanden sich unter dem Innenhof von Cape Coast Castle.

nem Bau statt Mörtel Lehm verwendet hatte. Die Insassen des Forts beklagten sich darüber, dass es »nie einen trockenen Raum, um sich darin zu betten« gebe, und sie fürchteten, dass das ganze Kastell »vom Regen weggespült« werden könne.[33] So gravierend waren die Probleme geworden, die Anlage zu erhalten, dass dort zu der Zeit, als Robert Durand sie in seinem *journal* beschrieb, 50 Waffenschmiede, Schmiede und Zimmerleute stationiert waren, aber nur 40 Soldaten.[34]

Die Royal African Company hatte mit ganz anderen Schwierigkeiten zu kämpfen als die holländische Handelsgesellschaft. Zunächst einmal hatten sich die Briten nie der Auffassung der Portugiesen und der Holländer über die geografische Trennung von Gold- und Sklavenhandel angeschlossen und hatten zu jeder Zeit an jedem Ort Gold, Sklaven und Elfenbein eingekauft. Als die Londoner Company of Adventurers in den Vierzigerjahren des 17. Jahrhunderts das erste englische Fort an der Goldküste errichtet hatte, war dieses Bauwerk auch mit Kerkern für Sklaven ausgestattet worden, und als die 1672 gegründete Royal African Company 1674 daran gegangen war, das alte schwedische Fort Carolusburg zu erweitern, zu vergrößern und damit in Cape Coast Castle umzuwandeln, hatte sie unterirdische Verliese für Sklaven anlegen lassen: Es waren große Gewölbe gewesen, die man in den felsigen Grund unter dem Paradefeld gehauen hatte und in die 1000 Sklaven gepfercht werden konnten.[35]

Wenn auch dieser Kerker erfolgreich verhinderte, dass die gefangenen Afrikaner entkamen, bevor ein Schiff der Gesellschaft eintraf, um sie abzuholen, so starben die dort Festgehaltenen in derart großer Zahl, dass die Angestellten der Gesellschaft in London sich Sorgen zu machen begannen. 1718 meinte der Arzt von Cape Coast Castle, man könne die Zahl der Todesfälle verringern, indem man besondere Unterkünfte für kranke Sklaven einrichte und den Boden und die Wände des Kerkers mit drei Zentimeter dicken Brettern verkleide, um die gesundheitsschädliche Wirkung der feuchtkalten Steine abzumildern. Außerdem schlug er vor, 50 Zentimeter hohe hölzerne Podeste zu errichten, auf denen die Eingepferchten schlafen konnten. Um die Hygiene zu verbessern, wollte er Kübel einführen, »in die sich die Sklaven des Nachts erleichtern können«. Er empfahl außerdem, die unterirdischen Kerkerräume jeden Morgen mit Zitronen- oder Limonensaft zu reinigen, um den Gestank zu reduzieren; einmal in der Woche sollten sie ausgeräuchert werden, um die Luft in ihnen »aufzufrischen und wieder süßer zu machen«.[36]

Obwohl der Arzt solche detaillierte Vorschläge machte, wurde nichts unternommen, und 1721 beklagte sich der Beirat der Gesellschaft: »Trotz all unserer Sorgfalt, nur die ausgewähltesten Sklaven von einer Eurer Faktoreien entgegenzunehmen, haben wir jüngst eine große Sterblichkeit zu verzeichnen gehabt, und zudem ist eine ansehnliche Zahl von ihnen sehr geschwächt und in schlechter gesundheitlicher Verfassung.« Die hohe Sterblichkeitsrate wurde ganz unverblümt auf den »großen Schaden« zurückgeführt, »den das Sklavenloch ihrer Gesundheit zufügt«. Um Abhilfe zu schaffen, plante die Gesellschaft, neue Verliese zu bauen, die über der Erde und außerhalb der Mauern des Kastells liegen sollten. Damit, so glaubte man, würde man nicht nur bessere Lebensbedingungen für die Gefangenen schaffen, sondern auch die unterirdischen Gewölbe zur »Lagerung von Branntwein und anderen Waren, die man besser unter der Erde aufbewahrt« zur Verfügung haben. Wie schon frühere Projekte wurde auch dieses nicht verwirklicht.[37] 1731 vegetierten die Sklaven immer noch unter der Erde dahin. Nur acht Monate vor dem Eintreffen der *Diligent* hatte es eine Hand voll Gefangener geschafft, einen Eisenstab von einer Pforte zu entfernen, und sich gerade über einen zweiten Stab hergemacht, als ihr Fluchtversuch entdeckt wurde. Sie wurden sofort in ein anderes Verlies verlegt. Nachdem sie einen Tag lang auf brutalste Weise »befragt« worden waren, fand man heraus, wer ihr Anführer war: Der Mann erhielt 100 Hiebe mit der Peitsche.[38]

Trotz des gewaltigen Fassungsvermögens ihrer schauerlichen Verliese hatten die Briten während der zweiten Hälfte des 17. Jahrhunderts im Schnitt weniger als 2000 Sklaven im Jahr von der Goldküste aus in andere Länder verschifft. Gegen Ende des Jahrhunderts verdreifachte sich diese Zahl plötzlich, das heißt, sie stieg auf ungefähr 6000 pro Jahr, und das war auch der jährliche Schnitt zur Zeit des Eintreffens der *Diligent*.[39] Ein Grund für diesen Anstieg war darin zu sehen, dass das britische Parlament 1698 ein Gesetz verabschiedet hatte, demzufolge auch private Händler die Möglichkeit erhalten sollten, sich am Handel mit Guinea zu beteiligen – lange bevor die Franzosen und die Holländer diesem Beispiel folgten. Dieser Erlass räumte jedem privaten Geschäftsmann das Recht ein, überall in Afrika Handel zu treiben, wenn er der Royal African Company eine Abgabe von zehn Prozent für alle Güter entrichtete, die er aus England exportierte. Die englischen privaten Händler wurden daher bald als »Zehnprozenter« bekannt. Als das Gesetz 1712 seine Gültigkeit verlor, unternahm die Royal African Company einige Anstrengungen, ihr einstiges Monopol wiederzuerlangen, doch der Privathandel mit Afrika hatte sich mittlerweile so fest etabliert, dass der Versuch, ihn zu unterdrücken, nicht mehr realistisch war. Die wesentlichste Folge des Erlöschens jenes Erlasses war daher, dass die Royal African Company ihr Recht einbüßte, die zehnprozentige Abgabe von den Privatunternehmern zu kassieren.

Für die Company erwies es sich als ein gewaltiges Problem, alle ihre Forts weiter mit Personal zu besetzen und instand zu halten, nachdem sie diese Einnahmequelle verloren hatte. Während der Zwanzigerjahre wurden diese Anlagen, deren weiße Umrisse von den Klippen und Felsvorsprüngen der Goldküste leuchteten, immer mehr zu Dinosauriern. 1726 lieferte William Snelgrave, der Kapitän eines Sklavenschiffs, den Commissioners of Trade und Plantations in London einen Bericht über den Zustand dieser Festungen. In Fort Dixcove, so meldete er, gebe es nur noch fünf Engländer, und der Handel, der dort stattfinde, sei so bedeutungslos, dass es sich nicht lohne, den Stützpunkt zu erhalten. Das gelte auch für das Fort bei Sekondi. Ebenso seien in Komenda nur noch fünf Engländer anwesend. In Cape Coast Castle gebe es 20 Engländer, außerdem sei das Kastell mit über 40 Kanonen ausgerüstet, die jedoch zu nichts nütze seien: Schiffe müssten zu weit draußen vor Anker gehen, als dass die Kanonen sie schützen könnten, weil der Meeresboden zum Land hin felsig und gefährlich sei. Das Kastell selbst sei baufällig und der Handel dort nicht der Rede wert. Anamabu, ungefähr fünf Meilen östlich, sei ein neutraler Hafen und ziehe viele Händler von Cape Coast ab, doch das dortige Fort der Gesellschaft sei verfallen, und Snelgrave bezweifelte, ob die afrikanischen Herrscher jener Region seinen Wiederaufbau jemals zulassen würden. In den Forts bei Tatumkwery, Winneba und Accra gebe es jeweils zwischen zwei und fünf Engländer, und man sei dort nicht in der Lage, den Handel in der Region zu kontrollieren. Snelgrave berichtete des Weiteren, dass der holländische Generalgouverneur von Elmina ihm – recht hinterhältig – anvertraut habe, nicht einmal wenn die Engländer versuchten, ihm ihre Forts zu *schenken*, würde er sie annehmen.[40]

Berichte wie dieser veranlassten die Royal African Company dazu, den Landvermesser William Smith mit dem Auftrag loszuschicken, »genaue Pläne, Zeichnungen und Ansichten« von allen Forts und Stützpunkten der Gesellschaft in Westafrika anzufertigen.[41] Als Smith im September 1727 mit den Ergebnissen seiner Vermessungsarbeiten nach London zurückkehrte, wurde deutlich, dass die Gesellschaft ihre Stützpunkte nicht mit eigenen Mitteln instand zu halten vermochte. 1730 stimmte das britische Parlament zu, der Royal African Society einen jährlichen Zuschuss von 10 000 Pfund für die Bewahrung und Instandsetzung ihrer Forts zu gewähren.[42] In Anbetracht der Tatsache, dass der Gesellschaft 1731 für die Erhaltung der Kastelle und ihrer Besatzungen Kosten von insgesamt 13 500 Pfund entstanden waren, hatte die britische Regierung im Grunde die Finanzierung der Einrichtungen der Company an der Goldküste übernommen.[43] Die Bauten würden wieder hergerichtet werden, aber die Royal African Company – die letzte und größte der britischen Sklavenhandelsgesellschaften – würde finanziell nie wieder auf eigenen Füßen stehen. Wie die Franzosen hatten auch die Briten erkannt, dass nicht nur der Sklavenhandel selbst ein besonders lukratives Geschäft darstellte, sondern dass auch die von den Sklaven in den Kolonien in der Neuen Welt erzeugten Güter den großen Profit einbrachten. Der britische Staat war nur deswegen bereit, es der Royal African Company mittels finanzieller Unterstützungen zu ermöglichen, ihre strategische Position an der Goldküste zu bewahren, weil auf diese Weise die Versorgung der Kolonien mit Sklaven gewährleistet blieb.

In den vier Tagen, nachdem sie Cape Coast Castle hinter sich gelassen hatten, sah Robert Durand acht weitere Forts, die er allesamt skizzierte. Vier von ihnen gehörten den Engländern, drei den Holländern und eines den Dänen. Da ihm bewusst war, dass die *Diligent* bald die Goldküste passiert haben würde, begann Kapitän Mary, sich intensiver um den Ankauf von Sklaven zu kümmern. Obwohl der Sklavenhandel offiziell in den Stützpunkten der Handelsgesellschaften abgewickelt wurde, zündeten, wie Mary wohl bekannt war, unabhängige afrikanische Sklavenhändler oft an den Küstenstrichen zwischen den Forts Feuer an, um vorüberfahrenden Schiffen zu signalisieren, dass sie Sklaven zu verkaufen hatten. Als die *Diligent* am Abend des 21. August zwischen dem holländischen Fort Amsterdam bei Kormantin und dem britischen Kastell bei Tatumkwery vor Anker lag, glaubte Kapitän Mary am Ufer Rauch aufsteigen zu sehen und befahl dem Geschützmaat, einen Kanonenschuss abzufeuern, um anzuzeigen, dass er Geschäfte zu machen wünschte. Während auf dem Schiff normalerweise in der Nacht alle Lichter gelöscht wurden, damit sich die Augen der Seeleute auf die Dunkelheit einstellen konnten, ließen sie diesmal bis zur Morgendämmerung am Heck eine Laterne brennen, um Kanus den Weg zu weisen, die eventuell Sklaven zu ihnen herausbringen wollten. Es zeigte sich jedoch niemand, und die *Diligent* nahm ihre Fahrt am nächsten Morgen wieder auf.

Zwei Tage später kamen sie bei Accra an, wo es drei Forts gab – ein holländisches, ein englisches und ein dänisches –, die alle in geringer Entfernung voneinander errichtet worden waren. Ein Kanu näherte sich der *Diligent* und überbrachte einen Brief vom Kommandanten des englischen Forts, in dem dieser mitteilte, dass er Sklaven zu verkaufen habe. Anders als die Schwarzen, die in Elmina verkauft wurden, kamen diese nicht aus dem Ashanti-Land, sondern aus dem weiter im Landesinneren gelegenen Staat Akyem, der sich 1729 direkten Zugang zur Küste verschafft hatte, indem er den Staat Akwamu besiegte, auf dessen Territorium die Forts von Accra errichtet worden waren.[44] Mary war von dieser Nachricht aus zwei Gründen überrascht: Erstens schlossen englische Forts gewöhnlich nur mit englischen Schiffen Geschäfte ab. Zweitens waren Sklaven in Accra Mangelware, da mehrere Küstenstaaten die Handelsrouten blockiert hatten, um die Ashanti daran zu hindern, in den europäischen Forts Gefangene gegen Gewehre und Schießpulver einzutauschen. Die Dänen beklagten sich, dass diese Blockade den Sklavenhandel mit Akyem, einem Staat, der zwischen Accra und dem Ursprungsland der Ashanti lag, vollkommen zum Erliegen gebracht habe. Sklaven, die im August 1731 zum Kauf angeboten wurden, stammten aller Wahrscheinlichkeit nach aus dem Gebiet am Volta-Fluss.

Da die drei Forts bei Accra die letzten bedeutenden europäischen Stützpunkte an der Goldküste waren, schickte Kapitän Mary seinen Stellvertreter Valteau los, um Verhandlungen mit dem Kommandanten zu führen. Es stellte sich heraus, dass der Engländer die Sklaven gegen Pökelfleisch und andere Lebensmittel eintauschen wollte, welche die *Diligent* an Bord hatte. Durch eine solche Transaktion hätte Mary aber die eigenen Vorräte geplündert. Die Franzosen erfuhren auch, dass keine Kanus zur Verfügung standen, mit denen man die Sklaven zur *Diligent* hätte transportieren können. Es wären vier Tage erforderlich gewesen, bis die Engländer welche herbeigeschafft hätten. Da Mary aber ihre Fahrt nicht verzögern wollte, nahmen sie Abschied von der Goldküste und segelten weiter ihrem Ziel entgegen.

18

Keta, an der Sklavenküste, 27. August 1731

Um ein Uhr mittags machte der Ausguck die Mündung des Volta aus, jenes Flusses, welcher die Grenze zwischen der Goldküste und der Region markierte, die damals von manchen »Sklavenküste« genannt wurde. Die Franzosen verwendeten diesen Ausdruck nicht; französische Schiffskapitäne gaben einfach nur an, dass ihr Ziel Whydah sei, der wichtigste Hafen an jenem Teil der westafrikanischen Küste. Auf der Karte von Pieter Goos, nach der man sich an Bord der *Diligent* orientierte, fand sich ebenso wenig ein Landstrich mit der Bezeichnung »Sklavenküste« wie auf der französischen Guinea-Karte aus dem Jahr 1729 des königlichen Geografen d'Anville.[45] Der Ausdruck war jedoch im frühen 18. Jahrhundert immer gebräuchlicher geworden, und zwar durch die Veröffentlichung eines Buches von Willem Bosman, einem ehemaligen holländischen Verwalter von Elmina. Bosman hatte sein Buch mit dem Titel *Eine Neue und Akkurate Beschreibung der Küste von Guinea, So Unterteilt in die Gold-, die Sklaven- und die Elfenbeinküste* versehen. Und damit jeden Teil der Küste mit dem Handelsartikel identifiziert, welchen die Europäer dort in erster Linie zu erwerben suchten. Die dem Buch beigegebene Karte, ein Werk des Geografen H. Moll, war überschrieben: »Eine Neue und Exakte Karte von Guinea, Welches unterteilt ist in die Gold-, Sklaven- und Elfenbeinküste«. Die Trennlinie zwischen der Gold- und der Sklavenküste bildete dieser Karte zufolge der Volta. Das Buch wurde 1704 auf Holländisch veröffentlicht, schon in den darauf folgenden vier Jahren erschienen aber Übertragungen ins Englische, Französische und Deutsche, wodurch das Werk zu einer Art von internationalem Bestseller geriet. Auch auf der »Neuen Karte Guineas von Cape Mount bis Jacquin«, die William Smith, der Landvermesser, der im Auftrag der Royal African Company die Küste bereiste, 1727 vorlegte, bildete der Volta die Grenze zwischen der Gold- und der Sklavenküste.[46]

Wenn auch Robert Durand nicht davon sprach, dass nun die »Sklavenküste« erreicht sei, so merkte er doch, dass sich das Aussehen der Küste dramatisch änderte, sobald sie die Mündung des Volta passiert hatten. Das felsige Ufer mit seinen schroffen Klippen, das er in den vergangenen drei Wochen so genau im Auge behalten hatte, wurde jetzt von einer flachen Küstenlandschaft abgelöst, wo es so gut wie keine Felsen gab und die nicht mehr von europäischen Forts dominiert wurde.

Die *Diligent* ließ ihren Anker fallen. Das Meer war hier elf Faden tief, der Grund bestand aus lockerem Sand, in den sich viele Muschelschalen mischten. Sie wollten die Nacht hier, in der Nähe der afrikanischen Siedlung Keta, verbringen, und feuerten eine Kanone ab, um den Bewohnern ihre Anwesenheit anzuzeigen. Um sechs Uhr am folgenden Morgen setzten sie ein paar Segel, um näher ans Ufer zu gelangen. Ihr Schiff hatte kaum Fahrt aufgenommen, als ein Kanu auf es zuhielt. Es überbrachte die Botschaft, dass in Keta Sklaven zu haben waren, und zwar zu einem niedrigen Preis, da seit einem Monat kein europäisches Schiff mehr hier vor Anker gegangen war. Um sieben Uhr ließen sie direkt gegenüber von Keta erneut den Anker fallen und feuerten drei Kanonenschüsse ab, um dem örtlichen Herrscher Ehre zu erweisen. Es gab kein Fort bei Keta, aber eine holländische Handelsstation. Seit dem Niedergang des Sklavenhandels in Accra war bei den Engländern, Holländern und Dänen ein neues Interesse daran erwacht, in Keta Sklaven zu kaufen. Dieses plötzliche Anwachsen der Aktivitäten vonseiten der Europäer hatte jedoch den Widerstand der Eingebo-

18.1 Durands Zeichnung der Stadt Keta. Das Gebäude ganz rechts ist die holländische Handelsstation.

renen provoziert. Nur drei Wochen vor der Ankunft der *Diligent* waren die beiden Vertreter der Royal African Company in dem Ort gezwungen worden, das Feld zu räumen, nachdem man ihnen zuvor ihre Handelswaren abgenommen hatte. Zwei Monate nach dem Besuch der *Diligent* wurden die Gebäude und Lagerhäuser der holländischen Westindien-Kompanie geplündert und anschließend in Brand gesteckt.[47]

Um acht Uhr am Morgen des 28. August machten sich Valteau und der Steuermann Sabatier im Beiboot der *Diligent* auf, um den König von Keta aufzusuchen. Es war das erste Mal auf ihrer Fahrt, dass die Männer der *Diligent* in die Rituale des Sklavenhandels einstiegen. Das Beiboot blieb den ganzen Tag an Land. Am Abend kehrte es mit einem afrikanischen Kaufmann an Bord zurück, der die Waren im Laderaum der *Diligent* inspizieren wollte. Sabatier fehlte: Er hatte als Geisel an Land zurückbleiben müssen.

Dass die *Diligent* eine Geisel stellen musste, bevor irgendein afrikanischer Verhandlungspartner sich zu ihr an Bord begeben würde, war darauf zurückzuführen, dass sechs Monate zuvor ein französisches Sklavenschiff aus Bordeaux mehrere Afrikaner verschleppt hatte, die gekommen waren, um seine Ladung zu überprüfen. Danach war man in Keta Schiffen aus diesem Land nur noch mit größter Vorsicht begegnet, während man es Angehörigen anderer Nationalitäten gestattete, ungehindert ihre Geschäfte abzuschließen. Robert Durand hielt in seinem *journal* fest, dass die Aktionen der Sklavenhändler aus Bordeaux es »ehrenwerten« Männern – wie ihm selbst – sehr schwer gemacht hätten, mit den Schwarzen Handel zu treiben. Diese Sklavenhändler hatten nicht nur Einwohner von Keta verschleppt, sondern außerdem überall an der Goldküste Menschen entführt, auch bei Axim und Accra.[48] Die Reaktion des Königs und der Händler von Keta bestand nicht darin, den Sklavenhandel ganz und gar einzustellen, sondern Schiffe aus Frankreich zu boykottieren. Der König hatte sich überhaupt nur deswegen bereit erklärt, mit der *Diligent* Verhandlungen aufzunehmen, weil seit über einem Monat kein Schiff – gleich welcher Nationalität – mehr eingetroffen war.

Das Sklavenschiff aus Bordeaux war nicht der einzige französische Segler, der regelmäßig Afrikaner entführte. Der Leiter des französischen Forts bei Whydah, Dupetitval, hatte 1728 schriftlich moniert, dass dies eine gängige Praxis sei, und die ganze Schuld den Privathändlern angelastet. Schiffe der Compagnie des Indes würden keine Menschen rauben, weil sie auf das Wohlwollen der örtlichen Herrscher angewiesen seien, um ihre Forts erhalten und ihre Geschäfte abwickeln zu können. Die neuerdings zugelassenen privaten Händler hingegen versuchten oft mit einer einzigen Fahrt ein Vermögen zu machen und beabsichtigten eigentlich nicht, jemals an den Ort ihrer Übergriffe zurückzukehren. Da sie auch keine Forts oder Handelsstationen an der westafrikanischen Küste besäßen, hätten die privaten Händler die Freiheit, auf verschiedenen Fahrten an jeweils anderen Stellen der Küste ihre Geschäfte zu tätigen. Auf ihnen lasteten also nicht die Zwänge und Verpflichtungen derer, die regelmäßig an denselben Ort zurückkehren mussten.

»Bevor sie in Whydah eintreffen«, schrieb Dupetitval, »treiben sie längs der ganzen Küste Handel. Gewöhnlich begeben sich mehrere Kanubesatzungen eines bestimmten Landes zu ihnen an Bord, um Geschäfte abzuwickeln. Doch sobald sie sich auf dem Schiff befinden, hält der Kapitän sie als Gefangene fest und schleppt sie fort. Dies führt zu ärgerlichen Zwischenfällen. Die Negerstaaten, die sehen, dass wir Europäer ihre Landsleute entführen, nehmen Rache an den Schiffen, die ihre Beiboote an Land schicken, und massakrieren alle, derer sie habhaft werden können. Das gegenseitige Vertrauen ist verschwunden, und so haben diese Aktionen unseren Geschäften nicht wieder gutzumachenden Schaden zugefügt.«[49]

Dupetitval führte den nicht lange zurückliegenden Fall eines Schiffes aus Martinique an, dessen Besatzungsmitglieder angegriffen worden waren, nachdem sie an der Küste vor Anker gegangen waren. Der örtliche Stammeshäuptling hatte sie mit dem Versprechen an Land gelockt, er habe viele

Gefangene zu verkaufen. Kaum hatten die Weißen das Ufer betreten, griffen seine Männer sie an, um für Entführungen Vergeltung zu üben, die ein Sklavenhändler aus Nantes sich kurz zuvor hatte zuschulden kommen lassen. Das Misstrauen war gegenseitig. Die Nachricht von jeder neuen Entführung verbreitete sich in Windeseile an der ganzen Küste, und Afrikaner, die in ihren Kanus herausgepaddelt kamen, um mit Sklavenschiffen Geschäfte zu machen, hatten Angst, an Bord zu klettern, um sich die zum Tausch angebotenen Waren anzusehen. Oft bestanden sie darauf, den Handel abzuschließen, ohne ihre Boote zu verlassen. Diejenigen, die sich trotz allem an Bord wagten, flohen beim leisesten Anzeichen einer Gefahr zurück in ihre Kanus. Oder aber, wie es auch im Fall der *Diligent* bei Keta geschah, es betrat nur eine einzige Person das europäische Schiff, während die anderen nahebei in ihrem Kanu warteten.

Nachdem der Afrikaner die Waren im Laderaum der *Diligent* geprüft und für gut genug befunden hatte, bereitete die Besatzung alles zum Ankauf von Sklaven vor. Um sechs Uhr am folgenden Morgen waren sämtliche Vorbereitungen getroffen: Das große Beiboot und die Jolle waren mit Branntwein, Musketen, Schießpulver und Ballen verschiedenster Arten von Tuch beladen. Der Zweite Kapitän Pierre Valteau hatte sich schon an Land begeben, um einen Schuppen anzumieten, in dem man die Tauschgüter lagern konnte. Robert Durand erhielt das Kommando über das Beiboot, mit dem Waren von der *Diligent* ans Ufer und Sklaven vom Ufer auf das Schiff transportiert werden sollten. Die Preise für Sklaven wurden normalerweise in Unzen Gold festgesetzt, gezahlt wurde aber mit den Waren, die gerade zur Verfügung standen. Die afrikanischen Händler in Keta forderten sechseinhalb Unzen Gold für einen Sklaven, Kapitän Mary hatte seine Leute jedoch nur ermächtigt, bis zu fünf Unzen für einen gewöhnlichen Sklaven – auch für eine hübsche weibliche Gefangene – zu zahlen und sechs Unzen für einen jener noch bartlosen Heranwachsenden, die als »Portugiesersklaven« bekannt waren, weil die Portugiesen sie bevorzugten. Da man sich nicht auf einen Preis einigen konnte, kehrte Durand mit dem Beiboot voller Waren zu seinem Schiff zurück. Dabei fiel ihm auf, dass ein holländisches Schiff und ein weiteres aus Hamburg während des Tages eingetroffen und in der Nähe vor Anker gegangen waren.

Um sechs Uhr am nächsten Morgen ließ Durand sich mit dem nach wie vor voll geladenen Beiboot erneut zur Küste bringen in der Hoffnung, doch noch einige Sklaven erstehen zu können. Er musste jedoch feststellen, dass der König von Keta auf Grund der Ankunft der beiden anderen europäischen Schiffe jedes Interesse an weiteren Verhandlungen mit den Franzosen verloren hatte. Jetzt, angesichts der Alternativen, die sich ihm boten, hatte er sich wieder darauf besonnen, dass er ja die Franzosen boykottierte. Als Durand erkannte, dass sie keine Chance mehr hatten, mit dem König handelseinig zu werden, kehrte er zur *Diligent* zurück, und man begann, die Waren wieder aus dem Beiboot auszuladen. Pierre Valteau, der die Nacht in dem von ihm angemieteten Lagerschuppen verbracht hatte, ließ sich von einem Kanu, das zu der holländischen Handelsstation gehörte und zu dem holländischen Segler unterwegs war, mit zurück zur *Diligent* nehmen. Ihr erster ernsthafter Versuch, Sklaven anzukaufen, war gescheitert. Als Kapitän Mary Befehl gab, die Segel zu setzen, hatte er sich bereits entschlossen, ohne weitere Zwischenhalte ihren Zielort anzusteuern. In Whydah, so hoffte er, würden sie freundlicher aufgenommen werden.

Teil 6

Whydah

19

An der Sklavenküste, 30. August 1731

Es war schon beinahe zwölf Uhr mittags, als die *Diligent* ihren Ankerplatz vor Keta verließ. Sie wurde von einer frischen Brise aus Westnordwest vorangetrieben, und genau 24 Stunden später fanden Robert Durand und seine Gefährten sich vor Popo wieder, einem Dorf, dessen Häuser und Hütten die Küste über eine Länge von mehr als einer Meile säumten. Sie ankerten dort neben der *Hirondelle*, einem Schiff aus Saint-Malo, dessen Kapitän wenig Ermutigendes hinsichtlich der Möglichkeit, Sklaven zu kaufen, zu berichten wusste.[1] Nachdem sie volle fünf Monate vor der Sklavenküste gekreuzt war, hatte die *Hirondelle* erst 200 Sklaven eingekauft, weil die Kriege, von denen die ganze Region verheert wurde, den Handelsverkehr mit dem Inneren nahezu unmöglich machten und nur sehr wenige Sklaven von dort zur Küste gebracht werden konnten. Obwohl ein großer Teil der Handelswaren, welche die *Hirondelle* an Bord genommen hatte, noch in den Laderäumen verstaut war, hatte Kapitän Duponcel sich entschieden, umgehend in See zu stechen, weil immer mehr Sklaven, die auf dem Unterdeck in Ketten lagen, von der »Krankheit des Landes«, wie die Seeleute damals die Amöbenruhr nannten, dahingerafft wurden. Duponcel wollte so schnell wie möglich nach Martinique segeln und dort sein, bevor seine menschliche Fracht tot war und sein Profit sich in Luft aufgelöst hatte.

Eine andere Nachricht fand Pierre Mary noch viel entmutigender. Kapitän Duponcel warnte seinen Kollegen: Er solle nicht Whydah anlaufen, sondern stattdessen die Fahrt bis nach Jakin fortsetzen. Whydah sei nicht sicher, weil bewaffnete Horden unter dem Kommando von Häuptling Assou die am Strand aufgeschlagenen Zelte der Sklavenhändler überfielen. Es gab bei Whydah zwar drei europäische Forts, doch diese lagen drei Meilen von der Küste entfernt jenseits der Lagune und vermochten den Lagern der Sklavenhändler am Strand keinen Schutz zu bieten.

Der Kapitän der *Hirondelle* weihte sie dann in die Preise ein, die man seinerzeit für Sklaven zahlte. Sklaven kosteten sieben Unzen Gold pro Kopf. Eine Unze Gold entsprach vom Wert her einem Fass Branntwein oder 50

Pfund Schießpulver oder auch 16 000 Kaurimuscheln. Wegen der blutigen Konflikte, die in der Region tobten, standen Musketen bei den Eingeborenen hoch im Kurs, Mary konnte dies aber nicht zu seinem Vorteil ausnutzen, weil die *Diligent* nur 150 dieser Waffen als Tauschobjekte an Bord hatte.

Da die *Hirondelle* lange vor der *Diligent* wieder in der Bretagne eintreffen würde, schrieben Durand und seine Gefährten Briefe an ihre Angehörigen daheim und übergaben sie Kapitän Duponcel. Die Orders, die Kapitän Mary entgegengenommen hatte, verpflichteten ihn auch, bei jeder sich bietenden Gelegenheit den Eignern der *Diligent* Rapport zu erstatten.[2]

Kurze Zeit nachdem sie ihre Briefe an Bord der *Hirondelle* gebracht hatten, traf ein Kanu von Popo ein, um Kapitän Mary zu Gesprächen mit einheimischen Händlern an Land zu bringen. Als sich der Kapitän nach den Zollabgaben erkundigte, die er dem Häuptling würde entrichten müssen, um in Popo Handel treiben zu können, erfuhr er, dass Waren im Wert von acht Sklaven erforderlich waren, um überhaupt die Geschäftsbedingungen aushandeln zu können. Da er nicht wusste, ob eine solche Investition sich auszahlen würde, entschloss Mary sich, darauf zu verzichten, in Popo Geschäfte zu machen, und trotz Duponcels Warnungen nach Whydah zu segeln.

Dass Whydah von kriegerischen Auseinandersetzungen verwüstet wurde, überraschte niemanden an Bord der *Diligent*. Ein Mitglied der Besatzung, der Obermaat Jean Leglan, war am 9. März 1727 in Whydah gewesen, als das Heer von Dahomey, einem 75 Kilometer weiter im Inneren gelegenen Königreich, einen Angriff unternommen hatte, bei dem Whydahs Hauptstadt Savi zerstört wurde und der König Huffon und sein Häuptling Assou ins Exil getrieben wurden. Damals hatte Leglan zur Besatzung des Sklavenschiffes *More* gehört.[3] Die Handelswaren von der *More* waren in Savi, ungefähr zehn Kilometer von der Küste entfernt, in einem Lagerhaus untergebracht gewesen, wo man sie gegen Sklaven eintauschte. 300 Sklaven waren schon an Bord gebracht worden, als die Besatzungsmitglieder, die sich in Savi aufhielten, erfuhren, dass das Heer Dahomeys kaum einen Kilometer entfernt sein Lager aufgeschlagen und begonnen hatte, das die Stadt umgebende offene Gelände in Brand zu stecken. Als er das hörte, kehrte der Kapitän der *More*, Jean Guesneau, Hals über Kopf zu seinem Schiff zurück, und zwar derart überhastet, dass er noch nicht einmal eine Inventur der

Waren vornahm, die an Land zurückblieben. Als die Krieger Dahomeys in Savi eindrangen, plünderten sie die Stadt und brannten die Häuser nieder; sie schleppten auch alle Waren von der *More* mit sich fort und nahmen die Mitglieder der Besatzung gefangen, die das Lagerhaus bewachten. In all dem chaotischen Durcheinander gelang es einem Seemann der *More* namens Pierre Le Roy, sich von Bord zu stehlen; er blieb zurück, als das Schiff mit seiner menschlichen Fracht von 300 Sklaven davonsegelte. Pierre Le Roy war ein freier Schwarzer.

Anderen Sklavenschiffen, die zur Zeit des Angriffs der Soldaten aus Dahomey im Hafen von Whydah lagen, widerfuhr Ähnliches. Die *Jolie*, ein Schiff aus Nantes, verlor einen Mann; er wurde getötet, als er in Savi die Waren des Schiffes bewachte. Auf der *Cézar*, die ebenfalls in Nantes beheimatet war, nutzten die Gefangenen, die unter Deck in Ketten lagen, die Geschehnisse an Land zu einer Revolte, die aber erfolglos blieb. Dabei kamen 30 Afrikaner um.[4]

Das Leben war im Königreich Whydah nicht immer so gefahrvoll gewesen. Der Angriff Dahomeys im März 1727 hatte einen größeren Wandel der politischen und ökonomischen Organisation der Sklavenküste eingeleitet. Vorher hatte das winzige Königreich Whydah in erster Linie als Endpunkt der Handelsrouten gedient, die aus dem Landesinneren zur Küste verliefen. Die Sklaven, die in Whydah verkauft wurden, gelangten über diese Routen in den kleinen Staat, sie stammten nicht aus Whydah selbst. Der Aufstieg des Königreichs Dahomey würde die Wirtschaftsgeografie der Region für immer verändern und mit weit reichenden Konsequenzen für die Struktur des Sklavenhandels an der Küste von Guinea und die Art und Weise, in der er betrieben wurde, verbunden sein.

Robert Durand begriff, dass die *Diligent* mitten in einer Periode des Umbruchs eingetroffen war, in einer Phase, in der sich die politische und militärische Situation rasch wandelte. Er begriff auch, dass dieser Wandel sich seit mehreren Jahren abgezeichnet hatte. Um sich ein Bild von der Situation zu machen, mit der Durand konfrontiert war, und zu verstehen, wie sie sich auf den Sklavenhandel auswirkte, muss man sechs Jahre in der Zeit zurückgehen – bis zum April 1725, als im Königreich Whydah noch tiefer Frieden herrschte und das Chaos, dem Robert Durand begegnete, noch undenkbar war.

Savi, Königreich Whydah, April 1725

Um fünf Uhr nachmittags betrat König Huffon von Whydah in Begleitung von 40 seiner Lieblingsfrauen den großen Hof seines Palastes.[5] Jede seiner Frauen trug mehrere Röcke aus allerfeinster Seide übereinander; der Rock, der dem Körper am nächsten war, reichte bis auf die Knöchel herunter, während jeder, der sich nach außen hin anschloss, immer etwas kürzer als der vorige war und vorne geöffnet, sodass das Ganze an die »offene Robe« erinnerte, wie sie in Europa gerade in Mode war. Es gab sogar einen Europäer, der Spekulationen darüber anstellte, ob die Pariser Mode nicht die am Hof von Whydah nachahmte.[6] Von der Hüfte an aufwärts waren die Frauen des Königs nackt; sie hatten sich aber üppig mit Halsketten, Ohrringen, Armreifen und Fußkettchen aus Gold, Silber und kostbaren Steinen ausstaffiert.

Um nicht von seinen eigenen Frauen ausgestochen zu werden, hatte auch König Huffon mehrere Schärpen aus edlem Seidentuch um die Hüften gewunden, seinen nackten Oberkörper mit Ketten und Halsbändern geschmückt und juwelenbesetzte Ringe auf seine Finger gesteckt. Sein Haupt zierte ein vergoldeter Helm mit roten und weißen Federn. Ein Besucher aus Europa beschrieb den König einmal als einen ansehnlichen Menschen von sanfter Wesensart, während ein anderer ihn als den »massigsten und dicksten Mann, den ich jemals sah« bezeichnete.[7]

In Begleitung seiner Leibwache und seines weiblichen Gefolges schritt der König langsam über den Hof und ließ sich auf einem Thron aus mit Gold überzogenem Holz nieder. Kaum jemandem fiel auf, dass auf dem Rücken dieses Throns das französische Wappen prangte, was ihn als Geschenk dieses Landes an den Eingeborenenherrscher auswies. Der König saß auf einem mit einer goldenen Litze verzierten Kissen, und ein ähnliches Polster wurde ihm unter die Füße geschoben. Zu seiner Seite stand einer der Würdenträger des Reiches und hielt einen großen Sonnenschirm in die Höhe, der aus mit Goldfäden durchwirktem Stoff gefertigt war und von dessen Rändern goldene Fransen und Troddeln herunterhingen. Er hatte einen Durchmesser von drei Metern, und seine Spitze wurde von einem Hahn aus vergoldetem Holz gekrönt.

Die 40 Frauen hockten sich zur Linken des Königs auf den Boden. Zu seiner Rechten nahmen auf gepolsterten Stühlen die Vertreter der großen

19.1 Die Krönung des Königs von Whydah.

europäischen Handelsnationen Platz. Seinem Thron am nächsten saßen die Repräsentanten der französischen Compagnie des Indes, daran schlossen sich die der British Royal African Company und der holländischen Westindien-Kompanie an, während die Portugiesen mit einem Platz ganz außen vorlieb nehmen mussten. Wenn man ihre feine Kleidung sah und den ganzen Prunk, den sie entfalteten, dann konnte man leicht für einen Augenblick vergessen, dass alle Europäer, die dem Herrscher ihre Aufwartung machten, nichts als gewöhnliche Sklavenhändler waren.

Die Krönungszeremonie, zu der man sich versammelt hatte, wurde eigentlich viele Jahre zu spät vollzogen, da König Huffon schon seit 1708, als Dreizehnjähriger, an die Macht gelangt war. Als er volljährig wurde, hatte man die Zeremonie erneut verschoben, weil die Beziehungen zu dem benachbarten Königreich Allada schlecht waren und der Brauch es vorschrieb, dass ein Vertreter dieses Staates bei der Feierlichkeit den Vorsitz führte. Es herrscht eine Kontroverse darüber, wann die Krönung dann tatsächlich stattfand. Chevalier Des Marchais, der Kapitän eines französischen Sklavenschiffs, der eine Skizze von der Zeremonie anfertigte und sie detailliert beschrieb, datierte seine Zeichnung ganz eindeutig mit »April 1725«, doch moderne Historiker haben angezweifelt, ob das zutreffend ist, und einer von ihnen hat sogar die These aufgestellt, dass dieses Ereignis bereits 1717 oder 1718 stattfand.[8] Dessen genauer Zeitpunkt ist für uns weniger wichtig als seine anschauliche Beschreibung und die Schilderung des Lebens am Hof des letzten Königs von Whydah, die Des Marchais uns hinterlassen hat.

Niemand in Whydah war überrascht darüber, dass europäische Sklavenhändler bei der Krönungszeremonie ihres Königs eine so herausragende Rolle spielten, da die Europäer mit Huffon verbündet gewesen waren, seit er 1708 unter recht fragwürdigen Umständen den Thron bestiegen hatte. Als sein Vater nach einer Regierungszeit von nur drei Jahren gestorben war, waren weder er noch einer seiner Brüder volljährig gewesen. Da so etwas wie eine Regentschaft nicht üblich war, meinten mehrere hohe Würdenträger, dass der *Gogon* von Savi die Herrschaft übernehmen sollte. Anhänger des verstorbenen Herrschers holten jedoch seine drei kleinen Söhne aus der Provinz in die Hauptstadt, um einen von ihnen zum Thronfolger zu erwählen, womit sie die ehrgeizigen Pläne des Gogon durchkreuzten. Die Lage wurde immer angespannter, und die Franzosen, die den Ausbruch eines Bürgerkrieges befürchteten, stellten aus den Besatzungen der Sklavenschiffe im Hafen eine Truppe von 160 Bewaffneten zusammen und bemannten mit ihnen ihr Fort an der Küste. Auch die Briten brachten Soldaten herbei.

Ob diese bewaffneten Europäer bei der Auseinandersetzung um die Thronfolge eine Rolle spielten oder ob sie sich darauf beschränkten, europäische Händler und Handelswaren zu schützen, ist heute umstritten. Was aber außer Zweifel steht, ist, dass Vertreter der europäischen Handelsgesellschaften bei dem Treffen zugegen waren, bei dem Huffon zum König ernannt wurde.[9] Nachdem er als Herrscher über Whydah eingesetzt worden war, begannen die europäischen Handelsfirmen um seine Gunst zu buhlen. Die Engländer machten ihm feierlich eine Krone zum Geschenk, die Franzosen hielten dagegen, indem sie ihm die kompletten Ladungen zweier Schiffe abtraten.[10] Der reich verzierte Thron im Louis-Quatorze-Stil kam später hinzu.

Die engen Beziehungen zwischen den europäischen Handelsgesellschaften und König Huffon spiegelten sich bereits in der Architektur seiner Palastanlage in Savi wider. Die mit Palisaden umgebenen Areale der holländischen Westindien-Kompanie, der British Royal African Company

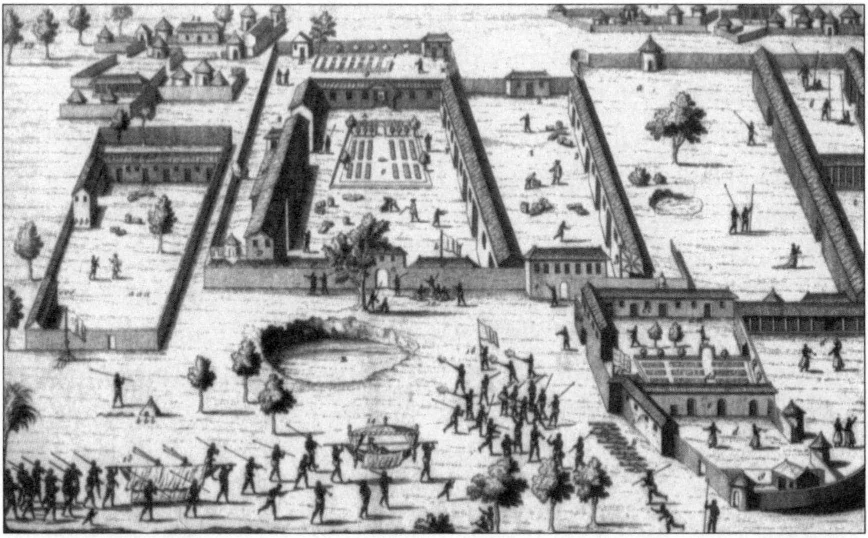

19.2 Die umfriedeten Bezirke der europäischen Handelsniederlassungen in Savi.

und der Compagnie des Indes grenzten unmittelbar an die Mauern des Palastes, und der Komplex der Portugiesen war nur ein paar Dutzend Schritte entfernt. Der englische Landvermesser William Smith beschrieb die Gebäude in diesen Arealen als »nach europäischer Bauweise errichtet, hoch aufragend, geräumig und luftig sowie viele saubere und weitläufige Gemächer enthaltend; auch hat jedes eine schöne, große offene Halle mit kühlen, rings umlaufenden Galerien etc., alle diese im ersten Stock. Darunter im Erdgeschoss sind die Warenlager.«[11]

Der Grundriss von Savi selbst glich einem Kreis, der einen Umfang von rund sechs Kilometern hatte. Die Stadt war derart bevölkert, dass die Menschenmengen es einem schwer machten, die Straßen zu passieren, obwohl einige von diesen sehr breit waren. Jeden Tag wurden Märkte abgehalten, auf denen alle Arten afrikanischer wie europäischer Waren feilgeboten wurden. In der Nähe der umgrenzten Bezirke der Europäer gab es einen von hohen Bäumen beschatteten Platz, auf dem die englischen, französischen, holländischen und portugiesischen Direktoren, Kaufleute und Schiffskapitäne ganz wie in einer europäischen Kaufmannsbörse zusammenkamen, sich miteinander unterhielten und Geschäfte abschlossen.

Wenn auch die ihnen in Savi zugewiesenen Areale den europäischen Handelsgesellschaften als Außenposten für ihre diplomatischen und kommerziellen Aktivitäten dienten, so bildeten die Forts, die der Compagnie des Indes, der Royal African Company und der portugiesischen Krone gehörten und die sich beinahe Seite an Seite bei der Siedlung Glewe in der Nähe der Küste erhoben, immer noch die eigentlichen Stützpunkte für die Unternehmungen der Weißen. Die Forts lagen an die fünf Kilometer vom Meeresufer entfernt, das heißt ungefähr auf halber Strecke zwischen Savi und dem Ozean, und dienten dazu, Waren zu lagern, die von den Schiffen ins Land gebracht wurden, und Sklaven unterzubringen, die bald in andere Länder befördert werden sollten. Als die Franzosen ihre Befestigung 1704 errichteten, hatten sie sich für das Gelände bei Glewe entschieden, weil es Schwierigkeiten bereitete, an einem einzigen Tag die Handelswaren von einem Schiff zu laden und nach Savi zu transportieren. Da die Forts so weit im Inneren angelegt worden waren, war es ihnen jedoch unmöglich, mit ihren Kanonen den Hafen von Whydah zu bestreichen oder Schiffen, die dort vor Anker lagen, Feuerschutz zu geben.[12] Weil die Schiffe aller europäischen Nationen den Hafen aufsuchen konnten, war Whydah das, was man damals einen »freien Hafen« nannte.

Die Wälle der Forts waren aus Erde und Lehm gefertigt, da es angeblich im ganzen Königreich keinen Stein gab, der größer als eine Walnuss war. Jede Anlage war von einem Graben umgeben, der entstanden war, als man die Erde zu Wällen aufgeworfen hatte.[13] Das französische Fort, das ironischerweise nach dem König, der die vielen Leibeigenen in Frankreich befreit hatte, Fort Saint-Louis genannt worden war, besaß auf jeder Seite einen Erdwall von ungefähr 90 Meter Länge. Auf drei Bastionen waren an die 30 Kanonen postiert, von denen über die Hälfte in Richtung des englischen Forts wies, das nur einen Büchsenschuss entfernt lag. Im Inneren der Anlage gab es Lagerhäuser, Zellen für die gefangenen Schwarzen und Quartiere für die Angestellten der Kompanie. Nachdem die Compagnie des Indes das Fort 1722 übernommen hatte, hatte sie das französischen Personal von 30 auf elf Köpfe reduziert, um Geld zu sparen, und das runde Dutzend französischer Soldaten durch Eingeborene ersetzt.[14] Das englische Fort Williams war ganz ähnlich angelegt und gebaut: Es wies einen quadratischen Grundriss auf, die Seiten waren jeweils 90 Meter lang und wurden an jeder Ecke von einem Wehrturm beschlossen.[15]

Das portugiesische Fort, das nach Johannes dem Täufer benannt war, war noch nicht fertiggestellt; mit seinem Bau war erst 1721 begonnen worden.

Sein Erbauer, Joseph de Torres, berichtete, dass es aus einem mächtigen runden Wehrturm mit acht Kanonen bestehe, der von einer rechteckigen Wallanlage umgeben sei; in Wirklichkeit war es jedoch weit weniger eindrucksvoll, und 1724 stand erst die Hälfte der Bauten.[16] Die Holländer, die im 17. Jahrhundert die Portugiesen von der westafrikanischen Küste vertrieben hatten, waren so aufgebracht darüber, dass Huffon ihren Erzfeinden den Bau eines Forts an einer Stelle genehmigt hatte, an der sie selbst nur einen unbewaffneten Handelsposten errichten durften, dass sie ihre Handelsstation in Savi bald aufgaben und ihre Aktivitäten nach Jakin verlagerten, den mit Savi konkurrierenden, 30 Kilometer weiter die Küste hinab gelegenen Hafen. Sie verlangten von König Huffon, er solle das portugiesische Fort niederreißen lassen – vorher würden sie nicht zurückkehren. Am 30. März 1726 unternahmen die Holländer sogar einen Überraschungsangriff auf die Befestigung der Rivalen und schleuderten zwei Brandspeere über die Wälle in dem vergeblichen Versuch, die mit Stroh gedeckten Gebäude anzuzünden.[17]

Wie die Forts an der Goldküste fungierten auch diese »Festungen« in erster Linie als Lager für alle möglichen Waren und als Kerker für Sklaven. Die Agenten der europäischen Kompanien kauften die Schwarzen in den Niederlassungen ihrer Gesellschaften in Savi an und schickten sie dann zu den Forts, wo sie unter Verschluss gehalten wurden, bis ein Schiff der Kompanie eintraf, um sie abzutransportieren. Dieses System sollte es den Schiffen ermöglichen, die afrikanische Küste schneller wieder zu verlassen, denn je länger sie dort in einem Hafen lagen, desto größer war die Gefahr, dass Besatzungsmitglieder sich eine tropische Krankheit zuzogen und vielleicht sogar an ihr starben. Wurde schon eine ganze »Ladung« Gefangener in einem der Forts bereitgehalten, wenn ein Schiff der Kompanie eintraf, so konnte es wieder Segel setzen, sobald seine Fracht gelöscht und die Gefangenen an Bord gebracht worden waren. Private Sklavenhändler mussten hingegen viel länger ausharren, gewöhnlich mehrere Monate, da sie Sklaven in kleinen Scharen kauften.

Die Europäer waren sich im Klaren darüber, dass ihre Präsenz in Whydah vom Wohlwollen des Königs abhing. Die Forts waren zwar wehrhaft genug, um sie und ihre Handelswaren vor Banditen oder Aufständischen zu schützen, hätten aber mit ihren Lehmwällen keinem entschlossenen Versuch, sie zu vertreiben oder auszulöschen, standhalten können. Da die Anlagen so weit vom Ozean entfernt waren, hätten die Verteidiger auch nicht mit Beistand von den Schiffen im Hafen rechnen können, und überdies waren sie, was die Versorgung mit Wasser, Lebensmitteln und Brennholz betraf, völlig auf die Eingeborenen angewiesen. Zusammen hätten die Franzosen, Engländer, Portugiesen und Holländer kaum 100 europäische Bewaffnete aufbieten können, und diese hätten leicht ausgehungert werden können, selbst wenn es ihnen gelungen wäre, einen direkten Angriff abzuwehren.[18]

Das Königreich, zu dessen Monarch Huffon im April 1725 offiziell gekrönt wurde, war winzig. Es lag am Meer, und seine Küste war nicht mehr als ungefähr 65 Kilometer lang; ins Landesinnere erstreckte es sich schätzungsweise 40 Kilometer weit. William Smith berichtete: »Alle, die hier gewesen, räumen ein, dass es eines der schönsten Länder der Welt ist. Die große Zahl und Vielfalt hoher und angenehm schattiger Bäume, die zum Schmuck in schönen Hainen, ohne Unterholz oder sie umgebendes Gestrüpp wie in anderen Teilen Guineas, angepflanzt zu sein scheinen, und auch die grünen Felder, die überall angelegt und durch nichts als diese Haine und an einigen Orten durch einen Fußpfad voneinander abgetrennt sind, im Verein mit einer reichen Zahl hübscher kleiner Dörfer, welche von einer niedrigen Lehmmauer umgeben und regelmäßig über das ganze Land verteilt sind: All dieses trägt dazu bei, den entzückendsten Anblick zu bieten, den wir uns vorzustellen vermögen.« Smith schilderte die Bewohner von Whydah als äußerst wohlerzogene Menschen, die sehr gesittet und zeremoniell miteinander umgingen. Er gab an, dass alle von ihnen von Natur aus fleißig seien und ständig etwas zu tun fänden: Die Männer arbeiteten auf den Feldern, während die Frauen Baumwolle spannen und zu Tuch verarbeiteten.[19]

Was Besucher von Whydah überraschte, die andere, zumeist menschenleere Regionen Westafrikas kennen gelernt hatten, war die unglaubliche Bevölkerungsdichte. Chevalier Des Marchais, der Whydah 1725 kartografisch erfasste, gab an, das Königreich sei so dicht besiedelt, dass man beinahe sagen könne, es bestehe aus einem einzigen Dorf, und William Smith, der sich 1727 dort aufhielt, meinte: »Dieser Ort ist so dicht bewohnt, dass man innerhalb von dreißig Kilometern vom Meeresufer unfehlbar immer zehn bis zwanzig Negersiedlungen in Sicht hat.«[20]

Die Bevölkerung lebte von einer blühenden Landwirtschaft, deren

Grundlage die Erzeugung von Hirse war. Es wurden aber auch Früchte aus der Neuen Welt wie Mais und Süßkartoffeln angebaut. Europäische Reisende äußerten sich voll des Lobes über diese Landwirtschaft, die William Smith wie folgt schilderte: »Die Eingeborenen waren so fleißig, dass kein Stück Land, das man für fruchtbar hielt, dem Bestelltwerden entging, und dies sogar innerhalb der Hecken, die ihre Dörfer und Wohnstätten umgeben. Und sie waren in dieser Hinsicht so bemüht, dass sie einen Tag, nachdem sie geerntet hatten, schon wieder säten, ohne dem Boden die Möglichkeit zu geben, sich erholen.« Auf diese Weise gelinge es ihnen, drei oder sogar vier Ernten im Jahr zu erzielen. Obwohl sie den Boden nie brach liegen ließen, erhielten sie doch dessen Fruchtbarkeit, indem sie nämlich im Wechsel verschiedene Feldfrüchte anpflanzten: Erbsen, Reis, Hirse, Mais, Kartoffeln und Yamswurzeln wurden in einer ganz bestimmten Abfolge angebaut. Die schmalen Streifen längs der Hecken und Mauern würden genutzt, um Melonen anzupflanzen und Gemüse zu ziehen. Ein Besucher vermerkte, dass nicht eine Handbreit Boden brach liegen bleibe.[21]

Obwohl Whydah ein Zwergstaat war, dessen Gesamtbevölkerung nicht mehr als 100 000 betragen haben kann[22], soll es im frühen 18. Jahrhundert 16 000 bis 20 000 Sklaven jährlich exportiert haben, und es hieß, dass von dort mehr Sklaven kamen als aus allen anderen westafrikanischen Ländern, die sich an diesem Handel beteiligten, zusammen.[23] Neue Forschungen belegen, dass im ersten Viertel des 18. Jahrhunderts mehr als 400 000 Sklaven aus Whydah ausgeführt wurden – das waren 60 Prozent der Sklaven, die aus Westafrika weggeschafft wurden, und über 40 Prozent aller Sklaven, die während jener Zeit aus ganz Afrika ihren Leidensweg über den Atlantik antraten.[24] Wenn es einen Ort in Afrika gab, der den transatlantischen Handel mit Sklaven im 18. Jahrhundert verkörperte, dann war es Whydah.

Der Grund dafür, dass das Königreich so viele Arbeitskräfte exportieren konnte, ohne dass seine Bevölkerung einen sichtbaren Schwund aufwies, war, dass die Sklaven, die von dort aus verschifft wurden, nicht aus dem Land selbst stammten – wenn man von einigen Verbrechern oder Menschen, die gegen den König aufbegehrt hatten, absieht. Die Sklaven, die im Hafen von Whydah auf ein europäisches Schiff getrieben wurden, waren von afrikanischen Händlern aus Gebieten weiter im Inneren des Kontinents herbeigeschafft worden. Die Gefangenen, die sich über die Handelsrouten zur Küste vorwärts quälen mussten, gehörten mehr als 30 verschiedenen ethnischen Gruppen an.[25]

Für gewöhnlich waren diese Menschen mit Narben gekennzeichnet, als Folge von Markierungen, die man in ihr Fleisch geritzt oder gebrannt hatte, als sie sich als Jugendliche Initiationsriten unterzogen hatten. Die europäischen Sklavenhändler hatten es gelernt, diese »Landesmarkierungen« zu unterscheiden und so die geografische Herkunft und ethnische Abstammung der Schwarzen, die sie erwarben, zu ermitteln. Im Laufe der Zeit hatten sich gewisse stereotype Meinungen über bestimmte ethnische Gruppen herausgebildet, das heißt, die Händler schrieben bestimmten eingeborenen Völkern bestimmte Charakteristika zu. Am begehrtesten waren dem Chevalier des Marchais zufolge, der über das Kategorisierungssystem im Jahr 1725 berichtete, die so genannten »Mallais«.[26] Der Name bezog sich eigentlich nicht auf die Sklaven selbst, sondern auf die muslimischen Händler in ihren langen Gewändern, die typisch für die Sahelzone Westafrikas sind und die diese Sklaven vom Norden nach Whydah brachten. Einige ihrer Gefangenen waren angeblich drei Monate unterwegs, bis sie an ihrem Zielort eintrafen. Des Marchais beschrieb diese Menschen als »stark, an körperliche Arbeit gewöhnt und imstande, Anstrengungen auszuhalten«.

Die »Ayois« aus dem im Inneren gelegenen Königreich Oyo waren an Narben zu erkennen, die sich strahlenförmig von ihren Augen zu ihren Ohren hinzogen. Sie standen im Ruf, große Krieger zu sein, tapfer, kühn und aktiv. Es hieß, dass sie sehr starke Menschen seien und härter zu arbeiten vermöchten als die Angehörigen irgendeines anderen Volks. Was den Sklavenhändlern jedoch Sorge bereitete, war, dass sie auf Sklavenschiffen häufig Revolten organisierten. Sie galten bei den Europäern als furchtlos, und ein Einziger von ihnen vermochte den Rest von ihnen zum Widerstand gegen ihre Peiniger anzustacheln. Des Marchais berichtete, dass es schon auf Sklavenschiffen aller europäischer Nationen zu Erhebungen von Ayois gekommen war, bei denen Mannschaften und Kapitäne das Leben verloren hatten.

Die Angehörigen mehrerer anderer ethnischer Gruppen galten bei den europäischen Sklavenhändlern als »gute Ware«. Die Aqueras, deren Kennzeichen auf Brust und Rücken tätowierte Eidechsen und Schlangen waren, wurden als arbeitswillig und loyal gegenüber ihren Herren bewertet. Die Aradas[27], die Einkerbungen auf den Wangen hatten, wurden als die brauchbarsten Sklaven angesehen, die für alle Zwecke einzusetzen waren, da man ihnen nachsagte, fügsam und treu zu sein und hart zu arbeiten. Ähnliche Eigenschaften schrieb man den Nago zu, die zur großen Yoruba-Sprachgruppe gehörten und deren Stirnen mit langen, strahlenförmigen Mustern verziert waren.

Andererseits gab es den Sklavenhändlern zufolge auch ethnische Gruppen, deren Angehörige man besser nicht erwarb. Es hieß, dass die Foin – zweifelsohne waren die Fon aus Dahomey gemeint –, welche Narben an Schläfen hatten, dazu neigten, in der Gefangenschaft depressiv zu werden und Selbstmord zu begehen. Außerdem galten sie als träge und als schlechte Arbeiter, die zu viel äßen. Die Tebou, an Narben auf den Wangen, auf der Brust und auf dem Bauch erkennbar, standen in noch schlechterem Ruf als die Foin. Des Marchais empfahl, Gefangene aus den genannten Gruppen nur zu kaufen, wenn diese noch nicht älter als zehn, zwölf Jahre waren und man sie noch umerziehen könne. Die Guiamba wurden ähnlich eingeschätzt wie die Foin und die Tebou, nur dass sie noch stärker zu Depressionen neigen sollten. Des Marchais riet, so wenige Guiamba wie möglich zu kaufen, weil er glaubte, dass schon ein paar von ihnen eine ganze Schiffsladung Schwarzer mit ihrer Niedergeschlagenheit anstecken könnten. Die Minas von der Goldküste oder aus Popo waren angeblich nicht für die Arbeit auf den Feldern geeignet, weil sie an diese von ihrem Heimatland her nicht gewöhnt waren. Dafür sollten sie aber ausgezeichnetes Hauspersonal abgeben und auch sehr gute Handwerker sein. Es hieß, sie seien Menschen mit ausgeprägtem Ehrgefühl und mit viel Verstand und großer Vernunft begabt. Außerdem hielt man sie für treu gegenüber ihren Herren und für mutig in Gefahrensituationen.

Ein Grund dafür, dass König Huffon zuließ, dass sein Reich zu einem wichtigen Endpunkt für die Handelsrouten wurde, auf denen man Sklaven an die Küste trieb, war natürlich, dass der Menschenhandel eine wichtige Einnahmequelle für ihn und seinen Staat darstellte. Er erhielt 1000 Kaurimuscheln für jeden Sklaven, der in Whydah den Besitzer wechselte. Außerdem strich er die Zollabgabe ein, die jedes europäische Sklavenschiff zu entrichten hatte; 1725 betrug sie 1080 Kaurimuscheln und den Gegenwert von drei Sklaven. Weitere Abgaben dieser Art mussten an die »großen Hauptleute« des Königreichs – Hauptmann Assou, Hauptmann Agou und Hauptmann Carter – gezahlt werden, bevor irgendein Geschäft in die Wege geleitet werden konnte.[28]

19.3 Die Schlangenprozession in Whydah.

Danach waren weitere Zahlungen an den König notwendig, und ein Europäer schätzte, dass Huffon Waren und Abgaben im Wert von mindestens 20 Sklaven von jedem europäischen Schiff erhielt, das im Hafen von Whydah anlegte.

Im April 1725 war der Sklavenhandel in Whydah vorübergehend zum Erliegen gekommen, weil alle im Königreich sich auf die Feierlichkeiten konzentrierten, mit denen man König Huffon offiziell auf den Thron setzte, auf dem er es sich inoffiziell schon seit 1708 bequem gemacht hatte. Am 16. April fand die Krönungszeremonie mit der Schlangenprozession ihr Ende.[29] Dieser Umzug war von größter Bedeutung, weil die nationale Gottheit Whydahs ein heiliger Python mit Namen Dangbe war, der in einem Tempel etwas über zwei Kilometer westlich von Savi residierte. Die Hohepriester des Schlangenkults besaßen im Königreich große politische Macht, und der Herrscher war unbedingt auf ihre Unterstützung angewiesen, wenn er ohne Probleme regieren wollte.

Die Prozession wurde von 40 in Viererreihen marschierenden Musketieren angeführt, die ihre Waffen über ihre Schulter gelegt hatten. Es schlossen sich jeweils 20 Trompeter, Trommler und Flötenspieler an. Den Musikern folgten zwölf Ehefrauen des Königs, die Geschenke für die heilige Schlange in Form von Kaurimuscheln, Branntwein, Baumwolltuch und

Seide trugen. Nachdem der königliche Hofmarschall vorübergezogen war, kamen erneut Musketiere, Trommler und Flötenspieler, die zu dritt nebeneinander einherschritten. Ihnen folgten weitere zwölf Gattinnen des Königs, die große Körbe auf den Köpfen balancierten, welche mit verschiedenen Speisen für die Schlange gefüllt waren. Hinter ihnen liefen drei der Zwerge, die der König zu seiner Belustigung hielt. Dann schlossen sich wieder Musketiere, Trompeter, Trommler, Flötisten und Ehefrauen mit Geschenken an. Am Ende des Zuges wurde die Mutter des Königs auf einem gepolsterten Sessel einhergetragen. Sie präsidierte offiziell der ganzen Prozession, bei der seine Majestät selbst nicht zugegen war. Nachdem man beim Tempel der Schlange angekommen war und den Priestern die Geschenke für das heilige Tier überreicht hatte, kehrte der ganze Zug nach Savi zurück.

Drei Monate später fand das Spektakel noch einmal statt, diesmal aber unter Leitung von König Huffon persönlich, der sich in einer von einem Baldachin überdachten Hängematte tragen ließ und von seinen engsten Beratern umgeben war. Danach brauchte der König seinen Palast nie wieder in einer solch zeremoniellen Prozession zu verlassen.[30] Er hatte vor, den Rest seiner Tage in seiner aus Bambus erbauten weitläufigen Palastanlage in Savi zu verbringen. Die Gemächer dort waren üppig möbliert mit prächtigen Betten, gepolsterten Sesseln, Sofas und Spiegeln – genau wie jeder Herrschaftssitz in Europa. Die königlichen Speisekammern quollen über von importiertem Kaffee, Tee, Schokolade und köstlichen Gelees, und die königlichen Köche verstanden sich ebenso auf die Zubereitung der traditionellen Gerichte Whydahs wie auf die der erlesensten europäischen Speisen. Im königlichen Weinkeller lagerten Weine aus Frankreich, Spanien, Madeira und von den Kanarischen Inseln sowie Cognac und andere exquisite Spirituosen aus Frankreich.[31] Vor allem aber beherbergte der Palast die Frauen des Königs – mehr als 1000 an der Zahl. Alles, wonach sein Herz überhaupt begehren konnte, stand König Huffon im Überfluss zur Verfügung.

Nachdem die Krönungsfeierlichkeiten beendet waren, dürfte König Huffon sich wohl kaum vorgestellt haben, dass er in weniger als zwei Jahren seinen Palast erneut würde verlassen müssen – und zwar, um seine Haut zu retten. Er konnte damals noch nicht einmal geahnt haben, dass sich die Katastrophe, die sein Reich verschlingen würde, bereits zusammenbraute.

Ihr Ausgangspunkt war Abomey, die 80 Kilometer weiter nördlich gelegene Hauptstadt des kleinen Königreichs Dahomey.[32]

20

Abomey, Königreich Dahomey, Januar 1726

Stellen wir uns drei Männer vor, die eines Nachmittags während der trockenen Jahreszeit in der sengenden Sonne in einem der kleineren Höfe sitzen, die zum größten Palast des Königreiches Dahomey gehören. König Agaja, der auf einem reich verzierten Stuhl Platz genommen hat, wird immer lebhafter, als er sich im Fon-Dialekt der Gbe-Sprache mit den beiden anderen unterhält. Sein Gesicht unter der bestickten Filzmütze ist anziehend und wirkt irgendwie auch majestätisch, obwohl die Windpocken es zernarbt haben. Der König ist in seinen Vierzigern, von durchschnittlicher Größe und kräftiger Statur. Ein Franzose schreibt später, dass er ein wenig größer und ein wenig korpulenter sei als der Bühnendichter Molière.[33] Er trägt eine mit goldenen Blumen drapierte Seidenrobe, die bis auf seine Sandalen herabreicht.[34]

Drei riesige Schirme aus Brokatstoff, die mit goldenen Troddeln gesäumt sind, schützen Agaja vor der Sonne. Sie werden von Frauen hochgehalten, die mehrere Seidentücher übereinander um die Taille geschlungen haben, sodass sie ähnlich wie bei den königlichen Konkubinen in Whydah Röcke bilden. Ihre nackten Oberkörper sind mit Ketten aus bunten Perlen geschmückt, die man aus dem fernen Landesinneren importiert hat. Reifen aus blankem Gold schimmern an ihren Armen, und in ihren Haaren funkeln farbige Kügelchen. Vier weitere, ähnlich gekleidete Frauen stehen hinter dem Stuhl des Königs mit Musketen über der Schulter: Sie gehören zur Prunkgarde des Herrschers.

In respektvollem Abstand zum König sitzt ein junger Farbiger, der von den Europäern »Captain Tom« genannt wird. Er redet in einer Mischung aus Englisch und Gbe mit seinem Herrn, und seine linguistische Virtuosität gibt ihn als den Mann zu erkennen, der bei dem Treffen als Dolmetscher fungiert. Auch er wird von einem Schirm beschattet und hat mehrere Längen Tuch locker um die Hüften geschlungen. An einem Tisch ein, zwei

Meter zur Rechten von Captain Tom sitzt ein weißer Mann, der geschäftig mit einer Gänsefeder über das Papier fährt, so als ob er der Schreiber des Königs wäre. Er ist barhäuptig in der Gegenwart des Königs und hat ein vergilbtes weißes Hemd und – trotz der großen Hitze – ein abgetragenes englisches Wams angelegt. Das Einzige, was an seiner äußeren Aufmachung gepflegt ist, sind seine schwarzen Lederschuhe mit ihren glänzenden neuen Metallschnallen.

Der Name des »Schreibers« war Bulfinch Lambe. Dieser Engländer hatte früher als Agent für die Royal African Company gearbeitet. Durch eine merkwürdige Wendung des Schicksals war er zum Sklaven König Agajas geworden. Wenn er auch unfrei war, so wurde wohl kaum ein anderer Sklave so gut behandelt wie er. Er hatte ein Haus mit einem halben Dutzend Dienern zur Verfügung, außerdem erhielt er alles zu essen, wonach ihm der Sinn stand, und so viel französischen Cognac, wie er trinken konnte. Er meinte später einmal, wenn ihm mehr an Cognac läge, hätte er sich wahrscheinlich zu Tode getrunken, weil er ihn in solchen Mengen geliefert bekam. Seine Vorliebe für irischen Whiskey habe ihn vermutlich vor diesem Schicksal bewahrt. Damit er sich in seinem Haus auch wirklich behaglich fühlte, wohnten einige der weiblichen Verwandten des Königs bei ihm und dienten ihm als Ehefrauen. Er war nur deswegen so schlecht gekleidet, weil er darauf bestand, seine fadenscheinige europäische Kleidung anzulegen, und alle Tücher, die er in der Art seines Dolmetschers hätte um den Leib wickeln können, zurückwies. Die einzige Pflicht, die Bulfinch Lambe regelmäßig zu erfüllen hatte, bestand darin, die Kanonen des Königs abzufeuern, um anzuzeigen, dass auf dem Markt, der jeden vierten Tag abgehalten wurde, die Geschäfte geöffnet waren, und bei Audienzen, die der Herrscher gab, zusammen mit einem anderen Sklaven – der halb Afrikaner, halb Portugiese war – als eine Art Trophäe neben ihm zu sitzen. Ansonsten stand es ihm für gewöhnlich frei zu tun, was er wollte, und er wurde oft von Agaja eingeladen, ihn bei Ausflügen ins offene Land zu begleiten. Lambe ritt dann ohne Sattel auf einem Pferd, das ihm zur Verfügung gestellt wurde, während der König in einer Sänfte getragen wurde, die mit einem Baldachin und Vorhängen aus golddurchwirktem Stoff versehen war.

Trotz allem war Lambe zutiefst unglücklich. »Ich bin«, schrieb er 1724 an die Royal African Company, »von allen Freuden dieses Lebens abgetrennt, nicht nur von meiner Frau und meinen Freunden, sondern auch von jeglicher Geselligkeit im Allgemeinen, sodass ich wie lebendig begraben bin und denke, dass nichts meinem unglücklichen Schicksal ähnelt, dem Schicksal nämlich, meine Zeit und meine Jugend an so einem gottverfluchten Ort wie diesem zu vergeuden und keine Chance zu sehen, von ihm fortzukommen.«[35] Sein Selbstmitleid hatte ihm zu einer wichtigen Einsicht verholfen: dass Sklaven, selbst wenn sie gut behandelt werden, fürchterlich unter ihrem Gefangensein leiden.

In den vier Jahren, in denen er ein Gefangener zweier verschiedener Herren gewesen war, hatte Lambe mit Sicherheit genügend Zeit gehabt, über die Ironie nachzusinnen, die darin lag, dass ein Sklavenhändler selbst zu einem Sklaven wurde. 1722 war er von der Royal African Company entsandt worden, um einiges Geschäftliche mit König Sozo von Allada zu regeln, einem zwischen Whydah und Dahomey gelegenen Königreich. Damals hatte Sozo versucht, Geld und Waren einzutreiben, welche die Gesellschaft ihm noch für 100 Sklaven schuldete, die er ihr geliefert hatte. Da die Kompanie ihren Verpflichtungen nicht nachkam, hielt der König Bulfinch Lambe zurück und drohte damit, ihn zu seinem Sklaven zu machen, wenn die Schuld nicht beglichen werde. Anscheinend hatte es die Gesellschaft nicht eilig, ihren Agenten zurückerstattet zu bekommen, und so blieb die Angelegenheit zwei lange Jahre in der Schwebe.

Im März 1724 drangen Gerüchte an König Sozos Ohr, dass sein Bruder und erbitterter politischer Rivale Hussar sich des militärischen Beistands von König Agaja von Dahomey versichert hatte, indem er ihm eine große Summe Geldes in Aussicht stellte. Bald befanden sich die Heerscharen Dahomeys auf dem Marsch nach Süden, auf die Hauptstadt Allada zu, um König Sozo vom Thron zu stürzen. Sozo ließ sofort eine Streitmacht von 50 000 Mann zur Verteidigung seiner Residenz mobilisieren. Weil er befürchtete, dass Lambe versuchen könnte, sich im Schlachtgetümmel davonzustehlen, befahl der König, ihn in einem Haus unweit des Palastes einzusperren.

Das Heer Dahomeys belagerte Allada. Zwei Tage trafen seine Angriffe auf erbitterten Widerstand, doch am dritten Tag brach die Verteidigung zusammen, und die Angreifer drangen in die Stadt ein. Sie schleiften König Sozo aus seinem Palast, den er während seiner gesamten Regierungszeit nicht verlassen hatte, und enthaupteten ihn vor den Eingangstoren. Als die

Nachricht vom Tod des Königs sich in Allada verbreitete, brach auch der letzte Rest von Gegenwehr zusammen, und die siegreichen Krieger Dahomeys verfielen in eine wüste Orgie. Sie mordeten, plünderten und machten viele Gefangene. Sie zündeten die Strohdächer der aus Lehm gebauten Häuser an, auch das des Gebäudes, in dem Bulfinch Lambe gefangen saß. Da die trockene Jahreszeit auf ihrem Höhepunkt war, brannte das Stroh wie Zunder. Die Hitze des Feuers versengte Lambes Haut, und der Rauch verpestete seine Lungen.

Gerade als er glaubte, dass seine letzte Stunde geschlagen habe, streckte sich ihm über die Lehmmauer eine Hand entgegen – er wusste zunächst nicht, wessen –, um ihn aus den brennenden Trümmern zu ziehen. Als er im Freien war, sah er, dass die ganze Stadt in Flammen stand. Die Leute, die ihn gerettet hatten – es waren feindliche Krieger –, nahmen ihn gefangen und brachten ihn zum Palast, wo er vor den Befehlshaber des siegreichen Heeres Dahomeys geführt wurde. Zunächst meinte Lambe, König Sozos Bruder gegenüberzustehen, von dem es hieß, dass er der Initiator des Angriffs sei, doch als er die Narben auf den Schläfen des Heerführers sah, erkannte er die Landesmarkierungen Dahomeys. Er war noch ganz zittrig von seiner Flucht vor dem Feuer und fühlte sich sehr erleichtert, als der Heerführer ihm einen Schluck Branntwein reichte, damit sich seinen Nerven beruhigten.

Als das Feuer auch auf den Palast übergriff, verließen der afrikanische Befehlshaber und Lambe ihn eiligst. Die Straßen draußen waren mit Leichen bedeckt, denen der Kopf fehlte. Lambe schrieb später: »Wenn es Blut geregnet hätte, hätte es nicht höher in den Gassen stehen können.« Während die Nacht hereinbrach, wanderten sie durch den Qualm der vielen Feuer zu dem Feldlager außerhalb der Stadt. Lambe erhielt noch einen kräftigen Schluck Branntwein und wurde in die Obhut eines dahomeyischen Offiziers gegeben. Zwei Tage später ließ der Heerführer, der mit Sicherheit wusste, dass der Weiße Sklavenhändler war, ihn zu sich kommen, damit er sich zu ihm setzte und mitverfolgte, wie die Gefangenen, die man in der Schlacht gemacht hatte, gezählt wurden. Die Gefangenen zogen einer nach dem anderen vorbei, und für jeden wurde eine Kaurimuschel in einen Korb geworfen. Am Ende wurden die Muscheln in Häufchen aufgeteilt und gezählt: 40 Muscheln ergaben eine *toque*, fünf *toque* eine *galina*, 20 *galina* eine *cabesse.* Man kam auf mehr als zwei *cabesse*, was also bedeutete, dass über 8000 Gefangene gemacht worden waren. Viele von ihnen wurden dazu bestimmt, an europäische Sklavenhändler verkauft zu werden. Der Leiter des portugiesischen Forts berichtete, dass im Anschluss an die Schlacht 6000 Menschen zum Kauf angeboten wurden. Es waren aber gerade keine Sklavenhändler in Whydah, und es lagen auch keine Schiffe im Hafen, mit denen man sie hätte wegbringen können.[36]

In den nächsten Tagen wurden die übrigen Gefangenen tiefer ins Land hinein zur ungefähr 65 Kilometer weiter nördlich gelegen Hauptstadt Dahomeys getrieben. Der kilometerlange Zug schleppte sich erst über die Straße vorwärts, welche die bewaldete Region im Norden Alladas durchschnitt, und durchquerte dann den Ko-Sumpf, der nur während der trockenen Jahreszeit passierbar war. Danach stieg die Straße ständig an, bis die beinahe baumlose Abomey-Hochebene erreicht war, die mehr als 300 Meter über dem Meeresspiegel lag. Viele der Gefangenen, die auf Grund ihres Alters, von Verwundungen oder Verbrennungen das Tempo nicht mithalten konnten, wurden von den Soldaten brutal misshandelt. Lambe jedoch hatte Glück im Unglück. Da er ein Weißer war, wurde er als ein besonderer Fang angesehen und in einer Hängematte getragen wie ein afrikanischer Potentat. Nach mehreren Tagen auf der Straße traf man in Dahomeys Hauptstadt Abomey ein.

In Abomey sollte Bulfinch Lane dem König Agaja vorgestellt werden. Als er sich dem Palast näherte, begriff er, was aus den Köpfen der Feinde geworden war, welche die Krieger aus Dahomey getötet hatten. Oben auf den Mauern des Palastes erblickte er Schädel, »so dicht nebeneinander, wie sie dort überhaupt zu liegen vermochten«. Nachdem er den Palast betreten und die erforderlichen Formalitäten absolviert hatte, wurde der englische Gefangene vor den König von Dahomey geführt. Bulfinch Lambe war der erste Weiße, den Agaja jemals zu Gesicht bekam.

Der König traf endlich einen der hellhäutigen Fremden, von denen er schon jahrelang gehört hatte. Obwohl er regelmäßig ganze Schiffsladungen von Gütern erhielt, die in Europa, Indien und China hergestellt worden waren und dann über die Handelsrouten von der Küste in sein Reich gebracht wurden, hatte er noch nie den Ozean gesehen und auch noch nie einem Europäer gegenübergestanden, da sein Land durch die beiden kleinen Königreiche Whydah und Allada vom Meer abgeschnitten war. Sein

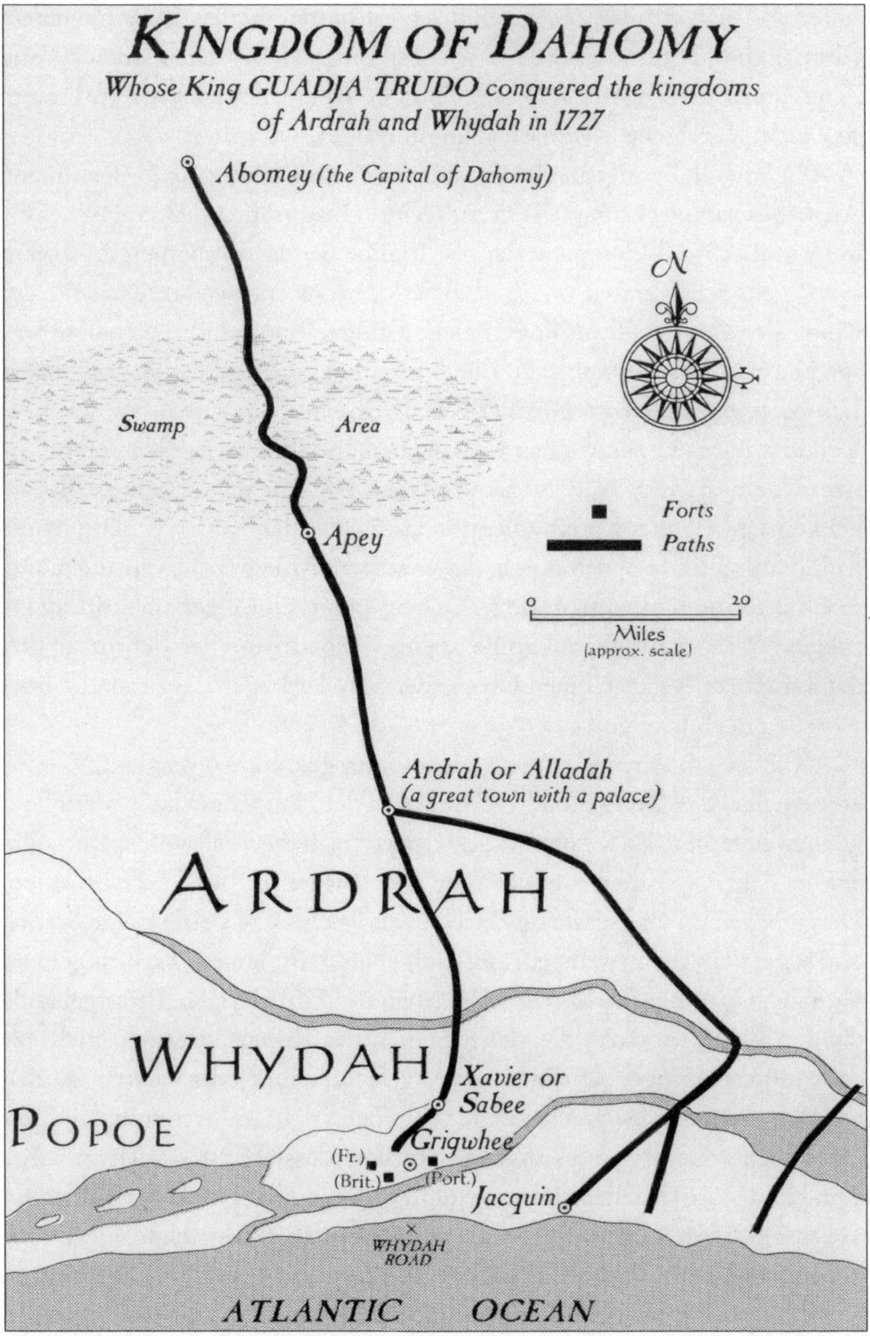

20.1 Rekonstruktion der 1793 entstandenen Karte von Norris, auf der Whydah, Allada (Ardrah) und Dahomey (Dahomy) eingetragen sind.

Vater und sein Bruder, die vor ihm regiert hatten, hatten Einladungen an europäische Händler ergehen lassen, Dahomey zu besuchen, doch bislang hatte keiner die Reise angetreten. Und der Weiße, der jetzt vor ihm stand, war nicht aus eigenem Antrieb gekommen.

Alle Verständigungsprobleme waren gelöst, als König Agaja den jungen Afrikaner namens Captain Tom entdeckte, einen früheren Dolmetscher für die Royal African Company, der wie Lambe bei der Eroberung Alladas in Gefangenschaft geraten war. Im Laufe der nächsten zwei Jahre machte der König sich Captain Toms linguistische Fähigkeiten zunutze, um lange Gespräche mit Lambe zu führen. Bei den seltenen Gelegenheiten, bei denen Lambe einen Brief vom Fort der Royal African Company in Whydah erhielt, bat Agaja seinen weißen Gefangenen, ihn ihm vorzulesen und in seiner Gegenwart eine Antwort zu verfassen. Die Vorstellung von der Möglichkeit schriftlicher Kommunikation faszinierte den König; er blätterte oft das lateinische Messbuch durch, das er seinem Mulattensklaven abgenommen hatte, und er beschäftigte sich sogar damit, eine eigene Schrift zu erfinden. Wenn er Briefe an Lambe in dieser experimentellen Schrift sandte, dann schickte er gleich einen Übersetzer mit, der in der Lage war, die Botschaft zu dechiffrieren.

Als erster Weißer, der jemals nach Abomey gekommen war, hatte Lambe eine einzigartige Gelegenheit, das Leben in der Hauptstadt aus erster Hand kennen zu lernen. Er berichtete, dass der Herrscher elf Paläste – später sollte er von sieben sprechen – besitze, die über das ganze Land verteilt waren. Den größten dieser Paläste beschrieb er als »so groß wie eine kleine Stadt«, und sogar der zweitgrößte sei »weitläufiger als Saint James's Park, mit einem Umfang von ungefähr anderthalb Meilen«. Die riesigen Palastgebäude dienten vor allem dazu, die vielen Frauen des Königs, es waren mehr als 2000, unterzubringen. Die internen Angelegenheiten jedes Palastes wurden von den Frauen selbst geregelt, und besonders kräftige Vertreterinnen ihres Geschlechts fungierten als Wachposten und Türsteher. Kein Mann außer dem König durfte sich nach Sonnenuntergang in diesen Palästen aufhalten.

Lambe sah gerne den Ehefrauen des Königs zu, wie sie täglich in Gruppen von bis zu 200 zum Fluss zogen, um Wasser zu schöpfen. Die jüngeren von ihnen trugen seidene Lendenschurze – er nannte sie »Steißtücher« –, und auf ihren nackten Oberkörpern baumelten viele Ketten aus Korallenkügelchen, einer Importware aus dem Mittelmeerraum. Die älteren und

20.2 Die Kleidung der Adligen von Whydah und der Ehefrauen des Königs, 1725. Am Hof von Dahomey trug man vermutlich ähnliche Gewänder.

ranghöheren Frauen waren in rote, grüne und blaue Tücher gekleidet – sie wählten jeden Tag eine andere Farbe. Sie trugen »versilberte Stecken in den Händen wie goldene Spazierstöcke«. Was an dem ganzen von Lambe beschriebenen Gepränge bemerkenswert war, war, dass alle diese Gegenstände importiert waren und man sie nur durch Handel erlangen konnte: Die ganze Pracht, die am königlichen Hof herrschte, war mit Sklaven bezahlt worden.

Agaja erzählte Lambe, dass er erst der vierte König war, der über das relativ junge Reich Dahomey herrschte. Sein Großvater, ein sehr friedfertiger Mann, hatte während seiner gesamten Regierungszeit nur eine einzige

Schlacht geschlagen. Agajas Vater hatte neun Schlachten ausgetragen, sein älterer Bruder Wegbala schon 79, er selbst aber, Agaja, der seinem Bruder auf den Thron gefolgt war, hatte schon 200 Schlachten geschlagen und plante bereits weitere Feldzüge.[37] Während der kurzen Regierungszeit seines Bruders Wegbala hatte Agaja als Oberbefehlshaber des Heeres fungiert, und er war nach dem Tod seines Bruders durch eine Art Militärputsch an die Macht gekommen. Agaja hob immer wieder hervor, welch tragende Rolle ihm in der militärischen Geschichte seines Landes zukam, und er sah sich selbst ganz eindeutig als Eroberer, der ein kleines, friedliches Reich in einen mächtigen Militärstaat verwandelt hatte. Mehrere Jahre später rundete er dieses Bild von sich selbst als eines kriegerischen Mannes ab, indem er sich eine französische Rüstung zulegte, die ihn allerdings »wie Don Quijote« aussehen ließ.[38]

Agaja hatte das am besten ausgebildete und ausgerüstete Heer der gesamten Region geschaffen. Was die Rekrutierung der Männer, ihre Organisation und ihre Bewaffnung betraf, unterschied diese Armee sich grundlegend von den Streitkräften der benachbarten Staaten Whydah und Allada. In Whydah wurden in Kriegszeiten alle zum Kampf tauglichen Männer mobilisiert und zu riesigen Heeren, zu 50 000 oder mehr Männern, zusammengefasst. Die in aller Eile Mobilisierten mussten ihre eigenen Waffen mitbringen. Da sie kaum oder überhaupt nicht ausgebildet waren, kämpften sie »in großen Trupps, nicht in Reih und Glied und ohne jede Ordnung«. Die Befehlshaber kannten eigentlich nur eine Strategie: den Gegner durch die schiere Masse der eigenen Krieger niederzuzwingen. Wenn die Männer von Whydah in einer Schlacht siegreich waren, dann nahmen sie die Waffen der Gefallenen an sich und versuchten sich der fliehenden Feinde zu bemächtigen. Zehn Prozent der Kriegsgefangenen beanspruchte der König für sich, den Rest konnten die Soldaten, die sie überwältigt hatten, als Sklaven verkaufen.[39]

Als Rekruten, die zum Dienst gezwungen waren, neigten die Krieger Whydahs dazu, rasch die Flucht zu ergreifen, wenn eine Schlacht zu ihren Ungunsten auszugehen drohte. Wenn sie sich einer größeren Streitmacht gegenüber sahen, zogen sie sich manchmal sogar schon vor dem Aufeinandertreffen mit dem Feind zurück. Wahrscheinlich stand der Sklavenhandel im Zusammenhang mit diesem wenig mannhaften Verhalten. Labat berichtete, dass die Krieger Whydahs Gefangennahme und Versklavung mehr fürchteten als den Tod. König Huffon brachte eine ähnliche Einschätzung der Versklavung zum Ausdruck, als er einmal dem englischen Sklavenhändler William Snelgrave gegenüber äußerte, wenn er jemals seines Feindes Agaja habhaft werden sollte, würde er ihn nicht um einen Kopf kürzer machen lassen, sondern »als Sklaven halten, der die abscheulichsten Dienste verrichten muss«. In Whydah schien Übereinstimmung darüber zu herrschen, dass ein Leben als Sklave schlimmer war als der Tod.[40]

Agajas Dahomey besaß im Unterschied zu Huffons Whydah ein Berufsheer, das zwar nur ungefähr 10 000 Mann stark, dafür aber stets einsatzfähig war. Agaja ließ sieben- bis achtjährige Jungen rekrutieren, die den Kriegern als Schildknappen dienten. Während ihrer Ausbildungsjahre wurden diese Knaben indoktriniert, bis sie davon überzeugt waren, dass es keine glorreichere Existenz gebe als die eines Soldaten, und gleichzeitig wurden sie so gestählt, dass sie die Härten eines solchen Lebens zu ertragen vermochten. Nach Abschluss ihrer Ausbildungszeit wurden sie vom Heer als reguläre Soldaten übernommen. Die Streitmacht, die auf diese Weise entstand, setzte sich einem Europäer zufolge aus »Elitekämpfern, die tapfer und diszipliniert waren, und von einem Fürsten voller Mut und Klugheit angeführt wurden, dem ein Stab erfahrener Offiziere zur Seite stand«, zusammen.[41] Wenn die Jahre der Ausbildung nicht ausreichten, um die Männer in loyale Soldaten zu verwandeln, die bereit waren zu töten und, wenn es sein musste, für ihren König zu sterben, so erhielten sie Prämien in Form von Kaurimuscheln – der Währung Dahomeys – für jeden Feind, den sie töteten oder gefangen nahmen. Die Kaurimuscheln, ein Import von den Malediven im Indischen Ozean, bezahlte man mit Sklaven.

Agaja hatte sein Heer modernisiert, indem er seine Krieger statt mit den traditionellen langen Bögen mit Steinschlossmusketen ausrüsten ließ. Die Musketen, die europäische Sklavenhändler lieferten, waren zwar von minderer Qualität, doch die Waffenschmiede des Königs verstanden sich darauf, sie zu reparieren; sie schweißten zersprungene Läufe wieder zusammen und setzten neue Feuersteine ein. Im Nahkampf fochten Agajas Männer mit Säbeln und Haumessern, die ebenfalls aus Europa importiert waren, und schützten ihren Körper mit in der Region gefertigten, nahezu mannshohen Schilden. Der König erwarb auch 25 Kanonen, von denen einige Lambe zufolge »mehr als tausend Pfund« wogen, »sodass man denken könnte, der Teufel hat dabei geholfen, sie herzuschaffen«. Agaja klagte darüber, dass er nicht im Besitz einer Formel sei, um sein eigenes Schießpulver herzustellen, denn er begriff sehr gut, dass er sich mit der Modernisierung seiner Streitmacht von den europäischen Händlern abhängig gemacht hatte und sich darauf verlassen musste, dass sie ihm regelmäßig Flinten, Kugeln und Pulver lieferten. Wie für die Seidentücher und Samtstoffe, die das Leben im Palast so angenehm machten, wurde auch für Waffen und Munition mit Sklaven bezahlt.

Der Herrscher von Dahomey investierte nicht nur viel in die militärische Aufrüstung seines Landes, sondern installierte auch ein königliches Monopol hinsichtlich der Kriegsbeute. Ein Europäer berichtete, Agajas Soldaten seien derart diszipliniert, dass es »keinen Offizier oder einfachen Soldaten gibt, der es wagt, auch nur den geringsten Teil dessen, was der Feind zurückgelassen hat, an sich zu nehmen, aus Angst, dass er noch auf dem Schlachtfeld dafür seinen Kopf verlieren könnte. Sie sind verpflichtet, alles zu einer Sammelstelle zu bringen, wo der König es verteilt, wie er es für richtig erachtet.«[42] Alle Gefangenen gehörten dem König. Er konnte auf sehr verschiedene Weise mit ihnen verfahren: Einige wurden Agajas »Schutzengel« geopfert zum Dank dafür, dass er wieder einen Sieg errungen hatte und um sicherzustellen, dass er auch in Zukunft über die Feinde triumphieren würde; andere mussten auf den Feldern und Äckern des Königs arbeiten oder ihm in seinem Palast dienen, wieder andere wurden Heerführern oder Paladinen zum Geschenk gemacht und die restlichen an europäische Sklavenhändler verkauft, um den nie erlöschenden Bedarf an Gewehren, Schießpulver, Hieb- und Stichwaffen, Seidentüchern, Samtstoffen und Kaurimuscheln zu decken.[43]

Das königliche Monopol war so umfassend, dass sogar die Köpfe getöteter Feinde in Agajas Besitz übergingen. Bulfinch Lambe berichtete, dass König Agaja »bereits seine beiden Hauptsitze mit menschlichen Schädeln umgeben hat, die so dicht neben- und aufeinander liegen, wie es überhaupt nur möglich ist, und es sind dies die Häupter der Männer, die er in seinen Kriegen getötet hat«. Diese merkwürdigen »Wälle« um die königlichen Paläste dienten – wie auch die öffentlichen Opferungen von Kriegsgefangenen – der Propaganda: Sie flößten den Kriegern Dahomeys Mut ein, während sie gleichzeitig die Feinde des Landes in Angst und Schrecken versetzten. Psychologische Kriegführung gehörte ebenso zu Agajas ausgeklügelter militärischer Gesamtstrategie wie der Unterhalt eines vorzüglich ausgebildeten und mit Musketen bewaffneten Berufsheeres.[44]

König Agaja ging später tatsächlich als die martialische Erscheinung, die er aus sich zu machen versuchte, in die Volkserzählungen seines Landes ein. Es hieß, dass König Huffon von Whydah ihm einmal ein Geschenk geschickt habe, das aus 40 Ellen Tuch, 40 Fässern Schießpulver, 40 Musketen, 40 Flaschen Rum und 40 *cabesse*, also 40 mal 4000 Kaurimuscheln, bestanden habe. Huffon habe Agaja spöttisch fragen lassen, ob der König von Dahomey reich genug sei, um jemand anderem ein solches Geschenk zu machen, ohne seinerseits etwas zu verlangen. Als Antwort habe König Agaja seinen ersten Minister angewiesen, einen Pfad anzulegen, der von zwei Reihen mit Schädeln erschlagener Feinde gesäumt war. Er habe die Gesandten des Königs von Whydah diesen grausigen Pfad beschreiten und jedem von ihnen nur 40 Kaurimuscheln überreichen lassen. Er erklärte, dass er damit zeigen wolle, dass sein Reichtum aus seinen Kriegstrophäen bestand und er nicht zögern würde, Huffon dies auch praktisch zu demonstrieren.[45] Der Gegensatz zwischen der Ideologie, auf der Agajas Militärreich gründete, und jener, auf welcher Huffons friedlicher Handelsstaat basierte, hätte drastischer nicht aufgezeigt werden können.

Die Beziehungen zwischen den beiden Staaten waren angespannt, weil Agaja seit langem erbittert über die Abhängigkeit von Whydah war, was die Versorgung mit Gewehren, Schießpulver, Kaurimuscheln, Tuch und anderen importierten Gütern, die er für seine Streitmacht benötigte, anbelangte – aber auch, um weiterhin in seinen Palästen einen höfischen Lebensstil aufrechtzuerhalten. Agaja beklagte sich, dass die Kaufleute Whydahs aus ihrer Position als Mittelsmänner zwischen den europäischen Sklavenhändlern an der Küste und ihm, dessen Königreich nicht ans Meer grenzte, ungebührlich hohen Profit schlügen. Er warf König Huffon vor, bezüglich des Handels »ungeheuer viele Schurkereien« gegen ihn begangen zu haben. Mit seiner Eroberung Alladas im Jahr 1724 hatte Agaja zwar die Kontrolle über die Hafenstadt Jakin erlangt, er besaß aber nach wie vor keinen Zugang zu den europäischen Forts und Handelsstationen an der Küste von Whydah. 1725 beauftragte er einen Gesandten, bei König Huffon um »ungehinderten Verkehr mit der Küste« und um eine »Aufhebung der gewöhnlichen Zollabgaben auf Neger, die exportiert wurden« nachzukommen. Dieses

Ansuchen wurde abschlägig beschieden. Da ihm sein erfolgreicher Feldzug gegen Allada noch lebhaft in Erinnerung war, begann der König sich in Gedanken mit einer Eroberung Whydahs zu beschäftigen.[46]

Als Sklavenhändler, der selbst zum Sklaven geworden war, wusste Bulfinch Lambe, dass er am ehesten dem goldenen Käfig entkommen könnte, in dem Agaja ihn hielt, wenn seine alte Arbeitgeberin, die Royal African Company, ihn zurückkaufte. Das Problem war, wie man sich auf einen Preis einigen sollte. Als er Agaja einmal bat, der Gesellschaft eine präzise Lösegeldforderung zu stellen, verlangte der König im Scherz Waren im Gegenwert von 700 Sklaven, was damals ungefähr 10 000 Pfund Sterling entsprach. Voller Verzweiflung schrieb Lambe 1724 an die Kompanie: »Ich glaube, dass es keinen anderen Weg gibt, mich zu erlösen, als dass die Kompanie ihm eine Krone und ein Zepter zum Geschenk macht, die von dem bezahlt werden müssten, was man dem verstorbenen König von Allada noch schuldig ist. Mir fällt nichts anderes ein, was ihm nicht zu kleinlich vorkäme, da er mit großen Mengen von silbernem Tafelbesteck, kunstvoll gearbeiteten goldenen Gegenständen und anderen kostbaren Dingen ausgestattet ist. Er besitzt ebenso alle möglichen gewöhnlichen Gegenstände im Überfluss, verteilt Kaurimuscheln, als ob sie Dreck wären, und schenkt Cognac aus wie Wasser, denn er ist äußerst eitel und angeberisch, doch er ist auch, so glaube ich, der reichste Herrscher und der größte Krieger in diesem Teil der Welt.«

Es traf zu, dass nichts von dem, was sich in dem englischen Fort in Whydah in den Lagerhäusern befand, König Agaja beeindrucken oder auch nur seine Aufmerksamkeit erregen würde. Niedergeschlagen flehte Lambe seine Gesellschaft an: »Wenn es irgendeine abgehalfterte Hure gäbe, entweder eine Weiße oder eine Mulattin, die man dazu überreden könnte, in dieses Land zu kommen, entweder um seine Frau zu werden oder um ihr Gewerbe auszuüben, könnte ich damit das Herz Seiner Majestät ganz und gar gewinnen.« Doch da er wenig Hoffnung hatte, dass sich eine Freiwillige finden lassen würde, verlangte Lambe stattdessen englische Sättel und englisches Zaumzeug für sich selbst und den König, Papier und Tinte sowie einige Längen Zündschnur und Zündhölzer, damit man die Kanonen des Königs abfeuern konnte. Außerdem bat er um einen kleinen englischen Hund und um Schnallen für die Schuhe des Königs. Man solle das ihm, Lambe, in Rechnung stellen.

Im Laufe seiner vielen Gespräche mit Bulfinch Lambe hatte König Agaja den Engländer auch gefragt, warum die Europäer anscheinend einen so unstillbaren Appetit auf Sklaven hätten. Der König war viel zu realistisch, um zu glauben, was man sich an der Westküste Afrikas erzählte: dass die Europäer schwarze Sklaven kauften, um sie daheim aufzuessen. Doch dass unablässig, Jahr um Jahr neue Sklavenschiffe eintrafen, hatte seine Neugier geweckt. Als Lambe ihm schilderte, wie die Sklaven auf Plantagen in der Karibik Zucker anbauten, der in Europa mit beträchtlichem Gewinn verkauft wurde, kam dem König eine Idee. Agaja kannte raffinierten Zucker, von dem er immer einen Vorrat in seiner Palastküche hatte. Wenn er selbst welchen zu erzeugen imstande wäre, so sagte er sich, könnte er etwas von den Gewinnen einstreichen, die jetzt die Europäer machten. Warum sollte er sich damit begnügen, Arbeitskräfte für die Pflanzungen in der Neuen Welt zu liefern, wenn man Sklaven dafür verwenden könnte, an der Küste von Guinea Zuckerrohr anzubauen oder andere Exportgüter zu produzieren?

Diese Idee des Königs lieferte Bulfinch Lambe den Ansatz, den er brauchte, um einen Plan zu seiner Flucht zu schmieden. Er verfasste ein »Handelsprogramm«, in dem König Georg I. ersucht wurde, mit König Agaja zu kooperieren, um Plantagen in Dahomey anzulegen, auf denen Sklaven Rohstoffe wie Zucker, Baumwolle und Indigo für den Export anbauen würden. Als Angestelltem der Royal African Company war Lambe bekannt, dass die Engländer Pläne erörtert, dann aber wieder verworfen hatten, in Whydah Indigo- und Baumwollplantagen anzulegen. Vielleicht wusste er auch, dass wiederholte Versuche der Holländer, solche Plantagen an der Goldküste einzurichten, fehlgeschlagen waren.[47] Aber das war alles nicht relevant für ihn, da er gar nicht die Absicht hatte, solche Projekte wirklich in die Tat umzusetzen.

Im Januar 1726 erklärte Agaja sich endlich bereit, Bulfinch Lambe freizugeben, damit er nach England fahren und dort ein Abkommen mit König Georg I. aushandeln könne. Agaja, den ja schriftliche Kommunikation faszinierte und der später einem anderen Engländer erzählte, er habe Mr. Lambe und Captain Tom nach England entsandt, um »Zeugnis von seiner Größe und seinen Eroberungen« abzulegen[48], beschloss, einen persönlichen Brief an Georg I. zu diktieren. Und um diesen Brief aufzusetzen, waren der König, Captain Tom und Bulfinch Lambe an jenem Januarnachmittag auf dem Hof des Palastes versammelt.

Im Schatten des riesigen Sonnenschirms brachte Lambe König Agajas Darstellung der Geschichte des Königreichs Dahomey und die Schilderung der Landesbräuche zu Papier und legte dar, wie der Herrscher das ganze militärische System des Landes neu organisiert hatte.[49] In dem Brief wurde mehrfach erwähnt, dass Agaja Interesse daran hatte, direkte Handelsverbindungen mit den Ländern Europas zu knüpfen; er bat König Georg, »den Handel mit dieser Region in Gang zu bringen, wo man viel größeres Entgegenkommen und viel bessere Behandlung finden wird, als dies im Reich des Willkürherrschers von Allada üblich war«. Agaja tat auch seine Absicht kund, weiter Krieg zu führen, »bis ich andere kleine Königreiche unterworfen und mich zum einzigen Monarchen bis hinunter zum Meer gemacht habe; und dann werde ich ein Territorium mit so viel Arbeitern besitzen, dass dort kein Bedarf mehr an Sklaven besteht«. Dann fügte er noch hinzu: »Dieser weiße Mann wird Eure Händler wissen lassen, was ich begehre und was geziemend für mich ist, denn es gibt nichts, das zu teuer, kostbar und erlesen ist, dass ich es nicht kaufte, selbst für den Preis von eintausend Sklaven für irgendein einzelnes Ding.«

Das Schreiben enthielt auch Hinweise darauf, was Agaja eigentlich dazu bewegte, sich am Sklavenhandel zu beteiligen. Er erklärte, dass er, seitdem er seine Krieger mit Flinten statt mit Pfeil und Bogen ausgerüstet habe, ständig Nachschub an Schießpulver benötige. Er schilderte zudem die edlen Gewänder seiner Gattinnen und die üppige Ausstattung seines Hofes und ließ durchblicken, dass er jemandes bedürfe, der ihn zuverlässig mit importiertem Tuch und anderen Luxusartikeln versorge, damit er seinen Lebensstil beibehalten könne. Schließlich machte er noch deutlich, dass er als König Dahomeys verpflichtet sei, von Zeit zu Zeit Kaurimuscheln und andere alltäglichere Güter unter seinen Untertanen zu verteilen. Die Kaurimuscheln für das gewöhnliche Volk ließen sich ebenso wie die Seidenstoffe für seine Frauen und das Pulver für die Flinten und Kanonen nur durch den Verkauf von Sklaven beschaffen.

Dass Sklaven die Quelle allen Wohlstands waren, kam auch in den Volkserzählungen Dahomeys zum Ausdruck. Es hieß, wenn der König Kaurimuscheln bräuchte, würden seine Helfer einen Strick um den Hals eines Sklaven binden, dem Mann Arme und Beine brechen und dann in den Ozean werfen, sodass er ertrinke. Am Grund des Meeres würden sich Kaurimuscheln auf dem Leichnam des Sklaven festsetzen. Nach einer Zeit würden die Helfer des Königs die Leiche hochziehen und die Kaurimuscheln von ihr absammeln. Zwar kamen diese Muschelschalen in Wirklichkeit von den Malediven im Indischen Ozean und wurden auf Sklavenschiffen nach Westafrika gebracht, doch machten diese mündlich tradierten Erzählungen mit ihren lebendigen Bildern klar, dass der große Reichtum des Königs mit dem Leben von Sklaven erkauft war.[50]

Die Passagen des Briefes, über die später Kontroversen ausbrechen würden, handelten von der Zukunft Captain Toms und Bulfinch Lambes. Bezüglich Tom hieß es: »Ich schicke ihn [nach England], auf dass er nach seiner Rückkehr, so der Tod diese nicht vereitelt, mir einen ausführlichen Bericht über die Länder und Besitzungen Eurer Majestät gebe und auf dass er besser für die wichtige Stellung geeignet sei, [...] die ich ihm nach seiner Rückkehr zu geben beabsichtige.« Was Bulfinch Lambe betraf, den der König als »meinen Sohn« bezeichnete, so hieß es in dem Brief: »Ich hoffe, dass Ihr oder zumindest Eure Handel treibenden Untertanen mir diesen weißen Mann als Befehlshaber oder Führer von anderen weißen Männern und Frauen zurückschicken werdet. Und sie sollen so viele Untergebene haben, wie sie wollen, die ihnen helfen werden, ein Kastell, Fort, Haus oder Häuser zu bauen, wie es ihnen angebracht und gebührend für den Handel zu sein scheint.«

Als der Brief aufgesetzt war, las Lambe ihn auf Englisch vor, und Captain Tom übersetzte seine Worte in Gbe, damit der König alles billigte. Ein paar Tage später, nachdem sie alle gefeiert und Abschied voneinander genommen hatten, war der König bereit, Lambe und Captain Tom fortziehen zu lassen. Wie er versprochen hatte, gab er ihnen ein Geschenk mit auf die Reise: 80 Sklaven, 40 für Bulfinch Lambe und 40 für König Georg. Agaja erzählte später dem britischen Sklavenhändler William Snelgrave, dass er Lambe auch 320 Unzen Gold überlassen habe, doch von diesem Gold hat man nie eine Spur gefunden.

Agaja schickte die beiden zunächst zum Hafen von Jakin. Der Zug, der aus Lambe, Captain Tom, den 80 Sklaven und vielen Aufpassern und Dienern bestand, arbeitete sich langsam zur Küste vor. Boten des Königs eilten vor ihm her, die den Bewohnern aller Dörfer, die am Weg lagen, im Namen Agajas befahlen, Lambe Respekt entgegenzubringen und ihn fürstlich zu bewirten und zu beherbergen.

In dem Brief, den Lambe mit sich führte, war eine, von der blumigen

Sprache kaum verhüllte, ominöse Ankündigung enthalten, die das Königreich Whydah betraf. König Agaja hatte den Briten Folgendes schreiben lassen: »Ich stelle fest, dass ich keinen anderen Weg sehe, um die Einwohner Whydahs unter meine Herrschaft zu bringen, als mit Gewalt. Es muss geschehen, und wenn ich meine Generäle und Hauptleute aussende, um es zu erledigen, dann dürfen sie nicht ohne Erfolg zurückkehren.« Und an einer anderen Stelle des Schreibens versicherte er König Georg: »Wenn ich meine Streitkräfte gegen Whydah anrücken lasse, wie ich es vorhabe, dann werde ich meinen Befehlshabern die Weisung geben, darauf zu achten, der Habe des weißen Mannes keinen Schaden zuzufügen und auch keiner Person, die er in seinem Fort oder seiner Faktorei hält. Doch wenn sie wie Krieger daherkommen, um dem König und dem Volk [Whydahs] zu helfen, und deswegen verwundet oder getötet werden, dann sollt Ihr weder mich noch meine Männer dessen anklagen.«

Lange bevor Bulfinch Lambe und Captain Tom mit dem Brief in England eintrafen, sollten diese Vorhersagen sich verwirklichen.

21

Savi, Königreich Whydah, 4. März 1727

Das Dröhnen eines Kanonenschusses zerriss die Stille des Abends und löste Alarmrufe aus. In Windeseile verbreitete sich in Whydahs Hauptstadt die Nachricht, dass das Heer Dahomeys Paon angegriffen und gebrandschatzt hatte, ein von Whydah abhängiges Gebiet, das nur etwas über 20 Kilometer von Savi entfernt lag. Ein Abgesandter des Gouverneurs von Paon war in Savi eingetroffen, um sich im Auftrag seines Herrn zu erkundigen, warum König Huffon geschlafen habe, während seine Nachbarn niedergemetzelt wurden.

Die Stadt Savi kam in dieser Nacht nicht zur Ruhe: Hörner und Trommeln signalisierten, dass Krieg ausgebrochen war, und riefen die Soldaten überall im Königreich dazu auf, sich in der Hauptstadt zu versammeln.[51] Am nächsten Morgen stießen zu dem Heer des Königs noch Truppen aus den Provinzen in einer Stärke von mindestens 40 000 Mann. Die vereinten Streitkräfte zogen in Richtung Paon ab, um sich dem viel kleineren Heer

Dahomeys entgegenzustellen. Gegen Mittag traf ein Botenläufer in Savi ein mit der Nachricht, dass die Armee Dahomeys die Flucht ergriffen habe. Die tapferen Krieger Whydahs, so behauptete der Bote, hätten es verstanden, eigene Truppen unbemerkt im Rücken des Feindes zu postieren, und den Gegner einem verheerenden Kreuzfeuer ausgesetzt. Als sie das hörten, rechneten die Europäer in Savi damit, dass bald große Scharen von Gefangenen eintreffen würden, mit denen sie die Laderäume ihrer Schiffe füllen könnten.

Als die Armee Whydahs an jenem Abend wieder in Savi einzog, schleppten die Soldaten sich schweigend dahin und weigerten sich, irgendwelche Fragen zu beantworten. Sie führten keine Gefangenen mit, und es war ganz offensichtlich, dass sie eine Niederlage erlitten hatten. Hauptmann Assou meldete, die Krieger Whydahs hätten sich dermaßen vor dem Feind aus Dahomey gefürchtet, dass sie ihren Kampfeswillen ganz und gar verloren hätten. Nur die von ihm selbst und von zwei anderen Hauptleuten befehligten Truppen hätten sich in die Schlacht geworfen, alle anderen hätten zunächst gezögert und dann die Flucht ergriffen. Die gewaltige Streitmacht Whydahs, so berichtete Assou voller Wut, war von einer Armee geschlagen worden, die nur ungefähr 1500 Soldaten zählte, zu denen noch einmal die gleiche Zahl Marketenderinnen und Knaben, die als Schildknappen dienten, kam. Whydah hatte zwanzigmal mehr Krieger an die Front geschickt, die auch besser bewaffnet gewesen waren. »Doch«, so lautete die rhetorische Frage Assous, »wie hätten zahlenmäßig stärkere Truppen und überlegene Waffen nützen sollen, wenn der Mut fehlte und Schrecken und Panik regierten?«

Am nächsten Tag begannen Gerüchte über die magischen Kräfte der Krieger aus Dahomey in Savi die Runde zu machen. Einige der Männer aus Whydah behaupteten, sobald die Gegner einen fixierten, sinke man wie ein Toter zu Boden und habe nicht mehr die Kraft, eine Waffe in der Hand zu halten. König Agajas psychologische Kriegführung zeigte ganz eindeutig die erwünschte Wirkung: Sie erfüllte die in aller Hast zu den Waffen gerufenen Männer aus Whydah mit Panik.

Die Soldaten Whydahs formierten sich am nächsten Morgen zu einem noch größeren Heer als jenes vom Tag zuvor. Wieder zog es aus, um den Feind zu bekämpfen, und wieder kehrten die Verteidiger geschlagen zurück. Die triumphierenden Sieger verwüsteten die Provinzen Miltere und Aploya und standen bei Einbruch der Nacht keine zehn Kilometer mehr von Savi entfernt. Am Abend des 6. März erreichten sie den Fluss, das letzte Hindernis vor der Stadt, und schlugen an seinem Ufer ihr Lager auf. Hauptmann Assou, den die desolate Kampfmoral seiner Männer angewidert hatte, meinte, dass das Land verloren sei, weil seine Soldaten nicht den Willen und den Mut besäßen, es zu verteidigen.

Die bedrohliche militärische Lage versetzte die Europäer in Savi in Panik. Während der vorausgegangenen zwei Tage hatten sie ihre Lagerhäuser leer geräumt und die Waren in Richtung Küste zu den Forts bringen lassen. Hätten sie genügend Träger gefunden, so wären überhaupt keine Handelswaren mehr in der Stadt zu finden gewesen. Am 7. März verließen viele Weiße Savi, um im englischen, französischen oder portugiesischen Fort Zuflucht zu suchen. Das stürzte jedoch die Leiter der europäischen Handelsgesellschaften in ein Dilemma. König Agaja von Dahomey hatte ihnen mitteilen lassen, wenn sie sich neutral verhielten und nicht zu den Waffen griffen, um Savi zu verteidigen, würden weder sie selbst noch ihre Besitztümer irgendwelchen Schaden erleiden. Überdies hatte er versprochen, dass er ihnen im Fall seines Sieges ihre Geschäfte erleichtern und die verschiedenen Zölle und Abgaben, mit denen der König von Whydah sie belegte, abschaffen werde. Sollten sie Agaja aber in irgendeiner Form Widerstand leisten, so müssten sie mit Vergeltungsmaßnahmen rechnen. Die Europäer wollten sich daher der Armee Dahomeys nicht aktiv entgegenstellen; wenn sie sich aber einfach in ihre Forts zurückzögen, würde das von König Huffon von Whydah als ein Akt der Illoyalität gedeutet werden. Etliche Angehörige der europäischen Kompanien harrten daher in Savi aus, als das Heer Dahomeys mit der Belagerung der Stadt begann.[52]

Am Nachmittag des 9. März watete ein Trupp von 200 Männern aus Dahomey durch den Fluss, ohne auf irgendwelche Gegenwehr zu treffen, und zog weiter in Richtung Savi. Sie ließen ihre Musikinstrumente erklingen, um ihr Näherrücken anzukündigen. Gegen drei Uhr nachmittags hörten die Wächter auf den Mauern der Stadt die Klänge und vermeldeten, dass der Feind den Fluss überquert habe. Sobald der König und sein Hofstaat dies vernahmen, ergriffen sie die Flucht. Um fünf Uhr war schon das ganze Land südlich von Savi mit Menschen gefüllt, die hastig in Richtung Küste zogen und so viel von ihren Besitztümern mitschleppten, wie sie zu tragen vermochten. König Huffon und seine Paladine schafften es bis nach Popo und stiegen dort in bereitliegende Kanus, um sich zu einer Insel in der Mitte des Glewe bringen zu lassen. Viele aus dem normalen Volk waren jedoch nicht so begünstigt und ertranken, als sie versuchten, diese Insel schwimmend zu erreichen. Andere flohen in den Busch, wo sie später von den Feinden entdeckt und getötet wurden oder verhungerten.

Nachdem die Krieger aus Dahomey in Savi eingedrungen waren, stürmten sie sofort zum königlichen Palast. Als sie feststellten, dass das Gebäude verlassen war, setzten sie es in Brand. Die Vorhut meldete ihrem Oberbefehlshaber, der immer noch mit dem Gros des Heeres auf der anderen Seite des Flusses wartete, dass Savi sich in ihrer Hand befand, und die ganze Streitmacht fiel bald in die Stadt ein. Beim Durchsuchen der Häuser der königlichen Beamten und der Priester stießen sie manchmal auf große Pythons, die heiligen Schlangen Whydahs. Als Bewohner Whydahs wurde man mit dem Tod bestraft, wenn man einem Python etwas zuleide tat, doch die Männer aus Dahomey hatten für den Schlangenkult nur höhnische Verachtung übrig. Sie ergriffen die Schlangen und sagten: »Wenn ihr Götter seid, dann errettet euch.« Dann schlugen sie ihnen die Köpfe ab, rösteten sie über einem Kohlenfeuer und verspeisten sie.

Als sie in den Bezirk der Royal African Company vorstießen, trafen die Krieger auf den Leiter, Mr. Duport. Er war der erste Weiße, den sie in ihrem Leben zu Gesicht bekamen, und der Anblick schien sie zu beunruhigen. Zuerst wahrten sie scheuen Abstand, doch als er ihnen seine Hand entgegenstreckte, näherten sie sich ihm und berührten ihn. Nachdem sie sich vergewissert hatten, dass er ein Mensch war wie sie selbst, nahmen sie ihn gefangen und leerten seine Taschen. An die 40 Europäer, die zu der englischen, der französischen, der holländischen oder der portugiesischen Handelsgesellschaft gehörten, wurden auf ähnliche Weise ergriffen und festgesetzt. 5000 Einwohner Savis wurden getötet und 11 000 gefangen genommen.[53]

Vielen Menschen, vor allem auch zahlreichen Europäern, fiel es schwer zu glauben, dass ein so mächtiges Königreich, wie Whydah es gewesen war, so leicht besiegt werden konnte, und sie suchten Schuldige für die Katastrophe. Der holländische Verwalter in Jakin, ein Mann namens Hertogh, führte die Niederlage auf Verrat durch die afrikanischen Staatsbeamten zurück, die verantwortlich dafür waren, die geschäftlichen Aktivitäten der Holländer zu überwachen, und hatte auch Assou, der für die französischen

Händler zuständig war, im Verdacht, den Herrscher hintergangen zu haben. Hertogh behauptete, dass diese Afrikaner sich mit zwei Mitgliedern der Aristokratie von Whydah verbunden hätten, die von Huffon um ihr Erbe betrogen worden waren und die sich jetzt dafür rächten.[54]

Erzählungen zufolge, die in Dahomey kursierten, verhielt es sich ganz anders, was diesen Verrat aus den eigenen Reihen betraf. Es heißt, dass eine von König Huffons Frauen, Na Geze, die Tochter von König Agaja war und für ihr Heimatland spioniert hatte. Am Abend vor dem Angriff des dahomeyischen Heeres habe sie ein Fest für Huffon und viele seiner Paladine ausgerichtet. Sie habe von ihrem Vater große Mengen Essen und Palmwein erhalten, den König und seine Häuptlinge betrunken gemacht und dann ihre persönlichen Diener das Schießpulver der Soldaten Whydahs anfeuchten lassen, sodass diese keinen Widerstand hätten leisten können. Obwohl man diese Geschichte, die wahrscheinlich erst lange nach den Ereignissen selbst erfunden wurde, am besten als eine fantasievolle Interpretation des historischen Geschehens nimmt und nicht als Tatsachenbericht, bringt sie doch die Ansicht der Menschen jener Regionen zum Ausdruck, dass Treulosigkeit und Verrat zum Untergang Whydahs führten.[55]

Am 10. Mai 1727, einen Tag nach dem Angriff des dahomeyischen Heeres, wurden die 40 Weißen nach Allada geführt, das ungefähr 25 Kilometer nördlich lag. Obwohl sie Kriegsgefangene waren, wurden die Direktoren der europäischen Handelskompanien in Hängematten getragen, wie es Männern von großer Bedeutung zustand. Nach ihrer Ankunft in Allada wurden die Europäer ihrer Staatsangehörigkeit entsprechend in Gruppen aufgeteilt und zu jeder von ihnen eigene Aufseher abkommandiert. Mehrere Tage vergingen, bevor Mr. Duport von der Royal African Company eine Audienz bei König Agaja erhielt. Er nutzte die Gelegenheit, um sich darüber zu beschweren, wie mit ihm umgegangen werde, und Einspruch dagegen zu erheben, dass er überhaupt festgehalten wurde. Agaja antwortete, er bedaure es, dass man die Europäer so schlecht behandelt habe; er habe seinen Hauptleuten den Befehl gegeben, ihnen gegenüber Rücksicht zu üben, doch so etwas gerate in den Wirren eines Krieges in Vergessenheit. Er gestand, überrascht gewesen zu sein, als er erfuhr, dass so viele Weiße gefangen genommen worden seien. Kurze Zeit später später ließ er die Europäer frei und schickte sie mit einer Eskorte, die für ihre Sicherheit sorgen sollte, zurück zu den Forts. Bevor er sie entließ, schenkte er den ranghöheren Europäern Kriegsgefangene, die sie als Sklaven verkaufen konnten, und er versicherte ihnen, er werde dafür sorgen, dass der Sklavenhandel floriere, sobald der Krieg zu Ende sei.

Nur ein paar Tage nach der Rückkehr Duports und der anderen Angestellten der Royal African Company in das englische Fort ging das Sklavenschiff *Katherine Galley*, das unter dem Kommando von William Snelgrave stand, in der Bucht vor der Festung vor Anker. Der Anblick von Leichenteilen auf den Feldern vermittelte Snelgrave eine Ahnung von den Verwüstungen, welche die jüngsten Kriege angerichtet hatten. Da es in Whydah keine Möglichkeit gab, Sklaven einzukaufen, segelte er weiter die Küste hinab bis nach Jakin. Die Hafenstadt hatte einst dem König von Allada unterstanden und wurde jetzt ebenfalls von König Agaja kontrolliert. Mehrere Tage später erhielt Snelgrave eine Einladung, Agaja in seinem Feldlager vor der ehemaligen Hauptstadt Alladas aufzusuchen. Der Bote war ein junger Afrikaner, der in einem englischen Fort ein ausgezeichnetes Englisch gelernt und früher einmal für Bulfinch Lambe gearbeitet hatte. Er war zusammen mit Lambe in Gefangenschaft geraten, als das Heer Dahomeys Allada eingenommen hatte, und diente dem König von Dahomey jetzt als Dolmetscher.

Am Morgen des 8. April machte Snelgrave sich in Begleitung eines hohen Würdenträgers von Jakin und des Sekretärs der holländischen Faktorei auf, um mit dem König von Dahomey zusammenzutreffen.[56]

Der Landessitte entsprechend wurde Snelgrave in einer Hängematte von drei Trägerteams befördert, die aus jeweils zwei Mann bestanden und sich regelmäßig ablösten. Er bekam auch ein kleines Pferd, auf dem er reiten konnte, wenn es ihm zu viel wurde, in der Hängematte hin und her geschaukelt zu werden. So bewegte man sich langsam durch eine Landschaft vorwärts, die – wie die Gegend um Whydah – Spuren der Verwüstung durch die Kämpfe, die hier noch kurz zuvor getobt hatten, zeigte. Nachdem sie die Nacht im Freien verbracht hatten, gelangten sie am nächsten Morgen zu einer Stelle, die ungefähr einen Kilometer von König Agajas Feldlager entfernt war.

Am Tag darauf wurden Snelgrave und seine Begleiter vom König persönlich empfangen. Nach den üblichen Begrüßungsformalitäten lud der König seine Besucher ein, zuzuschauen, wie die Soldaten für ihren Sieg in dem gerade beendeten Feldzug entlohnt wurden. Nachdem er den Herrscher von Whydah geschlagen hatte, war Agaja mit seinem Heer zu einem sechstägigen Marsch gen Norden aufgebrochen, wo sie gegen ein Land namens Tofo Krieg geführt hatten. Männer aus Tofo hatten einige von Agajas Frauen überfallen, als er noch völlig mit dem Angriff auf Savi beschäftigt gewesen war. Nachdem er Whydahs Hauptstadt eingenommen hatte, übte er Rache an Tofo.

Ungefähr 1800 Gefangene, die seine Soldaten dort gemacht hatten, wurden auf den Hof geführt. Offiziere nahmen die Gefangenen von einfachen Soldaten entgegen, die sie dafür mit Kaurimuscheln entlohnten. Snelgrave rechnete aus, dass die Soldaten Muscheln im Wert von ungefähr 20 englischen Schillingen für jeden männlichen Erwachsenen erhielten, den sie übergaben, und zehn Schillinge für jede Frau, jeden Knaben und jedes Mädchen.

Nachdem die Gefangenen zusammengetrieben worden waren, wählte der König 400 von ihnen – es waren zumeist ältere Menschen, die ohnehin nicht mehr als Sklaven verkauft werden konnten – aus: Sie sollten der Gottheit zum Dank für den Sieg geopfert werden. Dann verschenkte er 200 weitere Gefangene an einige seiner Offiziere und Höflinge, wobei der ranghöchste Offizier jede Schenkung laut bekannt gab. Die Übrigen würden dem König als Leibeigene dienen oder an europäische Sklavenhändler verkauft werden.

Sobald die Kriegsgefangenen verteilt waren, betrat ein Trupp Krieger den Hof, welche die abgeschlagenen Köpfe der von ihnen getöteten Feinde auf Schnüren aufgezogen präsentierten. Der ranghöchste Offizier zahlte jedem Kaurimuscheln im Wert von fünf Schillingen pro Kopf. Es ist durchaus bemerkenswert, dass König Agajas Prämiensystem eher dazu aufforderte, Gegner gefangen zu nehmen, als dazu, sie zu töten: Ein Soldat, der einen männlichen Erwachsenen als Gefangenen vorführte, erhielt das Vierfache von dem, was ein Soldat in Empfang nehmen konnte, der einen abgeschlagenen Kopf präsentierte. Dieses System finanzieller Belohnung sollte anscheinend einem älteren entgegenwirken, bei dem es um militärischen Ruhm gegangen war. Wie schon erwähnt, hatte Huffon Snelgrave angekündigt, wenn er jemals König Agaja zu fassen bekäme, werde er ihn nicht enthaupten, sondern ihn zu »einem Sklaven machen, der die abscheulichsten Arbeiten verrichtet«. Die Implikation war ganz klar: Wenn man im

Kampf enthauptet wurde, dann war das ein ehrenvoller Soldatentod, geriet man jedoch in Gefangenschaft und wurde zum Sklaven, so war man auf immer entehrt. Die Prämie, welche die Krieger erhielten, war für sie ein Anreiz, ihre Gegner am Leben zu lassen, anstatt ihnen einen ehrenhaften Tod zu schenken.

Am Nachmittag nach seinem ersten Treffen mit Agaja sprach Snelgrave erneut mit dem König. Diesmal drehte sich die Unterredung um den Ankauf von Sklaven. Der König erklärte sich bereit, dem Engländer eine Schiffsladung Sklaven zu liefern und sich mit einer Gebührenzahlung zufrieden zu geben, die nur halb so hoch war wie die, die der König von Whydah früher bekommen hatte. Auf drei männliche Sklaven sollte eine Frau kommen: Das war das Snelgraves Ansicht nach ein ideales Verhältnis. Der König versprach auch, dass Snelgrave als Erster die Leute aus einer Sklavenkarawane würde auswählen dürfen, die in Jakin eintreffe. Der Herrscher erklärte die Tatsache, dass er so bereitwillig auf alle Forderungen Snelgraves einging, damit, dass der Engländer der erste Weiße sei, mit dem er direkt Geschäfte mache; er behandle ihn daher wie eine junge Braut, der man anfangs nichts abschlagen dürfe.[57]

Als erfahrener Sklavenhändler begriff Snelgrave, dass der Sklavenhandel an der Sklavenküste einen gravierenden Wandel durchlaufen hatte. Die Herrscher von Whydah und Allada waren Mittelsmänner in diesem Handel gewesen und hatten enorme Gewinne erzielt, indem sie Abgaben für die Sklaven kassiert hatten, die durch ihre Reiche getrieben worden waren, und für die europäischen Waren, deren Transport in umgekehrter Richtung durch ihre Länder verlaufen war. Dahomey war jedoch ein Militärstaat, und sein Herrscher hatte kein Interesse daran, bei den Geschäften anderer nur die Rolle eines Mittelsmanns zu übernehmen. Europäer erwarben ihre Sklaven jetzt direkt von ihm und seinen Agenten, und bei diesen Sklaven handelte es sich um Menschen, die in Agajas Eroberungsfeldzügen gefangen genommen und nicht weiter im Inneren des Kontinents angekauft worden waren. Snelgrave berichtete, dass König Agaja »keinen regulären Handel mit Sklaven betreibt, sondern nur solche verkauft, die er bei seinen Kriegen erbeutet«.[58]

Mit dem Verkauf seiner Kriegsgefangenen machte Agaja einen schönen Profit. Er bezahlte seinen Soldaten umgerechnet ein Pfund Sterling – also 20 Schillinge – für jeden erwachsenen männlichen Gefangenen und verkaufte diesen für ungefähr 20 Pfund an Snelgrave weiter. Von dem Gesamtgewinn, den er durch viele solcher Transaktionen erzielte, musste er die Kosten für den Unterhalt seines Heeres abziehen. Der Preis für Musketen betrug ein Pfund pro Stück, außerdem war noch Geld für Kugeln, Pulver und Stahlschwerter erforderlich. Ihren Proviant beschaffte sich seine Armee selbst, indem sie die Kornspeicher eroberter Dörfer plünderte, oder die nötigen Nahrungsmittel wurden von Sklaven produziert, die dem König und den hohen Offizieren gehörten. Grob geschätzt muss der König für einen Sklaven fünf- bis zehnmal so viel erhalten haben, wie es ihn selbst gekostet hatte, seiner habhaft zu werden.[59]

Nachdem er mit Snelgrave handelseinig geworden war, brachte der König das Gespräch auf Bulfinch Lambe. Er erzählte Snelgrave, dass schon über ein Jahr vergangen sei, seitdem er seinen Landsmann mit 320 Unzen Gold und 80 Sklaven auf die Reise geschickt habe. Trotz Lambes feierlichen Schwurs, innerhalb eines angemessenen Zeitraums zurückzukehren, habe man nichts von ihm gehört. Snelgrave erwiderte, er kenne Lambe nicht persönlich, ihm seien aber Gerüchte zu Ohren gekommen, denen zufolge Lambe sich 1726 nach seinem Aufbruch von Whydah in die Karibik begeben habe. Der König meinte daraufhin, er werde, auch wenn sich erwiesen habe, dass Lambe nicht zu seinem Wort stehe, Geduld zeigen. Sollte Lambe in absehbarer Zeit zurückkehren, so werde man sein Schiff, wenn es auch noch so groß sei, im Nu mit Sklaven füllen.

Bevor er König Agajas Lager wieder verließ, hatte Snelgrave noch die Gelegenheit, die Ankunft der letzten Soldaten zu beobachten, die gegen Tofo gekämpft hatten. Die Truppe bestand aus ungefähr 3000 Männern, die in mehrere Kompanien mit jeweils eigenen Offizieren und Fahnen aufgeteilt waren. Die Krieger marschierten in geordneten Reihen, jeder von ihnen hatte eine Muskete geschultert und war außerdem noch mit einem Säbel und einem Schild bewaffnet. Hinter den Kämpfern zogen an die 10 000 Träger, Schildknappen und andere Helfer her. Als sie auf dem größten offenen Platz, den es in Agajas Lager gab, angekommen waren, exerzierten die Soldaten zwei Stunden lang vor dem König und einer großen Zuschauerschar. Sie feuerten dabei aus ihren Musketen an die 20 Salven ab. Snelgrave meinte, dass es »durchaus lohnend« sei, sich dieses Spektakel anzusehen. Um neun Uhr am nächsten Morgen machten er und seine Gefährten sich auf den Rückmarsch an die Küste.

Drei Tage nach Snelgraves Rückkehr nach Jakin traf dort eine große Zahl Sklaven ein, die Agaja in die Hafenstadt hatte treiben lassen. Doch wenn man auch Snelgrave versprochen hatte, er dürfe sich als Erster bedienen, fiel es ihm jetzt schwer, sein Schiff voll zu bekommen. Wie er erfuhr, waren zwei portugiesische Schiffe im Hafen von Whydah eingetroffen, und Agaja überließ die stärksten und gesündesten Gefangenen lieber den Portugiesen, die Gold aus Brasilien mitführten. Nur unter großen Verzögerungen bekam Snelgrave schließlich eine nahezu ausreichende Anzahl Sklaven zusammen. Es fehlten ihm nur noch 80, um die Laderäume des Schiffes bis zum Letzten auszunutzen. Als er Agaja durch einen Boten bat, ihm noch diese Menge zu schicken, ließ dieser ihm die Antwort zukommen, er habe keine Menschen mehr zu verkaufen. Alle jene, welche bis dahin nicht verkauft worden waren, waren zur Arbeit auf die Felder des Königs geschickt worden oder als Diener in seine Paläste. Und wenn sich ein Sklave einmal in Diensten des Königs befand, so erfuhr Snelgrave, könne er nicht mehr verkauft werden. Erst nach einer weiteren Verzögerung trafen 80 Schwarze ein, und am 1. Juli 1727 trat Snelgrave mit 600 Sklaven an Bord seines Schiffes die siebzehnwöchige Fahrt nach Antigua an. Dort angekommen, verbreitete er die Nachricht, dass Agaja die Rückkehr Bulfinch Lambes erwarte.

22

London, Saint James's Palace, 7. Mai 1731

Stellen wir uns vor, wie Bulfinch Lambe und sein afrikanischer Begleiter Captain Tom am Vormittag eines milden Frühlingstages auf dem großen Hof von Saint James's Palace aus einer Kutsche steigen. Lambes modische Ausstaffierung steht in völligem Gegensatz zu den fadenscheinigen Kleidungsstücken, die seinen Körper umhüllten, als er als Sklave König Agajas in Abomey gelebt hatte. Seine neue Perücke, die unter seinem Dreispitz hervorlugt, fällt in einer wahren Flut von Locken bis auf seine Schultern herab. Sein Rock, der kurz über den Knien endet, ist unterhalb der Taille ausgestellt. Darunter trägt er samtene Kniebundhosen, und um den Hals hat er eine seidene Halsbinde geschlungen. Captain Tom ist ganz ähnlich gekleidet; sein neues Gewand ist von dem Londoner Schneider John Lucas für ihn gefertigt worden, die neuen Schnallenschuhe stammen von dem Schuhmacher Theodore Jackson. Bulfinch Lambe und Captain Tom geben ein Paar ab, das vornehm genug aussieht, um vom König von England empfangen zu werden.[60] Das Schicksal hat es ganz offensichtlich gut mit Lambe gemeint, seit er und sein afrikanischer Dolmetscher vor fünf Jahren ihrer Gefangenschaft am Hof König Agajas ein Ende setzen konnten.

Als Lambe auf dem Hof des Palastes steht und vor sich die kürzlich erst erbauten Kolonnaden aus Portlandstein sieht und, dann den Blick nach rechts wendend, das Pförtnerhaus aus roten Backsteinen, mit seiner großen Uhr und zwei beinahe fünf Stockwerke hohen achteckigen Türmen, kann er nicht umhin, darüber nachzudenken, wie sehr seine Verhältnisse sich geändert haben, seitdem er und sein Dolmetscher Gefangene des Königs Agaja von Dahomey gewesen waren.[61] 1726 hatte er berichtet, dass König Agajas zweitgrößter Palast weitläufiger war als Saint James's Park, und jetzt – fünf Jahre später – steht er hier im Hof von Saint James's Palace, und der Park ist nur ein paar Schritte entfernt.

Nachdem sie im Frühjahr 1726 freigelassen und mit König Agajas aus 80 Sklaven bestehendem Geschenk zur Küstenstadt Jakin entsandt worden waren, hatten Lambe und Captain Tom auf einem Schiff, das von Kapitän Richard Baugh kommandiert wurde, die Fahrt nach Whydah angetreten. Als er nach vier Jahren Gefangenschaft wieder in dem englischen Fort eintraf, musste Lambe feststellen, dass die Royal African Company aufgehört hatte, ihn als ihren Angestellten zu betrachten, nachdem bekannt geworden war, dass der König von Allada ihn festhielt: Daher, so hieß es jetzt, müsse man ihm auch keine rückständigen Löhne auszahlen.

Lambe seinerseits verschwieg, dass 40 der Sklaven, die er mitführte, als Geschenk für König Georg I. gedacht waren. Er verkaufte so viele von ihnen wie möglich an portugiesische Händler, und zwar für fünf Unzen Gold (was 20 britischen Pfund entsprach) pro Kopf. Den Rest tauschte er gegen Musketen, Schießpulver, Branntwein und Tuch ein. Er bat den Leiter des Forts, Jeremiah Tinker, ihm und Captain Tom eine Passage nach England auf einem Schiff der Gesellschaft zu besorgen. Das wurde ihm jedoch abgeschlagen mit der Begründung, dass sie nicht länger in Diensten der Company stünden. Sie verschafften sich daher eine Mitfahrgelegenheit auf einem privaten Sklavenschiff, das Humphrey Morice gehörte und nach

22.1 Das Empfangsgemach des Königs im Saint James's Palace, London.

Barbados segeln sollte. Lambe ließ Waren im Wert von 285 Pfund in dem Fort zurück; er hatte mit Tinker vereinbart, dass dieser sie verkaufen und dann Lambe das Geld schicken solle. Nachdem er drei Monate in dem Fort verbracht hatte, verließ Lambe die Küste Afrikas mit brasilianischem Gold im Wert über 1000 britischen Pfund und einem von Tinker unterzeichneten Schuldschein über 285 Pfund in der Tasche.[62]

Lambe hatte ursprünglich beabsichtigt, nur so lange auf Barbados zu bleiben, bis sich eine Gelegenheit ergab, von dort nach England zu gelangen, doch er änderte seine Pläne, weil er nämlich seinen Gläubigern aus dem Weg gehen wollte. Er war der Royal African Company mehr als 400 Pfund für Güter, die sie ihm während seiner Gefangenschaft hatte zukommen lassen, und für den Unterhalt seiner Frau in England schuldig, es widerstrebte ihm aber, diese Schuld zu begleichen. So ließ er sich stattdessen in Neuengland nieder. Er investierte das Vermögen, das er durch den Verkauf seiner Sklaven angehäuft hatte, in eine Vielzahl von geschäftlichen Aktivitäten. Einmal begab er sich Madeira, um eine Schiffsladung Wein zu finanzieren, und zu einem späteren Zeitpunkt kehrte er auf die Insel zurück, um dort eine Zeit lang eine Taverne zu betreiben. Lambe hatte jedoch als Investor in Handelsunternehmungen keine glücklichere Hand als damals, als er für die Royal African Company Sklaven aufgekauft hatte. Als er sein Geld auf Grund unglücklicher und ungeschickter Investitionen verloren hatte und seine Schulden bei englischen Gläubigern zunehmend anwuchsen, verkaufte er Captain Tom an einen Schiffseigner aus Annapolis in Maryland namens Robert Alexander.[63]

Nach dem November 1727 begannen die Dinge sich für ihn zu wenden, als nämlich William Snelgrave in Antigua eintraf und anschließend überall verkündete, dass König Agaja Bulfinch Lambe eine ganze Schiffsladung Sklaven versprochen habe, falls er und Captain Tom nach Dahomey zurückkehren würden. Obwohl Lambe nicht die geringste Neigung verspürt hatte, sich jemals wieder in Dahomey blicken zu lassen, schien eine Rückkehr zu Agaja angesichts seiner Notlage nun geradezu verlockend. Nachdem er alles noch einmal überdacht hatte, entschied er sich, nach London zu gehen und dort zu versuchen, eine Sklavenexpedition nach Dahomey zu organisieren. Das Problem war nur, dass er nicht ohne Captain Tom wieder vor Agaja erscheinen durfte. Mit einiger Schwierigkeit gelang es ihm, Tom von seinem neuen Besitzer für 26 Pfund zurückzukaufen. Er schaffte es auch, seinen ehemaligen Dolmetscher das Gefühl, verraten worden zu sein, vergessen zu lassen, indem er ihm von dem gewaltigen Reichtum vorschwärmte, den ihre neue Unternehmung abwerfen würde.[64] Obwohl Lambe bei der Royal African Company und verschiedenen englischen Geldgebern nach wie vor in der Kreide stand, würde das 1728 vom britischen Parlament verabschiedete Gesetz zum Schutz insolventer Schuldner ihn vor dem Schuldturm bewahren – zumindest für eine Weile. Im Februar 1731 trafen Bulfinch Lambe und Captain Tom in England ein, auf dessen Boden Lambe seit mehr als einem Jahrzehnt keinen Fuß mehr gesetzt hatte.

Bald nach seiner Ankunft stattete Lambe William Snelgrave einen Besuch in dessen Haus ab, um sich zu vergewissern, ob es wirklich wahr sei, dass Agaja ihm ein Schiff voller Sklaven versprochen habe. Als Snelgrave bestätigte, dass sich das tatsächlich so verhalte, zeigte Lambe ihm den Brief von König Agaja an König Georg und fragte, ob eine Rückkehr nach Dahomey wohl realisierbar sei. Snelgrave warnte ihn: Er solle das Land in keinem Fall wieder aufsuchen. Nachdem er so viele Jahre habe verstreichen lassen, bestehe die Gefahr, dass Agaja ihm mittlerweile zürne.[65] Lambe ließ sich jedoch nicht abschrecken und trat an die Royal African Company heran in der Hoffnung, dort Unterstützung für seine Reise zu finden. Er präsentierte König Agajas Brief und wies besonders auf die Passage hin, in welcher der König von Dahomey den König von England bat, Lambe zum Häuptling aller Europäer in Whydah zu machen. Er bot an, diesen Brief zu unterschlagen, wenn man ihm das Kommando über ein Schiff gebe oder zum Direktor des Forts in Whydah ernenne. Die Kompanie ließ Lambe wissen, man »habe keinen Grund, mit seinen Diensten zufrieden zu sein, und werde ihm keinerlei Ermutigung aussprechen«.[66] Derart abgewiesen, nahm Lambe Verbindung zu einigen privaten Geschäftsleuten in Bristol auf, und vermutlich waren diese es, die ihm zu einer Audienz beim König verhalfen.

Nachdem sie jetzt auf dem Hof des Saint James's Palace aus ihrer Kutsche geklettert sind, werden Lambe und Captain Tom in das Gebäude hineingeleitet und durch den ersten großen Saal geführt, der mit Wandteppichen behängt ist, die auf den Webstühlen von Mortlake entstanden sind, dann auch durch den zweiten Saal, der ebenfalls mit Wandteppichen und mit einem Baldachin geschmückt ist, bis in den Empfangssaal des Königs. Am anderen Ende des Gemachs sitzt Georg II. unter einem großen Baldachin auf seinem Thron. An der Wand hinter ihm hängt ein großer Gobelin, der teilweise durch ein Banner mit dem königlichen Wappen verdeckt ist.[67]

Captain Tom wird als Adomo Oroonoko Tomo vorgestellt, der vom König von Dahomey zum König aller Briten entsandt worden ist. Captain Tom hat seinen Namen um der Wirkung willen imposanter gemacht: »Tomo« ist von Tom abgeleitet, »Adomo« von Adam. »Oroonoko« ist der Titel eines Romans der Schriftstellerin Aphra Behn, der von einem afrikanischen Fürsten dieses Namens handelt, der zu Unrecht versklavt wird. Wie der Zufall es will, wird genau an diesem Abend ein Schauspiel Thomas Southernes, das auf dem Roman der Behn basiert, am Royal Theatre in der Drury Lane aufgeführt. Das Stück erfreut sich großer Beliebtheit beim Publikum, seitdem es 1695 uraufgeführt wurde, und Captain Tom, dem von Bulfinch Lambe sicherlich auf die Sprünge geholfen wurde, hat eine kluge Entscheidung getroffen, als er den Namen des Helden übernahm.

Nachdem die beiden Besucher der Etikette des Hofes gemäß vorgestellt worden sind, erzählt Lambe, wie er bei der Eroberung von Allada gefangen genommen und vor König Agaja geführt wurde, der niemals zuvor einen weißen Mann gesehen hatte. Er erklärt, dass er sehr freundlich und respektvoll behandelt und letztlich mit dem Auftrag nach England zurückgeschickt worden sei, König Georg I. die Grüße Agajas zu entbieten. Da Georg I. in der Zwischenzeit verstorben ist, übermittelt Lambe diese Grüße nun dessen Nachfolger, Georg II. Der König hört sich alles an und ist anscheinend fasziniert von dem Bericht. Das Treffen gipfelt darin, dass Lambe Georg II. den Brief überreicht, in dem die Geschichte und die Sitten Dahomeys dargelegt sind und in welchem der englische König auch aufgefordert wird, Lambe zu seinem Gesandten an König Agajas Hof zu ernennen. Eine solche Berufung würde zwangsläufig Kontroversen auslösen, da Lambe durch sie einen besonderen Status erhielt und weil mit ihr – das wäre noch ernster – der bürokratische Apparat der Royal African Company umgangen würde.

Die Originalfassung von König Agajas Brief hatte Lambe im Januar 1726 mit eigener Hand zu Papier gebracht. Seitdem musste er das Schreiben mindestens einmal kopiert haben.[68] Es war seine Gewohnheit, solche Texte abzuschreiben und dabei zu revidieren. Wir wissen nicht, wie viele Änderungen er in den Brief Agajas einfließen ließ, aber es ist wahrscheinlich, dass er »Korrekturen« vor allem in jenen Passagen vornahm, welche seine eigene Zukunft betrafen. Die Abschnitte des Briefes, die der Geschichte und den Sitten Dahomeys galten, würden in England nur der Kuriosität halber gelesen werden, und es war wenig zu gewinnen, wenn man sie abänderte. Die Kontroverse, die bald ausbrechen sollte, entzündete sich an der Frage, welche offiziellen Funktionen man – wenn überhaupt – Bulfinch Lambe und Captain Tom zu übertragen gedachte.

Nur zwölf Tage später, am 19. Mai 1731, mussten sich die Commissioners for Trade and Plantations mit genau dieser Frage befassen. Eine Petition und eine Denkschrift von Lambe »bezüglich einiger Transaktionen, die er mit dem König von Dahomey tätigte« wurden verlesen.[69] Die Kommissionäre verlangten, dass Lambe zwei Tage später vor ihnen erscheinen solle. Als Lambe sich an jenem Freitag präsentierte, verlas er den Brief König Agajas und teilte den Kommissionären mit, dass er um eine sofortige Antwort ersuche, um diese König Agaja zu überbringen; der Herrscher Dahomeys habe ihn unter der Bedingung aus der Gefangenschaft entlassen, dass er zurückkehren werde. Die Mitglieder der Kommission forderten ihn auf, am folgenden Donnerstag wiederzukommen: Dann würden Vertreter der Royal African Company wie auch mehrere private Händler Zeugnis ablegen.

Die Liste der Zeugen, die bei dieser Anhörung am 27. Mai auftraten, ist lang.[70] Bulfinch Lambe traf zusammen mit Captain Tom ein. Die Direktoren der Royal African Company waren ebenso anwesend wie Jeremiah Tinker und Thomas Wilson, die beiden ehemaligen Leiter des Forts in Whydah. Außerdem waren mindestens fünf private Händler geladen, die in Whydah und Jakin Geschäfte gemacht hatten, darunter auch William Snelgrave. Nachdem alle ihre Plätze eingenommen hatten, verlas der Sekretär das Schreiben König Agajas und fragte dann die anwesenden Zeugen, ob sie den Brief für »echt« hielten.

Es war eine merkwürdige Art und Weise, das Problem anzugehen. Jedermann im Raum wusste, dass der Brief in Lambes Handschrift verfasst war, und ebenfalls, dass Lambe fast zwei Jahre lang der Gefangene König Agajas gewesen war. Die Authentizität des Schreibens ließ sich daher auf keine Weise durch die Kommission ermitteln. Die wirkliche Frage bestand schließlich darin, ob man Bulfinch Lambe, wie in dem Brief gefordert, als Repräsentanten des Königs nach Dahomey zurückschicken solle, ein Schritt, mit dem man die ganze Verwaltungshierarchie der Royal African Company umgangen hätte. Indem sie das ganze Problem zunächst einmal auf die Frage reduzierten, ob der Brief echt sei, verschafften die Kommissionäre sich eine Art Deckung, aus der heraus sie dann die wirklich brisante Frage angehen konnten: nämlich wie mit Bulfinch Lambe zu verfahren sei.

Es stand aber noch etwas anderes zur Debatte. Zusammen mit dem Brief hatte Lambe die Schrift vorgelegt, in der er anregte, dass England König Agaja dabei unterstützen sollte, Plantagen in Dahomey anzulegen, die Exportgüter wie Zucker oder Baumwolle hervorbrachten. Dieser Vorschlag war ursprünglich nur eine List Lambes gewesen, mit der er seine Freiheit hatte wiedererlangen wollen, doch mittlerweile war ihm klar geworden, dass er nicht ohne eine diesbezügliche Antwort nach Dahomey zurückkehren konnte. Die Royal African Company würde diesem Vorschlag niemals zustimmen, denn wenn man ihn realisierte, hätte man unnötige Konkurrenz für die britischen Pflanzer in der Karibik geschaffen. Überdies würde der Einsatz von Sklaven auf Plantagen in Dahomey die Zahl der Arbeitskräfte reduzieren, die man in die Kolonien in der Neuen Welt befördern könnte.

Indem sie den Brief für unglaubwürdig erklärten, brauchten die Kommissionäre Lambes Vorschlag zur Einrichtung von Plantagen in Dahomey gar nicht erst zu diskutieren.

William Snelgrave war der erste Zeuge, der aufgerufen wurde. Er stand zum ersten Mal wieder vor der Kommission, seit er 1726 den Zustand der Forts der Royal African Company geschildert hatte. Snelgrave berichtete, König Agaja habe ihm persönlich erzählt, dass er Lambe mit 80 Sklaven und 320 Unzen Gold ausgestattet und zusammen mit Captain Tom nach England entsandt habe, um »eine Schilderung seiner Größe und seiner Eroberungen abzugeben«. Als Snelgrave befragt wurde, ob Agaja ausdrücklich einen Brief erwähnt habe, antwortete er, dass der König das nicht getan habe, er, Snelgrave, den Brief aber für echt halte. Jeremiah Tinker, der das Fort in Whydah während der Zeit geleitet hatte, als Lambe Gefangener der Eingeborenen war, erklärte, dass er von den 80 Sklaven wisse, aber weder etwas von dem Goldstaub noch von dem Brief gehört habe, den Lambe angeblich von Agaja erhalten habe. Mr. Hays von der Royal African Company drang zum Kern des Problems vor, als er die Meinung äußerte, wenn die Kompanie Lambe zum Direktor des Forts in Whydah mache, werde dieser es wohl zufrieden sein und den Kommissionären kein Ungemach mehr bereiten. Mr. Harris, einer der privaten Kaufleute, sagte, seiner Ansicht nach könne es für den Handel mit der Region nur förderlich sein, wenn man Mr. Lambe und Captain Tom nach Whydah entsende.

Die entscheidenden Aussagen waren die von Bulfinch Lambe und Captain Tom selbst. Lambe berichtete über seine Reisen nach seinem Weggang von Whydah, um zu erklären, warum er beinahe fünf Jahre hatte verstreichen lassen, bevor er sich mit dem Brief Agajas in England präsentierte. Er räumte ein, die 80 Sklaven erhalten zu haben – 40 für sich selbst und 40 als Geschenk für König Georg –, bestritt jedoch, irgendwelches Gold ausgehändigt bekommen zu haben. Das wichtigste Zeugnis bezüglich der Echtheit des Briefes legte Captain Tom ab, der sagte, dass er als Dolmetscher dabei gewesen sei, als Agaja dieses Schreiben diktiert habe. Er versicherte der Kommission, dass der Brief des Königs von Dahomey an den König von England, wie er der Kommission vorlag, »alles enthält, was der Herrscher ihm [König Georg] geschrieben« habe. Er fügte noch hinzu, dass er, nachdem Lambe das Schreiben zu Papier gebracht hatte, alles noch einmal rückübersetzt habe, um es von Agaja genehmigen zu lassen.

Die Commissioners of Trade und Plantations waren nicht glücklich über das, was sie an diesem Tag gehört hatten. Die Aussagen waren ganz eindeutig zu Gunsten von Lambe und Captain Tom ausgefallen. Anstatt sofort zu einer Entscheidung zu gelangen, versuchten sie Zeit zu gewinnen, indem sie ein Schreiben an die Royal African Company und an einige private Kaufleute schickten, das drei Fragen enthielt: War der Brief echt? Sollten Lambe und Captain Tom wieder nach Dahomey geschickt werden? Und wenn ja, auf welche Art und Weise und mit welchen offiziellen Beglaubigungen?

Die Royal African Company reagierte am 10. Juni mit einem langen Schreiben, in dem die Echtheit des Briefes angezweifelt wurde. Das Hauptargument der Kompanie war, dass Lambe nach seiner Entlassung aus der Gefangenschaft drei Monate in ihrem Fort in Whydah verbracht und während dieser Zeit dieses Dokument niemandem gezeigt und es noch nicht einmal erwähnt habe. Wenn man so argumentierte, übersah man aber, dass in dem Brief der Vorschlag enthalten war, Lambe zum Repräsentanten König Georgs in Dahomey zu machen: Es wäre daher nicht nur dumm von Lambe gewesen, wenn er ihn Vertretern der Gesellschaft in dem Fort gezeigt hätte, sondern geradezu gefährlich für ihn. Die Gesellschaft sprach sich jetzt auch dagegen aus, Lambe nach Dahomey zurückzuschicken. »Unsere bescheidene Meinung ist die«, schrieb der Vertreter der Gesellschaft, »dass eine Person, die sich so schlecht benommen und nicht nur ihr Versprechen gegenüber dem König von Dahomey auf so offenkundige Weise gebrochen, sondern auch den größten Teil dessen, was die 80 Neger einbrachten, die ihr anvertraut waren, ausgegeben und missbräuchlich verwendet hat, nicht eine Person ist, die mit irgendeinem Amt ausgestattet wieder dorthin gesandt oder weiter mit der Führung und Handhabung eines solchen Geschäftes betraut werden sollte.« Am Schluss hieß es dann noch: »Wenn Lambe irgendetwas verdient, dann ist das irgendeine exemplarische Bestrafung.«[71] Diese Antwort der Royal African Company gab den Commissioners of Trade and Plantations die Absicherung, die sie brauchten, um alle Forderungen Lambes zurückzuweisen.

Am 6. Juli informierte die Kommission König Georg, »die African Company und die unabhängigen Händler glaubten nicht, dass der Brief echt ist«, er bedürfe daher auch keiner Antwort. Die Kompanie schlage vor, »den schwarzen Mann, der Adomo Oroonoko Tomo genannt« werde, mit Geschenken zu König Agaja zu schicken; diese Geschenke sollten mit dem

Erlös aus dem Verkauf der 40 Sklaven, die Agaja König Georg zugedacht habe, bezahlt werden. Dann hieß es noch: »Wir sind weiterhin der Meinung, dass es, um den Handel dieser unserer Nation in Afrika zu fördern, angebracht sein könnte, wenn ein Brief an den besagten Herrscher [...] von einem Eurer obersten Minister oder von diesem Ausschuss geschrieben würde, in welchem Schreiben er von Eurer Majestät Wohlwollen ihm gegenüber in Kenntnis gesetzt wird, wie auch davon, dass Eure Majestät die Euch geschenkten Sklaven erhalten und das Angebot der Freundschaft und des Frieden, das Euch in seinem Namen durch Euren Untertanen Mr. Lambe unterbreitet wurde, angenommen hat, sowie schließlich, dass Eure Majestät Euren Diener Adomo Oroonoko Tomo wieder Euren sicheren Obhut unterstellt.«[72]

Die Kommissionäre sprachen sich also dafür aus, den Brief Agajas zu beantworten, aber auf eine Art und Weise, dass Bulfinch Lambe völlig ausgeschaltet wurde, und ohne auf den Vorschlag zur Einrichtung von Plantagen einzugehen. Um Lambe noch weiter ins Abseits zu drängen, stimmte die Kompanie dafür, Captain Tom nicht länger seiner Obhut anzuvertrauen; der frühere Dolmetscher solle »die Freiheit erhalten, nach Afrika zurückzukehren oder sonst über sich zu verfügen, wie er selbst es für richtig hält«. Dieser Vorschlag wurde in einen konkreten politischen Schachzug umgesetzt, als die Royal African Society am 2. September Geld dafür bewilligte, Toms Unterhalt zu zahlen, und auch einen Lehrer zu engagieren, der ihm Englisch lesen und schreiben beibringen sollte.[73] Tom, der in den vergangenen Monaten in einer Schänke in Old Bailey logiert hatte, zog in eine Wohnung im Africa House, dem Londoner Hauptquartier der Royal African Company, um. Lambe, voller Wut darüber, dass man ihn ausbooten wollte, erhob bei der Gesellschaft die Forderung auf Rückerstattung von 152 Pfund: Diese Summe habe er, seitdem sie Dahomey verlassen hatten, für Captain Toms Unterhalt ausgegeben.[74] Wie alle anderen Anträge Lambes wurde auch dieser abgelehnt.

Nachdem er jetzt von der Bevormundung durch Lambe befreit war, wurde Adomo Oronooko Tomo, zuvor bekannt als Captain Tom, zu einer in ganz London gefeierten Persönlichkeit. Viele hielten ihn für den offiziellen Vertreter des Königs von Dahomey, andere glaubten, er sei ein afrikanischer Prinz. Als solcher hatte Tom sich der kleinen, aber elitären Gruppe von

Afrikanern aus königlichem Geschlecht, die in London im Exil lebten, angeschlossen. Wie es scheint, unterschieden die Engländer – genau wie die Franzosen – ganz klar zwischen Afrikanern, die ihrer Meinung nach königlichen Geblüts waren, und gewöhnlichen Schwarzen, die sie in immer größeren Zahlen als Leibeigene in die Neue Welt schafften. Als ein gewisser Robert Whydah, angeblich ein ehemaliger Heerführer König Agajas, eine Engländerin, eine gewisse Mrs. Johnson, zur Frau nahm, handelte es sich bei dem schwarzen Trauzeugen des Paares Berichten zufolge möglicherweise um Captain Tom.[75]

William Snelgrave berichtete, dass Tom sogar bei bestimmten Theateraufführungen als Ehrengast zugegen war, er gab aber nicht genau an, bei welchen. Man könnte jedoch beinahe Wetten darauf abschließen, dass er die Aufführung von »Oroonoko« im Royal Theatre am 13. Oktober besuchte. Es war das erste Mal seit dem 7. Mai, dem Tag, an dem Captain Tom von König Georg empfangen worden war, dass man das Stück wieder spielte.[76]

Wir wollen uns die Szene einmal vorstellen. Als die Aufführung beginnt, rückt Captain Tom noch einmal seine Perücke zurecht, um sicher zu gehen, dass deren Locken, wie es sich gehört, auf die Schultern seines Rocks fallen. Er hat in einer Loge Platz genommen, die sich rechts von der Bühne des Theaters und auf einem Niveau mit ihr befindet. Die »side boxes«, wie man sie nennt, sind weniger dafür geeignet, das, was auf der Bühne geschieht, zu beobachten, als selbst vom Rest des Publikums gesehen zu werden – und genau darum geht es ja auch. Toms Loge ist nicht weit von der des Königs entfernt, die an dem über ihr angebrachten Wappen zu erkennen ist. An diesem Abend ist sie aber nicht besetzt. Obwohl er nur von der Seite auf die Bühne blicken kann, vermag er doch die Schauspieler gut zu erkennen, auf die das Licht von den Kerzen in den riesigen Lüstern fällt, die über der Bühne hängen.[77]

Mr. Marshall spielt die Titelrolle des Oroonoko, genau wie er es in der Aufführung des Stücks am 7. Mai getan hat. Mit schwarz gefärbtem Gesicht[78] verkörpert er einen afrikanischen Prinzen aus Angola, der von einem ihm bekannten Kapitän eines Sklavenschiffes heimtückisch entführt und nach Surinam verschleppt worden ist. Von seiner Seitenloge schaut Captain Tom gebannt auf die Bühne, über die gerade eine Gruppe schwarzer Sklaven, Männer, Frauen und Kinder, in Zweiergruppen schreitet. Einige dieser

Komparsen sind wirklich Afrikaner, andere sind Weiße mit geschminkten Gesichtern. Ihnen folgt der Held, Oroonoko, den man in Ketten gelegt hat. Oroonokos neuer Herr, Blandford, deutet an, dass Klassenzugehörigkeit und Rang beinahe genauso wichtig sind wie die Rassenzugehörigkeit, als er über die Sklaven sagt: »Die meisten von ihnen kennen's nicht anders. Sie wurden so geboren und wechseln nur den Herrn. Doch ein Prinz, der nur zum Befehlen geboren, verraten und verkauft? Mein Herz vergießt Blut um ihn.«[79] Kurze Zeit später wird deutlich, welch lauteren Charakter Oroonoko besitzt – er sagt nämlich: »Schlechte Kost und Peitschen und Ketten mögen das schwäch're Fleisch besiegen und meinen Körper niederdrücken. Doch gibt es einen andren, edleren Teil von mir, entzogen Eurem Zugriff, den nie Ihr zähmen könnt.« Wie die Bühnenfigur Blandford konnte das englische Publikum mit dem edlen Wilden fühlen, ohne den Sklavenhandel insgesamt zu verurteilen.

Als Oroonoko noch Prinz war von Angola, so wird im Laufe des Stückes deutlich, hat er selbst Sklaven besessen und sogar welche an den schurkischen Kapitän verkauft. Dieser meint dazu: »Ich habe früher mit ihm Geschäfte gemacht. Es ging um Sklaven, die er gefangen genommen, und ich bekam gehörig viele von ihm. Doch als der Krieg vorüber und durch den Handel mit dem Land nichts mehr zu gewinnen war, erkühnte ich mich, den Prinzen mit mir zu bringen.« Als Blandford bei der bloßen Vorstellung, einen afrikanischen Prinzen aus dessen eigenem Land zu entführen, erschrickt, erzählt der Kapitän: »Dieser Oroonoko … ist von Natur aus wissbegierig, was die Menschen und die Sitten der weißen Völker anbelangt. Weil ich ihm einiges über die anderen Teile der Welt zu berichten wusst', stieg ich sehr in seiner Gunst. Um eine so große Ehre zu erwidern, konnt' ich nicht weniger tun, als ihn bei meiner Abfahrt einzuladen, an Bord zu mir zu kommen.« Nachdem Oroonoko sich auf dem Schiff befand, machte der Kapitän die Gefolgsleute des Prinzen betrunken und bemächtigte sich dann des Helden.

Jetzt, da Oroonoko versklavt worden ist, empfindet er einen heiligen Zorn über den Verrat, den der Kapitän an ihm begangen hat, er greift aber keineswegs den Sklavenhandel selbst an. Über seine neuen Herren in Surinam sagt er: »Wenn wir Sklaven sind, dann haben sie uns nicht dazu gemacht. Sie haben uns in einem ehrenhaften Handel erworben, so wie wir es vor ihnen getan haben: manch Unglücklichen gekauft und verkauft, und nie für unrecht es erachtet.« Captain Tom kann sich mit dieser Aussage identifizieren. Als ehemaliger Dolmetscher für die Royal African Company hat er bei vielen Geschäften dieser Art die nötigen Verhandlungen geführt, bevor er König Agaja in die Hände geriet, und er ist als Passagier auf einem Sklavenschiff mit Ziel Barbados gereist. Er ist aber auch selbst Sklave gewesen, sowohl in Dahomey als auch später in Maryland. Jetzt jedoch trägt er eine Perücke und sitzt als Ehrengast in einem Londoner Theater, während er sich darauf vorbereitet, nach Dahomey zurückzukehren, um gute Geschäftsbeziehungen zwischen König Agaja und den Sklavenhändlern der Royal African Company zu knüpfen. Da die Welt nun einmal so ist, wie sie ist, denkt er sich, empfiehlt es sich, auf der Seite der Sklavenhalter zu stehen und nicht auf jener der Sklaven.

Im weiteren Verlauf des Schauspiels kommt es zu den erotisch begründeten Überschreitungen rassischer und geschlechtlicher Grenzen, die es so populär gemacht haben.[80] Oronooko, der schwarze Sklave, stellt fest, dass die weiße Sklavin Imoinda seine seit langem verschollene Gattin ist. Zur gleichen Zeit versucht die Witwe Lackit, eine Weiße, ihn zu kaufen, damit er ihr sexuell zu Diensten ist. Dann stellt sich auch noch heraus, dass Mr. Welldon, der um die Witwe Lackit wirbt und sie schließlich heiratet, eine verkleidete Frau ist. Als das Stück 1695 erstmals gegeben wurde, trug es mit seinem Erfolg dazu bei, das Drury Lane Theatre aus einer wirtschaftlichen Krise zu retten[81], und jetzt, fast vier Jahrzehnte später, zieht es das Publikum immer noch in Scharen an. Gegen Ende des Stückes führt Oroonoko einen Aufstand der Sklaven an, der niedergeschlagen wird, und begeht dann heroisch Selbstmord, um in einer anderen Welt jene Glückseligkeit zu erlangen, welche ihm in dieser nicht vergönnt war.

Als der Vorhang fällt, lässt auch Captain Tom sich vom donnernden Applaus mitreißen.

Teil 7

Assou

23

Whydah, 1. September 1731

Um sieben Uhr morgens lief die *Diligent* in den Hafen von Whydah ein. Als sie sich dem Ufer näherte, konnte Robert Durand das Rauschen der Dreifachbrandung hören, in das sich das rhythmische Donnern der Wogen, die sich am Strand brachen, mischte. In Hintergrund zeichneten sich kaum erkennbar die Umrisse des englischen, des französischen und des portugiesischen Forts ab, die noch vom Morgendunst umhüllt wurden. Durand muss einen Schauer freudiger Erregung verspürt haben, als ihm bewusst wurde, dass die *Diligent* vier Monate nach ihrer Abfahrt aus Vannes endlich an ihrem Bestimmungsort eingetroffen war, doch die Freude wurde durch den Gedanken gedämpft, dass sie sich wahrscheinlich alle in Gefahr brachten, indem sie ihren Befehlen gemäß in Whydah an Land gingen. Um die Situation genau einschätzen zu können, musste er mit anderen Schiffen Kontakt aufnehmen und sich über die jüngsten Entwicklungen informieren.[1]

Im Hafen lagen ein englisches Schiff, das sie früher schon bei Cape Coast Castle gesehen hatten, zwei portugiesische Schiffe und ein französisches, das der Compagnie des Indes gehörte. Als die *Diligent* in geringer Entfernung zu dem Brandungsstreifen nur noch langsam dahindümpelte, wurde das Beiboot zu Wasser gelassen, sodass Robert Durand sich zu dem Schiff der Compagnie rudern lassen konnte. Bald verband sich das rhythmische Klatschen der Riemen, die ins Wasser eintauchten, mit dem Dröhnen der Brandung. Das Schiff der Gesellschaft hieß *Pontchartrain*; es war nach dem ehemaligen französischen Marineminister benannt, mit 14 Kanonen bewaffnet und mit 220 Tonnen beinahe doppelt so groß wie die *Diligent.* Seine Besatzung bestand aus 47 Männern – beinahe jeder Dritte von ihnen sollte das Ende der Reise nicht mehr erleben.

Als Durands Beiboot längsseits ging, ließ man von der *Pontchartrain* eine Strickleiter herab, sodass er an Deck klettern konnte. Dort trat ihm der Kapitän, Noël du Rocher Sorin, entgegen. Durand grüßte ihn höflich, aber förmlich, weil die Beziehung zwischen Schiffen der Gesellschaft und sol-

23.1 Durands Zeichnung des Hafens von Whydah.

chen privater Kaufleute immer noch etwas angespannt waren. In den Augen von Offizieren im Dienst der Compagnie waren die privaten Kauffahrer kaum besser als Schwarzhändler, obwohl ihre Gesellschaft 1725 zugestimmt hatte, auch private Geschäftsleute am Sklavenhandel teilhaben zu lassen. Der Direktor des Forts der Compagnie in Whydah klagte, dass die privaten Händler ihm eine Menge Ungemach bereiteten und die Preise für Sklaven in den vergangenen 18 Monaten um 50 Prozent in die Höhe getrieben hatten. Überdies entführten sie in ihrer Eile, die Laderäume zu füllen, manchmal Eingeborene – mit der Konsequenz, dass ihre europäischen Landsleute Vergeltungsmaßnahmen ausgesetzt waren. Die Aktivitäten privater Sklavenhändler, zu diesem Schluss kam der Direktor in seinem Bericht, liefen den Interessen der französischen Nation zuwider.[2]

Nachdem Durand sich vorgestellt und erklärt hatte, welches die Mission seines Schiffes war, fragte der Kapitän der *Pontchartrain* ihn, ob sie einen Passagier namens Pierre Verger an Bord hätten, der an Land zurückgeblieben war, als die *Superbe* am 10. April in Nantes den Anker gelichtet hatte.[3] Durand erzählte, dass Verger, der von der Compagnie des Indes entsandt worden war, um deren Handelsstation in Jakin zu leiten, nachdem er zu spät in Nantes eingetroffen war, sich zusammen mit seinem Assistenten, Monsieur Dubordieu, nach Vannes begeben habe, um mit der *Diligent* nach Whydah zu segeln. Kapitän Sorin zeigte Durand daraufhin einen Brief, der vom Kommandanten des französischen Forts in Glewe unterzeichnet war: Er enthielt die Anweisung, Monsieur Verger, sobald man seiner ansichtig werde, festzunehmen. Wenn der Kommandant der *Diligent*, Pierre Mary, diesen Anweisungen nicht nachkomme, hieß es weiter, werde er als Rebell gegen die Krone betrachtet und habe mit einer entsprechenden

Strafe zu rechnen. Durand hielt in seinem *journal* nicht fest, welches Vergehens Pierre Verger beschuldigt wurde, vermutlich muss aber Artikel 3, VI. Abschnitt des 2. Buchs der *Ordonnance de la Marine* zum Tragen gekommen sein, in dem verfügt wurde, wenn ein Besatzungsmitglied seinen Kapitän vor Beginn einer Reise im Stich lasse, könne es an jedem Ort der Welt verhaftet und so lange festgehalten werden, wie es angemessen erscheine.[4]

Bestürzt über diese Neuigkeiten, wollte Durand sofort zur *Diligent* zurückkehren, um die Angelegenheit in Kapitän Marys Hände zu legen, doch der Kommandant der *Pontchartrain* weigerte sich, ihn wieder von Bord zu lassen. Stattdessen sollte sich ein Offizier der Kompanie mit Durands Boot zur *Diligent* begeben. Da er sich als vorübergehend unter Arrest stehend betrachten musste, kritzelte Durand hastig eine kurze Mitteilung für Kapitän Mary auf einen Zettel, in der er erklärte, warum man ihn nicht wieder von Bord der *Pontchartrain* ließ. Der Erste Leutnant des Schiffs der Kompanie, Barthelemy Le Blanc, übernahm dann das Kommando über das Beiboot der *Diligent* und machte sich auf, um Pierre Verger festzunehmen.

Da er nichts anderes tun konnte, als auf die Rückkehr Le Blancs zu warten, nahm Durand die Gelegenheit wahr, sich die *Pontchartrain* genau anzusehen, und er erhielt ein Gefühl davon, wie es war, in Diensten einer großen internationalen Handelsgesellschaft zu stehen. Weltweit beschäftigte die Compagnie des Indes 1925 Männer auf ihren Schiffen. 1526 davon waren im Warenverkehr mit Asien tätig und 399 in der *deuxième navigation*, wie man den Güterverkehr mit Afrika und den Inseln der Karibik nannte. Von diesen 399 Seeleuten waren 43 Offiziere und die restlichen 356 Matrosen.[5]

Auf der *Pontchartrain* fuhren sechs Offiziere mit, darunter ein Arzt, ein Sekretär und ein Priester. Kapitän Sorins Gehalt war mit 150 Livre monatlich nicht sehr viel höher als das seines Kollegen Mary, der 120 Livre verdiente, doch der Erste Leutnant Le Blanc, der in der Praxis die Aufgaben eines stellvertretenden Kapitäns wahrnahm, erhielt das Gleiche wie Kapitän Mary und mehr als das Doppelte von dem, was Robert Durand verdiente. Außerdem wurden die Offiziere der Kompanie noch mit einer Prämie für jeden Sklaven belohnt, den sie auf den Inseln ablieferten. Die Kapitäne und Leutnants waren zumeist Söhne von Männern, die ebenfalls als Offiziere auf Schiffen der Compagnie oder privaten Kauffahrern segelten. Sie begannen als Volontäre, die nur ihre Unkosten zurückerstattet bekamen und freie Verpflegung erhielten; wenn sie aber vier oder fünf Reisen hinter sich gebracht und Kurse in Navigation absolviert hatten, wurden sie in das Korps der Offiziere aufgenommen. Jeder Kapitän besaß das Recht, persönlich Volontäre aus den Reihen seiner Familienangehörigen oder seiner Freunde zu rekrutieren, und diese Praxis führte dazu, dass das Offizierskorps der Compagnie des Indes eine in sich geschlossene und untereinander versippte gesellschaftliche Gruppe blieb.[6]

Die Heuer der gewöhnlichen Seeleute auf der *Pontchartrain* betrug zwischen 14 und 18 Livre im Monat, das heißt, sie war nur ungefähr halb so hoch wie die der Matrosen an Bord der *Diligent*. Die meisten Matrosen befanden sich nur deswegen auf der *Pontchartrain*, weil sie zur französischen Kriegsmarine eingezogen und dann an die Compagnie des Indes abgetreten worden waren.[7] Auch wenn die brutalen Presstrupps, die früher ganze Häfen abgeriegelt hatten, um Jagd auf Matrosen zu machen, jetzt der Vergangenheit angehörten, so war doch das Einberufungssystem, das auf jährlich revidierten Listen aller Männer basierte, die in den maritimen Berufen tätig waren, so effizient, dass ihm kaum ein Seemann zu entgehen vermochte.

Alle Personen auf diesen Listen waren in vier »Klassen« unterteilt, die abwechselnd zum einjährigen Marinedienst eingezogen wurden. Die Einberufung der Personen einer Klasse wurde zu Beginn eines Jahres veröffentlicht, das heißt, sie wurde nach der Messe in den Kirchen bekannt gegeben und an den Türen der Gotteshäuser angeschlagen. Von den Personen, die namentlich genannt worden waren, erwartete man, dass sie nicht auf Fahrt gingen, sondern sich das ganze Jahr lang für eine eventuelle Dienstverpflichtung zur Verfügung hielten. Theoretisch konnte jeder Eingezogene nach Lorient geschickt werden, um auf Schiffen der Compagnie des Indes Dienst zu tun, doch viele Männer scheinen sich dagegen gesträubt zu haben – vermutlich weil es ihnen widerstrebte, die langen Fahrten nach Asien zu unternehmen. Daher kamen die neuen Matrosen für die Kompanie vor allem aus den Hafenstädten in der Nachbarschaft von Lorient: aus Saint-Malo, Brest und Vannes.[8] Es erwies sich jedoch, dass sich mit diesem System nicht genügend Männer für die Gesellschaft rekrutieren ließen, die ungefähr noch ein Drittel zusätzlich anheuern musste. Durch die Übernahme von Rekruten der Kriegsmarine in Verbindung mit dem privaten Anwerben weiterer Matrosen schaffte es die Gesellschaft, die Mannschaften für ihre Schiffe zusammenzubekommen, und die Männer waren auch relativ zufrieden – oder zumindest fügsam: Die Gesellschaft war stolz darauf, dass es 1730 nur zu drei Desertionen gekommen war.[9]

Als Durand den Kapitän der *Pontchartrain* danach fragte, welche Aussichten darauf bestünden, in Whydah einen guten Handel abzuschließen, erfuhr er, dass alles, was der Kapitän der *Hirondelle* erzählt hatte, stimmte. Es waren nicht nur keine Sklaven zu haben, sondern es war auch gefährlich, an Land zu gehen. Die *Pontchartrain* hatte zwei Besatzungsmitglieder bei einem Angriff auf ihr Zeltlager verloren, und die *Jason*, ein privates Sklavenschiff mit Heimathafen Nantes, hatte Ähnliches erlebt. Ihr Kapitän, Mathieu Fillon, war bald nach einem Überfall gestorben; die *Jason* war daraufhin nach Jakin ausgewichen. Da er wusste, dass die europäischen Forts nicht in der Lage waren, für die Sicherheit der Händler zu sorgen, hatte Kapitän Sorin gehofft, dass die Armee Dahomeys ihnen Schutz bieten würde. Doch, so beklagte er sich jetzt, das war nicht der Fall gewesen, und Assou habe den ganzen Sklavenhandel in Whydah zum Erliegen gebracht. Um zu verstehen, wie Assou, der kein König oder Herrscher war, es vermocht hatte, alle Geschäfte im größten Sklavenhafen Westafrikas nachhaltig zu stören, müssen wir uns näher mit den erwähnten Überfällen beschäftigen, die am 31. Juli 1731 ihren Anfang nahmen, ungefähr sechs Wochen bevor die *Diligent* in Whydah eintraf.

Glewe, ehemaliges Königreich Whydah, 17. Juli 1731

Im Schutze der Dunkelheit, die in den frühen Morgenstunden herrschte, schlichen sich 600 Männer den Strand entlang, wo das Tosen der Brandung alle Geräusche, die sie verursachten, übertönte. Ihr Ziel war die Reihe großer, aus Segeltuch gefertigter Zelte, die von den Besatzungen der Sklavenschiffe, die im Hafen vor Anker lagen, am Meeresufer aufgeschlagen worden waren. Es war bei den Sklavenhändlern in Glewe üblich, ein solches Lager einzurichten, das als Zwischenstation zwischen den Schiffen und den europäischen Forts diente.[10] Handelswaren wurden in großen Einbäumen von den Schiffen an Land gebracht: Die Eingeborenen verstanden es, ihre Boote geschickt durch die heimtückische Brandung zu steuern. Die Waren wurden dann bei den Zelten inventarisiert, um anschließend von schwarzen Trägern die letzten fünf Kilometer zu den Forts oder angemieteten

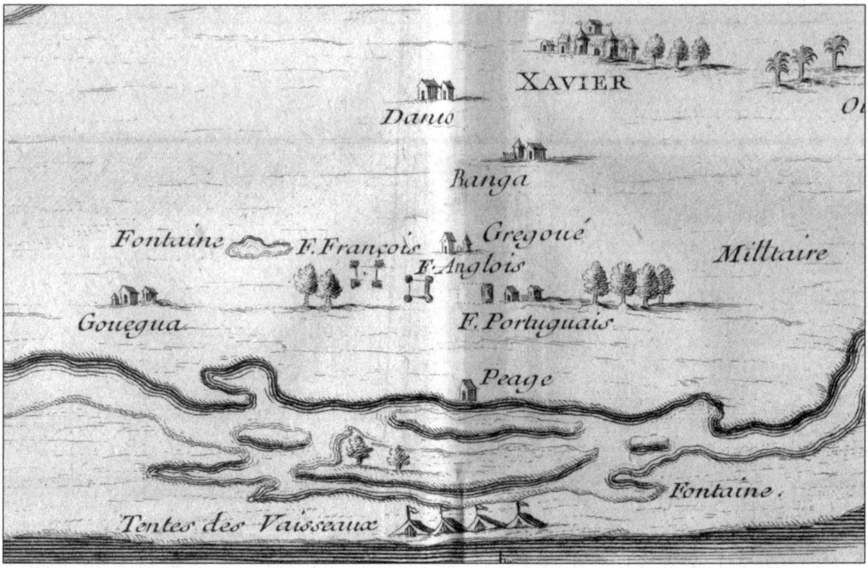

23.2 Übersicht über die Zelte und Forts an der Küste von Whydah von Des Marchais (1725).

Lagerhäusern in Glewe selbst geschleppt zu werden, wo sie gelagert wurden. Aus umgekehrter Richtung wurden Sklaven herbeigeführt, die ebenfalls bei den Zelten »inventarisiert«, dann in die Einbäume gepfercht und zu den Segelschiffen gebracht wurden. Ihr Zwischenhalt bei den Zeltlagern stellte für die Sklaven ihre letzte Station auf afrikanischem Boden dar.

Die Zelte auf dem Strand von Glewe waren besonders leicht anzugreifen. Im Süden dehnte sich der Ozean mit seiner tödlichen Dreifachbrandung aus, im Norden wälzte sich der Glewe, der so breit war, dass er beinahe einem See ähnelte, träge dem Meer entgegen. Die von Erdwällen umgebenen Forts der Franzosen und der Engländer wie auch die größtenteils aufgegebene Anlage der Portugiesen lagen beinahe fünf Kilometer weit entfernt auf der anderen Seite des Flusses. Das englische Fort, dessen Wälle und Bastionen in der Regenzeit durch Erosion beschädigt worden waren, wurde gerade instand gesetzt. Es verfügte über 32 Kanonen, und die in ihm stationierte Truppe setzte sich aus einem Sergeanten, einem Geschützmeister, einem Korporal, 15 englischen und 94 afrikanischen Soldaten zusammen. Auch an dem französischen Fort hatte man seit der Ankunft der *Pont-*

chartrain im Mai mit Ausbesserungsarbeiten begonnen. Das Schiff hatte nicht nur einen neuen Kommandanten, Achille de la Vigne, an Bord gehabt, sondern zudem noch drei Assistenten, einen Arzt, einen Priester, zwei Küfer und zwei Maurer, welche die Schäden beheben sollten. Außerdem waren zur Verstärkung noch ein Korporal und 24 Soldaten aus Frankreich eingetroffen.[11] Trotz der vorgenommenen Reparaturen und der erhöhten militärischen Kapazität fungierten die Forts nach wie vor in erster Linie als Lager für Waren und als sichere Aufbewahrungsorte für Sklaven. Ihre militärischen Einrichtungen dienten einzig und allein der Verteidigung, und außerhalb der Erdwälle vermochte die Besatzung nichts auszurichten. Im Juni 1731 hatten sowohl die britischen als auch die französischen Direktoren Pläne diskutiert, »befestigte Häuser« auf dem Strand zu errichten, in denen man die Schiffsladungen vorübergehend unterbringen könnte, doch Angst vor möglichen Angriffen hatte sie davon abgehalten, konkrete Maßnahmen in die Wege zu leiten.[12]

Im ersten Morgenlicht legten die Angreifer, die sich an das Zeltlager herangepirscht hatten, ihre Musketen an und nahmen die Wachposten unter Feuer. Sie hatten vor, rasch in das Lager einzudringen und die Verteidiger zu überwältigen, doch mit den ersten Salven, die sie abgaben, alarmierten sie die Schlafenden. Bald wurden ihre Schüsse erwidert, und der Kampflärm schwoll derart an, dass man ihn auch auf den im Hafen ankernden Schiffen vernehmen konnte. Als sie erkannten, dass die Angreifer ihnen an Zahl überlegen waren, flohen viele der Seeleute, die in den Zelten geschlafen hatten, in Richtung Glewe und zu den Forts am gegenüberliegenden Ufer. Die Eingeborenen, die sie überfallen hatten, dachten nicht daran, sie zu verfolgen, denn sie hatten es auf die Zelte und die in ihnen deponierten Waren abgesehen, nicht auf die Menschen. Sie zerschnitten die Zeltbahnen, bis sie nur noch in Fetzen herunterhingen, rafften ihre Beute zusammen und machten sich mit ihr Richtung Westen nach Popo davon. In den Überbleibseln des Zeltes, das zur *Pontchartrain*, dem Schiff der Compagnie des Indes, gehörte, ließen sie die enthaupteten Körper des Ersten Steuermanns Jean Bourgeois, der 29 Jahre alt war, und des zwanzigjährigen Matrosen Cado Dibredère zurück. In jedem der zerfetzten Zelte lagen Tote.[13]

Als Noël du Rocher Sorin, der Kommandant der *Pontchartrain*, um die Mittagszeit von den Geschehnissen erfuhr, begriff er sofort, dass die Angreifer eine Botschaft vermitteln wollten. Der Überfall war weit mehr als ein einfacher Plünderungszug – er war Teil eines Versuchs, den Sklavenhandel in Whydah zum Erliegen zu bringen. Es war der zweite Angriff innerhalb von acht Tagen. Nach dem ersten hatten zwei Verwundete im Zelt der *Pontchartrain* gelegen, und das Zelt der *Jason* war geplündert worden. Überdies hatten auch zwei Besatzungsmitglieder dieses privaten Sklavenschiffs aus Nantes Verwundungen erlitten. Nachdem sein Kapitän, Mathieu Fillon, am 23. August gestorben war – an *chagrin*, wie es offiziell hieß –, lichtete das Schiff den Anker, um den sichereren Hafen Jakin anzulaufen.

Als auf der *Diligent* am 1. September diese Zwischenfälle bekannt wurden, hatte Durand sofort eine Erklärung für sie parat. Obwohl er niemals zuvor in Afrika gewesen war, hatte er sich auf der Grundlage der Gerüchte, die er von anderen Schiffskapitänen gehört hatte, seine Meinung über die lokale Politik gebildet. So schrieb er dann in sein *journal*, dass sich niemand anderer als Assou hinter den Überfällen verberge. Er erklärte dies mit einer kurz gefassten Geschichte der jüngsten Ereignisse: »Whydah«, schrieb er, »ist immer ein großes Zentrum des Handels gewesen, wo mehrere Schiffe gleichzeitig eine Menge Gold und viele Sklaven kaufen konnten. Die Schuld daran, dass dieser Handel ruiniert ist, kann niemand anderem als Assou zugeschrieben werden, dem früheren Protektor der Franzosen, der zusammen mit seinem König von dem König von Dahomey aus Whydah vertrieben worden ist. Der König von Whydah und seine Untertanen waren dazu gezwungen, sich auf eine Insel vor Groß-Popo zurückzuziehen. Assou war erschüttert, als er sich außerhalb seines eigenen Landes zu einer Stellung, die der eines Sklaven ähnelte, herabgewürdigt sah, während er doch vorher in Whydah als jemand angesehen wurde, welcher der Herrscher des Landes und seines Handels war. Da es ihn mit Neid erfüllte, einen Handel florieren zu sehen, wenn er nicht an ihm teilhaben konnte, ging er zum Angriff über und entschloss sich, ihn zu zerschlagen.«

Von allen Personen war Assou der Letzte, dem die Franzosen jemals zugetraut hätten, dass er sie bekämpfen würde. Vor der Zerschlagung Whydahs war seine offizielle Stellung die eines Gouverneurs einer der 26 winzigen Provinzen gewesen, aus denen das Königreich sich zusammensetzte. Europäer bezeichneten ihn abwechselnd als »Fürsten«, »Großen Hauptmann«, »Häuptling« und »Protektor der Franzosen«, doch für gewöhnlich nannten sie ihn einfach »Hauptmann Assou«. Seine offiziellen Titel verschleierten mehr, als sie verrieten. Robert Durand hatte Recht mit seiner Annahme gehabt, dass Assou der mächtigste Mann im ganzen Königreich Whydah gewesen war.

Schon 1702 war Assou von dem französischen Sklavenhändler Damon als jemand bezeichnet worden, der »alles bei Hofe erreichen könnte, um unsere Interessen zu fördern«.[14] Als König Aisan von Whydah 1708 gestorben war, hatte Assou die Unterstützung für Aisans noch minderjährigen Sohn Huffon gegen den Thronanspruch des Gogon von Savi organisiert. Danach war er der wirkliche Machthaber gewesen. Er wurde zum Protektor der Franzosen ernannt und somit auf einen Posten gehievt, der demjenigen Captain Carters entsprach, der Protektor der Engländer war. Als einer der »Großen Hauptleute« Whydahs erhielt Assou persönlich Zollabgaben von jedem Sklavenschiff, das kam, um Geschäfte abzuschließen: 16 000 Kaurimuscheln, eine Elle Seidenstoff und verschiedene Waren im Wert von zwei Sklaven.[15] Er kaufte und verkaufte auch Sklaven auf eigene Rechnung und wurde zu einem der reichsten Männer des Landes. Kurz gesagt war er in eine unbedeutendere Position hinein geboren worden und hatte dann durch seine Beteiligung am Sklavenhandel Macht und Wohlstand erlangt.

Als es 1731 zu den Überfällen auf die Zeltlager kam, war Assou schon in den Sechzigern. In seinen jüngeren Jahren war er der Beschreibung von Europäern zufolge groß und stämmig, aber wohl proportioniert gewesen, mit gut geschnittenen Gesichtszügen. Er hatte einen Teil seiner Jugend in der Nähe des französischen Handelsbezirks in Savi verbracht und Französisch so fließend sprechen gelernt, dass manche Europäer überrascht waren, wenn sie erfuhren, dass er sich niemals in Frankreich aufgehalten hatte. Seine tadellosen »französischen« Manieren beeindruckten die europäischen Händler sehr. Der französische Sklavenhändler Dralsé de Grand Pierre meinte, Assou besitze »alle Vorzüge unserer ehrenwertesten Männer höchsten Ranges. Ihm eignen *grandeur* und Großzügigkeit im Verein mit geschliffenen französischen Manieren.«[16]

Assous zweistöckige Residenz, vor der Kanonen aufgestellt waren, war ein Wahrzeichen von Whydahs Hauptstadt Savi. Der Boden und die Wände von Assous Schlafgemach waren mit Teppichen ausgelegt und mit Gobelins bedeckt, und der Raum war mit gepolsterten Stühlen, Hockern und einem langen mit einem türkischen Tuch bedeckten Tisch ausgestattet. Außerdem gab es da noch einen großen Spiegel in einem kunstvoll geschnitzten Rahmen und ein gewaltiges Prunkbett, das eines Königs würdig gewesen wäre. Das Wohnhaus gehörte zu einer größeren Anlage, die aus fünf separaten Höfen bestand, die jeweils von langgestreckten Gebäuden mit Wohngemächern für Assous viele Frauen umgeben waren. Obwohl diese Räumlichkeiten nicht so eindrucksvoll waren wie das Schlafgemach, waren sie doch ordentlich und hübsch eingerichtet und ihre Wände mit Behängen aus schön gemustertem Baumwollstoff bedeckt. In einigen der Höfe standen große Öfen, an denen die Frauen damit beschäftigt waren, Meerwasser zu verdampfen, um Salz zu gewinnen, Fleisch zu braten, Brot zu backen und Bier zu brauen. Es gab einen kleineren, von den anderen abgetrennten Hof, in dem sich die Frauen Assous aufhielten, die schwanger waren und auf ihre Entbindung warteten.[17]

In seinem prächtigen Haus empfing Assou oft Gäste, die er üppig bewirtete. Eines Abends lud er die Offiziere eines französischen Sklavenschiffs zum Essen ein. Mittelpunkt seines Speisezimmers war ein Tisch mit einem kostbaren Überwurf, der mit Messern, Gabeln und Löffeln aus poliertem Silber gedeckt war. Auf dem Buffet an der Wand stand eine Silberschale, von vergoldeten Silberkelchen und Kristallgläsern umgeben. Das Brot, das er servieren ließ, war von seinen Frauen nach französischer Art gebacken worden, und seine Besucher erklärten, dass man auch in Paris kein besseres finden könne. Dann ließ er den Wein herbeibringen. Zuerst kredenzte er seinen Gästen einen Bordeaux, dann einen Madeira, danach einen süßen und schließlich einen trockenen Wein von den Kanarischen Inseln. Außerdem ließ er noch ein ganzes Sortiment französischer Liköre auffahren. Trinksprüche wurden gewechselt, indes die Männer ihre Gläser erhoben: Jeder Trinkspruch wurde von dem Schuss aus einer kleinen Kanone begleitet.

Das Mahl begann mit einer Reissuppe. In der Mitte der flachen Schüssel, in der man sie servierte, türmte sich Hühnerfleisch, und der Rand war mit gehackten Zwiebeln bedeckt. Es folgten Ragouts und andere Köstlichkeiten. Der Hauptgang bestand aus Lammbraten, Schweinefleisch in Sahnesauce, Gänsebraten, gesottenen Tauben und einer Hühnerleberpâté. Zum Dessert gehörten Dickmilch, Mandeln, Haselnüsse, Früchte des Landes, Ananas, frische Feigen und gedünstete Feigen. Zur Unterhaltung gab es ein Konzert, bei dem außer einem Solotrompeter auch eine Balletttruppe mitwirkte. Es verwundert nicht, dass die französischen Offiziere zu dem Schluss kamen, »insgesamt gesehen« einen ganz famosen Abend verbracht zu haben.[18]

Ein paar Tage später erwiderten die Franzosen Assous Gastfreundschaft, indem sie ihn auf ihr Schiff einluden. Als er an Bord stieg, wurde er mit sieben Salutschüssen aus den Bordgeschützen empfangen. Nachdem alle Offiziere ihn begrüßt hatten, lud man ihn ein, die Nacht an Bord zu verbringen. Er lehnte mit der Begründung ab, dass er jede Nacht mit einer anderen seiner Frauen schlafe, und zwar nach einem genau festgelegten Rotationsschema. Wenn er auf dem Schiff bliebe, dann würde die Frau, die für diese bestimmte Nacht vorgesehen war, sehr traurig werden – und überdies ein fürchterliches Theater veranstalten. Diese Erklärung entzückte zwar die französischen Offiziere, doch es bleibt die Frage, ob es nicht einen anderen Grund dafür gegeben hat, dass Assou sich nicht über Nacht auf einem Sklavenschiff aufhalten mochte. Als er wieder von Bord ging, wurden erneut sieben Salutschüsse abgefeuert.

Obwohl Assou sich viele Elemente der französischen Kultur zu Eigen gemacht hatte, fand er die religiösen Praktiken der Europäer abstoßend. Mehr als ein Kaplan aus dem französischen Fort hatte versucht, ihn zum Katholizismus zu bekehren, dessen Glaubenssätze er aber als unlogisch verwarf. Er sagte, es bereite ihm kein Problem zu glauben, dass Gott Fleisch geworden sei und dass man ihn gedemütigt und getötet habe. Doch das Sakrament der Kommunion und die mit diesem Sakrament einhergehende Doktrin von der Wandlung, derzufolge Brot und Wein zum Leib und Blut Christi werden, bereite ihm große Schwierigkeiten: »Die Vorstellung, dass man seinen Gott isst, erfüllt mich mit Schrecken, macht keinen Sinn und läuft jeder Vernunft zuwider. Für mich ist es die schrecklichste Sache auf der Welt und gleichzeitig die törichtste. Warum sollte man seinen Gott verzehren? Ich entdecke in dieser Anschauung nichts als Gottlosigkeit, Torheit, Aberglauben und Grausamkeit, Einstellungen derer wir – die ihr uns Heiden und Götzendiener nennt – niemals fähig wären.« Nachdem er seine Rede beendet hatte, wandte Assou sich abrupt ab und schritt von dannen, um seiner Empörung Ausdruck zu verleihen.

Assou wusste sehr gut, dass die Europäer genauso viel Verachtung für die religiösen Überzeugungen seines Landes empfanden wie er für die ihren, und manchmal machte er sich diese Diskrepanz zunutze, um weißen Besuchern einen Streich zu spielen. Eines Abends war der Sklavenhändler und Freibeuter Jean Doublet bei ihm zum Essen geladen. Irgendwann bat Doublet, ihm den Abort zu zeigen. Assou führte ihn zu einer ganzen Reihe von solchen Abtritten und deutete auf einen, den er benutzen sollte. Kaum hatte Doublet sich seiner Hosen und Unterkleider entledigt, als er in der Ecke eine riesige Schlange entdeckte. In heller Panik floh er mit seinen Unterhosen in der Hand ins Freie. Als er später seine Hosen wieder angelegt und sich beruhigt hatte, fragte er Assou, ob er ihn absichtlich gerade auf diesen Abort geschickt habe. Assou explodierte vor Lachen, und einen Augenblick später tauchte sein Bruder, der Hoherpriester des Schlangenkults war, auf, der das große Reptil wie ein Baby in den Armen trug. Als Doublet wieder furchtsam zurückzuckte, meinte Assou beschwichtigend: »Habt keine Angst. Das ist unser heiliges Tier.«[19]

Religiöse Differenzen konnten aber auch gravierende Folgen haben – so im Fall des Franzosen, der im Areal der Compagnie des Indes in Savi unbesonnenerweise eine Schlange tötete, die sich unter sein Bett verkrochen hatte. Das war im ganzen Königreich strikt verboten, und man konnte dafür mit dem Tod bestraft werden. Als sich die Nachricht von dem Sakrileg in Savi verbreitete, versammelten sich mehr als 400 aufgebrachte Menschen vor der Anlage und drohten damit, die Tore einzurennen, wenn man sie nicht hereinließe, damit sie der Sache auf den Grund gehen und den Schuldigen ergreifen könnten. Als der Leiter der Compagnie von dem Vorfall erfuhr, half er dem Mann, durch eine geheime Hintertür in den angrenzenden Bezirk der Engländer zu entkommen. Dann erst ließ er der wütenden Menge die Tore öffnen, die überall nach den Überbleibseln der Schlange suchte. Als sie sie fanden, hielten sie das tote Reptil in die Höhe und verlangten, dass sein Mörder ihnen unverzüglich ausgeliefert werde.

Voller Panik ließ der französische Direktor Hauptmann Assou herbeiholen, der dann ohne Erfolg versuchte, die Aufgebrachten zu besänftigen. Schließlich versprach er ihnen, dass er ihnen den Schuldigen später ausliefere, wenn sie den Bezirk verließen und der Schlange ein angemessenes Begräbnis bereiteten. Der französische Direktor, der befürchtete, dass alle seine Landsleute, die sich in Savi aufhielten, massakriert werden könnten, war bereit, seinen Angestellten dem Mob zu überlassen. Assou beruhigte jedoch den angsterfüllten Franzosen, indem er versicherte, dass er zusammen mit dem König eine Lösung finden werde. Nach taktvollen Verhandlungen willigte der König ein, dass der schuldige Franzose schnellstens aus dem Land herausgeschleust wurde; die Kompanie musste jedoch für den von ihm begangenen Gesetzesverstoß eine große Menge Waren und eine große Summe Geldes zahlen, damit die öffentliche Empörung sich legte.

Assou intervenierte auch im Jahr 1715, um den französischen Direktor selbst zu retten. Das angrenzende Königreich Allada hatte damals die Handelsstraßen blockiert, auf denen die Sklaven nach Whydah getrieben wurden. Der König von Allada ließ den Franzosen in ihrem Fort in Whydah die Nachricht zukommen, die Schiffe, die gegenwärtig im Hafen von Whydah festgemacht hätten, sollten zur Küste seines Reichs weitersegeln, wo man für sie eine Menge Sklaven zum Verkauf bereithalte. Prompt ließen die Kapitäne zweier Sklavenschiffe unverzüglich Segel setzen, um Jakin anzulaufen. König Huffon von Whydah fasste das als einen Akt extremer Treulosigkeit auf und ordnete an, dass der französische Direktor sein Reich noch vor Sonnenuntergang zu verlassen habe. Den Weißen unbeschadet aus dem Hafen herauszuschaffen erwies sich als ein Problem, weil die Händler von Whydah so verärgert über den Verrat der Franzosen waren, dass sie ihn erschlagen wollten.

Assou erschien im Fort, um sich der Sache anzunehmen, und eskortierte den Direktor persönlich an der Menge wütender Händler vorbei zu einem Kanu, das ihn dann auf ein Schiff brachte. Den Franzosen war daraufhin unmissverständlich klar geworden, wie sehr ihre weitere Präsenz in Whydah von Assou abhing. In einem französischen Dokument aus der Zeit hieß es, er sei »der Ehrenhafteste, der Beste und der Treueste. Wenn sich in diesem Land für die Franzosen das kleinste Problem auftut, ist Assou bereit, sich zu opfern. Es ist Assou, der die Franzosen in beinahe allen Streitfragen vertritt, die vor den König kommen.«[20]

Assou half außerdem, Missstimmigkeiten unter den Angehörigen der verschiedenen europäischen Nationen beizulegen, die in Whydah ihre Geschäfte abwickelten. Er war vermutlich der Urheber eines Abkommens, das 1704 von allen europäischen Staaten, die dort eine Handlungsniederlassung besaßen, unterzeichnet wurde und in dem sie versprachen, sich nicht mehr länger gegenseitig zu bekriegen. Die Präambel zu diesem Abkommen hatte folgenden Wortlaut: »Der König von Whydah erklärt, nachdem er die Häuptlinge der Nationen Europas, welche Forts und Handelsstationen in seinem Reich haben, und alle großen Männer des Landes angewiesen hat, sich in seinem Palast zu versammeln, dass sie [die Europäer] in seiner Gegenwart – ungeachtet der Kriege, die in Europa zwischen ihnen ausgefochten werden, oder dessen, was sie einander vorwerfen –, was seinen Hafen und auch das Gebiet in Sicht seines Hafens betrifft, einen festen und dauerhaften Frieden vereinbaren.«[21] Das Abkommen untersagte es jedem Schiff, ein anderes aufzubringen. Weiter verbot es, andere Schiffe zu plündern, und es legte fest, dass, wenn ein Schiff den Hafen zu einer Zeit verließ, da die europäischen Nationen sich im Krieg miteinander befanden, kein weiteres Schiff binnen der nächsten 24 Stunden auslaufen dürfte. Letzteres sollte verhindern, dass Kapitäne sich eine Ladung Sklaven verschafften, indem sie Fahrzeuge feindlicher Länder verfolgten und angriffen. Jedes Schiff würde mindestens 24 Stunden Vorsprung erhalten.

Zukünftige Ereignisse würden das Abkommen einer harten Probe unterziehen. 1715 brach ein größerer Konflikt zwischen den Engländern, den Portugiesen und den Holländern aus. Der Kommandant des britischen Forts, Mr. Blaney, der die alleinige Verfügungsgewalt über alle Gold- und Tabakvorräte zu erhalten versuchte, welche die portugiesischen Händler aus Brasilien mitbrachten, entsandte acht seiner Eingeborenensoldaten. Die mit Pistolen und Säbeln Bewaffneten machten auf seinen Befehl einen alten portugiesischen Händler ausfindig, mit dem Blaney im Streit lag. Sie fanden den Mann, wie er auf dem zentralen Umschlagplatz von Savi unter einem Baum hockte, nahmen ihm seinen Hut ab und urinierten einer nach dem anderen hinein, bis er voll war. Dann stülpten sie dem Alten den Hut wieder über den Schädel. Als in der Folge der Kapitän eines portugiesischen Schiffes, durch Blaneys rabiates Vorgehen eingeschüchtert, sich bereit erklärte, ausschließlich mit den Engländern Geschäfte zu machen, enterten die Holländer das Schiff und raubten 40 Sklaven. Dieser Verstoß gegen das Neutralitätsabkommen machte Blaney so wütend, dass er am 18. November 1714 mit 80 Eingeborenensoldaten und vier europäischen, die alle mit Musketen, Pistolen und Säbeln bewaffnet waren, zu dem holländischen Handelsposten in Savi zog.

In Savi löste der Anblick von Blaneys martialischer Horde, die durch die Straßen marschierte, Aufruhr aus. Assou, der sich gerade Geschäfte halber im Areal der Franzosen befand, vernahm den Tumult und fürchtete, dass Krieg unter den Europäern ausbrechen könnte. Er bat den französischen Kommandanten, rasch einige Soldaten zusammenzutrommeln und ihm so schnell wie möglich zu folgen. Dann rannte er los, um sich Blaney in den Weg zu stellen. Als bald danach zwölf französische Soldaten zu seiner Unterstützung am Ort der Konfrontation eintrafen, sahen sie, wie der holländische Direktor, Pieter Valckenier, mit den Füßen voran zu dem englischen Fort geschleift wurde. Erst als Assou und die französischen Soldaten sich ihm in den Weg stellten, ließ Blaney den Holländer frei. Kurze Zeit später wurde Blaney von König Huffon des Landes verwiesen.[22]

Obwohl Assou bei seinen Vermittlungen zwischen den Europäern und dem König regelmäßig heikle Balanceakte vollführte, galt seine Treue doch in erster Linie König Huffon, dem er mit auf den Thron geholfen hatte. 1727, als die Armee von Dahomey auf Savi vorrückte, war Assou einer von nur drei Hauptleuten, die sich an der Spitze ihrer Männer den Angreifern entgegenwarfen, während die anderen zauderten und schließlich flohen. Und es war auch Assou, der den Rückzug – oder die Flucht – des Königs zu der Insel im Glewe unweit von Popo organisierte.[23] Assou hatte alles, was er in seinem Leben erkämpft hatte, bei dem Angriff der Armee Dahomeys verloren. Von seinem Refugium auf der Insel aus begann er Pläne zu schmieden, wie er es sich wieder verschaffen könnte.

24

Glewe, ehemaliges Königreich Whydah, 1728

Nachdem sie sich auf der Insel mitten im Glewe vor dem Heer Dahomeys in Sicherheit gebracht und sich eingerichtet hatten, beratschlagten Assou und König Huffon darüber, wie sie die Herrschaft wieder an sich reißen könnten. Wie groß die Macht Assous im Verhältnis zu der des Königs war, wurde dadurch deutlich, dass man die Insel nach einiger Zeit »Assou-Eiland« nannte. König Agaja von Dahomey konnte Huffon und seinen Hauptmann nicht bis auf die Insel verfolgen, weil seine Soldaten nicht mit Kanus umzugehen wussten. Agaja war aber fest entschlossen, Huffon in die

Hände zu bekommen. Er kündigte William Snelgrave an, dass er nicht rasten würde, bis er den Kopf seines Widersachers an sich gebracht habe; vorläufig musste er sich aber damit zufrieden geben, dessen Land mithilfe seiner Soldaten zu kontrollieren.[24]

Der Kampf zwischen dem König von Dahomey und den wenigen ranghohen Würdenträgern Whydahs, die noch lebten und in Freiheit waren, schuf eine Situation, welche die Briten und die Franzosen, die sich in ihre Forts bei Glewe zurückgezogen hatten, einigermaßen ratlos machte. Der weiter andauernde Krieg hätte sie eigentlich mit Massen von Sklaven versorgen sollen, aber diese Menschenscharen, mit denen sie voller Begierde gerechnet hatten, trafen nicht in ihren Handelsstationen ein. Ein Grund dafür war auch, dass die Sklaven seit jeher vor allem über die Handelsstraßen aus dem Inneren gekommen und diese Straßen jetzt durch den Krieg blockiert waren. Außerdem bezog König Agaja seine Sklaven neuerdings nicht mehr auf dem Handelsweg wie früher, sondern bemächtigte sich seiner Opfer durch Eroberungsfeldzüge, die einfach nicht die gleichen Mengen Sklaven abwarfen, wie sie mit den Karawanen ins Land gekommen waren. Gérard Mellier, mittlerweile Bürgermeister im fernen Nantes, der sich über die ganze Situation regelmäßig unterrichten ließ, schrieb, dass die Eroberung Whydahs durch das Heer Dahomeys »unseren Handel mit Guinea für einige Zeit zurückwerfen wird«.[25]

König Agaja machte mit Sicherheit Gefangene in den Schlachten, die er schlug, doch die europäischen Sklavenhändler meinten, nicht genügend bedacht zu werden. William Snelgrave hatte nur 600 von den insgesamt 1800 Gefangenen erhalten, die Agajas Streitmacht aus Tofo verschleppt hatte, und selbst diese waren keineswegs die gesunden und kräftigen Männer, die man ihm versprochen hatte. Viele der Gefangenen, welche die Krieger Dahomeys machten, behielt man, um sie die Felder Agajas und seiner Befehlshaber bestellen zu lassen. Und wenn ein Sklave – egal, ob männlich oder weiblich – einmal für den König gearbeitet hatte, dann konnte er oder sie nie wieder an jemand anderen verkauft werden. Dennoch wurden Sklaven in großen Mengen zu den europäischen Forts getrieben, und die ständigen Klagen der Europäer waren auch ein Ergebnis ihrer übersteigerten Erwartungen. Anfang 1728 zum Beispiel lagen gleichzeitig 14 Schiffe – sechs französische, fünf portugiesische und drei englische – im Hafen vor den Forts vor Anker[26], und die Konkurrenz, die sie sich gegenseitig machten, hatte den Preis für Sklaven um ein Drittel in die Höhe getrieben. Der Leiter des französischen Forts meinte dann auch, dass vielleicht nicht zu wenige Sklaven das Problem seien, sondern zu viele Schiffe. Der lange Aufenthalt, der nötig war, um die Zwischendecks zu füllen, gab den Gefangenen auf der *Aurora*, einem privaten Segler aus La Rochelle, die Chance zur Revolte. Bei deren Niederschlagung tötete die Mannschaft der *Aurora* 32 Schwarze und verwundete acht bis zehn schwer.[27]

Die Kommandanten des britischen und des französischen Forts stellten unterschiedliche Mutmaßungen darüber an, was Agaja eigentlich mit seinen Kriegsgefangenen machte. Irgendwie waren sie aber überzeugt davon, dass er sie an die Portugiesen verkaufe. Der Grund für den Erfolg, den die Portugiesen im Sklavenhandel verbuchen konnten, war, dass viele ihrer Schiffe, wie schon erwähnt, nicht von portugiesischen Häfen selbst aus in See stachen, sondern direkt aus Brasilien kamen, wo nicht die gewöhnlichen Handelsgüter verfügbar waren. Sie luden daher brasilianischen Tabak minderer Qualität, der sich in Europa nicht verkaufen ließ, und Gold, das aus dem Generalkapitanat Minas Gerais herausgeschmuggelt worden war. Obwohl der König von Portugal verfügt hatte, dass jedermann, der brasilianisches Gold in ein anderes Land als Portugal selbst transportierte, des Todes sei, erreichte genügend von dem Edelmetall die Guinea-Küste, und diesem illegalen Treiben ließ sich auch nicht Einhalt gebieten. Der größte Schmuggler von allen war Joseph de Torres, der 1721 das portugiesische Fort bei Glewe gebaut hatte. Die von den Briten, Franzosen und Holländern verbreitete Theorie war, dass es Agaja ausschließlich nach Gold verlangte und er daher vor allem mit den Portugiesen Geschäfte machte. Auch wenn sie mit gewöhnlichen Bewohnern von Whydah Handel trieben, waren die Portugiesen auf Grund ihres Goldes im Vorteil. Das Land war in Aufruhr, man musste stets darauf gefasst sein, sein Haus Hals über Kopf verlassen und fliehen zu müssen. In solch einer Situation war es sinnlos, große Mengen von schönem Tuch oder edlem Branntwein in seinen Lagerräumen zu horten. Die Menschen zogen es also vor, sich in Gold bezahlen zu lassen, das man leicht mit sich nehmen konnte, falls man zur Flucht gezwungen war.[28]

Wenn die Portugiesen auch die anderen Handelsnationen ausstachen und von Agaja die stärksten und gesündesten Gefangenen erhielten, so bestand doch der Kern des Problems darin, dass der Krieg in Whydah generell weniger Sklaven abwarf, als vor dem Fall Savis über die Handelsstraßen aus dem Landesinneren gekommen waren. 1728 beklagten sich sogar die Portugiesen, dass aus Brasilien eingetroffene Schiffe an der westafrikanischen Küste bis zu einem Jahr warten mussten, bis sie ihre Ladung Sklaven zusammen hatten, während man zuvor die ganze Reise – also einschließlich der Rückfahrt – in sechs bis sieben Monaten hatte bewältigen können. Der Vizekönig von Brasilien sprach düstere Warnungen aus; er sah einen Mangel an Arbeitskräften in den Goldminen, in den Zuckerrohrmühlen und auf den Tabakpflanzungen von Bahia voraus. Seine eigene Erklärung war, dass früher »alle Sklaven von der ganzen Küste in jener Region zusammenflossen. Das Königreich ist jetzt aber verlassen, wegen des Kriegs, den Dahomey gegen es führt. Weil er [Agaja] sich im Krieg mit allen anderen Herrschern befindet, sendet er keine Sklaven herunter [zur Küste], und aus diesem Grund liegen die Schiffe lange fest.«[29] Doch trotz aller Klagen vonseiten der Europäer – der Sklavenhandel in Whydah war alles andere als tot. Mehr als 8000 Sklaven wurden 1728 von Whydah aus in die Neue Welt geschafft, und 1729 waren es sogar über 9000.[30]

Es gab noch eine andere Anomalität, welche die europäischen Händler vor ein Rätsel stellte: Trotz der Kämpfe, die überall ausgebrochen waren, war 1728 die Nachfrage nach Feuerwaffen sehr gering. Der französische Kommandant berichtete, dass es wenig Interesse an Schießpulver gebe, und klagte darüber, dass die Eingeborenen keine französischen Musketen haben wollten. Der Grund dafür war, wie es scheint, dass französische Musketen im Ruf standen zu platzen und den Schützen selbst schwer zu verletzen, wenn man sie abfeuerte. Zur gleichen Zeit bat aber auch der Leiter des englischen Forts die Royal African Company, ihm keine Flinten zu liefern, weil schon seit zehn Monaten kein Bedarf bestehe.[31] Vielleicht hatten sich die feindlichen Heere fürs Erste mit genügend Gewehren, Kugeln und Schießpulver eingedeckt, vielleicht war aber auch Agaja schon zu sehr in die Defensive gedrängt, um sein Heer weiter mit Feuerwaffen versorgen zu können.

Während nämlich Agaja den Menschen von Whydah und Allada als großer Eroberer erschien, wurde er selbst von dem Königreich Oyo attackiert, das im Nordosten lag. Die Krieger Dahomeys schienen zwar unbesiegbar, wenn sie gegen die Fußtruppen Whydahs und Alladas kämpften, wenn sie aber gegen die Soldaten Oyos in die Schlacht zogen, war das nicht so. Oyo besaß nämlich eine Reiterei, und die Fußsoldaten aus Dahomey vermochten

Angriffe zu Pferde nicht zurückzuschlagen. Doch auch Oyos Armee wies wiederum zwei Schwächen auf: Ihre Reiter konnten nur während der trockenen Jahreszeit ins Feindesland eindringen, wenn die Flüsse, die sie durchquerten, kaum Wasser führten. Während dieser Dürreperioden gab es aber zu wenig Grünfutter für ihre Pferde. Selbst wenn sie eine Schlacht gewannen, mussten sie sich wieder zurückziehen, bevor das Futter knapp wurde oder die Flüsse mit dem Beginn der Regenzeit anschwollen. Ziel der Angriffe Oyos war es daher auch nicht, das Nachbarreich auf Dauer zu besetzen, sondern König Agaja dazu zu zwingen, die Herrscher von Whydah und Allada wieder einzusetzen.

Im März 1728 begannen die Männer aus Oyo mit Angriffen auf das Nachbarreich, nach denen sie sich jedesmal wieder schnell zurückzogen, und dies sollte sich 1729 und 1730 wiederholen. Immer wieder während der trockenen Jahreszeit brandschatzten und plünderten die Reiterhorden aus Oyo Agajas Hauptstadt Abomey. Jedesmal floh Agaja aufs offene Land, um dort abzuwarten, dass die feindlichen Soldaten sich mit den einsetzenden Regenfällen wieder zurückzogen. Dieses sich wiederholende Muster – Angriff der Männer aus Oyo auf Abomey, Rückzug Agajas und seiner Leute aus der Stadt – bot König Huffon und Assou die Möglichkeit, ihr Inselversteck bei Popo zu verlassen und sich daran zu machen, ihr einstiges Reich Whydah zurückzuerobern. Anfang 1728, als die Soldaten Dahomeys sich der Invasion der Truppen Oyos zu erwehren hatten, wagten Assou und eine Schar seiner Anhänger sich aus dem Exil hervor und ließen sich in der Nähe der europäischen Forts nieder. Assou versuchte sogar, von den Schiffen im Hafen die Zollabgaben einzutreiben, genau wie er es vor der Zerschlagung Whydahs getan hatte.[32]

Die Europäer, die befürchteten, dass Assous Anwesenheit in der Nähe ihrer Niederlassungen einen Angriff der Krieger Dahomeys auslösen könne, trafen in aller Eile Vorkehrungen zu ihrer Verteidigung. Das englische Fort befand sich in einem fürchterlichen Zustand. Als der neue Leiter im Februar 1728 eingetroffen war, hatte er festgestellt, dass das Schießpulver ausgegangen war, und er musste auf seine begrenzten Goldvorräte zurückgreifen, um welches von Schiffen auf der Durchreise zu kaufen. Es herrschte aber auch ein Mangel an Bleikugeln für ihre Flinten, daher wurden die Schmiede damit beauftragt, Eisenstäbe in kleine Stücke zu zerlegen, die man stattdessen laden konnte. Im französischen Fort sah es noch schlimmer aus, denn die Strohdä-

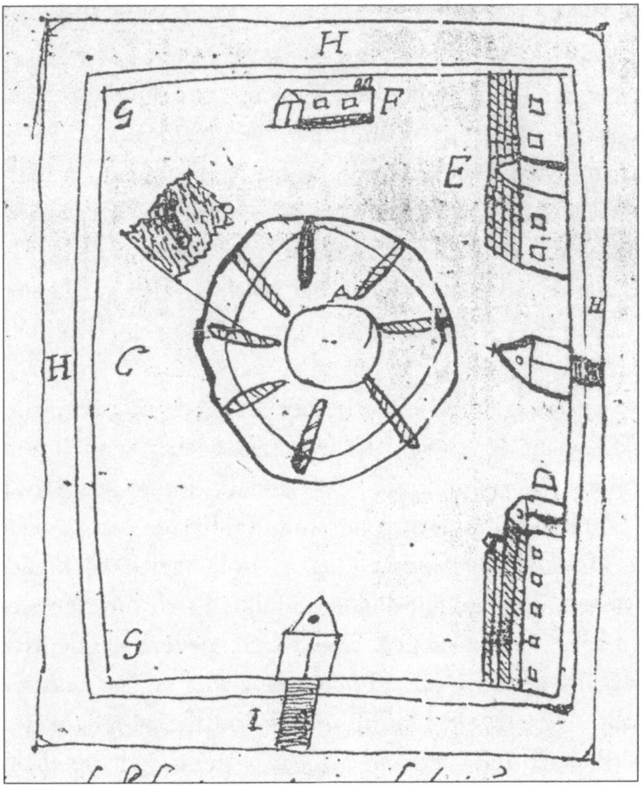

24.1 Portugiesische Skizze des Forts Sankt Johannes der Täufer in Whydah (1721).

cher der Gebäude waren Anfang Februar bei einem Feuer, das zwei Sklaven gelegt hatten, in Flammen aufgegangen.[33] Der französische Direktor war verzweifelt darum bemüht, die Anlage wieder instand zu setzen, bevor das Heer Dahomeys eintraf.

Das portugiesische Fort war in einem solch desolaten Zustand, dass sein Leiter nach dem Fall Savis Zuflucht bei den Franzosen gesucht hatte, und es war so gut wie aufgegeben. In einer Depesche aus Lissabon hieß es vorwurfsvoll: »Wenn das portugiesische Fort in Whydah nicht den Schutz unserer Landsleute gegen die Übergriffe der Schwarzen des Königs von Dahomey zu gewährleisten vermag, wäre es besser, es gar nicht zu besitzen.« Der Leiter antwortete, dass *keine* der europäischen Befestigungen bei Glewe in der Lage sei, einem hartnäckigen Angriff zu widerstehen.[34] Als das Heer Dahomeys näher rückte, flüchtete der Portugiese sich in das eng-

24.2 Englisches Fort in Whydah (1727).

lische Fort, womit er die Zahl der Europäer, die es neben 400 bewaffneten Afrikanern bemannten, auf 40 erhöhte.[35]

Als das Heer Dahomeys am 30. April bei den Forts eintraf, hatte es die Gebiete, die es bei seinem Vormarsch durchquert hatte, in Brand gesteckt. Der Kommandant der Engländer beauftragte an einem Nachmittag, als eine Brise vom Ozean herüberwehte, Soldaten damit, alle Eingeborenendörfer im Norden des Forts niederzubrennen. Er meinte, wenn die Krieger aus Dahomey diese Dörfer an einem Tag anstecken würden, an dem der Wind aus der anderen Richtung blies, könnte Funkenflug das Fort gefährden. Er wollte also eine Art von Feuerschneise schaffen, indem er die Hütten und Häuser in Flammen aufgehen ließ.

Angesichts des Vormarschs des dahomeyischen Heeres flohen die meisten Soldaten Whydahs zurück auf ihre Insel bei Popo, Assou und seine Leute aber suchten Zuflucht im Fort der Franzosen. 1500 Kämpfer aus Dahomey attackierten daraufhin die Niederlassung, um sich Assous zu bemächtigen. Von den Bastionen des Forts wurde mit Kanonen das Feuer auf sie eröffnet, und 150 afrikanische Soldaten rückten aus, um den Feind am Rand des Wehrgrabens abzufangen. Der Kampf tobte von zwei Uhr nachmittags bis sechs Uhr abends. Dann erst zogen sich die Krieger aus Dahomey zurück. Einige der Angreifer gerieten zwischen das englische und das französische Fort und wurden von zwei Seiten unter Beschuss genommen. Die Briten versuchten später, sich den Sieg an ihre Fahnen zu heften, doch die Franzosen bezichtigten sie der Feigheit, da sie während des gesamten Gefechts nur vier Schüsse aus ihren Kanonen abgefeuert hätten.[36]

Assous Bein wurde in diesem Kampf von einer Musketenkugel zerschmettert: Die Verwundung zog er sich zu, als er in dem vergeblichen Bemühen, fünf Besatzungsmitglieder von dem Sklavenschiff *Charlemagne*, die in ihrem Zeltlager auf dem Strand von den anstürmenden Kriegern aus Dahomey überrascht und überwältigt wurden, in Sicherheit zu bringen, einen Ausfall aus dem französischen Fort unternahm.[37] Am selben Abend wurden die fünf Franzosen wieder frei gelassen und mit der Botschaft zu dem Fort geschickt, die Befehlshaber aus Dahomey wollten, dass »der kleine weiße Mann, der mit ihnen in ihrer Zunge rede, zu ihnen kommen und mit ihnen sprechen solle«.

Bei dem »kleinen weißen Mann« handelte es sich um den zwanzigjährigen Etienne Gallot, der seit drei Jahren in Afrika lebte. In dem Chaos nach dem Fall von Savi war er aus dem französischen Fort desertiert und hatte sich dem Heer Dahomeys angeschlossen. Er war schnell zum militärischen Berater Agajas aufgestiegen und hatte den König im Bau von Befestigungsanlagen unterwiesen, wie sie bis dahin in Westafrika unbekannt gewesen waren. Gallot hatte auch die Gbe-Sprache gelernt. Als er später zu dem französischen Fort zurückgekehrt war, hatte die Compagnie des Indes ihn zunächst wegen Fahnenflucht hinauswerfen wollen, stattdessen war er vom Leiter, Monsieur Dupetitval, wegen seiner Kenntnisse von Land und Leuten zum Assistenten befördert worden. Obwohl Etienne Gallot im Heer Dahomeys gekämpft hatte, schlug er sich nicht auf die Seite der Krieger aus diesem Land, als sie 1728 versuchten Assou gefangen zu nehmen, weil er gerade dessen Tochter geheiratet hatte.[38]

Am Morgen nach ihrem Angriff auf das französische Fort entsandten die zurückgeschlagenen Gegner ein Dutzend Unterhändler, um die guten Beziehungen zu den Franzosen wiederherzustellen. Sie entschuldigten sich für ihren Angriff. Man habe irrtümlicherweise geglaubt, dass der im Exil befindliche »König von Allada« (vielleicht der Sohn des getöteten Königs Sozo) sich in dem Fort aufhalte. Dupetitval überreichte jedem der Parlamentäre eine Flasche Branntwein, mehrere Ellen Tuch und weitere Geschenke für ihre Befehlshaber. Er versprach auch, Etienne Gallot zu Gesprächen mit ihnen abzustellen. Die Parlamentäre verließen das Fort wieder gegen Mittag und nahmen Gallot mit.

Nach dem Kampf und dem Rückzug der Armee Dahomeys blieb Assou im Fort und versuchte, die Abgaben von den Sklavenschiffen im Hafen einzutreiben. Er stellte auch die Paddler, die mit ihren Kanus Waren und Sklaven zwischen dem Strand und den weiter draußen ankernden Schiffen hin- und hertransportierten. Wenn auch die Krieger aus Dahomey nach ihrer Niederlage nicht mehr in die Nähe der europäischen Stützpunkte kamen, so wurde der Krieg doch überall im Land weitergeführt – und sorgte reichlich für Sklaven, welche die Vertreter der Handelsgesellschaften hastig in ihren Schiffen unterbrachten. Die meisten Sklaven, die damals bei den Forts eintrafen, stammten aus Whydah selbst. Eine Hungersnot hatte das Land heimgesucht, und seine Menschen verkauften erstmals ihre Landsleute, um selbst dem Hungertod zu entgehen. Im Juli nahmen die Truppen Dahomeys nur drei Kilometer westlich des englischen Forts 3000 Dörfler, in der Mehrzahl Frauen und Kinder, gefangen. Der britische Direktor war über die Männer aus Dahomey ob ihrer »Ruchlosigkeit« empört, während er gleichzeitig die Gefangenen begierig aufkaufte und auf die wartenden Schiffe bringen ließ.[39]

Im August 1728 beklagte König Agaja von Dahomey sich bei dem französischen Kommandanten, dass Assou sich immer noch nicht seiner Herrschaft gebeugt habe und dass die Franzosen Schießpulver an die Anhänger des ins Exil geflüchteten Königs Huffon verkauften. Außerdem beschwerte er sich darüber, dass die Franzosen ihren Branntwein mit Wasser verdünnten. Am 22. Dezember des Jahres ließ Agaja eine weitere Botschaft folgen: Er befahl Assou und seinen Gefolgsleuten, vor ihm zu erscheinen, wobei jeder zum Zeichen seiner Unterwerfung eine Hand voll Stroh tragen solle. Sonst werde es Krieg bis zum Letzten geben. Zwei Tage nach Weihnachten versammelte sich das Heer Dahomeys wieder vor dem Tor der französischen Befestigungsanlage, um den Forderungen des Königs Nachdruck zu verleihen. Das Fort verfügte zu seiner Verteidigung nur über zwölf – funktionierende – Kanonen und insgesamt neun europäische Kämpfer, von denen drei eigentlich zur Besatzung eines der im Hafen liegenden Schiffe gehörten. Assou befehligte 600 bis 800 eingeborene Krieger.

Die Soldaten Dahomeys griffen am nächsten Morgen um acht Uhr an. Dreimal versuchten sie das Fort zu stürmen, und ebenso oft zwang ein Hagel von Musketen- und Kanonenkugeln sie zum Rückzug. Sie hatten beinahe 2000 Mann verloren und formierten sich trotzdem zu einem vierten Ansturm, der so vergeblich zu sein schien wie die davor, da ihre Musketenkugeln die dicken Erdwälle nicht zu durchdringen vermochten und sie keine fahrbaren Kanonen besaßen, die sie zur Unterstützung der Fußsolda-

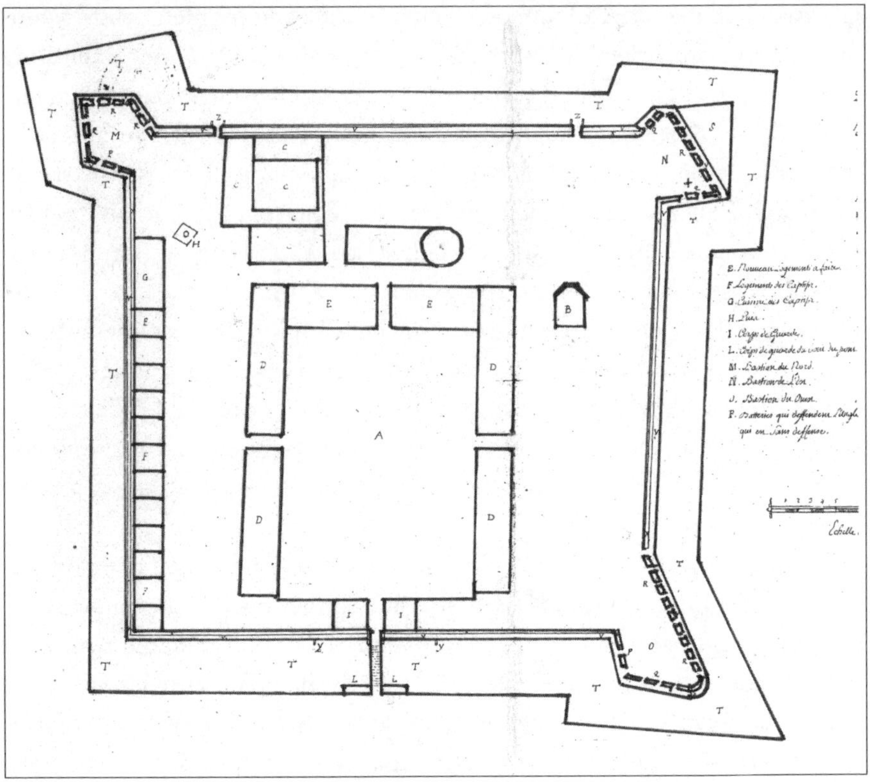

24.3 Französisches Fort in Whydah (1718).

ten hätten einsetzen können. Während dieses vierten Ansturms löste der Feuerstrahl aus einer französischen Kanone in dem Fort einen Brand aus, der außer Kontrolle geriet und sich über die strohgedeckten Dächer bis zum Pulvermagazin fortpflanzte. Als sie erkannten, dass sich das Feuer nicht mehr löschen ließ, flohen die Europäer und Assou in das englische Fort. Minuten später explodierte das Pulvermagazin; die Druckwelle ließ den Himmel erbeben, und der Donnerhall pflanzte sich über die Wogen des Ozeans fort.[40]

Als Dupetitval wenig später aus dem englischen Fort trat, lastete eine merkwürdige Stille auf dem Schlachtfeld. Die Soldaten aus Dahomey waren abgezogen und hatten ihre Verwundeten und auch die Toten mit sich genommen, um zu vermeiden, dass ihre Feinde die Köpfe der Gefallenen erbeuteten. Nur ein Angestellter des Forts sowie einige der Soldaten Assous waren getötet worden. Aber 2000 afrikanische Zivilisten, die sich in das französische Fort in Sicherheit gebracht hatten, waren der Explosion und dem Feuer zum Opfer gefallen. Da sein Fort nur noch ein rauchender Trümmerhaufen war, ließ Dupetitval sich auf ein Schiff im Hafen bringen, während Assou zu seiner Insel bei Popo zurückkehrte. Ein paar Tage später holten Emissäre Dahomeys Dupetitval an Land zurück, um ihm zehn Sklaven zum Geschenk zu machen und ihm zu versprechen, dass das Fort wieder instand gesetzt werden würde. Kaum war das geschehen, als die Europäer begannen, sich gegenseitig die Schuld an den Vorfällen zu geben. Die Engländer glaubten, dass Dupetitval die Krieger aus Dahomey herbeigerufen habe, um sich Assous zu entledigen. Obwohl der Franzose das heftig bestritt, schien diese Beschuldigung so abwegig nicht zu sein. Früher im Jahr hatte Dupetitval seiner Gesellschaft geschrieben, wenn er zwischen Agaja und Assou zu wählen habe, würde er Agaja den Vorzug geben, weil mit dem König von Dahomey Ordnung und Disziplin im Land einziehen würden. Dupetitval vertrat die Ansicht, dass in Agajas Dahomey ein Reisender sich sicherer fühlen könne als in Europa: Wenn ein Händler unterwegs irgendetwas verlöre, dann würde niemand es anrühren, bis er zurückgekommen sei, um es wieder an sich zu nehmen. In seinen Bericht über die Explosion in dem Fort ließ Dupetitval einfließen, dass Assou seiner Meinung nach eines der größten Hemmnisse für das Wiederaufleben eines friedlichen Handels sei.[41]

Nachdem die Franzosen wieder in ihrem Fort eingezogen waren und Assou erneut auf seiner Insel saß, zog sich das Heer Dahomeys zurück und war in den darauf folgenden Monaten voll und ganz damit beschäftigt, seine Heimat vor dem wie immer mit dem Beginn der Trockenzeit erfolgenden Angriff der Reitertruppen aus Oyo zu verteidigen. Wie im Jahr zuvor verließen die Bewohner Dahomeys auch 1729 ihre Dörfer, um sich im Busch in Sicherheit zu bringen, wobei sie alles Essbare mit sich nahmen. Sie wussten, dass die Pferde der Krieger aus Oyo bald kaum noch Futter finden und die Feinde sich mit Beginn der Regenzeit zurückziehen würden. Solange die Oyo-Invasion anhielt, trafen einander widersprechende Meldungen in den Forts von Glewe ein. Einmal hieß es, König Agaja sei getötet worden, dann, er lebe noch, habe aber den größten Teil seines Heeres eingebüßt.

Da er überzeugt war, dass Dahomey eine entscheidende Schwächung erlitten hatte, riet der britische Kommandant König Huffon, seine Insel zu verlassen und sein Reich wieder in Besitz zu nehmen. Mithilfe von Assou und dem König von Popo stellte Huffon ein Heer von 15 000 Mann auf. Obwohl der König sehr beleibt war, marschierte er an der Spitze seiner Streitmacht, bis man in der Nähe des englischen und des französischen Forts angelangt war und dort ein Lager bezog. Vom englischen Fort gab man ihm zu Ehren Salutschüsse ab, und anschließend wurden Huffon und seine Häuptlinge von den englischen Offizieren bestens bewirtet. Von hier aus sollte ein Angriff auf das fünf Kilometer entfernte Savi vorbereitet werden. Im Fort der Franzosen war man sich jedoch uneinig darüber, wie man sich verhalten solle. Der Kommandant Dupetitval wollte nichts mit Assous Offensive zu tun haben, denn er fürchtete, dass sie nur einen weiteren Angriff Dahomeys auslösen würde, Etinne Gallot jedoch, Assous Schwiegersohn, war dafür, diesen und König Huffon zu unterstützen.[42]

Als König Agaja von der Rückkehr Huffons und Assous in die Forts erfuhr, wusste er, dass er nicht ein hinreichend großes Heer würde aufbieten können, um sich ihrer Streitmacht zu erwehren. Er befahl daher, dass man eine große Zahl Frauen wie männliche Soldaten anziehen und mit Waffen ausrüsten solle, und ließ sie am Ende der Kolonne marschieren, sodass der Feind ihr Geschlecht nicht auf Anhieb würde erkennen können. Am 5. Juli 1729 sahen die Krieger König Huffons zu ihrer unangenehmen Überraschung, wie sich ein riesiges Heer auf sie zu wälzte, und einige der Häuptlinge sprachen sich für einen Rückzug auf die Insel aus. Assou bestand aber darauf, dass man den Gegner angriff. Während die ihm direkt unterstellten Truppen dann auch mutig kämpften, desertierten viele der anderen Krieger Huffons, wodurch es den Männern aus Dahomey gelang, die feindlichen Linien zu durchbrechen und Assous Leute von zwei Seiten unter Beschuss zu nehmen. Als er erkannte, dass ihre Lage hoffnungslos war, zog auch Assou sich mit seinen Truppen in Richtung Popo zurück.

Da König Huffon zu dick war, um sich schnell genug zu Fuß aus dem Staub zu machen, sprang er in den ausgetrockneten Wehrgraben des englischen Forts und ließ sich anschließend von seinen zwei Söhnen über die Mauern helfen. Das stürzte den englischen Kommandanten in ein Dilemma, denn er wusste, dass die Krieger aus Dahomey, sobald sie erfuhren, dass Huffon sich in seinem Fort aufhielt, die Auslieferung des vertriebenen Königs verlangen würden. Sie waren zwar nicht in der Lage, die Anlage zu stürmen, konnten die Insassen aber aushungern und das Fort vom gesamten Handel abschneiden. Deshalb sorgte der Kommandant dafür, dass Huffon in der Nacht entkommen konnte und in einer Hängematte zu seiner Insel zurückgetragen wurde.[43]

Etienne Gallot überzeugte derweil seinen Schwiegervater Assou davon, dass Dupetitval mit König Agaja verbündet und daher Assous Feind war. In der Nacht des 23. Juli 1729 öffnete Gallot heimlich das Tor, um eine Schar bewaffneter Anhänger Assous einzulassen, die den Direktor gefangen nahmen. Bei einer großen Feier, während der sie auch mehrere zeremonielle Kanonenschüsse abfeuerten, ernannten sie Gallot zum neuen Leiter des Forts. Anfang 1730, nachdem ihre Armee erneut eine Schlacht gegen die Truppen Dahomeys verloren hatte, setzten Assou und Huffon sich wieder auf ihre Insel ab und nahmen Dupetitval mit dorthin. Kurze Zeit später traf eine Nachricht von Huffon ein, dass Dupetitval einer Krankheit erlegen sei, es hielt sich aber hartnäckig das Gerücht, er sei exekutiert worden.

Die Heerführung Dahomeys, deren Streitmacht in der Nähe der europäischen Stützpunkte lagerte, erklärte jetzt sowohl den Leiter des englischen Forts, einen gewissen Testefolle, als auch jenen des französischen Forts, Etienne Gallot, zu Feinden ihres Landes. Als Testefolle einmal die Befestigung verließ, um einen Freund aufzusuchen, fiel er Soldaten Dahomeys in die Hände und wurde nach Savi verschleppt, wo man ihn hinrichtete. Gallot, der Angst hatte, ein ähnliches Schicksal zu erleiden, wenn er versuchte, sein Fort während des Tages zu verlassen, stahl sich in der Nacht – mit dem gesamten Gold, das sich im Fort befand – davon und schaffte es, sich zu Assou auf die Insel durchzuschlagen. Von dort aus begab er sich auf ein Schiff mit Zielort London, dessen Name passenderweise *Happy Deliverance*, »Glückliche Errettung«, war.[44]

Alle europäischen Direktoren, die Assou Beistand geleistet hatten, waren jetzt entweder tot oder geflohen, und ihren Nachfolgern nahm Agaja im August 1730 das Versprechen ab, dass sie Assou nicht weiter unterstützen würden. Um diese Abmachung feierlich zu besiegeln, kamen die Portugiesen und die Franzosen in das englische Fort, wo man dreimal 21 Schuss Salut abfeuerte und Getränke im Wert von 18 Pfund konsumierte, welche die Engländer bezahlten. Als Assou erfuhr, dass er für immer aus den europäischen Forts verbannt war, muss er das Gefühl gehabt haben, verraten worden zu sein, und zwar vor allem von den Franzosen, als deren Protektor er so viele Jahre fungiert hatte. Die einzige Möglichkeit, einiges von seinem alten Einfluss wiederzuerlangen, bestand darin, ihre Geschäfte zu blockieren. König Agaja hatte verfügt, dass der gesamte Überseehandel seines Königreichs von Glewe ausgehen sollte, und so begannen Assous Männer dort mit Überfällen auf die Zelte der Sklavenhändler, um den Handel, der über die europäischen Forts abgewickelt wurde, ganz oder zumindest zeitweilig zu unterbinden. In der Nacht des 8. Mai 1731 überfielen Assous Leute die Zelte des französischen Sklavenschiffs *Aurore* und eines weiteren Schiffes, das aus Portugal kam. Die Portugiesen ergriffen die Flucht, die Franzosen schlugen hingegen die Angreifer in einem dreistündigen Kampf, bei dem drei der Ihren verletzt wurden, zurück. Im Juni und Juli kam es erneut zu solchen Überfällen, und weitere waren für die Zukunft geplant.[45]

25

Im Hafen von Whydah, 1. September 1731

Während die Sonne am 1. September 1731 um die Mittagszeit auf den Hafen von Whydah hinabbrannte, stand Robert Durand auf dem Deck der *Pontchartrain*, auf der er von Kapitän Sorin festgehalten wurde, und schaute hinüber zum Strand, auf dem jetzt keine Zelte mehr aufgeschlagen waren und wo keinerlei Anzeichen auf irgendwelche geschäftlichen Aktivitäten hindeuteten. Als er den Blick zur *Diligent* wandte, erspähte er das sich nähernde Beiboot, das von Sorin beschlagnahmt worden war. Eine kleine Weile später kletterte Pierre Verger, der Passagier der *Diligent*, mühsam an Bord: Man hatte ihn wie einen Verbrecher – oder einen Sklaven – in Ketten gelegt. Erst als Verger sich in sicherer Verwahrung auf einem der unteren Decks der *Pontchartrain* befand, durfte Robert Durand wieder in sein Beiboot steigen und zur *Diligent* zurückkehren. Von seinen Erfahrungen ziemlich erschüttert, informierte er Kapitän Mary, dass sie unter keinen Umständen in Whydah an Land gehen dürften. Mary widerstrebte es aber, von seiner ausdrücklichen Order abzuweichen, und er meinte, dass sie doch zumindest einen Versuch machen sollten, in Whydah Geschäfte abzuschließen, bevor sie weitersegelten, da sie dann zumindest geltend machen könnten, dass sie sich bemüht hätten, ihren Weisungen nachzukommen.

Durand gab jedoch zu bedenken, dass der französische Leiter sie verhaften lassen könne, wenn sie sich zu seinem Fort begäben, da sie den gesuchten Pierre Verger an Bord beherbergt hatten. Von Durands Argumenten überzeugt, befahl der Kapitän seinen Leuten, die Segel zu setzen, um nach Jakin weiterzufahren.

Während der Bug der *Diligent* sich langsam in Richtung Osten schob, nahm Durand noch einmal das ganze Panorama des Hafens von Whydah in sich auf. Er blickte zu den drei Forts hinüber, die sich auf dem flachen und nahezu baumlosen Küstenstreifen erhoben. Das französische war das eindrucksvollste, dachte er, während er das portugiesische als »keine große Sache« abtat. All die Lagerhäuser und Handelsstationen, die einmal in Savi errichtet worden waren, befanden sich jetzt unweit der Forts in Glewe. Er hatte Savi nie gesehen, kannte die Stadt aber aus Erzählungen und bedauerte ihre Zerstörung. Er trug in sein *journal* ein: »In einem Land, das für seinen blühenden Handel berühmt ist, war dies eine bedeutende Stadt, die eine unbegrenzte Zahl von Einwohnern beherbergte. In ihr waren der Sitz des Königs und seines Hauptmanns Assou, der dort über ein befestigtes Haus verfügte und über Soldaten, die stets bereit waren, zu den Waffen zu greifen, wenn es nur das geringste Zeichen dafür gab, dass die Armee Dahomeys anrückte.«[46]

Trauer lag in diesen Worten. Hauptmann Assou, einst der legendäre Protektor der Franzosen, hatte ihre Pläne gründlich durchkreuzt. Durand schien zu begreifen, warum. Da er wusste, dass er Savi auf dieser Reise nicht sehen und die Forts nicht besuchen würde, zeichnete Durand die Anlagen der Europäer in seinem *journal*, sodass er sie wiedererkennen würde, falls er noch einmal hierher käme. Um ein Uhr nachmittags blähte ein frischer Wind aus Westnordwest die Segel, und die *Diligent* nahm Fahrt in Richtung Jakin auf.

Teil 8

Jakin

26

Jakin, 1. September 1731

Um vier Uhr nachmittags feuerte die *Diligent* sieben ihrer acht Kanonen ab, um ihr Einlaufen in die Gewässer von Jakin anzuzeigen[1], in denen bereits ein dichtes Gedränge von Schiffen herrschte. Da der Sklavenhandel in Whydah vorübergehend zum Erliegen gekommen war, waren die meisten Händler nach Jakin ausgewichen. Dicht an dicht lagen hier ein Schiff mit 40 Kanonen, das der holländischen Westindien-Kompanie gehörte, eines mit 20 Kanonen, das im Besitz der Royal African Company war, zwei holländische Schwarzhändler, acht portugiesische Sklavenschiffe und zwei aus Nantes: die *Jason* und die *Superbe*.

Die *Jason* hatte Jakin angelaufen, nachdem ihr Zelt auf dem Strand von Glewe angegriffen worden war; die *Superbe* war das Schiff, dessen Abfahrt aus Nantes im April des Jahres Pierre Verger, der jetzt in Eisen geschlossen auf der *Pontchartrain* gefangen lag, verpasst hatte. Die *Superbe* hatte in nur zwei Monaten eine ganze Ladung Sklaven zusammengekauft und war zum Auslaufen bereit. Robert Durand und seine Gefährten schrieben schnell einige Briefe, die das Schiff nach Nantes mitnehmen sollte; allerdings würde es zuerst nach Martinique segeln, um dort die Sklaven zu verkaufen, und diese Briefe würden ihre Adressaten erst nach mehr als sieben Monaten erreichen.[2] Vor ihrer Abfahrt schickte die *Superbe* das Kanu der Compagnie des Indes hinüber zur *Diligent*, um Waren zu transportieren.

Die 15 Schiffe, die hier vor Anker lagen, würden bald Sklaven aus Jakin in alle möglichen Regionen der Neuen Welt bringen. Die englischen Schiffe schafften ihre Fracht nach Jamaika und Barbados, nach Virginia, Süd- und Nordcarolina und auch an den Rio de la Plata, weil England damals gerade im Besitz des *Asiento* war, mit dem es das Monopol auf die Versorgung der spanischen Kolonien mit Sklaven hielt. Die holländischen Schiffe transportierten Sklaven nach Holländisch-Guyana und in die Karibik, die portugiesischen brachten ihre Gefangenen nach Brasilien, während die französischen Sklavenschiffe Saint-Domingue, Martinique und Guadeloupe ansteuerten.[3]

Am nächsten Morgen um acht Uhr ließ die Sonne das Wasser bereits hell auffunkeln, als Kapitän Mary in ein Kanu stieg. Er war in Begleitung von Monsieur Devigne, dem Schiffsarzt, und Monsieur Dubourdieu, dem Passagier und Angestellten der Compagnie des Indes, der nützlich sein würde, um Kontakte mit dem Handelsposten der Gesellschaft in Jakin herzustellen. Die 21 kleinen Kanonen, die Verger und Dubourdieu als Geschenk für den König von Jakin mitgeführt hatten, waren bereits ebenso wie die nötige Ausrüstung für den Aufenthalt an Land und die Waren, mit denen man die Zollabgaben entrichten würde, in das Boot verfrachtet worden. Als Paddler fungierten Eingeborene aus Jakin, von denen jeder einen Hut und mehrere Flaschen Branntwein als Lohn für seine Anstrengungen erhielt. Als das Kanu ablegte, feuerte die *Diligent* sieben Schuss Salut, und die Mannschaft rief laut: *Vive le Roi.* Nachdem damit die obligatorischen Zeremonien absolviert waren, machte das Kanu sich in Richtung der unter Wasser verborgenen Sandbank auf, die entlang der Küste die dreifache Brandung erzeugte.

Die Brecher fangen vor Jakin in Musketenschussweite vom Strand an sich zu bilden, wo sie auf die ersten beiden Sandbänke unter der Wasseroberfläche treffen, die parallel zur Küste verlaufen. Sie donnern immer in Dreiergruppen an den Strand: Die erste Woge ist groß, die zweite größer, die dritte groß genug, um ein Kanu vom Bug bis zum Heck unter sich zu begraben. Eine gute Mannschaft lässt ihr Boot auf der Welle reiten und sich von ihr mit unglaublicher Geschwindigkeit an das Ufer tragen. In einem genau abgepassten Moment springen die Männer ins Wasser, packen das Kanu auf jeder Seite an den Bordwänden und lassen es sanft auf den Strand gleiten. Sich auf diese Weise an Land bringen zu lassen ist ungefähr so, wie sich einer Achterbahn anzuvertrauen. Doch wenn die Paddler die eine ganz große Welle verpassen, dann schlägt sie unter Umständen über dem Kanu zusammen, drückt es unter Wasser und wirft es herum, bevor sie es an Land schmettert.

In der Frühzeit des Handels mit Whydah und Jakin ertranken viele europäische Matrosen bei dem Versuch, mit den Beibooten ihrer Schiffe die Brandung zu durchqueren. Sie gaben diese Bemühungen daher auf und übertrugen die Aufgabe, Waren und Menschen zwischen den Schiffen und der Küste hin- und herzutransportieren, afrikanischen Kanubesatzungen. Deren aus einem einzigen Baumstamm herausgehauene Gefährte waren viereinhalb bis fünfeinhalb Meter lang und ungefähr einen Meter breit. Normalerweise waren sie mit zehn Mann besetzt, von denen immer fünf auf einer Seite paddelten, wobei sie im Unterschied zu den europäischen Ruderern, die ja saßen und dem Ziel den Rücken zuwandten, standen und in die Richtung schauten, in die sich bewegten.[4]

William Smith, der das Gebiet 1727 besucht hatte, hielt seine Erfahrung mit der Brandung so fest: »Ich war überrascht, als wir inmitten der Brecher anlangten (die mir groß genug erschienen, um unser Boot zum Kentern zu bringen), und ich sah, mit welch wunderbarer Geschicklichkeit sie uns hindurchsteuerten und wie sie ihr Kanu auf dem Kamm einer dieser Wogen ein gutes Stück auf den Strand tragen ließen. Wonach sie alle hinaussprangen und das Gefährt weiter hinaufschleppten, mehrere Ellen vom Sog der darauf folgenden und dann zurückströmenden Welle weg. Es ist unter Umständen möglich, dass ein Mensch, wenn sein Gefährt hier zum Kentern gebracht wird, sein Leben durch Schwimmen rettet, aber nicht sehr wahrscheinlich, weil es hier Schwärme von Haien gibt, die einem Kanu in der Hoffnung auf Beute bis ans trockene Land folgen.«[5]

Als das Kanu, in dem Kapitän Mary, Doktor Devigne und Monsieur Dubourdieu saßen, den Brandungsgürtel erreicht hatte, ließen die eingeborenen Paddler die erste Woge unter ihrem Kanu hinwegrollen, dann auch die zweite. Als die dritte Woge hinter ihnen anschwoll, stießen sie ihre Paddel ins Wasser, um ihr Gefährt in Schwung zu bringen und auf diesem Brecher an Land zu reiten. Sie hatten es unzählige Male zuvor praktiziert, doch diesmal hatten sie die große Woge nicht richtig abgepasst, und das Kanu begann seitwärts auszuscheren und kenterte dann, als die riesige Welle über ihm zusammenbrach. Bald hieß es: Rette sich, wer kann. Jeder musste selbst sehen, dass er irgendwie heil der tobenden Gischt entkam. Kapitän Mary versuchte sich an dem Kanu festzuklammern, verlor aber den Halt und schwamm ans Ufer. Doktor Devigne wurde untergetaucht und über den sandigen Grund gerollt, bis er schon dachte, dass er ertrinken müsse, fand sich aber plötzlich in flachem Wasser liegend wieder. Die Eingeborenen, die alle gute Schwimmer waren und sich mit der Brandung auskannten, brachten sich problemlos in Sicherheit. Sämtliche Güter und Waren gingen verloren, ebenso die Lebensmittelvorräte, Pierre Marys silberne Schnupftabakdose, Doktor Devignes Degen und sein Spazierstock. Am schwerwiegendsten war jedoch der Verlust der 21 Kanonen, das Geschenk für den

Herrscher von Jakin. Einige Weiße hegten den Verdacht, dass die Eingeborenen ein Kanu absichtlich kentern ließen, sodass sie in der Nacht bei Niedrigwasser an die Stelle zurückkehren und nach den verloren gegangenen Dingen tauchen konnten.

Die Stadt Jakin lag zwar nur fünf Kilometer vom Meeresufer entfernt, doch die Männer von der *Diligent* brauchten einige Zeit, um zu ihr zu gelangen, weil vier Flüsse zu überqueren waren. Nachdem sie dort angekommen waren, begab Kapitän Mary sich zur Handelsstation der Compagnie des Indes, die von Monsieur LaPierre geleitet wurde. Er war auf die Hilfe LaPierres angewiesen, um einen Schuppen ausfindig zu machen, in dem er seine Waren würde lagern können und wo er die Abgaben, die er an den lokalen Herrscher entrichten musste, aushandeln konnte. Nachdem er alle Waren und auch die Geschenke für den Herrscher bei dem Unfall eingebüßt hatte, würde er darauf warten müssen, dass andere Kanus Ersatz herbeischafften, um die Abgaben zahlen zu können. In der Zwischenzeit konnte er aber schon alle notwendigen Vorkehrungen treffen.

LaPierre erklärte Mary, dass die Hafenstadt Jakin früher zum Königreich Allada gehört hatte, dass aber der Herrscher Jakins sich nach der Einnahme Alladas durch Dahomey im Jahr 1724 König Agaja unterworfen habe und ihm regelmäßig Tribut zahle.[6] Trotzdem tätigte er mehr oder weniger unabhängig Geschäfte mit den europäischen Sklavenhändlern – was ihm am Ende Probleme mit Agaja bereiten würde. Eine Folge des tributären Verhältnisses war, dass die Europäer zweimal Abgaben entrichten mussten – einmal an den Herrscher von Jakin und zum Zweiten an König Agaja von Dahomey.

Dem Herrscher Jakins stellte Pierre Mary zwei Ellen Seide, ein Fass Mehl und ein Fass Wein in Aussicht. Dann erklärte er sich bereit, die fünf Gefangenen von »sehr schlechter Qualität« zu kaufen, die der Herrscher ihm anbot. Er würde auch noch dem *Dahouin*, einem Französisch sprechenden örtlichen Beamten, der für die Händler aus Frankreich zuständig war, etwas zahlen müssen; der Mann würde einen französischen Hut und ein Fässchen Branntwein bekommen. Wenn er diese Abgaben alle entrichtet hatte, stellte Mary eine schriftliche *Promesse* aus, dass er dem Herrscher von Dahomey Waren im Gegenwert von zehn Sklaven und dem Herrscher von Jakin solche im Gegenwert von acht Sklaven zukommen lassen werde. Nach langer Diskussion wurden die Abgaben auf 30 Fässchen Branntwein,

40 Ellen Salempouri-Tuch, 30 Ellen Limancas-Tuch, zwei Kisten Tabakspfeifen, 80 000 Kaurimuscheln und 40 Ellen Leinen festgesetzt. Der Herrscher von Jakin und Agaja sollten diese Dinge zwischen sich aufteilen.

Dann stellte Mary eine weitere *Promesse* aus, des Inhalts, dass er auch den »Partnern« des Herrschers von Jakin etwas zahlen werde, nämlich dessen Bruder zwei Fässchen Branntwein und ein Fass Schießpulver und dem Dahouin ein Fässchen Branntwein und eine Elle indischen Tuchs, entweder Limancas oder Salempouri. Die Makler des Herrschers und die Sklaventreiber würden auf die gleiche Art entlohnt werden, und schließlich sollte noch ein Beamter namens Papagaye, der als Oberaufseher über den Strand fungierte, eine ähnliche Bezahlung erhalten. Als Gegenleistung für diese Auslagen würde Kapitän Mary die Erlaubnis erhalten, seine Geschäfte abzuwickeln, und er bekäme innerhalb des Bezirks des Herrscherpalastes ein Lagerhaus und eine Handelsstation zugewiesen.

Robert Durand hatte nicht zu den Insassen des Kanus gezählt, das gekentert war, denn es war vorgesehen, dass er sich am Tag darauf in einem anderen Kanu an Land begab, das mit Waren voll geladen war, mit denen die diversen Abgaben beglichen werden sollten. Er sollte auch noch Segeltuch mitnehmen, mit dem man am Strand ein Zelt aufschlagen konnte, als dessen Kommandant er vorgesehen war. Als sein Kanu sich dem Ufer näherte, stellten die Paddler fest, dass die Brandung außergewöhnlich wild war. Niemand wollte den Versuch wagen, sie zu durchqueren, also kehrte man zur *Diligent* zurück. Am nächsten Tag verhielt es sich nicht anders und am Tag darauf auch nicht. Am neunten Tag konnte Durand endlich eine Mitfahrgelegenheit in einem Kanu ergattern, das für die englische Faktorei unterwegs und mit Mina-Paddlern von der Goldküste bemannt war. Achtmal machte sich dieses Boot zur Küste auf, und ebenso oft musste es umkehren. Beim neunten Versuch endlich passte man die große Woge richtig ab und schoss durch die hoch aufschäumende Gischt auf den Strand zu.

Auf dem Strand standen schon, unregelmäßig verteilt, 14 große aus Segeln zusammengefügte Zelte; jedes gehörte zu einem der Schiffe, die jenseits der Brandung vor Anker lagen. Westlich von den Zelten konnte man die Überbleibsel des portugiesischen Forts erkennen. Joseph de Torres hatte es so hastig aus Erde und Lehm errichten lassen, dass es bei Flut teilweise überspült wurde. Weil das englische Kanu, mit dem Durand an Land gelangt war, schon mit Gütern aller Art voll gepackt war, hatte er selbst nicht

26.1 Durands Zeichnung des Strandes bei Jakin.

allzu viel mitnehmen können und musste nun warten, bis ein Kanu von der *Jason* das Hauptmarssegel der *Diligent* brachte, sodass man daraus ein Zelt bauen konnte.[7] Am Ende des Tages stand es, und über ihm wehte die französische Flagge.

Robert Durand wachte am nächsten Morgen in diesem Zelt mit dem rhythmischen Tosen der Brandung im Ohr auf. Er trat in den Morgendunst hinaus und ließ seine Augen über die Bucht schweifen, wo jetzt 15 Schiffe in der relativ ruhigen Dünung jenseits der Brecher dümpelten. Er richtete sein Glas auf die *Diligent*, um zu sehen, ob man dort irgendwelche Signalflaggen aufgezogen hatte, die ihn darüber informierten, was für Aktivitäten für diesen Tag vorgesehen waren. Für die nächsten sechs Wochen würde er vor allem mithilfe von verschiedenartigen Signalen mit seinem Schiff kommunizieren. Das Meer war an jenem Morgen verhältnismäßig glatt, er würde also das Kanu der französischen Handelsstation einsetzen können, das man ihm zur Verfügung gestellt hatte. Als dieses Kanu später am Morgen von der *Diligent* herüberkam, saßen die Matrosen Kanelo, Bernard, Pascaud und Goret darin, die zusammen mit Durand die Zeltbesatzung bilden sollten. Außerdem hatte es jene Vorräte und Geräte dabei, welche die Männer brauchen würden, um an Land aktiv werden zu können. Das Kanu von der *Jason* half, indem es die Waren brachte, die zur Entrichtung der Zollabgaben notwendig waren.

An jenem Nachmittag wurde Durand von Papagaye empfangen, dem Aufseher über den Strand, den die Leute, die in der Nähe des Meeresufers lebten und arbeiteten, behandelten, als ob er ein König sei. Mit dessen Hilfe heuerte Durand Diener, Wasserträger und Paddler an. Außerdem stellte er auf eigene Rechnung vier Dienstboten ein, denen er europäische Namen gab und 80 Kaurimuscheln am Tag zahlte. Die drei Männer, die beim Hin- und Hertransport von Gütern zwischen dem Schiff und dem Strand helfen sollten, hießen bei ihm Jacques, Jeannot und Le Breton. Den vierten, der für sie alle kochen sollte, taufte er L'Eveillé. Schließlich stellte er noch einen Knaben als seinen persönlichen Diener ein, den er Joseph nannte. Joseph erhielt 40 Kaurimuscheln pro Tag.

Eine von Durands Aufgaben bestand darin, dafür zu sorgen, dass die Wasserfässer der *Diligent* neu gefüllt werden konnten – obwohl das Wasser von Jakin als brackig und ungesund galt. Für jedes Fass, das sie an den Strand rollten, wurden die Eingeborenen, die sich damit ihren Lebensunterhalt verdienten, mit 120 Kaurimuscheln und sonntags mit einer Flasche Branntwein als zusätzlicher Prämie entlohnt. Sie mussten die leeren Fässer zu einer Süßwasserquelle und die vollen dann zurück zum Strand rollen. Weil die großen Fässer, von denen jedes ungefähr 480 Gallonen, also rund 2200 Liter, aufnahm, sich nur schwer auf ein Beiboot oder Kanu laden ließen, wurden sie einfach zu Flößen vertäut, die man dann in den frühen Morgenstunden, bevor der vom Meer her auffrischende Wind es unmöglich machte, auf dem schwereren Salzwasser zu dem Schiff treiben ließ.[8]

Ganz entscheidend waren die Absprachen mit den Eingeborenen, die mit ihren Kanus Waren an den Strand und Sklaven zu den Schiffen transportieren würden. Man versprach ihnen eine Flasche Branntwein am Tag, gleichgültig, ob es Arbeit zu erledigen gab oder nicht, damit sie sich immer zur Verfügung hielten. An Tagen, an denen sie arbeiteten, sollten sie zwei bis vier Flaschen Branntwein bekommen – je nachdem, wie oft sie hin- und herpaddeln mussten – und jeden Sonntag eine Prämie von 2000 Kauris und einer Flache Branntwein. Die Beförderung der Handelswaren von den Kanus zum Lagerhaus im fünf Kilometer entfernten Jakin war Sache von Trägern, die nach Leistung bezahlt wurden. Durand stellte auch Mattenträger ein, welche die Offiziere zwischen dem Zelt und Jakin hin- und herbeförderten.

Als Kommandant für ein Zelt verantwortlich zu sein, schrieb Robert

Durand, »kann gewiss die Zeit eines ehrbaren Mannes ganz in Anspruch nehmen«. Jeden Tag nahm er Waren von seinem Schiff in Empfang, die er in seinem Rechnungsbuch vermerkte und dann weiter nach Jakin schaffen ließ. Er hielt nach Signalen von der *Diligent* Ausschau und gab seinerseits welche, um anzuzeigen, welche Dinge er zum Schiff bringen lassen würde oder was er an Land benötigte. Er musste die Waren stets unter Kontrolle behalten, damit die Paddler oder die Träger nichts stahlen, und zudem darauf achten, dass die diversen Bediensteten zufrieden waren, damit sie ihm nicht wegliefen und sich von der Mannschaft eines anderen Schiffes anheuern ließen. Obwohl die Geschäfte vor allem in dem Lagerhaus in Jakin abgeschlossen wurden, empfing Durand auch in seinem Zelt ständig arabische Händler, die zu ihm kamen, um bestimmte Artikel zu erwerben oder Sklaven anzubieten. Akribisch notierte er jeden Gegenstand, der gekauft, bezahlt, angeliefert, versandt oder in Empfang genommen wurde. Tausend Aufgaben mussten erfüllt werden, und sogar an den Abenden blieb gerade genügend Zeit, um die Bücher noch einmal zu überprüfen und eventuelle Fehler zu korrigieren. Sechs Wochen lang war das die tägliche Routine.

Auf der *Diligent* war die Mannschaft derweil damit beschäftigt, Rahen, Stengen und Segel niederzuholen. Sie vertäuten die Rahen zwischen den Masten, sodass eine Art von Firststange entstand, an der sie dann die größten Segel befestigten, um ein Zelt zu errichten, das sie gleichermaßen vor der sengenden Sonne wie vor den Regengüssen, die im September zu erwarten waren, schützte.[9] Nachdem dieses Zelt fertig war, schafften die Leute die verschiedenen Waren zur Inspektion aus dem Laderaum an Deck. Als sie einen Ballen indischen Limancas-Tuches aufrollten, welche die Brüder Billy in Nantes von der Compagnie des Indes erworben hatten, merkten sie, dass ihre Auftraggeber betrogen worden waren, denn dieser war nur 18 Meter statt 33 Meter lang, wie in der Frachtliste angegeben war. Das hatte eine Überprüfung aller Tuchballen an Bord zur Folge, die ergab, dass noch weitere 63 Ballen Limancas nicht die in der Frachtliste vermerkte Länge aufwiesen. Um sich dagegen zu schützen, selbst bezichtigt zu werden, das fehlende Tuch entwendet zu haben, unterzeichneten alle Offiziere – Mary, Valteau, Durand, Laragon, Sabatier und Leglan – eine Erklärung, in der sie beeideten, dass dieses schon in nicht korrekter Form verladen worden war.[10]

Das Zelt auf dem Strand diente vor allem als Zwischendepot zwischen dem Schiff und dem Lagerhaus in Jakin, Durand war aber auch befugt, die dort verwahrten Güter gegen Gold oder Sklaven einzutauschen. Während der sechs Wochen auf dem Strand kaufte er jedoch nur 18 Sklaven. Da so viele Schiffe vor Jakin festgemacht hatten – einmal waren es nicht weniger als 18 –, machte man sich natürlich gegenseitig die Sklaven streitig, und es überrascht, dass Durand überhaupt welche kaufen konnte. Jeden Tag wurden Sklaven von Händlern aus Jakin zu seinem Zelt geführt und zum Verkauf angeboten, doch Durand war entschlossen, nur die besten zu nehmen, und die meisten von denen, die man ihm anbot, sahen wie »Restposten« aus den Sklavenverliesen von Jakin aus, die man aus dem einen oder anderen Grund nicht loswerden konnte. Für die 18 Sklaven, die er kaufte, bezahlte er entweder sieben bis acht Fässchen[11] Branntwein oder 45 bis 55 Stück Platilles-Leinen.

Durand versuchte auch, im Tauschhandel brasilianisches Gold zu erwerben, entweder direkt von portugiesischen Schiffen oder von Afrikanern, die das Edelmetall von den Portugiesen als Bezahlung für Sklaven erhalten hatten. Es gelang ihm, 29 Fässchen Branntwein für jeweils anderthalb Unzen – acht *ackies* – Gold zu verkaufen. Im Zelt der *Jason*, das neben dem der *Diligent* stand, wurde Branntwein billiger abgegeben, und als die *Jason* den Anker lichtete, um nach Saint-Domingue aufzubrechen, stieß Durand daher einen Seufzer der Erleichterung aus. Da die *Diligent* vorübergehend das einzige französische Schiff im Hafen war, hatte sie das Monopol auf den Verkauf von hochprozentigem französischem Branntwein, und Durand konnte daher den Preis auf zehn Ackies pro Fässchen heraufsetzen. Er war über die Abreise der *Jason* also sehr vergnügt; natürlich konnte er nicht voraussehen, dass das Schiff und seine Besatzung Frankreich nie wieder erreichen würden.[12] Durands Preiserhöhung bewirkte allerdings zunächst, dass er acht Tage lang überhaupt nichts verkaufte, und das Eintreffen der *Nestor*, deren Heimathafen Nantes war, am 8. November schuf neue Konkurrenz, sodass Durand wieder auf neun Ackies heruntergehen musste.

Der *Nestor* war in Whydah genau das widerfahren, dem die *Diligent* sich entzogen hatte. Als sie dort vor Anker gegangen war, hatte ihr Kapitän sich vom Leiter des französischen Forts einreden lassen, es sei ganz ungefährlich, dort Handel zu treiben. Kaum jedoch hatten die Männer der *Nestor* ihr Zelt auf dem Strand aufgeschlagen, als es schon von 400 Bewaffneten angriffen wurde, die es niederrissen und zerfetzten. Zehn Tage später, als ein neues Segeltuchzelt errichtet und die Waren ausgeladen waren, mit denen man die Abgaben für den König von Dahomey zahlen wollte, wurden die Männer von der *Nestor* von 500 Bewaffneten überfallen, die sie ausraubten und den Zweiten Leutnant Louis Beustier, den Steuermann Jean-Baptiste Erpin und den Matrosen Jean Bidot verschleppten. Die Männer wurden – wie die Waren – nach Popo gebracht und Assou übergeben, der sie festhielt, bis sie freigekauft wurden.[13]

Der Kapitän der *Nestor*, der den für den Kommandanten eines Sklavenschiffes merkwürdigen Namen »Nègre« trug, was Schwarzer, aber auch Sklave bedeuten konnte, hatte neue Waren bereitgestellt, um die Abgaben an König Agaja bezahlen zu können, doch nachdem er diese entrichtet und 20 Gefangene gekauft hatte, musste er feststellen, dass weitere Geschäfte nicht möglich waren, da Assous Leute das ganze Meeresufer besetzt hielten. Von seinem Schiff abgeschnitten, ließ er eine schriftliche Anweisung auf die *Nestor* bringen, dass sie sofort nach Jakin weitersegeln solle. Dann versuchten der Kapitän und 20 Besatzungsmitglieder, die mehr als 30 Kilometer bis dorthin zu Fuß zu bewältigen. Auf diesem Marsch wurden sie sieben Tage lang vom exilierten »König von Allada« aufgehalten, dessen Leute die Region besetzt hatten, als König Agajas Truppen weiter im Landesinneren in Kämpfe mit den Männern aus Oyo und Mahi verwickelt wurden. Die Leute von der *Nestor* wurden freigelassen, ohne dass man ihnen ein Haar gekrümmt hätte, nachdem sie ein Lösegeld in Form von Branntwein und Kaurimuscheln gezahlt hatten.

In der Zwischenzeit war die *Nestor* schon vor Jakin eingetroffen, doch mit der Anweisung, keinerlei Geschäfte zu machen, bevor ihr Kapitän zurückgekehrt sei, was Durand die Gelegenheit gab, noch einiges von seinem französischen Branntwein zu erhöhten Preisen loszuschlagen.

27

Jakin, 26. Oktober 1731

Die *Diligent* hatte schon beinahe zwei Monate im Hafen von Jakin vor Anker gelegen, als Robert Durand eine Mitteilung vom stellvertretenden Kapitän Valteau erhielt, der den Ankauf der Sklaven beim Lagerhaus der *Diligent* in Jakin überwachte. Dieser Schuppen hatte sich als ein höchst ungesunder Ort erwiesen, und alle Besatzungsmitglieder, die dort stationiert waren, erkrankten schwer. Kapitän Mary war am 27. September, nach nur 26 Tagen in Jakin, wegen einer Erkrankung auf sein Schiff zurückgekehrt. Valteau hatte ihn abgelöst, doch am 26. Oktober ließ er Durand benachrichtigen, dass es auch ihm gesundheitlich nicht gut gehe und der Leutnant seine Stelle einnehmen solle. Der einzige Offizier der *Diligent*, der noch zur Verfügung stand, um Durands Aufgaben am Zelt zu übernehmen, war der Erste Steuermann. Als das Kanu mit Sabatier am Strand eintraf, übergab Durand ihm die Rechnungsbücher und den Rest der Waren und machte sich auf den Weg nach Jakin.

Als er in einer Hängematte schaukelnd, die von zwei Männern getragen wurde, in der Stadt ankam, machte sie einen sehr betriebsamen Eindruck auf ihn und kam ihm recht hübsch vor. Sie lag auf einer Ebene und bestand aus Häusern, deren Wände aus Erde und Bambus hochgezogen und deren Dächer mit Stroh gedeckt waren. Die Umgebung der Stadt war von einem anderen Franzosen einige Jahre früher als »sehr schön« beschrieben worden, »wie eine Hand zusammengefügt und sehr angenehm bewaldet, zwischen zwei hübschen Flüssen gelegen, was sie bezaubernd macht«.[14] Wenn die Gegend auch anerkanntermaßen ihre Reize hatte, so war sie laut Durand auch der ungesündeste Fleck an der ganzen Küste. Die Tatsache, dass Jakin zwischen zwei Flüssen lag, bedeutete auch, dass die Stadt mitten in das sumpfige Küstengelände hineingebaut war.

Direkt außerhalb der Stadt auf der vom Meer abgewandten Seite erstreckte sich ein riesiger Marktplatz. Dreieinhalb Meter breite Gassen zogen sich kreuz und quer über ihn, von den Ständen der Händler gesäumt, welche diese zum Schutz vor der Sonne mit geflochtenen Matten bedeckt hatten. Es gab mindestens 200 dieser Gassen, die alle im Zentrum des Platzes auf einer freien Fläche zusammenliefen. Der Markt war in unterschiedliche Bereiche unterteilt, in denen jeweils Produkte einer bestimmten Art angeboten wurden. Die Vielfalt der Waren war überwältigend. Es gab eine Zone für die Verkäufer von Tabak und Tabakspfeifen, eine für die von bunten Stoffen, von weißen Stoffen, von Matten und Körben, von gegartem Fisch, von Palmöl, von irdenen Tellern und Töpfen, von Gemüse, von Früchten, von Baumwolltuch und von Rindentuch. Jeder Bereich hatte auch fünf, sechs Stände, an denen man etwas trinken oder essen konnte: Schweine-, Ziegen-, Hühner- oder Hundefleisch. Die Preise für jeden Imbiss waren genau festgesetzt, und die Kunden trafen ihre Wahl und legten dann ohne zu feilschen die entsprechende Anzahl Kaurimuscheln hin. Männer und Frauen aßen an getrennten Tischen. Insgesamt hielten sich mindestens 10 000 Menschen auf dem Markt auf.[15]

Für Durand gehörte die eindrucksvollste Handelsstation in Jakin Hendrik Hertogh, der die Geschäfte der holländischen Westindien-Kompanie leitete. Nach dem Fall von Savi im Jahr 1727 hatten die Holländer Whydah verlassen und den Handel mit Sklaven vor allem von Jakin aus betrieben. Da die Holländer nie ein Fort in Whydah besessen hatten, war es ihrer Westindien-Kompanie leichter als den anderen europäischen Handelsgesellschaften gefallen, sich aus dem besiegten Königreich zurückzuziehen und ihre Aktivitäten nach Jakin zu verlegen. Seitdem er sich hier niedergelassen hatte, war Hertogh zweimal befördert worden, sodass er jetzt der zweithöchste Angestellte der Westindien-Kompanie an der ganzen Guinea-Küste war und nur noch dem Generalgouverneur in Elmina unterstand.

Durand schilderte Hertoghs Station als ein hübsches, von einer Anzahl Kanonen umgebenes Gebäude, das üppig mit Möbeln und anderen Dingen aus den Niederlanden eingerichtet war. Durand hielt fest, dass es Hertogh an nichts mangelte: »Er holt sich aus Europa alles, wonach ihm der Sinn steht. Er hat in seiner Station eine Schar von Handwerkern verschiedener Metiers, die seine Befehle ausführen, und er brachte auch mehrere Trompeten und Musikanten mit, die das Gebäude mit dem Klang ihrer Konzerte erfüllen.« Überdies sei Hertoghs Lager voll von Waren jeglicher Art, die er von holländischen Kauffahrern übernommen hatte, denen kein Erfolg im Handel beschieden gewesen war. Durand erfuhr von diesem Hort an Gütern, den Hertogh angelegt hatte, als dieser ihm eine silberne Uhr als Willkommensgeschenk überreichte.

Durands Einschätzung von Hertoghs Reichtum und Einfluss war korrekt, denn der Holländer war gerade von seiner Gesellschaft befördert worden, und, was noch wichtiger war, er hatte seinen Erzfeind, den portugiesischen Sklavenhändler Joseph de Torres, gezwungen, aus Jakin abzuziehen und nur eine dem Verfall preisgegebene Festung am Strand zurückzulassen. Die Rivalität zwischen Hertogh und Torres wurzelte in dem Abkommen, das die Niederlande und Portugal 1661 geschlossen hatten und mit dem den Portugiesen auf Dauer das Recht abgesprochen wurde, an der Küste von

Guinea Handel zu treiben. Es war ihnen zwar später gestattet worden, wieder in dieser Region Geschäfte abzuwickeln – vorausgesetzt, dass sie die Erlaubnis bei dem holländischen Generalgouverneur in Elmina einholten und die zehn Prozent Steuern entrichteten –, doch versuchten sie jetzt, sich unabhängig zu machen und sich an der Sklavenküste zu etablieren. Und derjenige, der bei diesen Bemühungen die Fäden zog, war Hertoghs großer Rivale, Joseph de Torres.

Torres stammte aus Brasilien und hatte es mehr als jeder andere brasilianische Sklavenhändler verstanden, die Benachteiligung seines Landes in kommerzieller Hinsicht zu seinem eigenen Profit auszunutzen. Die Benachteiligung ergab sich daraus, dass Sklavenschiffen, die direkt von Brasilien nach Guinea aufbrachen, nicht die Vielfalt europäischer und asiatischer Waren zur Verfügung stand, mit denen die Schiffe, die von Europa aus in See stachen, ihre Laderäume füllen konnten. Bevor in der Region Minas Gerais große Goldvorkommen entdeckt wurden, kauften die brasilianischen Sklavenhändler ihre »Ware« mit dritt- und viertklassigem Tabak ein, für den es in Portugal keinen Markt gab. Das Gesetz verlangte, dass brasilianischer Tabak guter und sehr guter Qualität direkt nach Portugal transportiert wurde, doch *Soca*-Tabak – Ausschussware – ergab mit Melasse vermischt ein Produkt, das sich an der Gold- und Sklavenküste großer Nachfrage erfreute, obwohl es in anderen Regionen Afrikas nicht sonderlich beliebt war. So groß war die Beliebtheit dieses Tabaks, dass die Portugiesen glaubten, ihre Monopolstellung ausnutzen zu können, um damit den Sklavenmarkt in Whydah zu dominieren. Der Vizekönig von Brasilien schrieb: »Whydah ist der bekannteste Hafen an der gesamten Küste auf Grund der großen Zahl und Fülle von Sklaven, die dort gehandelt werden. Tabak ist das Produkt, das sie am meisten schätzen und ohne das sie nicht leben können. Es ist nur zu offensichtlich, dass wir, die wir die Einzigen sind, die ihnen diese Ware zu liefern vermögen, auch am willkommensten von allen Nationen sind.«[16] Obwohl es schon eine starke Nachfrage nach dem »ausgesonderten« Tabak gab, entwickelte sich auch noch ein florierender Schmuggel mit solchem bester Qualität. Als in einer Depesche von Lissabon die strikte Befolgung der den Tabak betreffenden Gesetze gefordert wurde, antwortete der Vizekönig von Brasilien, dass deren Einhaltung in der Praxis nicht durchzusetzen sei. [17]

Die Entdeckung von Goldvorkommen in der Region Minas Gerais in den Neunzigerjahren des 17. Jahrhunderts ließ das ökonomische System des Sklavenhandels noch komplexer werden. Brasilianisches Gold gelangte im frühen 18. Jahrhundert sowohl an die Sklaven- als auch an die Goldküste, obwohl der König von Portugal verfügt hatte, dass jeder des Todes sei, der Gold in ein anderes Land als Portugal selbst transportierte. Der Vizekönig von Brasilien gab dem Gouverneur von Minas Gerais die Schuld am Goldschmuggel. Über große Mengen von Goldstaub verfügend, konnten die Kapitäne brasilianischer Schiffe Sklaven direkt von den Holländern, Engländern und Franzosen erwerben, und auf der anderen Seite begannen immer mehr europäische Handelsgesellschaften, ihre Sklaven an die Portugiesen zu verkaufen, um in den Besitz von brasilianischem Gold zu gelangen.

Niemand schmuggelte während des ersten Viertels des 18. Jahrhunderts so viel Gold und Tabak bester Qualität von Brasilien an die Küste von Guinea wie Joseph de Torres. Belege für seine illegalen Aktivitäten waren schon 1718 in den Hauptbüchern des Forts der Royal African Company in Whydah enthalten, und es ist auch bekannt, dass Torres geheime Abkommen mit den Holländern und den Engländern traf, Gold im Austausch gegen Sklaven und europäische Produkte an die Festungen von Elmina und Cape Coast zu liefern. Dem Mann verlangte aber nach mehr als nur nach einträglichen Geschäften, und im Jahr 1720 konnte er König Huffon von Whydah dazu bringen, ihm die Erlaubnis zum Bau eines eigenen Forts in Glewe in unmittelbarer Nachbarschaft der britischen und französischen Anlagen zu erteilen. Anschließend überredete er den Vizekönig von Brasilien dazu, ihm die Errichtung dieses Forts zu genehmigen, dessen Mauern dann 1721 hochgezogen wurden. Als Torres 1722 nach Brasilien zurückkehrte, wurde er verhaftet und nach Lissabon gebracht, weil er dem königlichen Schatzamt eine große Geldsumme schuldete. Sogar aus dem Gefängnis heraus stellte er noch mehrere Gesuche, zum Direktor des Forts ernannt zu werden – ohne Erfolg.

Nach seiner Entlassung aus dem Gefängnis kehrte Torres nach Brasilien zurück und forderte vom Gouverneur von Minas Gerais – gegen den selbst gerade ermittelt wurde, weil er gefälschte Goldmünzen hatte prägen lassen – dessen Unterstützung bei der Untersuchung des Goldschmuggels an die Sklavenküste. Er wollte auch das portugiesische Fort wieder aufbauen, das nach dem Angriff der Armee Dahomeys auf Whydah zum größten Teil leer stand. Als er von diesem Plan erfuhr, klagte der Vizekönig, dass Torres, wel-

27.1 Durands Zeichnung des von Joseph de Torres bei Jakin angelegten Forts.

cher der größte Schmuggler von allen sei, diese Untersuchung nur deswegen leiten wollte, um seine eigenen illegalen Aktivitäten vertuschen zu können.

Als Torres 1730 in Whydah eintraf und die Materialien mit sich brachte, die notwendig waren, um das portugiesische Fort wieder aufzubauen, schlug ihm vonseiten der Bewohner Glewes große Feindseligkeit entgegen. Sie hatten nicht vergessen, dass Torres sie früher bei Geschäften oft betrogen hatte. Er zog daher wieder aus Whydah fort nach Popo, wo er ein Fort in dem von König Huffon und Assou kontrollierten Gebiet bauen wollte, doch ließen ihn die anhaltenden Spannungen zwischen Huffon und König Agaja von Dahomey sowie die immer wieder aufflackernden Kämpfe auch von diesem Plan Abstand nehmen. Schließlich fand er eine Bleibe in Jakin, wo er vom Herrscher die Erlaubnis erhielt, auf dem Strand sein Fort zu erbauen. Er ließ einige Palmen fällen, den Boden ebnen und mit Ziegelsteinen pflastern und legte auf diesem Fundament seine Bastion an. Er wählte diesen Standort nahe am Meer, weil die Kanonen der Festung dann portugiesische Schiffe, die dort ankerten, vor den Holländern schützen konnten. Jeder portugiesische Segler, der es versäumte, die Abgabe von zehn Prozent an die Holländer in Elmina zu entrichten – und das waren viele –, konnte von holländischen Schiffen ganz legal angegriffen werden. Kurze Zeit bevor die *Diligent* Jakin ansteuerte, hatte der Leiter der portugiesischen Niederlassung in Whydah sich süffisant zu Torres' Fort geäußert: »Die Festung, die Joseph von Torres in Jakin zu bauen begann, hat nach außen hin zwar das Aussehen eines Forts, wird jedoch nicht lange Bestand haben. Sechs Artilleriegeschütze sind bereits in Position gebracht, und er hat noch eine Stellung für zehn weitere in Angriff nehmen lassen. Es heißt aber, dass sie gegenwärtig ganz zerfallen ist.«[18]

Hertogh hatte sich immer feindselig gegenüber allen Bemühungen der Portugiesen gezeigt, sich an der Sklavenküste zu etablieren. Er war zum ersten Mal 1726 nach Whydah gekommen, als die holländische Westindien-Kompanie ihn damit beauftragt hatte, einen neuen Vertrag mit König Huffon auszuhandeln, in dem unter anderem festgesetzt wurde, dass das portugiesische Fort bei Glewe niedergerissen und eine holländische Handelsstation in der Nähe der Forts der Franzosen und der Engländer errichtet werden sollte. Als die holländische Handelsstation in Savi 1727 bei der Einnahme der Stadt durch das Heer Dahomeys zerstört wurde, hatte Hertogh bereits in Jakin eine Niederlassung eröffnet. Von dem sicheren Jakin aus beobachtete er beinahe schadenfroh das Chaos, das in Whydah herrschte, und schrieb an seine Gesellschaft: »Die Lage für Geschäfte scheint so günstig zu sein, dass ich vorschlagen möchte, eine Handelsstation auf Eppe einzurichten, einer Insel zwischen Jakin und Appa. Das ist ein für den Handel gut geeigneter Ort und auch dafür, sich in Notzeiten dorthin zurückzuziehen.«[19] 1730 beförderte ihn die Kompanie vom *commies* zum *oppercommies*. Kurze Zeit später brach in der Handelsstation der Westindien-Kompanie ein Feuer aus, bei dem die Mehrzahl von 55 Sklaven, die in dem Gebäude auf ihre Verladung auf die *Waartwyk* warteten, bei lebendigem Leib verbrannte und einigen wenigen in dem allgemeinen Aufruhr auch die Flucht gelang. Als er sich die zerstörten Gebäudeteile und die verkohlten Leichen ansah, äußerte Hertogh sich erleichtert darüber, dass die meisten seiner Waren unversehrt waren. Nach diesem Brand spielte er mit dem Gedanken, die Station in Whydah wieder aufzubauen oder dort sogar ein Fort anzulegen. Im Januar 1731 hatte man aber damit begonnen, die Station in Jakin wieder instand zu setzen. Vermutlich hatte Hertogh sich dazu entschieden, um Joseph de Torres zu blockieren, der sich mittlerweile in Jakin niedergelassen und mit dem Bau seines Forts angefangen hatte. Hertogh beschwerte sich darüber, dass Torres »durch große Aufwendungen viel vom König erhalten hat; die Fundamente seines Forts sind fertig, und jetzt sind alle verfügbaren Arbeitskräfte mit der Konstruktion der Redoute beschäftigt«. Er rühmte sich gegenüber der Kompanie: »Ich andererseits ließ nichts ungetan, um ihn daran zu hindern, solches zu erreichen, und die Geschenke, die jener Herr ohne Unterlass offeriert, werden von mir durch Gegengeschenke neutralisiert.« Die Kompanie erwiderte auf dieses Schreiben: »Wenn Hertogh in der Tat eine Gelegenheit sieht, das Fortschreiten dieser Arbeit zu einem vollständigen Halt zu bringen oder so verzögern kann, dass sie nie abgeschlossen sein wird, geben wir ihm die Erlaubnis, zu diesem Zweck einige Ausgaben vorzunehmen, doch dabei so haushälterisch wie möglich zu sein.«

Welche Taktik Hertogh gegen Torres anwandte, entzieht sich unserer Kenntnis, doch 1731 konnte er jedenfalls frohlocken: »Torres ist unter den schmächlichsten Bedingungen der Welt von diesem Ort fortgezogen, ohne etwas weiteres an seiner Festung getan zu haben, als eine einfache Bastion aus ein paar Balken und Lehm gebaut zu haben, die bald kollabieren wird. Seid versichert, dass dieser Herr hier nie wieder in seinem Leben eine Festung erbauen wird und dass alle seine Bemühungen und seine Ausgaben vergebens gewesen sind.« Torres musste nicht nur als geschlagener Mann aus Jakin abziehen, sondern auch befürchten, nach seiner Rückkehr nach Rio de Janeiro wegen all des Geldes, das er sich für die Realisierung seiner Pläne zusammengeborgt hatte, eingekerkert zu werden. Da er seine Schulden nicht zurückzahlen konnte, verließ er Brasilien und begab sich auf dem Indienfahrer *Santa Teresa* mit nichts als den Kleidern, die er am Körper trug, und den Dokumenten über die Festung, die er in Jakin gebaut hatte, nach Lissabon.[20] Während sein Fort auf dem Strand von Jakin zerfiel, baute Hertogh seine Station wieder auf. Er wurde erneut von seiner Gesellschaft befördert und durfte sich jetzt mit dem Titel »Gouverneur der Holländischen Westindischen Kompanie« schmücken.

28

Jakin, 31. Oktober 1731

Sobald Robert Durand sich in dem Lagerhaus der *Diligent*, das in Jakin im umgrenzten Bezirk um den Palast des Herrschers stand, eingerichtet hatte, schickte er den leidenden Valteau zurück zum Schiff. Zum Teil tat er dies aus menschlichen Beweggründen, zum Teil aber auch aus praktischen: In Jakin gab es ein Gesetz, dass die Kommandanten von Sklavenschiffen dem Herrscher den Gegenwert von zwei Sklaven für jeden Schiffsoffizier zahlen mussten, der an Land starb, und den Gegenwert von einem Sklaven für jeden gewöhnlichen Matrosen. Es war daher in ökonomischer Hinsicht vorteilhafter, wenn man einen kranken Offizier an Bord seines Schiffes zurückschaffte, bevor er das Zeitliche segnete.

Sowohl Whydah als auch Jakin standen im Ruf, höchst ungesunde Orte zu sein, und sie wurden jetzt diesem Ruf gerecht.[21] Einer Theorie der damaligen Zeit zufolge ging die Gefahr von dem mehr als anderthalb Kilometer breiten Sumpfgürtel aus, der sich parallel zur Küste hinzog. Man glaubte, dass die Sonne giftige Dünste aus den Sümpfen aufsteigen ließ, die vom Seewind über das ganze Land verbreitet würden und heftigste Magenschmerzen verursachten, die dann einen Blutandrang im Gehirn, der von Fieberwallungen begleitet war, auslösten. Außerdem grassierten die – wegen der mit ihr verbundenen blutigen Ausscheidungen so genannte – rote Ruhr und fürchterliche Koliken, die auf rohes Obst und das Trinkwasser zurückgeführt wurden. Die Engländer fassten die Situation – mit offensichtlicher Übertreibung – in einem Spruch zusammen:

Beware and take care of the Bight of Benin;
There's one comes out for forty go in.

(Habt Acht vor der Bucht von Benin, seid auf der Hut,
Von vierzig nur einer von dort zurückkehren tut.[22])

Dafür dass Europäer unter solchen Bedingungen überlebten, war es einer Theorie zufolge notwendig, »wenig, aber oft zu essen, starke Getränke mit

Maßen zu sich zu nehmen, sich nicht der Abendfeuchtigkeit oder der Sonne auszusetzen, sich so gut vor dem Regen zu hüten, wie es geht, sich nicht der heftigen Anstrengung des Jagens zu unterziehen, sich in der Nacht gut zugedeckt zu halten, da es dann kühl und klamm ist«. Einer anderen Ansicht nach war es ungesund, das Wasser, das aus 20 bis 30 Faden tiefen Brunnen nach oben befördert wurde, zu trinken, da dieses »nicht geklärt und kalt wie Eis« war. Und das Geheimnis bestehe darin, zu kaltes Wasser mit der gleichen Menge des Eingeborenenbieres zu mischen, welches nämlich »zu heiß« sei; dann erhalte man ein »angenehmes und bekömmliches« Getränk.[23] Wir wissen nicht, ob Robert Durand einer dieser beiden Theorien Glauben schenkte. Die einzige, die er selbst in sein *journal* eingetragen hatte, war, dass es am Strand weniger ungesund sei als in der Stadt Jakin. Nun steckte er mitten in der Gefahrenzone.

Trotz aller Ermahnungen, sich zu mäßigen, gaben Robert Durand und seine Gefährten sich wohl den Ausschweifungen hin, für die Seeleute in fremden Häfen berüchtigt sind: Sie soffen, und sie hurten. Durand, der immer bemüht war, sich als nüchternen und fleißigen Menschen darzustellen, erwähnt solche Vergnügungen an keiner Stelle seines *journals*, aber sie waren problemlos zu haben. Zwar waren der Wein und der Branntwein im Laderaum der *Diligent* streng rationiert, doch das lokale, aus Mais gebraute Bier konnte man überall kaufen, und Dirnen gingen in kleinen – oft nicht mehr als zwei Meter breiten und drei Meter tiefen – Hütten, welche die Hauptstraße und den Rand des Marktplatzes säumten, ihrem Gewerbe nach. Ein Besuch bei einer solchen Dame kostete im zweiten Jahrzehnt des 18. Jahrhunderts fünf Kaurimuscheln, 1731 jedoch, als so viele Sklavenschiffe nach Jakin kamen, muss der Preis beträchtlich in die Höhe geschnellt sein. Einige Prostituierte fuhren sogar in Kanus aufs Meer hinaus, um den Matrosen an Bord ihrer Schiffe zu Diensten zu sein, das französische Seefahrtsgesetz verbot das aber.[24] Während er in Jakin lebte, hielt Robert Durand sich zweifellos eine Gefährtin und musste daher nicht jene Hütten am Marktplatz aufsuchen.

Da Kapitän Mary sich schon vor einem Monat auf sein Schiff und sein Stellvertreter Valteau sich nun auch wieder an Bord hatten bringen lassen, war Durand der ranghöchste Offizier der *Diligent* an Land und leitete und beaufsichtigte als solcher alle Aktivitäten im Zusammenhang mit dem Sklavenhandel: die Auswahl der Schwarzen, ihren Ankauf und ihre Verfrachtung an Bord. Zwei Besatzungsmitglieder assistierten ihm, doch einer der Männer erkrankte bald nach Durands Eintreffen ebenfalls und musste wie Valteau eilends wieder an Bord geschafft werden. Durand verfügte noch über seine persönlichen Diener, die ihm von Papagaye besorgt worden waren, und außerdem arbeiteten in dem Lagerhaus weitere Eingeborene aus Jakin als Träger, Makler, Torwächter, aber auch als Wäscherinnen, und sie alle erhielten 40 Kaurimuscheln am Tag. Diese Menschen lebten davon, dass sie Sklavenhändlern ihre Dienste verkauften; nach der Abfahrt der *Diligent* würden sie für ein anderes Sklavenschiff arbeiten.

Robert Durand, der ja nicht nur Seemann, sondern auch Kaufmann war, war weniger an der menschlichen Tragödie, die sich unter seiner Leitung abspielte, interessiert als an Preisen und Kosten und an den Gewinnen aus seinen Aktivitäten. Er hielt zwar gewissenhaft fest, welchem Geschlecht ein Sklave angehörte und wie alt er oder sie war, es schien ihn aber kaum zu interessieren, woher diese Menschen stammten, wie sie vor ihrer Gefangennahme gelebt hatten, wie es dazu gekommen war, dass man sie versklavt hatte, oder welchen ethnischen oder nationalen Gruppen sie angehörten. Die Typisierung der Sklaven, die Des Marchais 1725 schriftlich fixiert hatte, hatte einst als eine Art Wegweiser zur ethnischen Herkunft der Gefangenen gedient, die aus dem Landesinneren über die Handelsrouten an die Küste gebracht worden waren, doch dieses ganze Handelssystem existierte 1731 nicht mehr. Es war nicht nur so, dass die ständigen Kriege die Handelsstraßen unsicher machten, sondern König Agaja hatte auch erklärt, dass er das Monopol auf den Verkauf von Sklaven besitze. Die Portugiesen klagten 1730, dass Agaja »durchziehende Sklavenkarawanen anhält und die Neger beraubt, die ins Landesinnere ziehen, um [Sklaven] zu kaufen«. William Snelgrave, der 1730 nach Jakin zurückkehrte, berichtete, dass »König Agaja keinen regulären Handel mit Sklaven betreibt, sondern nur solche verkauft, die er in seinen Kriegen gefangen nimmt«.[25] Snelgrave wusste, dass man nur ganz sicher sein konnte, eine Ladung Sklaven zusammenzubekommen, wenn man sich direkt an Agaja wandte. Nachdem er an Land gegangen war, bat er umgehend um eine Audienz bei dem Herrscher, erfuhr aber, dass dieser sich zu dem Zeitpunkt zu weit im Landesinneren aufhalte, als dass man ihn problemlos aufsuchen könne.

Im Herbst 1731 kamen die Sklaven, die in Jakin angeboten wurden, vor allem aus zwei Quellen. Die eine stellten Agajas Feldzüge dar. Agaja befand sich im Krieg mit den Mahi, den Nachbarn Dahomeys im Nordosten, und auch mit den Oyo, die mit den Mahi verbündet waren. Dieser Konflikt dauerte fast ein Jahr, am Ende war unklar, wer den Sieg davongetragen hatte, ja, einige Beobachter meinten, dass Agaja geschlagen worden sei. Während dieser Kämpfe hatte er aber in jedem Fall viele Gefangene gemacht. Da der Handel mit den Forts in Whydah jetzt mehr oder minder zum Erliegen gekommen war, weil Assous Männer die Strände beherrschten, schickte Agaja seine Gefangenen nach Jakin, wo sich jetzt die Schiffe aller europäischen Nationen, die sich am Sklavenhandel beteiligten, versammelten. Von Agajas Standpunkt aus war es rein geschäftlich gesehen eine vorteilhafte Situation, da die Sklaven, die man nach Jakin trieb, dort sofort Abnehmer fanden und hohe Preise erzielten. Doch diese Gefangenen trafen an ihrem Ziel halb verhungert, von einem mehrere Tage langen Gewaltmarsch erschöpft und oft auch krank und mit eiternden Wunden ein. Diejenigen, die diesen Strapazen nicht gewachsen waren, wurden mit Stöcken angetrieben oder geschlagen, und viele von denen, die bereits krank oder verwundet aufgebrochen waren, starben unterwegs. In Jakin angekommen, hatten etliche von ihnen vor Erschöpfung oder Resignation einen ganz leeren Blick. Andere nahmen ihre letzte Kraft zusammen, um hoch erhobenen Hauptes einherzuschreiten und sich alles ganz genau anzuschauen, ob sich nicht eine Chance zur Flucht oder zur Erhebung ergäbe.

Sklaven kamen aber auch über den Fluss, der von Jakin parallel zur Küste nach Osten floss, bis er in die Bucht von Benin mündete. Er stellte eine Handelsstraße dar, die von der Armee Dahomeys nicht so ohne weiteres blockiert werden konnte. Die Menschen, die auf diesem Weg nach Jakin geschafft wurden, waren auf unterschiedliche Art und Weise in die Sklaverei geraten. Einige waren Gefangene aus angrenzenden Königreichen, andere hatten Straftaten begangen und die Bußen dafür nicht zahlen können, deswegen waren sie selbst zur Begleichung der Schuld verkauft worden. Andere waren gewöhnliche Schuldner, die ihre Gläubiger hatten festsetzen und verkaufen lassen. Snelgrave berichtete, dass solche Gefangene normalerweise an Afrikaner und nicht an Europäer verkauft wurden. Der Grund dafür war vermutlich die Ansicht, dass Menschen, die wegen einer Schuld in Unfreiheit geraten waren, das Recht haben sollten, sich wieder freizukaufen, das heißt, das Geld, das sie schuldig waren, irgendwie aufzutreiben. Schließlich gab es auch noch Menschen, die von ihren Angehörigen oder

Gefährten aus Nahrungs- oder sonstigem Mangel verkauft worden waren; das geschah zum Beispiel in Whydah, als die Ernten durch den Krieg vernichtet wurden und die Leute hungerten.[26]

Ob sie nun Kriegsgefangene, überführte Verbrecher, festgesetzte Schuldner oder verkaufte Verwandte waren – all die Sklaven, die in Jakin eintrafen, waren auf die eine oder andere Art ihres Geburtsrechts beraubt worden. Als Mitglied einer bestimmten Familie, einer bestimmten Sippe, einer bestimmten Gemeinde oder eines bestimmten Gemeinwesens geboren zu werden verlieh einem einfach auf Grund dieses »Dazugehörens« eine Reihe von Rechten. In ihrer Heimat waren sie Söhne, Töchter, Brüder, Schwestern, Mütter und Väter gewesen wie auch Angehörige größerer Gemeinschaften. Alle diese Identitäten waren durch den Akt der Versklavung ausgelöscht worden. Für die afrikanischen und die europäischen Sklavenhändler waren sie nichts anderes mehr als eine Ware. Ihr Wert beruhte nicht mehr auf der Bedeutung, die sie als Mitglieder einer Familie oder einer Gemeinschaft hatten, sondern hing einzig und allein von dem ab, was sie der Einschätzung von Männern wie Robert Durand zufolge auf den Plantagen von Martinique zu leisten vermochten.

Ob sie nun von Königs Agajas Beauftragten als Gefangene von einem Schlachtfeld weggeführt oder von privaten Händlern in Kanus über den Fluss herbeigeschafft worden waren, diese verschüchterten und erschöpften Menschen – die meist nackt waren, weil man sie ihrer Kleider beraubt hatte – wurden in den großen Pferch des Herrschers von Jakin getrieben, wo Robert Durand sie begutachten konnte.[27] Man hatte ihnen die Hände zusammengebunden, und sie wurden von Aufsehern, die geladene Musketen in den Händen hielten, bewacht. Zu der Schmach, die die Gefangennahme und die anschließende Verschleppung nach Jakin bedeutet hatten, kam jetzt die neue hinzu, von einem fremden Weißen genau gemustert zu werden. Für die meisten von ihnen waren die Europäer, vor die sie in Jakin treten mussten, die ersten Weißen, die sie in ihrem Leben zu Gesicht bekommen hatten, und sie hatten Gerüchte gehört, dass die Fremden Kannibalen waren, die Sklaven kauften und in ihr eigenes Land schafften, um sich dort an ihnen gütlich zu tun. Als Robert Durand sich ihnen näherte, um sie eingehend zu betrachten, müssen sie sich wie Hänsel und Gretel vorgekommen sein, als die böse Hexe sie befingerte, um festzustellen, ob sie schon fett genug waren, um geschlachtet zu werden.

Bei der ersten flüchtigen Inspektion ging es darum, die Leute nach ihrem Alter, ihrem Geschlecht und ihrer ethnischen Zugehörigkeit zu klassifizieren. Man glaubte, dass die besten Sklaven zwischen zehn und 15 Jahre alt waren. Die Portugiesen standen im Ruf, nur Gefangene dieser Altersklasse zu kaufen. Der englische Faktor in Whydah hatte die Sklaven, welche die Portugiesen für ihr Gold eintauschten, einmal so beschrieben: »bartlos und so zart wie Wachsfiguren«. Um sie von diesen Jungen zu unterscheiden, nannte man ältere Sklaven oft »Bartsklaven«.[28] Vor der Überprüfung durch einen Europäer rasierten afrikanische Händler oft die männlichen Gefangenen, die noch in den Zwanzigern waren, so glatt wie möglich, damit sie jünger aussahen, und bearbeiteten ihre Haut mit Bimsstein, um sie weich und geschmeidig zu machen. Um ihnen auf die Schliche zu kommen und auch die winzigsten Spuren von Bartstoppeln aufzuspüren, hatten die portugiesischen Sklavenhändler es sich angewöhnt, mit der Zunge über die Wangen und das Kinn der augenscheinlich »bartlosen« männlichen Sklaven zu fahren. Gefangene, die noch keine zehn Jahre zählten, wurden als Kinder eingestuft.[29]

Wie viele Sklaven einer Ladung männlich und wie viele weiblich sein sollten, wurde von den europäischen Aufkäufern ernsthaft bedacht. Es gab allerdings unterschiedliche Meinungen darüber, welches Verhältnis ideal war. Snelgrave bevorzugte es, wenn auf drei Männer eine Frau kam, während Des Marchais seinen Kollegen den Rat gab, darauf zu achten, dass Frauen nicht mehr als ein Drittel der menschlichen Fracht ausmachten. Der Grund dafür sei, dass für die harte Arbeit auf den Pflanzungen in der Karibik vor allem Männer benötigt würden. Ihm war nicht bekannt, dass in vielen Regionen Westafrikas die Feldarbeit Aufgabe der Frau war.

Durand überprüfte auch, ob die Sklaven irgendwelche Narben, Tätowierungen oder andere Stammeszeichen trugen, die auf ihre ethnische Herkunft hinwiesen. Man konnte sich zwar im Jahr 1731 nicht mehr an den Erkennungsmerkmalen orientieren, die Des Marchais 1725 beschrieben hatte, da auf Grund der Kriege und der Blockade der Handelsstraßen jetzt die Menschen aus ganz anderen Regionen kamen, doch waren zweifelsohne neue Merkmale dieser Art an ihre Stelle getreten. Sklaven, die von König Agaja nach Jakin gesandt wurden, waren höchstwahrscheinlich Mahi oder Oyo. Diejenigen, die in Kanus eintrafen, gehörten oft der ethnischen Gruppe an, die wir heute Yoruba nennen, doch die Handelsrouten verliefen noch viel weiter als bis ins Yoruba-Land, und die Sklaven entstammten daher vermutlich einer Vielzahl ethnischer Gruppen.

Der flüchtigen Begutachtung schloss sich die Erniedrigung durch die genaue medizinische Untersuchung an. Gefangene, die noch ein paar Lumpen am Leib trugen, mussten sich ausziehen, bis sie nackt waren. Normalerweise war es die Aufgabe des Schiffsarztes, diese Untersuchung durchzuführen, doch Doktor Devigne, der zusammen mit Kapitän Mary im ersten Kanu von der *Diligent* an Land befördert worden war, war schon nach 17 Tagen in Jakin erkrankt und wieder aufs Schiff zurückgekehrt. Durand musste daher die Überprüfung selbst durchführen. Er schaute sich die Augen, die Zähne und die Genitalien der verschreckten und widerspenstigen Gefangenen genau an, befahl ihnen zu gehen, zu laufen, die Arme zu schwenken, oder auch ihre Gliedmaßen auszustrecken. Wie es Ärzte heute bei medizinischen Check-ups tun, legte er die Hand auf ihre Leiste und ließ sie kräftig husten. Auf der Suche nach Anzeichen für Syphilis, Gonorrhö oder Frambröse unterzog er die Genitalien von Männern wie Frauen einer sorgfältigen Musterung.[30]

Nachdem Durand seine Wahl getroffen hatte, begann er um den Preis zu feilschen. Der Preis eines Sklaven wurde in Unzen Gold festgesetzt, obwohl die Bezahlung dann in Waren erfolgte. Die Preise waren gestiegen, seitdem der Markt in Whydah aufgehört hatte zu existieren, und alle Schiffe Jakin anliefen. Sogar Hertogh mit seinen guten Kenntnissen der Region und seinen vielen Kontakten zahlte sechs Unzen Gold für einen männlichen Sklaven und vier für einen weiblichen.[31] Durand war darum bemüht, sich an die Richtlinien zu halten, die Mary vorgegeben hatte: sechs Unzen für einen »portugiesischen Sklaven«, fünf für einen gewöhnlichen und vier für alle anderen. Nachdem man sich auf den Preis eines Sklaven geeinigt hatte, mussten die Waren, in denen er entrichtet wurde, taxiert werden, das heißt, es musste festgesetzt werden, wie viele Unzen Gold die verschiedenen Artikel wert waren. Ein Fässchen Branntwein zum Beispiel war zwischen acht bis zehn Unzen wert, zehn Ellen Leinen brachten eine Unze, eine Muskete nur eine Viertelunze. Schließlich musste man sich noch darüber verständigen, welche Waren als Bezahlung dienen sollten. Der Laderaum der *Diligent* barg eine Vielzahl verschiedener Güter, und Durand war darauf erpicht, sie alle loszuschlagen, auch solche, die nicht sonderlich gefragt waren. Daher bot Durand zuerst immer die am wenigsten begehrten Güter an;

wenn der Verkäufer des Sklaven diese ablehnte, offerierte er auch die gefragteren.

Das ganze Feilschen konnte dadurch sehr komplex werden, dass das Verhältnis zwischen Angebot und Nachfrage in Jakin ganz anders war als in Vannes: dass also ein Artikel, der in Frankreich relativ teuer war, in Westafrika nicht sonderlich gefragt sein konnte und umgekehrt. Ein erwachsener Mann zum Beispiel war für acht Fässer Branntwein zu haben, die in Vannes 88 Livre gekostet hatten. Wenn der Verkäufer aber in Leinen bezahlt werden wollte, musste man 50 Ellen davon hergeben, für die man in Frankreich 225 Livre bezahlt hatte. Wenn man für den Sklaven Limancas- oder Salempouri-Tuch gab, so belief der Preis sich auf 180 französische Livre. Den Preis und die Zahlungsweise für einen Gefangenen oder eine Gruppe von ihnen auszuhandeln, konnte unter diesen Umständen Tage dauern, und gewöhnlich wechselten am Ende Waren, die in Frankreich wenig *und* solche, die viel gekostet hatten, den Besitzer.

Etwas anderes, auf das man sich einigen musste, war, in welchem Verhältnis der Preis für einen Mann zu dem für eine Frau, der für einen Erwachsenen zu dem für ein Kind stehen sollte. Da Durand täglich mit solchen Verhandlungen beschäftigt war, begann er bald ein Gefühl für die optimalen Preisabstufungen zu entwickeln. Wurde zum Beispiel ein Sklave ausschließlich gegen Branntwein eingetauscht, so gab man für einen erwachsenen Mann sieben oder acht Fässer, für eine erwachsene Frau vier bis fünf, für einen Knaben drei bis vier und für ein Mädchen zwei bis drei. Das heißt, eine Frau kostete nur 50 bis 70 Prozent von dem, was ein Mann kostete, und für ein Mädchen musste man unter Umständen nur die Hälfte von dem entrichten, was man für einen Jungen bezahlte. Auch das Alter schlug sich ganz deutlich im Preis nieder: Ein Knabe kostete zwischen 38 und 57 Prozent von dem, was ein erwachsener Mann kostete, und ein Mädchen zwischen 40 und 75 Prozent von dem, was eine Frau kostete. Durand rechnete auch aus, was die Sklaven kosteten, wenn man in *platilles*, dem weißen Leinenstoff, zahlte: Für einen erwachsenen Mann musste man 50 davon hergeben, für eine erwachsene Frau 35, für einen Knaben 30 und für ein junges Mädchen 25. Die Verhältnisse waren bei dieser Zahlungsweise etwas anders: Eine Frau kostete 70 Prozent von dem, was ein Mann kostete, ein Mädchen 83 Prozent von dem, was ein Knabe kostete, für einen Knaben musste man 60 Prozent von dem zahlen, was man für einen Mann zahlte, und für ein Mädchen 71 Prozent von dem, was man für eine Frau zahlte.

Pflichtbewusst hielt Durand jeden Kauf, den er tätigte, in einem Rechnungsbuch fest, das aus ganz gewöhnlichem Papier bestand und auch nicht in Leder gebunden war. Jeder in dem Lagerhaus, der beim Ankauf der Sklaven mitwirkte oder diesen leitete, benutzte dieses Buch: Dubourdieu, der Angestellte der Compagnie des Indes, Kapitän Pierre Mary, sein Stellvertreter Pierre Valteau, der Zweite Leutnant Laragon – und jetzt auch Robert Durand. Bei jedem Gefangenen, den er erwarb, notierte Durand das Datum, den Namen des Verkäufers – nicht aber den Namen des Gefangenen – und was für Waren und wie viele man für ihn eingetauscht hatte. In einem anderen Teil dieses Rechnungsbuches waren die Seiten in Kolumnen unterteilt, jeweils eine für eine bestimmte Art von Ware, und hier hielt Durand die verschiedenen Artikel fest, die man für einen Sklaven hergegeben hatte.[32]

Nachdem die Transaktion schriftlich festgehalten worden war, wurde der Sklave markiert. Durand holte ein Brenneisen, das vorne das Symbol der *Diligent* trug, und hielt es in ein Becken mit Holzkohle, bis es rot glühend war. Der Gefangene wurde von zwei stämmigen Helfern herbeigeschleift. Die Sklavenhändler jeder Nation bevorzugten eine andere Körperstelle, wo das Zeichen eingebrannt wurde, und auch zwischen den Sklavenhändlern eines bestimmten Landes gab es in dieser Hinsicht unterschiedliche Vorlieben. Die Franzosen zeichneten ihre Sklaven für gewöhnlich auf dem fleischigen Teil des Arms oder auf dem Bauch – doch die Gefangenen der *Diligent* brandmarkte man an der rechten Schulter.[33] Einer der Helfer rieb die Stelle mit Talg ein und legte ein gefettetes oder geöltes Stück Papier darüber, in das der andere dann das glühende Eisen drückte. Die Gefangenen versuchten sich zu wehren, jedoch vergeblich. Einige schrien vor Schmerz auf, wenn das Metall ihr Fleisch versengte, andere bemühten sich mit letzter Energie, die Prozedur stoisch zu ertragen. Auch nachdem das glühende Eisen wieder weggezogen worden war, schmerzte es gewaltig, wenn das Fleisch begann, in der Form des Zeichens des Eigentümers anzuschwellen.[34] In den folgenden Tagen fingen die versengten Partien langsam zu heilen an, doch das Zeichen blieb sichtbar.

In Robert Durands Bordbuch gibt es keinen Hinweis darauf, was er fühlte, wenn er sich an solchen Aktivitäten beteiligte. Verspürte er Mitleid mit seinen Opfern? Oder ein sadistisches Machtgefühl? Aus seinem Tagebuch geht nur hervor, dass er entschlossen war, seine Aufgabe so gut wie möglich zu erfüllen. »Ich bin entschlossen, keine Mühe zu scheuen«, schrieb er, »um meinen Arbeitgebern so zu dienen, wie die Pflicht es von mir erfordert.« Was auch immer er gefühlt oder nicht gefühlt haben mag, wenn das Brenneisen das Fleisch der Gefangenen versengte – er sagte sich selbst immer wieder nur, dass er einfach seine Arbeit zu verrichten habe.

Die gebrandmarkten Gefangenen wurden in das angemietete Lagerhaus gesperrt. Man behielt sie dort so lange wie möglich, weil es an Land einfacher war als auf dem Schiff, sie mit Nahrung und Wasser zu versorgen. Als das Lagerhaus sich allmählich füllte, wurden die Bedingungen für die Sklaven dort immer schlechter. Es gab kaum noch Raum, um sich zu bewegen oder zum Schlafen auszustrecken. Da es so gut wie keine Aborte gab und auch keine Möglichkeit, sich zu waschen, durchzog der Gestank von Fäkalien, Urin und Schweiß das ganze Lagerhaus. Die Gefangenen erhielten zweimal am Tag eine Mahlzeit, die sich vorwiegend aus stärkehaltigen Lebensmitteln zusammensetzte, die nicht viel kosteten. Sie bekamen kein Fleisch und keine Früchte. Durand hielt fest, dass eine durchschnittliche Mahlzeit für einen Gefangenen 35 Kaurimuscheln kostete, während man im Vergleich dazu für ein Ei 20 und eine Banane 30 Kaurimuscheln zahlen musste.

Wenn die Gefangenenstation an Land zu überfüllt war, beförderte man die Sklaven auf das Schiff, um Platz für neue zu schaffen. Um die Schwarzen auf der *Diligent* unterzubringen, waren auf ihr Umbauarbeiten erforderlich. Das Unterdeck, in dem die verschiedenen Waren gelagert worden waren, hatte sich nach und nach geleert, und die beiden Zimmerleute Colinbert und Mahé verwandelten es unter Verwendung der hölzernen Pfosten und Bretter, die man bei Fort Axim an Bord genommen hatte, in Verliese für die Sklaven. Der Abstand zu dem darüber liegenden Deck betrug weniger als 1,50 Meter, und die Zimmerleute verringerten ihn weiter, indem sie entlang der Bordwände Plattformen einbauten, sodass man die Sklaven liegend in zwei Etagen übereinander unterbringen konnte.[35] Jeder Gefangene würde zwischen sich und den Planken der Plattform oder des Decks über sich nur ungefähr 60 Zentimeter freien Raum haben. Colinbert und Mahé zogen auch eine Trennwand, um den vorderen Teil des Unterdecks vom hinteren Teil zu separieren: Auf diese Weise sollten die Männer und

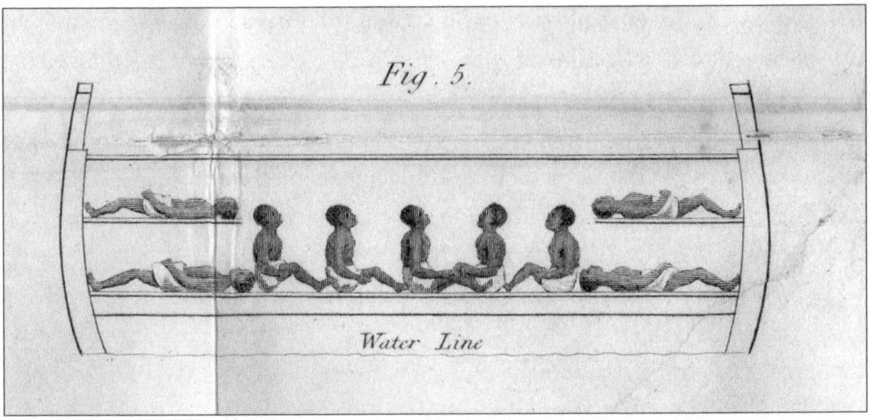

28.1 Querschnitt durch ein Sklavenschiff, auf dem die hölzernen Plattformen zwischen dem Haupt- und dem Unterdeck zu erkennen sind.

die Frauen voneinander getrennt werden. Die Frauen wurden in dem Raum zum Heck des Schiffes hin, unter den Unterkünften der Offiziere, untergebracht.

Nicht nur im Inneren der *Diligent,* sondern auch auf dem Oberdeck nahmen die Zimmerleute Umbauten vor. Direkt hinter dem Großmast bauten sie aus dicken Brettern eine Absperrung, die das Hauptdeck vom Achterdeck trennte. Diese Absperrung ragte noch höher auf als das Achterdeck und reichte auf der Steuerbord- wie auf der Backbordseite über die Bordwände hinaus, sodass niemand sie überwinden konnte, indem er hinüberkletterte oder sich seitlich um sie herumwand. Zweck dieser Bretterwand war es, den achterlichen Teil des Schiffes, wo ja die weiblichen Sklaven eingepfercht waren und wo sich auch die Kajüten der Offiziere befanden, auch auf dem Oberdeck von dem vorderen Teil zu isolieren, auf den die männlichen Gefangenen zum Essen getrieben wurden und wo sie sich etwas bewegen durften. Überdies sollte die Trennwand aber auch eine Zone schaffen, in welche die Mannschaft sich im Fall einer Sklavenrevolte in Sicherheit bringen konnte. Sie enthielt kleine Luken, durch die man mit Musketen auf die Sklaven feuern oder mit Piken nach ihnen stechen konnte.[36] Außer dieser Wand bauten die Zimmerleute noch eine Reihe von Aborten für die Schwarzen, das waren zwei schmale Plattformen, die sie auf beiden Seiten außenbords anbrachten und in die Löcher gesägt waren, sodass die Fäkalien direkt ins Meer fielen.[37]

28.2 Sklavenschiff mit der Trennwand, die das Hauptdeck in eine vordere und eine hintere Hälfte unterteilt.

Die Verlegung der Sklaven aus dem Lagerhaus in Jakin in die neu eingerichteten Kerker auf dem Schiff war eine komplexe Operation, an der mehrere Vertreter des Herrschers von Jakin und große Scharen eigens angeheuerter Hilfskräfte teilnahmen. Die Aufseher erhielten jedesmal, wenn sie einen Trupp Gefangene zum Strand eskortiert hatten, eine Flasche Branntwein. Die Sklaventreiber wurden mit einer Flasche für je zehn Gefangene entlohnt. Den Wächtern auf dem Strand zahlte man pro Gefangenen 160 Kaurimuscheln. Nachdem man sie aus dem Lagerhaus geführt hatte, waren die Gefangenen vermutlich erst einmal froh darüber, frische Luft atmen zu können; aber sie müssen auch Angst verspürt haben, weil sie nicht wussten, wohin man sie bringen würde. Sie hatten zweifelsohne in Gesprächen mit den eingeborenen Wächtern und Arbeitern im Lagerhaus erfahren, dass sie auf ein Schiff verfrachtet würden, und für viele von ihnen, die noch nie das Meer gesehen hatten, muss die Vorstellung, auf einem großen Schiff irgendwo in der Weite hinter dem Horizont zu verschwinden, extrem beängstigend gewesen sein. Einigen der Wächter wird es auch sadistisches Vergnügen bereitet haben, den Gefangenen zu erzählen, dass die Weißen Kannibalen seien und sie wegschleppten, um sie zu fressen. Diese Vorstellung jagte einigen Gefangenen einen derartigen Schrecken ein, dass sie sich selbst erstickten, indem sie die eigene Zunge verschluckten; oder aber sie schnitten sich einen oder mehrere Finger ab, sodass sie zu »Ausschussware« wurden, an der die weißen Menschenhändler nicht interessiert waren.[38]

Die Anspannung nahm zu, wenn die Gefangenen aus dem Lagerhaus herausgelassen und die fünf Kilometer zum Strand getrieben wurden. Die eingeborenen Sklaventreiber fesselten ihnen die Hände hinter dem Rücken und banden immer zwei mit Stricken aneinander, sodass es für einen schwierig sein würde, davonzulaufen. Für die Gefangenen war es die letzte Gelegenheit, noch auf afrikanischem Boden die Flucht zu ergreifen; für die schwarzen Aufseher bedeutete es besondere Wachsamkeit, denn der Dahouin von Jakin musste finanziell für alle Sklaven aufkommen, die auf seinem Territorium entkamen. Sobald sie sich in Bewegung gesetzt hatten, wurden die Gefangenen vorwärts gedrängt und gestoßen, um ihre Schritte zu beschleunigen. Schreie zerrissen die Luft, und es kam zu Handgemengen, als die Schar sich zum Zelt der *Diligent* auf dem Strand aufmachte. Dort angekommen, wurden die Gefangenen in die Rechnungsbücher eingetragen, womit der Transfer von der Küste auf das Schiff offiziell abgeschlossen war. Als die Gefangenen dem weißen Schiffsoffizier zusahen, wie er sie zählte und dann etwas in sein Buch eintrug, begannen sie zu ahnen, dass sie bald nicht mehr auf afrikanischem Boden stehen würden. Wir wissen nicht, welche Gedanken ihnen durch den Kopf schossen, welche Gefühle in ihnen aufstiegen oder was für Bilder von ihren Familien und ihrer Heimat sich kaleidoskopartig vor ihrem inneren Auge bildeten, aber es war mit Sicherheit ein Moment, den sie nie wieder vergaßen. Diejenigen, die niemals zuvor das Meer gesehen hatten, starrten auf seine endlose Weite und die an den Strand donnernden Brecher. Sie ahnten, dass sie bald in die Wogen hinausfahren würden, um nie wieder zurückzukehren.

Die von der *Diligent* angeheuerten Paddler warteten bereits mit ihren Kanus am Rande der Brandung auf sie. Wenn ein Brecher krachend auf den Strand geschlagen war und ein kurzer Augenblick der Ruhe eintrat, wurden die Gefangenen gezwungen, hinter dem zurückflutenden Wasser her ins Meer zu waten und in eins der Kanus zu klettern. Sie mussten sich möglichst flach auf dem Boden zusammenkauern, damit das Kanu nicht aus dem Gleichgewicht geriet. Wasser schwappte über die niedrige Bordwand, was aber die Gefangenen gleichgültig ließ, da sie schon beim Waten durch die Brandung völlig durchnässt worden waren. Wenn die Paddler das Kanu von der Küste abstießen, begann es heftig zu schaukeln, und es stieg immer höher auf, bis man den Kamm der nächsten Woge erreicht hatte. Der Bug schoss steil in die Höhe und sackte dann ebenso rasch wieder nach unten, während die Welle unter dem Rumpf hindurchlief. Wieder schäumte die Gischt in das Gefährt hinein. Während sie das Kanu vorwärts trieben, behielten die Paddler die Sklaven genau im Auge, um zu verhindern, dass einer von ihnen, der es vorzog, zu ertrinken anstatt aus seiner Heimat verschleppt zu werden, versuchte über Bord zu springen.

Für die Gefangenen, die das Meer nicht kannten und noch nie die Macht der Wogen verspürt hatten, war die Überfahrt wirklich ein schreckliches Erlebnis. Ihre Mägen, die nach den mageren Rationen, die sie im Lagerhaus erhalten hatten, fast leer waren, begannen sich umzudrehen, wenn das Kanu gleichzeitig von einer Seite zur anderen und von vorn nach hinten geworfen wurde. Der ersten Woge folgte die zweite, und dann rollte die dritte heran, die groß genug war, um das ganze Boot unter sich zu begraben. Die Männer der Besatzung stießen ihre Paddel rhythmisch ins Meer, hielten immer wieder inne, um den rechten Moment abzupassen, und paddelten dann kraftvoll weiter, um eine möglichst weite Strecke zurückzulegen, bevor sie sich gegen die nächsten Wogen stemmen mussten. Wenn das Kanu voll von einer solchen Woge erfasst wurde, wurde es wieder zurück, Richtung Küste, getrieben, und die Paddler mussten von neuem mit ihren Anstrengungen beginnen. Sie wussten, wie schwierig es war, die Brandung zu durchqueren, und hatten daher vereinbart, dass man sie bezahlen würde – gleichgültig ob das Kanu bis zur *Diligent* gelangen würde oder nicht.

Nach vielem Geschlingere und Auf und Ab sowie Hin und Zurück ergriffen die Paddler endlich die Leinen, die von der *Diligent* herabhingen, und manövrierten das Kanu an den nur sacht schaukelnden Rumpf des großes Schiffes. Eine Strickleiter wurde dann vom Oberdeck der *Diligent* zu ihnen heruntergeworfen. Sie lösten die Fesseln einer Sklavin und befahlen ihr emporzuklettern. Oben standen ein Offizier, der die ganze Operation beaufsichtigte, und mehrere Matrosen, welche die Frau ergriffen und sie über die Reling hievten. Die Paddler unten und die Matrosen oben sorgten gemeinsam dafür, dass die Sklavin sich nicht etwa ihrem Schicksal zu entziehen versuchte, indem sie sich vom Fallreep ins Meer fallen ließ. Die

Frau war im wahrsten Sinne des Wortes »zwischen dem Teufel und der tiefen blauen See gefangen«, die See war jedoch so beängstigend, dass der Teufel in diesem Fall vorzuziehen zu sein schien. Nachdem man sie an Bord gezogen hatte, wurde die Sklavin nach achtern in den dunklen Teil des Decks gebracht, der für die weiblichen Gefangenen bestimmt war. Er war schon mit Menschen überfüllt, und die Luft dort war abgestanden und erstickend heiß, weil beim Umbau des Laderaums der *Diligent* natürlich niemand an irgendwelche Belüftungseinrichtungen gedacht hatte. Nachdem alle Frauen »verstaut« worden waren, wurden die Männer in den vorderen Teil des Sklavendecks geschafft und dort paarweise aneinander gefesselt. Die speziellen Fesseln, welche die *Diligent* mitführte, waren in Nantes hergestellt worden und bestanden aus zwei von einem Eisenstab zusammengehaltenen U-förmig gebogenen Eisenstangen, die an beiden Enden ein Loch hatten. Durch diese Löcher wurde ein Eisenbolzen geführt, den man mit Schlössern sicherte. Mit einer solchen Eisenfessel wurde der linke Fußknöchel eines Gefangenen mit dem rechten eines anderen verbunden, sodass die beiden sich nur mit Mühe vorwärts bewegen konnten, es sei denn, sie stimmten ihre Schritte perfekt aufeinander ab.

Nachdem ihre Augen sich an das Halbdunkel gewöhnt hatten, begannen die Neuankömmlinge, nach Freunden Ausschau zu halten, die man vor ihnen aus dem Lagerhaus geholt hatte.

29

Jakin, 13. November 1731

Robert Durand hatte weniger als drei Wochen in dem Lagerhaus in Jakin verbracht, als das »Übel des Landes«, wie er es nannte, auch ihn ereilte. Die Krankheit begann mit starken Kopfschmerzen und einem Stechen in den Nieren. Es schien, als ob jeder, der in dem Lagerhaus arbeitete, nach kurzer Zeit krank wurde. Robert Durand hatte gehofft, von diesem Leiden verschont zu bleiben. Als er jedoch die Hand auf seinen schmerzenden Kopf legte, wusste er, dass es auch ihn befallen hatte. Am nächsten Morgen wurde er in einer Hängematte zurück zum Zelt auf dem Strand getragen, um dort auf ein Kanu zu warten, das ihn zur *Diligent* zurückbringen würde. Er begrüßte Sabatier, der ihn ersetzt hatte, als er aus dem Zelt nach Jakin umgezogen war. Sie nahmen Kontakt mit den Paddlern auf, die sie angeheuert hatten; die Männer wollten ein zusätzliches Fass Branntwein dafür, dass sie Durand durch die Brandung zur *Diligent* schafften. Da eine solche Sonderzuteilung nicht vorgesehen gewesen war, als man die Männer verpflichtet hatte, weigerte Durand sich, ihren Forderungen nachzugeben, und machte sich daran, eine andere Lösung zu finden, um wieder an Bord zu gelangen. Kurz nach Mittag entdeckte er das Kanu, das zur Royal African Company gehörte und mit Paddlern aus Elmina bemannt war. Sie bereiteten sich gerade darauf vor, »die Barriere zu überwinden«, wie sie es nannten, und der englische Kapitän erteilte die Erlaubnis, dass Durand und Jean Mahé, der Zweite Zimmermann der *Diligent*, mit diesem Kanu durch den Brandungsgürtel fuhren bis zu einer Stelle vor der Küste, wo sie vom Beiboot der *Diligent* aufgenommen werden konnten.

Als er wieder die Decksplanken seines Schiffes unter den Füßen spürte, fühlte Durand sich besser als an den Tagen zuvor und schöpfte neue Hoffnung, in Kürze wieder zu gesunden. Am nächsten Tag jedoch hatte er so hohes Fieber und solch rasende Kopfschmerzen, dass er darum bat, an den Füßen zur Ader gelassen zu werden (diese Prozedur sollte noch achtmal wiederholt werden, bevor er wieder genas). Ihn quälten auch heftige Magenschmerzen, und er litt unter Atembeschwerden, Symptome, die man zu bekämpfen suchte, indem man ihn auch an den Armen zur Ader ließ. Zehn Tage lang vermochte der Schiffsarzt nicht zu sagen, ob Durand überleben würde. Da er keine andere Behandlungsmethode kannte, fuhr er mit dem Aderlass fort und verabreichte Einläufe, die den Körper purgieren sollten. Von der Behandlung seiner Krankheit nicht weniger ausgelaugt als von dieser selbst, lag Durand wie leblos auf seinem Lager, in absoluter Dunkelheit, um die Kopfschmerzen etwas erträglicher zu machen. Auf dem Sklavendeck unter ihm lagen mehrere Sklaven, die an ähnlichen Erkrankungen litten, doch sie wurden in keiner Weise medizinisch betreut – was aber vielleicht auch ein großes Glück für sie war.

Kapitän Mary, der selbst wieder genesen und am 10. November, drei Tage bevor Durand von dort weggeschafft wurde, zum Lagerhaus zurückgekehrt war, brannte darauf, seine Ladung Sklaven zusammenzubekommen, und dann endlich wieder Segel setzen zu lassen. Er wusste, dass die *Nestor*, die in der Nähe vor Anker lag, Befehl hatte, keine Geschäfte abzuschließen, bevor ihr Kapitän, Joseph Nègre, nicht auf dem Landweg aus Whydah eingetroffen war. Sowohl der Vertreter der Compagnie des Indes, LaPierre, als auch der Repräsentant der holländischen Westindien-Gesellschaft bemühten sich um die Freilassung des vom exilierten »König von Allada« festgehaltenen Nègre, und Pierre Mary war klar, dass er sich würde beeilen müssen, bevor ein neuer Konkurrent auf den Plan trat.

Die beschämenden Aufgaben, Sklaven zu untersuchen, um sie zu feilschen, sie mit dem Brenneisen zu kennzeichnen und schließlich auf die *Diligent* zu transportieren, wurden im Großen und Ganzen wie zuvor erledigt. Mary begann sich jetzt aber auch auf seine eigenen Geschäfte zu konzentrieren. Bevor die *Diligent* von Vannes aus ihre Reise angetreten hatte, hatte er sich nach Nantes begeben, um ein *cambye* aufzunehmen. Das war eine besondere Art von Darlehen, die Seeoffizieren gewährt wurden – zu Zinsen von bis zu 33 Prozent, aber mit der Klausel, dass der Darlehensgeber den Verlust trüge, falls das Schiff auf See verloren ginge.[39] Mary nahm am 12. April 1731 1200 Livre zu einem Zinssatz von 30 Prozent auf und kehrte am 16. April noch einmal nach Nantes zurück, um weitere 1700 Livre zu den gleichen Bedingungen zu leihen. Sein Stellvertreter Valteau nahm am 12. April drei Einzelkredite auf, die sich auf insgesamt 4000 Livre beliefen. Robert Durand, der sich mit seinem wohlhabenden Schwiegervater Etienne Hoscouet zusammengetan hatte, lieh sich am 25. April 1500 Livre. Sogar der Schiffsarzt, Pierre Devigne, nahm am 5. April ein Darlehen von 500 Livre auf.[40] Diese Darlehen sollten es den Offizieren ermöglichen, selbst Handelswaren zu kaufen, so genannte *pacotilles*, die sie in Afrika gegen Sklaven oder Gold eintauschen konnten. In Durands Darlehensvertrag wurde explizit festgehalten, dass er die ihm geliehene Summe verwenden sollte, um »*pacotilles* für die Fahrt zur Guinea-Küste« zu erwerben. Die Aufsicht über das Lagerhaus in Jakin verschaffte Kapitän Pierre Mary, Pierre Valteau und Robert Durand die perfekte Gelegenheit, ihre *pacotilles* nur gegen die allerbesten Sklaven einzutauschen, und Mary erwarb 26 Schwarze auf eigene Rechnung, Valteau 13, Durand fünf.

Dass Offiziere eigene Geschäfte abschlossen, war auf privaten Schiffen absolut üblich, und dies erklärt auch, warum es den Finanziers und Ausrüstern von privaten Sklavenexpeditionen gelang, qualifizierte Seeoffiziere für ihre Unternehmungen zu gewinnen. Im Vergleich zum – potenziellen – Gewinn aus privatem Handel mit Sklaven waren die Saläre der Offiziere verschwindend gering. Kapitän Pierre Mary beispielsweise erhielt 120 Livre im Monat, das heißt 1800 Livre für die fünfzehnmonatige Fahrt. Obwohl der Kapitän mehr als das Zehnfache von dem verdiente, was der rangniedrigste Matrose erhielt, war es immer noch sehr wenig, verglichen mit dem, was man durch den Verkauf von Sklaven erzielen konnte. Mary zahlte zwischen 88 und 220 Livre für einen seiner erwachsenen männlichen Sklaven und erwartete, sie auf Martinique für 950 Livre pro Kopf verkaufen zu können.[41] Selbst bei einer zurückhaltenden Gewinnkalkulation konnte er davon ausgehen, an jedem Sklaven um die 700 Livre zu verdienen. Der Profit, den ihm drei Sklaven einbrachten, würde also höher sein als sein Salär für die gesamte Fahrt, und die 26 Schwarzen, die er erworben hatte, konnten ihm einen Gesamtgewinn von 18 200 Livre einbringen – und das war ungefähr so viel, wie die *Diligent* selbst ihre Eigner gekostet hatte. Der Sklavenhandel warf für die Schiffsoffiziere erheblich mehr ab als für die Finanziers der Reisen. Diese mussten zuerst einmal ein Schiff erstehen, dann eine Mannschaft anheuern, Lebensmittel für die Besatzung und die Sklaven kaufen, die Versicherungsprämien zahlen und eingeborene Helfer anstellen, solange das Schiff an der westafrikanischen Küste vor Anker lag. Den Offizieren hingegen entstanden keinerlei Kosten dieser Art. Der Gewinn, der den Offizieren erwuchs, entsprach mehr oder weniger der Differenz zwischen dem Ankaufs- und dem Verkaufspreis abzüglich der Zinsen, die sie für ihr Darlehen zahlen mussten. Ein weiterer Vorteil für die Offiziere war, dass sie sich die kräftigsten und gesündesten Sklaven aussuchen und darauf achten konnten, dass das Verhältnis zwischen männlichen und weiblichen Sklaven ideal war.

Mehr als ein Fünftel des Raums auf dem Sklavendeck der *Diligent* würde am Ende von Gefangenen eingenommen werden, die nicht den Schiffseignern und Geldgebern gehörten, sondern einem der Offiziere, und mehr als jeder zehnte Sklave an Bord würde Eigentum Kapitän Marys sein. Bevor das Schiff den Hafen von Vannes verlassen hatte, hatten die Offiziere ein so genanntes *port permis* erhalten, ein Dokument, das es ihnen erlaubte, eine begrenzte Menge Waren an Bord zu bringen, um sie gegen eine begrenzte Zahl von Sklaven einzutauschen, doch Mary hatte das ihm zugestandene Warenkontingent und entsprechend die Anzahl der Sklaven, die er für sich erwerben konnte, überschritten. Die Sklaven, die in seinem persönlichen Besitz waren, nahmen jetzt nicht nur viel Raum auf der *Diligent* ein, sondern sie verzehrten auch Lebensmittel, die von den Eignern und Finanziers gekauft und bezahlt worden waren – das heißt den Brüdern Billy und Michel Buat de La Croix. In den schriftlichen Orders für Kapitän Mary war auch detailliert festgelegt worden, wie man die Sklaven kennzeichnen sollte, sodass man wusste, welchem Offizier sie gehörten. Alle Gefangenen, die zur allgemeinen »Fracht« zählten, erhielten ihr Brandmal auf der rechten Schulter, denen, die persönlicher Besitz des Kapitäns waren, drückte man das Brenneisen auf die linke Schulter. Die gegen *pacotilles* eingetauschten Schwarzen des stellvertretenden Kapitäns wurden auf der rechten Brustseite markiert, die des Ersten Leutnants auf der linken. Die Gefangenen, die rangniedrigeren Offiziere gehörten, wurden an der rechten und der linken Hüfte wie auch auf den Gesäßbacken gebrandmarkt.[42]

Während private Sklavenschiffe ganz legal eine begrenzte Menge von *Pacotille*-Waren an Bord hatten und auch ganz legal eine ebenso begrenzte Menge von *Pacotille*-Sklaven in die Karibik transportierten, wurden solche Geschäfte von den Offizieren der Schiffe der großen Handelsgesellschaften widerrechtlich und daher heimlich betrieben. Der Leiter des französischen Forts in Glewe war der Überzeugung, dass es keinen Offizier in Diensten der Compagnie des Indes gab, der nicht *pacotilles* mit nach Afrika brachte, obwohl das ganz eindeutig illegal war.[43] Eigene Handelswaren an Bord zu verstauen war ihnen von der Kompanie offiziell verboten, die jedem Kapitän nur eine Seekiste zugestand, die einen Meter lang, 40 Zentimeter breit und 40 Zentimeter hoch war, während jeder Offizier eine Seekiste mitnehmen durfte, die 90 Zentimeter lang war und ansonsten die gleichen Dimensionen besaß.[44] Die Gesellschaft war jedoch beunruhigt über die Menge privater Handelsgüter, die auf ihre Schiffe verladen wurden. 1724 klagte ihr Direktor: »Dass so viel an *pacotilles* auf den Schiffen mitgeführt wird, stellt zweifelsohne einen Akt des Diebstahls dar. Bald werden die Offiziere die Geschäfte der Gesellschaft ganz zunichte machen, wenn jedes Schiff 200 Packen Ware als *pacotilles* für sie und ihre Konsorten an Bord hat.«[45] Und ebenfalls 1724 bekundete der Hafenkommandant von Lorient sein »Erschrecken« angesichts der »Menge von *pacotilles*, die an Bord der Schiffe der Kompanie geschmuggelt wird«.

Die Bemühungen der Kompanie, diese Privatgeschäfte zu verhindern, waren ebenso hartnäckig wie vergeblich. 1725 wies sie Marinesoldaten, welche die Fahrten mitmachten, an, die Schiffe nach *pacotilles* abzusuchen.

Zwei Jahre später verfügte sie, dass jeder ihrer Verwaltungsangestellten, der solche illegalen Waren entdeckte und beschlagnahmte, die Hälfte davon behalten dürfe, und jedem Seemann, der einen Angestellten auf versteckte *pacotilles* aufmerksam machte, die Hälfte von dessen Anteil zustehe. Trotz dieser Maßnahmen blieb es jedoch weiterhin völlig üblich, dass Offiziere der Schiffe der Gesellschaft mit privat mitgeführten Gütern ihre privaten Geschäfte machten.[46] Ein Mittel, mit dem die Kompanie sie davon abzubringen suchte, war die Zahlung einer Prämie für jeden Sklaven, der für die Gesellschaft zu den Inseln in der Karibik befördert beziehungsweise lebend dort abgeliefert wurde. Was die Offiziere betraf, die auf der Senegal-Route unterwegs waren, so zahlte man dem Kapitän für jeden unversehrt verfrachteten Sklaven eine Sonderzulage von fünf Livre, dem Ersten Leutnant von einem Livre, während die restlichen Angehörigen des Offizierkorps eine proportional geringere Summe erhielten: Insgesamt betrug die Prämie für jeden Sklaven zehn Livre. Offiziere der Schiffe, welche die längere Fahrt von Frankreich nach Whydah, von dort in die Karibik und dann wieder zurück in die Heimat machten, erhielten eine höhere Prämie von 15 Livre pro Sklave: Der Kapitän bekam sieben Livre, der Erste Leutnant zwei und weiter so die Hierarchie hinunter. Bei diesem System verlor der Kapitän jedesmal Prämiengeld, wenn ein Sklave, der für die Gesellschaft gekauft werden sollte, durch einen *Pacotille*-Sklaven ersetzt wurde, doch die Prämie war im Vergleich zu dem enormen Gewinn, den man mit auf eigene Rechnung gekauften Sklaven erzielen konnte, so gering, dass diese Bonussystem wenig Wirkung zeigte.[47]

1728 hatte das *Pacotille*-Problem auch die Aufmerksamkeit des Direktors des französischen Forts in Whydah erregt.[48] Er beklagte sich, dass die Compagnie des Indes weniger tatkräftig gegen die illegalen Geschäfte vorgehe, als sie es zuvor getan habe, und dass es ihr absolut nicht gelinge, sie zu unterbinden. Einige Kapitäne gingen so weit, sich Branntwein und Kaurimuscheln anzueignen, die zur Ladung des Schiffes gehörten, und diesen »Schwund« mit einer falschen Deklaration zu vertuschen. Wenn die Kapitäne davor nicht zurückschreckten, meinte der Direktor, würden sie höchstwahrscheinlich zu allem bereit sein, um *pacotilles* an Bord zu bringen und dies geheim zu halten. Er glaube, dass es keinen Kapitän oder Offizier gebe, der nicht verbotene Ware mitbringe. Zwar wurden die Schiffe der Gesellschaft inspiziert, bevor sie den Hafen von Lorient, den Sitz der Compagnie des Indes verließen, doch liefen sie einfach in der Nacht den nahe gelegenen Hafen Pen-Mane an, um die *pacotilles* dort heimlich an Bord bringen zu lassen. Nach ihrer Ankunft in Whydah bemühten sie sich dann gar nicht mehr darum, ihre persönlichen Waren und die Geschäfte, die sie damit machten, verborgen zu halten.

Auch die Schiffsoffiziere der holländischen Westindien-Kompanie betrieben einen privaten Handel mit Sklaven. Obwohl die Vorschriften der Gesellschaft es nur den Kommandanten ihrer Schiffe, aber keinem anderen Offizier gestatteten, kleine Mengen Waren zur persönlichen Verwendung an Bord bringen zu lassen, griff der Privathandel in den Kreisen des gesamten Offizierskorps in einem Maße um sich, dass das Beiratsgremium der Gesellschaft sich darüber beklagte: Es würden derartig viele private Ballen und Packen auf den Schiffen mitgeführt, dass nicht mehr genügend Platz für die Sklaven da sei.[49] Und auf den englischen Schiffen herrschten ganz ähnliche Verhältnisse. Jean Barbot berichtete:

Es gilt auch für jene, welche Fahrten nach Guinea um der Sklaven willen veranstalten, dass sie den Kommandanten keine zusätzliche Fracht zugestehen oder den Offizieren die Freiheit gewähren, Sklaven auf eigene Rechnung an Bord zu bringen, wie es oft bei europäischen Händlern der Fall ist, die glauben, dadurch etwas an Monatsgehältern zu sparen, denn die Erfahrung hat gezeigt, dass die Sklaven der Kapitäne unterwegs nie sterben, dieweil es unter fünfzig dieser Herren nicht zehn gibt, die davor zurückscheuen, sich aus der Fracht Ersatz für ihre eigenen zu verschaffen, oder auch weil solche Sklaven mit Sicherheit die beste Unterbringung an Bord erhalten, wie auch die größten Rationen zur Erhaltung ihres Lebens aus den Vorräten des Schiffes; und zudem hatten jene, denen nur ein oder zwei Sklaven mitzuführen erlaubt war, deren zehn oder zwölf, und diese die besten der gesamten Ladung, die aus dem allgemeinen Proviant des Schiffes erhalten und auch an Bord zu Zimmerern, Küfern und Köchen ausgebildet wurden, sodass sie sich in Amerika wegen ihres Könnens für das doppelte Geld wie andere Sklaven losschlagen ließen.[50]

Während die englischen Schiffskommandanten regelmäßig gegen die Restriktionen verstießen, die ihnen auferlegt waren, schienen die portugiesischen Kapitäne, vor allem jene, welche von Brasilien aus auf Fahrt gingen, völlig frei von solchen Einschränkungen zu sein, was den Direktor des französischen Forts in Whydah dazu veranlasste, sich darüber zu beklagen, dass die portugiesischen Seeleute die Erlaubnis hätten, so viele eigene Sklaven in die Laderäume zu pferchen, wie sie wollten, sowohl für sich selbst als auch für ihre Freunde.[51]

Kapitän Mary kaufte nicht nur für sich selbst mehr als die ihm erlaubte Zahl an Sklaven, sondern tätigte gleichzeitig auch dunkle Geschäfte mit Gold und Tabak aus Brasilien. Während er sich im Oktober an Bord der *Diligent* von seiner Krankheit erholte, erfuhr er, dass auf einem in der Nähe ankernden englischen Schiff die Vorräte an Pökelfleisch auszugehen drohten; er überließ den Engländern daher für vier 80 Pfund schwere Ballen brasilianischen Tabaks vier Fässer mit Salzfleisch und ein Fass mit Mehl aus der Proviantlast der *Diligent.* Als einige Zeit später ein ebenfalls in der Nähe liegendes Schiff aus Portugal das Beiboot der *Diligent* benutzen wollte, um frisches Trinkwasser von Land zu holen, verlangte Mary für jede Fahrt einen achtzigpfündigen Ballen Tabak. Die Portugiesen absolvierten sechs Fahrten mit dem Beiboot.[52] Bei diesen beiden Transaktionen hatte Kapitän Mary sich persönlich um zehn Ballen Tabak im Gewicht von insgesamt 800 Pfund bereichert. Er war aber noch in andere dubiose Geschäfte verwickelt. Durand hatte ihm das gesamte Gold übergeben, das er durch den Verkauf von französischem Branntwein eingenommen hatte, der Kapitän konnte aber später dessen Verbleib nicht erklären. Er hatte auch von dem Passagier Pierre Verger einen goldenen Ring und ein Jagdmesser für eine Bettspreite aus Limancas-Tuch bekommen, die aus der Ladung stammte.[53] In der bizarren Welt der Sklavenhändler, in der Mord und Gefangennahme zum alltäglichen Geschäft gehörten, waren es scheinbar geringfügige Gesetzesübertretungen wie diese, die Kapitän Mary in ernsthafte Schwierigkeiten bringen würden.

Während Kapitän Mary sich wieder an Land aufhielt, um die Geschäfte einem Ende zuzuführen, liefen die Dinge auf der *Diligent* nicht so, wie sie sollten. Am 17. November starb der Zweite Zimmermannsmaat Jean Mahé, der wie Durand erkrankt und gemeinsam mit ihm am 14. November auf das Schiff zurückgekehrt war, an der roten Ruhr. Mahé war 37 Jahre alt. Die Kleider und anderen Besitztümer aus seiner Seekiste wurden unter den anderen Besatzungsmitgliedern versteigert und erbrachten insgesamt

41 Livre.[54] Am 18. November starb einer der Schwarzen, die auf dem Sklavendeck gefangen lagen. Durand, der sterbenskrank in seiner Kajüte lag, die er seiner Kopfschmerzen wegen verdunkelt hielt, verzeichnete seinen Tod, ohne die Ursache anzugeben.

Während das Sklavendeck der *Diligent* sich allmählich füllte und schließlich gedrängt voll war, wurden die Männer der Besatzung immer nervöser, denn sie wussten, dass sich Sklavenrevolten meistens ereigneten, während das Land noch in Sicht war. Posten standen rund um die Uhr am Niedergang zum Sklavendeck Wache, und eine Truhe voller geladener und mit Zündhütchen versehener Handfeuerwaffen wurde auf das Achterdeck geschafft. Die Drehbassen auf dem Achterdeck wurden so herumgeschwenkt, dass die Mündungen auf das Hauptdeck um den Niedergang herum zielten. Diese Anspannung erhöhte sich noch, wenn die Sklaven auf das Hauptdeck geführt wurden, um dort abgespeist zu werden, denn das war für sie die beste Gelegenheit für einen Aufstand. Alle Besatzungsmitglieder, die nicht damit beschäftigt waren, das Essen auszuteilen, standen mit Waffen, in deren Läufe man Schrapnellmunition gerammt hatte, dabei, bereit, diese sofort abzufeuern. Manche Kapitäne gingen gar so weit, einige Schwarze von der Goldküste anzukaufen, die man als Spitzel einschleuste, um etwaige Pläne zu einer Revolte und zur Flucht, solange das Schiff noch vor Anker lag, zu verraten.[55]

Sorge bereitete der Besatzung auch der Umstand, dass einzelne Sklaven versuchten, Selbstmord zu begehen, indem sie während der Essenszeiten über Bord sprangen. Dass die Behauptung des Engländers Phillips, Sklaven hätten »größere Angst vor Barbados als wir vor der Hölle«, richtig war, wurde durch die häufigen Versuche von Gefangenen bezeugt, über Bord zu entkommen, selbst wenn das den sicheren Tod in den tosenden Wogen, wo es überdies noch vor Haien wimmelte, bedeutete. Vielleicht stürzten sie sich ins Meer, um lebenslanger Sklaverei zu entgehen, vielleicht hatten sie auch Angst davor, von den Weißen aufgefressen zu werden, oder sie glaubten möglicherweise, dass der Tod sie in ihr eigenes Land zurückversetzen würde. Wie auch immer. Die Gefangenen schienen den Freitod mehr als eine Form des Märtyrertums und als Bekräftigung ihres Glaubens anzusehen, als ihn als einfachen Weg aus ihrer verzweifelten Lage zu betrachten. Die Entscheidung, ob man sich selbst töten oder sich mit der Sklaverei abfinden sollte, war eine sehr persönliche und wurde in einem qualvollen Prozess getroffen. Auf dem französischen Schiff *Courrier de Bourbon* schafften zwei Sklavinnen es, bis zur Reling zu gelangen, hielten dort aber inne, weil die eine versuchte, ihre noch zaudernde Gefährtin zum Sprung zu überreden, und wurden beide überwältigt.[56]

Die Offiziere und Matrosen auf der *Diligent* waren nervös, weil sie Geschichten gehört hatten wie die von den sechs weiblichen Gefangenen der *Junon*, die sich bei Whydah ins Meer gestürzt hatten und sofort den Haien zum Opfer gefallen waren. »Es ist erschreckend«, schrieb der Kapitän der *Junon*, »die Haie um das Schiff herumschwimmen zu sehen. Da waren Tausende von ihnen.« Einige Sklavenhändler glaubten, wenn die Haie ein Schiff umkreisten, das noch im Hafen lag, würden sie ihm durch den ganzen weiten Ozean folgen, weil sie darauf hofften, dass viele von den Sklaven an Bord sterben und ihre Leichen ins Meer geworfen werden würden. Um zu verhindern, dass die Haie die *Diligent* belauerten, war ihre Besatzung die ganze Zeit in voller Alarmbereitschaft, um jeden Flucht- oder Selbstmordversuch zu vereiteln.[57]

Einer Theorie zufolge, die unter den Kapitänen von Sklavenschiffen kursierte, konnte man die Gefangenen vom Selbstmord abhalten, wenn man denen, die den Versuch dazu unternahmen, aber noch rechtzeitig daran gehindert wurden, ein Glied abschnitt. Die Anhänger dieser Theorie glaubten, dass die Afrikaner sich selbst töteten, damit ihr Geist heimkehren könne, dies sei ihm aber nur möglich, wenn der Körper unversehrt sei. Eine Verstümmelung würde also den ganzen Sinn des Selbstmordes zunichte machen und andere von ähnlichen Versuchen abbringen. Kapitäne, die sich selbst als »humane Sklavenhändler« ansahen, lehnten dieses Vorgehen als grausam und barbarisch ab, das aber offensichtlich von anderen, die weniger zimperlich waren, nicht nur in der Theorie befürwortet wurde.[58]

Am 26. November kehrten Kapitän Mary und seine Helfer zum Schiff zurück. Sie hatten ihre Geschäfte an Land abgeschlossen, das Lagerhaus in Jakin geräumt und das Zelt auf dem Strand abgebaut. Der Kapitän war der Meinung, dass er jetzt eine »volle Ladung« Gefangener zusammengebracht hatte. Wenn er 256 Sklaven auf ein Schiff von 95 Tonnen verfrachtete, dann kamen 2,7 Gefangene auf eine Tonne, und das Verhältnis Gefangene pro Tonne war somit wesentlich höher als bei den meisten anderen französischen Schiffen, die 1731 von der westafrikanischen Küste abgingen. Im Durchschnitt betrug es nämlich 1,9 Sklaven pro Tonne.[59] Auf kleinen Schiffen wie der *Diligent* wurden die Sklaven am engsten neben- und übereinander gestapelt: Die *Saint-Dominique*, ein Schiff von 60 Tonnen, beförderte 201 Gefangene, also 3,35 pro Tonne, und die *Ceres*, wie die *Diligent* ein Segler von 95 Tonnen, nahm 283 Gefangene an Bord, das heißt, dass beinahe drei von ihnen auf eine Tonne kamen. Die Beziehung zwischen einer solchen Überladung und der Sterblichkeit an Bord der Schiffe ist oft falsch verstanden worden. Es war nicht die qualvolle Enge auf den Sklavendecks selbst, die den Tod so vieler Gefangener zur Folge hatte, wenn sie auch mit Sicherheit viel Leid und Not verursachte. Das wirkliche Problem bestand darin, dass die Ladekapazität des Schiffes, was Lebensmittel und Trinkwasser betraf, mehr oder weniger invariabel war. Mehr Gefangene bedeutete weniger Wasser und Essen für jeden von ihnen. Mit ihren 2,7 Gefangenen pro Tonne bewegte die *Diligent* sich schon am Rand der Gefahrenzone.

Am Ende des Tages war der letzte Gefangene zwischen seine Leidensgenossen auf dem Sklavendeck gezwängt, und die übrig gebliebenen Handelswaren waren wieder an Bord geladen worden. In den Tagen zuvor hatten die Matrosen bereits das Zelt aus Segeln wieder entfernt, welches auf dem Deck für Schatten gesorgt hatte, und die Rahen und Stengen wieder an den Masten befestigt. Hirse und andere Nahrungsmittel, die man in Jakin gekauft hatte, und die frisch gefüllten Wasserfässer waren in der Proviantlast verstaut worden. Mary, der Jakin so schnell wie möglich hinter sich lassen wollte, bevor noch mehr Besatzungsmitglieder oder Sklaven starben, befahl, die *Diligent* seeklar zu machen. Am Tag darauf erlag Pierre Mathieu Letheris, der erst zwanzigjährige Offiziersanwärter, einem Fieberanfall.

Als alles zur Abreise bereit war, fühlte Durand sich wieder wohl genug, um eine Liste der Gefangenen anzulegen, die sich an Bord befanden. Auf dem Deck unter seiner Kajüte lagen oder hockten 201 Sklaven, die den Eignern in Vannes gehörten – den Brüdern Billy und Monsieur La Croix. Durand führte sie als Teil der »Fracht« auf. Er hielt nicht ihre Namen oder ihr Herkunftsland fest, unterteilte sie aber nach ihrem Geschlecht und auch nach ihrem Alter – alle, die unter zehn waren, galten als Knaben oder Mädchen. Durand listete insgesamt 109 Männer, 71 Frauen, 17 Knaben und 4 Mädchen auf. Das Verhältnis von Männern zu Frauen belief sich damit auf 1,7 zu 1. Das war weit entfernt von dem Drei-zu-eins-Verhältnis, das William Snelgrave von König Agaja gefordert hatte, und näher an dem Zwei-zu-eins-Verhältnis, das Des Marchais empfohlen hatte.

Die Gruppe der Gefangenen, die Durand unter der Überschrift »pacotilles« aufführte, setzte sich sowohl vom Lebensalter als auch von der Geschlechtszugehörigkeit her ganz anders zusammen, was zeigt, wie die Sklavenhändler, die vor Ort waren, dies zu ihrem Vorteil ausnutzten, um sich selbst eine »Ladung« zusammenzustellen, die in wirtschaftlicher Hinsicht am günstigsten war. Von den 26 Sklaven, die Kapitän Mary persönlich gehörten, waren 23 Männer und nur drei Frauen. Kinder hatte er überhaupt nicht gekauft. Sein Stellvertreter Valteau erwarb neun Männer, zwei Knaben und zwei Frauen, der Erste Leutnant Robert Durand fünf Männer und keine Frauen oder Kinder. Die rangniedrigeren Offiziere versuchten ebenfalls, Sklaven gegen ihre *pacotilles* einzutauschen, ihre begrenzteren Mittel wirkten sich aber auf die Art ihrer Erwerbungen aus. Der Zweite Leutnant Thomas Laragon kaufte drei Frauen, der Schiffsarzt Devigne drei Männer und zwei Frauen, der Erste Maat Leglan ein Mädchen, der Steuermann Sabaton einen Mann und der stellvertretende Schiffsarzt Touchard eine Frau.

Insgesamt hatte man also 256 Menschen – von denen 201 den Eignern gehörten und 55 den Offizieren des Schiffs – auf dem Sklavendeck zusammengepfercht, das nur 19 Meter lang war und an seiner breitesten Stelle 6,5 Meter maß. Auch nahmen die dicken, zusammengerollten Ankertrossen und die Aufbewahrungskästen für die Segel weiteren Platz weg. Sogar wenn man den zusätzlichen Raum hinzuzählt, der durch die Plattformen geschaffen wurde, hatte jeder Sklave nur etwa 30 mal 150 Zentimeter für sich zur Verfügung, was bedeutete, dass er auf der Seite liegen musste. Der Abstand zwischen dem Deck und der Plattform beziehungsweise der Plattform und dem darüberliegenden Deck betrug etwa 60 Zentimeter.[60] Weil die innen an den Bordwänden angebrachten Plattformen nicht bis zur Mitte des Sklavendecks reichten, gab es dort nach oben hin etwas mehr Raum – gut 1,40 Meter –, und hier lagen die Gefangenen daher nicht, sondern sie mussten sich, das Kinn gegen die Knie gepresst, auf den Boden kauern. Weil die *Diligent* ursprünglich als Getreidetransporter fungiert hatte, war die Belüftung auf dem Sklavendeck äußerst schlecht, und es konnte dort erstickend heiß werden.

Am Dienstag, dem 27. November 1731, gegen acht Uhr morgens, beinahe drei Monate nach ihrer Ankunft in Jakin, setzte die Besatzung der *Diligent* die Segel ihres Schiffes, das bald von einer leichten Brise aus Nordwest erfasst wurde. Von seinem bevorzugten Standpunkt auf dem Achterdeck aus zeichnete Durand das zerfallende portugiesische Fort und die Zelte der Sklavenhändler auf dem Strand mit der Stadt Jakin im Hintergrund. Wie der Rest der Mannschaft brannte er darauf, so schnell wie möglich von Jakin fortzukommen. Während die *Diligent* sich von der Küste entfernte, beschleunigte sie nach und nach ihre Fahrt. Bald lief sie unter vollen Segeln vor der Brise her. Sie nahm jedoch nicht Kurs auf die Insel Martinique, ihr eigentliches Bestimmungsziel, sondern segelte nach Südosten und hielt genau auf die portugiesischen Inseln Principe und São Tomé zu.

Teil 9

Inseln im Atlantik

30

AUF DEM ATLANTIK

29. November, 1731

Als die afrikanische Küste hinter der *Diligent* zurückblieb und schließlich hinter dem Horizont verschwand, war es beinahe so, als ob das Schiff in eine andere Welt eintauche.[1] Auf See hatten Pierre Mary, Pierre Valteau, Robert Durand und die anderen das Sagen. In Jakin waren sie Gäste des dortigen Herrschers gewesen. Sie hatten die obligatorischen Geschenke überreicht, die Abgaben entrichtet, wie es sich gehörte, und im Umgang mit afrikanischen Amtsinhabern die gebührende Ehrerbietung an den Tag gelegt. Sie hatten geduldig mit afrikanischen Sklavenhändlern um Preise gefeilscht und mit den von ihnen angeheuerten eingeborenen Helfern gelassen die Löhne und Arbeitsbedingungen ausgehandelt. All dies war nötig gewesen, um das Sklavendeck mit seiner menschlichen Fracht zu füllen. Nachdem das Schiff aber einmal die Straße von Jakin verlassen hatte, war das alles anders geworden. In der kleinen von Holzplanken umgrenzten Welt, in der Pierre Mary, Pierre Valteau und Robert Durand die Herrscher waren, war von der Rassenzugehörigkeit auch der Rang abhängig, den man innehatte.

Auf dem Schiff schwelte ein latenter Konflikt. Die Mannschaft spürte es und war zum Äußersten angespannt, vor allem während der ersten Tage auf See. Für sie war jeder afrikanische Gefangene, ungeachtet seines Alters oder seines Geschlechts, ein potenzieller Rebell. Kinder konnten Botschaften übermitteln, und mit ihren scharfen Augen entdeckten sie manchmal metallene Gegenstände wie Nägel, die sich gelockert hatten und sich herausziehen ließen, um mit ihnen Schlösser zu öffnen oder Waffen aus ihnen zu machen. Frauen konnten ihre eingeschränkte Bewegungsfreiheit und die Tatsache, dass sie Zugang zu den Kajüten der Offiziere hatten, dazu nutzen, die Verrichtungen der Seeleute zu studieren, um eine günstige Gelegenheit für einen Aufstand zu erkunden. Auf dem Sklavenschiff *Annibal* wagte es 1729 eine Gruppe Frauen sogar, sich gewaltsam Zugang zum Gemeinschaftsraum der Offiziere zu verschaffen, um Schwachstellen auszukundschaften.[2] Frauen übermittelten wie die Kinder Botschaften und halfen dabei, Aufstände zu planen; das war ein Grund dafür, dass man die Trennwand zwischen dem Teil des Decks, auf dem die Männer untergebracht waren, und dem anderen, auf dem ausschließlich Frauen lagen, so schalldicht wie möglich machte. Neuere statistische Untersuchungen belegen, dass die Wahrscheinlichkeit einer Erhebung umso größer war, je mehr weibliche Sklaven sich an Bord befanden.[3] Für die Besatzung der *Diligent* hieß es daher, die Frauen und Kinder genauso aufmerksam im Auge zu behalten wie die Männer.

Die Mannschaft hatte noch einen anderen Grund, den Frauen zu misstrauen: Die Weißen argwöhnten, dass einige von ihnen Hexen sein könnten. Sie hatten Geschichten gehört wie die folgende, die von Pater Labat aufgezeichnet wurde: Ein französisches Schiff stach von der Insel Gorée aus in See. Unter den Gefangenen an Bord befand sich eine Hexe, die Wasser und Essen verschwinden ließ und den Tod einiger ihrer Mitgefangenen bewirkte. Als der Schiffsarzt einen der toten Sklaven sezierte, fand er heraus, dass Herz und Leber völlig verdorrt und hohl wie ein Ballon waren. Der Arzt peitschte die Hexe ohne Erbarmen aus, sie behauptete jedoch, keine Schmerzen zu verspüren, und schwor, sich an ihm zu rächen. Zwei Tage späte verstarb der Arzt unter großen Qualen. Als man eine Autopsie vornahm, stellte man fest, dass seine Hoden eingeschrumpft und trocken wie Pergament waren. Das Schiff segelte schließlich nach Afrika zurück und setzte die Frau an Land. Mehrere britische Offiziere, die sich als Gefangene an Bord befanden, so behauptete Pater Labat, unterzeichneten eine Erklärung, dass diese Geschichte wahr sei.[4]

Unter den Afrikanern, von denen einige schon zwei Monate an Bord der *Diligent* verbracht hatten, bevor man den Anker lichtete, bildete sich eine Reihe informeller und zum größten Teil verborgener sozialer Netzwerke aus, als jeder Gefangene nach und nach entdeckte, welche seiner Leidensgenossen sich in einer Sprache verständigten, die er oder sie verstehen konnte. In Unterhaltungen erfuhren sie, wer von hoher Geburt oder wer ein ganz gewöhnliches Mitglied der Gesellschaft war, wer reich und wer arm gewesen war, wer ein Gebieter und wer ein Untertan gewesen war. Sie erzählten sich gegenseitig, wie sie in Sklaverei geraten waren, und stellten dabei fest, wer im Krieg gefangen genommen, wer entführt und wer auf Grund von Schulden oder einer Hungersnot verkauft worden war – oder auch weil er ein Verbrechen begangen hatte. Fragen, welche die Vergangenheit betrafen, waren aber bei weitem nicht so wichtig wie solche, welche sich auf die Gegenwart und die Zukunft bezogen. Würden sie überleben? Wenn ja, was würde dann aus ihnen werden? Als die auf einer gemeinsamen oder verwandten Sprache basierenden Netzwerke fester wurden, traten auch Führer in Erscheinung, die damit anfingen, Pläne für einen Aufstand oder eine Flucht zu schmieden.[5]

Um fünf Uhr morgens am 29. November, kurz vor Anbruch der Dämmerung, begann sich auf dem Sklavendeck der *Diligent* ein Mann – seinen Namen kennen wir nicht – zu regen. Er lag nackt auf den rauen Planken mit nur wenigen Zentimetern Abstand zu der Plattform über ihm. Es fiel schwer, Schlaf zu finden, wenn das eigene Bein mit einer starren Eisenfessel an das Bein des Nachbarn geschlossen war – sogar Ketten wären leichter zu ertragen gewesen. Die Luft war in der Nacht verbraucht worden, und die hölzernen Bordwände strahlten trotz der relativen Kühle der Nacht die tagsüber gespeicherte Hitze ab. Der Mann war höchstwahrscheinlich ein Soldat in der Armee von Mahi oder Oyo gewesen. Er hatte seine Gefangennahme durch die Truppen Dahomeys, den Gewaltmarsch zur Küste, die erniedrigende Musterung durch einen der Offiziere der *Diligent* und die beängstigende Fahrt durch die turmhohen Wogen stoisch ertragen. Er wusste nicht, wohin er gebracht wurde und zu welchem Zweck, doch er hatte viele Male gehört, dass die Weißen Kannibalen waren, die afrikanische Gefangene kauften, um sie aufzufressen.

Als er jetzt in der Dunkelheit und erstickenden Luft des Sklavendecks lag, vermochte er das alles nicht mehr zu ertragen. Er begann seine langsam erwachenden Mitgefangenen zu einer sofortigen Rebellion anzustacheln. Sie sollten sich alle zusammen wie ein Mann erheben und versuchen, den verriegelten Lukendeckel aufzusprengen. Die Besonneneren unter den Gefangenen erkannten sofort, dass dieser Plan mehr als tollkühn war. Wenn er Erfolg haben sollte, musste ein Aufstand minutiös geplant werden und auf sorgfältigen Erkundungen basieren. Man musste sich irgendwie Waffen besorgen, die Aktionen mussten koordiniert werden und genau zur richtigen Zeit stattfinden. Als die anderen sich weigerten mitzumachen, geriet der Mann außer sich. Er musste unbedingt sofort etwas unternehmen, und wenn die anderen sich nicht mit ihm zusammen erheben wollten, dann würde er irgendwie auf irgendjemanden losgehen, der in seiner Nähe war. Da er keine anderen Waffen besaß als seine Zähne, biss er in seinen Daumen, bis Blut herausspitzte; dann biss er einen der Gefangenen, die in seiner Nähe lagen.

Als sie die Schreie von unten hörten, öffneten die Männer der Nachtwache die Luke und stiegen zum Sklavendeck hinab. Obwohl es dort so gedrängt voll war, hatten die anderen es geschafft, sich etwas zurückzuziehen, um dem Tobenden ein wenig Freiraum zu lassen. Er konnte sich nicht ungehindert bewegen, da sein Bein immer noch mit dem seines Nebenmanns zusammengeschlossen war, doch er lag nicht ausgestreckt, sondern kauerte aufsässig unter der niedrigen Plankendecke über ihm. Wenn irgendjemand, ob schwarz oder weiß, versuchte, sich ihm zu nähern, bleckte er die Zähne und schnappte nach ihm. Immer mehr Männer der Besatzung eilten auf das Sklavendeck, und schließlich gelang es ihnen, den Rasenden zu überwältigen und seinem Nachbarn die Eisen abzunehmen, die ihn an ihn fesselten. Sie schleppten den Mann auf das Oberdeck, wo sie ihn auf die Planken warfen und ihm die Hände hinter seinem Rücken zusammenbanden. Dann fingen sie an, auf ihn einzuschlagen und ihn mit Füßen zu treten.

Kapitän Mary hatte sich vor einer Revolte gefürchtet, seit sie Jakin verlassen hatten. Er war sich bewusst, dass es in den ersten Tagen nach ihrer Abreise für aufsässige Sklaven immer noch möglich war, das Schiff zur Rückkehr nach Afrika zu zwingen; daher war dies die Zeit, in der man am ehesten mit einem Aufstand rechnen musste. Mit jedem Tag, der verstrich, musste den Schwarzen die Möglichkeit zur Rückkehr immer unwahrscheinlicher vorkommen. Mary hatte zwar auf seinen beiden früheren Reisen nach Guinea keine Rebellion an Bord miterlebt, war jedoch einer solchen nur um Haaresbreite entgangen. Nach seiner ersten Fahrt auf einem Sklavenschiff, 1720/21 auf der *Marie*, heuerte er auf einem anderen Schiff an, während die *Marie* wieder nach Guinea segelte, um neue Sklaven zu kaufen. Es kam zu einer Erhebung an Bord der *Marie,* bei der nicht weniger als 40 der gefangenen Schwarzen getötet wurden.[6] Seine früheren Kameraden von der *Marie* hatten dem Kapitän der *Diligent* oft davon erzählt.

Die Ein-Mann-Revolte gab Mary die Gelegenheit, sich eines potenziellen Unruhestifters zu entledigen und gleichzeitig den Rest der Gefangenen einzuschüchtern. Er befahl, die anderen Sklaven an Deck zu bringen. Während sie zuschauten, wanden mehrere Matrosen ein Tau um die Brust des Mannes und zogen ihn dann bis zur Rahe des Fockmastes hoch. Zuerst waren die anderen Sklaven froh, als sie sahen, dass man das Tau nicht um den Hals des Mannes gelegt hatte, der, als man ihn immer höher zog, seinen Trotz in den Südwestwind brüllte. Dann trat jedoch ein von dem Kanonier Charles Auger befehligtes Erschießungskommando auf das Achterdeck. Sie zielten mit ihren Musketen auf den von der Rahe baumelnden Körper und durchlöcherten ihn dann mit ihren Kugeln – so lange, bis das Blut des Mannes auf die Decksplanken troff. All dies geschah, so notierte Robert Durand in seinem Bordtagebuch, »um den anderen eine Lektion zu erteilen«.

Die Angst vor einem möglichen Aufstand verließ die Offiziere und Matrosen eines Sklavenschiffs nie ganz, und wenn sie in einem Hafen mit den Besatzungsmitgliedern eines anderen Sklaventransporters zusammenkamen, erzählten sie sich Geschichten von solchen Revolten. Zwischen 1720 und 1730 war es allein auf französischen Schiffen zu 17 Sklavenrevolten gekommen. Auf der *Excellent* verloren 74 Gefangene ihr Leben, als sie sich zu befreien versuchten; viele fanden kämpfend den Tod, während andere den Tumult und das Durcheinander nutzten, um über Bord zu springen und Selbstmord zu begehen. Empörung und Freitod – zwei Wege, sich der Gefangenschaft zu entziehen – schienen Hand in Hand zu gehen. Auf der *Amériquain* brachten einige Sklaven irgendwie eine Axt an sich, mit der sie drei Männer der Besatzung verwundeten, bevor man sie überwältigen konnte. Die Gefangenen auf der *Dauphin* erhoben sich, als das Schiff sich gerade anschickte, den Hafen von Whydah zu verlassen. Nachdem die Revolte niedergeschlagen war, setzte es tatsächlich seine Fahrt fort, doch schon am ersten Tag auf See kam es erneut zu einem Aufstand. Der Anführer wurde an einer Rahe festgeknüpft und erschossen, doch sechs Tage später erhoben sich seine Gefolgsleute zum dritten Mal. Auf der *Annibal* gelang es den Gefangenen, Äxte, Entermesser, Scheren, Hämmer, Nagelfeilen und sogar zwei Paar Pistolen an sich zu bringen. Als der Aufstand niedergeschlagen war, lagen 45 Schwarze tot auf den Planken, während weitere 47 Verletzungen davontrugen. Fünf der Verwundeten, die man für die Rädelsführer hielt, baumelten kurze Zeit später von den Rahen. Die erfolgreichste Erhebung der damaligen Zeit sollte jedoch kurze Zeit nach dem Vorfall auf der *Diligent* stattfinden: Am 11. Februar 1732 revoltierten bei Groß-Popo die Gefangenen auf der *Parfait,* und es gelang ihnen, das Schiff zu versenken und sich selbst schwimmend ans Ufer zu retten.[7]

Sklavenhändler stellten eine Vielzahl von Theorien darüber auf, was eigentlich Revolten auslöste und wie man sie verhindern könnte. Nachdem William Snelgrave 1721 einen Aufstand auf der *Henry* erstickt hatte, befragte er die Anführer nach dem Grund für ihre Verzweiflungstat. Sie antworteten, dass Snelgrave »ein großer Schurke sei, weil er sie gekauft habe, um sie aus ihrem eigenen Land fortzuschleppen, und dass sie entschlossen seien, ihre Freiheit, wenn möglich, wiederzuerlangen«. Und tatsächlich begannen sie nur wenige Tage später einen neuen Befreiungsversuch zu planen.[8] Obwohl Snelgrave auf drei verschiedenen Schiffen eine Erhebung niederschlagen musste, sah er sich selbst als einen vorbildlichen Sklavenhändler an und glaubte, dass Revolten durch »die schlechte Behandlung dieser armen Menschen seitens der Matrosen« verursacht würden. Er meinte, wenn man den Gefangenen »menschlich« und »liebevoll« begegne, werde sie das von einer Rebellion abhalten.

Das Wichtigste sei es, ihnen durch einen Dolmetscher mitteilen zu lassen, dass sie nicht von weißen Kannibalen verzehrt werden würden, sondern dass man sie in ein fernes Land brächte, wo sie für ihre weißen Herren den Boden bestellen sollten. Ob einer der Gefangenen solchen Worten Glauben schenkte, sei dahingestellt.[9]

Des Marchais, der sich ebenfalls für einen mustergültigen Sklavenhändler hielt, hing einer ähnlichen Theorie an. Er war überzeugt, dass Aufstände durch schlechtes Essen verursacht würden und durch die Angst der Gefangenen, aufgefressen zu werden. Um diese Angst nicht noch zu steigern, gab er den Ärzten auf seinem Schiff die Anweisung, unter keinen Umständen eine Leichenöffnung an einem Sklaven vorzunehmen, der unterwegs starb; der aufgeschnittene und teilweise zerstückelte Körper würde als Beweis dafür genommen werden, dass die Weißen tatsächlich nichts anderes im Sinn hätten, als ihre Opfer zu verspeisen. Es sei wichtig, die Gefangenen davon zu überzeugen, dass sie nach ihrer Ankunft in der Karibik das Land bearbeiten und den einen wahren Gott kennen lernen würden. Solchen Versicherungen würden sie Glauben schenken, meinte er, wenn sie mit einer menschlichen Behandlung der Kranken einhergingen.

Des Marchais verließ sich aber nicht nur auf eine »menschliche Behandlung«, um Rebellionen zu verhindern. Er riet seinen Kollegen, stets wachsam zu sein, vor allem in der Nacht, in der es am ehesten zu Aufständen kommen könnte. Um sich gegen Verschwörungen zu schützen, sollten die Sklavenhändler versuchen, jene Schwarzen ausfindig zu machen, welche »am gleichgültigsten« über den Verlust ihrer Freiheit zu sein schienen, und sie bevorzugt zu behandeln, um sie mit Spitzeldiensten zu beauftragen. Er empfahl seinen Berufskollegen, auch die Luke zum Sklavendeck des Nachts mit eisernen Stangen verschlossen zu halten und nur eine schmale Öffnung für diejenigen zu lassen, die, an ihren Nebenmann gefesselt, nach oben kamen, um ihre Notdurft zu verrichten. Es sollten niemals mehr als zwei, drei Paare gleichzeitig an Deck sein. Sie sollten erst wieder nach unten geschickt werden, bevor man andere nach oben kommen ließ. Wenn die Posten nachts ein Geräusch auf dem Sklavendeck vernahmen, sollten sie nicht selbst hinabsteigen, um nachzusehen, sondern einen der Gefangenen, die sie auserwählt hatten, über die anderen zu kommandieren, damit beauftragen. Die Männer der Nachtwache sollten immer bewaffnet sein, für den Fall, dass die Sklaven versuchen könnten, den Lukendeckel gewaltsam zu öffnen.[10]

Wenn sie mit der Realität einer Erhebung konfrontiert wurden, dann hielten sich die meisten – wenn nicht alle – Kapitäne an die Devise, dass grausame Einschüchterung die beste Taktik sei. Jean Barbot hatte geschrieben, wenn es zu seiner Rebellion komme, solle der Kapitän »keine Anstrengung unterlassen, diese Dreistigkeit zu unterdrücken, und, um ein Exempel zu statuieren, das Leben der Aufsässigsten opfern. Dies wird die anderen erschrecken und gefügig machen. Die Art und Weise, ihnen dies unmissverständlich begreiflich zu machen – ich meine die Form von Bestrafung, welche die Afrikaner am meisten schreckt –, besteht darin, einen lebenden Mann mit einer Axt zu zerstückeln und die einzelnen Teile den anderen auszuhändigen.«[11]

Sogar William Snelgrave konnte – all seinen Behauptungen, ein humaner Sklavenhändler zu sein, zum Trotz – angesichts einer Rebellion brutal sein. 1721 ankerte Snelgraves Schiff vor dem britischen Fort von Anamabu. Nach einer fehlgeschlagenen Rebellion, bei der ein weißer Seemann getötet worden war, informierte Snelgrave die Kommandanten der acht anderen Schiffe, die dort vor Reede lagen, dass er den Rädelsführer exekutieren werde. Die Kommandanten sollten die eigenen Gefangenen an Deck treiben lassen, damit sie der Hinrichtung zusähen. Als auch auf den anderen Schiffen alle Gefangenen nach oben gebracht worden waren, ließ Snelgrave ein Tau um die Brust des Anführers winden und ihn bis zur Großrahe des Fockmastes hochziehen. Dann gab er zehn Matrosen den Befehl, mit ihren Musketen auf den Mann zu feuern. Er war sofort tot.

Nach der Exekution ließen die Matrosen den Toten auf das Deck herab. Vor den Augen der entsetzten Zuschauer hackten sie ihm den Kopf ab und warfen ihn in die von Haien verseuchte See. Snelgrave erklärte, dass man dies wegen des Glaubens der Eingeborenen der Region getan habe, eine solche Verstümmelung hindere den Geist eines Menschen daran, nach seinem Tod in die Heimat zurückzukehren. Er hatte den Aufrührer nicht nur exekutieren, sondern auch dafür sorgen wollen, dass sein Geist nicht heimkehren könne. Mit dieser Strafaktion hoffte Snelgrave, dass die Gefangenen von weiteren Versuchen, eine Revolte zu beginnen, abließen.[12]

Auf der *Diligent* konnte Kapitän Marys brutales Drohgehabe nicht die Tatsache verschleiern, dass er Todesängste litt, die Kontrolle über die Situation zu verlieren: Schließlich waren siebenmal mehr Gefangene als »Wächter« an Bord. Nachdem der nackte und blutverschmierte Körper des Mannes, der auf eigene Faust rebelliert hatte, keine Regung mehr zeigte, warfen die Matrosen ihn ohne jegliche Zeremonie ins Meer. Robert Durand hielt nicht fest, ob Haie das Schiff umkreisten oder nicht.

Die *Diligent* segelte nach Südsüdost, obwohl ihr Ziel Martinique westnordwestlich ihrer gegenwärtigen Position, auf der anderen Seite des Atlantiks, lag. Der Grund für diesen scheinbaren Widerspruch war der Guinea-Strom, der sich in östlicher Richtung, an der Goldküste, Whydah und Jakin vorbei, bis nach Gabun erstreckte. Entgehen konnte man ihm nur, wenn man ganz bis zum Äquator hinunterfuhr. Der zweite Grund dafür, dass die *Diligent* Richtung Südsüdosten steuerte, war die Hoffnung, auf den in portugiesischem Besitz befindlichen Inseln Principe und São Tomé Proviant und gutes Trinkwasser für die Mittelpassage an Bord nehmen zu können. Schiffe, die von der Gold- oder der Sklavenküste aufgebrochen waren, machten routinemäßig bei einer der beiden portugiesischen Inseln Station, und viele Schiffe blieben dort bis zu sechs Wochen vor Anker liegen, bevor sie die Überquerung des Atlantiks in Angriff nahmen. Von den neun französischen Sklavenschiffen, die 1731 von der Sklavenküste aus auf Fahrt gingen, machten sechs bei Principe und eines bei São Tomé Halt.[13]

Wiederum legten Strömungen die Route fest: Schiffe, die von der Goldküste aus in See stachen, konnten direkt nach São Tomé segeln, während diejenigen, die von Whydah und Jakin aus auf Fahrt gingen, erst Principe ansteuern mussten, von wo die Strömung sie dann weiter nach Osten, nach São Tomé, trug. Wenn die Meeresströmungen besonders stark waren und die Winde ihnen entgegenbliesen, mussten die Schiffe, die nach Principe gelangen wollten, erst dem Verlauf der afrikanischen Küste, die sich nach Süden krümmte, folgen und dabei tagsüber vor Anker gehen und nur nachts die Fahrt fortsetzen, um die dann von Land wehende Brise auszunutzen. Bei solch ungünstigen Bedingungen konnte es bis zu 30 Tage dauern, bis man von Whydah oder Jakin aus Principe erreichte. Schiffe, deren Ziel die Insel war, konnten bis zu fünf Monate im Guinea-Strom feststecken.[14]

Seitdem sie am Dienstag, dem 27. November 1731, im Hafen von Jakin den Anker gelichtet hatte, hatte der Tod die *Diligent* mehr als einmal heimgesucht. Pierre Mathieu Letheris, der zwanzigjährige Offiziersanwärter aus Vannes, war nur eine Stunde nach der Abfahrt des Schiffes einem »hitzigen Fieber« erlegen. Am Tag darauf starb der stellvertretende Schiffsarzt René Touchard an einer Verletzung, die er sich zugezogen hatte, als sein Kanu beim Durchqueren des Brandungsgürtels gekentert war. Zu den Besitztümern des Arztes, die an Bord versteigert wurden, gehörten zwei medizinische Fachbücher, die sein Kollege Devigne für sich erwarb. Am 1. Dezember, einem Samstag, starb ein gefangener Afrikaner, der zur allgemeinen »Ladung« gehörte, am von Robert Durand so genannten »Übel des Landes«. Am Sonntag erlag Pierre Thaubier aus Le Croisic, ein einundzwanzigjähriger Matrose, einem »hitzigen Fieber, der gewöhnlichen Krankheit des Landes«. Im Laufe der nächsten fünf Tage ereilte der Tod drei weitere Gefangene, einen Mann und zwei Frauen. Durand schrieb nicht auf, welches die Ursache ihres Todes war, doch er fügte an, dass er »plötzlich und unerwartet« eintrat.

Eine Beisetzung auf hoher See wurde bald zu einem beinahe täglichen Ereignis. Beim Tod eines Besatzungsmitglieds verfuhr man aber ganz anders als bei dem eines Sklaven. Wenn ein Seemann starb, dann übernahm es sein *matelot*, also sein Gegenpart im Team der anderen Wache, die Bestattung vorzubereiten. Der Arzt und der *matelot* wickelten ihn in seine Wolldecke oder – wenn diese Mangelware waren – in seine Hängematte und banden diese mit einem Strick zusammen. Den eingehüllten Körper trugen sie dann, von den beiden Kajütenbediensteten begleitet, von denen der eine ein hölzernes Kruzifix, der andere eine brennende Fackel in den Händen hielt, zu einer bestimmten Stelle auf dem Hauptdeck. Die gesamte Mannschaft kam dort zusammen, der Kapitän sprach ein Gebet, dann träufelte einer nach dem anderen ein wenig Weihwasser auf den Toten. Schließlich wurde eine Kanonenkugel an seinen Füßen befestigt, dann ließ man die Leiche über die Bordwand gleiten. Wenn sie in den Wogen versank, wurde Salut gefeuert: ein einziger Schuss für einen gewöhnlichen Seemann, mehrere Schüsse für einen Offizier.[15]

Die Afrikaner, die an Bord starben, wurden mit keiner solchen Zeremonie geehrt. Da sie keine Christen waren, kamen kein Gebet und kein Weihwasser ins Spiel, und man wollte auch keine Decken, Hängematten oder Kanonenkugeln verschwenden, um sich ihrer Leichen zu entledigen. Man wartete, bis es Nacht war und keiner der anderen Sklaven zuschaute, und warf den nackten Leichnam über Bord, wo er noch eine Weile auf den Wellen schaukelte, während das Schiff seine Fahrt fortsetzte. Das war der Grund dafür, dass so viele Haie den Sklavenschiffen folgten.[16] Hatte der verstorbene Afrikaner Landsleute oder Freunde an Bord, so hielten diese vermutlich, so gut es eben ging, in der Nacht, wenn kein Weißer zusah, auf dem Sklavendeck eine Totenfeier ab. Sie glaubten fest daran, dass der Geist des Verstorbenen wieder in seine Heimat ziehen werde, und taten alles, um ihm auf seiner Reise beizustehen.[17]

Dass die *Diligent* zwei Ärzte mit auf die Fahrt genommen hatte – wie das französische Gesetz es für alle lange währenden Reisen vorschrieb –, hatte offenbar nicht viel geholfen. Man bezeichnete die Ärzte als »Chirurgen«, weil sie auch Gliedmaßen amputierten, Zähne zogen und Patienten zur Ader ließen. Viele Schiffsärzte des 17. Jahrhunderts hatten aber ihre Karriere als Bader begonnen und sich selbst durch praktische Erfahrungen zum Chirurgen »ausgebildet«. Die französische Regierung hatte jedoch 1717 die Vorschriften verschärft: Jeder Schiffsarzt musste eine Lehrzeit in einem Spital im Hafen absolvieren und sich dann einer mündlichen Prüfung unterziehen, die von einem Komitee zugelassener Ärzte im Gebäude der Admiralität abgehalten wurde. Erst 1767 sollte es für einen prospektiven Schiffschirurgen erforderlich werden, sich ernsthaft dem Studium der Medizin zu widmen.

Sogar nach der Verschärfung der Vorschriften im Jahr 1717 hatte Chevalier Des Marchais nichts als Hohn und Spott für die Ärzte auf den französischen Sklavenschiffen übrig, die kaum wussten, wie man einen Patienten zur Ader ließ, und denen es an den elementarsten medizinischen Kenntnissen mangelte. Sie wurden vor allem angeheuert, weil sie billig waren.[18] Ähnlicher Meinung wie Des Marchais war auch der englische Chirurg T. Aubrey. In seinem Handbuch für Bordärzte auf Sklavenschiffen von 1729 führte er aus: »Eine Fülle dieser armen Kreaturen geht an Bord der Schiffe verloren, was eine große Einbuße für die Eigentümer und eine große Schande für die Ärzte ist, nur auf Grund der Ignoranz des Chirurgen, der nicht weiß, was sie befallen hat, sondern in der Annahme, es handle sich um ein Fieber, sie zur Ader lässt oder purgiert oder sie zum Brechen bringt und sie so in eine unheilbare Diarrhö treibt, sodass sie binnen weniger Tage zu einem Festmahl für einen hungrigen Hai werden.«[19]

Kapitän Mary wusste, dass ihm in Anbetracht der unwirksamen Medikamente und der schlecht ausgebildeten Ärzte nichts anderes übrig blieb, um das Leben der Besatzungsmitglieder und der Gefangenen zu retten, als so schnell wie möglich in gesündere Gefilde zu gelangen. Kommandanten von Sklavenschiffen schienen dahingehend übereinzustimmen, dass Whydah und Jakin besonders ungesunde Orte mit unbekömmlichem Wasser und schädlicher Luft seien. Die einzige Lösung bestand darin, so rasch es ging, das heißt, bevor zu viele Menschen an Bord starben, die Insel Principe zu erreichen. Auch Chevalier Des Marchais, der sich so zynisch über die Schiffsärzte geäußert hatte, empfahl das gute Essen und das gute Wasser, das man dort erhalten konnte.[20] Da immer mehr Gefangene und Seeleute erkrankten und starben, hielt Kapitän Mary sich an seinen Rat und versuchte, schnellstmöglich nach Principe zu gelangen.

31

Principe, 6. Dezember 1731

Gegen Mittag meldete der Ausguck, dass die zerklüfteten Gipfel von Principe in Sicht gekommen waren, und zwei Tage später lag die *Diligent* im Hafen der Insel vor Anker. Sie waren sehr gut vorangekommen und hatten die Strecke von Jakin nach Principe in nur zwölf Tagen zurückgelegt. Normalerweise verließen Schiffe, deren Ziel diese portugiesische Besitzung war, Jakin oder Whydah mit Wasser und Proviant für mindestens drei Wochen an Bord für den Fall, dass sie von widrigen Winden aufgehalten wurden oder Schwierigkeiten hatten, die Insel überhaupt zu finden. Auf diesem ersten Teilstück der Strecke in die Karibik war die Sterberate unter den Sklaven hoch, weil viele von ihnen schon an Krankheiten litten, bevor man sie an Bord gebracht hatte, und auch etliche Besatzungsmitglieder bereits den Keim einer Krankheit in sich trugen, bevor ihr Schiff in See gestochen war. Angesichts der Unfähigkeit der Ärzte konnte man das Leben vieler nur retten, indem man Principe so rasch wie möglich erreichte. Was für Folgen es haben konnte, wenn die Fahrt zu lange dauerte, war durch den Fall der *Saint-Michel* deutlich gemacht worden, die nur ein Jahr vor der *Diligent* auf dieser Route unterwegs gewesen war. Sie hatte über einen Monat gebraucht, um von der Küste Guineas nach Principe zu gelangen, und als sie endlich in den Hafen eingelaufen war, waren 32 Afrikaner gestorben und der Rest von ihnen schwer krank. Der Schiffsarzt war ein junger Mann, der für keinen der Kranken etwas hatte tun können: Er wusste noch nicht einmal, welche Medizin man gegen eine bestimmte Krankheit verabreichte. Der Gouverneur von Principe stellte einen fähigeren Arzt zur Verfügung, doch 33 weitere Gefangene erlagen binnen kurzem ihren Leiden. Als die *Saint-Michel* von Principe ablegte, um zu der Schwesterinsel São Tomé zu segeln, wurde sie erneut von widrigen Winden und Flauten aufgehalten. Da der Kapitän sehr krank und der Erste Leutnant auf Grund eines Augenleidens erblindet war, gab es niemanden, der das Schiff kommandieren konnte. Viele der Gefangenen starben an diversen Krankheiten oder weil sie zu wenig zu essen bekamen. Als die *Saint-Michel* viereinhalb Monate, nachdem sie die Guinea-Küste hinter sich gelassen hatte, endlich São Tomé

31.1 Durands Zeichnung des Hafens von Principe.

erreichte, lebten nur noch 38 der 202 Sklaven, die sie ursprünglich an Bord genommen hatte.[21]

Die *Diligent* war vom Glück mehr begünstigt, wenn auch am Freitag, dem 7. Dezember, um sieben Uhr morgens eine weitere Sklavin starb. Als sie in den Hafen von Principe einliefen, erkannte Durand zwei Schiffe, denen sie schon früher an der Guinea-Küste begegnet waren: die *Pontchartrain* und die *Hirondelle*. Beide Sklavenschiffe hatten sich drei Monate vor ihnen von Afrika auf die Reise gemacht. Die Briefe, welche die Männer der *Diligent* der *Hirondelle* mitgegeben hatten, würden nicht vor ihnen selbst ankommen. Außerdem lagen noch ein englisches Schiff und zwei portugiesische Segler im Hafen.

Durand und Valteau, die während der gesamten Fahrt nach Principe krank in ihren Kajüten gelegen hatten, ließen sich sofort an Land bringen, um sich in einem gemieteten Haus zu erholen. Gewöhnliche Seeleute, die leidend waren, brachte man in einem in Musketenschussweite vom Schiff am Strand aufgeschlagenen Zelt unter. Der Kapitän mietete ein Lagerhaus für die Sklaven an und ließ diejenigen von ihnen, die krank waren, unverzüglich an Land schaffen. Trotz dieser Maßnahme starb einen Tag nach ihrer Ankunft erneut eine Sklavin. Damit waren bis dahin sieben Afrikaner und vier französische Besatzungsmitglieder tot.

Während die Kranken sich langsam erholten, hatte der Rest der Mannschaft viel zu tun. Principe verfügte über einen Hafen, in dem nur sehr schwacher Wellengang herrschte – Durand verglich ihn daher mit einem »Teich«.

Da das Wasser dort sehr tief war, konnte man ganz nahe an der Küste ankern, was es einfach machte, Menschen und Waren von den Schiffen an Land zu bringen oder umgekehrt. Die gesunden Gefangenen wurden in das Lagerhaus geschafft, in dem Frauen und Männer getrennt untergebracht werden konnten und das eingezäunte Höfe besaß, in denen die Sklaven sich im Freien Bewegung verschaffen konnten, ohne dass sie die Möglichkeit zur Flucht hatten. Ihre Eisen wurden ihnen abgenommen, solange sie sich an Land aufhielten, und jeden Morgen und Abend wurden sie zu einem nahe gelegenen Fluss geführt, wo sie baden konnten. Auch dabei hielt man die Männer und die Frauen stets getrennt voneinander, weil man glaubte, damit gewisse Streitigkeiten unter den Afrikanern selbst verhindern zu können. Außerdem konnten Männer und Frauen sich auf diese Weise nicht zusammentun und gemeinsam Pläne zu einer Erhebung während der weiteren Fahrt über den Atlantik aushecken. Wenn sie sich tagsüber auf den Höfen aufhielten, behielt man die Gefangenen aufmerksam im Auge, nachts wurden sie in das Lagerhaus eingeschlossen – einmal, weil man sicher gehen wollte, dass sie nicht von auf der Insel ansässigen Sklavenhaltern gestohlen wurden, aber auch, weil man befürchtete, dass sie entkommen und zu den Gemeinschaften, die andere entlaufene Sklaven, so genannte *Cimarrons*, in unzugänglichen Gebieten der Insel gebildet hatten, stoßen könnten.[22]

Die Mannschaft der *Diligent* lud die Waren und Vorräte aus und brachte sie in einem Lagerhaus am Strand unter, damit sie das Schiff von der Bilge bis zum Masttopp reinigen konnten. Sie leerten die Fässer, die noch Wasser aus Jakin enthielten, von dem man, wie man glaubte, Würmer und Skorbut bekommen konnte, und füllten sie neu aus Quellen auf der Insel. Robert Durand schrieb nicht auf, wie viele Fässer sie in den Laderaum der *Diligent* schafften, doch einer damaligen Faustregel zufolge lud man ein *barrique*, was 60 Gallonen entsprach, pro Gefangenen. Das Wasser wurde gewöhnlich in große Holzfässer gefüllt, die acht *barriques* aufnahmen. Wenn man sich auf der *Diligent* an die Regel hielt, muss man 249 *barriques*, also 32 Fässer Wasser, für die Sklaven an Bord genommen haben. Wenn die Fahrt in die Karibik 80 Tage dauerte, bedeutete das, dass jeder Gefangene eine Ration von einer Dreiviertelgallone pro Tag erhielt. Einiges von dem Wasser würde man für die Haferschleimsuppe verwenden, welche die Gefangenen zu essen bekamen, den Rest würden sie trinken dürfen.[23]

Kapitän Mary nutzte auch die Gelegenheit, um sein Schiff neu mit billigen Lebensmitteln zu verproviantieren. Proviant an Sklavenschiffe zu verkaufen war zusammen mit dem Verpachten von Lagerhäusern für die Gefangenen die Haupteinnahmequelle für die Insulaner. Durand hielt in seinem *journal* fest, dass der portugiesische Gouverneur den Verkauf von Lebensmitteln an Ausländer zu seinem Monopol erklärt hatte. So kauften die Männer der *Diligent* alles von ihm zu festgesetzten Preisen. Der Preis einer Ware war in Unzen Gold fixiert, gezahlt wurde aber mit entsprechenden Mengen Tuch, das von den Transaktionen in Jakin übrig geblieben war. Sie kauften Hühner, Ziegen, Enten, Zitronen, Bananen und Feigen, außerdem noch 1000 Kochbananen, 1700 Kokosnüsse und 60 Scheffel Maniokmehl. Dieses Mehl würden sie der Hirse beifügen, die sie in Jakin als Proviant für die Gefangenen gekauft hatten. Ein Brei aus Favabohnen, Hirse und Maniokmehl war das Grundnahrungsmittel für die Sklaven.

Durand führte eine Bestandsaufnahme ihrer Vorräte an Favabohnen durch und stellte fest, dass sie 1026 *gamelles*, Eimer, davon an Bord hatten, von denen jeder einen halben Scheffel fasste.[24] Was die Wirkung der Bohnen anbelangte, so waren die Kommandanten von Sklavenschiffen unterschiedlicher Auffassung: Der englische Kapitän Thomas Phillips meinte, dass sie eine »eindickende Eigenschaft« hätten, auf Grund derer sich bei den Sklaven keine Diarrhö einstelle, einige französische Kapitäne waren aber über die »übel riechende Flatulenz« beunruhigt, welche die Bohnen hervorriefen, und empfahlen, dass man sie mit reichlich Salz und Pfeffer versetzen solle, um sie leichter verdaulich zu machen. Chevalier Des Marchais räumte ein, dass Favabohnen, wenn man sie nur in Wasser kochte und wenig Salz hinzutat, sowohl ekelhaft als auch unverdaulich sein konnten. Er riet daher zu einem Mahl, das sich aus verschiedenen Zutaten zusammensetzte, und zwar aus einem Viertel Favabohnen, zwei Vierteln Reis, einem Viertel Erbsen mit Kassava gemischt. Das Ganze sollte mit Schweineschmalz zubereitet werden.[25] Auf der *Diligent* folgte man Des Marchais' Empfehlungen insofern, als man Vorräte kaufte, mit denen man die Sklaven abwechslungsreicher ernähren konnte. Die Faustregel besagte, dass man auf der Mittelpassage eine Tonne Lebensmittel für zehn Gefangene benötigte, im Falle der *Diligent* waren das insgesamt 26 Tonnen.[26]

Am Weihnachtstag war die *Diligent* gründlich gereinigt, neu verproviantiert und bereit zur Weiterfahrt. Seit dem 10. Dezember war niemand mehr gestorben, die erkrankten Sklaven und Besatzungsmitglieder schienen auf dem Weg der Genesung zu sein. Robert Durand hatte sich schon seit einer Weile wieder besser gefühlt, am 24. Dezember kehrte das Fieber aber zurück. Nachdem man das Schiff seeklar gemacht hatte, war es auch an der Zeit, die afrikanischen Gefangenen wieder an Bord zu treiben. Während sie ursprünglich über einen Zeitraum von Wochen hinweg in kleineren Gruppen mit Kanus, die gegen die dreifache Brandung von Jakin angekämpft hatten, auf die *Diligent* gebracht worden waren, konnte man dies hier relativ rasch mit dem großen Beiboot und der Jolle erledigen. Innerhalb der Mannschaft herrschte nervöse Unruhe, weil die Männer wussten, dass dies ebenso wie der Moment der Abfahrt ausgezeichnete Gelegenheiten zu einer Rebellion waren. Sie schafften die Männer zuerst an Bord und legten sie in ihrer Abteilung des Sklavendecks sofort in Eisen. Dann brachten sie die Frauen in die andere Abteilung des Sklavendecks, ketteten sie aber nicht aneinander. Sie wurden jedoch eingeschlossen und nicht ans Oberdeck gelassen, bis das Land außer Sicht war. Man glaubte, dass diese Vorsichtsmaßnahme die Möglichkeit zum Ausbruch einer Revolte verringerte. Sobald das Schiff wieder das offene Meer erreicht haben würde, würde man die Gefangenen ein paarmal am Tag auf das Hauptdeck bringen, auch dann würde man aber immer auf jedes Anzeichen für eine Rebellion achten.[27]

Principe lag 1 Grad 37 Minuten nördlich des Äquators. Robert Durand berechnete die Lage der Insel auf 2 Grad nördlicher Breite, was angesichts der plumpen Instrumente, die er benutzte, der Realität erstaunlich nahe kam. Nachdem sie die Insel hinter sich gelassen hatte, lief die *Diligent* nach Südsüdwesten, auf São Tomé zu. Samstag, den 29. Dezember, gab Durand ihre Position mit 0 Grad 30 Minuten nördlicher Breite an, am Samstag lautete sie 0 Grad 40 Minuten nördlicher Breite. Am Neujahrstag vermerkte er sie dann mit 0 Grad 7 Minuten südlicher Breite. Das Schiff hatte zur Jahreswende den Äquator passiert. Anders als die Überquerung des Wendekreises des Krebses hatte die Äquatorüberquerung keine besondere Zeremonie zum Anlass und war Durand noch nicht einmal eine besondere Erwähnung wert. Der einzige Hinweis darauf, dass sie nun auf der südlichen Halbkugel unterwegs waren, war seine Eintragung »Lat. Obs. S: = 7m«. Am 3. Januar entdeckte der Ausguck die Insel São Tomé, die direkt am Äquator lag. Die meisten Seeleute meinten, dass der Fluss Aqua Grande, der die am nördlich Ende der Insel gelegene Stadt São Tomé durchströmte, den Äquator markierte. Man glaubte, dass man von der nördlichen in die südliche Hemisphäre gelange, wenn man über die Brücke schreite, die sich über den Fluss spannte. Es war eine faszinierende, aber unzutreffende Vorstellung. Kartografen wussten damals schon genau, dass der Äquator über die Südspitze der Insel verlief.[28]

Kapitän Mary hatte zunächst nicht vorgehabt, die Insel anzulaufen, weil er Gefangene wie Mannschaftsmitglieder bereits auf Principe hatte ausruhen und neue Kräfte schöpfen lassen und dort auch bereits ihre Vorräte ergänzt worden waren. Als sie sich der Insel näherten, bemerkte er jedoch, dass sich der Wind zu einem lauen Lüftchen verändert hatte. Man konnte bereits die Guinea-Strömung spüren, die das Schiff zur afrikanische Küste zurückzutragen drohte. Nachdem er sich mit den Offizieren Valteau, Durand und Laragon sowie dem Ersten Steuermann Sabatier und dem Obermaat Leglan beraten hatte, entschloss er sich, vor São Tomé vor Anker zu gehen, um auf einen günstigeren Wind zu warten, der sie durch den Kalmengürtel am Äquator befördern würde.[29] Um aus ihrem außerplanmäßigen Halt Nutzen zu ziehen, kaufte er weitere 132 Scheffel Maniokmehl, vier Scheffel Erbsen und eine kleine Menge Kochbananen für die Gefangenen. Im Aqua Grande badeten ständig Leute und wuschen ihre Kleider, doch sie machten einen kleineren Fluss mit sauberem Wasser ausfindig, aus dem sie ihre Trinkwasservorräte noch einmal ergänzten.

»Die Stadt«, schrieb Durand, »ist wirklich sehr hübsch. Der Generalgouverneur der Insel hat hier seine Residenz. Es gibt einen Bischof, und sie bringen hier eine Menge schwarzer Priester hervor.« Als er diese Bemerkung niederschrieb, war Durand in Unkenntnis darüber, dass auf der Insel ein erbitterter Kampf zwischen den Abkömmlingen von schwarzen Sklaven, die auf den Zuckerrohrpflanzungen gearbeitet hatten, als die Zuckerproduktion hier auf ihrem Höhepunkt gewesen war, und Priestern, die *mestiços* oder Mulatten und stolz auf ihr portugiesisches Blut waren, getobt hatte. Im Mittelpunkt dieses Konflikts hatte ein schwarzer Priester namens Manuel do Rosário Pinto gestanden. Wenn wir uns mit seiner Geschichte beschäftigen wollen, sollten wir im Jahr 1710 beginnen.

32

São Tomé-Stadt, 5. Dezember 1710

Der schwarze Priester äugt durch einen Spalt in den schweren Schlagläden, die man vor die Fenster der Kathedrale Nossa Senhora da Graça gelegt hat, und wartet darauf, dass seine Augen sich an das gleißende Sonnenlicht draußen gewöhnen. Es ist ein heißer Tag, doch in der Kirche herrscht angenehme Kühle. Nossa Senhora da Graça ist für eine Kathedrale wenig beeindruckend: ein schmuckloser Bau ohne irgendwelche Türme oder Zinnen und mit einer einzigen Glocke. Dennoch ist sie das größte Gebäude in der Stadt São Tomé und der Sitz einer Diözese, der nicht nur die Inseln im Golf von Guinea, sondern auch die Siedlungen auf dem afrikanischen Festland von Kap Palmas bis Mount Cameroon unterstellt sind.[30] Als er auf die flachen Gewässer der Ana-de-Chaves-Bucht hinausschaut, fällt Pater Pintos Blick auf das Schiff in der Ferne, das sich langsam nähert. Vielleicht, denkt er, bringt es ihm seine Erlösung.

Während er auf die endlose des Weite des Ozeans starrt, sinnt über die Ironie seiner Situation nach. Sein persönlicher Kampf darum, Erzdiakon der Diözese zu werden, ist hart gewesen und hat lange gedauert. Jetzt, da er sein Ziel endlich erreicht hat, ist er ein Gefangener in seiner eigenen Kathedrale. Die Kirche ist zu einer Festung geworden: Die Türen sind verbarrikadiert, die Fenster durch Läden geschützt, und Pinto und seine schwarzen Diakone sind schwer bewaffnet. Die Stadt und der Strand werden von Scharen von Bewaffneten kontrolliert, die Pintos Rivalen, dem *Mestiço*-Priester Jerónimo de Andrade, treu ergeben sind. Obwohl wenig Gefahr besteht, dass diese Männer wirklich den Versuch unternehmen werden, die Kathedrale zu stürmen, können weder Pinto noch seine Gefolgsleute es wagen, das Gebäude zu verlassen, ohne Leib und Leben zu riskieren.

Manuel do Rosário Pinto wurde in der Gemeinde Trinidade südwestlich der Hauptstadt geboren. Wie die meisten freien Schwarzen auf São Tomé ist er der Abkömmling von Sklaven. Wie aus dem mittleren Teil seines Namens, »do Rosário«, ersichtlich wird, hat seine Familie der religiösen Bruderschaft für Afrikaner in São Tomé angehört, der Irmandade de Nossa Senhora do Rosário. König Johann III. hatte der Bruderschaft das Recht

32.1 Durands Zeichnung von São Tomé-Stadt. Deutlich zu erkennen die Kathedrale am Aqua Grande; die Seeleute glaubten, dass der Fluss die Trennlinie zwischen den Hemisphären darstellte.

gewährt, die Freiheit für jeden schwarzen Mann oder jede schwarze Frau zu fordern, die dem Orden angehörten. Genauso wichtig war die Tatsache, dass die Kirche große Besitzungen im Bezirk Trinidade ihr Eigen nannte, die in Parzellen unterteilt wurden, welche man den befreiten Sklaven übergab.[31] Da die Familie Pinto sowohl ihre Freiheit als auch ihr Auskommen der Kirche verdankte, überraschte es nicht, dass der junge Manuel beschloss, Priester zu werden.

Als junger Mann hatte Pinto im Ausland studiert – es ist nicht ganz sicher, ob in Brasilien oder in Portugal –, um Priester vom Habit des Heiligen Petrus zu werden. 1696, im Alter von 30 Jahren, wurde er Gemeindepriester seiner Heimatstadt Vila da Trinidade, die weiter im Inneren lag und damit von dem fruchtbaren Küstenstreifen recht weit entfernt war. Trinidade war denn auch eine arme Gemeinde, deren Mitglieder sich auf dem Grund und Boden, der im Besitz der Kirche war, mühsam das Lebensnotwendige zusammenkratzten. Nach nur einem Jahr als Gemeindepriester wurde Pinto von den Diakonen der Diözese für einen Monat eingesperrt, weil sie meinten, dass der Hut mit vier Spitzen, den er trug, anstößig sei, er sich aber weigerte, auf diesen zu verzichten. Nach seiner Freilassung reiste er nach Lissabon, um seine Sache vor dem König persönlich zu verfechten. Er verteidigte sich selbst nicht nur in brillanter Manier, sondern konnte zudem erreichen, dass man ihn zu einem der Diakone der Kathedrale ernannte, wodurch er Mitglied jenes Gremiums wurde, das ihn erst kurz zuvor hatte ins Gefängnis stecken lassen. 1706 wurde er zum Visitor der Diözese gewählt. In seinem Eifer, Glaubensirrtümer wie missbräuchliche Praktiken auszurotten, stieß er einige der mächtigsten Männer auf der Insel vor den Kopf.[32]

Pintos Auseinandersetzung mit dem Priester Jerónimo de Andrade, einem Mulatten, nahm 1707 ihren Anfang, als im Senat der Diözese ein Sitz vakant war. Damals setzte der Senat sich aus vier Schwarzen und vier *mestiços* zusammen. Pinto nominierte seinen Kollegen, den schwarzen Pater Campos, für die Stelle. Im Fall einer Wahl Campos' würden die *mestiços* in der Unterzahl sein.

Um dies zu verhindern, verfassten Jerónimo de Andrade, der als Schatzmeister der Diözese fungierte, und die anderen gemischtblütigen Dekane einen Brief an den König von Portugal, in dem sie darlegten, dass früher nur Weiße und *mestiços* in den Senat der Dekane hatten gewählt werden können. Der Bischof Dom Bernardo Zuzarte habe den ersten schwarzen Diakon erst im Jahr 1684 ernannt. »Die Erfahrung, die wir mit diesen Leuten gemacht haben«, schrieb de Andrade, »zeigt uns, dass es dem Frieden im Senat nicht zuträglich wäre, wenn man sie zu Diakonen machte. Wenn sie sich zu Diakonen erhoben sehen, obwohl sie dieser Ehre unwürdig sind, werden sie überheblich werden und nichts zustande bringen, als Zwietracht zu säen.« Als sie vom Inhalt dieses Briefes erfuhren, schrieben Pater Pinto und die anderen schwarzen Priester ihrerseits sofort an den König; sie warfen ihren Gegnern vor, dass sie von Neid gequält würden und eingebildet auf ihre hohen Stellungen seien. Nachdem er die Behauptung aufgestellt hatte, »die schwarzen Priester sind diejenigen, die am getreuesten ihren Pflichten nachkommen, sie versammeln sich regelmäßig zu den Gebeten und sind von legitimer Geburt«, drängte er den König, ungeachtet ihrer Hautfarbe diejenigen zu belohnen, die wohlgetan hatten. Der König entschied tatsächlich auch zu Gunsten der schwarzen Priester und ernannte Pater Campos zum Mitglied des Senats, wodurch dort in der Folge den vier *Mestiço*-Priestern fünf schwarze gegenübersaßen.[33]

Als der größte Historiker, den die Insel im 18. Jahrhundert hervorbrachte, war sich Manuel de Rosário Pinto mit Sicherheit bewusst, dass sein persönlicher Kampf in Beziehung zu Vorgängen stand, die sich nicht nur auf São Tomé, sondern auch in der Welt des Atlantikhandels im Allgemeinen abspielten. Das Eiland war unbewohnt gewesen, als portugiesische Seefahrer es 1470 entdeckten. Es wurde schnell zu einem Umschlagplatz für Sklaven aus dem Kongo und Old Calabar, von denen viele an die Goldküste gebracht wurden, wo man sie gegen Gold eintauschte, während andere nach Portugal und später dann auch in die Neue Welt transportiert wurden. Die Insel avancierte auch zu einem der größten Zuckerproduzenten. Auf den Plantagen portugiesischer Besitzer arbeiteten große Scharen schwarzer Sklaven, und auf dem Höhepunkt des Zuckerbooms im späten 16. Jahrhundert lebten auf São Tomé über 100 000 Menschen, darunter mehr als 3000 Portugiesen, und es gab dort nicht weniger als 200 Mühlen, in denen der Saft aus dem Zuckerrohr herausgepresst wurde.[34]

Der Zuckerboom währte jedoch nur kurze Zeit. Ein großes Problem ergab sich nämlich daraus, dass der Zucker in dem feuchtwarmen Klima nicht richtig kristallisieren wollte. Sogar auf dem Höhepunkt des Booms wurde São-Tomé-Zucker für die Hälfte des Preises verkauft, den man für brasilianischen Zucker verlangte, und gar für ein Viertel dessen, was Madeira-Zucker kostete. Als in Brasilien die Zuckerproduktion immer weiter ausgebaut wurde, wurde der São-Tomé-Zucker bald vom Markt verdrängt. Schon 1550 begannen einige Pflanzer mit ihren Sklaven von der Inseln nach Brasilien überzusiedeln. Von den 72 privaten Zuckerplantagen, die es 1575 auf der Insel gab, waren 1615 59 aufgegeben worden.[35] Im 17. Jahrhundert, nachdem die Holländer die Insel für kurze Zeit besetzt gehalten hatten, wanderten 350 Pflanzer – Weiße und Mulatten – nach Brasilien ab.[36] Sie ließen ihr Land in den Händen der freien schwarzen oder gemischtblütigen Bewohner der Insel zurück, und oft verkauften sie ihre Sklaven an freie Schwarze oder verschenkten sie auch.

Gegen Ende des 17. Jahrhunderts waren die meisten der ehemaligen Plantagen verlassen. Der letzte Schlag kam 1716, als der Stadtrat gegen den Gouverneur rebellierte: Bei dieser Gelegenheit wurden 13 Zuckermühlen in der Nachbarschaft der Stadt São Tomé zerstört. Zu jener Zeit wurde der auf der Insel erzeugte Zucker schon als »sehr grob und verunreinigt und selten gut getrocknet« charakterisiert, und man importierte sogar Zucker aus

Brasilien auf die Insel. Der aus dem Inselzucker hergestellte Rum wurde als »kümmerliches, stinkendes, kratziges Zeug« beschrieben.[37]

Nach dem Niedergang der Zuckererzeugung und einer nur marginalen Rolle beim Handel mit Sklaven aus Angola basierte die lokale Wirtschaft auf der Versorgung von Sklavenschiffen mit Nahrungsmitteln und anderen Gütern und auf der Verpachtung von Lagerhäusern. Die Strömungen im Golf von Guinea machten Sao Tomé zu einer beinahe unabdingbaren Zwischenstation für Sklavenschiffe, die von der Goldküste zur Neuen Welt unterwegs waren.

Von Anfang an hatte es auf São Tomé eine Gesellschaft gegeben, die sich aus Angehörigen verschiedener Rassen zusammensetzte. Da wenige Portugiesen im 16. Jahrhundert willens waren, auf die Insel zu ziehen, hatte die Krone die Verbindung von Weißen und Schwarzen gefördert, indem sie Sklavinnen aus dem Kongo herbeischaffen ließ, damit Weiße Nachkommen mit ihnen zeugten. 1515 verkündete König Manuel I., dass sämtliche Afrikanerinnen, die man den portugiesischen Siedlern als Ehefrauen oder Konkubinen übergeben hatte, und ebenso ihre Kinder frei seien. Zwei Jahre später gewährte der König allen Sklaven die Freiheit, die den ersten Siedlern zugeteilt worden waren oder die diese selbst gekauft hatten. Mit diesen Erlassen zog der König eine Trennlinie zwischen jenen Afrikanern, die man aus bevölkerungspolitischen Gründen auf die Insel geholt hatte, und jenen, welche später hergebracht worden waren, um auf den Plantagen zu arbeiten.[38] Durch die Erlasse von 1515 und 1517 wurde der Kern einer freien afrikanischen Bevölkerung geschaffen, deren Abkömmlinge sich stolz als *filhos da terra,* Söhne des Landes, bezeichneten.[39]

Schon um 1539 hatte die portugiesische Krone den freien Schwarzen und *mestiços* das Wahlrecht gewährt; außerdem durften sie im Stadtrat vertreten sein, der immer wieder während langer Perioden, in denen es keinen Gouverneur gab, die Insel verwaltete. Nur Landbesitzer durften wählen, doch viele Schwarze und *mestiços* hatten bald große Ländereien erworben, vor allem nach der Abwanderung der portugiesischen Zuckerpflanzer im 17. Jahrhundert. Zu Beginn des 18. Jahrhunderts war der Landbesitz bestimmter *Filhos da terra*-Familien, wie der Cunha-Caravalho, der Dálva und den Chaves, weit größer als jener der Kirche.[40] 1731, als die *Diligent* eintraf, waren von den ungefähr 10 000 Bewohnern der Insel nur noch 200 Weiße, und die Wirtschaft lag in den Händen von Schwarzen und *mestiços*.[41] Da man die Zuckerproduktion weitgehend aufgegeben hatte, lebten die meisten der auf der Insel zurückgebliebenen Sklaven in ihren eigenen Häusern und bauten auf ihrem eigenen Stück Land die verschiedensten Früchte an, von denen sie einen bestimmten Prozentsatz an ihre Besitzer abtraten. Sie waren eher kleine Pachtbauern als Plantagensklaven.

Der einzige Bereich, in dem es den freien Schwarzen lange Zeit schwer fiel, zu den Positionen der Macht vorzudringen, war jener der Kirche. Obwohl es schon früh schwarze Priester gegeben hatte und 1526 ein eigener religiöser Orden für Schwarze eingerichtet worden war, waren Schwarze bis 1684 aus dem Senat der Diakone ausgeschlossen geblieben. Mulatten waren schon von Anfang an zugelassen gewesen und hatten dieses Gremium sehr schnell dominiert; Menschen jedoch, in deren Adern kein Tropfen portugiesisches Blut floss, hatten hart um ihre Aufnahme kämpfen müssen. Nachdem Pater Andrades Versuch, schwarze Priester weiterhin aus dem Senat herauszuhalten, von Pater Pinto vereitelt worden war, zeigte Andrade weiterhin, wie voreingenommen er gegen jeden schwarzen Priester war. Als das Amt des Erzdiakons vakant wurde, übernahm er dieses kurzerhand selbst. Pinto focht diese Selbsternennung an, und bei einer Versammlung des Senats der Diakone, bei der er den Vorsitz führte, wies er Andrade öffentlich zurecht.

Über diese Demütigung durch einen Schwarzen empört, suchte Andrade Hilfe beim Stadtrat. Es gab damals gerade keinen Gouverneur auf der Insel – der letzte Inhaber dieses Amtes, Diniz Pinheiro, war 1709 gestorben, und erst 1715 sollte ein Nachfolger ernannt werden – und der Stadtrat war daher die regierende Instanz. In ihm gaben die Abkömmlinge schwarzer *Filhos da terra*-Familien, die über großen Landbesitz und viele Sklaven verfügten, aber auch *mestiços*, deren Hautfarbe von Generation zu Generation dunkler wurde, den Ton an. Die Angehörigen beider Gruppen schauten auf Menschen wie Pinto herab, der von Plantagensklaven abstammte und dessen Familie sich auf einem Stück Land, das der Kirche gehörte, mehr schlecht als recht durchs Leben schlug. Der Emporkömmling musste am weiteren Aufstieg gehindert werden, und so ordnete der Stadtrat Pater Pintos Verhaftung an und ermächtigte seinen Gegenspieler Andrade, zu den Waffen zu greifen. An diesem Punkt des Geschehens kam es dazu, dass Pinto und die anderen schwarzen Geistlichen Zuflucht in der Kathedrale suchten.[42]

Der Grund dafür, dass Pinto an diesem 5. Dezember 1710 den Hafen so aufmerksam im Auge behält, ist ganz einfach der, dass er die Ankunft eines ganz bestimmten Schiffes erwartet. Man hat erfahren, dass der neue Bischof, der ernannt wurde, um die gegenwärtig nicht besetzte Stelle zu übernehmen, bald eintreffen wird. Der neue Würdenträger, João Sahagum, Angehöriger des Ordens der Barfüßigen Augustiner, hat drei Jahre lang Philosophie und vier Jahre lang Theologie am *collegio santanesi* in Portugal studiert. Er ist der ehemalige Leiter des Hospizes in San Tomé und ein alter Freund Pintos.[43] Das Schiff mit Sahagum an Bord wird seit Mitte November erwartet, und es kann jetzt jeden Tag eintreffen. Nach Amtsantritt des neuen Bischofs werden Pater Andrade und seine Verbündeten im Stadtrat es nicht mehr wagen, Pinto festzunehmen. Pinto fixiert daher angespannt das Schiff, dessen Konturen sich allmählich deutlicher abzeichnen. Als das Schiff näher herangekommen ist, kann Pinto erkennen, dass es die portugiesische Flagge aufgezogen hat – ein gutes Zeichen.

Am späten Nachmittag geht Bischof João Sahagum zu den Klängen einer Fanfare von Bord des mittlerweile im Hafen ankernden Schiffes.

Die Ankunft des neuen Bischofs am 5. Dezember 1710 beendete die Belagerung der Kathedrale, und in den darauf folgenden Wochen kam Pinto wieder seinen regulären Aufgaben nach. Der Bischof untersuchte die ganze Angelegenheit in dem Bestreben, gerichtlich gegen den Stadtrat und Pater Andrade vorzugehen. Doch plötzlich fühlte er sich nicht wohl und bat die schwarzen Dikaone unter der Führung von Pinto, statt seiner die Diözese zu verwalten. Noch am selben Tag wurde Pinto, als er dem Kranken einen Besuch abstatten wollte, von Anhängern Pater Andrades aus dem Hinterhalt überfallen. Sie versuchten ihn zu ermorden, doch er konnte ihnen entkommen. Sieben Tage später wurde ein Mitglied der Partei Pintos von den Gefolgsleuten Andrades ergriffen, geprügelt, bis er mehr tot als lebendig war, und in den Kerker des portugiesischen Forts verschleppt. Er war dem Tod so nahe, dass man ihm beim Eintreffen im Fort die letzte Ölung verabreichte. Da sie um ihr Leben fürchten mussten, flohen Pater Pinto und seine Verbündeten in ein Waldgebiet der gebirgigen Region außerhalb der Stadt.[44]

Was die schwarzen Diakone rettete, war der Umstand, dass der Bischof sich von seinem Leiden erholte und die vier Mitglieder des Stadtrates, die in den Überfall auf den Priester verwickelt gewesen waren, exkommunizierte. Der Stadtrat reagierte allerdings auf diese Maßnahme, indem er drohte, jeden, der auf den Bischof eingewirkt hatte, diese Exkommunikation auszusprechen, ins Gefängnis zu werfen und anschließend von der Insel zu verbannen. Da kein Gouverneur da war, der die Sache hätte gerichtlich entscheiden können, und da der Stadtrat in Abwesenheit eines Gouverneurs die höchste politische Instanz verkörperte, machte der Bischof einen Rückzieher und entschied sich, dem Fall nicht weiter nachzugehen.

Diese Pattsituation hielt an, bis im März 1714 ein Rechtsstreit, bei dem es um ein Testament ging, den Kampf zwischen dem Bischof und dem Stadtrat erneut offen ausbrechen ließ. Der Rat befahl den kirchlichen Würdenträgern – einschließlich der schwarzen Priester Pinto und Campas –, die Stadt zu verlassen. Pinto, Campas und der Bischof zogen sich zurück in der Hoffnung, dass die Lage sich beruhigen würde, doch der Rat erklärte die Diözese für aufgelöst und den Bischofssitz für vakant. Da sie nicht nach São Tomé-Stadt zurückkehren konnten, begaben der Bischof, Campas und Pinto sich auf ein Schiff mit Ziel Lissabon, um beim König persönlich Beschwerde einzulegen. Nachdem er sich ihre Ausführungen angehört hatte, ergriff der König Partei für Pinto und beförderte ihn zum Erzdiakon der Diözese. Er erteilte ihm aber auch einen strengen Tadel: »Wir lassen Euch, Manuel do Rosário Pinto, Erzdiakon am Bischofssitz der Insel von São Tomé, wissen, dass Wir Kenntnis erhalten haben, dass Ihr mit Eurer Hoffart jene Menschen verstört und geplagt und Gott und Uns selbst damit einen schlechten Dienst erwiesen habt.«[45]

Wenngleich er diese königliche Zurechtweisung einstecken musste – Pinto konnte sich als Sieger betrachten. Er hatte früher schon über Pater Andrade und seine Gefolgsleute triumphiert, doch jetzt waren die *filhos da terra* bezwungen, die im Stadtrat das Sagen hatten. Er war offiziell zum Erzdiakon der Diözese ernannt worden, und da der Bischof in Lissabon geblieben war, als Pinto nach São Tomé zurückgereist war, fungierte dieser jetzt als Oberhaupt der Diözese; ihm unterstand damit das ganze große Gebiet von Kap Palmas bis zum Mount Cameroon. Er avancierte auch zum Berater des neuen Gouverneurs, Bartholomeu da Costa Ponte, der 1715 auf der Insel eintraf. So eng war ihr Verhältnis, dass der Gouverneur, als er einmal schwer erkrankte, sich zur Genesung in Pintos Haus zurückzog. Als

Erzdiakon der Diözese und Berater des Gouverneurs war Manuel do Rosário Pinto zu einem der mächtigsten Männer auf São Tomé geworden.

Bald jedoch kam es zwischen dem Gouverneur und dem Stadtrat zu einer Auseinandersetzung über den Sklavenhandel, und dieser Streit stellte Erzdiakon Pintos Loyalität gegenüber Costa Ponte auf eine harte Probe. Der Sklavenhandel war wie bereits erwähnt seit jeher die Hauptstütze der Wirtschaft São Tomés gewesen und die Kirche auf zweierlei Weise in den Handel mit Sklaven verwickelt. Zum einen hatten die Kleriker von Nossa Senhora da Graça das Recht erhalten, nach Belieben mit Sklaven zu handeln, um sich selbst zu unterhalten, und die schwarze Bruderschaft, die Irmandade de Nossa Senhora, hatte sowohl das Recht zugestanden bekommen, den Zehnten auf alle Einnahmen aus Sklavengeschäften zu erheben, als auch das, sich über ihre eigenen Mittelsmänner selbst an diesen Geschäften zu beteiligen. Zum zweiten wurden auf Ländereien, die im Besitz der Kirche waren, viele der Produkte angebaut, die auf den Sklavenschiffen begehrt waren. Sogar die schwarze religiöse Bruderschaft, der Erzdiakon Pintos Familie angehört hatte, hatte von der Krone die Genehmigung, freien Handel mit Viktualien und Gewürzen zu treiben. Das Ergebnis war, dass die Kirche und die säkularen Institutionen sich in einem harten Wettbewerb miteinander befanden und sich gegenseitig die Sklavenhändler, welche die Insel aufsuchten, als Kunden streitig zu machen versuchten.[46] Da Pinto gleichzeitig Erzdiakon der Diözese und Freund des Gouverneurs war, befand er sich in einer heiklen Situation, wenn es um Handel und Geschäfte ging.

1716 erhielt der Gouverneur von einem Repräsentanten des Schatzamtes in Brasilien die Aufforderung, den Kronrichter von São Tomé dafür zurechtzuweisen, dass er Sklaven von den Kapitänen französischer und englischer Schiffe kaufte. Das Problem bestand nicht darin, dass der Richter mit Sklaven gehandelt hatte – das war vollkommen legal und wurde sogar gutgeheißen –, sondern vielmehr darin, dass er mit den Franzosen und den Engländern Geschäfte gemacht und auf diese Weise das portugiesische Monopol auf den Sklavenhandel mit der Insel verletzt hatte. Französische und englische Sklavenschiffe durften zwar São Tomé anlaufen, um ihre Bestände an Lebensmitteln und an Wasser zu ergänzen, es war ihnen aber streng untersagt, Sklaven an irgendwelche Staatsdiener auf der Insel zu verkaufen. Indem er Sklaven von Engländern oder Franzosen erworben hatte,

32.2 Durands Zeichnung des Forts von São Tomé.

hatte der Richter überdies der Krone den Zoll, den alle portugiesischen Sklavenschiffe, die im Hafen von São Tomé vor Anker gingen, entrichten mussten, entzogen.[47] Die Zurechtweisung des Kronrichters durch den Gouverneur Costa Ponte verärgerte viele Mitglieder des Stadtrats, weil sie ohne Zweifel ebenfalls lukrative Geschäfte mit den Engländern und Franzosen gemacht hatten und nicht bereit waren, auf mögliche Gewinne zu verzichten.

Da Costa Ponte versuchte, die Mitglieder des Stadtrats mit Gewalt dazu zu zwingen, das portugiesische Monopol auf den Sklavenhandel zu beachten, zettelten diese einen Aufstand gegen ihn an. Infolgedessen musste der Gouverneur in das Fort São Sebastão fliehen. Als sich nun herausstellte, dass auch die Bewohner der Insel gegen den Gouverneur revoltierten, fielen sogar die Diakone der Diözese einschließlich des Erzdiakons von ihm ab. Der Gouverneur ersuchte sie um Hilfe, doch sie boten ihm nur an, für ihn zu beten.

Während das Fort von 5000 bewaffneten Rebellen umzingelt wurde, suchte Costa Ponte verzweifelt nach einer Möglichkeit zu entkommen. Es folgt Erzdiakon Pintos Bericht über die Ereignisse: »Da der Gouverneur in seiner Festung gefangen saß, traf die Rettung in Form eines englischen

Schiffes ein. Als der Kapitän dieses Schiffes vernahm, dass Gouverneur Bartholomeu da Costa Ponte in dem Fort von Rebellen umgeben sei, ließ er sich in seinem Beiboot dorthin rudern, um seinen Beistand anzubieten. Der Gouverneur, der sich von den Soldaten der Festung im Stich gelassen sah, die nämlich zu den Aufständischen übergelaufen waren, war entschlossen, die gesamten Geschütze des Forts [vor den Rebellen] zu sichern, was ihm in der Tat gelang. Sobald er die Pforte zu der Batterie geschlossen hatte, sprang er von der Festungsmauer und ließ sich dann weiter mit einem Seil herab. Am Meeresufer angelangt, bestieg er das Boot zu dem englischen Schiff, welches geschwind seine Segel setzte und auslief.«[48]

Nach der Rückkehr von Bischof Sahagum nach São Tomé im Jahr 1719 beruhigte sich für Pinto die Lage etwas. Die beiden Kleriker waren gute Freunde, und Pinto hatte dem Bischof sogar ein Mitglied seiner eigenen Familie – entweder seine Tochter oder seine Schwester – als Geliebte zugeführt. Dieser Verbindung entsprang eine Tochter, die den Namen Domingas Pinto erhielt.[49] Erzdiakon Manuel do Rosário Pinto wurden mehrere hohe kirchliche Ämter übertragen, unter anderem wurde er 1725 zum Visitor der ländlichen Gemeinden und 1728 zum Generalvisitor für die gesamte Diözese ernannt. In seiner freien Zeit arbeitete er jedoch an dem größten und ehrgeizigsten Werk seines Lebens: einer Geschichte der Insel São Tomé. Dieser historische Abriss begann mit der Entdeckung São Tomés durch die Portugiesen im Jahr 1471 und sollte bis zum Tod des Bischofs João de Sahagum im Jahr 1730 und dem Eintreffen des Gouverneurs Lopo de Souza Coutinho auf der Insel im Jahr 1731 fortgeführt werden.[50]

Merkwürdig genug für ein Werk, das der Feder eines Abkömmlings von Sklaven entstammte, enthielt es keinerlei Stellungnahme zum Sklavenhandel, und die Sklaverei als solche wurde kaum in ihm erwähnt, es sei denn im Zusammenhang mit den größeren Sklavenaufständen, die es auf der Insel gegeben hatte. Pinto brachte aufsässigen Sklaven nur wenig Sympathie entgegen. Bei seiner Darstellung der Amador-Rebellion von 1595 identifizierte er sich ganz klar mit den Vertretern der Obrigkeit, und ein Gefecht schilderte er wie folgt: »Wir bekamen Angst, als unsere Armee den Feind erblickte, doch da Gott auf unserer Seite war, fassten wir wieder Mut. Unsere Armee zog in die Schlacht; der Feind nahm bald den Kampf auf.« Und das Geschehen nach der niedergeschlagenen Revolte beschrieb er mit folgenden Worten: »Am Ende dieser Ereignisse herrschte großer Kummer, weil über 70 Zuckermühlen niedergebrannt worden waren. Man konnte den Schuldigen gar nicht genug Peitschenhiebe verabreichen, um diesen Verlust zu sühnen. Und danach blieb die Insel ruhig und sicher, da noch 24 oder 25 Zuckermühlen zu verwenden waren.«[51]

Einen ähnlichen Ton schlug Pinto bei seiner Schilderung der Sklavenrebellion von 1709 an, die er selbst miterlebt hatte. Er schrieb, dass die aufständischen Sklaven »ihren Herren und den Besitzungen ihrer Herren großen Schaden zufügten und einige Personen ihres Goldes, ihres Silbers und ihrer Kleider beraubten«. Und in seinen Ausführungen über das Schicksal der Rebellen heißt es: »[Ihre Anführer] flohen in einem Kanu mit den gestohlenen Sachen, die sie an sich gebracht hatten, und da sie der Gefangennahme entgehen wollten, ertränkten sie sich selbst. Und die übrigen von ihnen, die am Leben blieben, wurden als Gefangene in die Stadt gebracht und vor den Gouverneur geführt, der befahl, sie ihren Herren zurückzugeben, unter der Bedingung, dass sie alsbald nach Brasilien verkauft würden.«[52] Pinto, der schon ein Mitglied des Diakonskollegs war, als die Revolte ausbrach, schien in diesen Sätzen zu implizieren, dass die Aufsässigen ihre gerechte Strafe bekommen hätten.

In der Zeit, in der die *Diligent* im Hafen von São Tomé vor Anker lag, saß Erzdiakon Pinto über den letzten Kapiteln seiner *Geschichte der Insel São Tomé.* Jedesmal wenn er in den Tagen zwischen dem 4. und dem 10. Januar 1732 aus der Kathedrale trat und auf die Schiffe im Hafen blickte, muss er die *Diligent* gesehen haben, die, mit Sklaven voll beladen, sanft in der Dünung schaukelte, während ihr Erster Leutnant Robert Durand sich an Land aufhielt, um Proviant einzukaufen. Vielleicht erblickte Durand irgendwann einmal, als er an der Kathedrale vorbeikam, einen alten schwarzen Priester, dessen Körper ganz verkrümmt und dessen Haar weiß war und der vor dem Portal des Gotteshauses stand und seine Augen über den Hafen schweifen ließ. Durand kann nicht gewusst, ja nicht einmal vermutet haben, dass dieser Mann das größte gelehrte Werk verfasste, das im ganzen 18. Jahrhundert auf São Tomé hervorgebracht wurde.

Teil 10

Die Mittelpassage

33

Auf dem Atlantischen Ozean, 31. Januar 1732

Der Klang eines Akkordeons hallt über das Deck der *Diligent.* Es ist sechs Uhr abends, und die 248 Afrikaner, die bislang überlebt haben, sind alle nach oben gelassen worden. Sie haben gerade gegessen, und jetzt ist für sie die Zeit gekommen, sich körperlich zu bewegen. Die Gefangenen sind über die drei Oberdecks des Schiffes verteilt. Einige der männlichen Sklaven stehen auf dem Vorderdeck, während die anderen sich auf dem Hauptdeck einen Platz zwischen den Kanonen, den Pumpen und dem Beiboot gesucht haben. Die Männer sind paarweise aneinander gefesselt, wobei der rechte Fuß des einen mit einem Eisen mit dem linken Fuß des anderen zusammengeschlossen ist, was das Gehen für beide mühsam und nicht selten auch schmerzhaft macht. Im Heckbereich des Schiffes, hinter der hölzernen Sperrwand, haben die Frauen das erhöhte Achterdeck für sich. Sie sind nicht aneinander gefesselt und können sich frei bewegen.

Noël Magré, der Akkordeonspieler der *Diligent*, sitzt auf dem Vorderdeck und hat »Die Mädchen von Croisic« angestimmt, ein Lied im Rhythmus des bretonischen Volkstanzes, den man *bal* nennt.[1] Wir können nicht wissen, wie die grellen Töne, die Seufzer und Schreie des Akkordeons sich für die Afrikaner anhören. In den Regionen von Whydah und Dahomey ist Musik in erster Linie gleichbedeutend mit Gesang, der von Trommeln, Rasseln und Gongs begleitet wird. Die Instrumentalmusik, die man dort kennt, wird auf einer Art von Trompete erzeugt, die aus Elefantenstoßzähnen gefertigt ist; auf diesem Instrument kann man zwei verschieden hohe Töne hervorbringen, mit denen meist die Anwesenheit eines Mitgliedes des königlichen Hauses angezeigt wird. Außerdem gibt es noch Flöten mit drei Tonlöchern, die aus Rohr gefertigt sind und ähnlich wie eine Klarinette gehalten werden.[2] Hier an Bord des Schiffes schlägt niemand den Rhythmus auf der Trommel, und die Akkordeonmusik mag auf afrikanische Ohren einfach nur bedrohlich wirken. Es hätte aber noch schlimmer für sie kommen können: Auf manchen Schiffen waren Dudelsäcke in Gebrauch.

Einige Kapitäne von Sklavenschiffen, die sich bewusst waren, dass der musikalische Geschmack der Afrikaner völlig unvereinbar mit dem der Europäer war, gaben ihren Kollegen den Rat, vor der Abfahrt Musikinstrumente aus den Heimatregionen der Gefangenen zu kaufen.[3]

Dennoch waren Akkordeonspieler zu einer Standardeinrichtung auf französischen Sklavenschiffen geworden. Savary de Bruslons gab in seinem *Dictionnaire universel de commerce* von 1723 den Grund dafür an. Er wies warnend darauf hin, dass die Sklaven aus Liebe zu ihrem Heimatland, aus dem sie verschleppt worden waren, oft von Schwermut und Verzweiflung ergriffen würden. Schwermut aber mache sie anfällig für die Krankheiten, die viele von ihnen auf der Mittelpassage dahinrafften, während Verzweiflung nicht wenige von ihnen in den Selbstmord treibe. Das Geheimmittel, um gegen beides anzukämpfen und somit die Gefangenen am Leben zu erhalten, bis das Schiff sein Ziel in der Neuen Welt erreicht habe, sei, Musikinstrumente wie die Drehleier oder das Akkordeon an Bord erklingen zu lassen.[4] Die Brüder Billy hatten diese Empfehlung beherzigt und dem Akkordeonspieler ein Gehalt von 195 Livre für die ganze Fahrt bewilligt. Da jedoch ein Sklave bester Qualität auf Martinique bis zu 1000 Livre erzielen konnte, war der Musiker mehr als sein Geld wert, wenn er mit seinem Spiel auch nur einen einzigen Sklaven rettete.

Der wirkliche Zweck der Musik war es jedoch, die Sklaven jeden Abend zu einem Tanz zu animieren, der sie gesund und bei Kräften halten sollte. Mit dieser Übung wollte man die körperliche Bewegungslosigkeit ausgleichen, zu der sie auf dem Sklavendeck verurteilt waren, und einige Franzosen glaubten auch, dass sie Skorbut vorbeuge.[5]

Das Problem für die Männer auf dem Haupt- und dem Vorderdeck besteht darin, dass sie mit den starren Eisen aneinander gefesselt sind, was Tanzen im gewöhnlichen Sinne des Wortes völlig unmöglich macht. Sie schwanken eher zu der Musik umher und springen, von einem Mitglied der Besatzung angetrieben, ab und zu gemeinsam mit dem Partner in die Luft. Auf dem engen Deck eines kleinen Schiffes, das ständig in den Wellen rollt und schaukelt, zu tanzen, wäre aber in jedem Fall schwierig. Sogar aufrecht stehen zu bleiben wird zu einer körperlichen Übung, da die Muskeln sich ständig abwechselnd anspannen und lockern müssen, um die Bewegungen des Schiffes, das Auf und Ab und das Schwanken von einer Seite zur anderen, auszu-

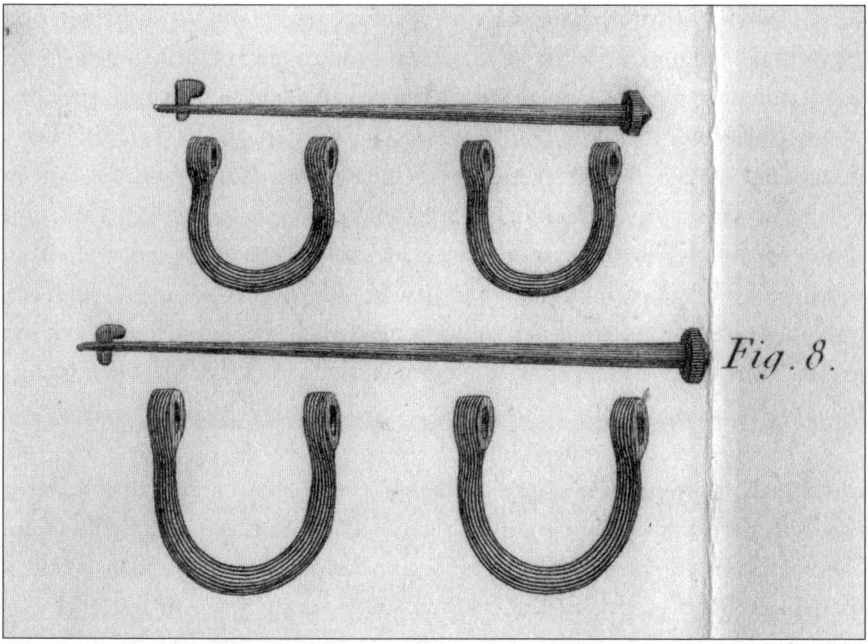

33.1 Sklaveneisen, mit denen das rechte Bein eines Gefangenen mit dem linken eines anderen zusammengeschlossen wurde.

gleichen. Matrosen haben eine besondere Gehweise entwickelt, um sicheren Fußes über ein schräg zur Seite geneigtes Deck eilen zu können; bei diesem »Seemannsgang« setzt man immer den ganzen Fuß auf, und man verbraucht dabei 60 Prozent mehr Kalorien als beim normalen Gehen auf festem Boden.[6] Die Afrikaner, deren Muskeln steif sind und die nur unsicher auf den Füßen stehen, nachdem sie lange auf dem Unterdeck eng zusammengepfercht waren, bewegen sich zuerst nur vorsichtig umher und klammern sich aneinander, um sich zu stützen. Sie verlieren schnell das Gleichgewicht, wenn das Schiff eine heftige Bewegung macht, während sie gerade in die Luft springen. Diejenigen, die einfach nur dastehen oder nur lustlos die Glieder regen, wenn die Musik ertönt, werden mit einem Stock angetrieben oder erhalten einen Hieb mit der kurzstieligen Peitsche.

Die Frauen auf dem Achterdeck tragen keine Eisen, weil man es kaum für wahrscheinlich hält, dass sie einen Aufstand wagen. Ihre nackten Körper glänzen im Licht der untergehenden tropischen Sonne. Einige von ihnen wandern teilnahmslos umher, Niedergeschlagenheit drückt sich auf ihren Gesichtern und in ihren Bewegungen aus. Matrosen brüllen sie an oder versetzen ihnen Fußtritte, damit sie sich schneller bewegen und zu tanzen und zu springen anfangen. Wenn alle diese Ermunterungen nicht helfen, kommt wieder die kurzstielige Peitsche zum Einsatz. Andere Frauen nutzen jeden Moment der vorübergehenden Freiheit und führen anmutige Tanzbewegungen aus, um den Krämpfen vorzubeugen, die sich während der langen Nacht, in der sie unter Deck liegen müssen, leicht einstellen. Der Tanz gibt ihnen aber auch eine Gelegenheit, sich persönlich auszudrücken, wie sie sie seit ihrer Gefangennahme nur selten haben. Als die Körper der Frauen beginnen, sich im Takt der Musik zu wiegen, machen sich einige der Matrosen gegenseitig auf sie aufmerksam und ergehen sich in höhnischen oder anzüglichen Bemerkungen.

Die Praxis, während der Mittelpassage die »Sklaven tanzen zu machen«, war sehr verbreitet, wenn man sich auch nicht immer daran hielt. Diese Tänze, die ja einerseits erzwungen waren, andererseits aber den Sklaven die Möglichkeit gaben, sich auszudrücken, konnten auf sehr unterschiedliche Art und Weise interpretiert werden. Der französische Sklavenhändler Jean Barbot sprach davon, dass sie »voller Fröhlichkeit und guter Laune« seien, und der Kapitän des dänischen Sklavenschiffes *Fredensborg* schrieb in sein Logbuch, dass es »den weiblichen Sklaven Spaß bereitete, auf dem Achterdeck ihre Negertänze zu vollführen«. Eher frösteln macht einen der Bericht des Schiffarztes James Arnold aus dem Jahr 1789: »Es war üblich, sie tanzen zu machen, sodass sie ihre Glieder regten und sich ihre Gesundheit erhielten. Dies wurde mithilfe der neunschwänzigen Katze bewerkstelligt, mit welcher sie durcheinander getrieben wurden, während gleichzeitig eine ihrer Trommeln geschlagen wurde. Manchmal zwang man sie zu singen; zu diesem Zweck schwang man die neunschwänzige Katze über ihnen. Es war Aufgabe des Obermaats, die Männer tanzen zu lassen, und meine sowie die des Maates, die Frauen tanzen zu machen. Die Männer konnten nur in die Höhe springen und mit ihren Ketten rasseln, doch die Frauen … wurden durcheinander getrieben.« Auf der *Diligent* schuf die Akkordeonmusik eine fröhliche Atmosphäre, doch die Wirkung war kaum anders.

Wie die Musik machte auch der Tanz deutlich, dass hier verschiedene kulturelle Vorlieben aufeinander trafen. Die europäischen Matrosen hatten keinen Sinn für die athletischen Tanzbewegungen, welche die Afrikaner so sehr schätzen. Das Unverständnis der Weißen wird ganz klar in dem Bericht eines Holländers erkennbar, der dem Hof König Agajas in Dahomey einen Besuch abstattete; der Mann schrieb, dass Agaja nach dem Mahl »auf seine Art« zu tanzen begonnen habe, das heißt, er sei »in der seltsamen Weise seines Landes umhergesprungen«. Der Holländer unterhielt Agaja seinerseits mit einem französischen Menuett, dem er dann noch ein polnisches als Zugabe folgen ließ.[7] Man kann nur Vermutungen darüber anstellen, was der König davon hielt. Die kraftvolle Art, mit der einige afrikanische Tanzbewegungen ausgeführt werden, war aber genau das, was man an Bord der *Diligent* gerne sah, denn dass die Gefangenen sich körperliche Bewegung verschafften, war der eigentliche Zweck der ganzen Veranstaltung: Trotz der fröhlichen Musik stellte der Tanz an Deck das Äquivalent zu dem Im-Kreis-Herumlaufen von Häftlingen auf einem Gefängnishof dar.

Als das Lied zu Ende ist, muss Magré entscheiden, was er als Nächstes spielen soll. Die bretonischen Tanzlieder, mit denen er in Vannes aufgewachsen ist, sind Rundgesänge, die ohne Instrumentalbegleitung vorgetragen werden, sie kommen also jetzt für ihn nicht infrage.[8] Er entschließt sich, »Der kurze Halm« zu spielen, ein altes französisches Seemannslied über ein Schiff, dem der Proviant ausgegangen ist und dessen Besatzung Strohhalme zieht, um den zu bestimmen, der von den anderen verspeist werden wird.[9]

Die Afrikaner hören nur die Melodie, doch wenn ihnen die Worte dazu verständlich gewesen wären, hätten sie sie wohl als sicheren Beweis dafür genommen, dass die Gerüchte, die Weißen seien alle Kannibalen, der Wahrheit entsprachen.

In einer derart von Unmenschlichkeit und Brutalität geprägten Atmosphäre, wie sie an Bord der Sklavenschiffe herrschte, manifestierte sich in den Anklagen, dass die Weißen Kannibalismus betrieben, die Animosität, welche die afrikanischen Gefangenen gegenüber ihren europäischen Unterdrückern empfanden. Indem sie Bilder von Weißen bei Menschenfresserorgien heraufbeschworen, drückten die Schwarzen nichts anderes aus, als dass die Europäer die normalen Regeln einer zivilisierten Gesellschaft nicht beachteten. Sie hielten die Fremden, die ihnen ihre Freiheit genommen hatten, für Hexer und betrachteten sie nicht als gewöhnliche Menschen. Die Afrikaner waren auch nicht die Einzigen, die Geschichten darüber verbreiteten, dass die Weißen Kannibalismus praktizierten. Pater Labat glaubte, dass die Engländer, die Holländer und die Portugiesen das Gerücht in Umlauf gesetzt hatten, die Franzosen seien Menschenfresser. Und dies hätten sie, so meinte er, aus Neid auf den kommerziellen Erfolg der Franzosen getan.

Unter den weißen Sklavenhändlern machten auch Geschichten über einen schaurigen Vorfall die Runde, zu dem es 1724 auf einem von Kapitän John Harding befehligten englischen Sklavenschiff gekommen war. Da er glaubte, die Sklaven an Bord planten eine Revolte, gab Harding Order, den Mann, den er für den Rädelsführer hielt, zu ergreifen. Vor den Augen der anderen Gefangenen schlitzte man dem Mann die Kehle auf und schnitt ihm Herz und Leber aus dem Leib. Harding befahl dann, die beiden blutigen Organe in 300 Stücke zu zerteilen, und zwang jeden einzelnen der entsetzten Schwarzen, eines davon herunterzuschlucken, indem er ihm androhte, dass ihm sonst das Gleiche widerfahre. Dieses Erlebnis traumatisierte die Gefangenen dermaßen und löste einen solchen Ekel in ihnen aus, dass viele von ihnen sich weigerten, überhaupt noch Nahrung zu sich zu nehmen, und sich allmählich zu Tode hungerten.

Da sie sich bewusst waren, dass die meisten Afrikaner sie – stillschweigend oder explizit – bezichtigten, der Menschenfresserei zu frönen, reagierten Europäer oft mit Gegenanklagen: Sie behaupteten, dass einige der Afrikaner auf dem Sklavendeck ihrer Schiffe wahrscheinlich selber Kannibalen seien. William Snelgrave bezichtigte die Krieger König Agajas (aber nicht den Herrscher von Dahomey selbst), Kannibalismus zu praktizieren, gab aber zu, dass er keinen Beweis dafür habe. Pater Labat, der nie in Afrika gewesen war, verstieg sich zu der absurden Behauptung, dass es in vielen afrikanischen Ländern Metzgerläden gebe, in denen Menschenfleisch verkauft werde.

Diese gegenseitigen Verdächtigungen, Kannibalen zu sein, die auf Sklavenschiffen gang und gäbe waren, spiegelten die Bezichtigungen wider, mit denen sich in Frankreich seit langem Personen von Stand und Bauern gegenseitig bedachten. 1580 hatten rebellische Bauern die Bürger von Romans zu Tode erschreckt, indem sie durch die Straßen des Ortes gezogen waren und gebrüllt hatten: »Bevor drei Tage um sind, wird das Fleisch von Christenmenschen zu sechs *denier* das Pfund zu haben sein!« Nachdem die Erhebung niedergeschlagen worden war, schlachteten die Sieger angeblich die Bauern »wie Schweine« ab und gratulierten sich gegenseitig dazu, dass sie die armen

Dörfler verspeisten, anstatt selber den Weg allen Fleisches gegangen zu sein. Während der französischen Religionskriege im 16. Jahrhundert sollen immer wieder die Herzen und die Lebern von Erwachsenen wie von Kindern für kannibalistische Festmahle zubereitet worden sein. Zur Zeit der Französischen Revolution kam es erneut zu Anschuldigungen, dass Menschen ihre Artgenossen verzehren würden, und das Revolutionskomitee von Nantes wurde bezichtigt, Rituale abzuhalten, bei denen seine Mitglieder mit Menschenblut gefüllte Kelche leerten. Den Besatzungsmitgliedern der *Diligent* kamen die von den Schwarzen gegen ihre weißen Peiniger gerichteten Anschuldigungen, sie seien Kannibalen, also irgendwie vertraut vor: Sie kannten diese aus Frankreich selbst.

Die *Diligent* war in ein schwimmendes Gefängnis verwandelt worden, und die Besatzungsmitglieder mussten jetzt sowohl als Wärter als auch als Seeleute Dienst tun. Wie in jedem Gefängnis, in dem die Insassen den Aufsehern an Zahl weit überlegen waren, versuchte der Kommandant die Gefangenen mit einer sorgfältig ausgewogenen Mischung aus Bestrafungen und Belohnungen unter Kontrolle zu halten. Am dritten Tag nach der Abfahrt von Jakin hatte er den Mann für kein größeres Vergehen hinrichten lassen als für das, dass er versucht hatte, seine Mitgefangenen zu beißen, später auf der Reise ließ er Tabak aus seinem persönlichen Vorrat an die Sklaven ausgeben.[10] In dieser Hinsicht hielt er sich an eine Strategie, die von Jean Barbot entwickelt worden war. Barbot hatte in seiner Schrift Sklavenhändlern unter anderem den Rat gegeben, aufrührerische Sklaven bei lebendigem Leib zu zerstückeln, im nächsten Abschnitt aber schon die Empfehlung ausgesprochen, ihnen gelegentlich etwas Tabak oder Branntwein zukommen zu lassen. »Vor allem aber«, so Barbot, »bedenkt sie mit vielen freundlichen Gesten und scherzt häufig mit ihnen.« Aber ob nun Zuckerbrot oder die Peitsche zum Einsatz kam – das Ziel der Maßnahmen war immer dasselbe.

Kapitän Mary hatte von seinen Auftraggebern die strikte Anweisung, seine menschliche Fracht so heil und gesund auf Martinique abzuliefern, dass sie dort bei der Auktion hohe Preise erzielen würde. Das bedeutete genügend Essen, Wasser und körperliche Bewegung für die Gefangenen wie auch rudimentäre hygienische Maßnahmen, um zu verhindern, dass irgendwelche Epidemien auf dem Sklavendeck ausbrachen. Die Besatzungsmitglieder hatten auch deswegen Angst vor Seuchen, weil sie wussten, dass sie ihnen ebenso zum Opfer fallen konnten wie die Afrikaner. Der professionelle Ruf der Offiziere hing davon ab, dass sie ihre Gefangenen lebend über den Ozean brachten, und Kapitäne, auf deren Schiffen die Sterberate hoch war, fühlten sich immer bemüßigt nachzuweisen, dass es nicht ihre Schuld war. Chevalier Des Marchais, der Mann, der andere so gerne mit Ratschlägen bedachte, wie man die Menschenfracht gesund erhalten konnte, verlor während einer Überfahrt im Jahr 1725 72 von seinen 138 Gefangenen, was einer Todesrate von 52 Prozent entsprach. In seinem Kommentar zu dieser Reise nahm Pater Labat Des Marchais in Schutz: »Trotz der Mühe, die Chevalier Des Marchais sich unablässig gab, um die Katastrophe abzuwehren, konnte er es nicht vermeiden, sehr viele Schwarze einzubüßen.«[11] Das berufliche Ansehen eines Mannes musste in jedem Fall geschützt werden.

Gewöhnliche Besatzungsmitglieder waren jedoch nicht in ähnlicher Weise motiviert, sich um das Wohlergehen der Gefangenen zu sorgen. Wie diese wurden auch sie schlecht verpflegt und hausten in überfüllten Quartieren. In der Tat war in ihrer Unterkunft im Bug des Schiffes so wenig Platz, dass viele von ihnen auf dem Oberdeck oder sogar in dem großen Beiboot schliefen. Die Matrosen kamen bei dem täglich sowohl auf als auch unter dem Deck ausgefochtenen Kampf um die Beibehaltung der Kontrolle über das Schiff in engen physischen Kontakt mit den Gefangenen. Diese Situation ließ oft feindselige Gefühle aufseiten der Seeleute entstehen, die alle damals gängigen Vorurteile mit sich herumtrugen und fest überzeugt waren, dass die Gefangenen ihnen ohne mit der Wimper zu zucken die Kehlen aufschlitzen würden, wenn sie die Chance dazu bekämen. Die latente Feindseligkeit der Besatzungsmitglieder erklärt, warum Schiffseigner immer wieder strikte Anweisung ausgaben, dass gewöhnliche Matrosen niemals einen Sklaven schlagen dürften.[12] Stattdessen sollten sie jedes Problem, das sie mit einem der Schwarzen hätten, den Offizieren melden, die dann entscheiden würden, welches die angemessene Strafe sei. Solche Regeln wurden wahrscheinlich öfter gebrochen als eingehalten, sie spiegelten aber die Überzeugung der Schiffseigner wider, dass gewöhnliche Matrosen brutale Gesellen waren, denen man nicht zutrauen konnte, auf besonnene Weise Ordnung zu halten.

Entscheidend dafür, dass man eine Ladung Sklaven ohne große Verluste über den Atlantik beförderte, war, dass man die Fahrt in möglichst kurzer Zeit hinter sich brachte. In dieser Hinsicht stimmten die Kommandanten aller Sklavenschiffe überein. Weil São Tomé dicht am Äquator lag, hatte Kapitän Mary sich schon Sorgen darüber gemacht, dass man in der Kalmenzone in eine lang anhaltende Flaute geraten könnte. Als ehemaliger Angestellter des Reeders Montaudoin aus Nantes kannte er die Geschichten über dessen Schiff *Maréchal d'Estrées*, das in der Nähe des Äquators in eine Windstille geriet und 14 Wochen für die Mittelpassage brauchte anstatt der zehn, mit denen man gerechnet hatte. Der Proviant war ausgegangen, und 202 der 525 Gefangenen, also 38 Prozent von ihnen, waren gestorben.[13] Der *Diligent* war hingegen mehr Glück beschieden. Obwohl immer nur ein leichter Wind aus wechselnden Richtungen geweht hatte, hatte man eine nach Süden fließende Strömung ausnutzen können und stand bald beinahe drei Grad unterhalb des Äquators.

Das Ziel der *Diligent* war die französische Karibikinsel Martinique. Da ihre Eigner einen Vertrag als Subunternehmer mit der Compagnie des Indes unterzeichnet hatten, waren sie gesetzlich dazu verpflichtet, die Sklaven an Bord in eine der karibischen Kolonien Frankreichs zu bringen. Der beliebteste Zielort französischer Sklavenschiffe war Saint-Domingue, wo zwei Drittel aller Sklaven eintrafen, die mit französischen Schiffen befördert wurden. 30 Prozent dieser Menschen wurden nach Martinique gebracht. Pierre Mary kannte beide Inseln, und ebenso Robert Durand, die Brüder Billy hatten aber Martinique ausgewählt, weil der ganze von Vannes aus betriebene Direkthandel dorthin ging und sie mit Saint-Domingue nicht vertraut waren.

Hielt man sich an die normale Strategie, um von São Tomé über den Atlantik nach Martinique zu gelangen, so versuchte man eine Position dreieinhalb Grad südlich des Äquators zu erreichen, um sich vom Südostpassat erfassen zu lassen, der einen über den Atlantik treiben würde. Unter normalen Umständen konnte man die Fahrt dann in 50 Tagen absolvieren.[14] Die Winde, auf die die *Diligent* traf, wehten jedoch aus Südsüdwest, sodass ihr Fortkommen Richtung Westen behindert wurde. Anders als Schiffe mit Dreieckssegeln ließen sich Rahsegler nicht gut gegen den Wind segeln, und die *Diligent* vermochte allenfalls in einem Winkel von 80 Grad schräg zum Wind zu laufen. Indem sie die Segel brasste, um so hart wie möglich am Wind steuern zu können, gelang es der Besatzung, trotz der südwestlichen Winde zwischen dem zweiten und dem dritten südlichen Breitengrad einen westlichen Kurs beizubehalten.[15] Das Schiff erhielt dabei ein wenig Unterstützung von der nach Westen fließenden südlichen Äquatorialströmung, trotzdem kam man langsamer voran, als man erwartet hatte.

Erst am 31. Januar – drei Wochen nachdem sie São Tomé hinter sich gelassen hatten – drehte der Wind und begann aus Südost zu blasen. Das war der Südostpassat, nach dem sie gesucht hatten. Jetzt ging die Fahrt zügiger vonstatten. Wenn der Wind gleichmäßig stark und aus derselben Richtung blies, brauchte man tagelang kaum etwas an den Segeln zu verändern. Vom 20. bis zum 29. Januar hatte der Wind gleichmäßig aus Südsüdwest geweht, vom 31. Januar an wehte er aus Südost, und das sollte bis zum 11. Februar so bleiben. Da an der Takelage und den Segeln nur wenig zu verändern war, konnten die Besatzungsmitglieder sich ganz der Bewachung und Versorgung der Gefangenen widmen.

Robert Durand, der sich mittlerweile von seiner Krankheit erholt hatte, trug jeden Tag die Position des Schiffes in seinem *journal* ein, in dem er auch Angaben zum Wetter machte und außergewöhnliche Ereignisse festhielt. Im Folgenden seine Eintragungen vom 31. Januar, dem Tag, an dem der Wind umsprang und aus Südost zu blasen begann, und von den ersten beiden Februartagen:

> Donnerstag, 31. Januar. Breite 2° 47' S. Länge 9° 56'. Seit gestern Mittag Wind aus S. und SSO . Ruhige See. Wir steuerten W ¼ NW. Unter vollen Segeln.
>
> Freitag, 1. Februar. Breite 2° 39' S. Länge 8° 11'. Seit gestern Wind aus SSO und SO. Die See ruhig. Unter vollen Segeln. Beisegel oben und unten. Wir steuerten NW. Am Morgen sichteten wir achtern ein Schiff, das den gleichen Kurs lief und rasch aufschloss.
>
> Samstag, 2. Februar. Breite 2° 13' S. Länge 5° 56'. Seit gestern Mittag Wind aus SO. Die See ruhig. Unter vollen Segeln. Wir steuerten W ⅓ NW. Um zwei Uhr nachmittags kam das Schiff, das wir am Morgen entdeckt hatten, in Luv längsseits. Sie sagten, dass sie einen Tag nach uns von São Tomé abgesegelt waren. Guter Segler, Schwarzhändler mit 22 Kanonen mit Kurs Europa. Weil sie viel Fisch gefangen hatten, ließen sie ihre Jolle zu Wasser und ruderten zu uns herüber, um sich Salz zu holen.

Mary schrieb einen Brief, der mit diesem Schiff nach Frankreich gehen soll. An diesem Morgen entdeckten wir es direkt voraus.

Merkwürdigerweise erwähnte Durand die afrikanischen Gefangenen nur zweimal während der gesamten 66 Tage, welche die Mittelpassage dauerte, und dann jedesmal nur, um einen Todesfall zu verzeichnen. Einen dieser Todesfälle hielt er lediglich mit der Zeichnung eines Schädels mit gekreuzten Kochen darunter am Rand der Seite fest. Und er schrieb auch nichts über seine eigenen Gedanken oder Gefühle darüber auf, als Offizier auf einem Schiff zu dienen, auf dem solche Todesfälle möglich waren. Wollte er so tun, als ob er sich auf einer ganz gewöhnlichen Fahrt auf einem ganz gewöhnlichen Kauffahrer befand? War das alltägliche Routinegeschehen auf einem Sklavenschiff ihm bereits so vertraut geworden, dass er meinte, es lohne sich nicht, irgendetwas darüber schriftlich festzuhalten? Versuchte er das zu ignorieren, was um ihn herum geschah? Oder war er dabei, abzustumpfen? Der englische Kapitän John Newton meinte einige Jahrzehnte später, dass die Teilnahme am Sklavenhandel »allmählich zu einer Abtötung des Herzens führt und die meisten von denen, die in ihn verwickelt sind, gleichgültig gegenüber den Leiden ihrer Mitmenschen macht«.[16] War das der Grund dafür, dass Robert Durand nichts über die Verhältnisse an Bord der *Diligent* zu Papier brachte?

Wie auch immer – wir müssen auf andere Dokumente aus der Zeit zurückgreifen, wenn wir erfahren wollen, wie das Leben an Bord dieser schwimmenden Gefängnisse wohl aussah. Historiker haben Aufzeichnungen über 17108 Fahrten von Sklavenschiffen im 18. Jahrhundert zusammengetragen; nur in einer Hand voll dieser Berichte ist jedoch etwas über das alltägliche Geschehen an Bord der Schiffe festgehalten. Sogar ehemalige Sklaven, die später über ihr Leben in Gefangenschaft schrieben, teilen wenige Einzelheiten über die Mittelpassage mit.[17] Täter wie Opfer scheinen gleichermaßen dazu zu tendieren, diesen Abschnitt der Fahrt zu übergehen oder zu verharmlosen. Was aus den wenigen Berichten über die Mittelpassage hervorgeht, von denen etliche von Kommandanten von Sklavenschiffen, die den Handel mit den Schwarzen zu rechtfertigen versuchten, oder von Abolitionisten, welche die Öffentlichkeit gegen diese Art von Geschäften aufbringen wollten, verfasst wurden, ist, dass allgemeines Einvernehmen dahingehend herrschte, wie Sklaven idealerweise behandelt werden müssten, damit man sie lebend in der Neuen Welt abliefern könnte. In der Praxis wich man aber auf den verschiedenen Schiffen in vielfältiger Weise von diesem Ideal ab. Aufgrund der strengen Hierarchie, die an Bord eines jeden Schiffes herrschte, hing sehr viel vom Willen, der Persönlichkeit und der Kompetenz des Kapitäns ab, wie auch davon, in welchem Grad dieser noch über seine geistige Gesundheit verfügte.

Allem Anschein nach war Kapitän Mary geistig gesund und ganz und gar zurechnungsfähig, zumindest wenn man ihn mit seinem Berufskollegen Jean Bonneau vergleicht, mit dessen närrischen und verrückten Taten er auf Martinique bekannt werden würde. Keiner von Marys Leuten – nicht einmal die, die später in Nantes vor Gericht gegen ihn aussagen würden – bezichtigte ihn, ihnen gegenüber jemals ein grausames oder sadistisches Verhalten an den Tag gelegt zu haben. Mary war korrupt, aber nur in dem Sinn, dass er in die eigene Tasche wirtschaftete, um seinen persönlichen Gewinn zu erhöhen. Er konnte streng sein, er konnte freundlich sein, er ließ sich aber nie zu einem Verhalten hinreißen, das möglicherweise die Ordnung an Bord seines Schiffes unterminieren und den wirtschaftlichen Erfolg der Reise gefährden könnte. Jeder afrikanische Gefangene unter Deck war bis zu 1000 Livre wert, wenn er heil in der Karibik abgeliefert wurde, und Kapitän Mary war sich dessen sehr gut bewusst, denn 26 der Gefangenen gehörten ihm persönlich. So führte er sein Schiff vermutlich ziemlich genau nach den Anweisungen der Eigner.

34

Auf dem Atlantischen Ozean, 31. Januar 1732

Nachdem die abendliche »Tanzveranstaltung« beendet war, befahl man den Sklaven, für die Nacht unter Deck zurückzukehren. Der Erste Zimmermannsmaat Joseph Colinbert und der Erste Schiffsarzt Devigne hatten eben ihre Inspektion des Sklavendecks abgeschlossen und sich dabei vergewissert, dass niemand etwas versteckt hatte, das sich möglicherweise als Waffe oder als Werkzeug verwenden ließ. Nun gaben sie das Zeichen, dass alles in Ordnung war. Nachdem die Gefangenen wieder, von der Mannschaft mit Rufen, Stößen und Schlägen angetrieben, auf das Sklavendeck

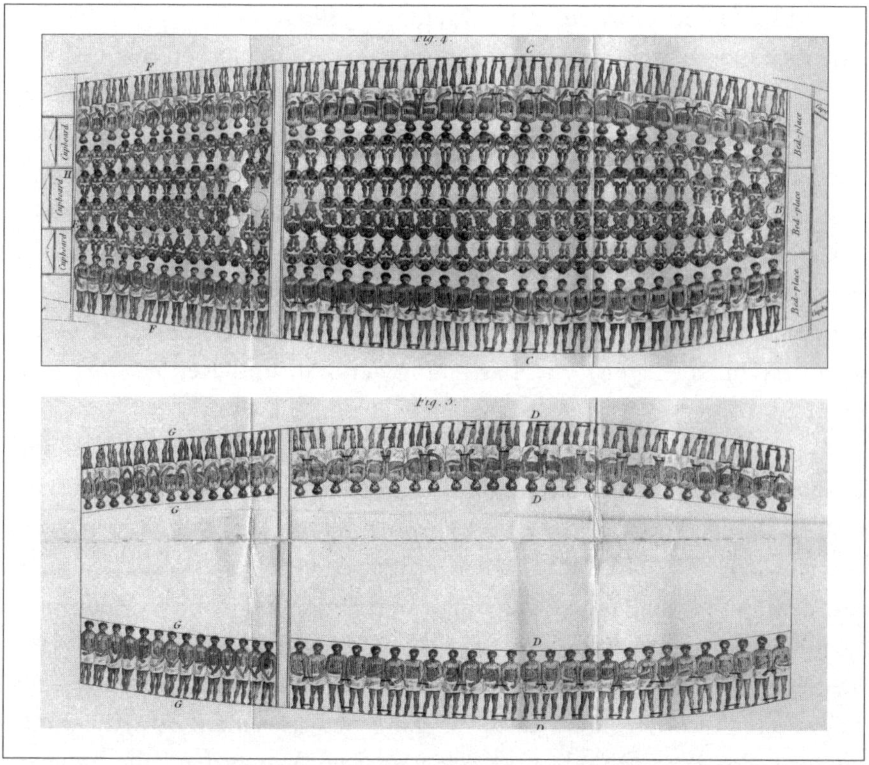

34.1 Diese Darstellung des Sklavenschiffes *Vigilante* aus Nantes zeigt, wie die Gefangenen auf dem Sklavendeck und den hölzernen Zwischenböden untergebracht waren.

hinabgestiegen waren, schlüpften sie unter Windungen und Drehungen – soweit ihre Eisen diese zuließen – in den engen und niedrigen Raum unter oder auf der Plattform, wo sie die Nacht verbringen würden. Manchmal brachen unter ihnen Kämpfe um die besten Plätze aus.[18] Auf so beengtem Raum zu schlafen war schwer. Man musste sich auf den harten Planken auf die Seite drehen, weil noch nicht einmal genügend Platz da war, um auf dem Rücken oder dem Bauch zu liegen. Die Engländer besaßen ein eigenes Wort für diese Art des Verstauens der »Ware«. Sie nannten es *spooning*, weil die Gefangenen wie Löffel, *spoons*, dicht nebeneinander verstaut waren. Das Schaukeln und Stampfen des Schiffes ließ sie von Zeit zu Zeit noch enger zusammenrutschen.

Zu der unbequemen Lage auf den rohen Holzplanken des grauenhaft überfüllten unteren Decks kamen noch die Hitze und der Mangel an frischer Luft. Die Luken auf dem Oberdeck stellten die einzige Luftzufuhr dar. Weil die *Diligent* als Getreidetransporter gebaut worden war, besaß sie Luken, die kleiner waren als auf Schiffen, die eigens zum Transport von Sklaven auf Kiel gelegt worden waren, und die Luft auf dem Sklavendeck war zum Ersticken. Die Hitze, die sich unter der Äquatorsonne im Inneren des Schiffes entwickelte, war drückend, und da sie so eng nebeneinander gepackt waren, brauchten die Gefangenen während der Nacht den wenigen Sauerstoff vollständig auf. Jean Barbot berichtete, dass die Hitze und der Sauerstoffmangel unter Deck manchmal so gewaltig waren, dass Ärzte, wenn sie hinabstiegen, »die Besinnung verloren und Kerzen dort nicht brennen wollten«.[19]

Wenn die Gefangenen sich während der Nacht erleichtern mussten, sollten sie die Wachposten bitten, die Luke zu öffnen und sie an Deck klettern zu lassen, damit sie die Aborte benutzen konnten. Auf einigen Schiffen wurden aber auch Kübel auf das Sklavendeck gestellt, deren Innenwände mit Teer überzogen waren und in die man ungefähr 20 Zentimeter hoch Meerwasser gefüllt hatte. Diese Gefäße sollten zweimal in der Nacht geleert werden. Bei der qualvollen Enge, die auf dem Deck herrschte, stellte es größere Anforderungen an die Gefangenen, zu einem der Kübel oder zu der Leiter zum Oberdeck zu gelangen. Der Mann, der seine Notdurft verrichten wollte, und der mit ihm zusammengeschlossene Nachbar mussten sich gemeinsam in Bewegung setzen, wobei sie in der Dunkelheit häufig über die anderen Gefangenen stolperten oder fielen. Solche Kollisionen lösten Geschrei und Streitereien aus. Wenn sie sich absolut keinen Weg durch die Masse der Körper zu bahnen vermochten, gaben einige einfach auf und erleichterten sich an Ort und Stelle, womit sie ebenfalls ein Protestgeschrei vonseiten derer, die ihnen am nächsten waren, auslösten.[20] Da viele an Durchfall litten oder sich übergeben mussten, war es unvermeidlich, dass sich im Lauf der Nacht eine Schicht aus Fäkalien oder Erbrochenem auf den Planken bildete.

Während der Nacht sollte eigentlich Schweigen auf dem Sklavendeck herrschen, es wurde aber immer wieder vom Stöhnen der Kranken, den Schreien der Wütenden, dem Weinen der Niedergeschlagenen und dem hysterischen Gelächter derer, die ihr emotionelles Gleichgewicht zu verlieren begannen, zerrissen. Wenn es zu Streitigkeiten kam, sollten die zu »Quartiermeistern« ernannten Sklaven für Ruhe und Ordnung sorgen und am

34.2 Sklaven tagsüber auf dem Oberdeck.

nächsten Morgen dem Kapitän Meldung über die Auseinandersetzung erstatten. Die Männer der Besatzung trauten sich aus Angst, dass man sie als Geiseln gefangen nehmen könne, während der Nacht nicht auf das Sklavendeck. Das Schiff selbst vergrößerte noch den Lärm, wenn die einzelnen Spanten und Planken, aus denen der Rumpf bestand, sich aneinander rieben und knarrten.[21] Weil die *Diligent* kein neues Schiff mehr war, wurde nicht nur dieses Knarren zunehmend stärker, sondern die Planken ließen auch immer mehr Wasser durch. Man musste regelmäßig die Lenzpumpen in Gang setzen, um den Laderaum einigermaßen trocken zu halten. Wenn die Sklaven unter Deck eingeschlossen waren, spülten die Matrosen das Haupt-, Achter- und Vorderdeck mit Seewasser ab. Danach inspizierten sie die Decks sorgfältig, um sicher zu gehen, dass niemand irgendein Werkzeug oder Arbeitsgerät hatte herumliegen lassen, das einer der Sklaven als Waffe benutzen könnte.

Gegen neun Uhr am Morgen, nachdem der Frühtau auf den Planken verdunstet war, wurden die männlichen Sklaven paarweise von unten auf das Haupt- und Vorderdeck geholt. Der Zimmermann und ein weiterer Decksoffizier standen an der Luke und überprüften ihre Fußeisen. Zum einen wollte man sich vergewissern, dass keines von ihnen während der Nacht durchgefeilt oder geöffnet worden war, zum anderen wollte man die Gefangenen damit daran erinnern, dass man stets ein wachsames Auge auf sie hielt. Auf Deck durften die Gefangenen die provisorischen Aborte aufsuchen und sich mit Meerwasser waschen. Gegen zehn Uhr erhielten sie ihre erste Mahlzeit. Der suppenähnliche Brei aus Favabohnen, Hirse, Erbsen oder Maniokmehl wurde ihnen in Eimern vorgesetzt. Jeweils zehn Personen hockten sich um einen solchen Eimer und langten mit hölzernen Löffeln hinein. Jedem stand ein Quart, rund ein Liter, von dieser Pampe zu.[22] Bevor sie in Gefangenschaft gerieten, waren die Afrikaner an großzügige Portionen Fisch oder Fleisch gewöhnt gewesen, beides in einer Art von Sauce aus Palmöl gegart, die mit Pfefferschoten stark gewürzt war. Sie hatten auch viel Obst zu sich genommen, vor allem Orangen und Zitronen. Nachdem sie in die Sklaverei geraten waren, hatte auch das sich geändert. T. Aubrey, Arzt auf einem englischen Sklavenschiff, hatte 1729 bemängelt, dass man auf englischen Schiffen den Afrikanern »kaum zwei Löffel voll Öl für eine Portion, die für zehn Leute reicht, zugesteht und sie auch, was Pfefferschoten anbelangt, mit einer kleinen Menge auskommen müssen«. Infolge davon fanden die Afrikaner das Essen fade und abstoßend. Diejenigen, die sich weigerten, es zu sich nehmen, wurden »von den Seeleuten misshandelt, die sie manchmal derart schlagen und treten, dass sie sich nie wieder erholen«. Aubrey empfahl, dass man zu jeder Mahlzeit auch Palmöl und Pfefferschoten ausgeben solle, sodass jeder der Gefangenen sich sein Essen so würzen konnte, wie es ihm schmeckte. Auch Chevalier Des Marchais berichtete, dass die Afrikaner Favabohnen, die nur mit etwas Salz in Wasser gekocht wurden, Ekel erregend und unbekömmlich fanden. Er empfahl dringend, fünf bis sechs Fässer Schweineschmalz an Bord zu nehmen, um den Bohnen damit etwas mehr Geschmack zu geben.[23]

Selbst wenn die Versorgung mit Essen ausreichend war, musste man jeden Tag erneut darum kämpfen, seine Ration zu bekommen. Wenn zehn Leute gemeinsam aus einem Eimer aßen, nahmen sich die Stärkeren mehr, als ihnen eigentlich zustand, und die Schwächeren bekamen entsprechend weniger. Gefangenen, die ihren hölzernen Löffel verloren, gab man oft keinen neuen, und sie mussten den Brei, so gut es ging, mit den Händen zum Mund führen.[24]

Zu ihrem Morgenessen bekamen die Afrikaner Wasser zu trinken. Ihre zweite Wasserration erhielten sie gegen Mittag, die dritte zusammen mit dem

34.3 Querschnitt durch ein Sklavenschiff, der erkennen lässt, wo Wasser und Proviant verstaut wurden.

Abendbrei. Die Franzosen führten in der Regel ein *barrique*, das heißt 60 Gallonen, Wasser pro Gefangenen mit; bei einer achtzigtägigen Reise standen jedem Schwarzen täglich drei Quarts zur Verfügung. Wenn ein Quart davon für den täglichen Brei verwendet wurde, dann bleiben noch ungefähr zwei zum Trinken.[25] Wir wissen nicht, wie viel Wasser die *Diligent* bei ihren Zwischenhalten in den Häfen von São Tomé und Principe tatsächlich an Bord genommen hatte, es ist aber belegt, dass ein vergleichbares Schiff, die *Jeanette*, für 246 Gefangene und 19 Besatzungsmitglieder 268 *barriques* lud, das heißt etwas mehr als ein *barrique* pro Kopf.[26]

Wenn man sich auf den meisten französischen Schiffen tatsächlich an die Regel ein *barrique* für jeden Gefangenen hielt, dann war deren tägliche Wasserration beträchtlich höher als die ihrer Leidensgenossen auf den Sklavenschiffen anderer Länder. Doktor Aubrey berichtete 1729, dass auf manchen englischen Schiffen die Sklaven nur einen Löffel voll Wasser zu jeder Mahlzeit erhielten, und zwar nicht deswegen, weil es knapp war, sondern weil einige Ärzte die Meinung vertraten, wenn die Gefangenen zu viel tränken, bekämen sie Diarrhö. Eine Untersuchung von sieben Sklavenschiffen mit Heimathafen Liverpool, die einige Jahrzehnte später durchgeführt wurde, ergab aber, dass jedes von ihnen zwei Quarts Wasser pro Person und Tag mit sich führte.[27] Der dänische Arzt Paul Erdman Isert berichtete, dass die Gefangenen auf den Sklavenschiffen seines Landes nur 24 Unzen, ungefähr anderthalb Liter, Wasser am Tag erhielten, während seiner Meinung nach in der Hitze der Tropen 64 Unzen notwendig waren.[28] Portugiesische Schiffe waren per Gesetz dazu verpflichtet, genügend Wasser an Bord zu nehmen, um anderthalb Liter Wasser am Tag an jeden Gefangenen ausgeben zu können – das war nur die Hälfte der Menge, die sie vor 1684 hatten mitführen müssen.[29] Wenn man auf der *Diligent* wirklich ein *barrique* pro Gefangenen in ihren Laderäumen verstaut hatte, dann würde jeder von ihnen die 64 Unzen täglich zur Verfügung haben, die Isert empfahl.

Weil die Besatzungsmitglieder zwischen den Sklaven umhergingen, um das Essen an sie auszuteilen, hielten sich alle nicht anderweitig beschäftigten Matrosen gegen Mittag bereit, um eine eventuelle Revolte im Keim zu ersticken. Kapitän Mary hatte ohne Zweifel die Geschichte von dem englischen Schiff *Ferrers Galley* gehört, dessen Kapitän Francis Messervy sich zur Stunde der Mahlzeiten persönlich mitten zwischen den Gefangenen bewegte, um ihren Reis mit Palmöl und Pfeffer zu verfeinern. Er meinte, dass er sich so bei den Gefangenen beliebt machen würde, vergaß aber anscheinend ganz, dass es bei einer Rebellion immer ein Hauptziel der Aufständischen war, den Kapitän zu ergreifen oder zu töten. Als er eines Tages mit seinem Öl und seinen Pfefferschoten geschäftig zwischen den Männern umhereilte, die auf dem Vorderdeck saßen und aßen, ergriffen diese auf ein verabredetes Zeichen hin ihre Eimer und schlugen sie ihm auf den Kopf, bis er tot zusammensackte. Das war der Anfang eines Aufstandes, der den Tod von 80 Sklaven zur Folge hatte.[30]

Nachdem sie gegessen hatten, mussten die Sklaven ihren morgendlichen Tanz absolvieren, dann zwang man sie dazu, unter Aufsicht das Sklavendeck sauber zu schrubben. Selbst wenn die Fäkalienkübel wie vorgesehen zweimal in der Nacht geleert worden waren, muss der Gestank dort unten, wohin ja kaum Frischluft drang, unbeschreiblich gewesen sein. Sir Dalby Thomas muss den Nagel auf den Kopf getroffen haben, als er 1706 meinte: »Ihr Kapitäne und Maate könnt weder empfindliche Finger noch empfindliche Nasen haben, denn es ist eine ebenso schmutzige wie anstrengende Fahrt.«[31]

Nachdem man das Deck gereinigt hatte, wurden die einzelnen Abteilungen mit einem in Essig getauchten Schwamm »parfümiert«. Zweimal in der Woche ließ man das Sklavendeck auch von seinen Bewohnern mit Wasser schrubben. Eine Gruppe hievte mithilfe von Seilzügen mehr als 300 Pützen Seewasser an Bord, während eine andere Gruppe damit die Planken des Unterdecks säuberte. Weil das Wasser durch die Ritzen zwischen den Planken in den Laderaum rann, bediente eine dritte Gruppe Sklaven die Pumpen, um dort unten alles so trocken wie möglich zu halten. Bei all diesen Arbeiten, die sie zu erledigen hatten, mussten sie singen. Wenn das Unterdeck sauber geschrubbt war, gingen mehrere Männer mit Eimern voll Essig, in die man glühende Kanonenkugeln oder kleinere Geschosse getaucht hatte, durch alle Abteilungen. Die stechenden Essigdämpfe sollten die abgestandene Luft aus den Unterkünften der Sklaven vertreiben. Nachdem man auf diese Weise alles »parfümiert« hatte, wischte man die Planken noch einmal mit kaltem Essig.[32]

Eine solche Reinigung wurde zwar auf gut geführten Sklavenschiffen regelmäßig vorgenommen, auf anderen Schiffen hielt man sich aber nicht daran. Jean Barbot berichtete: »Einige französische und englische Schiffe, die sich auf Sklavenfahrt begeben, sind heruntergekommen, verrottet und stinken entsprechend der Veranlagung und der mangelnden Tüchtigkeit der Kommandanten.« Portugiesische Schiffe erreichten seiner Meinung nach noch nicht einmal den Standard dieser verlotterten englischen und französischen Schiffe.[33] Der Holländer Willem Bosman stieß in das gleiche Horn; er prahlte damit, dass die Sklavenschiffe seines Landes »zumeist ordentlich und sauber« seien, die der Franzosen, Engländer und Portugiesen aber »ausnahmslos verdreckt und stinkend«.[34]

Gegen Mittag, wenn die Reinigungsarbeiten beendet waren, nahmen die Sklaven ihre zweite Wasserration entgegen, und danach durften sie auf dem Oberdeck ausruhen. Gegen fünf Uhr nachmittags erhielten sie ihre zweite Mahlzeit, die wiederum im Wesentlichen aus Favabohnen bestand, denen man aber der Abwechslung halber Kassava, Erbsen und Kochbananen beifügte, die man auf Principe und São Tomé gekauft hatte. Nach dem Essen ließ man die Sklaven wieder tanzen. Nachdem die Offiziere sich dann auf dem Sklavendeck vergewissert hatten, dass dort niemand eine Waffe oder einen Nagel versteckt hatte, befahl man den Gefangenen, sich wieder unter Deck zu begeben, und überprüfte noch einmal ihre Fußeisen.

Es gab bestimmte kleine Unterbrechungen der täglichen Routine. Jeder Gefangene wurde zweimal in der Woche gebadet, wenn genügend Zeit dazu blieb und das Wetter es zuließ. Zur Badezeit wurde jeder der Sklaven in einen Zuber gesetzt, und man goss ihm – oder ihr – mehrere Eimer voll kaltes Seewasser über den Kopf, die andere Sklaven an Bord gehievt hatten. An heißen Tagen mag das erfrischend gewesen sein, doch Gefangene, die unter Fieber oder Schüttelfrost litten, versuchten sich der Prozedur manchmal zu widersetzen. Sie wurden dann »mit Schlägen und Fußtritten und Peitschenhieben« gezwungen, sich in den Zuber zu hocken.[35] Alle zwei, drei Wochen schor man den Gefangenen nicht nur das Haupthaar und die Bärte, sondern rasierte ihnen auch die Achsel- und die Schamhaare ab, um einem Befall mit Läusen vorzubeugen, und man schnitt ihnen die Finger- und die Zehennägel. Bei besonderen Gelegenheiten schenkte man kleine Portionen Branntwein an sie aus, und Kapitän Mary ließ manchmal brasilianischen Tabak aus seinen persönlichen Vorräten verteilen. Viele der Afrikaner rauchten von Kindheit an, und es war daher für sie ein kleines Fest, wenn sie Tabak bekamen.[36]

Das alltägliche Leben der Frauen sah ähnlich aus wie das der Männer, unterschied sich aber doch in einigen Punkten. Zum einen legte man den weiblichen Gefangenen keine Fußeisen an, weil die Kommandanten der Schiffe glaubten, dass sie nicht genügend physische Kraft besäßen, um die Matrosen zu überwältigen. Es war ihnen nicht erlaubt, sich auf dem Haupt- oder Vorderdeck unter die Männer zu mischen; sie aßen, tanzten und wuschen sich auf dem Achterdeck, das durch die Sperrwand vom übrigen Oberdeck abgetrennt war. Um vom Sklavendeck auf das Achterdeck zu gelangen, stiegen sie eine Leiter hoch, welche durch die Quartiere der Offiziere führte. Weil es eine direkte Verbindung zwischen ihren Schlafstellen und den Offizierskajüten gab, holte man die Frauen öfters herauf, damit sie die Unterkunft reinigten oder irgendwelche anderen Aufgaben erledigten. Da sie nackt auf das Schiff gebracht worden waren, brachten einige Frauen den ganzen Tag in hockender Stellung zu, um ihre Blöße zu verbergen.[37] Wenn sie Glück hatten, bekamen sie ein kleines Stück Stoff, aus dem sie sich ein Lendentuch fertigten, und vielleicht noch einen kleinen Lappen, den sie während ihrer Periode als Binde benutzen konnten.

Da man von den Quartieren der Offiziere leicht in die Frauenabteilung des Sklavendecks gelangen konnte und umgekehrt, besteht genügend Anlass zu der Vermutung, dass die Frauen den Offizieren auch sexuell zu Willen sein mussten. In französischen Dokumenten aus der Zeit wird über dieses Thema fast immer geschwiegen, man findet aber zwei, drei Hinweise, die der Beachtung wert sind. Die Eigner französischer Sklavenschiffe wiesen die Offiziere in ihren Diensten an, keine gewöhnlichen Seeleute in die Frauenabteilung des Sklavendecks zu lassen. Wenn sie Segel aus den dort stehenden Kisten holen oder Reinigungs- und Reparaturarbeiten ausführen mussten, dann sollte das während des Tages geschehen, wenn die weiblichen Gefangenen sich auf dem Oberdeck befanden. Musste ein Matrose unbedingt nachts die Frauenabteilung betreten, so sollte stets ein Offizier dabei sein.[38] Man weiß zwar nicht, ob die Einhaltung dieser Vorschriften tatsächlich durchgesetzt wurde, doch allein die Tatsache, dass sie erlassen wurden, impliziert zweierlei: Erstens, dass die Offiziere der – vermutlich auf Erfahrungen basierenden – Überzeugung waren, dass die Matrosen die Frauen vergewaltigen würden, wenn sie die Gelegenheit dazu hätten. Zweitens, dass es für die Offiziere möglich war, sich in den Quartieren der Frauen aufzuhalten, ohne dass neugierige Besatzungsmitglieder sie dabei beobachten konnten. Die Eigner der *Bonne Société*, deren Heimathafen La Rochelle war, rieten ihrem Kapitän, »Begegnungen zwischen Weißen und den Sklavinnen zu vermeiden, weil sie oft unglückliche Folgen zeitigen«. Dennoch: Die normale Praxis ähnelte vermutlich eher der, die vom Sklavenhändler Proa aus La Rochelle in seinen Memoiren geschildert wurde; Proa schrieb, dass jeder Offizier sich eine Sklavin aussuchte, die ihm »bei Tisch und im Bett zu Diensten sein« musste. Der Kapitän der *Jeanette*, eines Sklavenschiffes aus Nantes, ging sogar noch weiter. Er verteilte die Sklavinnen an die Mitglieder seiner Besatzung, »da es Brauch bei ihnen ist, dass jeder eine Frau hat«.[39]

Im 18. Jahrhundert wurde nur ein Fall von Vergewaltigung an Bord eines Sklavenschiffes gemeldet. Der Bericht des Kapitäns liefert einen seltenen Einblick in einen ansonsten totgeschwiegenen Bereich: den der Kriminalität an Bord von Schiffen. Es heißt in ihm, dass der stellvertretende Kapitän, Philippe Liot, »eine sehr hübsche Negerin misshandelte, ihr zwei Zähne ausbrach und sie derart siech machte, dass sie auf Saint-Domingue auch zu einem sehr niedrigen Preis nicht verkauft werden konnte und dort zwei Wochen später starb. Nicht zufrieden mit dieser Untat, trieb der besagte Philippe Liot seine Brutalität bis zu dem Punkt, dass er einem kleinen Sklavenmädchen von acht bis zehn Jahren Gewalt antat, dessen Mund er zuhielt, um es am Schreien zu hindern. Und dies tat er drei Nächte hintereinander, womit er sie dem Tode nahe brachte. Das Sklavenmädchen gab schließlich zu, dass Philippe Liot in den Frachtraum hinabgestiegen sei und sie gezwungen habe, ihm zu Willen zu sein, indem er ihr die Hand auf den Mund gelegt hatte, dass sie nicht schreien konnte, und dies drei Nächte lang. Diese Misshandlung und Gewalttätigkeit fügten dem Mädchen solchen Schaden zu, dass es auf Saint-Domingue für nur 800 Livre verkauft wurde statt für die 1800, die es eigentlich wert gewesen wäre.«[40] Der Zwischenfall wurde also anscheinend deswegen offiziell gemeldet, weil er den Gewinn der Schiffseigner gemindert hatte.

Wesentlich mehr über die Behandlung der weiblichen Gefangenen auf den Sklavenschiffen im 18. Jahrhundert verrät uns ein Bericht, den der englische Kapitän John Newton später in seinem Leben zu Papier brachte: »Als ich in dem Geschäft tätig war, kannte ich mehrere Kommandanten von Afrikafahrern, die kluge und achtbare Männer waren und auf ihren Schiffen Zucht und Ordnung hielten, wie es sich gehört; es gab aber auch zu viele von ganz anderer Wesensart. Auf einigen Schiffen, vielleicht auf den meisten, war die Zügellosigkeit, die man zuließ, beinahe uneingeschränkt.« Newton führte das näher aus, indem er schilderte, wie die Matrosen sich verhielten, wenn Frauen und Mädchen nackt und völlig verschüchtert an Bord gebracht wurden. »In ihrer Fantasie«, berichtete er, »wird die Beute auf der Stelle verteilt, und man spart sie sich lediglich so lange auf, bis sich die Gelegenheit bietet. Wo Widerstand oder Weigerung völlig vergebens wären, denkt man nur selten daran, überhaupt erst den Versuch zu unternehmen, eine Einwilligung zu erlangen.«[41] Newtons Landsmann Alexander Falconbridge stellte das ein wenig anders dar, nämlich dass an Bord englischer Schiffe die Seeleute Geschlechtsverkehr mit »solchen schwarzen Frauen« haben dürften, »deren Einwilligung sie zu erlangen vermögen«. Die Offiziere hingegen hatten die Erlaubnis, »ihre Begierden an ihnen zu stillen, wie es ihnen gefällt, und machen sich manchmal solch brutaler Exzesse schuldig, dass sie der menschlichen Natur Schande bereiten«.[42]

Die tägliche Routine – essen, waschen und tanzen an Deck – konnte nur eingehalten werden, solange das Wetter einigermaßen günstig war. Wenn es regnete, wurden die hölzernen Gitter über den Luken mit Segeltuch bedeckt; auf diese Weise blieb der Frachtraum zwar trocken, dafür war die Luft dort unten bald zum Ersticken. Blieb das Wetter über längere Zeit hinweg schlecht, so ließ man die Gefangenen manchmal wochenlang nicht an Deck. Dann wurde das Sklavendeck auch nicht gereinigt, und man unternahm nur schwache Versuche, gegen die üblen Gerüche anzukämpfen, indem man mit in Essig getränkten Schwämmen hindurchging. Der Gestank muss nach einiger Zeit unvorstellbar gewesen sein. Die Sklaven auf der *Diligent* konnten sich glücklich schätzen, weil das Schiff auf der ganzen 66-tägigen Fahrt nur viermal in Regenschauer hineinlief und nur siebenmal von leichten Sturmböen erfasst wurde. An den meisten Tagen waren die Luken offen, und die Gefangenen durften das Oberdeck betreten.

Sogar wenn das Wetter gut war, ließen nicht alle Kapitäne es zu, dass die Sklaven auf dem Oberdeck aßen und sich unter freiem Himmel bewegten und wuschen. Jean Barbot wusste zu berichten, dass »einige Kommandanten von mürrischer und verdrießlicher Veranlagung die Sklaven ohne die geringste Veranlassung dazu beständig schlagen und unterdrücken und es nicht gestatten, dass sie auf irgendein Deck hinaufsteigen, es sei denn, die Notwendigkeit, sich zu erleichtern, verlange es«.[43] Barbot riet solchen Schiffsführern eindringlich, doch zu bedenken, dass ihre Gefangenen menschliche Wesen seien; wenn dieses Argument sie nicht beeindrucke, sagte er, sollten sie an die Gewinne denken, welche die Eigner des Schiffes erzielen wollten. Ein anderer Zeitzeuge, Pater Laurent de Lucques, fuhr auf einem portugiesischen Schiff mit, das 742 Sklaven an Bord hatte. Offenbar blieben diese Menschen während der gesamten Reise unter Deck eingesperrt. »Die Schwarzen lagen wie die Tiere in Dreck und Unrat«, schrieb er. »Irgendjemand brüllte auf der einen Seite, irgendjemand auf der anderen. Einige schrien und jammerten, andere lachten. Kurz, es war ein einziges Durcheinander. Der Platz war für diese Menge von Schwarzen zu begrenzt, sodass es für sie beinahe unmöglich war, die Stellung zu verändern. Der Gestank war unerträglich. Ihr Schlaf war kurz, da sie kaum die Augen zu schließen vermochten. Weil so viele Menschen zusammengepfercht waren, war es ihnen kaum möglich, ihr Essen zum Mund zu führen, und das bisschen Essen, das sie bekamen, war schlecht zubereitet. Ich weiß nicht, ob man das Schiff mit der Hölle oder mit dem Fegefeuer gleichsetzen sollte.« Nach einigem Nachdenken entschloss sich Pater de Lucques, die Verhältnisse, die während der Mittelpassage auf diesem Sklaventransporter herrschten, mit den Leiden im Fegefeuer zu vergleichen, weil sie nur vorübergehend seien. Die Hölle würde für die Sklaven wohl erst nach der Ankunft in Brasilien beginnen.[44]

Da sie jetzt auf hoher See waren, waren die Männer der *Diligent* weniger streng, was das Zusammenschließen der Sklaven mit den Fußeisen betraf. Viele Kapitäne hielten es für unwahrscheinlich, dass sich die Gefangenen mitten auf dem Ozean zu einem Aufstand hinreißen ließen, weil sie, auch wenn die Erhebung erfolgreich war, nicht in der Lage sein würden, das Schiff wieder nach Afrika zurückzusegeln. Selbst wenn sie einige Matrosen am Leben ließen, damit diese das Schiff für sie steuerten, konnten sie nicht darauf vertrauen, dass diese sie wirklich dahin bringen würden, wohin sie befördert werden wollten. Es kam zwar zu zahlreichen Aufständen auf hoher See, viele Kapitäne glaubten aber, dass sie nur auf Schiffen ausbrachen, deren Besatzungen durch Krankheiten dezimiert worden oder nachlässig und ständig betrunken waren. Thomas Phillips meinte zu diesen Vorkommnissen: »Ich habe nie davon gehört, dass sie [die Sklaven] auf Schiffen meuterten, die über eine gute Zahl von Seeleuten verfügten und einigermaßen gut geführt waren.« John Atkins war jedoch anderer Meinung; er schrieb: »Gemeinhin glaubt man, wenn wir Sklaven geladen haben und auf See sind, würde die Unkenntnis der Neger, was die Navigation betrifft, uns schützen; da jedoch viele von ihnen überzeugt sind, dass man sie gekauft hat, um sie zu essen, und darüber hinaus, dass ihr Tod sie in ihr eigenes Land zurückbringen wird, hat es keinen Mangel an Fällen gegeben, in denen sie sich fern vom Land erhoben und die Mannschaft eines Schiffes getötet haben.«[45] Moderne statistische Untersuchungen zeigen, dass ungefähr 30 Prozent aller Sklavenrevolten auf hoher See ausbrachen – das ist wohl ein höherer Prozentsatz, als sowohl Phillips wie auch Atkins für möglich gehalten hätten.[46]

Die Kommandanten der Sklavenschiffe waren alles andere als einer Meinung darüber, ob man den Gefangenen auch während der Mittelpassage ihre Fußfesseln anlegen sollte. William Snelgrave, Thomas Phillips und Jean Barbot behaupteten, dass sie den Gefangenen alle Eisen abnehmen ließen, sobald man die offene See erreicht hatte. Andere wie John Newton und Alexander Falconbridge ließen die Männer während der gesamten Fahrt zusammengeschlossen.[47] Vielleicht war die verbreitetste Praxis die, die Gefangenen aufmerksam zu beobachten und diejenigen, die am fügsamsten erschienen, zu belohnen, indem man sie von den Fesseln befreite.[48] Dadurch schaffte man auch einen starken Anreiz für die Gefangenen, sich an die für sie geltenden Regeln zu halten. Die meisten Sklaven, denen allem Elend und allem Leid zum Trotz am Überleben lag, war auch klar, dass nur die weißen Matrosen sie sicher über das Meer zu befördern vermochten. Wenn sie während der langen Nächte dem Knarren und Ächzen des hölzernen Rumpfes lauschten, wurden sie ständig daran erinnert, dass nichts als einige dünne Planken sie von den Haien trennte.

Allmählich bildete sich auf dem Schiff eine gesellschaftliche Organisation in einer ganz rudimentären Form aus; sie basierte auf einer hierarchischen Stufenleiter, die vom Kapitän bis hinunter zum jüngsten Gefangenen reichte. Mehrere der gefügigeren Afrikaner waren zu »Quartiermeistern« oder Aufsehern über die Männer- und Frauenabteilungen ernannt worden. Ihre Aufgabe sah vor, Streitigkeiten zu schlichten, die Gefangenen in Gruppen von zehn einzuteilen, die gemeinsam das Essen einnahmen, und die Arbeitstrupps zu überwachen, die das Unterdeck säuberten und schrubbten. Außerdem erwartete man, dass sie es meldeten, wenn die Schwarzen über eine mögliche Rebellion sprachen. Dafür dass sie den Weißen auf diese Weise zu Diensten waren, gewährte man ihnen ein wenig mehr Freiheit, und vielleicht schenkte man ihnen auch ein paar Kleidungsstücke und hin und wieder ein bisschen Branntwein und Tabak. Die meisten der Gefangenen begannen auch, sich den an Bord geltenden Regeln und Gepflogenheiten anzupassen, weil sie begriffen, dass Kooperation die beste Art und Weise war, um ausreichend verpflegt zu werden, regelmäßig frisches Wasser zu erhalten und vielleicht sogar hin und wieder von ihren Eisen befreit zu werden. Nach ein paar Wochen auf See führte man beinahe automatisch die tägliche Routine aus: Jeder wusste, wo er sich zum Essen hinzubegeben hatte, wo und wann er sich zu waschen oder zu baden hatte, wann er tanzen musste und was seine Aufgabe war, wenn das Schiff gereinigt wurde.

In der Nacht, unter Deck, kamen andere, verborgene und weniger formale soziale Strukturen zum Tragen, die ursprünglich von den Anführern der Sklaven geschaffen worden waren, die Aufstände organisieren wollten. Die Hoffnung, dass sie mit einer solchen Aktion Erfolg haben könnten, war jetzt geschwunden. Wenn die Mannschaft durch Krankheiten dezimiert worden wäre, wenn die Wachposten nachlässig geworden wären, wäre sie vielleicht wieder aufgelebt. Da aber keines von beidem eingetreten war, hatten sich die Natur und die Struktur dieser informellen Netzwerke höchstwahrscheinlich ganz allmählich verändert. Diejenigen, die das Feuer einer Rebellion hatten schüren wollen, verloren nach und nach ihre Anhänger, und gemäßigtere Charaktere setzten sich durch, die sich damit beschäftigten, wie man den Kranken beistehen, die Niedergeschlagenen aufmuntern und Meinungsverschiedenheiten aus dem Weg räumen konnte – aber auch damit, wie sich in der Nacht Begräbniszeremonien für die Toten abhalten ließen.

35

Auf dem Atlantischen Ozean, 28. Februar 1732

Am 28. Februar starb ein Sklave. Robert Durand hielt die Todesursache nicht fest. Er tat dies aber, als fünf Tage später ein weiterer Gefangener starb, und zwar an Skorbut, wie er schrieb. Das war eine Krankheit, die Kapitän Mary schreckte, weil ihr auf der Mittelpassage häufig sowohl viele Sklaven als auch Besatzungsmitglieder zum Opfer fielen. Nur ein Jahr zuvor hatte die Krankheit auf dem holländischen Segler *Beekesteyn* 150 Sklaven dahingerafft. Was sie so erschreckend machte, war die Tatsache, dass niemand wusste, was sie eigentlich verursachte und was man gegen sie tun könnte. In Doktor Aubreys Handbuch für Ärzte auf Sklavenschiffen fand sich weder etwas über die möglichen Ursachen von Skorbut noch über Behandlungsmethoden. Weil es keine maßgeblichen Lehrmeinungen vonseiten der Mediziner gab, wurden alle möglichen Theorien vorgetragen. Des Marchais glaubte, dass Skorbut durch schlechtes Trinkwasser ausgelöst würde. Pater Labat war überzeugt, dass man einer Erkrankung vorbeugen könne, wenn man die Haut der Gefangenen mit Palmöl einrieb. Andere Kapitäne glaubten, dass man ihr mit Tanzen entgegenwirken könne.[49] Erst 1754 sollte Dr. James Lind entdecken, dass man den Ausbruch von Skorbut mit Orangen-, Zitronen- und Limonensaft bekämpfen konnte.

Kapitän Mary hatte bislang Glück gehabt. Seitdem sie am 10. Januar von São Tomé aufgebrochen waren, waren nur zwei Sklaven gestorben. Seitdem sie von Jakin aus in See gestochen waren, hatten sie somit insgesamt neun

Gefangene – oder vier Prozent – der menschlichen Fracht verloren. Das war ein bemerkenswertes gutes Ergebnis für ein Sklavenschiff, denn im Januar 1732 schätzte das Konsulatgericht von Nantes, dass die Sterberate auf Sklavenschiffen dieser Hafenstadt sich im Durchschnitt auf 20 Prozent belief.[50] Auf der *Diligent* hatte der Tod also nur ein Fünftel der normalen Zahl an Opfern gefordert. Moderne statistische Untersuchungen zeigen, dass während des ersten Viertels des 18. Jahrhunderts die Todesrate im Schnitt bei etwas über 16 Prozent lag.

Wenn Mary bei der Compagnie des Indes angestellt gewesen wäre, hätte er sich eine saftige Prämie verdient. Als die Gesellschaft 1723 ihr Monopol auf den Sklavenhandel wieder geltend gemacht hatte, hatte sie den Kommandanten ihrer Schiffe einen Bonus von sechs Livre pro Sklaven in Aussicht gestellt, wenn die Sterblichkeitsquote unter fünf Prozent lag, von drei Livre, wenn sie zehn Prozent unterschritt, von zwei Livre, wenn sie 15 Prozent nicht überschritt, und von einem Livre, wenn sie unter 20 Prozent – also dem, was man später zur Durchschnittsrate erklärte – blieb.[51] Kapitän Mary hätte also Anspruch auf die höchste Prämie erheben können. Was seine Besatzungsmitglieder betraf, so betrug die Todesrate jedoch mehr als zehn Prozent, was Mary aber unter rein finanziellen Aspekten hätte gleichgültig sein können, da keine Prämie pro überlebenden Seemann ausgezahlt wurde. Das Ableben von Besatzungsmitgliedern sparte den Eignern sogar Geld ein, weil sie diesen ja keine Heuer mehr zahlen mussten.

Kapitän Mary hatte guten Grund zu der Annahme, dass die Brüder Billy darüber erfreut sein würden, dass auf seinem Schiff so viele Sklaven überlebt hatten, er war sich aber auch bewusst, dass er wegen zwei anderer Dinge große Probleme mit ihnen bekommen könnte. Als er von den Brüdern und von La Croix vor der Abfahrt aus Vannes seine Orders entgegengenommen hatte, war ihm darin gestattet worden, eine bestimmte Anzahl Sklaven auf eigene Rechnung zu kaufen. Das Problem war jedoch, dass er mit den 26 Schwarzen, die er in Jakin für sich erworben hatte, die ihm zugestandene Quote überschritten hatte und dass dieses sich nur schwer verbergen ließ. In seinen Orders wurden strenge Strafen für einen solchen Verstoß angedroht: Die Eigner der *Diligent* konnten ihm bis zu 1000 Livre für jeden der Sklaven abverlangen, die er über die Quote hinaus für sich selbst an Bord genommen hatte, oder sie konnten diese Sklaven beschlagnahmen und verkaufen lassen und das Geld für sich behalten.[52] Pierre Mary musste aber auch eine Bestrafung fürchten, weil der Sklave, der am 3. Dezember auf der Strecke zwischen Jakin und Principe gestorben war, einer jener gewesen war, die ihm persönlich gehörten. Er hatte aber in seine Bücher eingetragen, dass es sich um einen Mann aus dem Besitz der beiden Billys und ihres Kompagnons La Croix gehandelt habe.

Um sich zu schützen und seinen Betrug zu kaschieren, setzte er eine Erklärung darüber auf, wie viele Sklaven er auf eigene Rechnung gekauft hatte. Er gab eine viel zu niedrige Zahl an, rief dann aber die anderen Offiziere einzeln zu sich in seine Kajüte und verlangte, dass sie diese Erklärung gegenzeichneten. Der Zweite Leutnant Laragon, der schon einige Male zuvor Meinungsverschiedenheiten mit Mary gehabt hatte, weigerte sich, seinen Namen unter das Dokument zu setzen mit der Begründung, er würde sein Seelenheil aufs Spiel setzen, wenn er an einem Betrug mitwirke – die Tatsache, dass er auf einem Schiff Dienst tat, das voller gefangener und sterbender Afrikaner war, schien seine Seele offenbar nicht zu belasten. Laragon und Doktor Devigne führten später ein Gespräch auf dem Achterdeck und kamen überein, die Erklärung ebenfalls nicht zu unterschreiben. Devigne suchte dann Durand in seiner Kajüte auf und erzählte ihm die ganze Geschichte. Kurz nachdem Devigne wieder gegangen war, hörte Durand, wie Laragon noch einmal schwor, dass er die falsche Erklärung nicht unterschreiben würde, weil er es nicht mit seinem Gewissen vereinbaren könne.

Robert Durand war von Mary nicht um seine Unterschrift gebeten worden. Er hatte in seinem persönlichen *journal* unter dem Datum des 3. Dezember vermerkt, dass ein Sklave aus dem Besitz Marys gestorben war. Da der Kapitän aber den Toten als zur »Fracht« gehörig deklariert hatte, war Durands Eintrag Beweis dafür, dass sein Vorgesetzter einen Betrug begangen hatte. Mary hatte den Eintrag nicht zu Gesicht bekommen, er muss aber die Feindseligkeit seines Ersten Leutnants gespürt haben und forderte ihn aus diesem Grund nicht auf, die Erklärung zu unterzeichnen. Sein Schwager Valteau war der Einzige, mit dessen Kooperation er rechnen konnte, doch ohne die Unterschriften der anderen Offiziere nutzte ihm seine Erklärung nichts. Mary würde einen anderen Weg finden müssen, um den von ihm begangenen Betrug zu verbergen.

Man sprach nicht mehr über die Angelegenheit, als die *Diligent* Tag für Tag weiter einen westlichen Kurs mit ein paar Grad Abweichung nach Norden

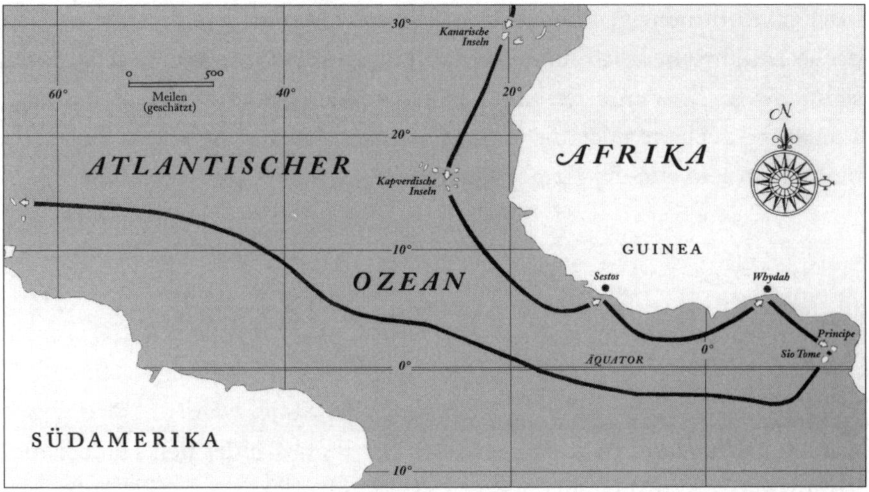

35.1 Rekonstruktion der Karte von Pieter Goos, auf der die Route der *Diligent* nach Martinique eingezeichnet ist.

steuerte. Im Laufe des Februar 1732 hatte sie sich langsam vom vierten nördlichen Breitengrad zum dreizehnten emporgearbeitet. Martinique lag auf dem vierzehnten Grad nördlicher Breite, und die *Diligent* sollte bis zu diesem Breitengrad vorstoßen und dann nach Westen drehen, um zu ihrem Ziel zu gelangen. Weil die Ermittlung des Längengrads so unzuverlässig war, konnte man es am sichersten vermeiden, am Ziel vorbeizusegeln, indem man zunächst den richtigen Breitengrad anzusteuern suchte. Am 1. März hatten sie den vierzehnten Breitengrad erreicht, und nun mussten sie eigentlich nur noch einen Kurs genau nach Westen beibehalten.

Je näher sie Martinique kamen, desto mehr begann die Behandlung der Sklaven sich zu ändern. Den Gefangenen wurden zu jeder Mahlzeit größere Essensrationen verabreicht. Den Männern wurde der Kopf geschoren und der Bart abrasiert, und Männer wie Frauen erhielten Palmöl, damit sie sich damit einrieben. Und immer öfter erklang das Akkordeon, um sie zum Tanz aufzufordern.[53] All das sollte natürlich nur dazu dienen, den Preis zu erhöhen, den die Sklaven auf der Insel erzielen würden.

Die *Diligent* war jetzt tausende Meilen vom Hafen von Jakin entfernt, wo sie von September bis November gelegen hatte, um ihre Fracht zusammenzukaufen. Viele der Gefangenen hatten noch die Szenerie von Jakin vor Augen, weil die Stadt und der Hafen das Letzte waren, was sie vom afrikanischen Kontinent gesehen hatten. Robert Durand und die Mannschaft dachten wahrscheinlich nur selten an Jakin zurück, sondern beschäftigten sich ganz und gar mit der bald bevorstehenden Ankunft auf Martinique. Weder die Seeleute noch die Gefangenen können geahnt haben, dass Jakin binnen kurzem von der Armee Dahomeys verwüstet werden würde.

36

Jakin an der Sklavenküste, 2. April 1732

Um elf Uhr vormittags traf ein Bote bei der holländischen Handelsniederlassung in Jakin ein und meldete, dass das Heer Dahomeys im Anmarsch auf die Stadt sei. Der Direktor Hertogh schickte daraufhin seinen Assistenten Hoffmeester los mit dem Auftrag, die Lage genauer zu erkunden. Hoffmeester bestieg rasch ein Pferd und ritt gen Norden, um festzustellen, wie weit die Truppen der Feinde Jakins mittlerweile vorgerückt waren. Nach einer halben Stunde erblickte er in der Ferne eine riesige Staubwolke und hörte den Klang von Trommeln. Er trieb sein Pferd an und preschte in vollem Galopp weiter. Nachdem nochmals eine halbe Stunde vergangen war, hatte er sich der Streitmacht Dahomeys weit genug genähert, um die Flaggen zu erkennen, die hier und da über den Köpfen der Marschierenden wehten; der Staub verhinderte aber, dass er die Stärke des feindlichen Heeres einschätzen konnte. Er entschloss sich, sich noch näher heranzuwagen, bemerkte dann aber, dass ein Trupp von mit Musketen bewaffneten Kriegern auf ihn zustürmte, warf sein Pferd sofort herum, gab ihm die Sporen und floh gerade noch rechtzeitig, um einer Salve aus den feindlichen Musketen zu entgehen.[54]

Als er eine Stunde später wieder in Jakin eintraf, ritt Hoffmeester sofort zur holländischen Handelsniederlassung, um sich ein frisches Pferd geben zu lassen. Er musste feststellen, dass Hertogh und die afrikanischen Helfer das Weite gesucht hatten; nur die sechs holländischen Angestellten hielten noch die Stellung, Bald hörte man Musketenschüsse vom westlichen Rand der Stadt. Ein 10 000 Mann starkes Heer griff Jakin an! Hoffmeester wies seine Gefährten an, die Tore der Niederlassung zu versperren, dann machte er sich auf einem frischen Pferd auf die Suche nach Hertogh. Doch plötzlich sah er sich von Kriegern aus Dahomey umzingelt. Sie nahmen ihn gefangen und brachten ihn zu ihrem Lager außerhalb der Stadt.

Am nächsten Morgen machte Hoffmeester einen Rundgang durch das Gefangenenlager, in dem bereits 4000 Männer sowie eine Menge Frauen und Kinder festgehalten wurden. Unter den Gefangenen entdeckte Hoffmeester auch den Leiter der portugiesischen Niederlassung mit sieben portugiesischen Angestellten, den englischen Kapitän Robert More zusammen mit seinem Aufseher und einem Matrosen, den Direktor der französischen Niederlassung zusammen mit drei weiteren Franzosen und die Holländer, die er am Tag zuvor in Jakin zurückgelassen hatte. De Pinto, der portugiesische Direktor, führte ein langes Gespräch mit Agau, einem Befehlshaber der Streitmacht Dahomeys; danach erlaubte man ihm, in seine Niederlassung zurückzukehren. Die anderen weißen Gefangenen erhielten den Befehl, den Fußmarsch in das fast 80 Kilometer entfernte Allada anzutreten, wo sie König Agaja übergeben werden sollten. Als die Holländer mehrere Tage später eine Audienz bei Agaja erhielten, ließ er ihnen Schnaps kredenzen und erkundigte sich, wo Hertogh sei. Als er hörte, dass dieser entkommen war, wirkte er verärgert. Er ließ die Holländer wissen, dass Hertogh der Anlass für den Krieg sei. Er, Agaja, habe Jakin nur deswegen angegriffen, weil Hertogh dem Ashanti-Führer Amoe von der Goldküste Geschenke geschickt hatte, um ihn dazu zu bewegen, Dahomey zu überfallen.

Sowohl für den Herrscher Jakins als auch für die dort ansässigen Händler kann der Angriff aber nicht völlig überraschend gekommen sein. Ersterer hatte über die Stadt wie über eine Art unabhängiger Handelszone regiert und sie nicht für Agaja als eine Region verwaltet, die dem Staat Dahomey unterworfen war. Die Tatsache, dass die *Diligent* zweimal die verschiedenen Abgaben hatte leisten müssen – einmal an König Agaja und einmal an den Herrscher von Jakin –, weist auf diesen heiklen doppelten Status Jakins hin. Nachdem Agaja Mahi nach einjährigem Kampf endlich besiegt hatte, war es ihm möglich, seine Armee anderweitig einzusetzen, und ganz oben auf seiner Liste der zu »klärenden Fälle« stand Jakin. Obwohl er verkündet hatte, in den von ihm kontrollierten Ländern das alleinige Monopol auf den Sklavenhandel zu haben, hatte der Herrscher von Jakin sich mit Hertogh zusammengetan, um Sklaven aus den Regionen an den Ufern des östlich von Jakin weiter im Landesinneren verlaufenden Flusses an die

Küste zu holen. Agaja waren auch Gerüchte zu Ohren gekommen, dass Hertogh die Männer aus Oyo dazu ermutigt hatte, ihn anzugreifen. Außerdem sollte der Holländer dem König von Weme Schießpulver und Kugeln geliefert haben, um ihn zu einem Angriff auf Dahomey zu ermutigen.[55]

Als die Truppen Dahomeys mit ihrem Angriff auf Jakin begannen, nahm Hertogh gerade in seinem Kontor sein Mittagsmahl ein. Als er von dem Angriff erfuhr, befahl er den holländischen Angestellten, bei den Depots zu bleiben, um auf die dort lagernden Waren aufzupassen, während er sich in aller Eile mit seinen bewaffneten afrikanischen Dienern zum Fluss aufmachte. Die Diener bezogen Stellung am Flussufer und wehrten die Männer aus Dahomey so lange ab, bis Hertogh in ein Kanu geklettert war, das ihn in Sicherheit brachte. Auch der Herrscher von Jakin und die höchsten Würdenträger flüchteten wie der Holländer in kleinen Booten auf eine Insel im Fluss, die eigens für einen solchen Notfall befestigt worden war.[56]

Sowohl Hertogh als auch der Herrscher waren so sehr damit beschäftigt, sich abzusetzen, dass sie viele wichtige Leute einfach zurückließen. Hertogh hatte seine sechs holländischen Mitarbeiter im Stich gelassen, der Herrscher seine Mutter. Nachdem die feindliche Streitmacht die Stadt in ihre Gewalt gebracht hatte, setzte ein allgemeines Plündern und Brandschatzen ein. Die Eroberer nahmen 4538 Afrikaner gefangen und 20 Europäer. Sie drangen in die Lagerhäuser der europäischen Handelsstationen ein und räumten sie leer. Außerdem brachten sie die Artilleriegeschütze an sich, die zur Verteidigung von Joseph de Torres' am Strand vor sich hinbröckelndem Kastell dienen sollten. Später schätzte man, dass die Holländer Waren im Wert von 600 Sklaven einbüßten und die Franzosen im Wert von 150. Der Kapitän eines englischen Schiffes verlor Waren, deren Wert dem von 80 Sklaven entsprach, und verschiedene Personen Waren im Wert von insgesamt 20 Sklaven.

Hertogh und der Herrscher von Jakin befanden sich auf der Insel Lebee, die mitten im Fluss lag, in relativer Sicherheit. Nach einer Woche auf Lebee ließ Hertogh sich auf die ungefähr 50 Kilometer von Jakin entfernt an der Küste gelegene Insel Apa bringen, weil er hoffte, dort eine neue Handelsstation einrichten zu können. »Ich befinde mich auf einer sicheren Insel«, schrieb er an den holländischen Generalgouverneur in Elmina, »auf die kein Feind jemals zu gelangen vermag.« Während König Agaja die gefangenen Engländer, Franzosen und Portugiesen drei Tage nach ihrer Ankunft in Allada wieder auf freien Fuß setzte, hielt er die Holländer über ein Jahr lang fest und verhandelte in dieser Zeit mit der holländischen Westindien-Kompanie über ihre Freigabe. Als die Holländer im Juli 1733 endlich aus der Gefangenschaft entlassen wurden, waren zwei von ihnen bereits elend umgekommen.

Der englische Schiffsarzt John Atkins, der zu einem Gegner des Sklavenhandels wurde, nachdem er 1721 anlässlich einer Reise nach Whydah mit eigenen Augen verfolgen konnte, wie es dabei zuging, verfasste später ein Buch, in dem er König Agajas Vernichtungsfeldzüge gegen Whydah im Jahr 1727 und gegen Jakin im Jahr 1732 als Schläge gegen den Sklavenhandel deutete. Über die Zerschlagung Whydahs schrieb er: »Der siegreiche König von Dahomey, der alles auf den Kopf stellte und unseren Handel mit Sklaven vollständig zum Erliegen brachte, verdient einige Bemerkungen. Dieser Fürst wurde vermutlich durch das noble Motiv, sein eigenes Volk und das des benachbarten Landes von den grausamen Kriegen und der Sklaverei, die ihnen beständig von diesen Schlangen und dem König von Ardra auferlegt wurden, zu erlösen, zu dieser Eroberung bewegt.« Über die Zerstörung Jakins schrieb Atkins, dass König Agaja »alle europäischen Kaufleute dort überrascht und ausgeplündert und damit die Auslöschung des Sklavenhandels zu einem Abschluss geführt« habe. Er fügte hinzu: »Die Handlungen des Königs sind rühmenswert, denn mit der Auslöschung dieses Handels hat er seine eigenen privaten Interessen der allgemeinen Gerechtigkeit und Menschlichkeit zuliebe preisgegeben.«[57]

Unvereinbar mit Atkins' Darstellung des Königs als eines großen Menschenfreundes, der einen Kreuzzug gegen den Sklavenhandel führte, ist jedoch die Tatsache, dass Agaja sehr bald versuchte, wieder gute Beziehungen zur holländischen Westindien-Kompanie herzustellen. Er machte unmissverständlich klar, dass er Hertogh hasste, aber wieder Geschäfte mit den Holländern machen wollte. Er bot an, auf eigene Kosten eine neue Handelsstation aufbauen zu lassen – unter der Bedingung, dass jemand anderer als Hertogh ihr Leiter werden würde. Gleichzeitig schickte er eine Streitmacht von 3000 Männern aus, die auf dem Strand in der Nähe der Insel Apa, auf der Hertogh sich niedergelassen hatte, ein Lager aufschlug. Diese Soldaten hatten den Auftrag, Hertogh sofort zu ergreifen, falls er es wagen sollte, einen Fuß auf das Festland zu setzen. Hertogh brachte den Bemühungen der Kompanie, neue Beziehungen zu Agaja zu knüpfen, heftigen Widerstand entgegen. Er drohte damit, aus den Diensten der Gesellschaft auszuscheiden, falls man versuchen sollte, wieder Geschäfte mit dem König von Dahomey zu machen. Der Beirat der Gesellschaft, der sich in Elmina versammelte, war jedoch der Ansicht, »es würde in keiner Weise förderlich für die Kompanie sein, solch ein vorteilhaftes von dem König von Dahomey unterbreitetes Angebot eines einzelnen Angestellten wegen auszuschlagen«.[58] Angesichts dieser Abfuhr aus den eigenen Reihen machte Hertogh einen Rückzieher.

Nach der Vernichtung Jakins wurde der Sklavenhandel wieder von den französischen, englischen und portugiesischen Forts in Whydah aus betrieben. König Agaja hatte 1730 angeordnet, den Hafen von Jakin zu schließen und den gesamten Sklavenhandel über die europäischen Forts in Whydah abzuwickeln.[59] Durch die Eroberung Jakins zwei Jahre später wurde der Weg zur Verwirklichung dieser Verfügung geebnet. Als Hauptmann Assou im Juni 1733 starb und ihm zwei Monate später auch der exilierte König Huffon folgte, konnte Agaja seine Herrschaft über das ehemalige Königreich Whydah endlich festigen. Während des zweiten Viertels des 18. Jahrhunderts wurden in Whydah im Durchschnitt beinahe 12 000 Gefangene jährlich als Sklaven verkauft.[60] Die Kriege und Unruhen hatten jedoch ihren Zoll gefordert, und Whydah sollte den Sklavenhandel am Atlantik nie wieder so dominieren, wie es ihn vor der Zerstörung Savis beherrscht hatte.

37

Auf dem Atlantischen Ozean, 11. März 1732

Um zwei Uhr nachmittags sichtete der Ausguck der *Diligent* ein Schiff, das in Lee vor ihnen herlief. Wie die *Diligent* segelte es genau nach Westen in Richtung Martinique, es war aber so langsam, dass man bald auf einer Höhe mit ihm sein würde. Als man auf dem anderen Schiff auf die *Diligent* aufmerksam wurde, holte man dort das Großsegel ein, um die Fahrt weiter zu verlangsamen. Kapitän Mary ließ daraufhin den Kurs ändern, um den Fremden nördlich passieren zu können. Um sechs Uhr nachmittags waren sie nahe genug an ihn herangekommen, um seine Flagge sehen zu können; sie vermochten jedoch deren Farben nicht zu erkennen. Offenbar plante man auf dem unbekannten Segler, längsseits der *Diligent* zu gehen, da man sich weiterhin in Luv hielt. Am Abend, als die erheblich schnellere *Diligent* herangekommen war, feuerte man dort drüben eine Kanone ab zum Zeichen, dass man Kontakt aufnehmen wollte. Als dieser Schuss keine Reaktion erbrachte, feuerte man einen zweiten ab und zündete mehrere Laternen an. Im Lauf der nächsten zwei Stunden wiederholte sich das: Das fremde Schiff gab in regelmäßigen Abständen einen Schuss ab und setzte immer mehr Laternen. Kapitän Mary entschied sich zu dem Versuch, an Backbord an ihm vorbeizusegeln, und zwar mit geladenen und schussbereiten Kanonen für den Fall, dass es sich um einen Freibeuter handeln sollte. Als die beiden Schiffe sich noch näher kamen, zählte Robert Durand nicht weniger als 30 Laternen, die in den Wanten hingen, während auf der *Diligent* alles dunkel war und die Mannschaft sich mit dem Schein des vollen Mondes begnügte.

Da der fremde Segler weiterhin seine Kanonen abfeuerte, um die *Diligent* zum Beidrehen zu bewegen, musste Kapitän Mary eine Entscheidung fällen. Falls das andere Schiff keine feindseligen Absichten hatte und vielleicht um Beistand bat, hatte die *Diligent* ihm nur wenig zu bieten, da es sehr viel größer war und die eigenen Vorräte schon weitgehend aufgebraucht waren. Wenn es sich jedoch um einen Freibeuter handeln sollte, dann würde seine Besatzung die Männer der *Diligent* leicht überwältigen, und sie würden verloren sein. Die beiden Schiffe glitten jetzt nur einen Musketenschuss weit voneinander entfernt über das Meer. Die *Diligent* ging über Stag, um den Fremden an dessen Steuerbordseite zu passieren. Als man dort das Manöver bemerkte, schlug man einen Kollisionskurs zur *Diligent* ein, deren Kapitän dadurch gezwungen wurde, erneut den Kurs zu ändern, sodass man wieder parallel zu dem unbekannten Schiff lief. Sogar als die *Diligent* sich schon ein gutes Stück von ihm abgesetzt hatte, feuerte man auf dem anderen Fahrzeug weiterhin Kanonenschüsse ab und ließ die Laternen brennen. Gegen 10.30 Uhr, als der Fremde trotz der hellen Vollmondnacht praktisch außer Sicht war, verstummten seine Kanonen, und die Laternen erloschen. Am nächsten Morgen war keine Spur mehr von ihm zu sehen, und die Besatzung der *Diligent* begann darüber zu debattieren, ob man sich in der Nacht richtig verhalten hatte. Einige glaubten zwar, dass man einem Piratenschiff begegnet sei, die meisten waren aber der Meinung, dass es sich einfach um ein Schiff in Not gehandelt habe, das um Hilfe gebeten hatte.

Das war das zweite Mal seit der Abfahrt von São Tomé, dass man gefürchtet hatte, einem potenziellen Freibeuter in die Quere zu geraten. Schon am sechsten Tag auf See hatten sie ein Schiff gesichtet, an dessen Fahnenstock die englische Flagge wehte. Es hatte seinen Kurs geändert, um näher heranzukommen, und sie hatten gefürchtet, dass es ein Piratenschiff war, das die englische Flagge nur zur Täuschung aufgezogen hatte. Die Geschützbedienungen der *Diligent* waren zu ihren Kanonen geeilt, um sie zu laden und schussbereit zu machen. Gegen elf Uhr waren die beiden Schiffe sich so nahe gekommen, dass man sich mit Rufen verständigen konnte. Der Fremde hatte ein Beiboot zu Wasser gelassen, und ein englischer Offizier, der Französisch sprach, war zur *Diligent* herübergekommen. Er hatte sich nach dem Längen- und Breitengrad erkundigt, auf dem man sich befand, denn sein Schiff, ein englischer Sklaventransporter, war drei Monate zuvor mit Ziel Angola von England in See gestochen, und man war sich dort nicht mehr über die eigene Position sicher.

Auch wenn es sich um einen falschen Alarm gehandelt hatte, hatte Kapitän Mary sich richtig verhalten, als er sich nur mit größter Vorsicht dem englischen Schiff angenähert hatte. Genau in der Region, in der sie sich damals befanden, war Chevalier Des Marchais 1725 einem Piratenschiff vor den Bug geraten. Das Schiff hatte weiße Flaggen mit roten Säbeln aufgezogen gehabt und damit keinen Zweifel an seiner Identität gelassen. Die Piraten hatten Pulverladungen aus ihren Geschützen abgefeuert, um Des Marchais zur Aufgabe zu bewegen. Als sie näher herangekommen waren, hatten sie die weißen Flaggen niedergeholt und stattdessen schwarze gehisst, um zu signalisieren, dass die Gelegenheit sich zu ergeben, nun vertan war: Jetzt würde kein Pardon mehr gewährt werden. Die beiden Schiffe bestrichen sich zwei Stunden lang mit ihren Kanonen. Die Piraten versuchten immer wieder längsseits des Sklavenschiffes zu gehen, um es zu entern. Des Marchais und seine Leute wurden dadurch gerettet, dass eine der von ihnen abgefeuerten Kanonenkugeln den Fockmast des Gegners traf, der daraufhin so umstürzte, dass er auch den Großmast niederriss. Da das Piratenschiff danach manövrierunfähig war, vermochte Des Marchais mit seinen Leuten und seinen Sklaven zu entkommen.[61] Den Schwarzen wäre es vielleicht besser ergangen, wenn die Piraten das Schiff gekapert hätten, denn die Freibeuter ließen Sklaven oft frei oder forderten sie auf, sich ihrer Horde anzuschließen.

Als die *Diligent* in der Nähe von Martinique dem fremden Schiff begegnete, war große Vorsicht wirklich angebracht, denn das frühe 18. Jahrhundert war die große Zeit der Piraten in den Gewässern der Karibik. 1718 hatten sie mit ihrem Unwesen die Handelsverbindungen Frankreichs mit seinen Kolonien in der Karibik so gestört, dass die Regierung in Ermangelung von Marineeinheiten, welche die Piraten bekämpften, allen Franzosen in ihren Reihen für den Zeitraum von einem Jahr eine Generalamnestie anbot. Nach Ablauf dieses Jahres würden alle die, die nicht von diesem Angebot Gebrauch gemacht hatten, die ganze Härte des Gesetzes zu spüren bekommen. Nur wenige gingen auf dieses Angebot ein. Erst 1726 unternahm eine französische Kriegsflottille unter dem Kommando von M. de Jonquière den – erfolglosen – Versuch, die Piraten aus den Gewässern um Martinique zu vertreiben. Die Lage blieb weiterhin so bedrohlich, dass der Gouverneur der Insel im Jahr 1729 keinem Schiff die Genehmigung erteilte, in See zu stechen, solange die Gefahr bestand, dass es von Piraten gekapert wurde. Auch das Sklavenschiff *Charlemagne* wurde fast einen Monat lang daran gehindert, den Anker zu lichten, weil gemeldet worden war, dass Piraten in den Gewässern um die Insel operierten.[62] Die Piraterie wurde immer offener betrieben: 1731 wurden auf Martinique sechs Männer ergriffen, die versuchten, junge Burschen zu überreden, mit ihnen gemeinsam ein Schiff zu stehlen und eine Piratenbande zu gründen. Die sechs hatten sogar versucht, Soldaten zur Desertion aufzufordern und sich ihnen anzuschließen. Nachdem ihr Plan aufgedeckt worden war, wurde der Anführer für den Rest seines Lebens auf eine Galeere im Mittelmeer geschickt.[63]

Abgesehen davon, dass sie sich der Gefahren, die in der Karibik drohten, bewusst waren, hatten die Offiziere der *Diligent* noch ganz persönliche Gründe, die Piraten, die dort ihr Unwesen trieben, zu fürchten. 1728 segelte ein Kapitän namens Pierre Valteau, der mit größter Sicherheit ein Verwandter des Ersten Leutnants der *Diligent* war[64], mit dem Sklavenschiff *Expédition*, das niemand anderem als René Montaudoin aus Nantes gehörte, von Guadeloupe nach Martinique. Er hatte seine Sklaven auf Guadeloupe an den Mann gebracht und unternahm jetzt die kurze Fahrt nach Martinique, um sein Schiff dort mit der *Fidélité* zu vereinen, die ebenfalls im Besitz von Montaudoin war. Die *Expédition* wurde jedoch von dem Piraten Jean-Thomas Dulaien und seinen Männern überfallen und aufgebracht. Dulaien stammte aus Guérande, einem Ort, der nur ein paar Kilometer von

Kapitän Valteaus Heimatort Le Croisic entfernt war. Die *Expédition* war eine kleine, mit nur zwölf Leuten bemannte Korvette von 30 Tonnen. Valteau wusste, dass der Versuch, mit solch einer Nussschale gegen ein Piratenschiff zu kämpfen, tollkühn gewesen wäre; auch hatte er die Kanonen vom Deck der *Expédition* als Ballast in den Laderaum schaffen lassen. Die Piraten enterten sein Schiff, bemächtigten sich sämtlicher Waren, fügten aber der *Expédition* keinen Schaden zu und krümmten auch den Männern der Besatzung kein Haar. Da keine Waren mehr nach Frankreich zurückzutransportieren waren, wurde Valteaus Schiff in der Karibik verkauft, und er selbst trat auf der *Fidélité* die Rückreise in die Heimat an.

Bald nach seinem Überfall auf Kapitän Valteaus Schiff kehrte Dulaien nach Nantes zurück und kam um Straferlass ein. Die Amnestie wurde ihm unter der Bedingung gewährt, dass er sein Schiff, die *Sans Pitié*, mitsamt ihrer ganzen Fracht und all den Schätzen, die er angehäuft hatte, der Admiralität auslieferte. Der Pirat hatte seine wertvollsten Beutestücke schon versteckt und übergab den Behörden jetzt mit seinem Schiff nur eine kleine Menge Gold und 15 Sklaven. Die Sklaven wurden zunächst im Schloss von Nantes eingekerkert und später nach Martinique geschafft, um dort versteigert zu werden, zwei waren aber in der Zwischenzeit bereits gestorben. Dulaien schlenderte als freier Mann unbehelligt durch Nantes und spazierte auch über den Quai de la Fosse, an den Häusern der Kaufleute vorbei, deren Schiffe er ausgeraubt hatte. Sie hatten seiner Begnadigung in der Hoffnung zugestimmt, ihr Hab und Gut wiederzuerhalten, und begriffen jetzt, dass sie an der Nase herumgeführt worden waren. Tief enttäuscht belegten sie ihn mit Schimpfwörtern, wenn sie ihn mit seinem an seiner Hüfte baumelnden langen Degen erblickten, und der ehemalige Pirat antwortete mit Drohungen und obszönen Gesten. Genau an dem Tag, an dem die *Diligent* im Hafen von Saint-Pierre auf Martinique einlief, brachte der Gouverneur der Insel seinen Abschlussbericht über die Verteilung der 13 überlebenden Sklaven aus dem Besitz Dulaiens zu Papier.[65]

Am 13. März um zwei Uhr nachmittags machte der Mann im Krähennest ungefähr 120 Kilometer voraus die Gipfel der Berge von Martinique aus. Bei Sonnenuntergang konnte man die Berge auch von den Wanten des Untermastes aus erkennen. Im Licht des beinahe vollen Mondes ihrem Ziel weiter entgegensegelnd, kam die *Diligent* während der Nacht gut voran. Als die

37.1 Der Hafen von Saint-Pierre auf Martinique; im Hintergrund der Mont Pelée.

Sonne um sechs Uhr am nächsten Morgen aufging, konnte Robert Durand die Umrisse der Inseln Guadeloupe, Dominica, Marie-Galante und La Désirade erkennen und fertigte in seinem *journal du bord* Skizzen von ihnen an. Um die Mittagszeit befand sich die *Diligent* schon in dem Meeresarm zwischen Dominique und Martinique, und ihr Ziel lag in Sichtweite direkt vor ihrem Bug. Martinique gehörte zu den Kleinen Antillen; es war eine kleine Insel von ungefähr 65 Kilometer Länge und mit einer größten Breite von 25 Kilometern, die sich von Nordnordwesten nach Südosten erstreckte. Sie war vulkanischen Ursprungs, und so stieg das Gelände vom Meeresufer aus steil an. Das Innere der Insel war gebirgig und zerklüftet, das relativ flache und ebene Gelände am Ufer machte nur ungefähr zehn Prozent des gesamten Terrains aus.[66] 1732 hatten 11 377 europäische Siedler Martinique zu ihrer Heimat gemacht, außerdem lebten dort 43 751 Sklaven – Schwarze und Mulatten – und 1152 freie Schwarze und Mulatten. Auf einen freien Inselbewohner kamen also beinahe vier Sklaven. Es gab auf Martinique 471 Zuckermühlen; da jede Plantage eine eigene Anlage dieser Art besaß, bedeutete das, dass dort auch um die 471 Zuckerrohrplantagen existierten.[67]

Den ganzen Tag lang behielt die *Diligent* ihren Kurs auf die Nordspitze der Insel bei. Mary wollte dieses Kap umrunden und dann in südöstlicher Richtung dem Verlauf der Küste folgen, um bei Saint-Pierre auf der Westseite der Insel vor Anker zu gehen. Da sie in der Nacht aber auf eine starke Strömung stießen, die sie am Fortkommen hinderte, ließen sie schon um zwei Uhr morgens den Anker fallen, um den Anbruch des neuen Tages abzuwarten. Als es hell wurde, setzten sie ihre Fahrt nach Südosten fort und erreichten um elf Uhr Saint-Pierre. Nur fünf weitere Sklavenschiffe liefen 1732 diesen Ort an. Drei von ihnen kamen aus Nantes und zwei aus Saint-Malo. Die *Diligent* war das erste Schiff mit Heimathafen Vannes, das jemals im Hafen von Saint-Pierre Halt machte.

Die Mittelpassage war damit beendet. Sie hatten neun Gefangene und vier Besatzungsmitglieder verloren. Ihre Fahrt hatte 66 Tage gedauert, weil sie, wie Robert Durand klagte, durch ungünstige Strömungen und Winde aufgehalten worden waren. Unter idealen Bedingungen hätten sie die Strecke in 50 Tagen zurücklegen können, doch hatten sie sie immer noch in annehmbarer Zeit bewältigt. Für die Jahre 1731 und 1732 haben sich präzise Angaben zu den Fahrten von fünf französischen Schiffen von São Tomé oder Principe nach Martinique erhalten: Diese benötigten 43 respektive 51, 62, 64 und 75 Tage.[68] Als die *Diligent* an ihrem Ziel eintraf, hatte sie noch Reserven an Lebensmitteln und Trinkwasser an Bord, und seit der Abfahrt von Principe waren nur zwei Sklaven gestorben. Alles in allem war ihre Reise sehr erfolgreich verlaufen.

Teil II

Martinique

38

Saint-Pierre, Martinique, 18. März 1732

Die Sonne scheint gleißend auf die *Diligent* hernieder, als die Besatzung damit beginnt, alles an Bord für den Empfang von Gästen klar zu machen. Die Decks haben sie schon ganz früh am Morgen geschrubbt, damit sie wieder rechtzeitig trocknen konnten, und über das Achterdeck haben sie einen Baldachin aus Segeltuch gespannt. Im Schatten darunter wurde ein Tisch aufgebaut und ein weißes Laken als eine Art Tischtuch auf ihm ausgebreitet. Flaschen von dem besten Wein und Branntwein, den Kapitän Mary zu bieten hat, sind darauf aufgereiht. Die aufwändigsten Vorbereitungen galten aber den Gefangenen. Seit die *Diligent* vier Tage zuvor im Hafen von Saint-Pierre eingetroffen ist, sind sie gebadet, rasiert und mit Palmöl eingerieben worden, sodass ihre Haut glänzt. Während der Mittelpassage waren sie wie Vieh behandelt worden – um einen Ausdruck des Bürgermeisters von Nantes aufzugreifen –, jetzt werden sie wie edle Pferde für eine Schau herausgeputzt.

Robert Durand steht auf dem Vorderdeck und nimmt den Anblick des eindrucksvollen Mont Pelée in sich auf. Es ist ein oben abgeflachter Vulkan, der, nur sechs Kilometer vom Meer entfernt, sich bis auf eine Höhe von 1500 Metern emporwölbt. Durand kann aber den Gipfel nicht sehen, weil dieser – wie an den meisten Tagen – in Wolken eingehüllt ist. Er hat den Mont Pelée bei seiner Fahrt nach Martinique im Jahr 1730 schon zu Gesicht bekommen, für einen jungen Mann, der inmitten der Ebenen um Le Croisic aufgewachsen ist, bleibt so ein Berg aber etwas Ehrfurchtgebietendes. Die Abhänge des Vulkans sind mit Geröll aus Bimsstein bedeckt, das unter den Hufen der Pferde hohl klingt, wenn man darüber reitet. Der vulkanische Boden lässt sich gut bearbeiten, und auf den weiter unten gelegenen Hängen werden Gemüse und Kassava zur Versorgung der Einwohner von Saint-Pierre angepflanzt. Das Kassavamehl dient vor allem den Sklaven als Nahrung. Auf der dem Meer abgewandten Seite des Berges, die Durand von seinem Standort aus nicht sehen kann, breiten sich große Zuckerrohrplantagen aus.[1]

Zwischen Berg und Meer regelrecht eingezwängt liegt die Stadt Saint-Pierre. Ihre Häuser reihen sich auf eine Länge von über anderthalb Kilometern zwischen dem Fuß des Vulkans und der Küste aneinander, dieser mit Gebäuden bestandene Streifen ist aber nur wenig mehr als 30 Meter breit. Mit ihren 9382 Einwohnern – 2691 Weißen, 324 freien Schwarzen und 6367 Sklaven[2] – ist Saint-Pierre bei weitem die größte Niederlassung auf ganz Martinique. Sie ist beinahe dreimal so groß wie die Hauptstadt Fort Royal und ein wenig größer als die Stadt Vannes, der Heimathafen der *Diligent*. Der *intendant* von Martinique hat mit einem Anflug von Lokalstolz erklärt, Saint-Pierre sei »mit den beachtlichsten Städten dritter Größenordnung in Frankreich zu vergleichen«.[3]

Mehrere Ruderboote nähern sich der *Diligent*, in denen Herren sitzen, die elegant gekleidet sind und breitkrempige Hüte auf dem Kopf tragen. Es sind die Vertreter des Gouverneurs und andere Offizielle, die sich zur *Diligent* übersetzen lassen, um als Erste eine Auswahl unter den afrikanischen Gefangenen treffen zu können. Nachdem sie von Kapitän Mary und den Offizieren an Bord willkommen geheißen worden sind, werden sie zum Achterdeck geführt, damit sie sich dort mit einem Glas Wein und einem Imbiss stärken können. Danach steht es den Herren frei, umherzuwandern und die Sklaven einer genauen Musterung zu unterziehen, die man an Deck gebracht hat. Wie auch während der Fahrt üblich, befinden die Frauen sich auf dem Achterdeck, während die Männer das Haupt- und das Vorderdeck füllen.

Niemand hat aufgeschrieben, was die Afrikaner bei all dem dachten und fühlten. Glaubten einige von ihnen, jetzt bald gefressen zu werden? Wünschten sich andere, dass sie schnell verkauft würden, um so endlich von dem Schiff herunterzukommen? Verspürten sie so etwas wie Hoffnung? Oder Angst? Oder war ihnen mittlerweile alles gleichgültig? Oder versetzte es sie nur in Verlegenheit, wenn die gut gekleideten Europäer sie sich genau anschauten, ihre Zähne überprüften, ihre Arme und Beine befingerten, ihre Genitalien betasteten und ihnen befahlen, ein paar Schritte zu gehen, sich umzudrehen oder in die Luft zu springen, um ihre körperliche Gewandtheit unter Beweis zu stellen? Das merkwürdige Ritual dürfte sie an jenen Tag im Hof des Herrschers von Jakin erinnert haben, als Robert Durand oder Pierre Mary Ähnliches mit ihnen veranstaltet hatten. Und diese Erinnerung ließ sie bestimmt erschauern.

Mary hoffte, für jeden erwachsenen Mann 950 Livre zu bekommen und in der üblichen Relation dazu stehende Beträge für die Frauen und Kinder. Er würde damit einen nicht unbeträchtlichen Gewinn erzielen, da sie ja in Jakin für einen erwachsenen männlichen Gefangenen im Schnitt Waren im Wert von lediglich 200 Livre hergegeben hatten. Mary hoffte vor allem, für die 26 Sklaven, die ihm persönlich gehörten, einen guten Preis zu erzielen. Zwei von den Männern, die er zu seinem persönlichen Besitz zählte, trugen allerdings nicht sein Zeichen auf der Schulter, sondern das der Eigner der *Diligent.* Einer von ihnen war gegen den Mann ausgetauscht worden, der auf dem Sklavendeck einen plötzlichen Tobsuchtsanfall erlitten hatte, der andere gegen den Sklaven, der am 3. Dezember gestorben war. Mary hatte mit diesen Betrugsmanövern bewiesen, dass der Sklavenhändler Jean Barbot mit seiner Behauptung Recht hatte: »Die Sklaven des Kapitäns sterben nie.«[4]

Es war Usus geworden, dass die Regierungsvertreter sich die besten Sklaven aus einer Ladung heraussuchen durften, bevor sie der allgemeinen Öffentlichkeit zum Kauf angeboten wurden. Der üblichen Praxis nach konnte der Generalgouverneur sich zwölf auswählen – oft zu sehr günstigen Preisen –, sein Stellvertreter acht und der *intendant* sechs. Die Händler beschwerten sich bitter darüber, dass dieser Brauch sie eine Menge Geld kostete. 1715 hatte Kapitän Marys ehemaliger Arbeitgeber René Montaudoin schon geklagt, dass die Repräsentanten des Staates »wie ausgehungerte Geier auf die Sklavenschiffe hinabstießen«. Ein königlicher Erlass sollte dieser Praxis 1715 ein Ende setzen, ihm ließ man 1721 noch einen zweiten folgen, als deutlich wurde, dass der erste einfach ignoriert wurde. Anstatt sich die kräftigsten und geschicktesten Sklaven aussuchen zu dürfen, sollten die örtlichen Regierungsvertreter zwei Prozent von der Summe erhalten, die alle Sklaven zusammen einbrachten, und diese unter sich aufteilen.[5]

Diese neuen Erlasse und Gesetze blieben wirkungslos. 1732 erhoben die Kaufleute von Nantes Klage darüber, dass der Gouverneur und seine Kommandanten sich immer noch »den Befehlen seiner Majestät zuwiderhandelnd eine beliebig große Menge von Sklaven« sicherten. In den längst vergangenen Tagen, als die Compagnie des Indes das Monopol auf den Sklavenhandel besessen hatte, so führten die Kaufleute weiter aus, habe es keine solchen Vergünstigungen gegeben, doch sobald der Sklavenhandel auch für private Unternehmer freigegeben worden sei, hätten der Gouverneur und die Offiziere wieder ihre alten Privilegien für sich in Anspruch genommen. Die Kaufleute bestanden darauf, dass Vergünstigungen nicht gefordert werden durften, sondern dass sie nur auf freiwilliger Basis gewährt werden sollten; außerdem sollte per Gesetz festgelegt werden, dass ihr Gesamtwert höchstens zwei Prozent vom Wert der Fracht betragen dürfe. Wie die Dinge jetzt standen, mussten die Kapitäne Vergünstigungen in Höhe von mindestens vier Prozent vom Wert ihrer Fracht gewähren und oft sogar noch weit höhere.[6] Trotz dieser Beschwerden war es auch auf der *Diligent* so, dass der Gouverneur und der *intendant* als Erste die »Ware« in Augenschein nehmen durften, noch bevor der Verkauf der Sklaven offiziell eröffnet wurde. Die Pflanzer und Händler würden bis zu einem späteren Zeitpunkt warten müssen.

Es war leicht für den Gouverneur und seine Helfer, auf der Gewährung ihrer Privilegien zu bestehen, weil man zuerst eine amtliche Genehmigung erlangen musste, bevor man mit dem Verkauf beginnen konnte. Sofort nachdem man am 15. März vor Saint-Pierre den Anker fallen gelassen hatte, hatte Mary seinen Ersten Leutnant nach Fort Royal entsandt, um vom Generalgouverneur die Erlaubnis zu erwirken, mit dem Verkauf zu beginnen.[7] Fort Royal war die politische Hauptstadt der Insel, wenn auch Saint-Pierre den größten Hafen aufwies und das Handelszentrum war. Durand ließ sich im Beiboot an der zerklüfteten Küste entlang nach Fort Royal rudern, das 25 Kilometer entfernt lag.[8]

Während Durand seiner Mission nachkam, machte Kapitän Mary in Saint-Pierre dem Sekretär der Admiralität seine Aufwartung. Er legte ihm die Papiere vor, die er vor ihrer Abfahrt von der Dienststelle der Admiralität in Vannes ausgehändigt bekommen hatte, und gab einen Bericht über ihre Reise, den der Sekretär schriftlich festhielt.[9] In dem Bericht kam eigentlich nichts Außergewöhnliches vor, abgesehen davon, dass Mary sich zwei Abweichungen von der Wahrheit leistete. Was die Todesfälle während der Mittelpassage betraf, so meldete der Kapitän acht Sklaven als gestorben, von denen angeblich alle den Eignern des Schiffes gehörten. Den neunten toten Sklaven, der ihm persönlich gehört hatte, verschwieg er. Außerdem gab Pierre Mary an, dass die *Diligent* mit 252 Schwarzen an Bord von Jakin abgesegelt sei, während Robert Durand in seinem *journal* 256 aufgeführt hatte. Die vier Sklaven, die Mary nicht meldete, waren höchstwahrscheinlich solche, die er über sein persönliches Limit hinaus gekauft hatte.

Plante der Kapitän, sie auf dem Schiff zu verbergen? Wollte er sie in der Nacht an Land schmuggeln? Da Durand eindeutig wusste, dass die Angaben des Kapitäns nicht stimmten, nimmt es nicht wunder, dass er es war, der nach Fort Royal geschickt wurde. So konnte er Mary nicht in die Quere kommen, wenn dieser seine falschen Angaben machte.

Nachdem Durand und Mary, der eine in Fort Royal, der andere in Saint-Pierre, die nötigen Formalitäten bei den Behörden erledigt hatten, kam ein Gesundheitsinspektor zur *Diligent* heraus. Man befürchtete auf Martinique, dass neu eingetroffene Sklaven Seuchen einschleppen könnten. Der Gesundheitsinspektor hatte das Recht, eine Quarantäne über das ganze Schiff zu verhängen oder anzuordnen, dass Sklaven, die an Skorbut oder an den Blattern erkrankt waren, außerhalb des Hafenbereichs von Saint-Pierre an Land gebracht wurden.[10] Man konnte diese Gesundheitsinspektoren zwar mit Bestechungsgeldern dazu bringen, ein Auge zuzudrücken, wenn ein Sklave ein kleineres gesundheitliches Problem hatte, bei ernsthafteren Erkrankungen hielten sie sich aber sehr streng an ihre Vorschriften.

Nur ein Jahr vor dem Eintreffen der *Diligent* hatte die *Saint-Louis*, ein Schiff der Compagnie des Indes, die mit 340 Sklaven an Bord nach Louisiana unterwegs war, Saint-Pierre angelaufen. Viele der Schwarzen waren unterwegs an den verschiedensten Leiden erkrankt, und ihr Zustand verschlimmerte sich noch weiter dadurch, dass auf der *Saint-Louis* der Proviant ausging. Aus Angst, dass ihm alle seine Gefangenen noch vor der Ankunft in Louisiana wegsterben könnten, entschloss der Kapitän sich, Martinique anzusteuern, damit sie sich dort erholen könnten. Der Gesundheitsinspektor untersuchte die Sklaven und befand bei 92 von ihnen, dass sie zu krank seien, um weiterzufahren. Er befahl, dass diese Menschen an Land gebracht würden, um dort wieder zu gesunden, und im Laufe der darauf folgenden Woche ließ er noch zehn weitere Afrikaner von Bord holen. Als die Kranken aber keinerlei Anzeichen für eine Genesung zeigten, ließ der Kapitän der *Saint-Louis* den Anker lichten und setzte mit den restlichen 229 Sklaven die Fahrt weiter in Richtung Louisiana fort. Als der Agent der Kompanie in Saint-Pierre um die Genehmigung bat, die Sklaven, welche die *Saint-Louis* zurückgelassen hatte, billig abzustoßen, damit sie der Gesellschaft wenigstens noch ein bisschen Geld einbrächten, verweigerte der Gouverneur sie ihm mit der Begründung, der Gesundheitsinspektor habe befunden, dass sie nicht in der Verfassung seien, verkauft zu werden.[11] Es

38.1 Der Ankauf von Sklaven auf dem Deck eines Sklavenschiffes.

gibt keine Aufzeichnungen darüber, was mit den Kranken geschah. Höchstwahrscheinlich starben sie alle.

Nachdem man alle Formalitäten erledigt hatte, konnte man am Dienstag, dem 18. März, auf der *Diligent* mit dem Verkauf der Sklaven beginnen. Nachdem sie sie lange und sorgfältig untersucht hatten, wählten die weißen Regierungsvertreter zehn bis zwölf der kräftigsten und gesündesten von ihnen für sich selbst aus. Dann begannen einige von ihnen mit Kapitän Mary Verhandlungen über den Ankauf der restlichen Gefangenen zu führen. Am Ende des Tages hatte Mary eine Anzahl von ihnen für 950 Livre pro Kopf verkauft. Als die Regierungsvertreter sich mit den von ihnen konfiszierten oder gekauften Sklaven wieder an Land hatten zurückrudern lassen, versorgte man die übrigen Sklaven mit Essen, ließ sie sich noch ein wenig Bewegung verschaffen und trieb sie dann zum Schlafen wieder unter Deck. Man würde sie am nächsten Tag erneut zum Verkauf präsentieren. Mary hatte das Gefühl, dass im Großen und Ganzen alles recht gut lief.

Am Mittwoch spielte sich alles so ab wie am Tag zuvor, nur dass diesmal statt der Regierungsvertreter die Sklavenhändler der Insel an Bord kamen. Sie waren Großhändler, die Sklaven immer gleich mengenweise zu erwerben versuchten, um sie dann einzeln oder in kleinen Gruppen für einen höheren Preis weiterzuverkaufen. Der Großhandel mit Sklaven war in Französisch-Westindien ein umstrittenes Gewerbe gewesen, seitdem man es 1665 erstmals für ungesetzlich erklärt hatte. Als die Regierung erkennen musste, dass es unmöglich war, diesem Geschäft einen Riegel vorzuschieben, verfügte sie, dass die Kapitäne der Sklavenschiffe erst 15 Tage nach der Eröffnung des Verkaufs ihre gesamte Fracht auf einmal veräußern durften.[12]

Obwohl solche Verfügungen gegen sie erlassen wurden, blieben die Großhändler im Geschäft, indem sie sich drei Faktoren zunutze machten. Erstens waren die Kapitäne sehr darum bemüht, ihre Fracht so schnell wie möglich an den Mann zu bringen, um rasch nach Frankreich zurücksegeln zu können. Wenn ein Großhändler die ganze Ladung aufkaufte, konnte man umgehend auf Heimatkurs gehen. Zweitens war es für Pflanzer, die fern von Saint-Pierre lebten, nicht einfach, problemlos dorthin zu gelangen, wenn sie erfuhren, dass ein Sklavenschiff im Hafen eingetroffen war. Die zerklüfteten Bergzüge im Inneren der Insel schnitten einige Regionen von der Küste ab und machten das Reisen beschwerlich und langwierig. 1718 hatte die Regierung ein ehrgeiziges Projekt in Angriff genommen: Man hatte mit dem Bau von Straßen ins Innere der Insel begonnen, um den kleinen Pflanzern das Leben zu erleichtern, doch wurden diese Baumaßnahmen erst 1739 abgeschlossen.[13] Bis dahin belieferten die Großhändler jene Pflanzer, die nicht rechtzeitig nach Saint-Pierre zu gelangen vermochten, um selbst welche zu kaufen, mit Sklaven. Drittens schließlich besaßen die Pflanzer nicht immer die Mittel, um neue Arbeitskräfte zu erwerben, vor allem in den Monaten kurz vor dem Beginn der Zuckerrohrernte; die Großhändler hingegen verfügten über die finanziellen Reserven, um solche mageren Zeiten überbrücken zu können.

Die Großhändler kamen an Bord der *Diligent* und untersuchten die Sklaven auf die gleiche Weise, wie die Regierungsvertreter es am Vortag getan hatten; der einzige Unterschied bestand darin, dass sie für die Männer und Frauen bezahlen mussten, die sie sich auswählten. Kapitän Mary sagte ihnen, welchen Preis er forderte, und erwartete, dass sie ihrerseits viel weniger boten, damit man mit dem Feilschen beginnen konnte. Für gewöhnlich lief das so ab, diesmal aber nicht. Als Mary einen hohen Preis nannte, in der Hoffnung, dass man sich dann auf ungefähr 950 Livre für einen erwachsenen Mann einigen würde, begannen die Händler erst gar nicht mit dem Herunterhandeln. Mary war jedoch entschlossen, die prospektiven Käufer lieber wieder abziehen zu lassen, als sich unter den Preis drücken zu lassen, den man ihm am Dienstag gezahlt hatte. Als der Tag zur Neige ging, trug Robert Durand in sein Bordbuch ein, dass zwar viele Händler an Bord gekommen seien, diese aber nur wenige Sklaven eingekauft hätten.

Als in Saint-Pierre bekannt wurde, dass man auf der *Diligent* einen hohen Preis verlangte, zogen die Sklavenhändler, die am Mittwoch herbeigeströmt waren, nach und nach wieder ab. Ein paar Käufer – einige von ihnen Händler, andere Pflanzer – ließen sich am Donnerstag, Freitag und Samstag zur *Diligent* übersetzen, erwarben aber nur wenige Sklaven. Am Sonntag kam kein einziger Interessent an Bord. Man muss sich fragen, warum Mary mit Gewalt solch hohe Gewinne erzielen wollte. Einem Bericht zufolge, den das Konsulatgericht von Nantes am 30. Januar 1732, also nur sechs Wochen bevor die *Diligent* Martinique erreichte, vorgelegt hatte, betrug der durchschnittliche Preis für einen Sklaven auf den Inseln schätzungsweise 500 Livre.[14]

Kapitän Mary erkannte, dass ihm die Chance, seine Ladung schnell zu verkaufen, aus den Händen zu gleiten begann. Er wusste, dass es der Gesundheit der Afrikaner nicht zuträglich war, wenn sie noch lange auf dem überfüllten Schiff im Hafen bleiben mussten. Sie würden von Schwermut befallen werden und bald einer nach dem anderen sterben. Daher pachtete er am Sonntag, acht Tage nach ihrer Ankunft, ein befestigtes Lagerhaus, das sich in der Nähe der Warenbörse von Saint-Pierre befand. Den Rest des Tages waren die Männer der *Diligent* damit beschäftigt, die Gefangenen in das große Beiboot zu treiben und sie dann flussaufwärts zu dem Schuppen zu rudern. Die Sklavenkerker von Saint-Pierre hatten einen ausgesprochen schlechten Ruf; sie stanken derartig, waren dermaßen überfüllt und boten so wenig Schutz vor dem Wetter, dass sie 1708, 1718 und dann noch einmal 1723 Gegenstand königlicher Verfügungen waren, mit denen Verbesserungen verlangt wurden. Diese Anordnungen wurden jedoch weitgehend ignoriert.[15]

Da das Lagerhaus bequemer zu erreichen war als die *Diligent*, die draußen im Hafen an ihrem Anker schwang, kamen nach der Verlagerung der Sklaven an Land neue Interessenten, um sie sich anzuschauen. Während der ersten zwei Tage schlug Mary die besten der verbliebenen Sklaven für

800 oder sogar 900 Livre los, einige brachten aber auch viel weniger ein. Der Kapitän ging jetzt nach und nach mit dem Preis herunter, er hatte aber zu spät damit angefangen. Er hatte auf seinen hohen Forderungen beharrt, weil es keine Konkurrenz gab. Das einzige andere Sklavenschiff im Hafen, die *Renée Françoise*, lag hier schon seit dem 24. Januar.[16] Sie hatte ihre Gefangenen bereits seit langem verkauft und wartete darauf, die Laderäume mit Zucker füllen zu können. Trotzdem waren viele potenzielle Käufer schon wieder aus Saint-Pierre abgereist, um darauf zu warten, dass ein anderes Schiff eintraf.

Es gab zwei Gründe dafür, dass Mary die Sklaven auf der *Diligent* nicht für so viel Geld loszuschlagen vermochte, wie er erwartet hatte. Einer war, dass sich seit der Öffnung des Sklavenhandels für private Geschäftsleute die Zahl der Afrikaner, die jährlich nach Martinique geschafft wurden, rapide erhöht hatte. 1726 waren weniger als 1000 Sklaven dorthin transportiert worden, 1729 war die Zahl aber schon auf über 2000 angewachsen, und 1730 stieg sie erneut um mehr als das Doppelte auf nahezu 5000 an.[17] Wie vorauszusehen war, fielen infolge dieser Entwicklung die Preise. Und während immer mehr Sklaven die Insel bevölkerten, durchlief gleichzeitig die Wirtschaft Martiniques eine Krise. Zu den meisten Wirtschaftskrisen kommt es ganz allmählich, und sie lösen sich mit gleicher Geschwindigkeit wieder auf. Was aber die Krise der Wirtschaft von Martinique betraf, so konnte jeder genau sagen, wann sie eingetreten war: Sie hatte an einem klaren und sonnigen Tag im November des Jahres 1727 angefangen, und zwar um 12.43 Uhr mittags.

39

Martinique, 7. November 1727

Um 43 Minuten nach Mittag bebte die Erde. Dann schwankte sie, als drei aufeinander folgende Stöße, jeder stärker als der vorangehende, in Abständen von einer Minute die Insel trafen. Im Hafen von Saint-Pierre sank der Wasserspiegel jäh ab, und das Meer fing an zu schäumen, als ob es in einem riesigen Kessel zu kochen begänne. Die Schiffe wurden so heftig hin und her geworfen, dass ihre Kanonen in die Luft katapultiert wurden. Die Rinder, die am Ufer weideten, gingen durch und wurden von den Erdstößen zu Boden geworfen. Oberhalb von Saint-Pierre löste sich am Hang des Mont Pelée ein Felsbrocken von der Größe eines Kriegsschiffes und rollte immer schneller abwärts, mitten in die Stadt hinein.[18]

Nachdem wieder Ruhe eingekehrt war, standen die aus Holz gebauten Häuser von Saint-Pierre noch, aber die aus Stein errichteten waren dermaßen beschädigt, dass die meisten Bewohner Angst hatten, sie zu betreten. Die Kirchen und Regierungsgebäude waren stark in Mitleidenschaft gezogen, und das Gefängnis wurde derart zerstört, dass die Häftlinge, die nicht bei dem Beben getötet oder verletzt wurden, fliehen konnten. Das Gebäude der Jesuiten erlitt starke Schäden, das der Dominikaner war nicht mehr bewohnbar, und das des Charité-Ordens lag in Trümmern.[19] Die Bewohner der Häuser hatten sich kaum aus den Ruinen gerettet, als sich schon die Himmel öffneten, der Regen in Fluten niederging und ein Wind tobte, der an einen Hurrikan erinnerte. Die Gebirgsbäche und die Flüsse verwandelten sich in reißende Ströme, in denen eine große Anzahl Sklaven, deren Unterkünfte oft in der Nähe der Wasserläufe angelegt worden waren, ertrank.[20]

Auf dem offenen Land fielen die Schäden weniger ins Auge, doch die Auswirkungen des Bebens waren hier noch gravierender. Auf den Zuckerrohrplantagen waren zwar die Felder selbst nicht verwüstet, dafür aber die Mühlen, die Sudhäuser, die Trockenanlagen und die Destillerien arg beschädigt. Tausende von Tontöpfen, in denen man den heißen Zuckersaft abkühlen ließ, und Tonformen, in denen man Zuckerhüte herstellte, waren zerbrochen. Die eigentliche Zuckerrohrernte würde erst im Januar beginnen, und dann würde es an einer ausreichenden Anzahl Töpfe und Formen mangeln. Um den Pflanzern beizustehen und es ihnen zu ermöglichen, ihre Gebäude und Anlagen rechtzeitig instand zu setzen, strich die Geistlichkeit mehrere Feiertage, an denen man Heiliger gedachte, aus dem Kalender: Die Plantagenbesitzer würden so ihre Sklaven ohne Unterbrechung arbeiten lassen können.

Es gab aber noch einen zweiten Grund dafür, warum die Kirche gewillt war, auf diese Feiertage zu verzichten: Man hatte Angst vor einem möglichen Sklavenaufstand. Am 20. November nahm ein Priester einem Sklaven die Beichte ab: Der Schwarze sprach davon, dass überall auf der Insel Sklaven eine Erhebung planten.[21] Dazu angestachelt worden waren sie von einem jungen Mann, einem Propheten, von dem es hieß, er habe das Erdbeben genau vorhergesagt. Man raunte, dass die Revolte am Tag des heiligen Thomas, also am 21. Dezember, ausbrechen werde. Als an diesem Tag nichts geschah, hieß es, dass es am 26. Dezember, dem Tag des heiligen Stefan, so weit sein werde. Auch dieser Tag ging vorüber, ohne dass ein Anzeichen für einen Aufstand bemerkt worden wäre, doch die Regierungsvertreter auf der Insel blieben nervös. Religiöse Festtage vorläufig abzuschaffen, so meinte der *intendant* Blondel, sei »notwendig, um die übermäßige Freiheit der Sklaven einzuschränken und ihnen jede und jegliche Möglichkeit zu nehmen, sich zu versammeln und Pläne auszuhecken«.[22]

Obwohl der *intendant* selbst anzweifelte, dass die Sklaven in der Lage waren, sich zu vereinigen, um auf der ganzen Insel gemeinsam loszuschlagen, da sie so viele unterschiedliche Idiome sprachen und etliche von ihnen auf entlegenen und von den Nachbarplantagen isolierten Anwesen lebten, wollte er kein Risiko eingehen. In den Städten Fort Royal und Saint-Pierre ließ er an den Straßen besondere Militärlager einrichten und verhängte eine Ausgangssperre für die Zeit nach acht Uhr abends. Weil entlaufene Sklaven, die mit anderen *cimarrons* zusammen freie Gemeinden in den Bergen gegründet hatten, mutmaßlich zu den Organisatoren der Rebellion gehörten, blies er zu einer allgemeinen Jagd auf diese Entkommenen in allen Regionen der Insel. Man fing keinen der *cimarrons* ein, fand aber einige ihrer Lager und ein paar alte Kleidungsstücke. Blondel befahl auch, dass die Pflanzer die Unterkünfte ihrer Sklaven inspizieren sollten, um sicher zu gehen, dass sich dort keine Ausreißer versteckt hielten. Zwar blieb diese Überprüfung der Sklavenhütten ergebnislos, doch viele der schwarzen Plantagenarbeiter wurden von ihren Herren bezichtigt, aufrührerische Reden zu führen, und in den Kerker von Fort Royal gesteckt. Blondel ließ auch Schießpulver zu stark herabgesetzten Preisen an die Pflanzer liefern und an die, die sich den Kauf immer noch nicht leisten konnten, kostenlos ausgeben. Vor allem aber forderte er die Plantagenbesitzer auf, sich wieder zu beruhigen. Die Insel sei »von Angst und Panik« ergriffen worden, klagte er.[23] Wir werden nie wissen, ob seine Maßnahmen, einen Aufstand zu verhindern, wirkungsvoll waren oder ob die Gerüchte, dass ein solcher Aufstand stattfinden würde, einfach nur den Albträumen einiger weißer Pflanzer entsprungen waren. Es kam jedenfalls zu keiner Erhebung.

In den Küstenniederungen Martiniques, wo Zuckerrohr angebaut und weiterverarbeitet wurde, nahmen durch das Erdbeben die Mühlen und Verarbeitungsanlagen Schaden, während die Felder selbst nicht verwüstet wurden. Und sie würden eine Rekordernte einbringen, die das Geld für einen großen Teil der Instandsetzungsarbeiten abwerfen würde. Weiter oben auf den Hängen des Mont Pelée, in den Regionen über 300 Meter, wo vor allem Kakaosträucher wuchsen, hatte das Beben ganz andere Folgen. Nach dem letzten Erdstoß lagen über acht Millionen dieser Sträucher entwurzelt auf dem Boden.[24] Man konnte sie nicht durch neu angepflanzte ersetzen, denn die Sträucher entzogen dem Erdreich sehr viele Nährstoffe, das heißt, der Boden, auf dem man einmal Kakaosträucher angepflanzt hatte, war zu ausgelaugt, um neue mit Nährstoffen zu versorgen. Für die absehbare Zukunft würde auf Martinique kein Kakao mehr erzeugt werden. Nur drei Wochen nach dem Erdbeben schrieb Blondel: »Es ist unmöglich, weiterhin Kakaosträucher auf Martinique anzupflanzen.«[25]

Obwohl das Beben reiche ebenso wie arme Pflanzer traf, wirkte es sich nicht in gleicher Weise auf sie aus. Diejenigen, die von Strauchfrüchten lebten – wie die Kakaopflanzer –, erlitten viel größere Einbußen als die, die Zuckerrohr anbauten. Zuckerrohr, das in den Küstenregionen auf einer Höhe von unter 300 Metern wuchs, konnten nur Pflanzer mit substanziellen finanziellen Mitteln anbauen, da ja zu jeder Plantage auch Anlagen zur Gewinnung und Weiterverarbeitung des Rohzuckers gehörten, für die man wiederum größere Mengen Arbeitskräfte benötigte. Mit weniger als 50 Sklaven konnte man nach Meinung der Pflanzer selbst nicht auskommen. Pater Labat, der in allen Einzelheiten die Arbeitsgänge, die auf seiner eigenen Plantage anfielen, darstellte, benötigte 120 Sklaven, um seinen 30 Hektar großen Besitz zu bewirtschaften.[26]

Die kleineren Pflanzer hatten ihre Besitzungen im Unterschied zu den »Zuckerbaronen« in Höhenlagen von über 300 Metern. Sie pflanzten dort Kakao oder verschiedene andere Früchte an. Auf ihren Besitzungen war alles weniger strikt durchorganisiert als auf den Zuckerrohrplantagen, und die Sklaven durften dort in ihren eigenen, von kleinen Gärten umgebenen Hütten leben. Vor dem Erdbeben hatten die Kakaofarmen für einen großen Teil des Bedarfs an schwarzen Arbeitskräften gesorgt. Da die Regionen der Insel, in denen Zucker erzeugt wurde, seit dem frühen 18. Jahrhundert mehr oder weniger erschlossen waren, expandierte dieser Wirtschaftszweig nicht mehr. Die Zuckerrohrpflanzer kauften nur noch Sklaven, um die zu ersetzen, die starben oder zu alt waren, um noch auf den Feldern zu arbeiten.

Die Sterberate lag bei den Sklaven höher als die Geburtenrate, wodurch ein kontinuierlicher, aber relativ gleich bleibender Bedarf an neuen Arbeitskräften entstand.[27] Von den Sklaven, die neu auf die Insel importiert wurden, war die Hälfte acht Jahre später nicht mehr am Leben. Da die jährliche Sterberate bei über sechs Prozent, die Geburtenrate aber bei weniger als drei Prozent lag, benötigte man jedes Jahr über 1300 neue Arbeitskräfte, um ihre Zahl relativ konstant zu halten. Die wirklichen Absatzmärkte für Sklaven waren nach dem Beginn des 18. Jahrhunderts aber die gebirgigen Regionen im Inneren der Insel, wo viele kleinere Kakaopflanzer neue Farmen anlegten, die sich mit zehn bis 15 Sklaven bewirtschaften ließen.

Genau diese kleinen Plantagen im Inneren wurden aber durch das Erdbeben, das die Kakaosträucher der Reihe nach entwurzelte, nachhaltig verwüstet. Die Besitzer waren verzweifelt, weil sie nur mit dem Geld, das sie durch den Verkauf der Kakaobohnen erzielten, das Pökelfleisch und die anderen importierten Artikel bezahlen konnten, auf die sie zum Überleben angewiesen waren. Sogar König Ludwig XV. erkannte, welch schwer wiegende Verluste sie erlitten hatten; er ließ kostenlos Pökelfleisch an sie ausgeben und nahm sie für die folgenden Jahre von der Kopfsteuer aus. Diese Maßnahmen waren jedoch nicht umfassend genug und erfolgten zu spät. Als ein Schiff aus Nantes mit Fässern voll eingepökeltem Fleisch in einem kleineren Hafen der Insel eintraf, raubte ein Mob von 500 Menschen seine Laderäume aus und steckte es anschließend in Brand. Es liefen immer mehr Gerüchte um, dass die Kakaopflanzer sich zusammengerottet hätten, um größere Zuckerrohrpflanzungen zu überfallen und zu plündern.[28]

Aus lauter Verzweiflung verließen viele der kleineren Pflanzer Martinique. Manche übersiedelten auf andere Inseln, die entweder in englischem oder in spanischem Besitz waren. Einige ließen sich auch auf Sainte-Alourzie nieder, einer Insel, die zu Frankreich gehörte, aber nie kolonialisiert worden war, weil man sich mit den Briten über die Besitzrechte stritt. Andere wiederum richteten sich auf der nahe gelegenen Insel Dominica neu ein, die Frankreich gehörte, aber nur von eingeborenen Kariben bewohnt war. Wie die Kariben erhielten sich auch die neu hinzugezogenen Franzosen dort am Leben, indem sie fischten, jagten und ein wenig Gemüse anbauten. Den Franzosen auf Martinique zufolge lebten sie »ohne Disziplin, ohne Moral und vielleicht auch ohne Religion«. Andere der ins Unglück gestürzten Pflanzer wichen nach Saint-Vincent aus, einer weiteren Insel, die ebenfalls bis dahin nicht kolonisiert und nur von Eingeborenen bewohnt gewesen war. Der Gouverneur versuchte, alle diese Menschen davon abzuhalten, Martinique zu verlassen, indem er ihnen große Versprechungen machte; er vermochte ihnen aber nicht die Möglichkeit zu bieten, sich ihren Lebensunterhalt zu verdienen.

Fürsprecher dieser kleinen Pflanzer schätzten, dass allein über 1000 Menschen – die Pflanzer selbst, ihre Angehörigen und ihre Sklaven – schon bald nach dem Beben nach Sainte-Alourzie und Dominica ausgewandert waren. Sie schätzten weiterhin, dass insgesamt zwei Drittel der Kakaopflanzer – über 2000 von ihnen – durch die Verwüstung ihrer Besitzungen in den Ruin getrieben worden waren und bald noch sehr viele von ihnen die Insel verlassen würden, wenn sich ihnen keine Alternative böte, ihren Lebensunterhalt zu bestreiten. Es würde dann zu einem Massenexodus kommen: Martinique würde um 14000 Menschen ärmer werden.[29] Dadurch würde nicht nur der Absatzmarkt schrumpfen und Martinique seine Attraktivität als Handelspartner einbüßen, sondern auch die Versorgung der Insel mit Lebensmitteln würde gefährdet werden, da gerade diese Menschen einen Großteil davon produzierten. Um ein solches Desaster zu verhindern, musste man rasch etwas finden, was die kleinen Pflanzer an Stelle von Kakao anbauen konnten.

Man glaubte, dass die Lösung im Anbau von Kaffee bestehen könnte. Kaffeesträucher gediehen sehr gut auf den Berghängen, die früher von Kakaosträuchern bedeckt waren. Für das Anpflanzen, Ernten und die Verarbeitung konnten die kleinen Landbesitzer mit einer begrenzten Anzahl Sklaven auskommen. Der Kaffee aus Martinique würde überdies in Frankreich einen Markt finden, da er aus einer Region kam, die auf beinahe demselben Breitengrad lag wie die, in der der berühmte »Mokka« wuchs. Das einzige Hindernis war, dass die Compagnie des Indes das Monopol auf die Versorgung Frankreichs mit Kaffee besaß und nicht erlauben würde, dass man auf Martinique Kaffee anbaute. Die Kompanie argumentierte, dass der französische Markt durch ihre Importe von der Levante schon beinahe gesättigt sei. Falls der Bedarf in Zukunft ansteigen sollte, würde man ihn mithilfe von Plantagen decken, welche die Gesellschaft auf der Insel Bourbon im Indischen Ozean – heute als Réunion bekannt – anlegen wollte. Der Anbau von Kaffee auf Martinique komme folglich nicht infrage.[30]

Im frühen 18. Jahrhundert wurden die Geheimnisse des Kaffeeanbaus sorgsamst gehütet. 1719 war der *Intendant* von Martinique auf die Idee gekommen, während der Zeit der Kaffeeernte einen Spion nach Mocha (Mokka) an der Levante zu entsenden, wo er einige ungeröstete, also noch keimfähige Bohnen kaufen sollte, aus denen man auf Martinique neue Sträucher ziehen könnte. Einer Realisierung des Plans stellten sich nur zwei Hindernisse entgegen. Das erste war, dass man in der Levante streng darauf achtete, dass nicht eine einzige grüne Kaffeebohne einem Fremden in die Hand fiel. Das zweite bestand darin, dass die Compagnie des Indes, die das königliche Monopol auf den gesamten Handel Frankreichs mit der Levante besaß, von diesem Plan erfuhr und sich gegen ihn wandte. Der Marinerat versprach dem Intendanten aber dennoch, alles zu tun, was in seiner Macht stand, um ein paar Kaffeesamen oder -pflanzen nach Martinique zu bringen.[31]

Es gab noch eine Alternative zu dem Versuch, Kaffeebohnen von der Levante auf die Insel zu schmuggeln. In den königlichen Gärten in Paris gab es mehrere Kaffeepflanzen, welche die Regierung von Holland König Ludwig XIV. zum Geschenk gemacht hatte. 1721 erhielt Gabriel de Clieu, ein in Fort Royal auf Martinique stationierter Hauptmann der Armee, den Auftrag, eine einzelne Kaffeepflanze aus dem Besitz des Königs von Paris auf die Insel zu bringen. Bis heute erzählt man sich auf Martinique, dass de Clieu, als auf dem Schiff, mit dem er unterwegs war, das Wasser knapp wurde, einen beträchtlichen Teil seiner eigenen schon stark beschränkten täglichen Ration benutzte, um die Pflanze am Leben zu erhalten, bis Martinique erreicht war. Allerdings gibt es außer de Clieus eigenen Aussagen keine Beweise dafür, dass diese Geschichte der Wahrheit entspricht. Sie ist aber trotzdem glaubhaft. Die Kapitäne der Handelssegler, die zwischen Nantes und der Karibik verkehrten, waren bekannt dafür, sehr geizig und geldgierig zu sein. Sie nahmen lieber einen zusätzlichen Warenballen an Bord als ein zusätzliches Fass Wasser, und es brachte ihnen keinen höheren Gewinn ein, wenn sie ihre Passagiere bei Laune oder sogar am Leben erhielten, da diese ja schon im Voraus für die Fahrt bezahlt hatten. Es ist also keineswegs unmöglich, dass de Clieu während der ganzen Reise mit sehr knapp bemessenen Wasserrationen auskommen musste.

Als das Erdbeben im November 1727 Martinique verwüstete, waren dort schon schätzungsweise 100 000 Kaffeepflanzen gesetzt worden. Da es illegal war, Kaffee zu exportieren, gelangte der größte Teil der Ernte auf der Insel selbst zum Verkauf. Der Gouverneur sagte voraus, wenn alle die Sträucher, die man gepflanzt hatte, anfangen würden zu tragen, würde die Ernte beinahe ausreichen, um die Bedürfnisse der Inselbewohner zu decken. Nach der Vernichtung der Kakaoplantagen versuchte er den Exodus der kleinen Pflanzer einzudämmen, indem er ihre verwüsteten Besitzungen besuchte und ihnen versprach, dass es ihnen gestattet werde, Kaffee anzupflanzen. Er stellte ihnen sogar Subventionen in Aussicht und ließ kostenlos keimfähige Bohnen verteilen. Dennoch war die Krise damit nicht für die nähere Zukunft beigelegt, da es bis zu fünf Jahre dauern kann, bis ein Kaffeestrauch zu tragen beginnt.

1729 schlug die Compagnie des Indes zurück, um ihr Monopol zu verteidigen. Unter dem Druck der Gesellschaft wies der französische Marineminister Maurepas die Verwaltung der Insel an, den weiteren Anbau von Kaffeesträuchern zu reduzieren und sogar die schon gesetzten Pflanzen ausreißen zu lassen. Diese Anweisung löste Aufruhr unter den kleinen Pflanzern aus, die erneut damit drohten, in Massen abzuwandern. Gleichzeitig bauten sie aber weiter ihren Kaffee an und versuchten Schiffskommandanten ausfindig zu machen, die willens waren, ihr Produkt nach Frankreich zu schmuggeln. 1731 gab es schon beinahe zwei Millionen Kaffeesträucher auf der Insel. Maurepas, der sich in der Mitte zwischen den beiden gegnerischen Parteien gefangen sah, arbeitete einen Kompromiss zwischen den Pflanzern und der Gesellschaft aus: Martinique sollte die Erlaubnis erhalten, Kaffee in die bedeutenderen Atlantikhäfen Frankreichs zu exportieren, vorausgesetzt, dass er – in den gleichen Säcken – in andere europäische Länder weitertransportiert werde. Er dürfe nicht in Frankreich zum Verkauf gelangen.[32]

Dieser Sieg für die kleinen Pflanzer wurde am 27. September 1732 bekannt gegeben. Die Nachricht wurde, so der Gouverneur, »mit allgemeiner Freude überall auf der Insel« aufgenommen.[33] Zu diesem Zeitpunkt hatte die *Diligent* aber schon wieder ihren Heimathafen Vannes erreicht. Im März, als Kapitän Mary versucht hatte, seine Sklaven zu einem hohen Preis loszuschlagen, waren die kleinen Pflanzer noch nicht in der Stimmung gewesen, welche zu kaufen. Ihre Kakaopflanzungen waren ruiniert, und den Ertrag ihrer Kaffeesträucher hatten sie damals noch nicht legal absetzen können. Es überrascht nicht, dass Marys Hoffnungen auf hohe Gewinne unter den damals noch herrschenden Umständen schnell zunichte gemacht worden waren.

40

Saint-Pierre auf Martinique, 13. April 1732

Am Sonntag, dem 13. April, fast einen Monat nachdem die *Diligent* in den Hafen von Saint-Pierre eingelaufen war, starb in dem von Kapitän Mary gepachteten Lagerhaus ein Sklave. Das kam nicht vollkommen überraschend, denn man wusste, dass es mit der Gesundheit der Menschen, die dort eingepfercht waren, bergab ging. Über diese Entwicklung beunruhigt, vermerkte Robert Durand in seinem Bordbuch, dass die Afrikaner, die bei ihrer Ankunft im Hafen noch bei allerbester Gesundheit gewesen seien, täglich schwächer und hinfälliger würden. Durand meinte, dass die Gefangenen jetzt, da sie an ihrem Bestimmungsort eingetroffen seien und in ihrem Gefängnis schmachteten, vom Kummer überwältigt würden oder aber dass das Essen an ihrem körperlichen Verfall schuld sei. Der Vorrat an Favabohnen war zu Ende gegangen, und die Gefangenen bekamen jetzt Brot, das sie anekelte.

Zwei Tage nach dem ersten starb ein zweiter Sklave. Diesmal gab Durand als Todesursache »rote Ruhr« an, die Krankheit, die man heute als Amöbenruhr bezeichnet. Der Mann, der ihr erlag – sein Name ist natürlich unbekannt –, hatte schon ein paar Tage zwischen Leben und Tod geschwebt, bis er seinen letzten Atemzug tat. Er hatte seine Gefangennahme in Afrika und den Gewaltmarsch an die Küste überlebt und auch die Mittelpassage in der qualvollen Enge des Sklavendecks überstanden. Die Stärke seines Charakters hatte ihn während der ganzen langen Fahrt über den Atlantik am Leben erhalten, und nun lag er tot in einer großen Blutlache auf dem vor Schmutz starrenden Boden eines Lagerhauses auf Martinique. Einige seiner Gefährten wirkten ganz so, als ob sie ihm bald folgen würden. Binnen kurzem würde es bei ihnen vielleicht so aussehen wie in den Lagerhäusern, die ein Verwaltungsbeamter von Saint-Pierre 1724 besichtigt hatte; er hatte geschrieben, dass die »Toten und die Sterbenden, die dort in einem wirren Haufen in die Fäkaliengrube geworfen wurden, einen abstoßenden Anblick boten«.[34]

Weder Robert Durand noch der Schiffsarzt Pierre Devigne wussten viel über die rote Ruhr. Erst viel später im 18. Jahrhundert würde ein Sklavenhändler aus Bordeaux namens Brugevin sie mit erstaunlicher Genauigkeit beschreiben und von der gewöhnlicheren Bakterienruhr unterscheiden. »Diese schauerliche Erkrankung«, schrieb Brugevin, »ist an der Küste von Guinea unter dem Namen Dysenterie bekannt, aber anderer Art als die gewöhnliche Dysenterie. Sie geht mit Fäulnis einher und wird in sehr kurzer Zeit epidemisch und unheilbar. Wenn ein bestimmter Grad des Verfalls erreicht ist, sterben diejenigen, die davon befallen sind, bald. Wenn die Krankheit eine Person von robuster Gesundheit, genügend Kraft und dem Mut, diesem grausamen Leiden zu widerstehen, ereilt, dann vermag die Stärke ihres Charakters unter Umständen über sie zu triumphieren, doch ich kann bezeugen, dass nicht eine Person von 25 mit dem Leben davonkommt. Keine uns bekannte Behandlung vermag die zu heilen, die von der Krankheit befallen werden, wenn sie einmal bis zu einem bestimmten Grad fortgeschritten ist.«[35]

Die Ärzte waren keine große Hilfe. Sie ließen den Patienten keine feste Nahrung verabreichen, verpassten ihnen Einläufe und flößten ihnen Medikamente ein, die sie anwiderten. Und allen diesen Bemühungen zum Trotz wurden die Kranken immer schwächer. Die Versuche, die Kapitän Brugevin in den Achtzigerjahren vornahm, würden ergeben, dass die an Amöbenruhr Leidenden im Gegensatz zu der gängigen Ansicht feste Nahrung brauchten – vor allem in Form von Favabohnen. Zumindest was diesen Punkt betraf, hatte Robert Durand mit seinen Vermutungen Recht gehabt.

Der Mann, der an der Amöbenruhr starb, hatte sich vermutlich durch verseuchtes Essen und Wasser angesteckt. Als die Krankheit nach einer Inkubationszeit von acht bis zehn Tagen ausgebrochen war, hatte er an heftigen Kopfschmerzen und Magenkrämpfen gelitten. Bald danach hatte ihn ein hohes Fieber befallen, die Schmerzen im Magen waren nicht mehr gewichen, und er hatte bis zu vierzigmal am Tag blutigen Stuhl ausgeschieden. Der Tod war schließlich – wie zumeist bei dieser Krankheit – durch Herzversagen und Erschöpfung eingetreten. Manchmal war auch ein perforierter Dickdarm die unmittelbare Todesursache.[36] Durand gab nicht an, was man mit der Leiche machte. Da die Sterberate unter den Sklaven in dem Diskrikt, in dem sich die meisten Lagerhäuser befanden, sehr hoch war, begab sich wahrscheinlich ein dort ansässiger Totengräber mit seinem

Ochsenkarren jeden Tag auf eine Runde, um die Leichen einzusammeln und in einem Massengrab draußen vor der Stadt zu bestatten. Den Bürgern von Saint-Pierre war der Anblick des Ochsenkarrens, auf dem sich die Leichen wie große Holzscheite türmten, beunruhigend vertraut.

Das überfüllte und völlig verdreckte Lagerhaus war für die Krankheit ein idealer Ort, um weiter um sich zu greifen. Die Auswirkung würde man aber erst nach der Inkubationszeit sehen. Zwei Tage nachdem der männliche Sklave an der Amöbenruhr gestorben war, erlag ihr auch eine Frau. Dann gab es drei Tage lang keinen neuen Todesfall zu verzeichnen, und Durand begann bereits Hoffnung zu schöpfen. Am Montag starb jedoch ein weiterer männlicher Sklave, und am Dienstag noch einer. Es war der fünfte Todesfall in zehn Tagen; Durand hielt jeden in seinem Bordbuch fest, indem er einen Totenschädel zeichnete.

Kapitän Mary machte sich Sorgen, er geriet aber noch nicht in Panik. Er hatte Jakin mit 201 Sklaven an Bord verlassen, die seinen Arbeitgebern gehörten. 192 von ihnen waren noch am Leben gewesen, als man Saint-Pierre erreicht hatte. Von diesen hatte er 71 verkauft. Fünf der restlichen Sklaven waren jetzt gestorben, womit noch 116 übrig blieben, die er so schnell wie möglich loswerden musste. Mary bemühte sich, die Sterbefälle unter den Sklaven in dem Lagerhaus geheim zu halten, weil er wusste, dass die Großhändler versuchen würden, die Schwarzen zu einem besonders niedrigen Preis zu bekommen, wenn sie davon hörten, doch verbreitete sich die Nachricht rasch. Ein gewisser Monsieur Dubot, ein Wiederverkäufer von Sklaven, erschien bei ihm und bot an, alle 116 noch verbleibenden Afrikaner für zusammen 56 000 Livre zu kaufen. Die Hälfte der Summe wollte er sofort zahlen, die andere Hälfte in sechs Monaten. Da bedeutete, dass Mary 483 Livre pro Kopf erhalten würde, ungefähr die Hälfte von dem, was er ursprünglich zu erzielen erhofft hatte. Da er immer noch darauf vertraute, dass die Sklaven sich erholen und dann mehr Geld bringen würden, ging der Kapitän der *Diligent* nicht auf das Angebot ein.

Im Laufe der nächsten Tage gab es keine weiteren Todesfälle unter den Sklaven in dem Lagerhaus, und es gelang Mary, ein paar von ihnen zu verkaufen, jedoch zu einem Preis, der bei weitem nicht seinen Vorstellungen entsprach. Er begriff langsam, dass sich die Lage seit ihrer Ankunft in Saint-Pierre immer mehr zu ihren Ungunsten entwickelt hatte. Er war jetzt weniger darum bemüht, große Gewinne zu machen, als die Verluste in einem erträglichen Rahmen zu halten. Allmählich wurde er von Panik ergriffen im Bewusstsein, dass er sich zu spät um eine Begrenzung der Verluste bemüht hatte.

In der Zwischenzeit ließ sich ein Sklavenhändler aus Saint-Pierre namens Lamy regelmäßig darüber berichten, wie die Dinge in dem Lagerhaus der *Diligent* standen. Wir wissen kaum etwas über ihn, außer dass er 1725 einer der 25 »*négociants* erster Klasse« war, die eine Petition unterschrieben, mit der sie den *intendant* der Insel dazu bewegen wollten, nach Saint-Pierre zu übersiedeln.[37] Monsieur Lamy wartete, bis die Lage für Mary so besorgniserregend geworden war, dass er seine Position neu überdenken musste. Ein richtiges Timing war das Allerwichtigste beim An- und Weiterverkauf von Sklaven. Genau in dem Moment, in dem Mary im Begriff war zu verzweifeln, erschien Lamy bei ihm und bot an, für die restlichen 96 Sklaven einen »Stückpreis« von 400 Livre zu zahlen – 200 Livre auf die Hand und 200 nach Ablauf eines Jahres. Das waren 83 Livre weniger pro Kopf, als Dubot noch kurz zuvor geboten hatte, und die ganze Summe würde man erst in einem Jahr statt in einem halben kassieren können. Dennoch willigte Mary diesmal ein. Er wollte sich seiner Verantwortung für seine menschliche Ware endlich entledigen, übergab daher die Sklaven wie auch das Lagerhaus an Monsieur Lamy und zog mit seinen Offizieren in ein Haus in der Nähe des Lazaretts, das einem gewissen Monsieur Poirier gehörte.

Lamy hatte die Sklaven für weniger als die Hälfte der Summe erworben, die Mary ursprünglich für sie verlangt hatte. Glaubte der Händler, dass er ihnen ihre Gesundheit zurückgeben könnte, nachdem das Mary nicht gelungen war? War er der Meinung, dass er es sich bei dem Spottpreis, den er bezahlt hatte, leisten konnte, einen gewissen Prozentsatz von ihnen einzubüßen? Hatte er vor, sie in entlegenen Regionen der Insel an Pflanzer zu verkaufen, denen es nicht so ohne weiteres möglich war, einen der Sklavenmärkte in Saint-Pierre aufzusuchen? Oder plante er, sie nach Guadeloupe oder Saint-Domingue zu schaffen, in der Hoffnung, dort einen besseren Preis für sie zu erzielen? Alle diese Fragen bleiben unbeantwortet, weil Robert Durand die Gefangenen nach dem Tag ihres Verkaufs an Monsieur Lamy nie wieder mit einem einzigen Wort erwähnte.

Was die anderen Gefangenen von der *Diligent* betrifft, so können wir zumindest Spekulationen anstellen. Wir wissen, dass in dem Zeitraum zwischen der Ankunft der *Diligent* am 15. März mit 247 Sklaven an Bord und

40.1 Sklaven beim Wäschewaschen in Saint-Pierre.

dem Tag, an dem Mary die letzten 96 *en bloc* an Monsieur Lamy verkaufte, fünf der Gefangenen gestorben waren. Daraus folgt, dass 146 Sklaven entweder als Gratifikationen an Regierungsvertreter abgegeben oder einzeln oder in kleinen Scharen an Pflanzer und Händler verkauft worden waren. Vielleicht endeten ungefähr zehn Prozent von ihnen in Städten wie Saint-Pierre oder Fort Royal, wo sie als Haushaltspersonal arbeiteten oder örtlichen *négociants*, kleinen Kaufleuten, Handwerkern oder Regierungsbeamten dienten.[38] Den großen Rest verschlug es auf die Plantagen. Angesichts der Armut der kleinen Pflanzer, die auf den Berghängen im Inneren der Insel Kakao oder Kaffee anbauten, ist es wahrscheinlich, dass die meisten der 146 Sklaven von Zuckerrohrpflanzern gekauft wurden, deren Besitzungen in der Küstenebene lagen.

Darüber, wie das Leben und Arbeiten auf einer Zuckerrohrplantage Anfang des 18. Jahrhunderts aussah, wissen wir aus erster Hand Bescheid: Pater Jean-Baptiste Labat, der zehn Jahre lang solche Pflanzungen geleitet hatte, hat über seine Erfahrungen ausführlich berichtet. Einer der Gründe dafür, dass er so genau schilderte, wie er die Plantagen bewirtschaftete, war, dass er sich als vorbildlichen Pflanzer ansah, der für seine Kollegen auf der Insel ein leuchtendes Beispiel abgab. Es war typisch für die Zeit, dass es dem Pater anscheinend keinerlei Verlegenheit bereitete, Sklaven zu besitzen, dass es ihn aber ungeheuer erregte, wenn er und seine Kollegen bezichtigt wurden, sich ungehörigerweise in das Geschäftsleben einzumischen. Diese Vorwürfe seien »eine große Ungerechtigkeit«. Er und die anderen Priester produzierten einzig und allein Zucker, um sich ihr täglich Brot zu verdienen.[39] 1705 legte Labat seine Vision von einer idealen Plantage dar. Wenn einige der Sklaven von der *Diligent* Glück hatten, dann landeten sie vielleicht auf einer Anlage, die der von Labat beschriebenen zumindest ansatzweise ähnelte. Der große Rest von ihnen traf es jedoch mit Sicherheit weit schlechter an.

Labat hat einen detaillierten Bericht darüber hinterlassen, wie er neu erworbene Sklaven in die Arbeit auf seiner Zuckerplantage einwies. Er gab freimütig zu, dass seine Methode alles andere als typisch war, und er prangerte an, dass viele Pflanzer so gefühllos und habgierig seien, dass sie neue Sklaven in die Arbeit hetzten, bevor diese überhaupt zu Atem kommen konnten. Labat führte aus, dass solche Pflanzer vergessen hatten, »dass diese armen Menschen erschöpft sind von einer langen Fahrt, auf der sie paarweise mit Fußeisen aneinander geschlossen waren. Sie sind ausgelaugt vom Hunger und vom Durst, der ihnen auf der Überfahrt immer ungeheuerlich zu schaffen macht, um nicht von dem Unglücksgefühl zu sprechen, das dadurch entsteht, dass sie aus ihrem Land fortgerissen werden ohne jede Hoffnung auf Wiederkehr.«[40]

Wenn neue Sklaven auf seiner Besitzung ankämen, so behauptete Pater Labat zumindest, ordnete er an, dass man ihnen zu essen geben, sie ein paar Stunden lang ausruhen lassen und dann zum Baden ans Meer führen solle. Ihre Köpfe wurden geschoren, und dann bekamen sie Palmöl, um sich damit einzureiben. Man glaubte, dass dieses Öl auch Skorbut heilte oder die Krankheit zumindest eindämmte. Während der ersten zwei, drei Tage erhielten die neuen Sklaven Olivenöl in ihrer Nahrung. Sie nahmen mehrere kleine Mahlzeiten am Tag zu sich anstatt der zwei umfangreichen, die normal waren, und durften jeden Morgen und jeden Abend baden. Der Arzt ließ sie dann zur Ader, um sie von schädlichen Körpersäften zu reinigen, und gab ihnen einen Einlauf, um ihre Därme durchzuspülen. Solche Maßnahmen, glaubte Labat, würden verhindern, dass sie von den Krankheiten befallen wurden, welche sonst häufig Sklaven ereilten, die neu auf der Insel waren.

Labat schätzte, dass ein Drittel der auf Martinique neu eingetroffenen Sklaven innerhalb des ersten Jahres starben – entweder infolge von Krankheiten oder der harten Arbeit, die ihnen abverlangt wurde; seine ausgefeilte Eingewöhnungstechnik sollte ihn davor bewahren, etliches von dem zu verlieren, was er investiert hatte. Dass so viele Sklaven im Verlauf des ersten Jahres starben, war ein weithin bekanntes Phänomen; man war sich darüber einig, dass ein Eingewöhnungsprozess nötig sei, den die Engländer *seasoning* nannten und die Franzosen *acclimation*. Einige der Sklaven, welche die ersten beiden Jahre auf einer der Karibikinseln überlebten, erreichten ein hohes Alter. Die Volkszählung, die 1732 auf Martinique durchgeführt wurde, ergab, dass zwölf Prozent der dort lebenden Sklaven »invalid oder betagt« waren. Im Jahr 1762 waren von den 132 erwachsenen Sklaven der Plantage Belin auf Saint-Domingue 33 über 50 und 26 über 59 Jahre alt.[41]

Nachdem sie eine Woche lang gut ernährt worden waren und sich hatten ausruhen dürfen, waren die neuen Sklaven wieder so weit bei Kräften, dass sie leichte Arbeiten verrichten konnten. Jeder wurde in einer Hütte untergebracht, in der auch ein älterer Sklave wohnte, der genau wusste, wie es auf der Plantage zuging. Wenn es jemanden gab, der die Sprache des Neuankömmlings sprach, dann war das umso besser. Die älteren Sklaven übernahmen oft die Rolle von Ersatzeltern für die Neuzugänge und brachten ihnen bei, wie das tägliche Leben auf der Pflanzung ablief. Schwere Arbeiten mussten die Neuen erst später verrichten.

Obwohl der *Code Noir* vorschrieb, dass die Schwarzen innerhalb von sieben Tagen nach ihrer Ankunft auf Martinique getauft wurden, wurde dieses Gebot gewöhnlich ignoriert, sogar auf Plantagen, die von religiösen Orden betrieben wurden. Pater Labat ließ neu eingetroffene Sklaven zunächst einmal allein essen und schlafen, sodass sie sich gesellschaftlich geächtet vorkamen. Wenn sie dann fragten, warum sie nicht mit den anderen zusammen ihre Mahlzeiten zu sich nehmen durften, erhielten sie zur Antwort, das sei so, weil sie nicht getauft worden und keine Christen seien. Sie baten dann bald von sich aus darum, die Taufe zu empfangen, um ihre soziale Isolation zu beenden. Wenn es so weit war, ließ Labat ihnen eine rudimentäre Unterweisung im Glauben zukommen und taufte sie. Bei dieser Zeremonie erhielt jeder Sklave einen christlichen Namen, der in ein spezielles Gemeindeverzeichnis eingetragen wurde. In das normale Verzeichnis, das den Weißen und freien Schwarzen vorbehalten war, fanden sie keinen Eingang.

Labats ideale Zuckerpflanzung wurde von 120 Sklaven bewirtschaftet. 25 von ihnen schnitten das Zuckerrohr und arbeiteten von sechs Uhr morgens bis sechs Uhr abends auf den Feldern, wobei sie aber mittags eine zweistündige Pause einlegen durften. Acht andere Sklaven hatten die Aufgabe, das geschnittene Rohr mit Ochsenkarren zur Mühle zu bringen. Gegen sechs Uhr, wenn die Dämmerung hereinbrach, hörte man mit der Arbeit auf den Feldern auf; die Sklaven kehrten dann zu den Wohnquartieren zurück, wo sie weitere zwei bis drei Stunden damit beschäftigt waren, Maniokwurzeln zu Mehl zu verarbeiten oder andere Aufgaben zu erledigen.

Fünf Sklaven, für gewöhnlich Frauen, waren den ganzen Tag lang in der Mühle damit beschäftigt, das Zuckerrohr zu zerquetschen und den Saft zu extrahieren. Das Zuckerrohr musste sofort, nachdem es geschnitten worden war, weiterverarbeitet werden, und die Mühle war daher während der Erntesaison, die von Januar bis Mai dauerte, ununterbrochen 24 Stunden in Betrieb. Die Bedienungsmannschaft schuftete dann von sechs Uhr morgens bis Mitternacht, ohne eine Pause für die Mahlzeiten einzulegen. Man erwartete von den Sklaven, dass sie sich etwas zu essen mitbrachten und es abwechselnd zu sich nahmen, sodass die Mühle nie aufhörte sich zu drehen. Um Mitternacht wurden sie von den Angehörigen der Nachtschicht abgelöst, die sich bis sechs Uhr morgens abplagten. Labat empfahl, dass man die Mühlenarbeiter in zwei Gruppen aufteilen solle, von denen jede im Wechsel eine Woche lang 18 Stunden am Tag und dann eine Woche lang sechs Stunden täglich in der Mühle beschäftigt war. Die Gruppe, die nur sechs Stunden täglich in der Mühle den Saft aus dem Rohr extrahierte, sollte die restlichen Arbeitsstunden damit verbringen, die Feuer im Sudhaus im Gang zu halten.[42] Durch diesen Wechsel ließ sich die Mühle ohne Pause am Laufen halten.

Wenn es auf einer Plantage einen kleinen Fluss gab, dann konnte die Mühle mit Wasserkraft angetrieben werden, sonst verwendete man Pferde-, Maultier- oder Ochsengespanne, die endlos in einem engen Kreis herumgehen mussten. Von den 471 Zuckermühlen, die 1732 auf Martinique in Betrieb waren, wurden 296 von solchen Gespannen in Gang gesetzt, 13 vom Wind und 162 vom Wasser. Labats Mühle arbeitete mit Wasserkraft, sonst hätte er zusätzliche Sklaven benötigt, welche die Zugtiere antrieben.[43]

Das Zuckerrohr wurde mithilfe von drei hölzernen, mit Stahlklingen besetzten Walzen gebrochen. Jede Pflanze wurde zweimal durch diese Vor-

40.2 Mit Pferden betriebene Zuckermühle.

richtung geführt: einmal zwischen den Walzen eins und zwei hindurch und dann in die andere Richtung zwischen den Walzen zwei und drei hindurch. Manchmal waren die Sklaven von den langen Arbeitsstunden und dem Mangel an Schlaf so erschöpft, dass sie mit den Fingern zwischen die Walzen gerieten. Man hielt deswegen ein Beil oder ein Haumesser bereit, um dem oder der Unglücklichen rasch die Hand oder auch den ganzen Arm abhacken zu können. Labat erzählte die Geschichte einer jungen Sklavin, die den Jesuiten gehörte: Ihr ganzer Körper bis zum Hals wurde zwischen den Walzen zerquetscht.[44]

Sechs Sklaven waren im Sudhaus, in dem sechs enorme Kupferkessel über gemauerten Feuerstellen hingen, damit beschäftigt, den Zuckerrohrsaft einzukochen, zu klären und zum Kristallisieren zu bringen. Jede Ladung Zuckerrohrsaft, die aus der Mühle kam, musste bis zu sechsmal bei unterschiedlichen Temperaturen gekocht werden. Die Zuckerkocher mussten sich in ihrem Handwerk genauestens auskennen; sie mussten wissen, wann die Zeit gekommen war, um die Unreinheiten abzuschöpfen, und wann man in

40.3 Im Sudhaus.

jedem Stadium den Kochvorgang beenden musste. Während der Erntezeit mussten sie lange Stunden in der gewaltigen Hitze schuften, die in dem Sudhaus herrschte. So rasend schnell wurde dort gearbeitet, dass man sechs Sklaven einzig und allein dazu benötigte, Feuerholz klein zu hacken, und drei weitere, welche die Feuer mit den Holzscheiten und getrockneten Zuckerrohrabfällen in Gang hielten. Wie die Mühle blieb auch das Sudhaus während der Saison rund um die Uhr in Betrieb. In seiner Schilderung der verschiedenen Arbeitsvorgänge während der Erntezeit schrieb Labat: »Man kann sehen, welche harte Arbeit auf einer Zuckerrohrpflanzung verrichtet werden muss und wie schwierig es für die Sklaven, die oft schlecht ernährt sind, ist, sie zu bewältigen, ohne zusammenzubrechen.«

Die Sklaven wurden aber nicht nur auf den Zuckerrohrfeldern und in den Mühlen eingesetzt. Auf Labats Pflanzung gab es eine ganze Schar von ausgebildeten Handwerkern: Küfer, Schmiede, Stellmacher, Zimmerleute, Schreiner, Maurer und andere, welche die Maschinen und Ausrüstungsgegenstände warteten und reparierten. Labat empfahl, dass diese Fachleute in den Genuss zusätzlicher Fleischportionen und anderer Annehmlichkeiten kommen sollten, denn dann würden junge Sklaven bestrebt sein, ebenfalls ein solches Handwerk zu erlernen. Die Hüteburschen, die auf die Ochsen und die Pferde aufpassten, sollten seinem Vorschlag nach aus dem Senegal oder aus Gambia kommen, denn Menschen aus diesen Regionen seien schon vor ihrer Versklavung an den Umgang mit großen Viehherden gewöhnt gewesen. Die wichtigste Aufgabe auf einer Plantage hatte vielleicht der Vormann zu erfüllen, der die Sklaven bei ihrer Arbeit beaufsichtigte. Auf einigen Besitzungen war der Vormann weiß, Pater Labat zog es aber – wie viele andere Pflanzer – vor, einen der Sklaven zum Vormann zu befördern.

Wie die Männer mussten auch die Frauen eine Vielzahl verschiedener Tätigkeiten verrichten, Labats Meinung nach waren sie besser als Männer für die Arbeit in der Mühle geeignet. Er empfahl auch, eine Frau mit der Leitung der Destillerie zu betrauen, weil sie seiner Ansicht nach nicht so viel von dem Rum trank, wie ein Mann es tun würde. Man solle auch eine kluge und intelligente Frau auswählen, welche die Krankenstation leitete und sich um jene Sklaven kümmerte, die krank waren. Zwei andere Frauen sollten damit beauftragt werden, das Kassavamehl herzustellen, das die Grundlage der Ernährung der Schwarzen bildete.

Labat rechnete aus, dass alles in allem 74 Sklaven für die Zuckerproduktion nötig waren. Dazu kamen vier Sklaven für das Wohnhaus des Pflanzers. Diese Sklaven kümmerten sich auch um den Garten, wenn sie im Haus nicht benötigt wurden. Einige Sklaven fielen immer durch Krankheit aus und mussten ersetzt werden; Labats Schätzung nach musste man sieben Leute in Reserve haben, damit der ganze Betrieb reibungslos weiterlief. Dann gab es auf einer Pflanzung noch schätzungsweise 25 Kinder und zehn Invaliden oder altersschwache Sklaven.[45] Was an Labats Zahlen auffällt, ist, dass er von so wenigen Kindern und Alten ausgeht, wo doch ständig junge Leute, die in der Blüte ihrer Jahre standen, aus Afrika herbeigeschafft wurden. Seine Zahlen waren mehr oder weniger für Martinique insgesamt repräsentativ. 1732 machten Kinder 30 Prozent, alte Menschen hingegen nur zwölf Prozent der Sklavenpopulation aus.[46] Die harten Bedingungen, die auf den Pflanzungen herrschten, hatten zur Folge, dass nur wenige Sklaven ein hohes Alter erreichten.

Mit den 120 Sklaven, die auf ihr lebten und arbeiteten, ähnelte eine Plantage einem kleinen Dorf. Labats Besitzung lag auf einer Anhöhe an der Küste; sie zog sich 1000 Schritt am Rand des Meeres lang und 3000 Schritt den sanft ansteigenden Berghang hoch. Auf diesem Terrain standen das Haus des Pflanzers, das aus Stein gemauert war und von dem aus man auf das Meer blickte, eine Mühle, ein Trockenhaus, in dem die Melasse von dem auskristallisierten Zucker getrennt und der Zuckerbrei getrocknet wurde, ein Speicher für den Rohzucker und eine Destille für die Herstellung von Zuckerrohrschnaps. Auf der vom Wind abgewandten Seite des Haupthauses – damit ein Feuer in der Sklavenquartieren nicht auf dieses übergreifen konnte – standen an den Seitenrändern zweier Gassen die Hütten der 120 Sklaven. Labat zufolge waren diese Hütten »très peu de chose«: nichts Großartiges. Er empfahl aber, sie dennoch hübsch ordentlich aneinander zu reihen. Die Pferche und Koppeln für die Ochsen und Pferde sollten sich in der Nähe der Hütten befinden, sodass die Sklaven die Tiere im Auge behalten konnten. Die Wohnhäuser und anderen Gebäude nahmen zusammen einen Raum von 300 mal 300 Schritt ein.

An den Gebäudekomplex schloss sich links und rechts ein Zuckerrohrfeld an, und auch sofort hinter ihm begann ein solches Feld. Diese Felder waren durch zweieinhalb Meter breite Pfade für die Ochsenkarren in Quadrate von 100 mal 100 Schritt unterteilt.[47] Das Feld hinter den Gebäuden, das eine Grundfläche von 1000 mal 400 Schritt einnahm, bestand also aus 40 einzelnen Quadraten. Dahinter begannen die Flächen, auf denen Kassava, Süßkartoffeln, Hirse und Yamswurzeln angebaut wurden, die der Ernährung der Schwarzen dienten.

Weil das Zuckerrohr spätestens 24 Stunden, nachdem es geschnitten worden war, in der Mühle weiterverarbeitet werden musste, wurde während der Saison allenthalben fieberhaft gearbeitet. Das Rohr wurde in der Zeit vom Januar bis zum Mai geschnitten, und einige Plantagenbesitzer versuchten, verschiedene Flächen zeitlich gestaffelt zu bepflanzen, sodass man das ganze Jahr hindurch ernten konnte. Es dauerte 15 bis 18 Monate, bis neu gesetzte Zuckerrohrschösslinge ausgereift waren. Danach konnten sie geschnitten werden; sie wuchsen dann nach und brachten zwölf Monate später eine zweite Ernte hervor. Nachdem auch diese eingefahren worden war und noch eine dritte oder sogar mehr, ließ man das Feld brach liegen, damit sich der Boden erholen konnte, bevor man ihn neu bepflanzte.[48] Jedes Feld durchlief daher einen Lebenszyklus von ungefähr fünf Jahren. Eine Plantage wurde so bewirtschaftet, dass nicht das Rohr auf allen Feldern zur gleichen Zeit erntereif wurde, unter Umständen gab es auf einer Plantage Felder mit Pflanzen von sechs unterschiedlichen Reifegraden. Doch waren die Pflanzer in ihrer Flexibilität dadurch eingeschränkt, dass man neue

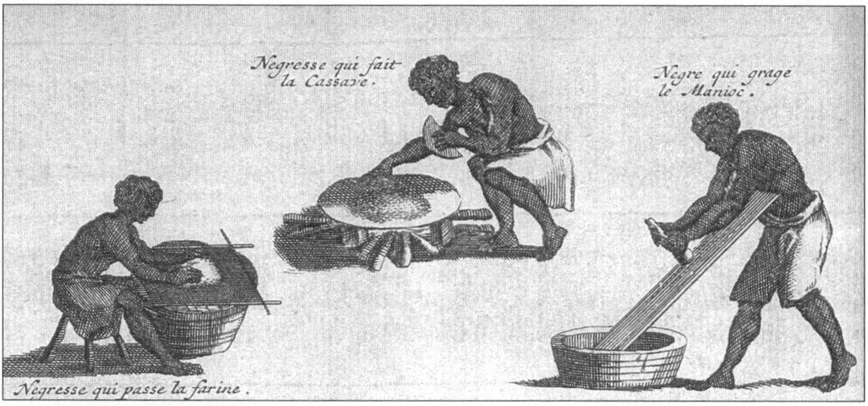

40.4 Sklaven bei der Zubereitung von Kassava.

Pflanzen während der Regenzeit setzen musste; der Zeitraum von Januar bis Mai blieb daher die Haupterntezeit. Während der übrigen Monate des Jahres ging es weniger hektisch zu, und die Sklaven konnten in den Gärten arbeiten, die Zuckerrohrfelder von Unkraut freihalten und die Arbeitsgeräte reparieren.

Der 1685 verabschiedete *Code Noir* verlangte, dass jeder Plantagensklave zu seiner Ernährung zweieinhalb Töpfe voll Maniok in der Woche erhielt. Labat fand es besser, jedem von ihnen drei Töpfe zu geben, und empfahl den Plantagenbesitzern, drei- bis viermal so viel Maniok anzupflanzen, wie sie ihrer Meinung nach benötigen würden. Dieser Rat wurde ganz eindeutig nicht beachtet, und eine Verfügung von 1726 verpflichtete alle Plantagenbesitzer dazu, 500 Maniokpflanzen für jeden Sklaven anzubauen, was eine beträchtliche Steigerung gegenüber den 200 Pflanzen darstellte, die vorher vorgeschrieben waren. Die Beamten der Insel nahmen die neue Anordnung so ernst, dass sie tatsächlich die Maniokpflanzen, die auf jeder Plantage wuchsen, abzählten oder zumindest die Menge abschätzten, und 1732 kamen sie zu dem Ergebnis, dass fast zwei Millionen Pflanzen an dem gesetzlich vorgeschriebenen Minimum fehlten.[49]

Was Fleisch anbelangte, so forderte der *Code Noir*, dass jeder Sklave zwei Pfund Pökelfleisch in der Woche erhalten sollte; diese konnten durch drei Pfund Fisch ersetzt werden. Weil das Pökelfleisch zumeist aus Irland importiert wurde, gab Labat den Rat, in Zeiten, in denen auf See Krieg geführt wurde oder Pökelfleisch aus irgendeinem Grund knapp und teuer war, stattdessen Süßkartoffeln und Yamswurzeln auszugeben. Im Allgemeinen wurden die Essensrationen am Montag einer jeden Woche ausgeteilt.

Die Tatsache, dass man für die Ernährung der Sklaven auf aus Irland importiertes Fleisch angewiesen war, weist auf eine der merkwürdigen Anomalien der exportorientierten Wirtschaft Martiniques hin: Auf der Insel wurde kaum Fleisch produziert. Auf Labats Modellplantage waren die ersten 300 Meter vom Meer aus landeinwärts als Weideland für die Ochsen und Pferde bestimmt, die aber als Zugtiere oder anderweitig zur Arbeit eingesetzt wurden und daher nicht geschlachtet werden durften. Labat schätzte, dass auf einer idealen Plantage 48 Ochsen benötigt wurden, um sie vor die Transportkarren zu spannen. Wurde die Zuckermühle von Pferden angetrieben, so brauchte man 50 von ihnen für diese Schinderei. Labat riet überdies zu einer Herde von 50 Kühen, die Milch liefern und Ochsen ersetzen sollten, die aus irgendeinem Grund eingingen. Wenn man dem Pater folgte, musste man also auf einer Pflanzung rund 150 Tiere halten, die gefüttert werden wollten, die man aber nicht schlachten konnte, um ihr Fleisch zu essen.[50]

Schon 1680 beklagte sich der *intendant* von Martinique darüber, dass es kein Weideland mehr gab, weil überall an der Küste Zuckerrohr angepflanzt worden war. Einer seiner Nachfolger bemängelte 1721, dass kein Rindfleisch zu haben sei außer »von alten Zugochsen, deren einziger Wert in ihrer Haut und ihren Knochen liegt; ihr Fleisch ist wertlos und kann einen menschlichen Körper nicht nähren«. Im Jahr 1732 gab es zwar 14 270 Ochsen und Kühe auf Martinique, von diesen Tieren konnten aber kaum welche geschlachtet werden.[51] Es war das typische Problem einer exportorientierten, auf dem Anbau einer einzigen Feldfrucht basierenden Wirtschaft, und die Antwort bestand darin, über Kaufleute aus Nantes Pökelfleisch aus Irland zu importieren.

Ausreichende Mengen dieses Lebensmittels für den Unterhalt der Sklaven Martiniques herbeizuschaffen war ein Problem, das dem Gouverneur der Insel beständig Kopfschmerzen bereitete, vor allem nachdem es Schiffen aus anderen Ländern als Frankreich 1727 verboten wurde, Handel mit der französischen Kolonie zu treiben. Die Versorgung mit Fleisch lag danach vor allem in den Händen der Kaufleute von Nantes, aber diese lieferten nicht annähernd genug davon. Im Juni 1730 beklagte der französische Marineminister sich darüber, dass sie nur einen Bruchteil des Fleisches lieferten, das benötigt wurde. Wenn die Lage sich nicht schnell ändere, werde man bald auf Martinique überhaupt kein Fleisch mehr zu essen haben. Die *négociants* von Nantes antworteten, dass jedes Fass Pökelfleisch, das sie nach Martinique transportierten, ihnen nur einen Verlust einbringe und der Fleischexport bald ganz zum Erliegen kommen werde, wenn er nicht einträglicher für sie werde.[52] Die Situation besserte sich etwas im Jahr 1731, als der französische Staatsrat französischen Schiffen die Genehmigung erteilte, Irland anzusteuern, dort die Laderäume mit irischem Rindfleisch zu füllen und dann direkt nach Martinique weiterzufahren. Auf Grund dieser Genehmigung waren in dem Monat vor der Ankunft der *Diligent* 600 Fässer irisches Pökelfleisch auf Martinique eingetroffen.[53]

Auch wenn auf einer Plantage genügend Lebensmittel zur Verfügung standen, gab es für die Sklaven ein großes Problem: Sie hatten oft nicht die Zeit, ihr Essen zuzubereiten und es zu sich zu nehmen. Pater Labat berichtete, dass viele Pflanzer ihre Zuckermühlen und Sudhäuser nicht mit genügend Arbeitern ausstatteten, sodass die Sklaven auf dem Höhepunkt der Erntesaison einfach nicht zum Essen kamen.

Was die Kleidung der Schwarzen betraf, so verfügte der *Code Noir*, dass jeder zwei komplette Ausstattungen im Jahr erhalten sollte. Labat kleidete seine männlichen Sklaven mit zwei Paar kurzen Hosen und zwei Hemden, die aus rauem bretonischem Stoff gefertigt waren, ein. Die Sklavinnen erhielten zwei Röcke und zwei Blusen, die ebenfalls aus diesem Stoff geschneidert waren. Labat berichtete aber, dass Pflanzer, die weniger gewissenhaft waren, ihre Schwarzen nur einmal im Jahr neu einkleideten und einige andere ihnen nur ein paar Fetzen Tuch gaben, aus denen sie selbst etwas nähen mussten.

Labat errechnete, dass man für die Versorgung von 120 Sklaven mit dem Lebensnotwendigen 6610 Livre jährlich aufbringen musste. Ungefähr ein Drittel von dieser Summe war für Pökelfleisch erforderlich, 500 Livre für Medikamente und um die Arztrechnungen zu bezahlen. Diese 120 Sklaven erzeugten seiner Kalkulation nach Zucker und Zuckerrohrschnaps im Wert von 44 640 Livre, also siebenmal so viel, wie man im Jahr für sie ausgeben musste.[54] Bei dieser Rechnung waren die Kosten für den Erwerb von Grund und Boden, für die Errichtung von Gebäuden und den Ankauf von Gerätschaften und Sklaven nicht berücksichtigt, sie vermittelt einem aber eine Vorstellung davon, welchen Profit die Plantagenbesitzer erwarten konnten, wenn sich ihre Anfangsinvestitionen erst einmal amortisiert hatten.

Die Sklaven, die auf Pater Labats Pflanzung landeten, konnten sich glücklich schätzen: Ihre Lebensumstände waren alles andere als typisch für jene, welche das Leben auf den anderen Plantagen Martiniques prägten. Die Besitzer von Plantagen, auf denen es viel brutaler zuging, schrieben nicht über die Zustände, die bei ihnen herrschten; einen Einblick in die Realität des gewöhnlichen Plantagenlebens vermittelte jedoch der *intendant* Blondel, als er 1724 untersuchte, warum es unter den Schwarzen so viele Sterbefälle gab. Blondel nannte zwar keine konkreten Ziffern, offensichtlich war die Sterberate aber so hoch, dass sie seine Aufmerksamkeit auf sich zog.

»Diese [hohe] Mortalität unter den Sklaven«, schrieb er, »scheint durch die schwere Arbeit verursacht, welche die Pflanzer sie ohne adäquate Ernährung verrichten lassen. Einige geben ihnen nichts, sondern lassen sie nur am Samstag für sich selbst arbeiten, damit sie sich ihre Verpflegung für den Rest der Woche beschaffen. Andere geben ihnen nur die Hälfte der Rationen, die in den Verfügungen des Königs gefordert werden, während andere ihnen noch weniger als die Hälfte geben. Wieder andere gestehen ihnen weder die halben Rationen noch den freien Samstag zu. Um gerecht zu sein: Es gibt Pflanzer, die ihren Sklaven alles gewähren, was der *Code Noir* verlangt, solche Plantagenbesitzer sind aber selten. Die anderen sind im Unterschied dazu zahlreich.«[55]

41

Saint-Pierre auf Martinique, 21. Mai 1732

Die *Phénix*, ein Schiff von 270 Tonnen, glitt, von einigen Matrosen der *Diligent* beobachtet, am 21. Mai in den Hafen von Saint-Pierre. Ihr Beiboot wurde zu Wasser gelassen, und bald konnte man ein Dutzend Seeleute sehen, die zur Küste ruderten. Sie gehörten nicht zur Besatzung der *Phénix*, sondern waren in Cayenne zurückgeblieben, nachdem ihr Schiff, die *Saint-Jean-Baptiste*, am 4. Mai um Mitternacht in See gegangen war, ohne ihre Rückkehr an Bord abzuwarten. Nach ihrer Ankunft in Saint-Pierre begaben die zwölf Männer sich unverzüglich zum Büro der Admiralität, um eine Erklärung abzugeben. Ihr Sprecher war Pierre Bernard, der Zweite Kommandant der *Saint-Jean-Baptiste*, und er hatte eine seltsame, albtraumhafte Geschichte zu berichten.[56]

Die *Saint-Jean-Baptiste*, ein Schiff von 90 Tonnen mit einer achtzehnköpfigen Besatzung, gehörte Jean Bonneau aus Nantes, der das Schiff auch in eigener Person kommandierte. Um die Fahrt zu finanzieren, hatte Bonneau ein *Cambye*-Darlehen von 28 966 Livre zu einem Zinssatz von 33 Prozent aufgenommen, wodurch 60 Prozent der Gesamtkosten der Unternehmung gedeckt waren. Bonneau besaß große Erfahrungen als Kapitän eines Sklavenschiffes, er hatte schon auf mindestens vier Fahrten nach Guinea ein solches Schiff geführt, und er war auch ein kampfgestählter Veteran der französischen Kriegsmarine: Er hatte im Dienst für den König eine Hand verloren und wurde in Nantes in den Listen des Admiralitätsbüros als Invalide geführt.[57] Es sollte sich jedoch zeigen, dass nicht die fehlende Hand ihm Probleme bereitete, sondern der verloren gegangene Verstand.

Bonneaus Schiff war am 19. August 1731 von Nantes aufgebrochen, beinahe drei Monate nachdem die *Diligent* Vannes verlassen hatte. Er hatte in dem Gebiet um Kap Mesurado, wo die *Diligent* erstmals mit der westafrikanischen Küste in Berührung gekommen war, Sklaven kaufen wollen. Da es dort keine europäischen Forts oder Handelsniederlassungen gab, hatte er geplant, an der Küste auf- und abzusegeln und hier und dort kleine Gruppen von Sklaven an Bord zu nehmen, bis die Laderäume voll waren.

Die *Saint-Jean-Baptiste* erreichte Kap Mesurado am 23. Oktober 1731, und Kapitän Jean Bonneau ging an Land, um Reis zu kaufen und Verhandlungen über den Ankauf von Sklaven zu führen. Niemand weiß, was an jenem Tag an Land geschah oder ob überhaupt etwas geschah, aber kaum war er an Bord seines Schiffes zurückgekehrt, als er begann, die Mannschaft zu beschimpfen und zu schikanieren. Und Bonneaus schlechte Laune steigerte sich von Tag und Tag, bis sie am fünften in einem regelrechten Ausbruch kulminierte. Vor Wut kochend wurde Bonneau handgreiflich gegenüber einigen afrikanischen Händlern, die an Bord gekommen waren, um das Geld einzutreiben, das er ihnen für ein paar Sklaven schuldete. Genauso gewalttätig verhielt er sich gegenüber den Männern der Besatzung: Dem Schiffszimmermann Yves Soyer versetzte er einen so brutalen Hieb mit einem hölzernen Knüppel, dass er ihm einen Arm brach. Danach ging er auf seinen Stellvertreter Pierre Bernard los, schlug ihm mit dem Knüppel über den

Kopf, befahl, dass man ihn einsperrte, und enthob ihn seines Kommandos.

Bernard blieb in Arrest, bis Bonneau ihm am Tag darauf befahl, die *Saint-Jean-Baptiste* zu verlassen und auf einem englischen Schiff, das in der Nähe ankerte, um Aufnahme zu bitten. Kaum war Bernard jedoch an Bord des Briten angekommen, als Bonneau erschien und ihn bat zurückzukehren. Er gab vor, dass er Bernard versehentlich geschlagen habe; er habe in Wirklichkeit einen Seemann treffen wollen, der neben ihm stand. Bernard vermochten zwar diese Erklärungen nicht zu überzeugen, gleichwohl kehrte er widerstrebend mit Kapitän Bonneau auf die *Saint-Jean-Baptiste* zurück – auch deswegen, weil man ihn sonst der Desertion hätte bezichtigen können.

Kaum hatten die Männer wieder das Deck der *Saint-Jean-Baptiste* betreten, als Bonneau seinem Offizier auch schon befahl, seinen Degen zu holen. Bernard glaubte, er werde auf eine Mission an Land geschickt, und begab sich in seine Kammer; als er mit dem Degen in der Hand zurückkehrte, sah er sich dem Kapitän gegenüber, der sich mit einem Degen aus der Truhe des Fähnrichs bewaffnet hatte. Bonneau ließ das Deck räumen und forderte Bernard zu einem Zweikampf heraus. Der Offizier weigerte sich jedoch, sich auf ein solches Duell einzulassen, indem er das Gesetz zitierte, demzufolge der stellvertretende Befehlshaber nicht die Hand gegen seinen Vorgesetzten erheben dürfe. Außer sich vor Wut griff Bonneau seinen Zweiten an und zwang ihn so, sich mit seiner Waffe zu verteidigen. Nach ein paar Attacken des Kapitäns, die Bernard parierte, zog Bonneau sich wieder zurück und befahl erneut, den Offizier unter Deck einzusperren.

Am nächsten Tag, es war der 29. Oktober, näherte sich ein Kanu mit drei afrikanischen Händlern Jean Bonneaus Schiff. Da die Afrikaner wussten, dass der Kapitän ihre Kollegen ein paar Tage zuvor tätlich angegriffen hatte, kamen sie nur unter einigem Zögern an Bord; sie wollten aber nicht auf ihr Geld für ein Kanu voller Gefangener verzichten, die sie ihm einige Zeit vorher geliefert hatten. Als sie auf den Kapitän zuschritten, befahl dieser, sie zu ergreifen. Die Matrosen waren jedoch von diesem Befehl völlig überrascht, und ihr kurzes Zögern gab den Händlern die Gelegenheit, von Bord zu springen und zu ihrem Kanu zu schwimmen.

Bevor sich dieser Zwischenfall ereignete, hatten die am Kap lebenden Afrikaner den Fähnrich der *Saint-Jean-Baptiste* als Geisel gefangen genommen, um sich dagegen zu sichern, dass Bonneau noch einmal einen der Ihren misshandelte. Anstatt um die Freigabe des Fähnrichs zu verhandeln, gab der Kapitän seinen Leuten die Anweisung, dicht unter der Küste auf- und abzukreuzen und die Stadt mit den Bordgeschützen zu beschießen. Das Schiff konnte zwar nicht nahe genug an die Stadt herankommen, um wirklich Schaden an Gebäuden anzurichten, doch die Kanonenschüsse schüchterten das Oberhaupt der Afrikaner offenbar so ein, dass er zwei Kanus zur *Saint-Jean-Baptiste* hinausschickte, von denen eines den Fähnrich zurückbrachte. Als die Kanus längsseits gegangen waren, forderte der Kapitän die Insassen auf, zu ihm an Bord zu kommen, um sein Schiff zur Stadt Petit Jonque zu geleiten. Da der Kapitän einen Säbel in der Hand hielt und sich zwei Pistolen in den Hosengurt gesteckt hatte, weigerten sie sich zuerst; schließlich gelang es aber Bonneau, einen von ihnen zu überreden, das Fallreep heraufzuklettern, um das Schiff nach Petit Jonque zu lotsen.

Als Kap Mesurado hinter ihnen verschwand, konzentrierte sich die ganze Wut des Kapitäns auf seine eigenen Leute. Er fiel über mehrere Matrosen her und verletzte sie mit Säbelhieben und Messerstichen, und einen von ihn übergoss er sogar mit kochendem Wasser. Eines Abends wies er einen seiner Offiziere, Jacques David, an, sich für die Nacht zurückzuziehen, wenige Minuten später befahl er ihn jedoch zu sich und erlitt einen Wutanfall, als man ihm sagte, David schlafe bereits. Als David sich bei ihm meldete, versetzte er ihm einige Schläge mit der flachen Seite der Säbelklinge und drohte, ihn an der Großrah aufknüpfen zu lassen, weil er im Dienst geschlafen habe. Dann richtete er seine ganze Wut wieder auf den Zweiten Kommandanten. Als er Bernard auf dem Vorderdeck erblickte, ging er mit dem Säbel in der Hand auf ihn los und befahl, ihn in Eisen zu schließen.

Die Mannschaft konnte das alles nicht mehr ertragen. Bis dahin hatte sie vor einer Meuterei zurückgeschreckt, weil Jean Bonneau in Personalunion Kapitän und Eigner des Schiffes war. Würden sie gegen ihn revoltieren, so konnten sie nur wenig Sympathie von den französischen Gerichten erwarten. Da aber der Kapitän jetzt ohne Unterlass tobte und schon viele Male gedroht hatte, alle Männer der Besatzung umzubringen, gelangten sie zu der Überzeugung, dass es ein größeres Risiko sei, die Fahrt unter dem verrückten Kapitän fortzusetzen, als gegen ihn zu meutern. So überwältigten sie ihn gemeinsam, nahmen ihm den Säbel ab und schlossen ihn in die Eisen, die er für Bernard bestimmt hatte. Sie schleppten ihn in seine Kammer, legten ihn in seine Koje und ließen einen Mann zu seiner Bewachung bei ihm. Ein paar Tage zuvor hatte er versucht, das Schiff in Brand zu stecken, und wenn man ihn allein ließe, würde er so etwas vielleicht noch einmal versuchen.

Nachdem sie ihren Kapitän abgesetzt hatten, wählten die Männer der *Saint-Jean-Baptiste* einstimmig Pierre Bernard zu ihrem neuen Kapitän. Bernard wollte diese Ehre zunächst nicht annehmen, weil er wusste, dass er in Frankreich dafür gehängt werden konnte, doch als die Besatzung darauf beharrte, übernahm er widerstrebend die Stelle des Kommandanten. Um sich selbst vor irgendwelchen juristischen Konsequenzen zu schützen, setzte der neue Kapitän eine Erklärung auf, in der er die Ereignisse, die zu der Meuterei geführt hatten, darlegte, und ließ sie von allen Mannschaftsmitgliedern unterzeichnen.

Die Mannschaft war nun sicher vor den Wutanfällen ihres Kapitäns, doch sollten sich in der Folgezeit größere Schrecken vor ihnen auftürmen. Würden sie jemals nach Frankreich zurückkehren können? Würde die französische Kriegsmarine ihre Verfolgung aufnehmen? Würden sie zu Gesetzlosen oder Piraten verkommen? Als sie in der Nähe von Petit Jonque ein englisches Schiff sichteten, ruderten Pierre Bernard und seine Männer im Beiboot hinüber, erzählten dem englischen Kapitän ihre Geschichte und fragten ihn um Rat, was sie tun könnten. Dem Engländer widerstrebte es, einem Haufen Meuterer zu helfen, doch er erinnerte sich, dass bei Bacha ein holländisches Schiff vor Anker lag, das vorher Kap Mesurado angelaufen hatte und dessen Mannschaft von den Vorfällen an Bord der *Saint-Jean-Baptiste* Kenntnis haben könnte. Mit der *Saint-Jean-Baptiste* im Kielwasser lief der englische Segler daher in Richtung Bacha aus.

Ein paar Tage später hatte man Bacha und das dort ankernde holländische Schiff erreicht. Pierre Bernard bat die beiden anderen Kapitäne an Bord der *Saint-Jean-Baptiste*, um den abgesetzten Kapitän Jean Bonneau aufzusuchen und sich die Erzählungen der Mannschaftsmitglieder anzuhören. Nachdem sie sich lange auf der *Saint-Jean-Baptiste* aufgehalten und über das Vorgefallene informiert hatten, empfahlen der englische und der holländische Kapitän, Kapitän Bonneau in Eisen geschlossen in seiner Kajüte liegen zu lassen. Jeder von ihnen verfasste eine schriftliche Erklärung – die später ins Französische übersetzt wurde – über das, was sie gehört und gesehen hatten, und darüber, dass sie empfohlen hatten, Bonneau auf keinen Fall wieder freizulassen.

Am 25. November, als Bonneau schon beinahe einen Monat in Eisen lag, während die *Saint-Jean-Baptiste* weiter an der Küste kreuzte, um Sklaven anzukaufen, traf Pierre Bernard mit seiner Mannschaft auf das französische Schiff *Le Grand Phénix*. Er begab sich an Bord des Schiffes, um dessen Kapitän zu bitten, ein Urteil über Bonneau zu fällen. Es handelte sich bei der *Le Grand Phénix* zwar um ein Schiff im Privatbesitz, doch es war bewaffnet und als Kriegsschiff in Dienst gestellt worden, wodurch sein Kommandant sich in der offiziellen Position befand, ein solches Urteil abzugeben. Kapitän Tessier war krank, doch er beauftragte seine Offiziere sowie den Kaplan und den Arzt damit, sich über die Lage zu informieren und Aussagen der Besatzungsmitglieder entgegenzunehmen.

Pierre Bernard hatte sich in seiner neuen Rolle als Befehlshaber einer Horde Meuterer nie wohl gefühlt, und die Visite der französischen Offiziere bot ihm einen Ausweg aus seiner Zwangslage. Als die Besucher sich anschickten, wieder von Bord zu gehen, verkündete er, dass er die *Saint-Jean-Baptiste* mit ihnen verlassen und sich auf die *Le Grand Phénix* begeben werde. Sobald er nicht mehr an Bord sei, solle man Kapitän Jean Bonneau die Eisen abnehmen und ihm wieder das Kommando über sein Schiff übergeben. Die anderen Mannschaftsmitglieder waren jedoch so entsetzt über die Aussicht, wieder unter dem Befehl Bonneaus zu stehen, dass sie in das Beiboot stiegen, um sich zu Pierre Bernard auf der *Le Grand Phénix* zu gesellen. Als Kapitän Tessier erkannte, dass die Mannschaft dabei war, die *Saint-Jean-Baptiste* zu verlassen, befahl er Bernard, wieder auf sein Schiff zurückzukehren. Als Bernard es wieder betreten hatte, stellte er fest, dass Bonneau immer noch die Eisen trug. Als er die Einwilligung der Mannschaft einholen wollte, sie ihm abzunehmen, stieß er auf einhellige Ablehnung. Jean Bonneau sollte gefesselt bleiben.

Während der ganzen Zeit, in der dies geschah, kaufte die *Saint-Jean-Baptiste* weiter Sklaven an. Das Unterdeck füllte sich immer mehr mit Gefangenen, die wie Jean Bonneau in Eisen geschlossen waren, aber wenig Aussicht hatten, freigelassen zu werden. Als das Schiff am 5. Dezember in der Nähe von Kap Palmas stand, drohte Bonneau, die Mannschaft auf die Zahlung von 20 000 Livre zu verklagen, wenn sie dort nicht vor Anker gingen. Er begriff in seinem Zustand nicht, dass Kap Palmas schon an die

15 Meilen hinter ihnen lag. Am nächsten Tag begegnete die *Saint-Jean-Baptiste* der *Saint-Marc*, einem privaten Segler aus Nantes, der bewaffnet und in den Dienst der Kriegsmarine gestellt worden war. Als Pierre Bernard sich erkundigte, ob es möglich sei, zu wenden und nach Kap Palmas zurückzusegeln, erhielt er die Antwort, dass der Guinea-Strom zu stark dafür sei. Kapitän Bonneau verlangte daraufhin, dass man ihm die Eisen abnehme. Seine Forderung wurde der Mannschaft mitgeteilt, die sie einstimmig ablehnte.

Am 9. Dezember ging die *Saint-Jean-Baptiste* bei einem Dorf vor Anker, in dem Gefangene zum Kauf angeboten wurden. Als Kanuladungen voll Sklaven zu dem Schiff gebracht wurden, fühlte Pierre Bernard sich zu krank, um mit den afrikanischen Händlern zu sprechen. Der ranghöchste Offizier auf dem Schiff war jetzt der Fähnrich, ein junger Mann, der sich auf seiner ersten Fahrt nach Guinea befand und nicht in der Lage war, die diffizilen Verhandlungen zu führen, die zum Erwerb von Sklaven nötig waren. Der junge Mann schlug vor, Jean Bonneau freizulassen, der für solche Gespräche besser geeignet sei. Er versprach sogar, den Kapitän eines in der Nähe liegenden Schiffes zu bitten, die Freilassung Bonneaus zu überwachen. Auch Bonneau zeigte sich konziliant: Er kündigte an, die Mannschaft nicht mehr misshandeln zu wollen, wenn man ihm seine Freiheit zurückgebe. Sogar wenn einer der Männer es verdiene, bestraft zu werden, werde er ihn nicht ohne Einwilligung der anderen Offiziere an Bord zur Rechenschaft ziehen. Obwohl sie starke Vorbehalte hatte, stimmte die Besatzung schließlich dafür, dem Kapitän die Eisen abzunehmen und ihm seine alte Befehlsgewalt über Schiff und Mannschaft zurückzugeben. So hatte vom 10. Dezember an Jean Bonneau wieder das Kommando über sein Schiff inne.

Während der nächsten zwei Monate kaufte man an der Elfenbeinküste weiter Sklaven ein, ohne dass es zu neuen Zusammenstößen zwischen dem Kapitän und der Mannschaft gekommen wäre. Wir können nur versuchen, uns auszumalen, wie es den afrikanischen Gefangenen erging, die einem verrückten Kapitän und einer aufgebrachten Mannschaft wehrlos ausgeliefert waren. Die ganze Konfusion und Desorganisation an Bord hatte zur Folge, dass die Vorräte an Lebensmitteln und Handelswaren knapp wurden, die Offiziere – unter ihnen auch Bernard – opferten daher Waren aus ihren persönlichen *pacotilles*, um Proviant und Sklaven für das Schiff zu kaufen. Am 7. Februar 1732 setzte die *Saint-Jean-Baptiste* Segel, um mit 160 Sklaven an Bord die Fahrt nach Südamerika anzutreten.

Die Überquerung des Atlantiks verlief nicht gut. Die *Saint-Jean-Baptiste* hatte immer wieder mit widrigen Winden zu kämpfen und geriet in lang anhaltende Flauten. Schließlich erreichten sie die brasilianische Küste, wo es ihnen aber nicht erlaubt war, Sklaven anzubieten, da das Gebiet in portugiesischem Besitz war. Da ihnen wieder der Proviant ausging und sie außer den Sklaven nichts zu verkaufen hatten, gaben die Offiziere erneut etwas von ihren persönlichen *pacotilles* her, damit der Kapitän Verpflegung für die Fahrt nach Cayenne kaufen konnte. Bis zu diesem Zeitpunkt hatte Bonneau sich mehr oder weniger an sein Abkommen mit der Mannschaft gehalten, doch auf der Weiterfahrt nach Cayenne wurde er wieder gewalttätig und ausfallend und griff ohne offensichtlichen Grund Mitglieder der Besatzung an.

Am 28. April um drei Uhr befand sich der Zweite Kommandant Bernard mit einem Matrosen hoch oben im Fockmast. Der Matrose erzählte einen Witz, der Bernard zum Lachen brachte. Bonneau hörte das Gelächter und glaubte, dass er die Zielscheibe des Witzes sei; er befahl Bernard, sofort herabzusteigen. Vor der ganzen Mannschaft enthob er ihn seines Postens und verkündete, dass er ihn im nächsten Hafen an Land setzen werde. Bernard sollte durch den unerfahrenen Fähnrich ersetzt werden. Bonneau erklärte, dass er nur einen Offizier benötige, um das Schiff zu führen. Im Verlauf der nächsten Tage verlor er immer öfter die Beherrschung, er warf dann mit allem, was sich in Reichweite befand, nach jedem Matrosen, der ihm nahe kam. Einem von ihnen verpasste er einen solchen Säbelhieb, dass das Fleisch bis auf den Knochen durchtrennt wurde. Dann untersagte er dem Schiffsarzt, die Wunde zu behandeln. Ein paar Tage später betrat Bonneau die Kammer von Pierre Bernard und durchsuchte sie nach Waffen, wobei er wütend fluchte und mit einer geladenen Pistole herumfuchtelte. Er ließ Bernard in seiner Kammer unter Arrest stellen und einen bewaffneten Matrosen vor der Tür postieren. Eine halbe Stunde später erlaubte er ihm dann aber, seine Kammer zu verlassen, wenn er versprach, nichts über den Vorfall zu erzählen.

Am 2. Mai ließ die *Saint-Jean-Baptiste* – immer noch mit einer vollen Ladung Sklaven an Bord – im Hafen der französischen Kolonie Cayenne, dem späteren Französisch-Guyana, den Anker fallen. Zum ersten Mal seit der Meuterei befand das Schiff sich jetzt in französischen Gewässern. Der Kapitän ging an Land und kehrte zwei Tage später an Bord zurück, ohne das Büro der Admiralität aufgesucht oder die Formalitäten erledigt zu haben, die nötig waren, um Sklaven verkaufen zu können. Pierre Bernard sah eine günstige Gelegenheit für sich gekommen und bat um die Erlaubnis, an Land gehen zu dürfen. Er hoffte, zusammen mit den anderen Besatzungsmitgliedern den Behörden die bizarren Vorfälle an Bord melden zu können. Tatsächlich erlaubte Bonneau seinem Zweiten Kommandanten und elf Seeleuten, das Schiff zu verlassen. Um Mitternacht erhielten diese zwölf Männer die Nachricht, dass die *Saint-Jean-Baptiste* ohne sie wieder in See gestochen sei. Sie rannten ans Ufer und konnten im fahlen Mondlicht gerade noch undeutlich die Silhouette ihres Schiffes erkennen, das aus dem Hafen glitt. Wie man Bernard mitteilte, hatte es Kurs auf Martinique genommen.

Bernard und seine elf wie er in Cayenne gestrandeten Gefährten erzählten dem Richter am Admiralitätsgericht ihre Geschichte. Der Richter erklärte Jean Bonneau für flüchtig und ließ das Beiboot der *Saint-Jean-Baptiste*, das ebenfalls zurückgeblieben war, für zehn Livre veräußern. Den zwölf Seeleuten gelang es, den Kapitän der *Phénix* dazu zu bewegen, sie auf ihrer Suche nach Jean Bonneau und seinem Schiff nach Martinique zu bringen. In Saint-Pierre trugen sie im Büro der Admiralität erneut ihre Geschichte vor. Sie hatten damit gerechnet, die *Saint-Jean-Baptiste* im Hafen von Saint-Pierre vorzufinden, doch das Schiff war verschwunden.

Viel später sollten sie erfahren, dass Bonneau nach Surinam gesegelt war. Er hatte Cayenne mit einer Besatzung von nur vier Leuten verlassen. Wegen seiner fehlenden Hand war Bonneau nicht in der Lage, ihnen beim Setzen oder Bergen der Segel an den Tauen zu helfen. Die vier Seeleute glaubten nicht, unter diesen Umständen Martinique erreichen zu können; sie waren nicht nur zu wenige Männer, um die Segelmanöver auszuführen, sie hatten auch Angst, dass die Sklaven eine Revolte unternehmen könnten, wenn nur noch eine solch geringe Anzahl Bewacher an Bord war. Anstatt Kurs auf Martinique zu nehmen, steuerten sie daher die nur 55 Kilometer von Cayenne entfernte holländische Kolonie Surinam an. Der Kapitän, die vierköpfige Mannschaft und 153 Gefangene kamen dort am nächsten Tag an. Als die Holländer sie aufforderten weiterzusegeln, behaupteten die vier Seeleute, das Schiff sei nicht seetüchtig, doch nach einer oberflächlichen Inspektion durch holländische Zimmerleute erhielten sie den Befehl, ihre Fahrt nach Martinique fortzusetzen. Die Sicherheit des Schiffes lag den

Holländern nicht so sehr am Herzen, ihnen ging es vor allem darum, Jean Bonneau loszuwerden.

Als sie sich wieder von der Küste Surinams entfernten, lief ihr Schiff auf eine Sandbank auf, auf der es zwei Tage lang festsaß, bevor die starken Strömungen es auf die Seite legten, sodass es auseinander brach. Irgendwie schafften die Seeleute und die Gefangenen es, das Ufer zu erreichen. Sie wurden gerettet und nach Surinam zurückgebracht. Dort sperrte Bonneau die Sklaven in ein Lagerhaus ein, das der holländischen Westindien-Kompanie gehörte. Er verkaufte 44 von ihnen – vor allem Knaben und Mädchen –, um für das Geld eine kleine englische Bark zu erwerben. Der Gouverneur von Surinam befahl Bonneau, mit seinen Seeleuten und seinen restlichen Sklaven die holländische Besitzung wieder zu verlassen, und beorderte sogar Wachen an Bord, um die Aktivitäten der Franzosen zu überwachen. Der Kapitän erlitt jedoch wieder einmal einen seiner periodischen Tobsuchtsanfälle und wurde so gewalttätig, dass der Gouverneur ihn arretieren und im Fort einsperren ließ. Sein neues Schiff und die noch übrigen Gefangenen wurden den Cayenne-Fluss hinaufgeschafft und dort verkauft.

Auf Martinique gelang es Pierre Bernard und den elf anderen ehemaligen Besatzungsmitgliedern der *Saint-Jean-Baptiste*, sich auf einem Schiff von 200 Tonnen, das unter dem Kommando von Kapitän Pierre Chalet stand und im Besitz von Pierre und Jean Charon aus Nantes war, Plätze für die Rückfahrt nach Frankreich zu verschaffen. Das Schiff, das im Direkthandel mit der Karibik eingesetzt war, brach am 21. Juni 1732 mit 546 Fässern Zucker und 88 Ballen Baumwolle in den Laderäumen von Saint-Pierre nach Nantes auf. Merkwürdigerweise war sein Name ebenfalls *Saint-Jean-Baptiste.*

42

Saint-Pierre auf Martinique, am Tag des heiligen Petrus, 29. Juni 1732

Sieben Kanonenschüsse zerrissen die morgendliche Stille im Hafen von Saint-Pierre. Auf der *Diligent* hatte Robert Durand Befehl gegeben, zu Ehren von Kapitän Mary Salut zu schießen, denn man beging den Tag des heiligen Petrus, der von Seeleuten manchmal auch »Kapitänstag« genannt wurde. Einige der Besatzungsmitglieder mögen sich daran erinnert haben, dass man den letzten Petrustag begangen hatte, als die *Diligent* den Wendekreis des Krebses passierte. Es war jetzt schon fast 13 Monate her, dass sie Vannes verlassen hatten. Der Grund dafür, dass Durand der Offizier war, der den Befehl zum Abfeuern der Kanonen erteilte, war, dass Mary und sein Stellvertreter Valteau sich nicht an Bord des Schiffes aufhielten. Auch ein Teil der Mannschaft befand sich an Land und war dort damit beschäftigt, Waren in das angemietete Lagerhaus zu verfrachten.

Nachdem die Sklaven am 23. März von Bord geschafft worden waren, hatte der Schiffszimmermann Joseph Colimbert sich darangemacht, mithilfe einiger Matrosen das Schiff erneut umzubauen und wieder in einen Handelssegler zu verwandeln. Man wäre mit der Arbeit schneller vorangekommen, wenn Colimberts Kollege, der Zweite Zimmermannsmaat Jean Mahé, nicht in Jakin ums Leben gekommen wäre. Colimbert nahm zuerst den *barricado* auseinander, der die männlichen Sklaven, wenn sie sich auf dem Haupt- und Vorderdeck aufgehalten hatten, von den Frauen auf dem Achterdeck getrennt hatte. Auf dem Unterdeck entfernte er die dicke Trennwand, welche die Quartiere der Frauen von denen der Männer separiert hatte, und dann auch die Plattformen, durch die das niedrige Deck in zwei Ebenen unterteilt war. Man lud die restlichen Vorräte und die noch übrig gebliebenen Waren aus dem Schiff, was aber keine besonders anstrengende Aufgabe war, da man Proviant und Wasser zum größten Teil aufgebraucht hatte. Nachdem das Schiff vollkommen entleert worden war, wurde es sauber geschrubbt. Die Wassermassen, die man dafür benötigte, wurden anschließend mit den Pumpen wieder aus den Laderäumen herausbefördert. Der Zimmermann kalfaterte den hölzernen Rumpf und setzte ihn überall, wo es nötig war, wieder instand. Er nahm sich auch die Takelage vor und brachte sie wieder in Ordnung, sodass die *Diligent* die Sicherheitsüberprüfung bestehen und man es Mary und seinen Leuten erlauben würde, mit ihr den Rückweg in die Heimat anzutreten.

Mary befand sich an Land zusammen mit den drei Küfern des Schiffes – Jean Carry, René Botterel und Joseph Pasco – und anderen Besatzungsmitgliedern. Das befestigte Lagerhaus, in das man die Sklaven gesperrt hatte, war im April wieder aufgegeben worden, als Monsieur Lamy die letzten 96 Gefangenen gekauft hatte, und der Kapitän hatte dann ein normales Lagerhaus gemietet, um die Waren sicher verstauen zu können, die man im Austausch für die Sklaven erhalten würde. Sobald die *Diligent* wieder umgebaut und seeklar gemacht war, würde man damit anfangen, die Waren zu verladen. Heute aber war »Kapitänstag«, und Pierre Mary hatte für die Feier ein paar Flaschen Wein und etwas zu essen vom Schiff mitgebracht. Robert Durand und die anderen Offiziere, die sich noch auf der *Diligent* befanden, zollten ihrem Kapitän mit den morgendlichen Salutschüssen Tribut. Am Abend würden sie ihm zu Ehren weitere sieben Schüsse abfeuern.[58]

An Land waren die Küfer besonders beansprucht worden. Sie hatten die Fässer auseinander genommen, die Dauben sauber geschrubbt und dann alles wieder zusammengesetzt. Ihre Hauptaufgabe bestand jedoch darin, die Zuckerfässer zu inspizieren, die angeliefert wurden, sodass man sicher sein konnte, dass der Inhalt auf der Rückfahrt nach Frankreich keinen Schaden nehmen würde. Obwohl die Kaufsumme für die Sklaven der *Diligent* in Livre festgesetzt worden war, war das eine bloße Rechnungseinheit gewesen, und die Zahlungen wurden in Naturalien getätigt, das heißt in Erzeugnissen wie Zucker, Baumwolle und *rocou*. Weil diese Produkte nicht immer in genügenden Mengen vorrätig waren, wurde im Standardvertrag festgesetzt, dass die Hälfte des Kaufpreises sofort beglichen wurde und der Rest in Halbjahres- oder Jahresfrist. Solche Verträge waren nicht unbedingt von Nachteil für die Kapitäne von Sklavenschiffen, da eine volle Ladung Gefangener normalerweise zweimal so viel an Gütern einbrachte, wie ihre Schiffe transportieren konnten. Der Rest wurde dann nach und nach von Schiffen, die im Direkthandel eingesetzt waren und in ihren Laderäumen immer noch ein wenig Platz hatten, nach Frankreich gebracht. Kapitän Mary hatte sich einverstanden erklärt, dass die zweite Hälfte der Kaufsumme für die 96 Gefangenen erst in einem Jahr beglichen würde. Das hieß nichts anderes, als dass er Lamy für ein Jahr ein zinsfreies Darlehen gegeben hatte. Natürlich beschnitten solche Praktiken die Gewinne der Schiffseigner. Die Kaufleute von Nantes waren sich wohl bewusst, dass ihnen durch derartige Transaktionen Zinsverluste entstanden, und schätzten, dass sie sich auf sechs Prozent jährlich beliefen.[59]

Der Kaufpreis für die Sklaven wurde vor allem durch die Lieferung von Zucker beglichen. Auf Martinique wurden zwei Arten von Zucker produziert: Rohzucker und gedeckter Zucker. Rohzucker wurde hergestellt, indem man den dickflüssigen Sirup, den man im Sudhaus gewann, in offene Töpfe goss, die einen durchlöcherten Boden hatten, sodass die flüssigen Bestandteile ablaufen konnten. Das war nach ungefähr drei Wochen geschehen, und man behielt eine Zuckermasse zurück, die »grobkörnig, klebrig, braun und weich«[60] war. Es war die billigste und geringstwertige Sorte von Zucker, die auf Martinique erzeugt wurde. 1732 machte solcher Rohzucker weniger als zehn Prozent der Gesamtzuckermenge aus, welche die Insel exportierte.[61]

Der größte Teil des auf Martinique produzierten Zuckers war so genannter gedeckter oder »terrierter« Zucker, der in einem wesentlich aufwändigeren Prozess gewonnen wurde. Nachdem man die Zuckermasse gekocht und dann wieder hatte abkühlen lassen, wurde sie in Formen gegossen, welche die Gestalt von länglichen Trichtern hatten. Diese Formen wurden mit dem schmaleren offenen Ende nach unten über großen Töpfen befestigt, und dann bedeckte man am anderen Ende die Zuckermasse mit nassem Ton, der eigens aus Rouen importiert wurde. Das in dem Ton enthaltene Wasser sickerte durch die Zuckermasse und tropfte dann am unteren Ende aus der Form heraus, wobei es alle Unreinheiten aus dem Zucker herausspülte. Dieser Läuterungsprozess dauerte neun bis zehn Tage und wurde dann mit einer neuen Tonschicht wiederholt. Wenn die Feuer im Trockenraum ihre Aufgabe erfüllt hatten, wurden die zapfenförmigen Zuckerlaibe zerbrochen und die Stücke nach ihrem unterschiedlichen Reinheitsgrad sortiert. Der Zucker am spitzen Ende des Zapfens war am wenigsten rein und wurde »Kopfzucker« genannt; die beste Sorte war der »weiße Zucker« und die mittlere Qualität der »gewöhnliche Zucker«. Die verschiedenen Qualitätsstufen hatten einen ganz unterschiedlichen Wert: 50 Kilogramm des »Kopfzuckers« waren für rund 18 Livre zu haben, die gleiche Menge »gewöhnlichen« Zuckers kostete um die 24 Livre, während der »weiße« bis zu 50 Livre bringen konnte. Der beste weiße Zucker, den man durch das »Terrieren« mit dem Ton erzeugte, war von so erlesener Qualität, dass man ihn in Frankreich oft fälschlich für raffinierten Zucker hielt und der französische Handelsrat sich im April 1731 bemüßigt fühlte, den Unterschied genau darzulegen.[62]

Ganz gleich, welchen Qualitätsgrad sie aufwiesen: Die Zuckerbrocken wurden in Mörser gefüllt, mit eisernen Hacken weiter zerstückelt und dann mit Stößeln bearbeitet, bis sich die einzelnen Zuckerkörner voneinander getrennt hatten. Erst dann wurde der Zucker gewogen und in Fässer abgefüllt. Bei diesem Abfüllen des Zuckers ergaben sich reichlich Gelegenheiten zum Betrug: Einige Pflanzer füllten in die Mitte der Fässer heimlich gewöhnlichen Zucker oder gar Rohzucker und umgaben diese minderwertige Ware oben und unten mit einer Schicht weißen Zucker. Andere fertigten ihre Fässer aus extra dicken Dauben, sodass sie weniger Zucker aufnahmen.[63] Kapitän Mary hatte alle drei Küfer seines Schiffes deswegen in das Lagerhaus in Saint-Pierre kommen lassen, damit sie die Fässer voll Zucker, die angeliefert wurden, öffneten und überprüften. Die Fässer wogen leer zwischen 50 und 60 Pfund und nahmen ungefähr 800 Pfund Zucker auf.[64]

Alles in allem erwarb Mary 251 Fässer voll weißen und gewöhnlichen Zucker im Gewicht von 20 800 Pfund und zehn kleinere Fässer, die man als *quarts* bezeichnete und jeweils ungefähr 200 Pfund Zucker enthielten, sodass sich das Gesamtgewicht des Zuckers, der an Bord der *Diligent* kam, auf 202 800 Pfund belief. Weil ein großer Teil des Zuckers noch nicht ganz durchgetrocknet war, wenn man ihn auf das Schiff lud, würde das Gewicht während der Fahrt über den Atlantik um 13 bis 15 Prozent schwinden.[65] Sie würden mit ungefähr 172 500 Pfund Zucker im Laderaum in Vannes eintreffen. Durand erwähnt nicht, wie viel davon terrierter weißer und wie viel gewöhnlicher Zucker war; es ist aber bekannt, dass 1732 auf jedes Pfund weißen Zucker, der nach Vannes eingeführt wurde, 20 Pfund gewöhnlicher Zucker kamen.[66] Man kann daher annehmen, dass weißer Zucker nicht mehr als zehn Prozent der Fracht an Bord der *Diligent* ausmachte. Vermutlich lichtete sie mit 20 300 Pfund weißem Zucker und 182 500 Pfund gewöhnlichem Zucker im Laderaum in Martinique den Anker. Durand vermerkte in seinem Bordbuch, dass sie diesen Zucker zu einem weit höheren Preis als eingeplant erworben hatten. Weil sie ihre Gefangenen zu einem sehr niedrigen Preis abgegeben und dann für den Zucker einen hohen Preis gezahlt hatten, mussten sie sich letztlich mit viel weniger Zucker für die auf Martinique verkauften Sklaven begnügen, als sie sich erhofft hatten.

Das zweite Produkt der Insel, das Mary erwarb, war Baumwolle. Baumwolle wurde auf Martinique auf kleinen Flächen an den Berghängen in einer Höhe von mehr als 300 Metern angebaut. Mary erstand 23 Ballen, von denen jeder mehr als 400 Pfund wog.[67] Wie für den Zucker galt auch für die Baumwolle, dass die Pflanzer bei den Transaktionen reichlich Gelegenheit zum Betrug hatten; einige von ihnen feuchteten die Baumwolle in der Mitte eines Ballens an, um das Ganze schwerer zu machen, und die nasse Baumwolle begann dann während der Fahrt nach Frankreich zu verrotten. Das war zu einem so ernsthaften Problem geworden, dass der französische Staatsrat 1729 ein Gesetz verabschiedet hatte, mit dem verfügt wurde, dass für jeden Ballen Baumwolle, der angefeuchtete Bäusche enthielt, eine Strafe von 100 Livre zu zahlen sei. Jeder Pflanzer sollte seinen Namen und seinen Wohnort auf die Verpackung der Ballen stempeln, sodass er gesetzlich verfolgt werden könnte, wenn sich der Inhalt als mangelhaft erweisen sollte. Die Pflanzer erhoben Protest und behaupteten, wenn die Baumwolle faulig sei, dann sei das die Schuld der Kapitäne, welche die Ware in Schuppen mit undichten Dächern lagerten oder nicht genügend darauf achteten, dass sie trocken blieb, wenn man sie in Ruderbooten zu den Schiffen brachte.[68] Robert Durand notierte in seinem *journal*, dass sie die Baumwolle genau wie den Zucker teuer bezahlt hatten.

Der letzte Artikel, den Pierre Mary auf Martinique einkaufte, war *rocou*, auch »Orléans« genannt. Das war eine auf der Insel heimische Pflanze, aus deren Samen man eine Paste herstellte, mit der man weißes Tuch so präparieren konnte, dass es Färbemittel besser aufnahm. Tuch, das mit *rocou* behandelt worden war, ließ sich gleichmäßiger einfärben als unbehandeltes. Die *Rocou*-Sträucher wurden im Allgemeinen zwischen März und Mai angepflanzt. Sobald ein solcher Strauch ausgewachsen war, konnte er auf lange Zeit zwei Ernten jährlich liefern: eine im Juni und die zweite im Dezember. Wie Zucker erforderte auch die *Rocou*-Paste einen langen und komplexen Herstellungsprozess, sodass sich bei ihrer Erzeugung Landwirtschaft und Industrie verbanden. Nachdem die Samen aus den Früchten herausgeholt worden waren, ließ man sie in Kalebassen acht Tage lang fermentieren. Danach wurden sie in einem Mörser zerstampft, um die Hülsen von den Kernen zu trennen. Die Hülsen wurden aussortiert und in Kesseln gekocht, bis sich auf der Oberfläche Schaum bildete. Dieser Schaum wurde abgeschöpft und in einem anderen Kessel unter ständigem Rühren weitere zwölf Stunden lang eingekocht. Dann wurde die Masse in Becken gegossen, in denen sie abkühlte. Die so entstandene Paste füllte man in kleine Quart-Fässer.[69] Pierre Mary erwarb 13 davon, von denen jedes beinahe 200 Pfund *rocou* enthielt.[70]

Als die Matrosen von der *Diligent* in dem von Kapitän Mary angemieteten Lagerhaus ihr Festtagsmahl zu sich nahmen, sah es um sie herum schon recht leer aus. Sie hatten am 20. Mai angefangen, die Waren im Schiff zu verstauen, ungefähr einen Monat nachdem die letzten Sklaven geschlossen an Monsieur Lamy verkauft worden waren; sie waren jetzt also schon fast sechs Wochen mit dem Beladen beschäftigt. Noch ein paar Tage, und die *Diligent* würde bereit dazu sein, nach Frankreich zurückzusegeln.

Man hatte die Besatzung der *Diligent*, die im Hafen sachte auf den Wellen schaukelte, mit der Aufgabe betraut, den ganzen Schiffsverkehr zu überwachen. Manchmal lagen nicht weniger als 100 Schiffe im Hafen von Saint-Pierre, und irgendjemand musste ihr Ein- und Auslaufen organisieren und dafür sorgen, dass alle Vorschriften beachtet wurden. Normalerweise war das die Aufgabe eines Schiffes der Kriegsmarine oder der Compagnie des Indes, das ja letztlich auch der Autorität des Königs unterstand. Wenn jedoch keine solchen Schiffe da waren, wurde die Aufsicht über den Hafen dem Kapitän eines privaten Handelsseglers wie der *Diligent* übertragen.[71] Jeden Morgen und jeden Abend wurde auf ihr eine Kanone abgefeuert, was die anderen Schiffe an ihren besonderen Status erinnern sollte. Als am 3. Mai der Stander gehisst worden war, der anzeigte, dass sie das Kommando über den Hafen übernommen hatte, hatten die anderen Schiffe sie mit 21 Salutschüssen gegrüßt. Aufgabe der Besatzung war es, jeden festzunehmen, der im Hafen für Unruhe sorgte. Sie konnten die Übeltäter in Eisen legen, sie über ein Kanonenrohr binden und auspeitschen oder im Laderaum einsperren lassen, je nachdem, was sie verbrochen hatten. Im Grunde versuchte man es aber immer zu umgehen, mit dem Kommando betraut zu werden, denn darauf zu achten, dass die Vorschriften eingehalten wurden, kostete die Offiziere nur ihre wertvolle Zeit, und wenn man zweimal am Tag eine Kanone abfeuerte, wurde damit lediglich Schießpulver vergeudet.

Während des Aufenthalts auf Martinique hatte Robert Durand sein

Bordbuch zumeist nicht geführt, doch als man sich jetzt für die Abfahrt vorbereitete, versuchte er seine Eindrücke von der Insel zusammenzufassen. »Martinique«, schrieb er, »ist die amerikanische Insel, die den blühendsten Handel betreibt, nach der großen Zahl von Schiffen zu urteilen, die man hier stets vorfindet, und nach der Fertilität ihres Bodens, der guten Zucker, Baumwolle, Kaffee usw. hervorbringt. Diese Insel beliefert alle anderen amerikanischen Inseln unter dem Winde und ist ihnen gleichzeitig ein Absatzmarkt für alles das, was sie erzeugen. [Martinique] hat in jeder Beziehung die Oberhand über sie, weil es das Hauptquartier eines Generals und eines mächtigen Gouverneurs ist, von denen Ersterer seinen Sitz in Fort Royal, Zweiterer den seinen in Saint-Pierre hat. Saint-Pierre ist ein Ort, der so berühmt für seinen Handel ist, dass jedes Jahr mehr als 300 Schiffe in seinen Hafen einlaufen, angefüllt mit Waren, die sich so gut verkaufen, dass diese Schiffe reich mit Zucker und Baumwolle beladen nach Frankreich zurückkehren.«

Die letzten Fässer mit Zucker und *rocou* und die letzten Ballen Baumwolle wurden am 5. Juli vom Lagerhaus zur *Diligent* transportiert. Die Fässer mit Zucker waren dort verstaut worden, wo während der Mittelpassage die Fässer mit Trinkwasser gelagert hatten. Da sich jetzt nur noch 33 Menschen an Bord befanden statt der 292, die sich bei der Abfahrt von Jakin auf dem Schiff gedrängt hatten, nahmen die Trinkwasservorräte nur sehr wenig Platz ein. Die Baumwollballen wurden auf dem Unterdeck gestapelt, auf dem man vorher die Gefangenen zusammengepfercht hatte. Das war der trockenste Teil des ganzen Schiffes, wenn auch die Luft dort genauso dumpfig wie während der Mittelpassage war. Sogar nachdem man die 23 Ballen dort untergebracht hatte, war noch mehr als genügend Raum für die Besatzung, um ihre Hängematten aufzuhängen und sich ein bequemes und ruhiges Nachtlager zu verschaffen. Robert Durand erkannte, dass die Fracht an Bord nur die Hälfte von dem wert war, was die Brüder Billy letztendlich für die afrikanischen Gefangenen erhalten würden, weil in den Verträgen festgesetzt worden war, dass lediglich 50 Prozent der Kaufsumme sofort beglichen werden mussten und die anderen 50 Prozent erst in sechs Monaten oder einem Jahr fällig würden.

Am Morgen des 12. Juli war man auf der *Diligent* bereit, in See zu stechen. Die Fracht sowie Proviant und Trinkwasser waren an Bord gebracht, die

Baldachine aus Segeln waren entfernt und die Segel wieder an den Rahen befestigt worden. Die Abfahrt ging jedoch nicht ohne Probleme vonstatten. Als Mary befahl, den Anker zu lichten, musste man feststellen, dass die Ankertrosse sich mit jener der *Renommé* verwirrt hatte, und es dauerte bis zwei Uhr nachmittags, bis man den Anker freibekam. Mit eingerollten Segeln trieb die *Diligent* durch den Hafen, während die Mannschaft das Beiboot aus dem Wasser hievte und in seine Position an Deck beförderte. Kapitän Mary befand sich nicht auf seinem Schiff; er hatte sich zur *Renommé* übersetzen lassen, um über die Angelegenheit mit dem unklaren Anker zu sprechen, und war zum Essen geblieben. Weil man Angst vor Piraten hatte, würde die *Diligent* die Rückfahrt nach Frankreich im Konvoi mit der *Renommé* und der *Sainte-Anne* antreten.

Um vier Uhr nachmittags betrat Mary wieder das Deck seines Schiffes und gab den Befehl, alles zur Abfahrt vorzubereiten. Da traf ein Ruderboot ein, in dem ein Soldat saß, der von Monsieur Begue, dem Kommandanten von Saint-Pierre, entsandt worden war und die Forderung überbrachte, dass Mary sich an Land begeben solle, um bestimmte Dinge in einem Gespräch mit dem Kommandanten zu klären. Derselbe Soldat war am Morgen bereits mit der gleichen Aufforderung erschienen, und Mary hatte sich geweigert, ihr Folge zu leisten. Er weigerte sich ein zweites Mal und ordnete an, sofort die Segel zu setzen, um die *Diligent* rasch außer Reichweite der Kanonen des Forts zu manövrieren.

Als man auf dem Fort bemerkte, dass die *Diligent* im Begriff war auszulaufen, feuerte die Besatzung eine Kanonenkugel ab, die nicht weit von dem Schiff entfernt eine riesige Fontäne aus dem Meer aufsteigen ließ. Sie hatte die *Diligent* nur knapp verfehlt! Das Schiff gelangte aber rasch außer Schussweite, und vom Fort aus wurde ihr keine zweite Kugel hinterhergeschickt. Später am Tag trug Durand in sein Bordbuch eine Schilderung der Ereignisse ein, die aber keine Antwort auf die Fragen enthielt, die der Vorfall aufwirft. Warum wurde Kapitän Mary von dem Kommandanten von Saint-Pierre aufgefordert, vor ihm zu erscheinen? Warum weigerte er sich, dieser Aufforderung Folge zu leisten? Warum ließ er so hastig Segel setzen? Erwartete er bereits, dass man vom Fort aus das Feuer eröffnen würde? War er in Saint-Pierre in irgendwelche dunklen Geschäfte verwickelt gewesen? Wir werden es nie erfahren. »Ich tappe völlig im Dunkeln, was den Grund für den Kanonenschuss betrifft«, schrieb Robert Durand in sein Bordbuch.

Teil 12

Zurück in der Heimat

43

Vannes an der Küste der Bretagne, 24. September 1732

Robert Durand lässt die Augen im Ratssaal des Admiralitätshofes von Vannes umherwandern, in der Hoffnung, bekannte Gesichter zu entdecken. Seine Züge erhellen sich, als seine suchenden Blicke an Thomas Laragon hängen bleiben, der als Zweiter Leutnant auf der *Diligent* gefahren ist. Er mustert die ihm unbekannten Gesichter der Männer, die an der langen Tafel am Kopf des Saales sitzen. Der in einen Talar gehüllte Mann mit der Perücke auf dem Kopf muss Charles-Louis Chanu sein, der Leutnant am Admiralitätsgericht, denkt er, und der andere ist wahrscheinlich Marc-Vincent Le Thieis de Kervalo, der Gerichtsschreiber. Der Richter, Noël Bourgeois, ist heute nicht anwesend, weil bei dieser Anhörung nur Aussagen schriftlich aufgenommen werden sollen. Die Kleidung und das Verhalten von zwei anderen Männern in dem Raum lassen vermuten, dass sie Anwälte sind. Einer von ihnen ist Pierre Jarno, der Anwalt für die Brüder Billy und für La Croix, die Eigner der *Diligent*, die auch deren Fahrt finanziert haben. Der andere ist François Pihan, der Vertreter Kapitän Pierre Marys.

Durand hat eine Perücke mit fließenden Locken aufgesetzt und seine besten Zivilkleider angezogen: Er trägt einen Mantel aus Seidenbrokat über einem bis zu den Schenkeln herabreichenden Rock, unter dem man eng anliegende Kniehosen und Strümpfe sieht. Er hat das Admiralitätsgericht von Vannes niemals zuvor aufgesucht, und ihm wirbelt jetzt der Gedanke durch den Kopf, dass die Tatsache, dass das Gericht direkt über der Markthalle der Stadt untergebracht ist, es einem schwer macht, sich des Ernstes der Situation bewusst zu werden.

30 Metzgerstände nehmen den südlichen Flügel der Markthalle im Erdgeschoss ein. Die Verkäufer von weißem Brot sind im Mittelteil vertreten, und Kaufleute, die Roggenbrot feilbieten, haben ihre Verkaufstische im westlichen Flügel stehen. Der östliche Teil der Halle beherbergt die Stände der Kleider- und Kurzwarenhändler.[1] Durand musste sich, nachdem er die mit Gerüchen und Geräuschen erfüllte Halle betreten hatte, erst einen Weg

durch die Menge der Kauflustigen bahnen, um zu der Stiege zu gelangen, die in den Saal im ersten Stock führte, in dem die verschiedenen Gerichtshöfe der Stadt zusammentreten.

Drei Wochen sind vergangen, seitdem die *Diligent* wieder in den Golf von Morbihan eingelaufen und bei der Insel Bouëdec vor Anker gegangen ist. Ein Lotse namens Jean le Son, der bei der Belle Ile an Bord gekommen war, hatte sie durch die flachen Gewässer des Golfs geleitet. An den ersten Tagen nach ihrer Ankunft waren sie damit beschäftigt gewesen, die Segel zu bergen und die Rahen und die Maststengen niederzuholen. Man hatte kleine Boote gemietet, die mit dem Löschen der Ladung begonnen hatten. Die Fässer voller Zucker und *rocou* und die Baumwollballen wurden auf diese Boote geladen und stromaufwärts nach Nantes geschafft, wo sie verkauft werden sollten. Durand war mit Hunderten von Aufgaben beschäftigt gewesen, und es hatte ihn völlig überrascht, als die Brüder Billy und ihr Partner La Croix am 18. September bei Gericht Klage gegen Kapitän Pierre Mary einreichten.

Dass die Eigner eines Schiffes ihre Kapitäne vor Gericht verklagten, war in Vannes kein unbekanntes Ereignis. Im Schnitt wurde ein solcher Fall im Jahr vor dem Admiralitätsgericht verhandelt. Für gewöhnlich wurde Klage erhoben, weil die Kommandanten der Schiffe eine Getreideladung nicht innerhalb der vereinbarten Frist abgeliefert oder sie den Investoren nicht den ihnen zustehenden Anteil gezahlt hatten. Robert Billy, der Vater der Brüder, hatte einst den Kapitän eines Getreidetransporters, der im Golf von Morbihan untergegangen war, vor den Richter zitieren lassen.[2] Gegen den Kapitän eines Sklavenschiffes war vor dem Admiralitätsgericht von Vannes aber noch nie verhandelt worden.

Die Eigner der *Diligent* erhoben eine Vielzahl verschiedener Anschuldigungen gegen den Kapitän, die sich aber grob in drei Gruppen einteilen ließen. Der erste Anklagepunkt lautete, dass der Kapitän die Waren an Bord des Schiffes unnötig vergeudet habe. Der zweite, dass er Waren, die den Eignern des Schiffes gehörten, verwendet habe, um auf eigene Rechnung Geschäfte abzuschließen. Der dritte war der gravierendste: Kapitän Mary habe bei zwei Gelegenheiten einen Sklaven, den er für sich selbst gekauft hatte, gegen einen ausgetauscht, der im Besitz der Eigner des Schiffes war. Zwei Tage später wurden elf Besatzungsmitglieder der *Diligent* vorgeladen, damit sie ihre Aussagen abgaben.

Die elf Männer waren am 22. September um sieben Uhr morgens bei Gericht eingetroffen. Erschienen waren sie auf Betreiben Pierre Jarnos, des Anwalts der Brüder Billy und La Croix'. Die Zeugen, die für Kapitän Mary aussagen sollten, sollten sich ebenfalls an diesem Morgen präsentieren, doch weder der Kapitän selbst noch sein Verteidiger François Pihan waren anwesend, als die Sitzung eröffnet wurde. Als Mary und Pihan auch um 7.30 Uhr noch nicht eingetroffen waren, schickte das Gericht einen Büttel aus, der den Anwalt aufsuchen sollte. Pihan erklärte dem Mann, dass er keine Zeugen präsentieren und auch bei der Protokollierung der Aussagen nicht zugegen sein werde. Der Richter ließ das Nichterscheinen des Anwalts vor Gericht festhalten und fuhr dann damit fort, die Aussagen gegen den Kapitän aufzunehmen.[3]

Die Anhörung versetzte die elf Seeleute in eine peinliche Situation. Die Brüder Billy und La Croix waren ihre Dienstherren, und es war unerlässlich, mit ihnen zu kooperieren, wenn sie jemals wieder auf der *Diligent* segeln wollten. Auf der anderen Seite war Pierre Mary in Le Croisic ihr Nachbar, und wenn sie ihn belasteten, würde das ihre sozialen Beziehungen in ihrer Heimatstadt beeinträchtigen. In dieser Zwickmühle gefangen, behaupteten sie oft, nichts zu wissen, und zogen sich auf vage und ausweichende Antworten zurück.

Dennoch: In den Aussagen der elf Seeleute gab es einige übereinstimmende Punkte. Mehrere von ihnen bezeugten, dass der Kapitän sechs bis zehn Ballen brasilianischen Tabaks, von denen jeder 60 bis 80 Pfund wog, erhalten habe. Er habe sie von einem englischen Schiff im Tausch gegen vier Fässer Pökelfleisch aus der Proviantlast der *Diligent* bekommen und von zwei portugiesischen Kauffahrern dafür, dass er ihnen mit dem Beiboot der *Diligent* frisches Trinkwasser an Bord habe bringen lassen. Der größte Teil des Tabaks sei während der Mittelpassage an die Mannschaft und an die Sklaven verteilt worden, doch der Kapitän habe zwei Ballen auf Martinique verkauft und das Geld in die eigene Tasche gesteckt. Unmittelbar bevor man im Golf von Morbihan den Anker hatte fallen lassen, habe der Kapitän den Rest des Tabaks – schätzungsweise ein Drittel eines Ballens – ins Meer geworfen. Der zweite wesentliche Punkt betraf die Gefangenen, welche die *Diligent* an Bord gehabt hatte. Mehrere der Matrosen hatten Gerüchte vernommen, denen zufolge der Kapitän versucht habe, die Offiziere dazu zu nötigen, eine Erklärung zu unterzeichnen, welche die Zahl von Sklaven betraf, die sie an Bord hatten; keiner von ihnen hatte dieses Papier aber mit eigenen Augen gesehen. Mehrere von ihnen sagten aus, dass unter den sieben oder acht Sklaven, die während der Überfahrt zwischen Jakin und Martinique gestorben waren, auch einer aus dem Besitz von Kapitän Mary gewesen sei.

Der Sekretär hielt die Aussagen der einzelnen Seeleute schriftlich fest. Dann las er ihnen noch einmal vor, was sie zu Protokoll gegeben hatten, und forderte sie anschließend auf, ihre Aussage zu unterzeichnen, doch von den elf aufgerufenen Zeugen konnten nur fünf ihren Namen schreiben. Nachdem die letzte Aussage aufgenommen worden war, setzte der Vorsitzende Charles-Louis Chanu eine Wartezeit von einer Stunde fest, um Pierre Mary oder seinem Anwalt die Gelegenheit zu geben, sich doch noch zu präsentieren. Als weder der eine noch der andere erschien, erklärte Chanu das Verfahren für den Tag für beendet.

An diesem 22. September waren es nur gewöhnliche Seeleute gewesen, die ihre Aussagen gemacht hatten. Was die Offiziere der *Diligent* betraf, so war ja der Kapitän der Angeklagte, und der Zweite Kapitän Valteau konnte nicht aussagen, weil er Marys Schwager war. Der Schiffsarzt Devigne hatte die *Diligent* sehr bald nach ihrer Ankunft verlassen, weil er nicht länger benötigt wurde. Damit blieben nur der Erste Leutnant Robert Durand und der Zweite Leutnant Thomas Laragon als potenzielle Zeugen. Die beiden waren am 20. September vorgeladen worden, doch sie hatten die *Diligent* vorübergehend verlassen und waren nicht verfügbar gewesen. Daher hatte man ihre Vereidigung für Mittwoch, den 24. September angesetzt.

An diesem Mittwoch ist François Pihan, der Verteidiger Marys, anwesend. Er führt aus, dass es sich um eine alberne Klage handelt, mit der man sich nicht länger beschäftigen solle. Er beschwert sich auch darüber, dass ihm nicht genügend Zeit geblieben sei, sich vorzubereiten und sich noch einmal mit den relevanten Gesetzen und Verfügungen vertraut zu machen. Als sein Einspruch abgewiesen wird, stellt er den Antrag, Laragon von der Liste der Zeugen zu streichen, weil er voreingenommen gegen den Kapitän sei. Auf der Fahrt sei es zu mehreren öffentlichen Streitereien und Auseinandersetzungen zwischen ihm und dem Kapitän gekommen, und er habe einen Mangel an Respekt vor seinem Vorgesetzten an den Tag gelegt. Auch dieser Antrag wird abgelehnt. Der Rechtsanwalt erhebt keinen Einspruch dagegen, dass Robert Durand aussagt. Da die Zeit schon vorangeschritten ist, ordnet der Vorsitzende an, die Anhörung bis um ein Uhr mittags am nächsten Tag auszusetzen.

An diesem Tag, dem 25. September, gibt Durand endlich zu Protokoll, was er während der Fahrt gesehen und gehört hat.[4] Er hebt die rechte Hand und schwört, dass sich unter den miteinander streitenden Parteien weder Verwandte noch Geschäftspartner von ihm befinden sowie dass er nicht länger in Diensten der Brüder Billy steht und auch nicht unter dem Kommando Kapitän Marys. Er ist jetzt ein unabhängiger und selbstständiger Mann und gelobt, als solcher die Wahrheit zu sagen.

Pierre Jarno, der Anwalt der Brüder Billy und La Croix', beginnt mit Durands Befragung. »Habt Ihr während der Zeit, als Ihr für das Zelt auf dem Strand von Jakin verantwortlich wart, irgendwelches Gold erhalten?«

»Ja, Monsieur«, erwidert Durand. »Ich habe Branntwein und Tabakspfeifen für insgesamt 15 Unzen und acht *ackies* Gold verkauft, das ich Kapitän Mary übergab. Ich habe eine Empfangsbescheinigung dafür in Form eines von dem Navigator Sabatier unterzeichneten Schreibens, weil nämlich Kapitän Mary zu der Zeit an Bord des Schiffes krank darniederlag. Während der ganzen Zeit, in der mir das Zelt unterstand, führte ich ein Rechnungsbuch, das ich täglich ergänzte und Kapitän Mary übergab, als ich das Zelt verließ, um dem Lagerhaus in Jakin vorzustehen.«

»Während Ihr in Jakin wart, hat der Kapitän da Waren, die zur Fracht des Schiffes gehörten, für sich persönlich gegen irgendwelche Artikel eingetauscht?«

»Ich habe keine persönliche Kenntnis davon, da ich mich bei dem Zelt am Strand befand. Ich habe aber gehört, dass Kapitän Mary dem Beiboot der *Diligent* Anweisung gab, für ein portugiesisches Schiff Trinkwasser herbeizuschaffen, und ich habe ebenfalls gehört, dass er als Gegenleistung portugiesischen Tabak erhielt. Ich habe zudem vernommen, dass er von Monsieur Verger ein Messer und einen goldenen Ring erstand und dafür mit einer Länge Limancas-Tuch bezahlte, die er der Fracht des Schiffes entnahm.«

»Was hat Kapitän Mary mit dem Tabak gemacht, den er vor Jakin von den Portugiesen bekommen hat?«

»Er verkaufte ihn auf Martinique einem Monsieur Thuillon und erhielt dafür Zuckerrohrschnaps. Ich weiß aber nicht, wie viel Tabak er verkauft hat und wie viele Flaschen Schnaps er dafür bekam.«

»Habt Ihr Gefangene angekauft, als Ihr bei dem Zelt am Strand von Jakin wart?«

»Ja, ich habe 18 Gefangene für die Eigner gekauft.«

»Wie viele Gefangene wurden insgesamt in Jakin gekauft?«

»Soweit ich mich erinnern kann, 201 Gefangene, die zur allgemeinen Fracht gehörten, sowie 56, welche die Offiziere für sich persönlich gegen ihre *pacotilles* eintauschten. Kapitän Mary besaß 27, sein Stellvertreter Valteau 13, ich fünf und Laragon drei. Doktor Devigne nannte fünf sein Eigen und Jean Leglan einen. Ich glaube, dass Sabatier einen besaß und dass Kapitän Mary einen weiteren Sklaven von René Touchard kaufte, dem zweiten Arzt, der bald, nachdem wir Jakin verlassen hatten, starb.«

»Warum seid Ihr Euch nicht sicher?«

»Ich trug alle diese Zahlen in mein persönliches Bordbuch ein, das ich zu meiner persönlichen Verwendung führte, habe dieses Buch aber jetzt nicht bei mir. Ich tue aber mein Bestes, mich daran zu erinnern, wie viele Schwarze jeder besaß.«

»Wie viele von ihnen starben bei der Überquerung des Atlantiks?«

»Acht von ihnen starben. Sieben von ihnen gehörten zur allgemeinen Fracht. Der achte gehörte Kapitän Mary. Ich sah das Brandzeichen des Kapitäns auf der Schulter des Toten. Ich trug das auch in mein persönliches Bordbuch ein.«

»Ist es nicht für gewöhnlich so, dass, wenn ein Sklave stirbt, der Kapitän eine Erklärung darüber aufsetzt, was für Zeichen der tote Gefangene trug, und diese von den Offizieren unterzeichnen lässt?«

»Ja, das stimmt.«

»Wurde im Fall des Sklaven, von dem Ihr behauptet, er habe Kapitän Mary gehört, eine solche Erklärung aufgesetzt?«

»Nein, es gab keine Überprüfung der Zeichen und keine Erklärung. Ich weiß aber, dass ich das Zeichen des Kapitäns auf der Schulter des Sklaven gesehen habe.«

»Trug einer der anderen Gefangenen, die gestorben sind, das Zeichen eines der Offiziere der *Diligent*?«

»Meines Wissens nicht.«

»Hat Kapitän Mary die Offiziere aufgefordert, eine Erklärung darüber zu unterzeichnen, wie viele Sklaven die Offiziere auf eigene Rechnung gekauft hatten und auf dem Schiff mitführten?«

»Ja. Kapitän Mary bereitete eine Erklärung vor, welche die Sklaven betraf, die er und die anderen Offiziere über die ihnen zugestandene Zahl hinaus gekauft hatten. In dieser Erklärung war jedoch eine zu niedrige Zahl angegeben. Mary versuchte Doktor Devigne und den Zweiten Leutnant Laragon dazu zu zwingen, sie zu unterzeichnen, der Doktor ging aber einfach weg, ohne seinen Namen darunter zu setzen. Später hörte ich, wie Laragon gelobte, die falsche Erklärung nicht zu unterschreiben, weil dies zu schwer auf seinem Gewissen laste.«

»Hat Kapitän Mary Euch persönlich aufgefordert, die Erklärung zu unterschreiben.«

»Nein. Ich habe sie nie mit eigenen Augen gesehen oder gelesen.«

Pierre Jarno hält inne, schaut in seine Aufzeichnungen und setzt die Befragung dann fort. »Wisst Ihr von irgendeinem anderen Betrug, den Kapitän Mary hinsichtlich der afrikanischen Gefangenen begangen hat?«

»Ja, Monsieur. Einer der Sklaven, die Kapitän Mary gehörten, wurde während der Mittelpassage verrückt. Er war von Sabatier für den Kapitän gekauft und mit dessen Brandzeichen versehen worden. Der Kapitän ersetzte diesen Sklaven durch einen, der in ausgezeichneter Verfassung war und dem Schiff gehörte. Der verrückte Sklave, der immer noch Kapitän Marys Zeichen trug, wurde zusammen mit denen aus der allgemeinen Fracht in dem Lagerhaus in Saint-Pierre verkauft.«

»Habt Ihr in dem Lagerhaus irgendwelche anderen Sklaven gesehen, die das Zeichen Kapitän Marys trugen?«

»Drei oder vier von ihnen trugen Kapitän Marys Zeichen, ich vermag aber nicht zu sagen, ob sie gegen Sklaven, die den Eignern der *Diligent* gehörten, ausgetauscht worden waren.«

Jarno hatte dem Ersten Leutnant die Informationen entlockt, die er hatte haben wollen. Er schloss die Anhörung des Zeugen mit einer letzten Frage: »Könnt Ihr die Richtigkeit der Angaben, die Ihr gemacht habt, beweisen?«

»Während ich in dem Depot in Jakin das Kommando führte, habe ich mit größter Sorgfalt ein Geschäftsbuch geführt. Die Offiziere haben alle ihre einzelnen Transaktionen in ihrer eigenen Handschrift in dieses Buch eingetragen. Ich habe es später Kapitän Mary übergeben.«

Nachdem Durand entlassen worden war, wurde der Zweite Leutnant Thomas Laragon aufgefordert, seine Aussagen zu machen. Er war der letzte der

13 Zeugen. Was Laragon zu Protokoll gab, deckte sich im Wesentlichen mit dem, was Durand berichtet hatte, doch er konnte noch ein paar Einzelheiten hinzufügen. Er bezeugte, dass die *Diligent* mit schätzungsweise 200 Sklaven an Bord von Jakin abgesegelt war; 200 Sklaven oder auch einer bis zwei mehr waren für die Eigner der *Diligent* gekauft worden, den Rest hatten die Offiziere für sich persönlich gegen *pacotilles* eingetauscht. Acht Gefangene waren während der Überquerung des Atlantiks umgekommen: Sieben davon hatten den Eignern gehört und einer Kapitän Mary. Dann seien noch fünf Gefangene auf Martinique gestorben. Von den *Pacotille*-Sklaven hätten 26 Kapitän Mary gehört, 13 seinem Stellvertreter Valteau, fünf dem Ersten Leutnant Durand, ebenfalls fünf dem Schiffsarzt Doktor Devigne und jeweils einer den Herren Sabatier, Touchard und Leglan. Auf Martinique habe Kapitän Mary seinen *Pacotille*-Sklaven, der den Verstand verloren hatte, gegen einen oder zwei aus der allgemeinen Fracht ausgetauscht.

Anders als Robert Durand, dem die Erklärung nie vorgelegt worden war, zu deren Unterzeichnung Mary seine Offiziere hatte nötigen wollen, hatte Laragon dieses Papier mit eigenen Augen gesehen und sich geweigert, es zu unterschreiben. Zweck dieser Erklärung sei es gewesen, die Tatsache zu rechtfertigen, dass sich mehr *Pacotille*-Sklaven auf dem Schiff befanden, als ihnen zugestanden worden waren. Gleichzeitig sei die Zahl solcher Sklaven an Bord zu niedrig angegeben gewesen. Dem Papier zufolge hätten sich nur sechs *Pacotille*-Sklaven mehr als erlaubt auf dem Sklavendeck befunden, in Wirklichkeit seien es viel mehr gewesen. Obwohl der Kapitän massiven Druck auf ihn, Laragon, ausgeübt habe, habe er sich geweigert, seinen Namen unter die unwahre Erklärung zu setzen.

Laragon meinte, dass sich der Wahrheitsgehalt seiner Erinnerungen nur überprüfen ließe, indem man das Rechnungsbuch durchgehe, das von den Offizieren geführt worden sei, die in dem Depot in Jakin geschäftliche Transaktionen vorgenommen hätten. Dieses Buch würde bei Diskrepanzen in den Aussagen der verschiedenen Zeugen definitiv Klärung verschaffen. Das Problem bestand jedoch darin, dass das Rechnungsbuch, wie das Gericht bereits wusste, Kapitän Mary übergeben worden war. Man würde es herbeischaffen müssen, wenn man wirklich Licht in die Angelegenheit bringen wollte.

44

Vannes, Oktober 1732

Man unterbrach das Verfahren zunächst einmal, um zu versuchen, an die Geschäftsbücher zu gelangen, die Mary verwahrt hatte. Die Brüder Billy kümmerten sich in der Zwischenzeit darum, dass die Fracht der *Diligent* gelöscht wurde und der Zucker, der *rocou* und die Baumwolle aus ihren Laderäumen zum Verkauf gelangte. Erst wenn die ganze Fracht verkauft war, würden die beiden Brüder wissen, ob die Fahrt ihnen Gewinn eingebracht hatte und wenn ja, wie viel. Für die Errechnung von Gewinn und Verlust waren Pierre Marys Geschäftsbücher nicht weiter wichtig, weil die *Diligent* wie die meisten Kauffahrer im frühen 18. Jahrhundert vor allem Tauschhandel betrieben hatte. Geld diente nur als Rechnungseinheit, das heißt um festzustellen, wie viele Fässer Zucker oder Ballen Baumwolle man für jeden afrikanischen Gefangenen, den man auf Martinique verkaufte, erhalten würde.

Preisvergleiche konnten irreführend sein. Terrierter weißer Zucker, den man auf Martinique für 33 bis 40 Livre pro 100 Pfund einkaufte, brachte in Nantes vielleicht 42 Livre, also einen so geringen Gewinn, dass er kaum die Transportkosten deckte. Aber Sklavenschiffe waren ja auf einer Dreiecksroute unterwegs und konnten auf jeder Etappe der Fahrt Gewinn machen. Wenn sie genug an den afrikanischen Gefangenen verdient hatten, die sie in der Karibik verkauft hatten, dann reichte es, wenn man auf der letzten Etappe zurück in die Heimat die Unkosten wieder hereinholte.

Zuerst würden die Brüder Billy ausrechnen, wie viel Geld sie mit ihren Waren gemacht hatten, wenn die Ausgaben für Zölle, Transport auf den kleineren Leichtern und Lagerung in Speichern und Schuppen abgezogen worden waren. Das waren für sie die Einnahmen der Reise. Ihre Ausgaben waren mit der Summe identisch, die in der *mise-hors* aufgeführt war, zuzüglich der Heuer für die Besatzung, der Prämien für die Versicherung und der Zinsen für die Darlehen, die sie aufgenommen hatten. Sie mussten auch der Compagnie des Indes zehn Livre für jeden auf Martinique abgelieferten Sklaven zahlen, wie es der Vertrag, den sie mit der Gesellschaft abgeschlossen hatten, vorsah.[5] Die Gesamtausgaben mussten dann von den Einnahmen abgezogen werden, um zu ermitteln, wie hoch der Gewinn war – wenn man einen erzielt hatte. Diese ganze Kalkulation wäre recht einfach ausgefallen, wenn die *Diligent* nicht bloß die Hälfte der Waren, die den Brüdern Billy zustanden, mit nach Frankreich gebracht hätte. Weil in den Verträgen festgesetzt war, dass nur die Hälfte des Kaufpreises für die Sklaven sofort zu entrichten war und die andere Hälfte erst in einem Jahr, würde der Rest der Waren frühestens in Jahresfrist eintreffen. Erst wenn die Billys das letzte Körnchen Zucker verkauft haben würden, wäre eine Endabrechnung möglich.

Obwohl in Nantes viel über die Vorzüge und den Wert freien Unternehmertums geredet wurde, waren durch die finanzielle Struktur des Sklavenhandels die großen Händler bevorzugt, die anders als die kleinen, die ihr ganzes Geld in eine einzige Unternehmung investierten, mehrere Schiffe auf die Reise schicken konnten. Diese Großkaufleute besaßen genügend Kapital, um die Verzögerung zu überbrücken, mit der sie ihre Einnahmen tatsächlich erhielten. Sie konnten die mit Verspätung eingehenden Gewinne aus früheren Reisen verwenden, um neue zu finanzieren, und Verluste, die bei einer Reise entstanden, wurden durch die Gewinne, die eine andere einbrachte, ausgeglichen. Für kleine Händler wie die Brüder Billy, die niemals zuvor ein Sklavenschiff ausgerüstet hatten und nicht sicher waren, ob sie genügend Geld für eine weitere Unternehmung dieser Art zusammenbringen würden, war diese einzige Fahrt ausschlaggebend dafür, ob am Ende die Gewinne höher waren als die Verluste.

Sobald die beiden Brüder überblickt hatten, was die *Diligent* von Martinique mitgebracht hatte, war ihnen klar geworden, dass sie nicht die großen Gewinne erzielen würden, die sie sich erhofft hatten. In Diskussionen, die sich zu schreiend ausgetragenen Wortgefechten gesteigert hatten, hatte Pierre Mary zu erklären versucht, dass die Preise für Sklaven höher gewesen waren als erwartet, weil Assou den Sklavenhandel in Whydah zum Erliegen gebracht hatte und deswegen nicht weniger als 15 Sklavenschiffe Jakin angelaufen hatten. Er hatte auch berichtet, dass die Verwüstung der Kakaoplantagen und der kleinen Besitzungen auf Martinique die Preise für Sklaven nach unten gedrückt hatte. Er habe versucht, die Gefangenen für 950 Livre pro Kopf zu verkaufen, sei aber gezwungen gewesen, sich mit 450 zu begnügen. Als sie begriffen, dass sie bestenfalls einen mageren Gewinn erzielen würden, machten die beiden Billys ihrem Ärger und ihrer Enttäuschung Luft, indem sie Pierre Mary verklagten.

Aus dem vorgelegten Beweismaterial gegen Mary war eindeutig ersichtlich geworden, dass der Kapitän seine Auftraggeber betrogen hatte. Einige der Vorwürfe waren aber ausgesprochen kleinlich, so wurde Mary beschuldigt, Lebensmittel aus den Vorräten des Schiffes verwendet zu haben, um der Mannschaft auf Martinique am Tag des heiligen Petrus ein Festmahl servieren zu lassen. Und ihm wurde auch vorgeworfen, dass er am Morgen desselben Tages mit Schießpulver, das den Eignern gehörte, Salutschüsse hatte abfeuern lassen. Ein anderer Anklagepunkt war, dass er mit einem Stück Tuch, das den Billys gehörte, um ein Messer Pierre Vergers, des Passagiers, gefeilscht hatte. Wenn die Fahrt so hohe Gewinne eingebracht hätte, wie die Billys es sich erwartet hatten, dann wären sie über diese kleinen Fehltritte ihres Kapitäns wohl hinweggegangen, ja, sie hätten ihm vielleicht sogar seine größeren Gesetzesverstöße verziehen. Doch so, wie die Dinge jetzt standen, versuchten sie jeden Sou aus dem zwielichtigen Mary herauszupressen.

Den Zucker, die Baumwolle, den *rocou* und die anderen Waren, welche die *Diligent* von Martinique zurückgebracht hatte, auszuladen, war weder eine einfache noch eine billige Prozedur. Die verschiedenen Güter wurden auf kleine Küstenfahrzeuge verladen und erst bis zur Loiremündung und dann flussaufwärts nach Nantes gebracht. Der Transport kostete mindestens vier Sol – den fünften Teil eines Livre – pro 100 Pfund. Wenn die kleinen Boote in Nantes eintrafen, wurden noch einmal Kosten für das Entladen, den Abtransport mit Schubkarren, das Wiegen, das Stapeln von Fässern, die Lagerung der Waren fällig, die sich auf beinahe zehn Sol pro 100 Pfund beliefen. Die Transporteure standen im Ruf, häufig Fässer zu beschädigen, sodass der Inhalt verdarb. »Ihr würdet nicht glauben«, schrieb ein *négociant* an seinen Geschäftspartner auf den Inseln, »was für Verluste wir erleiden, wenn wir ein Schiff an der Flussmündung und später an unseren Kais entladen lassen. Wenn die Dauben der Fässer brechen, dann muss man oft den Zucker in neue Fässer füllen.«[6]

Direkt am Quai de la Fosse in Nantes gab es ein Zollbüro, dessen Befugnisse allerdings beschränkt waren. Seit die Bretagne 1532 an Frankreich angeschlossen worden war, hatte sie sich, was Gebühren und Abgaben anbelangte, eine gewisse Selbstständigkeit bewahrt und galt, was Zollgebühren betraf, als so genannte »ausländische Provinz«. Güter aus der Bretagne wurden erst über das Zollamt in Ingrande, 50 Kilometer loireaufwärts, wo die

Grenze der Region verlief, offiziell in die Provinzen der französischen Zollunion eingeführt. Für Zucker, Baumwolle und *rocou* von den Inseln mussten in Nantes an die *Domaine d'Occident,* die für den Handel mit den französischen Besitzungen in der Karibik zuständig war, eine Abgabe von 3,5 Prozent entrichtet werden; außerdem mussten der Stadt und der Provinz Abgaben gezahlt werden, die sich auf weitere drei Prozent des Wertes beliefen. Die Güter konnten dann in andere Länder verschifft werden, ohne jemals offiziell in die Provinzen der französischen Zollunion eingeführt worden zu sein.

Das Baumwollgewerbe in Nantes hatte sich die Zollprivilegien zunutze gemacht und die erste moderne Fabrik der Stadt errichten lassen. Während der Flachs immer noch von einzelnen Handwerkern zu Hause an ihren Webstühlen verarbeitet wurde, wurde in dieser Fabrik an 100 Webstühlen Baumwolltuch hergestellt. Die über 1000 Arbeiter und Arbeiterinnen wohnten in Unterkünften, die das Unternehmen für sie hatte bauen lassen. Das meiste von dem groben Baumwolltuch, das in der Fabrik produziert wurde, wurde in Westafrika gegen Sklaven eingetauscht, und der Rest wurde nach Westindien verkauft, wo Kleidung für die Sklaven daraus gefertigt wurde.[7] Die Sklaven, die auf Martinique auf den Baumwollfeldern arbeiteten, ahnten wohl kaum, dass das Erzeugnis ihrer Hände dazu diente, um weitere Schwarze zu kaufen, die bald Seite an Seite mit ihnen schuften würden.

Auch die Zuckerhändler von Nantes versuchten sich die günstige Zollsituation zunutze zu machen; sie exportierten zwei Drittel des Zuckers, der aus Westindien zu ihnen kam, nach Holland, Deutschland, Spanien und Italien. Französischer Zucker dominierte im 18. Jahrhundert den europäischen Markt. 1730 exportierte Frankreich 35 Millionen Pfund Zucker, während sein härtester Konkurrent auf diesem Gebiet, England, nur 20 Millionen ausführte. England erhielt aus seinen Kolonien fast zweimal so viel Zucker wie Frankreich, aufgrund des hohen einheimischen Verbrauchs blieb aber nur wenig für den Export übrig. Die Gewinne aus der Ausfuhr von Zucker und anderen Kolonialwaren waren entscheidend dafür, dass die Handelsbilanz Frankreichs, was seine europäischen Nachbarländer betraf, positiv blieb.[8]

Der Zucker, der nicht ins Ausland verkauft wurde, wurde in Nantes raffiniert oder die Loire aufwärts befördert und über das Zollamt in Ingrande offiziell nach Frankreich eingeführt, um in Orléans, Angers, Saumur oder Tours weiterverarbeitet zu werden. Gegen Ende des 17. Jahrhunderts gab es in Nantes 13 Zuckerraffinerien, doch als dann die französische Zollunion einen Zoll von 14 Livre pro 100 Pfund raffinierten Zucker erhob, der über Ingrande eingeführt wurde, ging es mit diesen Unternehmen in Nantes bergab, und 1732 waren dort nur noch drei oder vier Raffinerien tätig, während Städte wie die schon genannten, die weiter loireaufwärts innerhalb des Gebietes der Zollunion lagen, zu neuen Zentren der Zuckerverarbeitung avancierten. Da Rohzucker gegen eine Abgabe von 2,5 Livre pro 100 Pfund nach Frankreich importiert werden konnte, war es wesentlich lohnender, ihn über Ingrande einzuführen und ihn in einer dieser Städte raffinieren zu lassen.[9]

Der raffinierte Zucker wurde von dort aus nach Paris und in andere Städte transportiert, wo nicht nur die Krämer ihn zum Süßen von Speisen und Getränken weiterverkauften, sondern auch die Apotheker ihn benutzten, um Arzneien herzustellen. Der meiste Teil wurde wohl von Angehörigen des Adels und der Bourgeoisie konsumiert, und es ist sehr wahrscheinlich, dass die Mehrheit der Landbevölkerung nie Zucker zu schmecken bekam. Auch als in Frankreich von 1730 an ständig mehr Zucker verbraucht wurde, betrug der Pro-Kopf-Konsum nur ungefähr ein Zehntel von dem in England. Einer Theorie zufolge fand Zucker in Frankreich weniger Anklang, weil man dort so viel Wein trank, während die Engländer, die vor allem Bier und Ale tranken, eine Vorliebe für gesüßten Tee entwickelten. Und zum Dessert hätten die Franzosen weiterhin Käse den Vorzug gegenüber irgendwelchen Süßspeisen gegeben.[10]

Ein zusätzlicher Anreiz dazu, Rohzucker die Loire aufwärts zu transportieren und in einer der genannten Städte raffinieren zu lassen, entstand dadurch, dass man für Zucker, den man durch den Handel mit Sklaven erworben hatte, im Unterschied zu solchem, der im Direkthandel nach Frankreich gekommen war, in Ingrande nur die Hälfte der normalen Abgaben entrichten musste. Natürlich sah die eine Art Zucker genauso aus wie die andere, und dass man für die eine weniger Zoll zahlen musste, führte dazu, dass mancher Kaufmann behauptete, den Zucker, den er für Wein aus der Bretagne oder Pökelfleisch aus Irland bekommen hatte, durch den Handel mit Sklaven erworben zu haben. Immer wieder versuchte jemand, seinen im Direkthandel importierten Zucker unter Vorlage der Bescheinigungen, die einem Sklavenhändler ausgestellt worden waren, über Ingrande ins Land zu schleusen.

Den Zollbeamten zufolge wurde der Schwindel auf die folgende Art und Weise bewerkstelligt: Wenn ein Sklavenhändler mit 800 Fässern Zucker in Nantes eintraf und auch eine Bescheinigung für den Zoll über 800 Fässer besaß, ließ er 400 Fässer umgehend nach Holland weiterspedieren, ersetzte sie durch ebenso viele Fässer, die einem Direkthändler gehörten, und ließ alles die Loire aufwärts zur Zollstation nach Ingrande bringen. Seine 400 Fässer wurden dann für die Hälfte der Abgaben in das Gebiet des Zollvereins eingeführt, ebenso aber auch die 400 Fässer, die dem Direkthändler gehörten. Der Sklavenhändler wurde dafür, dass er den Zucker des anderen als seinen eigenen ausgab und über die Grenze schmuggelte, mit einer Summe in Höhe von 15 bis 20 Prozent des Werts der Ware entlohnt.[11]

Die Sklavenhändler von Nantes bestritten energisch, an solchen illegalen Geschäften beteiligt zu sein. Sie behaupteten, dass der größte Teil des Zuckers, der den Zollbeamten verdächtig vorkomme, von ihnen in Wirklichkeit bei früheren Verkäufen von Sklaven erworben worden, jedoch mit Verspätung in Frankreich eingetroffen sei und daher ganz legal zu der ermäßigten Rate importiert werden dürfe. Trotz dieser Beteuerungen beschlagnahmten die Zöllner im Jahr 1731 mehrere Lieferungen Zucker.[12] Da jedoch für den ganzen Zucker, der durch den Handel mit Sklaven erworben wurde, nur die Hälfte der Abgaben entrichtet werden musste und zwei Drittel des Zuckers, der in Nantes eintraf, in andere Länder exportiert wurden und daher nie die Zollstation von Ingrande passierten, wäre es überraschend gewesen, wenn die Zöllner jemals auch nur für eine einzige Ladung Zucker die vollen Gebühren kassiert hätten.

Die Schmuggelgeschäfte, die über Ingrande betrieben wurden, ließen noch einmal deutlich werden, welch enge Verbindung zwischen dem Sklavenhandel und der Zuckererzeugung bestand. Die afrikanischen Sklaven waren letztlich auf dem Mitteldeck der *Diligent* zusammengepfercht worden und hatten so viel Leid über sich ergehen lassen müssen, damit auf den Zuckerrohrplantagen der Karibik die Produktion des begehrten Stoffes in solch fieberhaftem Tempo weitergehen konnte. Dieser Zucker wurde den Angehörigen der Oberschicht in Frankreich, Holland, Deutschland, Spanien und Italien verkauft. Es wäre also nicht zu weit hergeholt, wenn man behauptete, dass viele Afrikaner grausame Qualen litten oder einen frühen

Tod starben, damit reiche Europäer sich im wahrsten Sinne des Wortes ihr Leben versüßen konnten.

Erst ein Jahr nach dem Abschluss ihrer Sklavenexpedition von 1731/32, nachdem die *Diligent* den Rest der Waren aus der Karibik herbeigeschafft haben würde, würden die Brüder Billy endgültig ihre Gewinne gegen ihre Verluste aufrechnen und sich dabei glücklich schätzen können, wenn die Pflanzer und die Weiterverkäufer von Sklaven auf Martinique ihren Verbindlichkeiten, wie in den Kaufverträgen vereinbart, binnen Jahrespflicht nachkamen. Im Handel mit den Inseln dauerte es manchmal bis zu zehn Jahre, bis die letzten Schulden getilgt waren.[13] Wenn wir einmal annehmen, dass die zweite Hälfte der Fracht rechtzeitig eintraf und zu den gleichen Konditionen verkauft wurde wie die erste, dann müssen die Brüder Billy und ihr Partner La Croix einigermaßen betroffen dreingeschaut haben, als ihr Kommis die Schlussrechnung aufsetzte. Die Fahrt der *Diligent* hatte 18 Menschenleben gekostet und den Finanziers einen Verlust von mehr als 2000 Livre eingebracht![14] Unter diesen Umständen überrascht es nicht, dass die Eigner sich entschieden, die *Diligent* nie wieder auf Fahrt zu schicken, um Sklaven nach Martinique zu bringen.

45

Vannes, 28. Februar 1733

Fünf Monate nach seinem ersten Erscheinen vor Gericht befindet Robert Durand sich wieder in dem Verhandlungssaal. Er ist in aller Hast als Zeuge geladen worden, als sich herumsprach, dass die *Diligent* erneut auf Fahrt gehen würde. Als Durand jetzt den Saal betritt, steht das Schiff nur zwei Wochen vor einem Aufbruch ins Mittelmeer, wo man Olivenöl, Seife und andere mediterrane Erzeugnisse ankaufen wird, um sie nach Martinique zu bringen. Robert Durand ist für die bevorstehende Reise zum stellvertretenden Kommandanten ernannt worden, und Thomas Laragon, der frühere Zweite, zum Ersten Leutnant. Pierre Mary wird auf dieser Fahrt nicht das Kommando über die *Diligent* führen; er ist durch Louis Jugan aus Saint-Malo ersetzt worden.

In den fünf Monaten, seit die Aussagen der Mannschaftsmitglieder der *Diligent* aufgenommen worden sind, haben die Bemühungen des Gerichts vor allem der Suche nach dem verschwundenen Geschäftsbuch gegolten. Dieses Buch, das von den verschiedenen Offizieren geführt wurde, die für das Lagerhaus am Strand von Jakin verantwortlich waren, enthält Beweismaterial von allergrößter Wichtigkeit. Nach übereinstimmender Angabe aller Beteiligten ist es nach Abschluss der Transaktionen dem damaligen Kapitän der *Diligent* ausgehändigt worden, und das Gericht hat daher Pierre Mary angewiesen, das Buch vorzulegen.

Mary hatte zunächst behauptet, dass kein solches Buch geführt worden sei, doch als er vom Gericht weiterhin unter Druck gesetzt worden war, hatte er im November zwei Faszikel vorgelegt.[15] Das erste bestand aus fünf zusammengehefteten Blättern. Auf dem obersten stand in Art einer Überschrift »Provisorische Aufstellung der Handelswaren und dessen, was ich vom Schiff erhielt, um es zum Lagerhaus in Jakin zu schicken, und gleichzeitig Bericht über den Handel, den ich für das Schiff *Diligent* tätigte, entweder mit Gold oder mit Gefangenen, zu meiner, Robert Durands, Offizier des Zeltes der *Diligent*, Hilfe«. Es war mit anderen Worten der persönliche Notizblock, den Robert Durand benutzt hatte, um vorläufig die Geschäfte festzuhalten, die er abgeschlossen hatte, als er in der Zeit vom 13. September bis 23. Oktober 1731 das Zelt des Schiffes beaufsichtigte. Er hatte die Zahlen von diesem Block später sauber in das reguläre Rechnungsbuch übertragen, das sich jetzt nicht mehr finden ließ. Er hatte sowohl das Buch als auch die Blätter mit seinen Notizen Kapitän Mary übergeben, als er am 24. Oktober nach Jakin aufgebrochen war, um dort das Depot zu leiten.

Pierre Jarno, der Anwalt der Brüder Billy und La Croix', hatte die Blätter voller Skepsis untersucht. Es handelte sich nur um Vorentwürfe zu einem Rechnungsbericht und nicht um diesen selbst. Und viele der Ziffern waren mit abweichender Tinte geändert worden. Jarno hegte den starken Verdacht, dass Kapitän Mary selbst diese Änderungen vorgenommen hatte. Das Hauptproblem war jedoch, dass diese Blätter nur Aufzeichnungen über die bei dem Zelt auf dem Strand abgeschlossenen Geschäfte enthielt und nicht über die Transaktionen in dem Lagerhaus in Jakin, wo ja aber der eigentliche Ankauf der Sklaven stattgefunden hatte.

Das zweite Dokument, das Mary im November dem Gericht übergeben hatte, vermochte noch weniger Aufschluss zu schaffen als das erste. Es handelte sich um ein einzelnes Blatt Papier, das beidseitig mit Ziffern beschriftet war. Auf der einen Seite war es mit der Überschrift »Waren, die zu dem Lagerhaus geschickt wurden, 26. Oktober« versehen. Am oberen Rand der anderen Seite hatte jemand geschrieben: »Notizen über das, was ich vom 26. Oktober 1731 an bei dem Zelt, das zum Schiff gehörte, erhielt«. Unten auf dieser Seite fanden sich das Datum 14. November und daneben die Unterschrift von François Sabatier, dem Navigator der *Diligent*, der Durand am Zelt abgelöst hatte. Es handelte sich eindeutig um die Aufzeichnungen, die Sabatier in der Zeit vom 26. Oktober bis zum 14. November gemacht hatte, als er für das Zelt verantwortlich gewesen war. Wie das erste Dokument wies auch dieses Spuren von nachträglichen Änderungen auf: Mehrere Ziffern auf der Rückseite stammten von der Hand Kapitän Marys. Obwohl es in beiden Schriftstücken nachträgliche Änderungen gab, vermittelten sie einen generellen Einblick in die Aktivitäten am Zelt der *Diligent*; Aufzeichnungen über den Ankauf der Sklaven in Jakin fehlten aber nach wie vor.

Erst Mitte Februar legte Kapitän Mary ein Rechnungsbuch vor, von dem er behauptete, es sei das, nach dem das Gericht suche. Skeptisch wie immer bestand der Anwalt der Kläger auf einer Anhörung der Zeugen, bei der diese bestätigen sollten, ob es sich wirklich um das fragliche Rechnungsbuch handelte. Robert Durand und Thomas Laragon, die ja beide in Jakin das Buch geführt hatten, wurden schnell vorgeladen, um ihre Aussagen zu machen, bevor die *Diligent* zu ihrer Fahrt ins Mittelmeer aufbrach.

Wie die erste Anhörung, bei der Durand zugegen war, wird auch diese im Beratungssaal über der Markthalle abgehalten, doch diesmal ist Noël Bourgeois der Vorsitzende, ein Richter am Präsidialgericht, der als Generalleutnant der Admiralität auftritt. Pierre Jarno, der Anklagevertreter, ist anwesend, doch François Pihan, der Anwalt Kapitän Marys, fehlt erneut. Da es bei dieser Anhörung um möglicherweise entscheidendes Beweismaterial geht, beschließt der Richter, einen Gerichtsdiener auszuschicken, um nach Pihan zu suchen, und die Sitzung so lange nicht zu eröffnen. Der Anwalt trifft schließlich mit drei Stunden Verspätung ein.

Pierre Jarno beginnt mit der Befragung Durands.[16] »Als Ihr an der Küste Afrikas Handel getrieben habt, gab es da ein Buch, in das eingetragen wurde, wie viele Sklaven Ihr gekauft habt und zu welchem Preis?«

»Ja, Monsieur. Es gab ein solches Buch, das keinen Deckel hatte und ungefähr 40 bis 50 Seiten aus gewöhnlichem Papier enthielt; es blieb immer in dem Lagerhaus in Jakin und wurde von den verschiedenen Offiziere benutzt, die abwechselnd das Kommando über das Depot übernahmen. Wenn ein Offizier krank wurde, kehrte er an Bord zurück, um in der gesunden Seeluft Genesung zu suchen, und ein anderer trat an seine Stelle.«

»Habt Ihr persönlich Eintragungen in dem Buch vorgenommen? Und wisst Ihr von anderen Leuten, die das taten?«

»Ja, Monsieur. Monsieur Dubourdieu, der als Passagier mitfuhr, diente Kapitän Mary als Helfer, als wir in Jakin eintrafen. Er war der Erste, der etwas hineinschrieb, und er war es auch, der die Spalten einzeichnete und mit Überschriften versah. Er wurde nach sieben oder acht Tagen in Jakin krank und zog sich von dort zurück, um sich von einem Freund pflegen zu lassen. Nachdem er gegangen war, führte Kapitän Mary das Buch weiter. Der Kapitän wurde ungefähr 15 Tage nach Dubourdieu ebenfalls krank, daher begab sich der Zweite Kommandant Valteau nach Jakin, um ihn abzulösen. Valteau führte dann das Buch ungefähr einen Monat lang weiter, bis auch er erkrankte und auf das Schiff zurückkehrte. Ich übernahm an seiner Stelle die Leitung des Lagerhauses und hielt 15 Tage lang das Rechnungsbuch auf dem Laufenden. Danach kehrte Kapitän Mary, der sich von seiner Krankheit erholt hatte, nach Jakin zurück. Während der nächsten acht Tage nahm manchmal Kapitän Mary Eintragungen in dem Buch vor, hin und wieder tat ich es. Dann wurde ich krank und ließ mich auf die *Diligent* bringen. Kapitän Mary führte das Rechnungsbuch allein weiter, bis wir alle unsere Geschäfte abgewickelt hatten.«

»Hat sonst irgendjemand etwas hineingeschrieben?«

»Der Zweite Leutnant Thomas Laragon war von Anfang an in unserem Lagerhaus stationiert. Manchmal hat er Kapitän Mary, Monsieur Dubourdieu und Pierre Valteau geholfen, indem er bestimmte Transaktionen festhielt.«

»Könnt Ihr das Buch beschreiben, in dem Ihr und die anderen Offiziere festgehalten habt, wie viele Sklaven Ihr zu welchem Preis gekauft habt?«

»Ja, Monsieur. In dem Buch war bei jedem Sklaven das Datum des Tages verzeichnet, an dem wir ihn erworben hatten, dann der Name der Person, die ihn uns verkauft hatte, und welche Waren wir im Austausch dafür hergegeben hatten. Wir schrieben es auch auf, wenn wir Gold eingekauft hatten.

Im letzten Drittel des Buches gab es separate Rubriken für die verschiedenen Warenarten – Branntwein, Limancas-Tuch, Leinen, Kisten voller Tabakspfeifen, Kisten voller Musketen –, die sich über sechs bis sieben Seiten erstreckten. Jedesmal, wenn im ersten Teil des Buches eine Transaktion festgehalten wurde, wurde im hinteren Teil in der entsprechenden Rubrik auch verzeichnet, welche Menge der jeweiligen Ware man bei diesem Geschäft hergegeben hatte.«

An diesem Punkt wird das Rechnungsbuch, das von Mary auf so wundersame Weise wiedergefunden und dem Gericht ausgehändigt wurde, Robert Durand vorgelegt. Es enthält ungefähr 75 Blätter. Der Deckel besteht aus einem großen Stück Pergament; seitlich steht darauf: »Die Ladung, die auf das Schiff *Diligent*, befehligt von M. Mary, gebracht wurde«. Auf dem rückwärtigen Deckel sind das Wort »Verbrauch« und das Datum »1731« vermerkt. Durand blättert das Buch durch und mustert rasch jede einzelne Seite. Dann legt er es hin, um anzuzeigen, dass er seine Überprüfung beendet hat, und der Anwalt nimmt die Befragung wieder auf. »Ist dies das Rechnungsbuch, von dem Ihr uns erzählt habt?«

»Nein, Monsieur. Das ist es nicht. Dies ist ein Rechnungsbuch, das der Zweite Kommandant Valteau führte, der Schwager Kapitän Marys. Es enthält Aufzeichnungen über die Waren, die in Vannes an Bord der *Diligent* geladen wurden, und über den Proviantverbrauch während der Reise. Es steht nichts über unseren Ankauf von Sklaven in Jakin darin.«

Hier endet das offizielle Protokoll über das Verfahren gegen Kapitän Pierre Mary, den man nicht etwa anklagte, weil er entscheidend mit dafür verantwortlich war, dass das Leben von 256 Afrikanern zerstört wurde oder diese Menschen gar einen vorzeitigen Tod fanden, sondern weil er seine Arbeitgeber betrog. Die letzte Sitzung des Gerichts in diesem Prozess fand einige Zeit später im Hauptverhandlungssaal statt und endete damit, dass der Richter Noël Bourgeois sein Urteil in diesem Zivilrechtsverfahren verkündete. Dieses Urteil wurde, wie es sich gehörte, im Register der Anhörungen verzeichnet. Als jemand 76 Jahre danach ein Inventar der Unterlagen der Admiralität anlegte, existierte dieses Register noch. Zu irgendeinem späteren Zeitpunkt – wir wissen nicht, wann genau – gingen alle Register dieser Art aus den Jahren 1689 bis 1780 verloren.[17] Wir werden daher nie erfahren, welches Urteil Richter Noël Bourgeois über Pierre Mary fällte.

Es bleiben uns jedoch reichlich Anhaltspunkte, die es uns erlauben, über den Ausgang des Verfahrens zu spekulieren. Da 13 Offiziere und Matrosen gegen den Kapitän aussagten und kein Zeuge etwas zu seiner Verteidigung zu Protokoll gab, ist es wohl sicher, dass der Richter der Klage stattgab und Mary zur Zahlung von Schadensersatz verurteilte. Doch in welcher Höhe? Was die gegen ihn erhobenen Vorwürfe betraf, so war es tatsächlich bewiesen, dass er auf Martinique zwei Ballen Tabak gegen Spirituosen hergegeben und mit einer Länge Tuch aus der Ladung des Schiffes ein Messer und einen Ring erworben hatte. Was schwerer wog, war, dass er einen Sklaven, der Eigentum der Billys und La Croix' war, gegen einen seiner eigenen ausgetauscht hatte, der verrückt geworden war und daher einen niedrigeren Preis erzielen würde. Ebenso hatte er einen seiner Sklaven, der gestorben war, durch einen ersetzt, der zur Fracht gehörte. Für diese Vergehen wird Kapitän Mary allenfalls zur Zahlung von ein paar tausend Livre verurteilt worden sein. Darüber hinaus wird man ihm wahrscheinlich ein Bußgeld von mehreren tausend Livre abverlangt haben, weil er mehr *Pacotille*-Sklaven für sich selbst an Bord genommen hatte, als ihm gestattet gewesen war.[18] Da er jedoch 27 Gefangene, die ihm persönlich gehörten, auf Martinique verkauft hatte, wird dieses Urteil ihn keineswegs in den finanziellen Ruin getrieben haben. Vielleicht ist das auch der Grund dafür, dass er sich nicht energischer verteidigen ließ.

Was den Ausgang des Falles betrifft, so ist eines gewiss: Kapitän Mary befehligte nie wieder ein Sklavenschiff. Der Prozess mag ihn nicht finanziell zugrunde gerichtet haben, doch er setzte seiner Karriere ein Ende. Mary wurde mit Sicherheit schuldig befunden, gegen Buch 2, Titel 1, Artikel 20 der *Ordonnance de la Marine* verstoßen zu haben. Dort wurde zum einen verfügt, dass jeder Kommandant, der Waren verkaufte, die den Eignern gehörten, mit seinen eigenen Mitteln für Entschädigung zu sorgen hatte. Außerdem aber sollte er »für unwürdig erklärt werden, als Kapitän zur See zu fahren, und aus dem Hafenbereich der Stadt, wo er lebt, verbannt« werden.[19] Den merkwürdigen ethischen Maßstäben zufolge, die in der Welt der Sklavenhändler galten, hatte Kapitän Mary seine Ehre verloren.

46

Vannes, 15. März 1733

Kaum zwei Wochen nachdem er vor dem Admiralitätsgericht in Vannes ausgesagt hatte, war Robert Durand mit der *Diligent* auf dem Weg zum Mittelmeer. Seine Ernennung zum Zweiten Kommandanten hatte er auch der Tatsache zu verdanken, dass Pierre Valteau, der auf ihrer Reise nach Westafrika und Martinique diesen Rang bekleidet hatte, jetzt auf Grund seiner engen persönlichen Verbindung mit Pierre Mary nicht mehr zur Besatzung gehörte. Durand wusste aber, dass seine Beförderung auch eine Belohnung dafür war, dass er gegen seinen früheren Kommandanten ausgesagt hatte. Im Zuge der Vorbereitung für die neue Fahrt ihres Schiffes hatten die Billys die meisten Mannschaftsmitglieder entlassen, die unter Mary gesegelt waren. Der neue Kapitän Louis Jugan hatte in seiner Heimatstadt Saint-Malo neue Männer angeworben. Die einzigen drei Seeleute aus Le Croisic, die sich an Bord der *Diligent* befanden, als diese am 15. März erneut in See stach, waren außer Robert Durand Leutnant Thomas Laragon und ein junger Mann, der als Offiziersanwärter mit auf die Fahrt kam. Sein Name lautete auf Pierre Durand, und er war mit großer Sicherheit ein Verwandter des Zweiten Kommandanten. Zwei Jahre zuvor hatte Pierre Mary Robert Durand zu Gunsten seines Schwagers Pierre Valteau degradiert. Jetzt hatte Durand seine Rache.

Die Mittelmeerfahrt zeigte, dass sich die geschäftlichen Strategien der Brüder Billy ganz klar verändert hatten. Die *Diligent* würde einer recht verschlungenen Route folgen: Sie sollte zuerst Getreide und Sardinen nach Marseille bringen, wo man diese Güter gegen Olivenöl, Seife und andere Produkte eintauschen wollte. Mit dieser neuen Fracht sollte sie dann Martinique ansteuern, wo alles gegen Zucker und Baumwolle eingetauscht werden sollte. Die *Diligent* würde dort auch den Rest der Waren an Bord nehmen, die den Billys aus dem Verkauf der Sklaven im Jahr zuvor noch zustanden. Die Rückfahrt sollte das Schiff wieder nach Marseille führen, wo die Produkte von den Inseln verkauft werden sollten; es würde danach wieder Erzeugnisse aus dem Mittelmeerraum laden und diese mit zurück nach Nantes transportieren.[20]

Auf der Rückfahrt – sie hatte schon fast wieder ihren Heimathafen erreicht – verließ die *Diligent* das Glück. Einige Zeit nachdem sie am 4. April 1734 mit einer Ladung Olivenöl, Seife und anderer Artikel von Marseille ausgelaufen war, wurde das Schiff von mehreren enormen Brechern getroffen. Ihre Gewalt war derart, dass Kapitän Jugan fürchtete, einige der Olivenölfässer könnten zerbrochen sein und das ausgelaufene Öl zusammen mit dem eingedrungenen Seewasser einen großen Teil der anderen Waren im Laderaum verdorben haben. Nachdem er am 7. Mai bei Paimbœuf, das als Anlegestelle für Nantes diente, vor Anker gegangen war, ließ er sich sofort nach Nantes rudern und gab eine Schadenserklärung ab.[21] Dieses Dokument würde wichtig sein, wenn die Brüder Billy versuchen sollten, von ihrer Versicherung eine Entschädigung zu erhalten.

Die *Diligent* blieb nicht lange vor Nantes liegen. Am 30. Juni, weniger als zwei Monate nach ihrem Eintreffen, wurde der Anker erneut gelichtet. Ihr Ziel waren Cádiz, Marseille und andere Mittelmeerhäfen. Auf dieser Fahrt würden sie den Atlantik nicht überqueren. Es gab einen neuen Kapitän – einen gewissen Jacques Goedel –, und Robert Durand segelte als Erster Leutnant mit. Dahinter verbarg sich keine Degradierung, sondern für eine Fahrt ins Mittelmeer benötigte man einfach keine große Mannschaft; außerdem war kein Zweiter Kommandant an Bord. Das Schiff kehrte am 26. März 1735 nach Nantes zurück.[22]

Im Dezember des Jahres lag das Schiff wieder im Golf von Morbihan, voll beladen und bereit, in See zu stechen, doch diesmal als schlichter Getreidetransporter, da die Brüder Billy sich wieder dem Handel mit Korn zugewandt hatten. Robert Durand gehörte nicht länger zur Besatzung des Schiffes, das erneut von einem anderen Kapitän befehligt wurde, von Jacques le Boda. Mit einer aus 129 Tonnen Weizen bestehenden Fracht lief die *Diligent* bei einer Untiefe auf Grund, bevor sie überhaupt den Golf verlassen hatte. Nach wiederholten Versuchen, sie wieder flott zu bekommen, kamen die beiden Billys bei Gericht um die Erlaubnis nach, die ganze Ladung Weizen ins Meer schaufeln zu lassen in der Hoffnung, das Schiff dann bergen zu können. Das Gericht ernannte zwei Fachleute – die Herren Dubodan und Desruisseaux –, die sich zu dem Schiff hinausbegeben und dann darüber befinden sollten, was mit dem Getreide geschehen sollte. Als die beiden Männer das Schiff am 27. Dezember in Augenschein nahmen, stellten sie fest, dass der Weizen nass geworden war, vor sich hin moderte und einen fauligen Gestank verströmte. Man konnte nichts mehr mit ihm machen, als ihn ins Meer zu befördern.[23]

Damit enden die Aufzeichnungen über die *Diligent*. Wahrscheinlich war sie zu stark beschädigt, um jemals wieder in Dienst gestellt zu werden. Es scheint passend, dass dies das Letzte ist, was wir von einem Schiff erfahren, das der Schauplatz von so viel menschlichem Elend gewesen ist – dass es mit seinem Gestank den Golf von Morbihan verpestete.

Robert Durand war nicht an Bord der *Diligent*, als sie auf Grund lief, denn er hatte schon im März, sofort nachdem das Schiff in Nantes eingetroffen war, abgemustert. Seine vier Reisen auf der *Diligent* hatten ihm die Erfahrungen vermittelt, die er brauchte, um selbst das Kapitänspatent zu erwerben. Sein Ziel war es, ein Sklavenschiff zu kommandieren, und die detaillierten Zeichnungen der westafrikanischen Küste und der Kastelle an ihr sowie die sorgfältigen Verzeichnisse von Preisen und Waren, die er 1731 und 1732 in sein privates Bordbuch eingetragen hatte, würden ihm wertvolle Dienste leisten, wenn er eines Tages als Kapitän an die Küste von Guinea zurückkehren sollte. Nachdem ein Ausschuss von Fachleuten am Admiralitätsgericht von Nantes seine Kenntnisse in Navigation überprüft und ermittelt hatte, ob er über Gezeiten, Winde und Strömungen Bescheid wusste, erhielt er am 22. Oktober 1736 sein Kapitänspatent.[24]

Nach seiner offiziellen Ernennung zum Kapitän verlangte es Durand danach, ein Sklavenschiff kommandieren und wieder nach Westafrika segeln zu können, wo er zuletzt 1731/32 mit der *Diligent* gewesen war. Er wurde nach kurzer Zeit von G. Bouteiller & Fils, einem Unternehmen aus Nantes, angeheuert, das zwischen 1739 und 1749 acht Sklavenschiffe auf Fahrt schickte. Seine erste Reise für den neuen Arbeitgeber endete mit einem Desaster. Im Oktober 1739 führte er die *Valeur*, ein Schiff von 160 Tonnen, von Nantes bis zum Mündungsgebiet des Kongo, wo er 547 Sklaven ankaufte – mehr als zweimal so viel, wie die *Diligent* damals an Bord gehabt hatte. Nach einer problemlosen Mittelpassage, während der nur wenige der Menschen an Bord starben, steuerte das Schiff Kap Français auf Saint-Domingue an. Zwölf Meilen vor dem Hafen lief die *Valeur* auf ein Riff auf, schlug leck und sank. Zum Glück konnten alle Sklaven und Besatzungsmitglieder sich an Land retten, und obwohl das Schiff verloren ging, brachte die Fahrt den Eignern noch einen Gewinn ein. Durand würde eine zweite Chance erhalten. Im Oktober 1741 verließ er Nantes mit seinem neuen Kommando, der *Perle*, einem Sklavenschiff von 150 Tonnen. Ihr Ziel war Whydah, wo Durand 451 Sklaven erwarb, von denen dann aber bei der unter einem besonders unglücklichen Stern stehenden Überquerung des Atlantiks 90 starben. Auf dieser Fahrt verlor Durand auch sieben Männer der Besatzung.[25]

Seine nächste und letzte Fahrt als Kommandant eines Sklavenschiffes trat er am 29. April 1746 an. Es war eine gefährliche Zeit, um sich aufs Meer zu wagen, denn Frankreich hatte Großbritannien am 15. März 1744 den Krieg erklärt. Zu dem englisch-französischen Krieg von 1744 bis 1748 kam es im Zusammenhang mit dem Österreichischen Erbfolgekrieg. Großbritannien verfolgte die Strategie, nicht nur den französischen Sklavenhandel, sondern den gesamten Handel des Feindes mit seinen Kolonien durch eine Blockade des Ärmelkanals, des Mündungsgebiets der Loire, der westafrikanischen Goldküste und der Schifffahrtsrouten nach Saint-Domingue zum Erliegen zu bringen. Kurze Zeit nach Ausbruch der Feindseligkeiten brachten die Engländer das in Nantes beheimatete Sklavenschiff *Concorde* auf, dessen Besatzung noch nicht wusste, dass ihr Land sich im Krieg mit Großbritannien befand. Im weiteren Verlauf des Jahres griffen die Engländer fünf weitere aus Nantes stammende Sklavenschiffe an: die *Sainte-Anne* und die *Prudent* bei Martinique, die *Finette* und die *Badin* an der afrikanischen Küste und die *Saint-Charles* in Sichtweite der französischen Küste.[26]

Als die Nachricht von der britischen Seeblockade Nantes erreichte, kamen die Vorbereitungen zur Ausrüstung von Sklavenschiffen beinahe zum Stillstand. 1743 waren 34 solcher Schiffe vom Hafen der Stadt aus in See gegangen, nach der Kriegserklärung am 15. März ging die Zahl der Fahrten dramatisch zurück. Im April lichteten die *Providence* und die *Jeune Flore* ihre Anker; beide absolvierten erfolgreiche Fahrten, doch die *Aventurier*, die *Prudent* und die *Galathée*, die in den Monaten Mai bis Juli in See stachen, wurden allesamt von feindlichen Schiffen aufgebracht. Das letzte Sklavenschiff, das im Jahr 1744 aus dem Hafen von Nantes auslief, war die *Union*, die im August ihre Reise antrat. Sie gehörte ebenfalls G. Bouteiller & Fils und wurde von diesen ausgerüstet. Über ihr Schicksal ist nichts bekannt. Im Jahr darauf segelten nur zwei Sklavenschiffe von Nantes aus ab. Das erste wurde von den Engländern aufgebracht, das zweite verschwand spurlos.[27]

1746, als von Nantes aus so gut wie kein Sklavenhandel mehr betrieben wurde, entschloss sich das Unternehmen G. Bouteiller & Fils zu dem Versuch, die britische Blockade zu durchbrechen. Man würde die *Perle* auf Fahrt schicken, ein Schiff von 150 Tonnen, das mit zehn Kanonen bewaffnet war und unter dem Kommando Robert Durands stand. Auf Grund des Kriegszustandes erhielt das Schiff eine außergewöhnlich große Besatzung von 57 Mann, und Robert Durand bekam einen Kaperbrief ausgestellt, der es ihm gestattete, jedes britische Schiff, dem er möglicherweise begegnen würde, anzugreifen und aufzubringen. Aus Sicherheitsgründen sollte die *Perle* sich einem Konvoi anschließen, der von Geleitschiffen geschützt wurde.[28]

Die *Perle* verließ Nantes am 29. April 1746, um zu dem Konvoi zu stoßen. Am 2. Mai gesellte sie sich zu dem großen, aus 72 Kriegs- und Handelsschiffen bestehenden Verband. Sieben Wochen lang wartete sie zusammen mit den anderen Schiffen, bis der Geleitzug am 22. Juni bereit zur Abfahrt war. Eine solche Flotte war recht unbeweglich und kam nur langsam voran. Am 15. Juli, als sie noch in der Höhe von Bordeaux vor der französischen Küste standen, entschloss Durand sich, aus dem Konvoi auszuscheren. Ihm gefiel die Route nicht, die man gemeinsam nehmen wollte, und er wollte es daher auf eigene Faust versuchen. Drei Tage lang kreuzte die *Perle* allein über den Ozean, ohne dass es zu irgendwelchen Zwischenfällen gekommen wäre, und als am 18. Juli die Sonne aufging, befand sie sich schon vor der portugiesischen Küste. Um acht Uhr sichteten sie ein fremdes Schiff, das sich ihnen näherte. Durand befahl, alle Segel zu setzen, um dem Fremden zu enteilen, doch das andere Schiff ließ sich nicht abschütteln – im Gegenteil. Gegen fünf Uhr nachmittags gab Durand den Befehl, die französische Flagge aufzuziehen und eine Kanone abzufeuern, um den Fremden davor zu warnen, noch näher heranzukommen.

James Osborn, der Kommandant von HMS *Shoreham*, war entzückt, das französische Lilienbanner zu sehen. Er hatte der *Perle* den ganzen Tag lang in der Hoffnung nachgestellt, dass sie ein französisches Schiff sei. Nachdem sie jetzt Flagge gezeigt hatte, konnte er zum Angriff übergehen. Für ihn bestand kein Zweifel daran, wie der Kampf enden würde, denn sein Schiff war eine Fregatte sechsten Ranges mit 24 Kanonen und einer Besatzung von 160 Mann. Osborn war kaum zwei Jahre zuvor zum Kapitän befördert worden, und wenn er jetzt eine Prise erbeutete, würde sich das gut in seinen Papieren ausmachen.[29]

Sobald er die französische Flagge in ihrem Topp wehen sah, gab Osborn den Befehl, die *Perle* unter Beschuss zu nehmen. Im Laufe der nächsten Stunde feuerte die englische Fregatte 45 neunpfündige Kanonenkugeln, 25 Ladungen Hagelgeschosse, 71 Doppelkugeln – zwei mit einer kurzen Eisenstange verbundene Kanonenkugeln – und 23 Musketenschüsse ab. Eine der Kanonenkugeln zerschmetterte den Fockmast der *Perle* einen halben Meter über dem Eselshaupt, eine andere den Großmast zweieinhalb Meter unterhalb der Großrah, während eine weitere Kugel den Rumpf unmittelbar über der Wasserlinie durchschlug. Ungefähr eine Stunde nach Beginn des Gefechts wurde Kapitän Robert Durand, der seine Leute vom erhöhten Achterdeck der *Perle* aus befehligte, von einer Kanonenkugel zermalmt. Da der Kapitän tot war und das Schiff schwer beschädigt, ließ Leutnant Pierre Le Ray die weiße Kapitulationsfahne hissen.[30]

47

Vannes, 13. September 1765

Guillaume Billy sitzt in seinem Kontor im Erdgeschoss seines neu erbauten Patrizierhauses und schaut aus dem Fenster. Am Morgen hatte man Haufen von Arbeitern und Handwerkern durch die von Mauern umgebene Altstadt ziehen sehen können. Bis dahin haben die Demonstrationen immer das Rathaus zum Ziel gehabt, Billy hegt jedoch die Befürchtung, dass die Massen den Stadtkern verlassen und auch zu den Häusern der Kaufleute am Hafen vordringen könnten. Im Augenblick sind auf der Straße nur wenige Männer zu sehen, was er als gutes Zeichen nimmt; ihm fällt zwar eine Gruppe von Frauen in einiger Entfernung auf, er meint aber, dass man die Frauen nicht zu fürchten brauche.

Mehr als drei Jahrzehnte sind vergangen, seit die *Diligent* von ihrer Fahrt nach Westafrika zurückgekehrt ist. Während dieser Zeit haben die Brüder Billy keine Sklavenschiffe mehr ausgerüstet, sie sind aber weiterhin am Sklavenhandel beteiligt gewesen. Jedem von ihnen gehört ein Siebtel der *Concorde*, eines Schiffes von 98 Tonnen, das Vannes erstmals am 13. Dezember 1731, weniger als sechs Monate nach Abfahrt der *Diligent*, verlassen hat, um Sklaven von Afrika in die Karibik zu bringen. Die Besatzung hatte an der Guinea-Küste 510 Schwarze geladen, dann war es aber zu einem Aufstand gekommen, bei dem 196 der Gefangenen ihr Leben verloren. Von den 510, die man ursprünglich an Bord gebracht hatte, lebten noch 266, als das Schiff Martinique erreichte. Joseph-Ange Dubodan war der Hauptfinanzier der Reise gewesen, und er hatte diese Rolle auch inne, als die *Concorde* 1735 erneut auf Fahrt ging. 1742 schloss sich eine dritte Fahrt an, und diesmal war Dubodans Sohn François Barnabé Kommandant des Schiffes. Die *Concorde* war noch auf hoher See, als am 15. März 1744 der englisch-französische Krieg ausbrach, und sie wurde im Mai von den Engländern aufgebracht. Kapitän Dubodan blieb in englischer Gefangenschaft, bis der Krieg 1748 mit dem Friedensschluss von Aachen beendet wurde.[31] Mit dem Verlust der *Concorde* ging die Beteiligung der Brüder Billy am Sklavenhandel zu Ende.

Obwohl die Fahrt der *Diligent* in den Jahren 1731/32 ihnen nicht die erhofften großen Gewinne eingebracht hatte, war das Glück ihnen auf andere Art hold gewesen. Ab 1726 hatte in Vannes der Preis für Getreide zu steigen begonnen. Es war der Anfang einer Entwicklung gewesen, die durch einen allgemeinen Anstieg der Getreidepreise in Frankreich und Westeuropa ausgelöst wurde und erst 1789 zu Ende gehen sollte.[32] Je mehr die Brüder Billy davon überzeugt waren, dass die positive Entwicklung noch lange anhalten würde, desto stärker begannen sie sich wieder für den Getreidehandel zu interessieren, und der Handel mit Korn und nicht der mit Sklaven begründete ihre Prosperität, ihren Aufstieg zu großem Reichtum und zu großem Ansehen in der Stadt Vannes.

Als die Brüder durch den Getreidehandel immer wohlhabender wurden, ließ Guillaume Billy das Haus seines Vaters am Hafen niederreißen und erbaute an seiner Stelle ein viel größeres und herrschaftlicheres, in dessen Erdgeschoss sich Geschäfts- und Speicherräume befanden, während im ersten und im zweiten Stock die Wohngemächer lagen und im dritten die Unterkünfte für die Dienstboten.[33] Wie zuvor teilte er das Haus mit seinem jüngeren Bruder François. Guillaume hatte nach dem Tod seiner Frau Catherine Fournier im Jahr 1729 nicht wieder geheiratet und sich ganz seinem Geschäft und der Lokalpolitik gewidmet – und seiner Tochter Jeanne-Agathe, die seit 1752 mit einem Kapitän, der für die Compagnie des Indes fuhr, verheiratet war. François Billys Frau Marie-Anne Le Maguet hatte zwölf Kinder auf die Welt gebracht und war am 4. April 1750 bei der Geburt des

47.1 Hafen von Vannes mit dem neuen Herrenhaus der Brüder Billy (Hintergrund Mitte).

letzten von ihnen, Vincent-Olive Billy, gestorben. Wie sein älterer Bruder heiratete auch François Billy nicht wieder. 1761 ehelichte seine älteste Tochter Marguerite einen Leutnant, der im Dienst der Compagnie des Indes stand.[34]

Mit ihrem Wohlstand hatten sie auch den Status und die Achtung erworben, nach denen die Mitglieder des Bürgertums von Vannes immer strebten. Sowohl Guillaume als auch François Billy waren zu Richtern am Konsulatsgericht ernannt worden: Guillaume hatte dort zwischen 1726 und 1734 regelmäßig sein Amt ausgeübt und sein Bruder von 1735 bis 1740 und dann noch einmal von 1753 bis 1755. 1758 wurde Guillaume zum *Garde-Marteau* der königlichen Gewässer und Forste in der Umgebung von Vannes berufen; damit war er einer der drei Offiziere, welche die königlichen Besitzungen verwalteten und dort Recht sprachen. Auch die Geschäftspartner der Billys bei ihren früheren Ausflügen in den Sklavenhandel stiegen zu gewichtigen Männern in der Lokalpolitik auf. Michel Buat de La Croix, der mit ihnen zusammen die Fahrt der *Diligent* finanziert hatte, amtierte von 1732 eine Periode lang als Richter am Konsulatsgericht, und Joseph-Ange

47.2 Der Hafen von Vannes im späten 18. Jahrhundert.

Dubodan, der sich an den Fahrten der *Concorde* beteiligt hatte, kaufte sich 1748 mit seinem Geld das Amt des Bürgermeisters der Stadt Vannes.[35]

Als er seine Blicke am 13. September 1765 vom Fenster seines Hauses aus über den Hafen von Vannes schweifen lässt, ist sich Guillaume Billy dessen bewusst, dass sein Traum, seiner Stadt zum gleichen kommerziellen Erfolg zu verhelfen wie den Nachbarstädten Nantes und Lorient, nicht in Erfüllung gegangen ist. Vannes ist kein *entrepôt* für Waren aus der ganzen Welt geworden, sondern lebt immer noch von dem, was die Bauern in der Umgebung erzeugen. Die kühnen Pläne zum Umbau des Hafens, die der Stadtrat 1727 genehmigt hat, sind nur partiell realisiert worden. Bis 1743 war fast gar nichts geschehen, dann hatte der Stadtrat beschlossen, den Kai, den Guillaume Billys Vater Robert 1697 hatte anlegen lassen, verlängern und instand setzen zu lassen. Dafür war es jedoch nötig, dass Guillaume Billy den Grund zwischen seinem Haus und dem Kai an die Stadt abtrat, etwas, wozu er nur nach einem langen und erbitterten Kampf bereit war. Der Umbau der Schleusentore, den man 1728 ins Auge gefasst hatte, wurde erst 1754 begonnen, und der Traum, einen Hafen anzulegen, der Schiffe bis zu 100 Tonnen aufzunehmen vermochte, war nie auch nur ansatzweise verwirklicht worden.[36] Die bedeutendste Veränderung, die im Hafen in den drei Jahrzehnten, seit die *Diligent* den Anker zu ihrer Fahrt gelichtet hatte, vor sich gegangen war, war vielleicht der Bau des neuen Patrizierhauses der Brüder Billy.

Die Nachbarstadt Nantes war in der gleichen Zeitspanne weiter gewachsen und hatte sich sichtlich verändert. Die Fertigstellung des neuen Kaufmannsviertels auf der Ile Feydeau, das man in den Zwanzigerjahren geplant hatte, war jahrelang verzögert worden, weil der Untergrund dort sich als nicht fest genug erwies, um stabile Grundmauern errichten zu können, doch dem Projekt wurde neues Leben eingehaucht, als der Architekt Pierre Rousseau das Problem löste, indem er einige Techniken von den Holländern übernahm. Der Sklavenhändler Guillaume Grou ließ sich dort von 1747 an ein herrschaftliches Haus errichten und löste damit eine neue hektische Bautätigkeit auf der Insel aus. Ungefähr die Hälfte der Bewohner der neuen Gebäude waren Sklavenhändler. Mit dem materiellen Besitz, den sie sich erwarben, begannen die wohlhabenden Bürger von Nantes auch nach kulturellem Reichtum zu streben. 1765 legte der Baumeister Ceinray seine Pläne zur Errichtung eines städtischen Kunstzentrums vor, zu dem auch ein Theater und ein Konzertsaal gehören sollten.[37] Im selben Jahr verließen 30 Sklavenschiffe mit Ziel Afrika den Hafen der Stadt.

Lorient hatte ebenfalls ein neues Wachstum erlebt. Zwischen 1732 und 1745 hatte die Compagnie des Indes fast drei Millionen Livre zum Um- und Ausbau der Anlage, die ihre verschiedenen Gebäude umfasste, aufgewandt. Die Kompanie ließ nicht nur die alten Bauten instand setzen, sondern auch einen neuen Verkaufsraum anlegen, in denen Muster der verschiedenen feilgebotenen Waren zu besichtigen waren, sowie ein neues Lagerhaus, neue Direktionsbüros, einen neuen Kai und ein neues Magazin. Von 1734 an ließ die Kompanie ihre Waren nicht länger zum Verkauf nach Nantes schaffen, sondern schloss alle Verkaufsgeschäfte auf ihrem eigenen Grund und Boden in Lorient ab.[38]

Angesichts dieses ganzen Wachstums und ihres immer größeren Wohlstands irritierte es die Kaufleute von Lorient, dass ihre geschäftlichen Aktivitäten vom Admiralitätsgericht in Vannes überwacht wurden. Der Handel, der in Vannes betrieben wurde, so höhnten sie, beruhe auf nichts anderem »als dem, was das Hinterland liefert: Ein paar kleine Schiffe laufen mit Korn beladen aus, und ein paar andere laufen mit Wein aus Bordeaux und Nantes ein.

So steht es mit der Stadt, die versuchte, mit Lorient gleichzuziehen, wo es einen Hafen gibt, der Kriegsschiffe mit 80 Kanonen aufnimmt, und von wo aus man Handelsfahrer von 1300 Tonnen auf Fahrt schickt. Wo sind die großen Schiffe, die im Hafen von Vannes vor Anker gehen oder dort ausgerüstet werden?«[39]

Als er auf den Kai schaut, den sein Vater anlegen ließ, der jetzt aber nicht mehr in seinem Besitz ist, richten Guillaume Billys Gedanken sich auf die jüngsten Entwicklungen im Getreidehandel. Im Juli 1764 hat die Regierung das Exportverbot für Getreide in fremde Länder aufgehoben und damit neue Möglichkeiten für die Kornhändler von Vannes geschaffen.[40] Advis Desruisseaux hatte einen blühenden Handel mit Spanien begründet, und die anderen Getreidehändler der Stadt hatten ihm bald nachgeeifert. Viel von der Ernte, die 1765 im Hinterland von Vannes eingefahren wurde, wurde per Schiff außer Landes gebracht, und die Preise waren im August von 10,5 Livre pro *perrée* auf 12 Livre gestiegen und standen im September schon bei 12,3 Livre. Unter den Handwerkern und den Angehörigen der Arbeiterklasse, die ihr Brot und ihr Mehl bei Kaufleuten erwerben mussten, grassierte die Angst, sich bald nicht mehr genügend von beidem leisten zu können, um sich über den Winter zu bringen. Am 10. September wurde das Haus des Kaufmanns Danet, der bezichtigt wurde, aus Spekulationsgründen die Getreidevorräte in der Stadt aufzukaufen, mit Steinen beworfen, und die Fenster gingen zu Bruch. Danet vermutete, dass sich bestimmte Handwerker hinter dem Übergriff verbargen, die am Vortag gesehen worden waren, wie sie die Köpfe zusammensteckten. Am 11. September wurde ein Weinhändler, den man mit einem Kornhändler verwechselte, vom Mob angegriffen und beinahe umgebracht.[41]

Die öffentliche Empörung über den hohen Getreidepreis entlädt sich mit größter Heftigkeit am 13. September, einem Freitag. Handwerker marschieren durch den Stadtkern, an den Häusern von Adligen und hohen städtischen Angestellten vorbei und bemächtigen sich einiger mit Korn beladener Karren, die den Pächtern von Adligen der Region oder abhängigen Bauern gehörten. Ein anderer Volkshaufen, der sich vor allem aus Frauen zusammensetzt, zieht durch die Stadttore in Richtung Hafen, wo die Getreidehändler ansässig sind. In der Rue Calmont beginnen sie die Häuser der bedeutendsten von ihnen zu belagern.

Als sie vor dem Anwesen der Billys ankommen, klauben die Frauen

47.3 Das Herrenhaus der Brüder Billy.

Steine auf und bewerfen damit die Fenster. Zuerst kracht ein Stein durch die Scheiben, dann ein zweiter und schließlich ein ganzer Hagel. Zwischen dem Geräusch von zersplitterndem Glas kann Guillaume Billy die Frauen kreischen hören, dass ihre Kinder verhungern müssen, weil er ihr Getreide außer Landes schafft. Andere schreien, dass die Getreidehändler eine Hungersnot über das ganze Land bringen. Voller Angst, von einem Stein oder von Glasscherben getroffen zu werden, versucht Billy die hölzernen Schlagläden zuzuziehen. Er lässt jedoch schnell von dem Vorhaben ab und verschanzt sich in einem der von der Straße abgewandten Räume im Obergeschoss des Hauses. Auch nachdem er die Flucht ergriffen hat, fliegen die Steine weiter, bis zwei Dutzend große Fenster und beinahe 100 kleine Scheiben in verschiedenen Teilen des Hauses zertrümmert sind. Der Mob scheint genau zu wissen, wohin er zielen muss. In Guillaume Billys Kontor im Erdgeschoss haben sie zwei große und 18 kleine Glasscheiben eingeworfen und in seinem Salon im ersten Stock 66 kleine Scheiben.[42]

Wir wissen nicht, wie viele von den 242 Sklaven, welche die *Diligent* 1732 nach Martinique gebracht hatte und die dort verkauft worden waren, am 13. September 1765 noch lebten. Angesichts der hohen Sterblichkeitsrate unter den Sklaven auf den Inseln kann ihre Zahl aber nicht sehr groß gewesen sein. Diejenigen von ihnen, die noch am Leben waren, müssen sich in den mehr als 30 Jahren ihrer Knechtschaft oft gefragt haben, wer damals das Schiff entsandt hatte, um sie in Eisen über den Ozean transportieren zu lassen, und wer das Geld erhielt, mit denen die Pflanzer auf Martinique ihre Arbeitskraft gekauft hatten. Vielleicht hatten sie sich in ihrer Fantasie ausgemalt, wie sie Vergeltung übten, oder zumindest in Gedanken ihrer Wut über die Personen freien Lauf gelassen, die um eines materiellen Profits willen ihr Leben ruiniert hatten. Jedoch selbst in ihren wildesten Fantasien können sie nicht darauf gekommen sein, dass die Öffentlichkeit gegen die Männer revoltieren würde, die für ihre Leiden verantwortlich waren, und schon gar nicht, dass diese Erhebung, als sie denn stattfand, von den armen Frauen der Stadt Vannes ausging.

Nachwort

Voll großer Erwartungen machte ich mich im März 1997 während der Semesterferien von Yale nach Martinique auf. Als Historiker, der seine Kenntnisse über Martinique fast ausschließlich aus Dokumenten des 18. Jahrhunderts bezog, brannte ich jetzt darauf, mit eigenen Augen festzustellen, wie viel sich seit der Zeit, da die *Diligent* überstürzt aus dem Hafen von Saint-Pierre aufgebrochen war, und eine Kanonenkugel in ihrem Kielwasser eine Fontäne hatte aufsteigen lassen, auf der Insel geändert hatte. Die Sklaverei war im Jahr 1848 endlich abgeschafft und Martinique war 1946 zu einem *département* der Französischen Republik geworden. Als ich auf dem Flughafen von Fort de France ankam, hatte ich nicht weniger das Gefühl, in Frankreich zu sein, als wenn ich nach Paris geflogen wäre. Die Stadt hatte zur Zeit Robert Durands den Namen Fort Royal getragen, sie war aber umbenannt worden, als man nach dem Ausbruch der Französischen Revolution begonnen hatte, alle Spuren der Monarchie zu tilgen. Die Stadt Saint-Pierre, in deren Hafen die *Diligent* vier Monate lang vor Anker gelegen hatte, war 1902 bei einem Ausbruch des Mont Pelée völlig zerstört worden. Die neue Stadt, die heute an ihrer Stelle steht, hat kaum noch Ähnlichkeit mit der alten.

Mein Anliegen war es, herauszufinden, was aus den 242 Afrikanern geworden war, welche die Fahrt auf der *Diligent* überlebt hatten. Sie waren die *raison d'être* für das ganze Unternehmen gewesen – und seine Opfer, und doch war über sie weniger bekannt als über alle andere Personen, die auf die eine oder andere Weise in die Reise der *Diligent* verwickelt gewesen waren. Wenn kleine Vergehen festgehalten werden, dann gewöhnlich von ihren Opfern, wenn jedoch große Verbrechen schriftlich aufgezeichnet werden, dann geschieht das meistens vonseiten derer, die sie begehen. Obwohl Robert Durand sorgfältig notierte, zu welcher Altersgruppe ein Gefangener gehörte, und ob es sich um einen Mann oder eine Frau handelte, schrieb er seinen oder ihren Namen nicht auf.

Weil die Gesetze, welche die Sklavenhaltung in Frankreichs karibischen

Kolonien regelte, vorschrieben, dass jeder Sklave getauft werden musste, hegte ich die Hoffnung, zumindest die christlichen Namen, die man den Gefangenen gegeben hatte, in den Gemeinderegistern von Martinique finden zu können. Und wenn ich diese Namen kannte, würde ich vielleicht in Erfahrung bringen können, ob sie geheiratet und Kinder bekommen hatten, sowie wann sie gestorben waren. Ich musste jedoch feststellen, dass die Taufen von Sklaven in anderen Registern verzeichnet worden waren als die von Weißen und freien Schwarzen. Während die meisten Gemeinderegister für Weiße und freie Schwarze erhalten geblieben waren, waren jene für die Sklaven schon seit langem spurlos verschollen. Die einzige Erwähnung von Sklaven, die ich in den erhaltenen Registern aus der Zeit zu entdecken vermochte, datierte vom April 1714. Der Pfarrer der Gemeinde Notre-Dame de Caze, Pilote, hatte damals in das Verzeichnis unter der »Taufen von Weißen, die unter denen von Negersklaven entdeckt wurden« die Namen von mehreren Weißen aufgelistet, deren Taufe irrtümlich in den Büchern für Sklaven eingetragen worden war.[1] Das war der einzige konkrete Beweis dafür, dass die Sklavenverzeichnisse, nach denen ich suchte, jemals existiert hatten.

Mein zweites Ziel war es, die Plantage des Sklavenhändlers Lamy ausfindig zu machen. Robert Durand hatte ja in seinem *journal* festgehalten, dass Kapitän Mary die letzen 96 Sklaven der *Diligent* an einen Mann dieses Namens verkauft hatte. Meine Hypothese war, dass Lamy zu den bedeutenderen Plantagenbesitzern gehört haben musste, wenn er es sich leisten konnte, 96 Arbeitskräfte *en bloc* zu kaufen. Meine Suche in den Katasterurkunden und Geburts- und Sterberegistern in den ländlichen Gemeinden um Saint-Pierre blieb jedoch ergebnislos. Dies war der Punkt, an dem ich in einen Bus stieg und zur Universität der Antillen fuhr, um die Professorin Mireille Mousnier aufzusuchen. Sie hatte gemeinsam mit ihrer Kollegin Brigitte Caille ein wunderbares Buch geschrieben, das auch Faltkarten enthielt, auf denen die Standorte aller Zuckermühlen auf Martinique im 17., 18. und 19. Jahrhundert verzeichnet waren.[2] Wenn jemand herauszufinden vermochte, wo die Plantage Lamys gelegen hatte, dann sie.

Ich machte Madame Mousnier schließlich ausfindig, und sie lud mich in ihr Haus ein, das auf einem Berg lag, von dem aus man auf das Meer schaute. Sie erzählte mir gleich zu Anfang unseres Gesprächs, dass sie noch nie von einem Plantagenbesitzer namens Lamy gehört habe und dass abgesehen davon im frühen 18. Jahrhundert keiner der Zuckerrohrpflanzer auf Martinique so reich gewesen sei, dass es ihm möglich gewesen wäre, 96 Sklaven auf einmal zu kaufen. Nachdem sie die Notizen, die sie sich im Verlauf ihrer Forschungen gemacht hatte, und Fotokopien verschiedenster Dokumente mehrere Stunden lang angesehen hatte, stieß sie auf eine Erwähnung Lamys in einer Fußnote zu einem Buch, das von der Gaoulé-Revolte auf Martinique im Jahr 1717 handelte. Mehrere Monate später konnte ich in Paris das Dokument ausfindig machen, auf das in dieser Fußnote verwiesen wurde. Lamy war demnach ein *négociant*, der in Saint-Pierre lebte. Er war ein Wiederverkäufer von Sklaven, was bedeutete, dass er die Sklaven der *Diligent* überallhin verkauft haben konnte, sogar auf andere Inseln. Die Spur dieser Menschen verlor sich damit irgendwo bei ihm.

Als ich am Tag darauf durch die menschenüberfüllten Straßen von Fort de France ging, fragte ich mich unwillkürlich, ob nicht möglicherweise einer der Passanten um mich herum ein Nachkomme jener afrikanischen Gefangenen war, die von der Besatzung der *Diligent* auf diese Insel verschleppt worden waren. Obwohl die Namen dieser Afrikaner der Vergessenheit anheimgefallen sind, haben sie irgendwo auf Martinique in ihren Nachfahren überlebt, überdauert und vielleicht sogar triumphiert.

Dank

Die Recherchen für dieses Buch vorzunehmen und es dann zu schreiben ist für mich einer Art langer Reise gleichgekommen. Auf meinem Weg habe ich immer wieder enorme Hilfe von Freunden und Kollegen, aber auch von Fremden erhalten.

Ich hätte dieses Buch nicht ohne den Beistand mehrerer Institutionen schreiben können. Ich begann mit ihm im Jahr 1995/96, als ich Dozent am Wissenschaftskolleg in Berlin war. Gespräche, die ich bei gemeinsamen Mahlzeiten mit meinen Kollegen führte, haben entscheidend dazu beigetragen, dem Projekt Gestalt zu geben. Die Institution, der ich selbst angehöre, der Yale University, hat mich in extremer Weise unterstützt. Dank Stipendien vom Yale Center for International and Area Studies, vom Whitney Humanities Center und dem Yale Provost's Office wurden mir meine Recherchen ermöglicht.

Während all dieser Zeit habe ich von dem Talent und dem Scharfsinn einer ganzen Reihe von Forschungsassistenten profitiert, die mir geholfen haben, mit Dokumenten und anderen schriftlichen Materialien in einer Vielzahl fremder Sprachen zurechtzukommen. Ich danke Erica Allina, Steven Ebinger, Tim Hughes, Emmanuel Kreike, Marie-Hélène Le Ray, Mireille Hofmann-Jacquod, Terese Köbele, Ilaria Maggiulli, Erik Myrup, Brian Peterson, Charles Riley und Matthew Wranovix.

Bei meinem Versuch, ein Manuskript abzufassen, das sowohl hohen wissenschaftlichen Standards gerecht als auch Nichtfachleuten zugänglich sein würde, sind mir die Kommentare von Freunden und Kollegen nützlich gewesen, die den ganzen Text oder Teile von ihm gelesen haben: Dies waren Mary Kay Bercaw Edwards, Bonnie Collier, Katherine und Daniel Darst, John Demos und die Teilnehmer an seinem Seminar für graduierte Studenten über »Historisches Erzählen«: Glenn Grasso, Joanna Hamilton, Roger Levine, Kay Mansfield, Joseph Miller, Liana Vardi, Haynie Wheeler, Sandra Wiens und Robin Winks.

Eine andere Gruppe von Menschen hat mir auf sehr unterschiedliche Art und Weise mit Rat und Tat zur Seite gestanden; ich möchte hier namentlich nennen: Louise Bedichek, Eve Crowley, Mamadou Diawara, Frank Drago, Georges Dupré, Petra Eggers, David Eltis, Georg Elwert, Pablo Eyzaguirre, Robert Garfield, Eytan Haliban, Maija Jansson, George Miles, Mireille Mousnier, James Scott, Gerald Thomas, Martha Turner – außerdem den Kapitän und die Mannschaft von HMS *Bounty* und die Dozenten vom Wissenschaftskolleg.

Beim Abfassen eines Buches, in dem auf weit verstreute Teilregionen der »atlantischen Welt« eingegangen wird, habe ich auf die Werke vieler Fachgelehrter zurückgriffen, um mich durch vergangene Zeiten und durch entlegene Gebiete führen zu lassen, vor allem auf Robin Laws Buch über die Sklavenküste, auf T. J. A. Le Goffs Ausführungen über Vannes und die Gaston Martins und Jean Meyers über Nantes, Jacques Petitjean Rogets und Lucien Peytrauds Schriften zu Martinique und Roberts Garfields Studien zu São Tomé. Ich bin ihnen allen zutiefst verpflichtet.

Anhang A

Rekonstruktion der Unkosten, die den Eignern der *Diligent* entstanden, und ihrer Einnahmen

Von Martinique mitgebrachte Waren

Zucker

Die *Diligent* hatte 251 *barriques* mit terriertem weißem Zucker und terriertem gewöhnlichem Zucker geladen. Ein *barrique*[1] fasst 800 Pfund, was insgesamt 200 800 Pfund Zucker ergibt.

Außerdem hatte die *Diligent* 10 *quart* terrierten weißen und terrierten gewöhnlichen Zucker geladen. Ein *quart*[2] entsprach 200 Pfund, sodass sich insgesamt 2000 Pfund ergeben.

Die Gesamtmenge des geladenen Zuckers betrug also 202 800 Pfund.

1 *quintal* (cent pesant) entspricht 100 Pfund; die *Diligent* hatte mithin 2028 *quintal* Zucker an Bord.

Durand berichtete, dass die *Diligent* terrierten weißen und terrierten gewöhnlichen Zucker beförderte, er gab aber nicht an, in welchem Verhältnis die beiden Sorten zueinander standen. Von dem Verhältnis, in dem der 1732 in Nantes gelöschte weiße zu dem gewöhnlichen Zucker stand, ausgehend, schlussfolgere ich, dass es sich bei fünf Prozent der Ladung um weißen und bei 95 Prozent um gewöhnlichen Zucker handelte.[3]

Terrierter weißer Zucker, 101 *quintal*, abzüglich 15 Prozent durch Gewichtsverlust auf der Fahrt[4] = 86 *quintal.*

86 *quintal* zu 37 Livre pro *quintal* verkauft[5] 3182

Zweite, ein Jahr später eintreffende Partie:

86 *quintal* 3182

Gesamteinnahmen für terrierten weißen Zucker 6364

Terrierter gewöhnlicher Zucker, 1927 *quintal*, abzüglich
15 Prozent durch Gewichtsverlust auf der Fahrt = 1638 *quintal*

1638 *quintal* zu 30 Livre pro *quintal* verkauft[6] 49 140

Zweite, ein Jahr später eintreffende Partie:	
1551 *quintal*	49 140
Gesamteinnahmen für terrierten gewöhnlichen Zucker	98 280
Gesamteinnahmen für terrierten weißen und gewöhnlichen Zucker	104 644

Baumwolle

Die *Diligent* hatte 23 Ballen Baumwolle im Gewicht von je 400 Pfund geladen, was ein Gesamtgewicht von 9200 Pfund oder 92 *quintal* ergibt[7]	
92 *quintal* zu je 75 Livre verkauft[8]	6900
Zweite, ein Jahr später eintreffende Partie:	
92 *quintal*	6900
Gesamteinnahmen für Baumwolle	13 800

Rocou

13 *quart* Rocou zu je 200 Pfund ergeben 2600 Pfund (oder 26 *quintal*) Rocou[9]	
26 *quintal* zu je 35 Livre verkauft[10]	910
Zweite, ein Jahr später eintreffende Partie:	910
Gesamteinnahmen für Rocou	1820
Gesamteinnahmen für Waren aus Martinique	
Zucker	105 862
Baumwolle	13 800
Rocou	1820
Gesamtsumme	121 482 Livre

Frachtkosten für die jeweils zweite Partie der Waren

1 Sol pro Livre (20 Sol = 1 Livre) Transportkosten[11] für 2028 *quintal* terrierten weißen und gewöhnlichen Zucker	10 140
1 Sol pro Livre Transportkosten für 92 *quintal* Baumwolle	460
1 Sol pro Livre Transportkosten für 26 *quintal* Rocou	130
Gesamtsumme Frachtkosten	10 730

Kosten für die Ausrüstung des Schiffes

Handelswaren[12]	37782
Mise-hors (einschließlich Kaufpreis des Schiffes in Höhe von 18500)[13]	43990
Versicherung der Handelswaren (8 Prozent)[14]	3023
Versicherung des Schiffes (18500 Livre; 8 Prozent)	1480
Gesamtsumme Ausrüstungskosten	86275

Kosten für den Weiterverkauf der Waren

Transport mit *gabares* von Vannes nach Nantes von Waren im Gewicht von 3684 *quintal* zu einem Satz von 6 Sol pro *quintal*[15] = 22104 Sol oder 1105 Livre	1105
Löschen der Ladung, Transport mit Schubkarren und Arbeiten mit den Fässern in Nantes, Waren im Gewicht von 3684 *quintal* zu einem Satz von 9 Sol pro *quintal*[16]	1658
Droits de prévote et ville für Waren im Gewicht von 3684 *quintal* bei einem Satz von 5 Sol und 4 Deniers pro *quintal*[17]	982
Droits de domaine d'occident für Waren im Gewicht von 3684 *quintal* bei einem Satz von 10 Sol pro *quintal*[18]	1842
Gesamtausgaben für den Weiterverkauf der Waren	5587

Andere Ausgaben

Zinsen für ein *Cambaye*-Darlehen in Höhe von 4500 Livre zu 30 Prozent	1350
Heuer für die Mannschaft der *Diligent:* 1266 Livre pro Monat für einen Zeitraum von 13 Monaten (zwei Monatsheuern wurden im Voraus ausbezahlt)	16458
abzüglich der durch den Tod von Mahé (34 pro Monat), Touchard (36 pro Monat) und Thaubier (30 pro Monat)[19] eingesparten insgesamt 30 Monatsheuern (1120 Livre)	15338
13 Livre Abgabe pro Sklave an die Compagnie des Indes für insgesamt 244 Sklaven[20]	3172

Gesamtsumme andere Ausgaben	19 910

Schlussbilanz

Einnahmen aus den aus Martinique mitgebrachten Waren	120 264
Ausgaben für Ausrüstung des Schiffes, Frachtkosten für die jeweils zweite Partie der Waren, Kosten für den Weiterverkauf, Zinszahlungen, Heuer, Abgaben an die Compagnie des Indes	122 502
Ergibt einen Verlust in Höhe von	**2238 Livre**

Anhang B

In den Anmerkungen verwendete Abkürzungen

ADLA – Archives Départementales de Loire-Atlantique, Nantes, Frankreich

ADMF – Archives Départementales de la Martinique, Fort de France, Martinique

ADMV – Archives Départementales du Morbihan, Vannes, Frankreich

AHU – Arquivo Histórico Ultramarino, Lissabon, Portugal

AMN – Archives Municipales, Nantes, Frankreich

AMV – Archives Municipales, Vannes, Frankreich

AN – Archives Nationales, Paris, France

AOM – Archives d'Outre-Mer, Aix-en-Provence, Frankreich

AR – Algemeen Rijksarchief, Den Haag, Niederlande

ASV – Archivio Segreto Vaticano – Vatikan

BA – Biblioteca da Ajuda, Lissabon, Portugal

BLY – Beinecke Library, Yale University

BM – Bibliothèque Mazarine, Paris, Frankreich

BN – Bibliothèque Nationale, Paris, Frankreich

MD – Musée Dobrée, Nantes, Frankreich

NMM – National Maritime Museum, Greenwich, England

MSA – Maryland State Archives, Annapolis, Maryland

PRO – Public Record Office, Kew, England

SHML – Service Historique de la Marine, Lorient, Frankreich

Anmerkungen

VORWORT

1 Zur Kontroverse um die Vinland-Karte siehe: Laurence C. Witten II: »Vinland's Saga Recalled«. In: R. A. Skelton, Thomas E. Marston u. George D. Painter (Hg.): *The Vinland Map and Tarter Relation.* Neuausgabe, New Haven, 1995; S. xli-lxiii. – Kirsten A. Seaver: »The Vinland Map«. In: *Mercator's World*, März/April 1997; S. 42–47. – Paul Saenger: »Review Article: Vinland Re-read«. In: *Imago Mundi* 50 (1998), S. 199–202. – Douglas McNaughton: »A World in Transition: Early Cartography of the North Atlantic«. In: William W. Fitzhugh und Elisabeth I. Ward (Hg.): *Vikings: The North Atlantic Saga.* Washington, D.C., 2000), S. 267–269.

2 W.C. McCrone und L.B. McCrone: »The Vinland Map Ink«. In: *Geographical Journal* (1974), S. 212–214.

3 T.A. Cahill u.a.: »The Vinland Map Revisited: New Compositional Evidence on Its Inks and Parchments«. In: *Analytical Chemistry* 59 (1987), S. 829–833.

4 Robert Harms: *River of Wealth, River of Sorrow: The Central Zaire Basin in the Era of the Slave and Ivory Trades.* New Haven, 1981.

5 Das *journal* wird jetzt in der Beinecke Book and Manuscript Library der Universität Yale aufbewahrt und ist wie folgt katologisiert: Durand, Robert, Journal de bord d'un négrier, Gen Mss, vol. 7.

6 Diese Dokumente finden sich in Vannes in den Archives Départementales du Morbihan, 9B 208.

7 Witten (wie Anm. 1), S. lv.

8 Diese kurze Darstellung der Geschichte des atlantischen Sklavenhandels beruht vor allem auf: Hugh Thomas: *The Slave Trade.* New York, 1997.

9 Diese Zahlen sind entnommen: David Eltis: »The Volume and Structure of the Atlantic Slave Trade: A Reassessment«. In: *William and Mary Quarterly*, 3. ser., 58 (2001), S. 17–46.

10 Diese Zahlen wurden errechnet mithilfe der Angaben in: David Eltis, Stephen D. Behrendt, David Richardson und Herbert S. Klein: *The Trans-Atlantic Slave Trade: A Database on CD-ROM.* New York, 1999.

11 Arthur Young: *Travels during the Years 1787, 1788, and 1789.* London, 1794; Bd. 1, S. 103.

1 Robert Durand: »Journal de bord d'un négrier, 1731–1732«. BLY, Gen Mss, vol. 7, S. 1.

2 Jean Ehrand: »L'esclavage devant la conscience morale des lumières françaises: Indifference, gêne, révolte«. In: Marcel Dorigny (Hg.): *Les Abolitions de l'esclavage.* Paris, 1995; S. 143–152.

3 Gilles Bienvenu: *Nantes: Plans commentés.* Nantes, 1994; S. 17.

4 Bechameil de Nointel: Mémoire concernant la province entière de Bretagne«. 1698, BN, Paris, Manuscrits, FF 8149; S. 75.

5 Diese Schilderung basiert auf folgenden Werken: Gaston Martin: *Nantes au XVIIIe siècle: L'Administration de Gérard Mellier.* Paris, 1928; S. 8f.
Musée Dobrée: *Iconographie de Nantes.* Nantes, 1978; S. 50 – 52.
Pierre Lelièvre: *Nantes au XVIIIe: Urbanisme et Architecture.* Nantes, 1988; S. 39.

6 Jean Mettas: *Répertoire des expéditions négrières françaises au XVIIIe siècle.* Hg. von Serge Daget. 2 Bde. Paris, 1978; Bd. 1, S. 24f.

7 Martin (s. Anm. 5), S. 10.

8 »Plan de Nantes par de Fer, 1716«. Musée Dobrée, Nantes; *Iconographie de Nantes* (s. Anm. 5), S. 72.

9 Martin (s. Anm. 5), S. 10.

10 Marie-Christine Hervé: »Le Couvent des Bénédictines de Notre-Dame du Calvaire de Nantes de son origine à la Révolution, 1623 – 1799«. In: *Mémoire de Maîtrise.* Université d'Etudes Régionales. Nantes, 1985; S. 118 und S. 130.

11 Zur Mode der Zeit siehe: Aileen Ribeiro: *Dress in Eighteenth Century Europe, 1715 – 1789.* London, 1984; S. 33 – S. 41.
Madeleine Delpierre: *Dress in France in the Eighteenth Century.* Übers. von Caroline Beamish. New Haven, 1997; S. 35 und 47 – 57.
Maurice Leloir: *Histoire du costume de l'antiquité à 1914.* Paris, 1935. Bd. 10, S. 40–69.
Was die prätentiöse Aufmachung der Kolonisten betrifft, siehe: Francis Lefeuvre: *Souvenirs nantais et vendéens.* Nantes, 1913; S. 71f.

12 »Livre des délibérations capitulaires de la communauté … 1684 – 1789«. ADLA, Nantes, H 447, S. 318.
Gérard Mellier: »Réponse au mémoire … concernant les nègres esclaves.« 1716. ADLA, Nantes, C 742, S. 2.

13 Die Beschreibungen der Klosteranlage finden sich bei Hervé (s. Anm. 10), S. 118f. und S. 144.

14 Joseph du Tremblay: *Constitution de la congrégation des religieuses bénédictines de Notre-Dame du Calvaire.* 1634; Reprint: Lille, Paris, 1902; S. 196.

15 Tremblay (s. Anm. 14), S. 130 und Hervé (s. Anm. 10), S. 33f.

16 Tremblay (s. Anm. 14), S. 199 – 201.

17 Hervé (s. Anm. 10); S. 171 – 173. Zur Verwendung des Titels »Nobelmann« siehe: Paul Devolant: *Recueil d'arrests rendus au Parlement de Bretagne sur plusieurs questions célèbres.* 2. Bde. Rennes, 1722; Bd. 2, S. 239.

18 Mellier (s. Anm. 12), S. 2.

19 »Délibérations capitulaires« (s. Anm. 12), S. 298 und S. 318.

20 »Etat temporel fidèle«, November 1715. ADLA, Nantes, H 446.

21 »Délibérations capitulaires« (s. Anm. 12), S. 318. »Propositions que font les négociants de Nantes«, 12. November 1714. ADLA, Nantes, C 751. Mettas: *Répertoire* (s. Anm. 6) I, S. 75, 90 und 92. Jean Meyer: *La Noblesse bretonne au XVIIIe siècle.* Bd. 1, S. 356f.

22 Sue Peabody: *There are no Slaves in France: The Political Culture of Race and Slavery in the Ancien Régime.* Oxford, 1996; S. 12f.

23 Moreau de Saint Méry: *Loix et constitutions des colonies françaises de l'Amérique sous le vent.* Paris 1784 – 1790. Bd. 1, S. 579, Bd. 2, S. 99.

24 Trotz wiederholter Versuche gelang es nicht, die Aufzeichnungen des Präsidialgerichtshofes zu dem Fall ausfindig zu machen. Ich habe daher auf Gérard Melliers Zusammenfassung in seinem »Réponse au mémoire« (s. Anm. 10; hier S. 2f.) zurückgegriffen.

25 Tremblay (s. Anm. 14), S. 177f.

26 »Mémoire concernant les nègres esclaves que les officiers et habitants des colonies françaises de l'Amérique meridionale amènent en France pour leur service« [undatiert]. ADLA, Nantes, C 742.

27 Martin (s. Anm. 5), S. 59 – 80.

28 Eines dieser Manuskripte, das Mellier 1719 abschloss, wurde später veröffentlicht: Gérard Mellier: *Essai sur l'histoire de la ville et du comté de Nantes.* Nantes, 1872.

29 Bechameil de Nointel (s. Anm. 4), S. 82 – 87.

30 »Mémoire sur le commerce qui se fait à Nantes et sur les moyens de l'augmenter«. 1714. AM, Nantes, HH 228, no. 3.

31 »Nun heißt es trinken, nun mit dem freien Fuße stampfen die Erde …«

32 Guillaume Delisle, Afrika-Karte (um 1700), im Besitz des Autors; Delisle: Carte d'Afrique dressée pour l'usage du roy, 1730, Map Collection, Sterling Memorial Library, Yale University.

33 Pierre H. Boulle: »In Defense of Slavery: Eighteenth-Century Opposition to Abolition and the Origins of a Racist Ideology in France«. In: *History from Below: Studies in Popular Protest and Popular Ideology in Honor of George Rudé.* Hg. von Frederick Krantz. Montreal, 1985; S. 221–241.

34 Simone Delesalle und Lucette Valensi: »Le Mot ›nègre‹ dans les dictionnaires français d'Ancien Régime, histoire et lexicographie«. In: *Langue Française*, 15 (1972), S. 88 und S. 93f.

35 Jan Gallet: *Seigneurs et paysans bretons du Moyen Age à la Révolution.* Rennes, 1992; S. 165–167, S. 188 und S. 220.
James B. Collins: *Classes, Estates and Order in Early Modern Britanny.* New York, 1994; S. 267f.

36 Was die angebliche kriminelle Natur der bretonischen Landbevölkerung betrifft, siehe Jean le Tallec: *La vie paysanne en Bretagne centrale sous l'Ancien Régime.* Spézet, 1996; S. 180 – 183.

37 Musée Dobrée: *Iconographie* (s. Anm. 5), S. 53 und S. 59.

38 »Observations sur la liberté que l'on prétend être acquise en France par la seule entrée dans le royaume«. BN, Paris, Manuscrits, Collection Joly de Fleury, vol. 313, fol. 117 v.

39 *Le Code Noir.* (Paris, 1767) Reprint: Fort de France, Martinique, 1980; 30f. und S. 36.

40 John Thornton: *The Congolese Saint Anthony: Doña Beatriz Kimpa Vita and the Antonian Movement, 1684 – 1706.* Cambridge, 1998; S. 204.
Mettas (s. Anm. 6); Bd. 1, S. 54f.

41 Eine Analyse dieses Argumentationsgangs aus moderner Sicht bei: Abd Ahed: *Contribution à une théorie sociologique de l'esclavage.* Paris, 1931; S. 182 – 246.
Orlando Patterson: *Slavery and Social Death.* Cambridge, Mass., 1982; S. 5.

42 Savary des Bruslons: *Dictionnaire universel de commerce.* Paris, 1723; Bd. 2, S. 858.

43 »Edit du Roy concernant les esclaves nègres des colonies«. Oktober 1716. ADLA, Nantes, C 742.

44 Dale Van Kley: *The Jansenists and the Expulsion of the Jesuits from France, 1757–1765.* New Haven, 1965; S. 1.
Alexander Sedgwick: *Jansenism in Seventeenth-Century France: Voices from the Wilderness.* Charlottesville, Virginia, 1977; S. 189.

45 Van Kley (s. Anm. 44), S. 1 und S. 23; Sedgwick (s. Anm. 44), S. 189–191.

46 Peabody (s. Anm. 22), S. 19f.

47 J. Rennard: *Histoire religieuse des Antilles françaises des origines à 1914.* Paris, 1954; S. 41f.

48 Jacques Petijean-Roget: *Personnes et familles à la Martinique au XVIIe siècle.* Fort de France, Martinique, 1983; Bd. 1, S. xxi.

49 1690 schrieb der König an den neuen Gouverneur-Generalleutnant der Antillen, dass er als seine vorrangigen Aufgaben die Förderung des Glaubens und den Schutz der Jesuiten ansehen solle. Rennard (s. Anm. 47), S. 68.

50 Zitiert bei: Lucien Peytraud: *L'esclavage aux Antilles françaises avant 1798.* Paris, 1973; S. 172f.

51 Peytraud (s. Anm. 50), S. 147–149 und S. 172f.

52 ebd. S. 153–163.

53 Peabody (s. Anm. 22), S. 19–21; *Biographie universelle, ancienne et moderne.* 52 Bde. Paris, 1811–1862, Bd. 24; S. 46f.

54 Marc Bloch: *French Rural History.* S. 83–109.
William Phillips: *Slavery from Roman Times to the Early Transatlantic Trade.* Minneapolis, 1985; S. 43–59.

55 Lemerres Schrift mit dem Titel »Observations sur la liberté que l'on prétend être acquise en France par la seule entrée dans le royaume«. BN, Manuscrits, Collection Joly de Fleury, Bd. 35, fol. 113–127.

56 Charles de la Rue: »Mémoire touchant l'affranchissement des esclaves«, 1716. AN, Aix-en-Provence, Col. F 3 90.

57 Gui Alexis Lobineau: *Histoire de Bretagne.* 2 Bde. Paris, 1707, Bd. 1; S. 851f.

58 Zu »ein Jahr und einen Tag« und den »mottiers« siehe Gallet: (s. Anm. 35), S. 150–167.

59 Es ist nicht eindeutig geklärt, ob dieses Edikt jemals registriert wurde. Ich schließe mich hier den Argumenten von Peabody (s. Anm. 22; hier S. 19, 21, 146f. und 149f.) an.

60 Ehrard (s. Anm. 2), S. 143; Boulle (s. Anm. 33), S. 226.

61 Edward Derbyshire Seeber: *Anti-Slavery Opinion in France During the Second Half of the Eighteenth Century.* Baltimore, 1937; S. 31.

62 »Délibérations capitulaires« (s. Anm. 12), S. 330.
Hervé (s. Anm. 10), S. 199.

TEIL 2 DIE FINANZIERS

1 Madeleine Delpierre: *Dress in Eighteenth-Century France.* Übers. von Caroline Beamish. New Haven, 1997; S. 23f.

2 »Extrait des registres du greffe civil et criminel de l'Isle Martinique«, 19. November 1729. ADM, Vannes, 9B 208.

3 Laurent Roblin: »Le Commerce de la mer; Nantes 1680–1730«. Diss.: Université de Paris IV, 1987; S. 508f.

4 Joseph C. Miller: *Way of Death: Merchant Capitalism and the Angolan Slave rade, 1730–1830.* Madison, Wis., 1988; S. 577.

5 »Observations sur le mémoire de Monsieur Raudot«, Februar 1715. ADLA, Nantes, C 740.
Jean Mettas: *Répertoire des expéditions négrières françaises au XVIIIe siècle.* Hg. von Serge Daget. 2 Bde. Paris, 1978. Bd. I, S. 24–36 und Bd. 2, S. 136. Mettas führt 18 Sklavenschiffe auf, die von Nantes aus in See stachen, eines von ihnen stand aber im Dienst der Asiento-(Guinea-)Kompanie und eines in dem der Senegal-Kompanie. Ein weiteres Schiff der Asiento-Kompanie ging von Brest aus auf Fahrt.

6 Dernis: *Histoire abregée des compagnies de commerce qui ont esté établis en France depuis 1626.* 1742. AOM, col. F 2A 12.

7 In dem königlichen Edikt vom Dezember 1701 wurden als *négociants* definiert »alle jene, die ihre Geschäfte in Lagerhäusern abschließen, ihre Waren in Form von Ballen, in Kisten oder als Ganzes verkaufen und die keine Läden eröffnet haben und auch keine Auslage in ihren Fenstern oder Zeichen an den Türen ihrer Häuser haben«. ADLA, Nantes, C 695.

8 A. M. Boislisle: *Correspondance des contrôleurs généraux des finances avec les intendants des provinces.* 3 Bde. Paris, 1883. Bd. 2, S. 495f.
Emile Gabory: »La Marine et le commerce de Nantes au XVIIe siècle et au commencement du XVIIIe«. In: *Annales de Bretagne* 17 (1901/2), S. 262–265.

9 Thomas Schaeper: *The French Council of Commerce, 1700–1715.* Columbus, Ohio, 1983; S. 52.

10 Jacques Saint-Germain: *Samuel Bernard: le banquier des rois.* Paris, 1960; S. 103–107.

11 Als Verfasser dieses Memorandums wurde irrtümlicherweise John Law angesehen, und der Text wurde von Paul Harsin (Hg.) aufgenommen in: *John Law:*

Œuvres complètes. Paris, 1943; Bd. 2, S. 67–259. Man glaubt heute, dass es sich zum großen Teil um die Kopie einer von Jean Le Pottier verfassten Schrift handelt. Siehe: Edgar Faure: *La banqueroute de Law.* Paris, 1977; S. 694.

12 Tom Kemp: *Economic Forces in French History.* London, 1971; S. 49.

13 Arthur Young: *Travels during the Years 1787, 1788, and 1789.* 2 Bde. London, 1794; Bd. 1, S. 103.

14 Edward Fox: *History in Geographic Perspective: The Other France.* New York, 1971; S. 34–38 und 64–68.

15 Ernest Labrousse und Fernand Braudel (Hg.): *Histoire économique et sociale de la France.* Paris, 1970; Bd. 2, S. 505.

16 »Lettres patentes du roy pour la liberté du commerce de la coste de Guinée«, Januar 1716. ADLA, Nantes C 740.
Gaston Martin: *Nantes au XVIIIe siècle: l'ère, 1714–1774.* Paris, 1993; S. 177f.

17 »Mémoire sur la liberté du commerce de Guinée«. Undatiert, aber eindeutig nach dem Auslaufen des Asiento-Kontrakts verfasst. AOM, Aix-en-Provence, Col. C 6 25.

18 Boislisle (s. Anm. 8), Bd. 3, S. 507.

19 Ebd. und: »Observations« (s. Anm. 5) sowie: »Mémoire pour faire connaître la nécessité d'accorder des permissions pour la commerce de Guinée«, 5. Mai 1714. AOM, Aix-en-Provence, Col. C 625.

20 »Mémoire sur la Guinée«, 1716. AOM, Aix-en-Provence, Col. C 625.

21 »Mémoire pour faire connaître …« (s. Anm. 19).

22 A. Perret: »René Montaudoin: armateur et négrier nantais.« In: *Bulletin de la Société Archéologique et Historique de Nantes et de Loire-Atlantique* 88 (1949), S. 78–94.

23 ADLA, Nantes, 12. November 1714, C 751.

24 »Mémoire pour faire connâitre …« (s. Anm. 19).

25 »Observations sur le mémoire … » (s. Anm. 5).

26 Gaston Martin: *Nantes au XVIIIe siècle: l'administration de Gérard Mellier.* Paris, 1928; S. 145–146.

27 »Lettres patentes du roy …« (s. Anm. 16).
»Déclaration du roy concernant la Guinée«, Dezember 1716. ADLA, Nantes, C 740.

28 »Lettres patentes du roy …« (s. Anm. 16).
»Arrest du Conseil d'Estat du Roy du 25 Janvier 1716«. ADLA, Nantes, C 741.

29 »Lettres patentes du roy portant règlement pour le commerce des colonies françoises«, April 1717. AN, Paris, Marine A 1 54.

30 Jacques Cellard: *John Law et la régence.* Paris, 1996; S. 41f. und 65–70.

31 Rochelle Ziskin: *The Place Vendôme.* Cambridge, 1999; S. 32.

32 Harsin (s. Anm. 11), Bd. 1, S. xxxii.
Maurice Dumolin: »La Place Vendôme. Annexe au procès-verbal de la séance du 26 mars 1927«. In: *Commission Municipale de Vieux Paris, procès-verbaux, année 1727.* Paris, 1731; S. 29–52.

33 Janet Gleeson: *Millionaire.* New York, 1999; S. 99.

34 a.a.O., S. 63–65. Und: Gray: *The Memoirs, Life, and Character of the Great Mr. Law.* London, 1721; S. 10.
35 In: London Gazette, 3–7 January, 1694–1695. Zitiert bei Edgar Faure: *La banqueroute de Law.* Paris, 1977; S. 632.
36 A. W. Wiston-Glynn: *John Law of Lauriston.* Edinburgh, 1907; S. 29–33.
Le Baron Albert de Montesquieu: *Voyages de Montesquieu.* 2 Bde. Bordeaux, 1894; Bd. 1, S. 64.
37 Harsin (s. Anm. 11), Bd. 1, S. xxxi-xxxvi. Cellard (s. Anm. 30), S. 42.
38 Harsin (s. Anm. 11), Bd. 1; S. xxvii.
39 Wiston-Glynn (s. Anm. 36), S. 34.
40 Harsin (s. Anm. 11), Bd. 2; S. 266.
41 Cellard (s. Anm. 30), S. 57, 74–76.
42 a.a.O., S. 7, 21 und 79f.
43 a.a.O., S.92–96. Und: Phillippe Haudrère: *La Compagnie française des Indes au XXIIIe siècle, 1719–1795.* 4 Bde. Paris, 1989; Bd.1: S. 48–54.
44 Cellard (s. Anm. 30), S. 154–160.
Haudrère (s. Anm. 43), Bd. 1, S. 55–57.
45 Haudrère (s. Anm. 43), Bd. 1, S. 56–58.
Wiston-Glynn (s. Anm. 36), S. 75.
46 Gérard Le Bouëdec: *Le port et l'arsenal de Lorient.* 4 Bde. Paris, 1994; Bd. 2, S. 163.
47 Claude Nières u.a.: *Histoire de Lorient.* Toulouse, 1988; S. 50f.
48 Le Bouëdec (s. Anm. 46), Bd. 2, S. 214–216.
49 a.a.O., Bd. 2, S. 216.
50 a.a.O., Bd. 2, S. 162.
51 Cellard (s. Anm. 30), S. 288.
52 Georges Cain: *La Place Vendôme.* Paris, 1908; S. 10.
53 Maurice Quénet: »Un Exemple de Consultation dans l'administration monarchique au XVIIIe siècle: les Nantais et leurs députés au Conseil de Commerce«. In: *Annales de Bretagne et des pays de l'ouest, Anjou, Maine, Touraine* 85 (1978), S. 454f.
54 Arrest du Conseil d'Estat du Roy. ADLA, Nantes, C 738.
55 Haudrère (s. Anm. 43), Bd. 1, 64f.
Jean Tarrade: *Le Commerce colonial de la France à la fin de l'Ancien Régime.* Paris, 1972; S. 90.
56 Mettas (s. Anm. 4), Bd. 1, S. 88–109.
57 Haudrère (s. Anm. 43), Bd. 1, S. 124–126.
58 Charles Becker: »Note sur les chiffres de la traite atlantique française au XVIIIe siècle«. In: *Cahiers d'Etudes africaines,* 26 (1986), S. 653 und 658.
Haudrère (s. Anm. 43), Bd. 1, S. 124.
Martin (s. Anm. 16), S. 149.
59 Wiston-Glynn (s. Anm. 36), S. 201.
60 Edgar Faure (s. Anm. 35), S. 477–489.
Gleeson (s. Anm. 33), S. 209–211.
61 Faure (s. Anm. 35), S. 477–486.
Cain (s. Anm. 52), S. 12. Cellard (s. Anm. 30), S. 141–145 und 385.

62 Quénet (s. Anm. 53), S. 453. Roblin (s. Anm. 3), S. 508f.
63 Martin (s. Anm. 16), S. 149.
64 *Biographie universelle, ancienne et moderne.* 52 Bde. Paris, 1811–1862; Bd. 27, S. 543.
65 Maurepas: »Mémoire sur la quantité de nègres qu'il nécessaire d'introduire chaque année aux isles de l'Amérique«, 5. September 1724. AN, Paris, M 1026.
66 Blondel, 14. Januar 1725. AOM, Aix-en-Provence, C 8A 34, fol. 133 – fol. 135.
67 Maurepas: »Commerce de Guinée«, mémoire, n.d. AN, Paris, M 1026.
68 Zu dem Memorandum und den Reaktionen darauf siehe: »Extrait de deux mémoires présentés au nom des actionnaires sur le commerce de Guinée et des réponses des directeurs de la compagnie article par article à ceux mémoires; Extrait du 1er et 2e mémoires des actionnaires; Mémoire sur la manière dont la Compagnie des Indes peut exercer son privilège de Guinée, en cas qu'elle ne continue pas à le faire en entier par elle-même; Les deux mémoires. Alle diese Dokumente in AN, Paris, M 1026.
69 Feuquières und Blondel, 21. Juli 1725. AOM, Aix-en-Provence, C 8A 34, fol. 50 seq.
70 Haudrère (s. Anm. 43); S. 124f. und S. 159, Fußnote 442.
Robert Stein: *The French Slave Trade in the Eighteenth Century: an Old Regime Business.* Madison, Wisconsin, 1979; S. 19f.
71 Becker (s. Anm. 58), S. 653 und 658.
Mettas (s. Anm. 4), Bd. 2, S. 575–586.
72 Haudrère (s. Anm. 43), Bd. 1, S. 125f.
73 a.a.O., S. 160, Fußnote 450. Und: Becker (s. Anm. 58), S. 658.

TEIL 3 EIN SKLAVENSCHIFF WIRD AUSGERÜSTET

1 Zum Segelsetzen und den entsprechenden Kommandos siehe John Harland: *Seamanship in the Age of Sail.* London, 1996; S. 271f.
2 Gérard Carreau: *Chansons de la mer: 100 anciennes chansons folkloriques françaises.* Paris, 1990; S. 9. Der zitierte Text soll natürlich nur einen Eindruck davon vermitteln, was für Lieder an Bord der *Diligent* gesungen wurden. Die Texte dieser Shanties waren so drastisch und so vulgär, dass man sie, als man sie später aufzeichnete, oft säuberte, bevor man sie einer größeren Öffentlichkeit präsentierte. Da diese Lieder mündlich weitergegeben wurden, entwickelten sie sich ständig weiter. Ihre normale Evolution wurde in der Zeit unmittelbar nach der Französischen Revolution vorübergehend unterbrochen, als patriotische und nationalistische Lieder die traditionellen Gesänge der Seeleute ersetzten. Siehe Armand Hayet: *Dictions, tirades et chansons des anciens de la voile.* Denoël, 1971; S. 190f.
3 H. du Halgouet: »Commerce de Vannes avec les Îles d'Amérique«. In: *Bulletin de la Société Polymathique de Morbihan*, 1940; S. 6.
4 Chevalier de Tourville: *Exercice en général de toutes les manœuvres qui se font à la mer.* Havre de Grace, 1643; S. 3f.
5 Robert Durand: »Journal du bord d'un négrier, 1731–1732«, BLY, Gen Mss, vol. 7, p. 5.

6 Gallois de la Tour: »Mémoire sur la Bretagne« (ca. 1733). BN, Paris, Manuscrits, FF 8153, fol. 5 und fol. 86.

7 T. J. A. Le Goff: *Vannes and its Region: A Study of Town and Country in Eighteenth-Century France.* Oxford, 1981; S. 10f.
Pierre Thomas-Lacroix: *Introduction de répertoire numérique de la série B des archives du Morbihan.* Vannes, 1941; S. 3–18.
De la Tour (s. Anm. 6), fol. 85.

8 Gaston Martin: *Nantes et la Compagnie des Indes.* Paris, 1928; S. 2f.

9 J. Letaconnoux: *Les Subsistences et le commerce des grains en Bretagne au XVIIIe siècle.* Rennes, 1909; S. 187–196.

10 Gérard le Bouëdec u.a.: *Le Morbihan de la préhistoire à nos jours.* S. 177f.
Le Goff (s. Anm. 7), S. 14f., 154–163, 172 und 197.

11 Arthur Young: *Travels during the Years 1787, 1788 and 1789.* 2 Bde. London, 1794. Bd. 1, S. 99–103 und S. 450.
Le Goff (s. Anm. 7), S. 191 und S. 381.
Le Bouëdec (s. Anm. 10), S. 153.

12 Gui Alexis Lobineau: *Histoire de Bretagne.* 2 Bde. Paris, 1707; Bd. 1, S. 851.

13 Le Goff (s. Anm. 7), S. 279.
Gallois de la Tour, zitiert bei: Jean Meyer: *La Noblesse bretonne au XVIIIe siècle.* 2 Bde. Paris, 1966; Bd. 1, S. 520.

14 Bechameil de Nointel: »Mémoire concernant la province entière de Bretagne«. 1698. BN, Paris, Manuscrits, FF 8149, S. 95–98.

15 Letaconnoux (s. Anm. 9), S. 176–187.

16 »Délibérations de la communauté de ville de Vannes«, 10. November 1728. AM, Vannes, BB 14, fol. 25 r – v.

17 Robien: »Plan de Ville, Port, et Faubourgs de Vannes« (ca. 1750). ADM, Vannes, 1 Fi 84.

18 »Mémoire sur les ouvrages proposés pour le rétablissement du port de la ville de Vannes«, 12. April 1719. AM, Vannes, DD 3.

19 »On Fait Savoir«, 28. September 1727. AM, Vannes, DD3.
»Délibérations de la communauté de ville de Vannes«, 10. Oktober 1727. AM Vannes, BB 15.

20 Vannes, Rôle de capitation, 1731. AM, Vannes, CC 4, fol. 76 – fol. 77.

21 »L'Apposition des sceaux après le décedes du feu Sr Billy«, 16. November 1722. ADM, Vannes, B 637.

22 Musée de la Cohue: *Vannes, une Ville, un Port.* Quimper, 1998; S. 20.

23 »L'Apposition …« (s. Anm. 21).

24 AM, Vannes, Gemeinderegister, St. Paterne, 24. Oktober 1695; St. Paterne, 8. Juli 1705.

25 Vannes, Rôle de capitation, 1731. AM, Vannes, CC 4.

26 Zitiert bei Le Goff (s. Anm. 7), S. 71f.

27 A. M. de Boislisle: *Correspondence des contrôleurs généraux des finances avec les intendants des provinces.* Paris, 1883, Bd. 2; S. 484f.

28 a.a.O., S. 485.

29 ebd.

30 Henri Lévy-Buhl: »La Noblesse de France et le commerce à la fin de l'Ancien Régime«. In: *Revue d'Histoire Moderne* 8 (1933), S. 216–219.

31 »Lettre de noblesse pour Joachim Descasaux, September 1702«. ADLA, Nantes, B 92, fol. 194 v – 195 r.

32 Meyer (s. Anm. 13), Bd. 1, S. 254–252.

33 A. Perret: »René Montaudoin: armateur et négrier nantais«. In: *Bulletin de la Société Archéologique et Historique de Nantes et de Loire-Atlantique* 88 (1949), S. 86–91.

34 Paul Devolant: *Recueil d'arrests rendus au parlement sur plusieurs questions célèbres.* Rennes, 1722; Bd. 2, S. 239.

35 Le Goff (s. Anm. 7), S. 11, S. 32 und S. 42f.

36 H. du Halgouet: *Nantes: ses relations commerciales avec les Iles d'Amérique au XVIIIe siècle.* Rennes, 1939; S. 27f. und: ders. (s. Anm. 3), S. 4.

37 Fonds Lucas, ADM, Vannes, E I 819.

38 Actes de Propriété, 1724–1735, fol. 37 v – 38 r. ADM, Vannes, 9B 57.

39 du Halgouet (s. Anm. 3), S. 3–6.

40 Conseil de Commerce, 25. November 1728. AN, Paris, F 12 75, S. 898–901.

41 Arrest du Conseil d'Etat, 21. Dezember 1728. ADM, Vannes, 9B/4.

42 Lettres patentes, 21. März 1730. Vannes, HH 1.

43 Le *St. Pierre* de Vannes, 10. Februar 1729. ADM, Vannes, 9B 96.

44 Extrait des registres du greffe civil et criminel de l'Isle Martinique, 19. November 1729. ADM, Vannes, 9B 208.

45 »Montaudoin, négociant de Nantes« (undat.). ADLA, Nantes, C 741.
Jean Meyer: *L'Armement Nantais dans la deuxième moitié du XVIIIe siècle.* Paris, 1969; S. 228.

46 Commerce de Nantes en 1731, 30. Januar 1732. ADLA, Nantes, C 740.

47 Pierre Thomas-Lacroix: »Les Constructions et les ventes de navires dans les amirautés de Vannes et de Lorient au XVIIIe siècle«. In: *Mémoires de la Société d'Histoire et d'Archéologie de Bretagne* 49 (1969), S. 97.

48 Armement, *Le Diligent* de Vannes, 14. Februar 1730. ADM, Vannes, 9B 208.

49 Etienne Raut und Léon Lallement: »Vannes autrefois: la traite des nègres«. In: *Bulletin de la Société Polymathique de Morbihan*, 1933, S. 63.
Thomas-Lacroix (s. Anm. 7), S. 95.

50 Gemeinderegister, St-Paterne, 4. Oktober 1729. AM, Vannes.

51 Joseph Mahuas: »Le Diocèse de Vannes et le Jansénisme«. Diss., Universität Rennes, 1967; S. 209–249.

52 Actes de Propriété, 1724–1735. ADMV, 9B 57, fol. 50 v–51 r.
Thomas-Lacroix (s. Anm. 7), S. 97.

53 Diese Verwechslung wurde erst durch den »Arrest … du 30 September 1741« aus der Welt geschafft. ADLA, Nantes C 740.

54 »Arrest du 26 Fevrier, 1726«. ADLA C 740. Das Formular, das die Eigner der *Diligent* ausgefüllt haben, hat sich nicht erhalten; dieses Dokument enthält aber Abschriften der Standardformulare.

55 Martin (s. Anm. 8), S. 180.
Elizabeth Donnan: *Documents Illustrative of the History of the Slave Trade to America.* New York, 1969; Bd. 2, S. 449f.

56 *Armement* (s. Anm. 45)

57 David Eltis, Stephen D. Behrendt, David Richardson und Herbert S. Klein: *The Trans-Atlantic Slave Trade: A Database on CD-ROM.* New York, 1999.
»Guinée«, ca. 1724. AOM, Aix-en-Provence, C 6 10.

58 Young (s. Anm. 11), Bd. 1, S. 103.

59 Pierre Lelièvre: *Nantes au XVIIIe: Urbanisme et Architecture.* Paris, 1988; S. 52f. und 96–102.
Musée Dobrée: *Iconographie de Nantes.* Nantes, 1978, S. 79f.

60 Arrest du Conseil d'Estat du Roy concernant la réédification de la bourse, ou place des marchands de la ville de Nantes, 24. April 1722, ADLA, Nantes, C 648.

61 Musée Dobrée: *Iconographie* … (s. Anm. 59), S. 79f.
Martin (s. Anm. 8), S. 329–334 und S. 470f.
Paul Jeulin: *L'Evolution du port de Nantes.* Paris, 1929; S. 174f.

62 Musée Dobrée: *Iconographie* … (s. Anm. 59). S. 95f. und S. 100.

63 Arrest du Conseil d'Estat du Roy, 29. Dezember 1718. AM, Nantes, HH 236, no. 22.
Siehe auch: X. du Boisrouvray und M. Konrat: *La Traite des Noirs à Nantes du XVIIe au XIX siècle.* Nantes, 1980, fol. 67 v.

64 Die 30 Fässer wurden durch Analogiesetzung zur *Concorde* ermittelt, die Kaurimuscheln in einem vergleichbaren Gewicht an Bord hatte.

65 Zu Kaurimuscheln als Währung siehe Jan Hogendorn: *The Shell Money of the Slave Trade.* New York, 1986.

66 Das Schwesterschiff der *Diligent*, die *Concorde*, hatte Branntwein sowohl aus Nantes als auch aus Bordeaux an Bord. Compte de l'armement mise-hors et cargaison du navire *La Concorde* de Vannes.
Jean Boudriot: *Compagnie des Indes, 1720–1770.* 2 Bde. Paris, 1983, Bd. 1, S. 139.

67 Boudriot (s. Anm. 66), Bd. 1, S. 139.

68 Durand (s. Anm. 5), S. 3. Die Liste der mitgeführten Vorräte und Ausrüstungsgegenstände basiert partiell auf der *mise-hors* des Schwesterschiffs *Concorde,* das die gleiche Größe wie die *Diligent* hatte und sich ebenfalls zum Teil im Besitz der Brüder Billy befand. Mit dem Beladen der *Concorde* wurde zwei Wochen vor der Abfahrt der *Diligent* begonnen, und man kann annehmen, dass die beiden Schiffe ähnlich ausgestattet wurden. S. Compte de l'armement mise-hors et cargaison du navire *La Concorde* de Vannes.

69 Eine Analyse des Buchführungssystems bei Meyer (s. Anm. 13), S. 143–165.

70 Bei der Taxierung dieser Summe wurde von den uns bekannten Zahlen für die *Concorde* ausgegangen.

71 Contrôle des Actes, 17. und 20. April 1731. ADLA, Nantes, II C 2679, fol. 48 v und 56 r.

72 In seinem *L'Armement Nantais* … (s. Anm. 45; hier S. 148f.) stellt Jean Meyer fest: »Wir haben kein einziges Beispiel für eine Überseereise gefunden, die nicht versichert wurde.«

73 Jacques Ducoin: *Naufrages, conditions de navigation et assurances dans la marine de commerce du XVIIIe siècle.* 2 Bde. Paris, 1993; Bd. 1, S. 159, S. 198f; Bd. 2, S. 648–656.
74 Ducoin (s. Anm. 73), Bd. 1, S. 237–239; Bd. 2, S. 666–668.
75 Jean Mettas: *Répertoire des expéditions négrières françaises au XVIIIe siècle.* Hg. von Serge Daget. 2 Bde. Paris, 1987; Bd. 1, S. 153f. und Bd. 2, S. 587f.
76 Durand (s. Anm. 5), S. 5.
77 Carreau (s. Anm. 2) S. 63.
78 Gallois de la Tour: *Mémoire sur la Bretagne* (um 1733).

TEIL 4 AUF FAHRT GEN SÜDEN

1 René-Josué Valin: *Commentaire sur l'ordonnance de la marine du mois d'août 1681.* Poitiers, 1828; Bd. 1, S. 50.
2 Jean Merrien: *La vie des marins au grand siècle.* Rennes, 1995; S. 101f.
3 Teil 4 dieses Buches basiert auf Robert Durand: »Journal de bord d'un négrier, 1731–1732«. BLY, Gen Mss, vol. 7, S. 6–25.
4 Bouguer: *Traité Complet de la Navigation.* Paris, 1706; S. 100–104 und Tafel 4, Abb. 17.
5 a.a.O., S. 117f. und Tafel 4, Abb. 27.
6 De Radoüay: *Remarques sur la navigation et moyens d'en perfectionner la pratique.* Paris, 1717; S. 17.
7 Dava Sobel: *Longitude.* New York 1995; S. 132.
8 De Radoüay (s. Anm. 6), S. 13.
9 Pas Caart vertoonende West-Indische als ook de Westelystke Custen van Europa en Africa. Eeertyds in't ligt gebracht door wijlen Pieter Goss enz. Door Joannes Van Keulen en Zoonen, 1759. Gerard Hulst Van Keulen. AR, 4 Veel 96.
10 Errechnet unter Heranziehung der Zahlenangaben in David Eltis: »The Volume and Structure of the Atlantic Slave Trade: A Reassessment«. In: *William and Mary Quarterly*, 3rd ser., 58 (2001), S. 17f.
11 Le Croisic, Capitation, 1720. ADLA, Nantes, B 3502, folio 43. Le Croisic, Capitation, 1731. ADLA, Nantes, E Dépôt 38, CC 1, fol. 5.
12 Gérard le Bouëdec u.a.: *Le Morbihan de la préhistoire à nos jours.* Saint-Jean d'Angély, 1994.
13 Gallois de la Tour: »Mémoire sur la Bretagne«, um 1733. BN, Paris, Manuscrits, FF 8153, S. 61. Fernand Guériff: *De Poudre, de Gloire, et de Misère.* Nantes, 1980; S. 196, S. 201 und 213.
14 Estat des voyages de long cours faîts par le Sr. Robert Durand, 1734. ADLA, Nantes, B 5001. Lettre de capitaine et pilote, 22. Oktober 1736. ADLA, Nantes, B 4494, fol. 104 v. – fol. 105 v. Robert Durand in: »Journaliers des officiers-mariniers et matelots« (Le Croisic, Batz, Le Poulinguen), 1730–1732. ADLA, Nantes, 120J 32.
15 Capitation, Le Croisic, 1730. ADLA, Nantes, E Dépôt 38, CC 1, fol. 25 v. Registre,

Capitaines, Maîtres, ou Patrons et Pilotes, Département de Nantes, Quartier du Croisic. ADLA Nantes 120J 33.

16 Pierre Mary in: »Journaliers des officiers-mariniers et matelots (Le Croisic, Batz, Le Poulinguen)«. ADLA, Nantes, 120J 32. Capitation, Le Croisic, 1720. ADLA, Nantes, B 3502, fol. 14 r. Capitation, Le Croisic, 1730. ADLA, Nantes, E Dépôt 38, CC 1, fol. 25 v.

17 *La Marie Heureuse de Nantes*, 1. August 1721. ADLA, Nantes, B 4580, fol. 62 r., 64 r – v.

18 *La Marie Heureuse de Nantes*, 22. August 1727. ADLA, Nantes, B 4582, fol. 193 v – 194 r. Pierre Mary in: »Journaliers des officiers-mariniers et matelots«.

19 Procès verbal, 11. März 1730. ADM, Vannes, 9 B 208; Extrait des registres du greffe, 24. April 1730. ADM, Vannes, 9B 208.

20 Pierre Valteau, 15. Mai 1722. Gemeinderegister, Le Croisic. ADLA, Nantes, Mi ec 303, R 12.

21 Valin (s. Anm. 1), Bd. 1, S. 50–65.

22 Edouard Richer: *Voyages pittoresque dans le département de la Loire-Inférieure.* Nantes, 1823. Eine Faksimile-Ausgabe hiervon wurde unter dem Titel *Description de Croisic* (Paris, 1993) veröffentlicht; darin siehe S. 87.

23 Inventaire du Vaisseau le *Saint-Pierre* de Vannes. ADM, Vannes, 9 B 208.

24 Robert Durand hielt keine Einzelheiten der Zeremonie fest. Sie wurde rekonstruiert anhand der Darstellung in: N****: *Voyages aux côtes de Guinée et en Amérique* (Amsterdam, 1719), S. 17–22; sowie: Jean-Baptiste Labat: *Nouveau voyage aux îles d'Amerique* (Paris, 1722). Bd. 1, S. 34–38.

25 Armement, *Le Diligent de Vannes*, 26. Mai 1731. ADM, Vannes, 9B 208.

26 Merrien (s. Anm. 2), S. 92.

27 Ich halte mich an das Wachwechselsystem, wie es sich dargestellt findet bei: Pierre-Marie-Joseph de Bonnefoux und E. Paris: *Dictionnaire de la marine à voile.* Reprint der 2. Ausg. (Paris, 1987), S. 612f.

28 William Dampier: *Dampier's Voyages.* Hg. von John Masefield. 2. Bde. London, 1906; Bd. 1, S. 104 und Bd. 2, S. 358–367.
Lista do Bispado de Cabo Verde, 10. Mai 1731. AHU, Lissabon, Caixa 14, no. 33.

29 Procès verbal de la relâche de St-Jago, 9. Juli 1731. ADM, Vannes, 9 B 208.

30 Alvaro Lereno: *Subsidios para a história da moeda em Cabo Verde, 1460–1940.* Lisboa, 1942; S. 47–51. Erklärung des Stadtrates von Ribeira Grande, 1738, zitiert bei António Carreira: *The People of the Cape Verde Islands.* London, 1982; S. 13. Dampier (s. Anm. 28), Bd. 2, S. 369f.. George Roberts: *The Four Years Voyages of Captain George Roberts.* London, 1726; S. 404. Cabo Verde, 16. April, 1731. AHU, Lissabon, Caixa 14, no. 28.

31 Elise Silva Andrade: *Les Iles du Cap-Vert de la »découverte« à l'índependance nationale.* Paris, 1996; S. 108f.

32 T. Bentley Duncan: *Atlantic Islands: Madeira, the Azores, and the Cape Verdes in the Seventeenth Century.* Chicago, 1972; S. 210 und 228f.

33 António Carreira: *Panaria Cabo-Verdeano-Guineese.* Lissabon, 1983; S. 62f.

34 Lista do Bispado de Cabo Verde, 10. Mai 1731. AHU, Lissabon, Caixa 14, no. 33;

Christiano José de Senna: *Subsidios para a historica de Cabo Verde e Guine.* Lisboa, 1899–1913, Bd. 1, S. 262.

35 Lista do Bispado de Cabo Verde, 10. Mai 1731; Cabo Verde, 16. April 1731, AHU, Lisboa, Caixa 14, no. 28; Roberts (s. Anm. 30), S. 405.

36 Guillaume Deslisle: *Carte d'Afrique dressé pour l'usage du roy,* 1730, in der Kartensammlung der Sterling Library, Yale University; D'Anville: C*arte de la Côte de Guinee,* 1729, BN, Paris, Cartes et Plans, Ge D 10630.

37 Jean Mettas: *Répertoire des expéditions négrières françaises au XVIIIe siècle.* Hg. von Serge Daget. 2 Bde. Paris, 1978; Bd. 1, S. 91–96.

38 William Snelgrave: *A New Account of Some Parts of Guinea and the Slave Trade.* London, 1734; S. 193–288. Charles Johnson: *A General History of the Robberies and Murders of the Most Notorious Pyrates.* London, 1724; S. 194–213. John Atkins: *A Voyage to Guinea, Brazil, and the West-Indies.* London, 1735; S. 191–194.

39 Mettas (s. Anm. 37), Bd. 2, S. 609. Pranger an Hertogh, 18. März 1731. In: A. Van Dantzig (Hg. und Übers.): *The Dutch and the Guinea Coast, 1674–1742: A Collection of Documents from the General State Archive at the Hague.* Accra, 1978; S. 253.

TEIL 5 VOR DER KÜSTE AFRIKAS

1 Teil 5 des vorliegenden Buches basiert auf Robert Durand: »Journal de bord d'un négrier, 1731–1732«, BLY, Gen Mss, vol. 7, S. 25–51.

2 William Smith: *A New Voyage to Guinea.* London, 1744; S. 106–109. John Atkins: *Voyage to Guinea, Brazil, and the West-Indies.* London, 1735; S. 62–68. Paul Roussier: *L'Etablissement d'Issiny, 1687–1702.* Paris, 1935; S. viii.

3 Atkins (s. Anm. 2), S. 151.

4 Errechnet auf Grund der Angaben in David Eltis: »The Volume and Structure of the Transatlantic Slave Trade: A Reassesment«. In: *William and Mary Quarterly,* Januar 2000; Tabelle 2.

5 Jean Mettas: *Répertoire des expéditions négrières françaises au XVIIIe siècle.* Hg. von Serge Daget. 2 Bd. Paris, 1978; Bd. 1, S. 111 und S. 154.

6 Smith (s. Anm. 2), S. 100f. Atkins (s. Anm. 2), S. 58f. und S. 151f.

7 Mettas (s. Anm. 5), Bd. 1, S. 83f. und S. 102f.

8 Atkins (s. Anm. 2), S. 58f. und S. 151f.

9 Die New York Library besitzt: Arent Roggeveen: *Le Premier tome de la Tourbe Ardente,* Amsterdam, 1676. Es sind keine erhaltenen französischen Ausgaben des 2. Bdes., der sich mit Afrika befasst, bekannt. Eine Faksimile-Ausgabe der englischen Fassung wurde 1971 von Theatrum, Orbis Terrarum, Amsterdam, veröffentlicht.

10 Diese Zusammenfassung der Geschichte der Forts an der Goldküste basiert auf: Albert Van Dantzig: *Forts and Castles of Ghana.* Accra, 1980; S. 1–52.

11 Diesen Überblick über die größeren Forts gibt Harvey Feinberg: *Africans and Europeans in West Africa: Elminians and Dutchmen on the Gold Coast during*

the Eighteenth Century. Philadelphia, 1989; S. 41. Ein vollständiges Verzeichnis aller Kastelle, Forts und Handelsstationen an der Goldküste bei Albert Van Dantzig: *Forts and Castles of Ghana,* Accra, 1980, in der nicht paginierten Einleitung.

12 Eltis (s. Anm. 4), S. 44.

13 D'Anville, »Carte Particulière de la partie principale de la Guinée située entre Issin et Ardra, avril, 1729«. In: Jean-Baptiste Labat: *Voyage du chevalier Des Marchais en Guinée, iles voisines et à Cayenne, fait en 1725, 1726 et 1727.* Paris, 1730, 1731; Bd. 2, S. 1.

14 A. W. Lawrence: *Trade Castles and Forts of West Africa.* London, 1963; S. 230.

15 Kwame Daaku: *Trade and Politics on the Gold Coast, 1600–1720.* Oxford, 1970; S. 137f.. Smith (s. Anm. 2), S. 116f.

16 Atkins (s. Anm. 2), S. 75–80. James Houston: *Some New and Accurate Observations ... of the Coast of Guinea.* London, 1725; S. 17.

17 Protokoll der Sitzung des Rates von Elmina, 28. Dezember 1725. In: Van Dantzig, *Collection of Documents*, S. 218.
Emanuel Kreike: »Early Asante and the Struggle for Economic and Political Control on the Gold Coast, 1690–1730«. Magisterarbeit, Universität Amsterdam, 1986; S. 121.

18 Guinée, um 1724. AOM, Aix-en-Provence, C/6/10.

19 P. E. H. Hair: »Columbus from Guinea to America«. In: *History in Africa*, 17 (1990), S. 113–129.

20 Johannes Postma und Stuart B. Schwartz: »Brazil and Holland as Commercial Partners on the West African Coast during the Eighteenth Century«. In: *Arquivos do Centro Cultural Calouste Gulbenkian* 34 (1995), S. 401–407.

21 a.a.O., S. 404.

22 John Vogt: *Portugese Rule on the Gold Coast.* Athens, Georgia, 1979; S. 57f.. Ray Kea: *Settlements, Trade and Politics in the Seventeenth Century Gold Coast.* Baltimore, 1982, S. 197–201.

23 Albert Van Dantzig: *Les Hollandais sur la côte de Guinée à l'époque de l'éssor de l'Ashanti et du Dahomey, 1680–1740.* Paris, 1980; S. 114f.

24 Errechnet auf der Basis der Angaben in: David Eltis, Stephen D. Behrendt und David Richardson: *The Transatlantic Slave Trade: A New Census.*

25 *Caboceers* waren afrikanische Eingeborene, die von den örtlichen Herrschern oder Häuptlingen dazu bestimmt wurden, als Mittelsmänner zwischen ihnen und den europäischen Händlern zu fungieren und auf Menschenjagd zu gehen, um die benötigten Sklaven zu beschaffen. AdÜ.

26 Kurzes Memorandum in: Van Dantzig (s. Anm. 17), S. 240.

27 W. A. Richards: »The Import of Firearms into West Africa in the Eighteenth Century«. In: *Journal of African History* 21 (1980), S. 45f.

28 Kreike (s. Anm. 17), S. 101. Elmina Journal vom 2. April 1732. In: Van Dantzig (s. Anm. 17), S. 276.

29 Kreike (s. Anm. 17), S. 123f.

30 Feinberg (s. Anm. 11), S. 131.

31 Protokoll der Sitzung des Rates von Elmina am 26. März 1731. In: Van Dantzig (s. Anm. 17), S. 259f.

32 Kreike (s. Anm. 17), S. 115.

33 Lawrence (s. Anm. 14), S. 188f.

34 »An Estimate of the charges of the Royal African Company of England for the maintenance of the several British Forts«, Februar 1731. PRO, Kew, T 70 1450, S. 1.

35 *Barbot on Guinea: The Writings of Jean Barbot on West Africa, 1678–1712.* Hg. von P. E. H. Hair, Adam Jones und Robin Law. 2. Bde. London, 1992; Bd. 2, S. 392.

36 Colin Palmer: *Human Cargoes: The British Slave Trade to Spanish America, 1700–1739.* Urbana, 1981; S. 43.

37 a.a.O., S. 43f.

38 Francis Moore: *Travels into the Inland Parts of Africa.* London, 1738; S. 49.

39 Errechnet auf der Basis der Angaben in Eltis u.a. (s. Anm. 4).

40 *Journal of the Commission for Trade and Plantations from January 1722–3 to December 1728.* London, 1928; S. 261–263.

41 Smith (s. Anm. 2), S. 2. Einige der Ergebnisse von Smiths Reise sind eingegangen in William Smith: *Thirty Different Drafts of Guinea.* London (um 1728).

42 A. Shaw (Hg.): *Calendar of Treasury Books and Papers, 1729–1730.* London, 1897; S. 395.

43 »Estimate of the charges ...« (s. Anm. 39), S. 14.

44 Kreike (s. Anm. 17), S. S. 129f.

45 D'Anville: Carte de la Côte de Guinée par le Sr d'Anville. Juli 1729. BN, Paris, Ge. D. 10630.

46 William Bosman: *A New and Accurate Description of the Coast of Guinea, Divided into the Gold, Slave, and the Ivory Coasts.* London, 1705. William Smith: *Thirty Different Drafts of Guinea.* London 1727.

47 Sandra Greene: »The Anlo-Ewe: Their Economy, Society, and External Relations in the Eighteenth Century«. Diss., Northwestern University, 1981; S. 123.

48 Durand (s. Anm. 1), S. 49.

49 Compagnie des Indes, 20. Mai 1728. AOM, Aix-en-Provence, C 6 25, no. 58, fol. 7 r und v.

TEIL 6 WHYDAH

1 Robert Durand: »Journal de bord d'un négrier, 1731–1732«. BLY, Gen Mss, vol. 7, S. 50f.. Jean Mettas: *Répertoire des expéditions négrières françaises au XVIIIe siècle.* Hg. von Serge Daget. 2 Bde. Paris, 1978; Bd. 2, S. 702f.

2 »Instructions et ordres pour Monsieur Foures commandant le navire *l'Africain*«, 1738. In: *Journal de la Traite des Noirs.* Hg. von Jehan Mousnier. Paris, 1957; S. 23.

3 Journaliers des officiers-mariniers et matelots (Le Croisic, Batz, Le Polinguen), 1700–1732. ADLA, Nantes, 120J 32. *Le More*, ADLA, Nantes, B4583, fol. 48 u. 49.

4 Mettas (s. Anm. 1), Bd. 1, S. 116–119.

5 Die Beschreibung der Zeremonie basiert auf: Chevalier Des Marchais: »Journal du voyage en Guinée et Cayenne«, 1724–1726. BN, Paris, FF 24223, S. 79–84, sowie der unpaginierten Skizze mit dem Titel: »Couronnement du Roy du Juda à la Coste de Guinée du mois d'avril 1725«. Ein nach dieser Skizze angefertigter Stich wurde abgedruckt in: Jean-Baptiste Labat: *Vovage du Chevalier Des Marchais en Guinée, isles voisines et à Cayenne, fait en 1725, 1726 et 1727.* 4 Bde. Paris, 1730; Bd. 2, Illust. zwischen den Seiten 70 und 71.

6 Des Marchais (s. Anm. 5), S. 83. Labat (s. Anm. 5), Bd. 2, S. 58f.

7 Dralsé de Grand Pierre: *Relation de diverses voyages.* Paris, 1718; S. 169. William Smith: *A New Voyage to Guinea.* London, 1744, S. 190. William Snelgrave: *A New Account of Some Parts of Guinea and the Slave Trade.* London, 1734; S. 127.

8 Robin Law: »›The Common People were Divided‹: Monarchy, Aristocracy and Political Factionalism in the Kingdom of Whydah, 1671–1727«. In: *The International Journal of African Historical Studies* 23 (1990), S. 225. Eine Datierung des Ereignisses auf 1717 oder 1718 ist problematisch, weil es keinerlei Belege dafür gibt, dass Des Marchais sich in diesen Jahren in Whydah aufhielt. Ich neige daher dazu, mich seiner Datierung auf das Jahr 1725 anzuschließen. Das übliche Argument gegen sie lautet, dass das Königreich Allada 1725 schon von Dahomey erobert worden war und daher kein Vertreter Alladas zu der Zeremonie entsandt werden konnte. König Agaja von Dahomey drückte sich jedoch 1725 gegenüber Bulfinch Lambe unmissverständlich aus, dass Allada von einem König regiert wurde, der Dahomey Tribut zahlte. Dieser Herrscher kann durchaus einen Gesandten geschickt haben, um an der Zeremonie teilzunehmen und so die Verbindungen mit Dahomey zu festigen. Siehe Robin Law: »Further Light on Bulfinch Lambe and the ›Emperor of Pawpaw‹: King Agaja of Dahomey's Letter to King George I of England, 1726«. In: *History in Africa*, 17 (1990), S. 218.

9 Ein friedlicher Machtwechsel wird dargestellt in: »Relation du royaume de Judas en Guinée«. AOM, Aix-en-Provenve, DFC Côtes d'Afrique, ein eher gewaltsamer von Jean Barbot in *Barbot on Guinea: The Writings of Jean Barbot on West Africa, 1687–1712.* Hg. von P. E. H. Hais, Adam Jones und Robin Law. 2 Bde. London, 1992; Bd. 2, S. 644. Siehe auch Du Columbier: »Copie d'une relation envoyée à la compagnie«, 10. August 1714. AOM, Aix-en-Provence, Col. C 6 25, no. 17, fol. 9 v – 12 r.

10 I. A. Akinjogbin: *Dahomey and its Neighbors, 1708–1818.* Cambridge, 1967, S. 43.

11 Smith (s. Anm. 7), S. 192. Smith traf ungefähr einen Monat nach der Zerstörung Savis durch die Armee Dahomeys in Whydah ein. Er gibt an, dass seine Darstellung auf Berichten »von Gentlemen aus Whydah« beruhe. Einiges entnahm er auch dem Werk von William Bosman: *A New and Accurate Description of the Coast of Guinea.* London, 1705.

12 Jean Doublet: *Le Honfleurais aux sept naufrages.* Hg. von Noël le Coutour. Paris, 1996; S. 239. »Relation du royaume de Judas« (s. Anm. 9), S. 87. Pierre Verger: *Le Fort St-Jean-Baptiste d'Ajuda.* Dahomey, 1966; S. 11.

13 Zur Errichtung des französischen Forts im Jahr 1704 siehe Doublet (s. Anm. 12), S. 239f.

14 »Plan du Fort St-Louis«, 1717–1718. AOM, Aix-en-Provence, C 6 27, no. 175. Simone Berbain: *Le comptoir français de Juda (Ouidah) au XVIIIe siècle.* Paris, 1942; S. 57f.

15 William Smith: *Thirty Different Drafts of Guinea.* London (um 1728); Tafeln 28, 29.

16 Verger (s. Anm. 11), S. 16f.

17 a.a.O., S. 24. »Provisional agreement ... with the King and Grandees of Fida on November 12, 1726«. In: A. Van Dantzig (Hg. und Übers.): *The Dutch and the Guinea Coast, 1674–1742: A Collection of Documents from the General State Archive at the Hague.* Accra, 1978, S. 220.

18 Labat (s. Anm. 5), Bd. 2, S. 241f.

19 Smith (s. Anm. 7), S. 194f. Diese Beschreibungen ähneln sehr denen in Bosman (s. Anm. 11), S. 339–343, und sind vielleicht von dort übernommen.

20 Smith (s. Anm. 15), Tafel 28.

21 Smith (s. Anm. 7), S. 199f.. Des Marchais (s. Anm. 5), S. 75.

22 Dies ist eine Schätzung Robin Laws in seinem *The Slave Coast of West Africa, 1550–1750.* Oxford, 1991, S. 59.

23 Des Marchais (s. Anm. 5), S. 51. John Atkins: *A Voyage to Guinea, Brazil, and the West-Indies.* London, 1735; S. 157 und S. 172.
James Houston: *Some New and Accurate Observations ... of the Coast of Guinea.* London, 1725; S. 27.

24 Errechnet auf der Grundlage der Angaben bei: David Eltis: »The Volume and Structure of the Transatlantic Slave Trade: A Reassessment«. In: *William and Mary Quarterly,* Januar 2000, Tabelle 2.

25 »Relation du royaume de Judas« (s. Anm. 9), S. 88.

26 Des Marchais (s. Anm. 5), S. 62–64.

27 Labat fügt eigens an, dass man die Arada nicht mit den Einwohnern Alladas verwechseln dürfe. Labat (s. Anm. 5), Bd. 2, S. 125.

28 Des Marchais (s. Anm. 5), S. 58 und S. 92.

29 a.a.O., S. 84–87.

30 a.a.O., S. 87.

31 Labat (s. Anm. 5), Bd. 2, S. 87–89. Atkins (s. Anm. 23), S. 110.

32 Die Angaben von Entfernungen basieren auf Karte 5 (»Dahomey in the Early Eighteenth Century«) in: Law (s. Anm. 22), S. 268.

33 Dubelay, Lettre de Commerce, 21. November 1733. AOM, Aix-en-Provence, Col. C 6 25, no. 149.

34 Die Beschreibung König Agajas und seiner Kleidung stammt von Snelgrave, der dem Herrscher im April 1727 einen Besuch abstattete. Snelgrave (s. Anm. 7), S. 34f. und S. 75.

35 Bulfinch Lambe an Jeremiah Tinker, 27. November 1726. Der Brief ist abgedruckt in Smith (s. Anm. 7), S. 171–189.

36 Verger (s. Anm. 12), S. 24.

37 Der König von Dahomey an König Georg I., Januar 1724. Der Brief ist abgedruckt in Law (s. Anm. 8), S. 216f. Delisle à Daomé, 7. September 1728. AOM, Aix-en-Provence, Col. C 6 25, no. 139.

38 Dubelay (s. Anm. 33).

39 Robin Law: »Warfare on the West African Slave Coast, 1650–1850«. In: R. Brian Ferguson und Neil L. Whitehead (Hg.): *War in the Tribal Zone.* Santa Fe, 1992; S. 103–126. Labat (s. Anm. 5), Bd. 2; S. 235–245.

40 Labat (s. Anm. 5), S. 236f. Snelgrave (s. Anm. 7), S. 6.

41 Labat (s. Anm. 5), S. xii. Snelgrave (s. Anm. 7), S. 78. Smith (s. Anm. 7), S. 192.

42 Labat (s. Anm. 5), S. xii.

43 Snelgrave (s. Anm. 7), S. 37–39 und 106f. Robin Law: »Human Sacrifice in Pre-Colonial West Africa«. In: *African Affairs* 84 (1985), S. 53–87.

44 Bulfinch Lambe an Jeremiah Tinker, 27. November 1724, abgedruckt in: Smith (s. Anm. 7), S. 173. Robin Law: »›My Head Belongs to the King‹: On the Political and Ritual Significance of Decapitation in Pre-Colonial Dahomey«. In: *Journal of African History* 30 (1989), S. 399–415. Edna Bay: *Wives of the Leopard: Gender, Politics, and Culture in the Kingdom of Dahomey.* Charlottesville, 1998; S. 66.

45 Le Herissé: *L'Ancien Royaume du Dahomey.* Paris, 1911, S. 39f.

46 Snelgrave (s. Anm. 7), S. 5f. und 64. Unter Historikern wird nach wie vor darüber debattiert, welche wohl die Motive König Agajas für einen Angriff auf Whydah waren. Argumente dafür, dass Agaja dem Sklavenhandel einen Riegel vorschieben wollte, bei: Atkins (s. Anm. 23), S. 119; Akinjogbin (s. Anm. 10), S. 68–109. Argumente dafür, dass Agaja sein Königreich vergrößern und sich direkten Zugang zum Meer verschaffen wollte, bei: David Henige und Marion Johnson: »Agaja and the Slave Trade: Another Look at the Evidence«. In: *History in Africa* 3 (1976), S. 57–67; Robin Law: »Dahomey and the Slave Trade: Reflections on the Historiography of the Rise of Dahomey«. In: *Journal of African History* 27 (1986), S. 237–267; ders.: *The Slave Coast of West Africa, 1550–1750.* Oxford, 1991; S. 283–287 und S. 300–308. Meine eigene Deutung des Materials hat mich dazu geführt, mich der Meinung Heniges, Johnsons und Laws anzuschließen.

47 Atkins (s. Anm. 23), S. 122. Law (s. Anm. 46), S. 197f. Albert Van Dantzig: *Les Hollandais sur la Côte de Guinée.* Paris, 1980; S. 141.

48 *Journal of the Commissioners for Trade and Plantations.* London, 1928; Bd. 6, S. 201.

49 Der Brief ist abgedruckt bei Law (s. Anm. 8), S. 216–220.

50 Der deutsche Anthropologe Georg Elwert schrieb diese Geschichte Anfang der Siebzigerjahre des 20. Jahrhunderts in Benin auf. Elwerts Gewährsleute behaupteten, dass die Geschichte auf die Zeit von König Agajas Vater zurückgehe. Siehe Elwerts unpubliziertes Manuskript: »Pouvoir et économie du royaume de Dahomey au 18e siècle«, S. 98f. Der Historiker aus Benin, Abiola Félix Iroko, zeichnete 1983 in seinem Heimatland ganz ähnliche Geschichten auf. Siehe Abiola Félix Iroko: »Cauris et Esclaves en Afrique Occidentale entre le XVIe et le XIXe siècle«. In: *De la traite à l'Esclavage.* Hg. von Serge Daget. Paris, 1988; Bd. 1, S. 199.

51 »Relation de la Guerre de Juda par M. Ringard«, 1727. AOM, Aix-en-Provence, Col. C 6 10. Dieses Dokument wurde auch veröffentlicht in Robin Law: »A Neglected Account of the Dahomian Conquest of Whydah (1727): The ›Relation de la Guerre de Juda‹ of the Sieur Ringard of Nantes«. In: *History in Africa* 15 (1988), S. 321–338.

52 Snelgrave (s. Anm. 7), S. 9–19.

53 Mendes an den Vizekönig von Brasilien, 4. April 1727. In: Pierre Verger: *Trade Relations between the Bight of Benin and Bahia. 17th – 19th Century.* Übers. von Evelyn Crawford. Ibadan, 1976; S. 121.
54 Hertogh, Brief vom 18. März 1727. In: Van Dantzig (s. Anm. 17), S. 221.
55 Edna Bay (s. Anm. 44), S. 59f.
56 Snelgrave (s. Anm. 7), S. 22–66.
57 Snelgrave (s. Anm. 7), S. 60–66.
58 a.a.O., S. 125. Robin Law: »Slave raiders and Middlemen, Monopolists and Free-Traders: The Supply of Slaves for the Atlantic Trade in Dahomey, c. 1715–1850«. In: *Journal of African History* 30 (1989), S. 48–51.
59 Zur Summe in englischen Pfund, die man für einen Sklaven erhielt, siehe »Richspence to the Commissioners of His Majesty's Treasury«, 7. Oktober 1731. PRO, PT 1, SP 36/25. Zum Preis einer Muskete siehe Durand (wie Anm. 1), S. 59.
60 »List of Debts Paid on Account of Adomo Tomo«. PRO, London, PT I, SP 36/25. Zur Mode im frühen 18. Jahrhundert siehe Iris Brooke und John Laver: *English Costume of the Eighteenth Century.* London, 1931; S. 10–35.
61 Zum Saint James's Palace im frühen 18. Jahrhundert siehe Christopher Wren: *The Royal Palaces of Winchester, Whitehall, Kensington and St. James's.* Oxford, 1930; S. 210–212, Tafeln XXIX und XXXIII.
62 »Richspence to the Commissioners of His Majesty's Treasury«, 7. Oktober 1731. PRO, London, PT 1, SP 36/25. »Richspence to the Commissioners for Trade and Plantations«, 27. Mai, 1731. PRO, London, PT 1, SP 36/25. *Journal of the Commissioners for Trade and Plantations.* London, 1928; Bd. 6, S. 202.
63 Snelgrave (s. Anm. 7), S. 68f.; »List of Debts …« (s. Anm. 60). »Inventory of the Goods and Chattells of Robert Alexander of the City of Annapolis«, 1733. Maryland State Archives, Maryland.
64 1731 betrug der durchschnittliche Preis für einen männlichen Feldarbeiter erster Güte in Maryland 31 Pfund. Allan Kulikoff: »Tobacco and Slaves: Population, Economy and Society in Eighteenth-Century Prince George's County, Maryland«. Diss., Brandeis University, 1976; S. 486.
65 Snelgrave (s. Anm. 7), S. 69.
66 Richspence (s. Anm. 62).
67 W. H. Pyne: *The History of the Royal Residences of Windsor Castle, St. James's Palace, Carlton House, Kensington Palace, Hampton Court, Buckingham House and Frogmore.* London, 1819; Bd. 3, S. 9–11.
68 Smith (s. Anm. 7), S. 189.
69 *Journal of the Commissioners for Trade and Plantations.* Bd. 6, S. 198–200.
70 a.a.O., S. 201–203.
71 »Richspence to the Lords Commissioners for Trade and Plantations«, 10. Juni 1731. PRO, London, SP 36/25.
72 Der Brief ist abgedruckt in Marion Johnson: »Bulfinch Lambe and the Emperor of Pawpaw: A Footnote to Agaja and the Slave Trade«. In: *History in Africa* 5 (1978), S. 348f.
73 *The Monthly Intelligencer,* September 1731, no. 9, S. 401.

74 »Richspence…« (s. Anm. 59).
75 *The Monthly Intelligencer*, Dezember 1731, no. 12, S. 542.
76 Snelgrave (s. Anm. 7), S. 71. Arthur Scouten: *The London Stage, 1600–1800: A Calender of Plays, Entertainments, and Afterpieces*. Carbonadale, Ill., 1961; Bd. 3, S. 170f.
77 Richard Leacroft: *The Development of the English Playhouse*. London, 1973; S. 97.
78 Zum Einsatz schwarz geschminkter Schauspieler siehe: Anthony Barthelemy: *Black Face, Maligned Race*. Baton Rouge, 1987; S. 47.
79 Thomas Southern: *Oroonoko: A Tragedy as It Is Acted at the Theatre-Royal by His Majesty's Servants*. Dublin, 1730.
80 Laura Rosenthal: »Owning Oroonoko: Behn, Southern, and the Contingencies of Property«. In: *Renaissance Drama*. Hg. von Mary Beth Rose. Evanston, 1992, S. 46.
81 John Dodds: *Thomas Southerne: Dramatist*. New Haven, 1933; S. 128.

TEIL 7 ASSOU

1 Robert Durand: »Journal de bord d'un négrier, 1731–1732«. BLY Gen Mss, vol. 7; S. 52–55.
2 Compagnie des Indes, 20. Mai 1728. AOM, col. C 6 25, no. 58, fol. 7r–v.
3 Jean Mettas: *Répertoire des expéditions négrières françaises au XVIIIe siècle*. Hg. von Serge Daget. 2 Bde. Paris, 1978; Bd. 1, S. 153.
4 René-Josué Valin: *Commentaire sur l'ordonnance de la marine du mois d'août 1681*. 2 Bde. Poitiers, 1828; Bd. 1, S. 61.
5 Philippe Haudrère: *La Compagnie française des Indes au XVIIIe siècle*. 4 Bde. Paris, 1989; Bd. 2, S. 632–635 und Bd. 4, S. 1255–1257.
6 Claude Nières u.a.: *Histoire de Lorient*. Toulouse, 1988; S. 39f.
7 Haudrère (s. Anm. 5), Bd. 2, S. 578–579.
8 Marc Perrichet: »L'Administration des classes de la marine et ses archives dans les ports bretons«. In: *Revue d'histoire économique et sociale* 37 (1959), S. 103f.
9 Haudrère (s. Anm. 5), Bd. 2, S. 588–585.
10 John Atkins: *A Voyage to Guinea, Brazil, and the West-Indies*. London, 1735; S. 172.
11 Deane Williams: Fort Whydah, 1731. PRO, London T70/1450, S. 8. Deane Williams: Fort Whydah, 26. Juni 1731. PRO, London, T70/7, fol. 111 v – 112 r. *Le Pontchartrain*, L'armement et désarmement, 1731. SHM, Lorient, 2P 2.
12 Deane, Williams: Fort Whydah, 26. Juni 1731. PRO, London, T70/7, fol. 112 r.
13 Journal de l'Ile, pilote, *Le Pontchartrain*, 1731. AN, Paris, Marine 4 JJ 70. *Le Pontchartrain*, L'armement et désarmement. SHM, Lorient, I P 70 und 2 P 24.
14 »Relation du Chevalier Damon (1702)«. In: *L'Etablissement d'Issiny, 1687–1702*. Zusammengestellt von Paul Roussier. Paris, 1935; S. 106.
15 Chevalier Des Marchais: »Journal du voyage de Guinée et Cayenne«, 1724–1726. BN, Paris, Manuscrits FF 24223, S. 59.
16 Dralsé de Grand Pierre: *Relation de divers voyages faits dans l'Afrique, dans l'Amérique et aux Indes Occidentales*. Paris 1718, S. 168.

17 Des Marchais (s. Anm. 15), S. 111. N ****: *Voyages aux Côtes de Guinée et en Amérique.* Amsterdam 1717; S. 49–51.
18 N **** (s. Anm. 17), S. 54–56.
19 Jean Doublet: *Le Honfleurais aux sept naufrages.* Hg. von Noël le Coutour. Paris 1996; S. 240f.
20 Relation du royaume de Judas. AOM, Aix-en-Provence, DFC Côtes d'Afrique, 75, S. 28.
21 Der Vertrag ist abgedruckt in A. Van Dantzig (Hg. und Übers.): *The Dutch and the Guinea Coast, 1674–1742: A Collection of Documents from the General State Archive at the Hague.* Accra 1978, S. 155f. Des Marchais (s. Anm. 15), S. 52–55.
22 Du Coulombier: »Mémoire de la suite des affaires du pays de Juda«, 14. Februar 1715. AOM, Aix-en-Provence, Col. C 6 25. Brief vom 4. Februar 1715 bei Van Dantzig (s. Anm. 21), S. 180.
23 I. A. Akinjogbin: *Dahomey and its Neighbors, 1708–1818.* Cambridge, 1967, S. 98.
24 William Snelgrave: *A New Account of Some Parts of Guinea and the Slave Trade.* London 1734, S. 65.
25 Mellier an Maurepas, 12. Juli 1727. AM, Nantes, HH 236, no. 15.
26 Compagnie des Indes, 20. Mai 1728. AOM, Aix-en-Provence, fol. 4 r.
27 a.a.O., folio 5 r. Mettas (s. Anm. 3), Bd. 2, S. 242.
28 Compagnie des Indes, 20. Mai 1728. AOM, Aix-en-Provence, fol. 8 v – 9 r. Wilson an Cabo Corso Castle, 24. Februar 1728. In: Robin Law (Hg.): *Correspondence of the Royal African Company's Chief Merchants at Cabo Corso Castle with William's Fort, Whydah, and the Little Popo Factory, 1727–1728.* Madison, Wisc., 1991, S. 19f. Brief von Jaquin, 15. Dezember 1727. In: Van Dantzig (s. Anm. 21), S. 224.
29 Pierre Verger: *Trade Relations between the Bight of Benin and Bahia, 17th – 19th Century.* Übers. von Evelyn Crawford. Ibadan, 1976; S. 124. Es hat eine bis ins Jahr 1735 zurückgehende Debatte darüber gegeben, ob König Agaja versuchte, den Sklavenhandel abzuschaffen oder nicht. Zu den Argumenten jener, die glaubten, dass er gegen diesen Handel gewesen sei, siehe: John Atkins: *A Voyage to Guinea, Brazil, and the West-Indies.* London 1735, S. 119–132; sowie: I. A. Akinjogbin: *Dahomey and its Neighbors, 1708–1818.* Cambridge 1967, S. 68–109. Zu den Argumenten jener, die nicht dieser Ansicht waren, siehe: David Henige und Marion Johnson: »Agaja and the Slave Trade: Another Look at the Evidence«. In: *History in Africa* 3 (1976), S. 57–67; sowie Robin Law: »Dahomey and the Slave-Trade: Reflections on the Historiography of the Rise of Dahomey«. In: *Journal of African History* 27 (1986), S. 237–267.
30 Errechnet unter Heranziehung der Angaben in David Eltis u.a. (s. Anm. 4).
31 Compagnie des Indes, 20. Mai 1728, fol. 11 r. Wilson an Cabo Corso Castle, 29. April 1728, bei Law (s. Anm. 28), S. 20. Snelgrave (s. Anm. 24), S. 74.
32 Wilson an Cabo Corso Castle, 24. Februar 1728, bei Law (s. Anm. 28), S. 20. Compagnie des Indes, 20. Mai 1728, fol. 3 v.
33 Compagnie des Indes, 20. Mai 1728, fol. 20 v – 21 r.
34 Verger (s. Anm. 29), S. 122.
35 Wilson an Cabo Corso Castle, 29. April 1728, bei Law (s. Anm. 28), S. 25f.

36 Ebd. sowie Compagnie des Indes, 20. Mai 1728, fol. 11 v – 13 v.
37 Mettas (s. Anm. 3), Bd. 1, S. 125.
38 Mémoire de la Compagnie des Indes, 8. November 1730. AOM, Aix-en-Provence, Col. C 6 25, no. 144. Compagnie des Indes, 20. Mai 1728, fol. 17 r und v.
39 Compagnie des Indes, 20. Mai 1728, fol. 21 v – 22 r. Wilson an Cabo Corso Castle, 29. April 1728 und 12. Juli 1728, bei Law (s. Anm. 28), S. 25 und S. 33.
40 Houdoyer Dupetitval, 17. März 1729. AOM, Aix-en-Provence, Col. C 6 10, S. 4–8. Snelgrave (s. Anm. 24), S. 115–120.
41 Compagnie des Indes, 20. Mai 1728, fol. 1 v. Houdoyer Dupetitval, 17. März 1729, S. 12.
42 Mémoire de la Compagnie des Indes, 8. November 1730.
43 Snelgrave (s. Anm. 24), S. 123–128. Testefolle, Whydah, 30. Oktober 1729. PRO, London, T70/7, fol. 98 v.
44 Snelgrave (s. Anm. 24), S. 130–133. Mémoire de la Compagnie des Indes, 8. November 1730. Cape Coast Castle, 26. Dezember 1729. PRO, London, T70/7, fol. 99 v bis 100 r.
45 Mallis de la Mine, 8. Januar 1732. ADLA, Nantes, C 739. Deane Williams: Fort Whydah, 26. Juni 1731. PRO, London, T70/7, fol. 111 v – 112 r.
46 Durand (s. Anm. 1), S. 54.

TEIL 8 JAKIN

1 Teil 8 des vorliegenden Buches basiert auf: Robert Durand: »Journal de bord d'un négrier, 1731–1732«. BLY, Gen Mss, vol. 7, S. 55–66.
2 Jean Mettas: *Répertoire des expéditions négrières françaises au XVIIIe siècle.* Hg. von Serge Daget. 2. Bde. Paris 1978; Bd. 1, S. 154.
3 David Eltis, Stephen D. Behrendt, David Richardson und Herbert S. Klein: *The Trans-Atlantic Slave Trade: A Database on CD-ROM.* New York, 1999.
4 Chevalier Des Marchais: »Journal du voyage de Guinée et Cayenne«, 1724–1726. BN, Paris, FF 24223, S. 124–126.
5 William Smith: *A New Voyage to Guinea.* London, 1744, S. 167.
6 Robin Law: »Further Light on Bulfinch Lambe and the ›Emperor of Pawpaw‹: King Agaja of Dahomey's Letter to King George I of England, 1726«. In: *History in Africa* 17 (1990), S. 216. William Snelgrave: *A New Account of Some Parts of Guinea and the Slave Trade.* London 1734; S. 24.
7 Zur Errichtung von Zelten siehe: »Addition à la declaration du navire *Le Nestor*«, 28. Mai 1734. ADLA, Nantes, B 4586, fol. 58.
8 Thomas Phillips: »A Journal of a Voyage made in the *Hannibal* of London, 1693–1694«. In: Awnshawm Churchill (Hg.): *A Collection of Voyages and Travels.* 6 Bde. London 1732; Bd. 6, S. 229.
9 Dieses Verfahren wird beschrieben bei Alexander Falconbridge: *An Account of the Slave Trade on the Coast of Africa.* London 1788; S. 2.

10 Procès verbal des pièces de Guinée, 27. November 1732. ADM, Vannes, 9B 208.
11 Jedes Fässchen nahm 32 Pariser Pints auf. Siehe: Jean Boudriot: *Traite et navire négrier: l'Aurore, 1784*. Paris 1984, S. 69.
12 Mettas (s. Anm. 2), Bd. 1, S. 153.
13 *Le Nestor de Nantes*, 30. März 1733. ADLA, Nantes, B 4585, fol. 170 – 172. Addition à la déclaration du navire *Le Nestor*, 28. Mai 1734. ADLA, B 4586, fol. 58 r – 59 r.
14 N****: *Voyages aux côtes de Guinée et en Amérique*. Amsterdam 1719, S. 124.
15 a.a.O., S. 122–130.
16 Pierre Verger: *Trade Relations between the Bight of Benin and Bahia, 17th – 19th Century*. Übers. von Evelyn Crawford. Ibadan 1976; S. 111.
17 a.a.O., S. 33.
18 João Basilio, 20. Mai 1731, bei Verger (s. Anm. 16), S. 129.
19 Elmina Journal, 8. Mai 1727. In: A. Van Dantzig (Hg. und Übers.): *The Dutch and the Guinea Coast, 1674–1742: A Collection of Documents from the General State Archive at the Hague*. Accra 1978, S. 222.
20 Verger (s. Anm. 15), S. 58.
21 Duport an Cabo Corso Castle, 12. November 1727. In: Robin Law (Hg.): *Correspondence of the Royal African Company's Chief Merchants at Cabo Corso Castle with William's Fort, Whydah, and the Little Popo Factory, 1727–1728*. Madison, Wis., 1991, S. 12.
22 Zitiert bei: C. M. MacInnes: »The Slave Trade«. In: *The Trade Winds*. Hg. von C. Northcote Parkinson. London 1948; S. 261.
23 *Barbot on Guinea: The Writings of Jean Barbot on West Africa 1678–1712*. Hg. von P. E. H. Hair, Adam Jones und Robin Law. 2 Bde. London 1992; Bd. 2, S. 634f. William Bosman: *A New and Accurate Description of the Coast of Guinea*. London 1705, S. 392. Chevalier Des Marchais (s. Anm. 4), S. 71–73.
24 Bosman (s. Anm. 23), S. 214f. »Relation du royaume de Judas en Guinée«. AOM, Aix-en-Provence, DFC Côtes d'Afrique, 75, S. 47f. Jean Merrien: *La vie des marins au grand siècle*. Rennes 1995, S. 75. John Atkins: *A Voyage to Guinea, Brazil, and the West-Indies*. London, 1735; S. 111.
25 Snelgrave (s. Anm. 6), S. 125 und S. 130.
26 a.a.O., S. 158f.
27 Atkins (s. Anm. 24), S. 111.
28 Hertogh, 9. Januar 1728. In: Van Dantzig (s. Anm. 19), S. 231.
29 Jean-Baptiste Labat: *Voyage du chevalier Des Marchais en Guinée, isles voisines et à Cayenne, fait en 1725, 1726 et 1727*. 4 Bde. Paris 1730, Bd. 2, S. 131f. Savary des Bruslons: *Dictionnaire universel de commerce*. Paris, 1723; Bd. 2, S. 860.
30 Chevalier Des Marchais (s. Anm. 4), S. 64. Labat (s. Anm. 29), Bd. 2, S. 130. Phillips (s. Anm. 8), Bd. 6, S. 218. T. Aubrey: *The Sea-Surgeon or the Guinea Man's Vade Mecum*. London, 1729; S. 110–126.
31 Hertogh an Elmina, 21. März 1732. In Van Dantzig (s. Anm. 19), S. 265.
32 Befragung Durands, 28. Februar 1733. ADM, Vannes, 9B 208.
33 Enquête, 22. und 25. September 1732, Zeugenaussage von Jean Carry. ADM, Vannes, 9B 208.

34 Labat (s. Anm. 29), Bd. 2, S. 116.
35 Hair, Jones und Law (s. Anm. 23), Bd. 2, S. 778.
36 Siehe die Beschreibung bei Snelgrave (s. Anm. 6), S. 190.
37 Zu den Aborten siehe Phillips (s. Anm. 8), Bd. 6, S. 230. Leif Svalesen: *The Slave Ship Fredensborg*. Übers. von Pat Shaw und Selena Winsnes. Bloomington, Ind., 2000; S. 92f.
38 »Relation du royaume de Judas« (s. Anm. 24), S. 88. Zu Ansichten von Afrikanern bezüglich des Kannibalismus von Weißen siehe: William D. Pierson: »White Cannibals, Black Martyrs: Fear, Depression, and Religious Faith as Causes of Suicide Among Slaves«. In: *Journal of Negro History* 62 (1977), S. 147–159; ders.: *Black Legacy*. Amherst, Mass., 1993. S. 5–12.
39 Jean Meyer: *L'Armement nantais dans la deuxième moitié du XVIIIe siècle*. Paris, 1969; S. 151.
40 Contrôle des actes. ADLA, Nantes II C 2678, fol. 86 v – II C 2679, fol. 29 r, 36 v, 40 v, 46 r, 72 r. Durand, 25. April 1732. ADLA, 4E 2 1861.
41 Errechnet auf der Basis der Preisangaben bei Durand (s. Anm. 1), S. 3, S. 59 und S. 93. Wenn für einen männlichen Sklaven mit Branntwein bezahlt wurde, dann beliefen die Kosten sich auf 88 Livre, wenn man mit Leinen für ihn bezahlte, beliefen sie sich hingegen auf 220 Livre. Gewöhnlich zahlte man für die Sklaven mit verschiedenen Waren, sodass der durchschnittliche Preis irgendwo zwischen diesen beiden Extremen lag.
42 Laut Aussage Jean Carrys; »Instructions et ordres pour Monsieur Foures commandant le navire *l'Africain*, 1738«. In: *Journal de la traite des noirs*. Zusammengestellt von Jehan Mousnier. Paris, 1957; S. 22.
43 Compagnie des Indes, 20. Mai 1728. AOM, Aix-en-Provence, Col. C 6 25, no. 58, fol. 16 v.
44 Jean Boudriot: *Compagnie des Indes, 1720–1770*. 2 Bde. Paris, 1983, Bd. 1, S. 138.
45 Philippe Haudrère: *La Compagnie française des Indes au XVIIIe siècle, 1719–1795*. Paris, 1989; Bd. 2, S. 565.
46 a.a.O., Bd. 2, S. 562–567.
47 Boudriot (s. Anm. 44), Bd. 1, S. 138.
48 Compagnie des Indes, 20. Mai 1728, fol. 16 v.
49 Johannes Postma: *The Dutch in the Atlantic Slave Trade, 1600–1815*. Cambridge, 1990; S. 137.
50 Hair, Jones und Law (s. Anm. 23), Bd. 2, S. 783.
51 Du Coulombier, Copie d'une lettre écritte de Juda à Mrs. de la Compagnie Royale de l'Asiente, 22. März 1714. AOM, Aix-en-Provence, col. C 6 25, no. 17, fol. 2 v.
52 Enquête, 22. September 1732, Aussagen von Leglan, Raillan und Colinbert. ADM, Vannes, 9B 208.
53 Enquête, 25. September 1732, Aussage von Robert Durand. ADM, Vannes, 9B 208.
54 Inventaire et vente des hardes du deffunt Jean Mahé, décédé le 17 9bre, 1731. ADM, Vannes, 9B 208.
55 Phillips (s. Anm. 8), Bd. 6, S. 229f. Mettas (s. Anm. 2), Bd. 1, S. 142f.

56 Phillips (s. Anm. 8), Bd. 6, S. 219. William D. Pierson: »White Cannibals… (s. Anm. 38), S. 147–159.
Mettas (s. Anm. 2), Bd. 2, S. 557f.

57 Phillips (s. Anm. 8), Bd. 6, S. 219. Mettas (s. Anm. 2), Bd. 1, S. 142f.

58 Phillips (s. Anm. 8), Bd. 6, S. 219.

59 Errechnet auf der Basis von Angaben in David Eltis, Stephen D. Behrendt, David Richardson und Herbert S. Klein: *The Trans-Atlantic Slave Trade: A Database on CD-ROM.* New York 1999.

60 Auf britischen Sklavenschiffen wurde im 18. Jahrhundert jedem Gefangenen im Durchschnitt ein Raum von fünf bis sechs Quadratfuß zugestanden. Siehe H. S. Klein, J. J. Henry und C. Garland: »The Allotment of Space for African Slaves Aboard Eighteenth Century Slave Ships«. In: *De la traite à l'esclavage.* Hg. von Serge Daget. 2 Bde. Paris, 1998; Bd. 2; S. 149–158.

TEIL 9 DIE INSELN IM ATLANTIK

1 Teil 9 des vorliegenden Buches basiert auf: Robert Durand: »Journal de bord d'un négrier, 1731–1732«, BLY, Gen Mss, vol. 7, S. 66–77.

2 Jean Mettas: *Répertoire des expéditions négrières françaises au XVIIIe siècle.* Hg. von Serge Daget. Paris, 1988; Bd. 2, S. 580f.

3 David Eltis, Stephen D. Behrend und David Richardson: »The Costs of Coercion: African Agency in the History of the Atlantic World«. In: *Economic History Review* 54 (August 2001).

4 Jean-Baptiste Labat: *Nouveau Voyage aux îles d'Amérique.* Paris 1722; Bd. 4, S. 138–141.

5 Eine Erörterung der informellen Führungsgruppe, die sich auf Sklavenschiffen ausbildete, bei: Richard Rathbone: »Resistance to Enslavement in West Africa«. In: Serge Daget (Hg.): *De la traite à l'esclavage.* Paris 1988, Bd. 1, S. 181f.

6 Mettas (s. Anm. 2), Bd. 1, S. 97.

7 a.a.O., Bd. 1, S. 100 und S. 110; Bd. 2, S. 246, 560f. und 580f.

8 William Snelgrave: *A New Account of Some Parts of Guinea and the Slave Trade.* London, 1734; S. 170.

9 a.a.O., 162f.

10 Chevalier Des Marchais: »Journal du voyage de Guinée et Cayenne«, 1724–1726. BNP, Manuscrits, FF 24223, S. 68f.

11 P. E. Hair, Adam Jones und Robin Law (Hg.): *Barbot on Guinea: The Writings of Jean Barbot on West Africa, 1678–1712.* London, 1992; Bd. 2, S. 775.

12 Snelgrave (s. Anm. 8), S. 182–184.

13 Robert Louis Stein: *The French Slave Trade in the Eighteenth Century.* Madison, Wis., 1979; S. 95f.
David Eltis, Stephen D. Behrendt, David Richardson und Herbert S. Klein: *The Trans-Atlantic Slave Trade: A Database on CD-ROM.* New York, 1999.

14 Hair u.a. (s. Anm. 11), Bd. 2, S. 770f.; N****: *Voyages aux côtes de Guinée et en Amérique.* Amsterdam, 1719; S. 116f.
15 Jean Merrien: *La vie des marins au grand siècle.* Rennes, 1995; S. 195.
16 Jean-Baptiste Labat: *Voyage du chevalier Des Marchais en Guinée, îles voisines et à Cayenne, fait en 1725, 1726 et 1717.* Paris, 1730; Bd. 3, S. 57.
17 William D. Pierson: »White Cannibals, Black Martyrs: Fear, Depression, and Religious Faith as Causes of Suicide Among New Slaves«. In: *Journal of Negro History* 62 (1977), S. 151.
18 Des Marchais (s. Anm 10), S. 66f.
19 T. Aubrey: *The Sea-Surgeon, or the Guinea Man's Vade Mecum.* London, 1729; S. 107f.
20 Des Marchais (s. Anm. 10), S. 70.
21 Mettas (s. Anm. 2), Bd. 1, S. 150f.
22 De l'ordre et des usages qui règnent généralement à bord des navires négriers, 1790. AOM, col. F3 61, fol. 87 v–88 r.
23 Des Marchais (s. Anm. 10), S. 70. Jean Boudriot: *Traite et navire négrier: L'Aurore, 1784.* Paris, 1984; S. 35.
24 Durand gab die Mengen der an Bord genommenen Nahrungsmittel in portugiesischen *alqueires* an. Ein *alqueire* entsprach ungefähr einem englischen *bushel* (Scheffel). Siehe Juan Lopes Sierra: *A Governor and His Image in Baroque Brazil: The Funeral Eulogy of Afonso Furtado de Castro do Rio de Mendonga.* Hg. von Stuart B. Schwartz, übers. von Ruth E. Jones. Minneapolis, 1979; S. 182.
25 Des Marchais (s. Anm. 10), S. 68.
26 De l'ordre (s. Anm. 22), fol. 90 r. Thomas Phillips: »Journal of a Voyage Made in the Hannibal of London, 1693–1694«. In: Awnsham Churchill (Hg.): *A Collection of Voyages and Travels.* London 1732, Bd. 6, S. 229.
Observations touchant les soins des nègres dans les voyages de Guinée [undatiert]. In: Gabriel Debien: »Documents sur la traite«. In: *Enquêtes et documents, centre de recherches sur l'histoire de la France atlantique, Nantes* 2 (1972), S. 199.
27 De l'ordre (s. Anm. 22), fol. 88 r.
28 Phillips (s. Anm. 26), Bd. 6, S. 232.
29 Procès verbal de la relâche de l'Ile St-Thomée, 11. Januar 1732. ADM, 9B 208.
30 Processus inquisitionis confectus super qualitatibus R. P. patris Joannis Sagum, ASV. Processus Consistorales, vol. 101, fol. 462 r–469 r.
Robert Garfield: *A History of São Tomé Island, 1470–1655.* San Francisco, 1992; S. 149.
31 Pablo Eyzaguirre: »Small Farmers and Estates in São Tomé, West Africa«. Diss., Yale University, 1986; S. 42f., 137 u. 148.
32 António Ambrósio: »Manuel do Rosário Pinto: A sua vida e a sua história de S. Tomé«. In: *Studia*, nos. 30–31 (1970), S. 207–210.
33 Manuel do Rosário Pinto: Rellação Pinto do descombrimento da Ilha de Sam Thomé. Lisboa, Biblioteca da Ajuda, 51-IX-24, fol. 60 v–61 r.
34 Raimundo José da Cunha Matos: *Compendio histórico das possessões de Portugal na Africa.* Rio de Janeiro, 1963; S. 143.
35 Garfield (s. Anm. 30), S. 178.
36 Eyzaguirre (s. Anm. 31), S. 84.

37 Phillips (s. Anm. 26), Bd. 6, S. 233.
38 Garfield (s. Anm. 30), S. 35f.
39 Eyzaguirre (s. Anm. 31), S. 145.
40 a.a.O., S. 137.
41 Charles Johnson: *A General History of the Robberies and Murders of the Most Notorious Pirates.* Hg. von Arthur L. Hayward. Reprint der 4. Ausgabe von 1726, New York, 1927; S. 154.
42 Pinto (s. Anm. 33), fol. 63 r – v.
43 Processus inquisitionis (s. Anm. 30), fol. 462 r – 469 r.
44 Pinto (s. Anm. 33) fol. 63 v – 64 r.
45 a.a.O., fol. 64 r – 65 v.
46 Garfield (s. Anm. 30), S. 55. Eyzaguirre (s. Anm. 31), S. 42f. Johnson (s. Anm. 41), S. 154.
47 Johnson (s. Anm. 41), S. 155.
48 Pinto (s. Anm. 33), fol. 66 v – 68 v.
49 Cunha Matos (s. Anm. 34), S. 188. Eyzaguirre (s. Anm. 31), S. 123.
50 Ein Exemplar des Originalmanuskripts findet sich in der Biblioteca da Ajuda, Lisboa, 51-IX-24.
51 Zitiert bei Garfield (s. Anm. 30), S. 145f.
52 Pinto (s. Anm. 33), fol. 62 r – v.

TEIL 10 DIE MITTELPASSAGE

1 Fernand Guériff: *Chansons, romances et poèmes de la marine à voiles.* La Baule 1973, unpaginiert.
2 Melville J. Herskovits: *Dahomey: An Ancient West African Kingdom.* 2 Bde. Evanston 1967, Bd. 2, S. 316f.
3 Thomas Phillips: »A Journal of Voyage made in the Hannibal of London, 1693–1694«. In: Awnsham Churchill (Hg.): *A Collection of Voyages and Travels.* London, 1732, Bd. 6; S. 223 und S. 230. »De l'ordre et des usages qui règnent généralement à bord des navires négriers«, 1790. AOM, Aix-en-Provence, Col. F 3 61, fol. 93. Chevalier Des Marchais: »Journal du voyage de Guinée et Cayenne«, 1724–1726. BN, Paris, FF 24223, S. 70.
4 Jacques Savary des Bruslons: *Dictionnaire universel de commerce.* 3 Bde. Paris, 1723–1730, Bd. 2, S. 860.
5 Gabriel Debien: »Documents sur la traite«. In: *Enquêtes et documents. Centre de Recherches sur l'Histoire de la France atlantique.* Nantes, 2. Aufl. 1972, S. 199.
6 Harvey Oxenhorn: *Tuning the Rig.* New York, 1983; S. 45.
7 Elet Diary, 23. März 1733. In: A. Van Dantzig (Hg. und Übers.): *The Dutch and the Guinea Coast, 1674–1742: A Collection of Documents from the General State at the Hague.* Accra, 1978; S. 295.
8 Alfred Fouquet: *Légendes, contes, et chansons populaires du Morbihan.* Vannes, 1857; S. 153f.

9 Roger Blanchard: *La Chanson traditionelle et les naifs.* Paris, 1975; S. 203.
10 Aussage von Charles Leglan, 22. September 1732, ADM, Vannes, 9B 208.
11 Jean Mettas: *Répertoire des expéditions négrières françaises au XVIIIe siècle.* Hg. von Serge Daget. 2 Bde. Paris, 1978; Bd. 2, S. 564f. Jean-Baptiste Labat: *Voyage du Chevalier Des Marchais en Guinée, isles voisines et à Cayenne, fait en 1725, 1726 et 1727.* 4 Bde. Paris, 1730; Bd. 3, S. 53.
12 »De l'ordre…« (s. Anm. 5), fol. 92. Debien (s. Anm. 7), S. 200.
13 Mettas (s. Anm. 11), Bd. 1, S. 105.
14 *Barbot on Guinea: The Writings of Jean Barbot on West Africa, 1678–1712.* Hg. von P. E. H. Hair, Adam Jones und Robin Law. 2 Bde. London, 1992; Bd. 2, S. 773.
15 Teil 10 des vorliegendes Buches basiert auf Robert Durand: »Journal de bord d'un négrier, 1731–1732«, BLY, Gen Mss, vol. 7, S. 66–92.
16 Zitiert bei Daniel Mannix und Malcolm Cowley: *Black Cargoes: A History of the Atlantic Slave Trade.* New York, 1962; S. 145.
17 David Eltis, Stephen D. Behrendt, David Richardson und Herbert S. Klein: *The Trans-Atlantic Slave Trade: A Database on CD-ROM.* New York, 1999. Darstellungen der Mittelpassage, die von Afrikanern verfasst verfasst sind, bei Philip Curtin (Hg.): *Africa Remembered: Narratives by West Africans from the Era of the Slave Trade.* Madison, Wis., 1968.
18 Des Marchais (s. Anm. 3), S. 69.
19 Hair, Jones und Law (s. Anm. 14), Bd. 2, S. 781.
20 Alexander Falconbridge: *An Account of the Slave Trade on the Coast of Africa.* London, 1788; S. 20.
21 Zum Knarren der Planken und anderen hölzernen Teile siehe Oxenhorn (s. Anm. 8), S. 45.
22 Zu den hölzernen Löffeln siehe Jean Barbot in: Hair, Jones und Law (s. Anm. 14), Bd. 2, S. 781; sowie Des Marchais (s. Anm. 5), S. 67f.
23 T. Aubrey: *The Sea-Surgeon or the Guinea Man's Vade Mecum.* London 1729, S. 127f. Des Marchais (s. Anm. 3), S. 67f.
24 Falconbridge (s. Anm. 20), S. 22.
25 »De l'ordre…« (s. Anm. 3), fol. 90f. Jean Boudriot: »Le navire négrier au XVIIIe siècle«. In: Serge Daget (Hg.): *De la traite à l'esclavage.* 2 Bde. Paris, 1988, Bd. 2, S. 163. Jean Boudriot: *Traite et navire négrier: L'Aurore, 1784.* Paris, 1984; S. 35 und S. 86.
26 Zitiert bei Gaston Martin: *Nantes au XVIIIe siècle: l'ère des négriers, 1714–1774.* Paris, 1993; S. 110f.
27 Aubrey (s. Anm. 23), S. 130f. David Richardson: »The Costs of Survival: The Treatment of Slaves in the Middle Passage and the Profitability of the Eighteenth-Century British Slave Trade«. In: Daget (s. Anm. 25), Bd. 2, S. 173; »De l'ordre…« (s. Anm. 3), fol. 90.
28 Paul Erdman Isert: *Voyages en Guinée et dans les Îles Caraïbes en Amérique* (1793). Reprint, Paris, 1989; S. 209.
29 Joseph C. Miller: *Way of Death: Merchant Capitalism and the Angolan Slave Trade, 1730–1830.* Madison, Wis., 1988; S. 422.

30 William Snelgrave: *A New Account of Some Parts of Guinea and the Slave Trade.* London, 1734; S. 185–190.
31 Colin Palmer: *Human Cargoes: The British Slave Trade to Spanish America, 1700–1739.* Urbana, 1981; S. 47.
32 Labat (s. Anm. 11), Bd. 3, S. 52. Hair, Jones und Law (s. Anm. 14), Bd. 2, S. 779.
33 Hair, Jones und Law (wie Anm. 32).
34 Bosman: *A New and Accurate Description of the Coast of Guinea.* London, 1705; S. 365.
35 Aubrey (s. Anm. 23), S. 131.
36 Aussage von Jean Leglan, 22. September 1732. ADM, Vannes, 9B 208. Aubrey (s. Anm. 23), S. 32.
37 John Atkins: *A Voyage to Guinea, Brazil and the West-Indies.* London, 1735; S. 180.
38 »De l'ordre …« (s. Anm. 3), fol. 92.
39 Jean-Michel Deveau: *La traite rochelaise.* Paris, 1990, S. 242; zitiert bei Frantz Tardo-Dino: *Le collier de servitude.* Fort de France, 1985; S. 47.
40 Zitiert bei Robert Louis Stein: *The French Slave Trade in the Eighteenth Century.* Madison, Wis., 1979; S. 101.
41 John Newton: »Thoughts upon the African Slave Trade«. London, 1788; als Reprint veröffentlicht unter dem Titel *The Journal of a Slave Trader (John Newton) 1750–1754.* Hg. von Bernard Martin und Mark Spurell. London, 1962; S. 102–105.
42 Falconbridge (s. Anm. 20), S, 23.
43 Hair, Jones und Law (s. Anm. 14), Bd. 2, S. 783.
44 Laurent de Lucques: *Relations sur le Congo du Père Laurent de Lucques* (1707–1717). Übers. von J. Cuvelier, Institut Royal Colonial Belge, S. 283.
45 Atkins (s. Anm. 37), S. 175.
46 Eltis u.a. (s. Teil 9, Anm. 3).
47 Snelgrave (s. Anm. 30), S. 163. Phillips (s. Anm. 5), Bd. 6, S. 229. Hair, Jones und Law (s. Anm. 14), Bd. 2, S. 775 und S. 780. »Evidence with Respect to carrying Slaves to the West Indies«. In: *House of Commons Sessional Papers for the Eighteenth Century.* Hg. von Sheila Lambert. Wilmington. Del., 1975, 69; S. 118.
48 »De l'ordre …« (s. Anm. 3), fol. 88. »Evidence with Respect …« (s. Anm. 47), 69, S. 117 und S. 119.
49 Johannes Postma: »Mortality in the Dutch Slave Trade, 1675–1795«. In: *The Uncommon Market.* Hg. von Henry Gemery und Jan Hogendorn. New York, 1979; S. 252. Aubrey (s. Anm. 23), S. 70. Des Marchais (s. Anm. 5), S. 70. Labat (s. Anm. 11), Bd. 3, S. 53. Debien (s. Anm. 7), S. 199.
50 Commerce de Nantes en 1731, 30. Januar 1732. ADLA, Nantes, C 740; Zahlen errechnet auf Grund der Angaben in Eltis u.a. (s. Anm. 17); dort wird ersichtlich, dass die durchschnittliche Sterberate auf Sklavenschiffen, die den Atlantik überquerten, sich im ersten Viertel des 18. Jahrhunderts auf etwas mehr als 16 Prozent belief.
51 Stein (s. Anm 40), S. 226.
52 »Instructions et ordres pour Monsieur Foures commandant le navire *l'Africain.*

In: *Journal de la traite des noirs.* Hg. von Jehan Mousnier. Paris, 1957; S. 22 und S. 25.

53 Des Marchais (s. Anm. 5), S. 70.

54 Hoffmeester, »Jaquin«, August 1732. In: *The Dutch and the Guinea Coast* (s. Anm. 9), S. 280–283.

55 Pierre Verger: *Trade Relations Between the Bight of Benin and Bahia.* Übers. von Evelyn Crawford. Ibadan, 1976; S. 130f. Snelgrave (s. Anm. 30), S. 149–151.

56 Hertogh an Pranger, 16. April 1732 und 16. September 1732. In: Van Dantzig (s. Anm. 9), S. 226–269.

57 Atkins (s. Anm. 37), S. 119.

58 Protokoll der Sitzung des Rates von Elmina, 30. Juni 1733. In: Van Dantzig (s. Anm. 9), S. 286f.

59 I. A. Akinjogbin: *Dahomey and its Neighbors, 1708–1818.* Cambridge 1967, S. 94.

60 Dies trifft auf das gesamte Gebiet der Bucht von Benin zu. Während dieser Zeitspanne kamen die meisten Sklaven, die aus der Bucht fortgeschafft wurden, tatsächlich aus Whydah. Siehe David Eltis: »The Volume and Structure of the Atlantic Slave Trade: A Reassessment«. In: *William and Mary Quarterly,* Januar 2001, S. 44, Tabelle 2.

61 Labat (s. Anm. 11), Bd. 3, S. 59–62.

62 Léon Vignols: »La Piraterie sur l'Atlantique au XVIIIe siècle: II. Les forbans des Antilles«. In: *Annales de Bretagne* 5 (1889–90), S. 337–385. Mettas (s. Anm. 11), Bd. 1, S. 125.

63 Champigny und d'Orgeville, 23. Mai 1731. AOM, Aix-en-Provence, Col. C 8A 42, fol. 39 v – 40 r.

64 Pierre Valteau war ein in Le Croisic geachteter Name. 1641 wurde ein gewisser Kapitän Pierre Valteau in der Stadt berühmt, weil er das spanische Schiff *Nuestra Señora del Rosario* aufgebracht hatte. Siehe Stéphane de la Nicollière-Teijeiro: *La course et les corsaires du port de Nantes.* Paris/Nantes, 1896, S. 48–53.

65 Vignols (s. Anm. 62), S. 373–380. D'Orgeville, 5. November 1729 und 15. März 1732. AOM, Aix-en-Provence, Col. C 8A 40, fol. 356–358; und Col. 8A 43, fol. 191 r und 192 r.

66 Clarissa Thérèse Kimber: *Martinique Revisited: The Changing Plant Geographies of a West Indian Island.* College Station, Texas, 1988, S. 13–18.

67 Recensement générale de l'Isle Martinique, 1732. ADMF, Fort de France, 5 Mi 89.

68 Mettas (s. Anm. 11), Bd. 1, S. 152–164.

TEIL II MARTINIQUE

1 Thibault de Chanvalon: *Voyage à la Martinique.* Paris, 1763; S. 13–16.

2 Recensement générale de l'Isle Martinique, 1732. ADMF, Fort de France 5 Mi 89.

3 Louis-Philippe May: *Histoire économique de la Martinique, 1635–1763.* Paris, 1930; S. 229.

4 P.E.H. Hair, Adam Jones und Robin Law (Hg.): *Barbot on Guinea: The Writings of Jean Barbot on West Africa, 1678–1712.* London, 1992; Bd. 2, S. 783.

5 Lucien Peytraud: *L'esclavage aux Antilles françaises avant 1798.* Paris, 1973; S. 127f.

6 Juges et consuls de Nantes à Maurepas, 1. Juli 1732. ADLA, C 727.

7 Teil II des vorliegendes Buches basiert auf: Robert Durand: »Journal de bord d'un négrier, 1731–1732«, BLY, Gen Mss, vol. 7, S. 92–96.

8 Was die Fahrt nach Fort Royal betrifft, siehe die Petition an Blondel und Jouvancourt, 27. Juli 1725. AOM, col. F3 254, S. 235.

9 Extrait du registre de greffe de l'amirauté du Fort Saint-Pierre, 17. März 1732. ADMV, 9 B 208.

10 Zum Beispiel: Nous Docteurs Medecin, 12. Juli 1715. AOM, col. F3 251, S. 469–472.

11 D'Orgeville, 7. Dezember 1730, AOM, col. C 8A 41, fol. 94 r–98 v.

12 Peytraud (s. Anm. 5), S. 118.

13 May (s. Anm. 3), S. 202f.

14 Commerce de Nantes en 1731, 30. Januar 1732. ADLA, C 740, fol. 6.

15 Peytraud (s. Anm. 5), S. 117.

16 Jean Mettas: *Répertoire des expéditions négrières françaises au XVIIIe siècle.* Hg. von Serge Daget. Paris, 1978; Bd. 2, S. 703.

17 D'Orgeville, 2. September 1731. AOM, col. C 8A 42, fol. 250 r.

18 Relation de tremblement de terre, 7. November 1727. AOM, col. C 8A 39, fol. 201 r – 202 r.

19 Feuquières et Blondel, 9. November 1727. AOM, col. C 8A 39, fol. 121 r – 130 v.

20 Feuquières et Blondel, 28. November 1727. AOM, col. C 8A 39, fol. 135 r – 141 r. Relation de tremblement de terre, fol. 201 v – 202 r.

21 Feuquières et Blondel, 28. November 1727. AOM, col. C 8A 39, fol. 138 v – 139 r.

22 Blondel, 13. Januar 1728. AOM, col. C 8A 39, fol. 186 v – 187 v.

23 a.a.O., fol. 191 v – 194 v.

24 Champigny et Blondel, 13. April 1728. AOM, col. C 8A 39, fol. 51 r – 56 v.

25 Feuquières et Blondel, 28. November 1727, fol. 137 r.

26 Jean-Baptiste Labat: *Nouveau voyage aux îles d'Amerique.* Paris, 1722; Bd. 3, S. 416f.

27 Debien: *Les esclaves aux Antilles françaises, XVIIe–XVIIIe siècles.* Fort de France, 1974; S. 343–349.

28 Feuquières et Blondel, 28. November 1727, fol. 138 r.

29 Mémoire sur la culture de caffe aux isles du vent, 28. Januar 1731. AOM, col. C 8B 9.

30 ebd.

31 May (s. Anm. 3), S. 96–101.

32 a.a.O., S. 101–103.

33 Champigny et d'Orgeville, 2. November 1732. AOM, col. C 8A 43, fol. 54 r.

34 Zitiert bei: Petraud (s. Anm. 5), S. 117.

35 G. Debien: »Journal de la traite de *La Licorne* de Bordeaux au Mozambique (1787–1788)«. In: *Caribbean Studies* 19, no. 3–4 (1980), S. 11–115.

36 George W. Hunter, J. Clyde Swartzwelder und David F. Clyde: *Tropical Medicine.* 5. Aufl., Philadelphia, 1976; S. 331f. M. Dazille: *Observations sur les maladies des*

nègres. Paris, 1776; S. 71f. T. Aubrey: *The Sea-Surgeon, or the Guinea Man's Vade Mecum*. London, 1729; S. 74–89.

37 Petition an Blondel und Jouvancourt, 27. Juli 1725. AOM, col. F3 254, S. 233–340.

38 Debien (s. Anm. 35), S. 85.

39 Labat (s. Anm. 26), Bd. 3, S. 464.

40 a.a.O., Bd. 4, S. 142f.

41 Labat (s. Anm. 26), Bd. 4, S. 380. Recensement générale de l'Isle Martinique, 1732. Robert Louis Stein: *The French Sugar Business in the Eighteenth Century*. Baton Rouge, 1988; S. 47.

42 Labat (s. Anm. 26), Bd. 3, S. 214–216.

43 Recensement générale de l'Isle Martinique, 1732.

44 Labat (s. Anm. 26), Bd. 3, S. 205f.

45 a.a.O., Bd. 3, S. 416f.

46 Recensement générale de l'Isle Martinique, 1732.

47 Labat (s. Anm. 26), Bd. 3, S. 141.

48 Stein (s. Anm. 41), S. 61.

49 Recensement générale de l'Isle Martinique, 1732.

50 Labat (s. Anm. 26), Bd. 3, S. 457f.

51 May (s. Anm. 3), S. 84. Recensement générale de l'Isle Martinique, 1732.

52 Mémoire sur la nécessité, 1730. BM, ms. 2626.

53 Etat des navires arrivant pendant le mois de février, 1732. AOM, col. C 8A 43, fol. 241 r.

54 Labat (s. Anm. 26), Bd. 3, S. 448.

55 Blondel, 31. August 725. AOM, col. C 8A, fol. 372 r – v.

56 29. November 1729. ADLA, B 4490, fol. 133 v –134 r. 7. August 1732. ADLA, B 4585, fol. 105 r – 108 v.

57 Mettas (s. Anm. 16), Bd. 1, S. 74, 111, 194, 235, 259. Mémoire concernant l'affaire du sieur Jean Bonnau. AN, Marine, B3 375, fol. 88 r – 91 r.

58 Enquête 22, 25. September 1732, ADMV, 9B 208.

59 Jean Meyer: *L'armement nantais dans la deuxième moitié du XVIIIe siècle*. Paris, 1969; S. 244, FN 2.

60 Stein (s. Anm. 41), S. 64–67.

61 Christian Schnakenbourg: »Statistiques pour l'histoire de l'économie de plantation en Guadeloupe et Martinique (1635–1835)«. In: *Annales des Antilles* 21 (1977), S. 119.

62 Durand (s. Anm. 7), S. 94. Décision du Conseil Royal de Commerce portant que les sucres terrés blancs sont cassonadère et ne sont point sucres raffinés, 12. April 1731. ADLA, C 731.

63 Stein (s. Anm. 41), S. 70f.

64 Labat (s. Anm. 26), Bd. 3, S. 405. Schnakenbourg (s. Anm. 61; hier S. 121) gibt an, dass ein *barrique* in den Jahren nach 1730 800 Pfund Zucker fasste. Dies stimmt mit den Angaben für 1742 überein. In: Pierre Pluchon: *La route des esclaves*. Paris, 1980; S. 259.

65 Calcul de ce à combien revient à Rouen et Nantes, September 1732. ADLA, C 733. Commerce de Nantes en 1731, 30. Januar 1732. ADLA, C 740, fol. 9.

66 Direction de Nantes, Entrées 1732. ADLA, C 706.
67 Zum Gewicht eines Ballens Baumwolle siehe Pluchon (s. Anm. 64), S. 259.
68 Arrest du Conseil d'Estat du roy portant règlement pour le commerce des cotons, 20. Dezmber 1729. ADLA, C 729.
69 Chambon: *Le guide de commerce de l'Amérique.* Avignon, 1777; Bd. 1, S. 375–381. Labat (s. Anm. 26), Bd. 1, S. 252–268.
70 Rocou, 10. Juli 1720. ADLA, Nantes, C 729.
71 Champigny und d'Orgeville, 11. Oktober 1729. AOM, col. C 8A 40, fol. 104 r – 105 r.

TEIL 12 ZURÜCK IN DER HEIMAT

1 Pierre Thomas-Lacroix: *Le Vieux Vannes.* Vannes, 1982; S. 22–25.
2 Le Sieur Robert Billy, 28. Juli 1700. ADM, 9B 193.
3 Die Aussagen der Mannschaftsmitglieder finden sich in Devant nous Charles-Louis Chanu, 22.–25. September 1732. ADMV, 9B 208.
4 a.a.O.
5 Bounty demanded by the Company of the Indies, 16. Januar 1734. In: Elizabeth Donnan (Hg.): *Documents Illustratives of the History of the Slave Trade to America.* Washington, D.C., 1930–1935; Bd. 2, S. 449f.
6 Zitiert bei: H. du Halgouet: »Nantes: Ses relations commerciales avec les îles d'Amérique au XVIIIe siècle«. In: *Mémoires de la Société d'Histoire et d'Archéologie de Bretagne* 20 (1939), S. 159.
7 Commerce de Nantes en 1731, 30. Januar 1732. ADLA, C 740, S. 40.
8 a.a.O., S. 4. Robert Louis Stein: *The French Sugar Business in the Eighteenth Century.* Baton Rouge, 1988; S. 99f. Ernest Labrousse und Fernand Braudel (Hg.): *Histoire économique et sociale de la France.* Paris, 1970; Bd. 2, S. 505.
9 Stein (s. Anm. 8), S. 138–142.
10 a.a.O., S. 99–101; 162–164. Sidney Mintz: *Sweetness and Power: The Place of Sugar in Modern History.* New York, 1985; S. 188–190. Richard Sheridan: *Sugar and Slavery.* Baltimore, 1973; S. 24f.
11 Mémoire sur les abus qui se commettent par les négociants de Nantes à l'occasion de la vente et du troc des nègres, 1731. ADLA, C 740, S. 2.
12 Montaudoin Négociant de Nantes. ADLA, C 741.
13 Jean Meyer: *L'armement nantais dans la deuxième moitié du XVIIIe siècle.* Paris 1969, S. 229.
14 Siehe hierzu Anhang A.
15 Devant nous Noël Bourgeois, 22. November 1732. ADMV, 9B 208.
16 Devant nous Noël Bourgeois, 28. Februar 1733. ADMV, 9B 208.
17 Pierre Thomas-Lacroix: *Répertoire numérique de la série B des archives du Morbihan.* Vannes, 1941; S. 3.
18 In den Orders für das Schiff *L'Africain* aus dem Jahr 1738 wurde ein Bußgeld von 1000 Livre für jeden persönlichen Sklaven festgesetzt, den ein Offizier über die

ihm bewilligte Menge hinaus an Bord brachte: »Instructions et ordres pour Monsieur Foures commandant le navire *l'Africain*, 1738«. In: *Journal de la traite des noirs.* Zusammengestellt von Jehan Mousnier. Paris, 1957; S. 22.

19 René Josué Valin: *Commentaire sur l'ordonnance de la marine du mois d'août 1681.* Poitiers, 1828; Bd. 1, S. 48f.

20 *Le Diligent de Vannes,* Armement, 1733. ADLA, 120 J 350. *Le Diligent de Vannes,* Armement, 1733. ADMV, 9B 208. J. Letaconnoux: *Les subsistances et le commerce des grains en Bretagne au XVIIIe siècle.* Rennes, 1909; S. 178f. Zum Getreidehandel mit Marseille siehe T. J. A. Le Goff: *Vannes and Its Region: A Study of Town and Country in Eighteenth-Century France.* Oxford, 1981; S. 296.

21 *Le Diligent de Vannes*, 8. Mai 1734. ADLA, B 4586, fol. 55 r.

22 Lettre de capitaine et pilote, 22. Oktober 1736. ADLA, B 4494, 1051.

23 Prestation de serment pour la visite des froments du *Diligent de Vannes*, 28. Dezember 1735. ADMV, 9B 208.

24 Lettre de capitaine et pilote, 22. Oktober 1736. ADLA, B 4494. 104 v.

25 Jean Mettas: *Répertoire des expéditions négrières françaises au XVIIIe siècle.* Hg. von Serge Daget. Paris, 1978; Bd. 1, S. 222 und S. 269.

26 Gaston Martin: *Nantes au XVIIIe siècle: L'ère des négriers, 1714–1774.* Paris, 1993; S. 227f.

27 Mettas (s. Anm. 25), Bd. 1, S. 293–297.

28 Au sujet de la prise du navire *La Perle de Nantes.* ADLA, B 4590, fol. 29 v.

29 John Charnock: *Biographia Navalis.* London, 1794–1798; Bd. 5, S. 350. R. Pitcairn-Jones: *Commissioned Sea Officers of the Royal Navy, 1660–1815.* Hg. von David Syrett und Ralph Di Nardo. London, 1994, S. 340. Isaac Schomberg: *The Naval Chronology.* London, 1815; Bd. 4, S. 28.

30 Journal of HMS *Shoreham*, kommandiert von Captain James Osborn. NMM, ADM/L/275. Au sujet de la prise du navire *La Perle de Nantes.* ADLA, B 4590, fol. 29 r – v.

31 Etienne Raut und Léon Lallement: »Vannes autrefois: La traite des nègres«. In: *Bulletin de la Société Polymathique du Morbihan,* 1933; S. 63–65. Patrick André: »La traite des noirs au XVIIIe siècle«. In: Hubert Poupard und Claude Herbaut (Hg.): *2000 ans d'histoire de Vannes.* Vannes 1993; S. 212–215.

32 Le Goff (s. Anm. 20), S. 212–215.

33 P. Thomas-Lacroix: *Le vieux Vannes.* Vannes 1982, S. 97f.

34 René Kerviler: *Répertoire général de bio-bibliographie bretonne.* Rennes 1886–1908; Bd. 2, S. 281f. *Inventaire sommaire des archives départementales antérieurs à 1790. Morbihan.* Archives civiles, série E, supplément, 2e partie, vol. 5. Vannes, 1945; S. 516, 536, 544.

35 Thomas-Lacroix: *Répertoire numérique de la série B*, S. 119.

36 Musée de la Cohue: *Vannes, une ville, un port.* Quimper, 1998; S. 20–23.

37 Pierre Lelièvre: *Nantes au XVIIIe siècle: Urbanisme et architecture.* Nantes, 1988; S. 102f. und 212f. Association Les Anneaux de la Mémoire: *Les anneaux de la mémoire.* Nantes, 1993, S. 55. Musée Dobrée: *Iconographie de Nantes.* Nantes, 1978; S. 84.

38 Claude Nières u.a.: *Histoire de Lorient.* Toulouse, 1988; S. 42f., 49–52. Gérard Le Bouëdec: *Le port et l'arsenal de Lorient.* Paris, 1994; Bd. 2, S. 164.
39 Zitiert bei Le Goff (s. Anm. 20), S. 24.
40 Letaconnoux (s. Anm. 20), S. 191f.
41 Le Goff (s. Anm. 20), S. 24.
42 19. September 1765. ADMV, B 1270.

NACHWORT

1 Suite des Baptêmes, Marriages, et Enterrement de la Paroisse de Notre-Dame de la Caze Pilote, deuxième registre, 1708. ADM, Fort de France, microfilm 5 Mi 53.
2 Mireille Mousnier und Brigitte Calle: *Atlas historique du patrimonie sucrier de la Martinique.* Paris, 1990.

ANHANG A

1 Ein *barrique* fasste während der Dreißigerjahre des 18. Jahrhunderts 800 Pfund. Christian Schnakenbourg: »Statistiques pour l'histoire de l'économie de plantation en Guadeloupe et Martinique (1635–1835)«. In: *Annales des Antilles* 21 (1977), S. 131.
2 a.a.O.
3 Direction de Nantes, Entrées, 1732. ADLA, C 706; daraus geht hervor, dass die Menge des gewöhnlichen Zuckers zwanzigmal höher war als die des weißen.
4 Die Zahl von 15 Prozent Gewichtsverlust habe ich entnommen: »Calcul de ce à combien revient à Rouen et à Nantes un cent de sucre brut Iles qui couste 5 liv. au plus«, September 1731. ADLA, C 733, p. 1. In: juges et consuls de Nantes, Commerce de Nantes en 1731, 30. Januar 1732, ADLA, C 740, fol. 9 wird der Verlust stattdessen auf 13 Prozent beziffert.
5 Die Preise, die Zucker in Nantes erzielte, sind entnommen: Direction de Nantes, Entrées, 1732.
6 wie Anm. 5.
7 Zum Gewicht eines Ballens Baumwolle siehe: Pierre Pluchon: *La route des esclaves.* Paris, 1980; S. 259.
8 Zum Preis von Baumwolle im Jahr 1732 siehe: »Etat des cottons venant de l'Amérique depuis 1730«, 1743. ADLA, C 729.
9 Zum Gewicht eines *quart* Rocou siehe: »Rocou«, 10 Juli 1720. ADLA, C 729.
10 Direction de Nantes, Entrées, 1732.
11 Transportkosten nach: »Calcul …« (s. Anm. 4)
12 Robert Durand: »Journal de bord d'un négrier, 1731–1732«. BLY, Gen Mss, C 733.
13 Berechnung der Kosten nach: »Compte de l'armement, mise-hors, et cargaison du navire *La Concorde de Vannes*«, 1731. ADM, Vannes, 11B 52. Zur *mise-hors* der *Concorde* gehörte der Kaufpreis für das Schiff (26 000 live), auch wenn sich der Kauf

vermutlich für die Eigner durch die vorhergehende Fahrt ihres Schiffes nach Martinique amortisiert hatte. Jean Meyer führt an, dass es Usus war, den Kaufpreis für jede Reise anzusetzen. Siehe: Jean Meyer: *L'armement nantais dans la deuxième moitié du XVIIIe siècle.* Paris, 1969; S. 154f. Für die *Diligent* habe ich den Kaufpreis von 18 500 Livre zugrunde gelegt nach: Actes de propriété, 1724–1735. ADMV, 9B 57, fol. 50 v–51 r.

14 Jacques Ducoin: *Naufrages, conditions de navigation et assurances dans la marine de commerce du XVIIIe siècle.* Paris, 1993; Bd. 1, S. 159.

15 Der Transport mit einer *gabare* von Paimbœuf bis Nantes kostete 2 Sol pro *quintal* Waren. Siehe: »Calcul …« (s. Anm. 4). Ich habe den dreifachen Betrag für den Transport von Vannes aus angesetzt. 1 Livre = 20 Sol.

16 a.a.O.

17 »Calcul …« (s. Anm. 4).

18 a.a.O.

19 Armement (s. Anm. 13).

20 Bounty demanded by the Company of the Indies, January 16, 1734. In: Elizabeth Donnan (Hg.): *Documents Illustratives of the History of the Slave Trade to America.* Washington, D.C., 1930–1935; Bd. 2, S. 449f.

Personenregister

Orts- und Sachregister

Abbildungsnachweis

Umschlag, obere Abbildung: Robert Durand, »Journal de bord d'un négrier, 1731–1732«, Beinecke Rare Book and Manuscript Library, Yale University, Gen Mss, vol. 7, p. 34.

Umschlag, untere Abbildung: »Case of the *Vigilante*, a ship employed in the Slave-Trade« (London, 1823). Abb. 4, Broschüre und Abb. im Besitz von Professor Edward Tufte, Prof. em. für Politikwissenschaften an der Universität Yale.

Frontispiz: »Pas Caart vertoonende de West-Indische als ook de West-elyskte Custen van Europa en Africa. Eertyds in't ligt gebracht door wijlen Pieter Goos enz. Door Joannes Van Keulen en Zoonen«, 1759. Gerard Hulst Van Keulen, Amsterdam, Algemeen Rijksarchief, Gravenhagen, Niederlande. 4 VEL 96. Auf der *Diligent* war eine frühere Ausgabe dieser Karte in Gebrauch.

1.1. Ausschnitt aus Claude-Joseph Vernets »La Madrague ou La peche du thon. Cet aspect est pris dans le golfe de bandol«, 1755. Dépôt du Musée du Louvre, Musée de la Marine, Paris. Foto von Réunion des Musées Nationaux, Paris.

1.2 »Religieuse de Notre-Dame du Calvaire en habit de choeur«. In P. Helyot: *Histoire des Ordres Monastiques*. Paris, 1714-1719; Bd. 6, S. 359. New York Public Library.

2.1 Karte gezeichnet von Frank Drago auf der Grundlage von Guillaume Delisle, »Carte d'Afrique dressé pour l'usage du roy«, 1730. Map Collection, Stirling Memorial Library, Yale University.

4.1 Pierre Aveline, 1656-1722, »Nantes, Aciennement Corbilo«, Stich im Besitz des Autors.

5.1 »Vue et Perspective de la Place Louis-le-Grand«, Bibliothèque Nationale de France, Paris, Estampes, Va 234.

5.2 »Monsieur Law«, Stich von J. Langlois nach einem Gemälde von Hubert, Bibliothèque Nationale de France, Paris, Estampes, N2 Law.

5.3 »Vue de Lorient et du Port Louis«, 1724, Bibliothèque Nationale de France, Paris, Estampes, H 184164.

5.4 »Rue Quincampoix en l'Année 1720«, Bibliothèque Nationale de France, Paris, Estampes, Qb 1 1720.

6.1 »Jean-Frédéric Phelyppeaux, compte de Maurepas, secrétaire d'état à la maison du roi«, Château de Versailles et de Trianon, Versailles, Frankreich. Foto von Réunion des Musées Nationaux, Paris.

7.1 Robert Durand, »Journal de bord d'un négrier, 1731-1732«, Beinecke Rare Book and Manuscript Library, Yale University, Gen Mss, vol. 7, S. 34.

7.2 »On ramasse le blé sur l'aire«. In: Alexander Bouet: *Galérie Bretonne*, par O. Perrin, avec texte explicatif par Alexandre Bouet. Paris, 1835-1838; Bd. 2, unpaginiert. Seeley Mudd Library, Yale University.

7.3 »Vue de la ville épiscopale de Vannes«, Lithographie (um 1750), Archives Départementales du Morbihan, Vannes, Frankreich, 2 Fi 477.

10.1 Ozanne, »La citadelle et l'entrée du havre du Palais à Belle Isle«, 1776, Bibliothèque Nationale de France, Paris, Estampes, Va 56, Morbihan.

11.1 Jean Bouguer: *Traité complet de la navigation.* Paris, 1706, Tafel 4, Beinecke Rare Book and Manuscript Library, Yale University.

11.2 Karte gezeichnet von Frank Drago auf der Grundlage von »Pas Caart vertoonende de West-Indische als ook de Westelykste Custen van Europa en Africa. Eertyds in't ligt gebracht door wijlen Pieter Goos enz. Door Joannes Van Keulen en Zoonen«, 1759. Gerard Hulst Van Keulen, Amsterdam, Algemeen Rijksarchief, Gravenhagen, Niederlande. 4 VEL 96. Auf der *Diligent* war eine frühere Ausgabe dieser Karte in Gebrauch.

14.1 Robert Durand, »Journal de bord d'un négrier, 1731-1732«, Beinecke Rare Book and Manuscript Library, Yale University, Gen Mss, vol. 7, S. 16.

14.2 Robert Durand, »Journal de bord d'un négrier, 1731-1732«, Beinecke Rare Book and Manuscript Library, Yale University, Gen Mss, vol. 7, S. 18.

14.3 »Captain Bartholomew Roberts«. In: Captain Charles Johnson: *General History of the Pyrates.* London, 1726; Bd. 1, S. 259. Beinecke Rare Books and Manuscript Library, Yale University.

15.1 Robert Durand, »Journal de bord d'un négrier, 1731-1732«, Beinecke Rare Book and Manuscript Library, Yale University, Gen Mss, vol. 7, S. 26.

16.1 »Carte particulière de la partie principale de la Guinée par le Sr. D'Anville«, April 1729, in: Jean-Baptiste Labat: *Voyage du Chevalier Des Marchais en Guinée, isles voisines, et à Cayenne, fait en 1725, 1726 & 1727.* Paris, 1730; Bd. 2, S. 1, Seeley Mudd Library, Yale University.

16.2 Robert Durand, »Journal de bord d'un négrier, 1731-1732«, Beinecke Rare Book and Manuscript Library, Yale University, Gen Mss, vol. 7, S. 32.

16.3 Robert Durand, »Journal de bord d'un négrier, 1731-1732«, Beinecke Rare Book and Manuscript Library, Yale University, Gen Mss, vol. 7, S. 34.

17.1 Robert Durand, »Journal de bord d'un négrier, 1731-1732«, Beinecke Rare Book and Manuscript Library, Yale University, Gen Mss, vol. 7, S. 38.

17.2 Robert Durand, »Journal de bord d'un négrier, 1731-1732«, Beinecke Rare Book and Manuscript Library, Yale University, Gen Mss, vol. 7, S. 40.

17.3 William Smith, Surveyor: »The East Prospect of Cape-Coast Castle, 1727«. In: William Smith: *Thirty Different Drafts of Guinea.* London, um 1727; Tafel 17, British Library, London, England.

18.1 Robert Durand, »Journal de bord d'un négrier, 1731-1732«, Beinecke Rare Book and Manuscript Library, Yale University, Gen Mss, vol. 7, S. 48.

19.1 »Couronnement du roy de Juda à la coste de Guinée au mois d'Avril, 1725«, in: Jean-Baptiste Labat: *Voyage du Chevalier Des Marchais en Guinée, isles voisines, et à Cayenne, fait en 1725, 1726 & 1727.* Paris, 1730; Bd. 2, S. 70, Seeley Mudd Library, Yale University.

19.2 »Comptoirs des Européens à Xavier«. In: Jean-Baptiste Labat: *Voyage du Chevalier Des Marchais en Guinée, isles voisines, et à Cayenne, fait en 1725, 1726 & 1727.* Paris, 1730; Bd. 2, S. 49, Seeley Mudd Library, Yale University.

19.3 »Procession au grand serpent pour le couronnment du Roy de Juda fait le 15 Avril, 1725«. In: Jean-Baptiste Labat: *Voyage du Chevalier Des Marchais en Guinée, isles voisines, et à Cayenne, fait en 1725, 1726 & 1727.* Paris, 1730; Bd. 2, S. 194, Seeley Mudd Library, Yale University.

20.1. »Dahomy and its Environs« von R. Norris. In: Archibald Dalzel: *The History of Dahomy.* London, 1793, Faltkarte, Beinecke Rare Book and Manuscript Library, Yale University.

20.2 Habillement des grands, Habillement des femmes du roy«. In: Jean-Baptiste Labat: *Voyage du Chevalier Des Marchais en Guinée, isles voisines, et à Cayenne, fait en 1725, 1726 & 1727*. Paris, 1730; Bd. 2, S. 243, Seeley Mudd Library, Yale University.

22.1 »King's Presence Chamber, Court of St. James's, London«. In: W.H. Pyne: *The History of the Royal Residences of Windsor castle, St. James's Palace, Carlton House, Kensington Palace, Hampton Court, Buckingham House, and Frogmore*. London, 1819; Bd. 3, S. 10, Beinecke Rare Book and Manuscript Library, Yale University.

23.1 Robert Durand: »Journal de bord d'un négrier, 1731-1732«, Beinecke Rare Book and Manuscript Library, Yale University, Gen Mss, vol. 7, S. 55.

23.2 »Carte particulière du Royaume de Juda«. In: Jean-Baptiste Labat: *Voyage du Chevalier Des Marchais en Guinée, isles voisines, et à Cayenne, fait en 1725, 1726 & 1727*. Paris, 1730; Bd. 2, S. 10, Seeley Mudd Library, Yale University.

24.1 Plan des portugiesischen Forts in Whydah, 2. November 1721. Arquivo Histórico Ultramarino, Lissabon, S. Tomé, Caixa 4, Doc. 86.

24.2 William Smith: »The South West Prospect of Williams Fort at Whydah«. In: William Smith: *Thirty Different Drafts of Guinea*. London, um 1717, Tafel 29, British Library, London.

24.3 »Plan du Fort St-Louis, 1717-1718«, Archives d'Outre-Mer, Aix-en-Provence, Frankreich, col. 6 27, no. 175.

26.1 Robert Durand: »Journal de bord d'un négrier, 1731-1732«, Beinecke Rare Book and Manuscript Library, Yale University, Gen Mss, vol. 7, S. 66.

27.1 Robert Durand: »Journal de bord d'un négrier, 1731-1732«, Beinecke Rare Book and Manuscript Library, Yale University, Gen Mss, vol. 7, S. 66.

28.1 »Case of the *Vigilante*, a ship employed in the Slave-Trade«. London, 1823; Abb. 5. Broschüre und Abb. im Besitz von Professor Edward Tufte, Prof. em. für Politikwissenschaften an der Universität Yale.

28.2 Ausschnitt aus »Vue du Cap Français et du navire La Marie Séraphique de Nantes, Capitain Gaugy, le jour de l'ouverture de sa vente, troisième voyage d'Angole, 1772-1773«, Musée du Château des ducs de Bretagne, Nantes, France. Foto: Ville de Nantes – Musée du Château.

31.1 Robert Durand: »Journal de Bord d'un négrier, 1731-1732«, Beinecke Rare Book and Manuscript Library, Yale University, Gen Mss, vol. 7, S. 70.

32.1 Robert Durand: »Journal de bord d'un négrier, 1731-1732«, Beinecke Rare Book and Manuscript Library, Yale University, Gen Mss, vol. 7, S. 76.

32.2 Robert Durand: »Journal de bord d'un négrier, 1731-1732«, Beinecke Rare Book and Manuscript Library, Yale University, Gen Mss, vol. 7, S. 76.

33.1 »Case of the *Vigilante*, a ship employed in the Slave-Trade«. London, 1823; Abb. 8. Broschüre und Abb. im Besitz von Professor Edward Tufte, Prof. em. für Politikwissenschaften an der Universität Yale.

34.1 »Case of the *Vigilante*, a ship employed in the Slave-Trade«. London, 1823; Abb. 3-4. Broschüre und Abb. im Besitz von Professor Edward Tufte, Prof. em. für Politikwissenschaften an der Universität Yale.

34.2 Pretextat Oursel: »Transport des nègres dans les colonies«, Farblithografie, Saint-Malo, Frankreich, Musée d'Histoire. Foto: Michel Dupuis, Ville de Saint-Malo.

34.3 Ausschnitt aus: »Vue du Cap Français et du navire La Marie Séraphique de Nantes, Capitain Gaugy, le jour de l'ouverture de sa vente, troisième voyage d'Angole, 1772-1773«, Musée du Château des ducs de Bretagne, Nantes, France. Foto: Ville de Nantes – Musée du Château.

35.1 Karte gezeichnet von Frank Drago auf der Grundlage von: »Pas Caart vertoonende de West-Indische als ook deWestelyskte Custen van Europa en Africa. Eertyds in't ligt gebracht door wijlen Pieter Goos enz. Door Joannes Van Keulen en Zoonen«, 1759. Gerard Hulst Van Keulen, Amsterdam, Algemeen Rijksarchief, Gravenhagen, Niederlande. 4 VEL 96. Auf der *Diligent* war eine frühere Ausgabe dieser Karte in Gebrauch.

37.1 Ozanne: »Le Fort St-Pierre dans l'Isle de la Martinique, vu du Mouillage«, Bibliothèque Nationale de France, Paris, Estampes, Ef 20 folio.

38.1 Ausschnitt aus: »Vue du Cap Français et du navire La Marie Séraphique de Nantes, Capitain Gaugy, le jour de l'ouverture de sa vente, troisième voyage d'Angole, 1772-1773«, Musée du Château des ducs de Bretagne, Nantes, France. Foto: Ville de Nantes – Musée du Château.

40.1 Ausschnitt aus Bassot: »Vue de la rivière du Fort Saint-Pierre de la Martinique«, 1765, Öl auf Leinwand, Conseil Régionale, Fort de France, Martinique.

40.2 Jean-Baptiste Labat: *Nouveau Voyage aux Isles de l'Amérique.* Den Haag, 1724; Bd. 1, S. 258, Beinecke Rare Book and Manuscript Library, Yale University.

40.3 M. Chambon: *Le Commerce de l'Amérique par Marseille.* Avignon, 1764; Bd. 1, Tafel 127, Beinecke Rare Book and Manuscript Library, Yale University.

40.4 Jean-Baptiste Labat: *Nouveau Voyage aux Isles de l'Amérique.* Den Haag, 1724; Bd. 1, S. 127, Beinecke Rare Book and Manuscript Library, Yale University.

47.1 »Port de Vannes«, Bibliothèque Nationale de France, Paris, Estampes, Va 56, vol. 4, H137005.

47.2 D. Bonnard du Hanlay: »Le Port de Vannes vu de la Sautière à haute mer«, Collection des ports de France par Ozanne, 1776, Archives Départementales du Morbihan, Vannes, France, 2 Fi 215.

47.3 Ausschnitt aus »Port de Vannes« – wie 47.1.